本书获陕西省国际法学科“三秦学者”科研创新团队、陕西高校青年创新团队“中国航空航天涉外法治研究”专项资金资助，系2023年陕西省社会科学基金项目“西部陆海新通道建设中高质量发展多式联运的法治保障研究”阶段性研究成果（立项号：2023E018）

航空法与空间法经典译丛

王 瀚 主编

CONVENTION ON INTERNATIONAL CIVIL AVIATION:
A COMMENTARY

《国际民用航空公约》述评

[加] 卢万提沙·阿贝拉特纳 著
（Ruwantissa Abeyratne）
王 瀚 张丝路 潘俊武 等 译

知识产权出版社
全国百佳图书出版单位
—北京—

First published in English under the title
Convention on International Civil Aviation: A Commentary by Ruwantissa Abeyratne, edition: 1

图书在版编目（CIP）数据

《国际民用航空公约》述评 /（加）卢万提沙·阿贝拉特纳（Ruwantissa Abeyratne）著；王瀚等译. —北京：知识产权出版社，2024. 3

书名原文：Convention on International Civil Aviation: A Commentary

ISBN 978 - 7 - 5130 - 8868 - 8

Ⅰ. ①国… Ⅱ. ①卢… ②王… Ⅲ. ①民用航空—国际公约—研究 Ⅳ. ①D993. 4

中国国家版本馆 CIP 数据核字（2023）第 151758 号

责任编辑：薛迎春　　**责任校对**：谷　洋
执行编辑：杨　帆　　**责任印制**：刘译文
封面设计：瀚品设计

《国际民用航空公约》述评

［加］卢万提沙·阿贝拉特纳（Ruwantissa Abeyratne）◎著
王　瀚　张丝路　潘俊武　等◎译

出版发行：知识产权出版社有限责任公司　　**网　址**：http：//www. ipph. cn
社　址：北京市海淀区气象路 50 号院　　**邮　编**：100081
责编电话：010 - 82000860 转 8724　　**责编邮箱**：471451342@ qq. com
发行电话：010 - 82000860 转 8101/8724　　**发行传真**：010 - 82000893/82005070/82000270
印　刷：天津嘉恒印务有限公司　　**经　销**：新华书店、各大网上书店及相关专业书店
开　本：720mm × 1000mm　1/16　　**印　张**：38
版　次：2024 年 3 月第 1 版　　**印　次**：2024 年 3 月第 1 次印刷
字　数：620 千字　　**定　价**：198. 00 元

ISBN 978 - 7 - 5130 - 8868 - 8
京权图字：01 - 2023 - 2084

译者简介

张丝路

法学博士，博士后，硕士生导师。现任西北政法大学国际法学院讲师、郑斌航空与空间法研究所研究员、涉外法治研究中心研究员、中国-中亚法律查明与研究中心研究员，西安仲裁委员会仲裁研究院研究员，陕西高校青年创新团队“中国航空航天涉外法治研究”核心成员，最高人民法院第五批实践锻炼青年学者。主要研究领域为国际航空法、海商法、国际私法。独著《陆空联运合同国际私法问题研究》，先后在《兰州大学学报（社会科学版）》《中国国际法年刊》《中国国际私法与比较法年刊》等国内核心期刊发表多篇文章。

潘俊武

西北政法大学国际法学院教授，博士生导师，英国伦敦大学国王学院（King's College London）法学博士，中国国际法学会理事，中国太平洋学会理事，主要研究领域包括海洋法、国际人道法、国际法基础理论和法学教育等。主要成果包括Toward a New Framework for Peaceful Settlement of China's Territorial and Boundary Disputes（Martinus Nijhoff, 2009年）、The Territorial Dispute between China and Vietnam in the South China Sea: A Chinese Lawyer's Perspective（The Journal of East Asia & International Law, 2012年第1期）、《剖析1982年<联合国海洋法公约>中的强制争端解决机制》（《法律科学》，2014年第4期）和《论<联合国海洋法公约>中强制仲裁管辖的先决条件》（《中国国际法年刊》，2016年南海仲裁案管辖权问题专刊）等。

译者前言

1944 年 12 月 7 日签订的《国际民用航空公约》（《芝加哥公约》）目前（2023 年）有 193 个缔约国，我国是公约的签字国之一。《芝加哥公约》序言明确提出，公约的目的是使国际民用航空按照安全和有秩序的方式发展，并使国际航空运输业务建立在机会均等的基础上，健康地和经济地经营。《芝加哥公约》为管理世界航空运输奠定了法律基础，明确了领空主权原则，规定了各国航空器从事国际航行应遵守的基本准则；《芝加哥公约》是国际民航组织的“宪法”，规定了国际民航组织的构成以及不同机构的职责和权力，为各国发展国际航行的原则和技术，并为促进国际航空运输的规划和发展提供了平台。

《〈国际民用航空公约〉述评》作为第一本全面论述《芝加哥公约》各个条款的专著，不仅有助于我们系统地理解公约本身，了解国际航空运输管理体制的过去和现在，并展望国际航空运输管理体制的未来发展；也有助于我们全面了解公约生效以来，公约各个条款的适用情况和国际民航组织的演进。

西北政法大学国际法学院王瀚教授力推并主持本书的翻译工作。本书初期由西北政法大学国际法学院潘俊武教授、时杜鹃讲师，西北政法大学国际法学院研究生张宗师、何园园分别负责第一章、第三章、第四章、第六章的翻译，其他章节由西北政法大学国际法学院张丝路讲师翻译。

本书后期由南开大学法学院国际法专业博士研究生田静和西北政法大学国际法学院研究生刘丽辉共同校订第二章，西北政法大学国际法学院讲师时杜鹃校订第四章，西北政法大学国际法学院研究生户稳校订第五章，中航通飞华南飞机工业有限公司王永刚校订第七章，西北政法大学国际法学院讲师张丝路校订第八章、第九章。知识产权出版社唱学静编辑、杨帆编辑对本书翻译稿的审阅、校对，亦是本书出版的重要助力。特就本书的翻译、出版，向以上人员表示感谢。虽各位译者和校订者尽了最大努力，但翻译不完善之处仍在所难免，敬请各位读者批评指正。

前　言

《国际民用航空公约》（又称《芝加哥公约》）签字仪式的70周年纪念于2014年12月7日落下帷幕。每一年的这一天，也被指定为“国际民航日”，国际民航组织（ICAO）也会举行一次适度的仪式。事实上，12月7日不是与《芝加哥公约》周年纪念日相关的日子。与之相关的日期是1947年4月4日，即《芝加哥公约》生效的日期。但是，国际民航组织大会选择了其他日期，并在其第29届会议（1992年9月22日至10月8日，蒙特利尔）通过了第A29－1号决议，宣布从1994年开始，每一年的12月7日被指定为“国际民航日”。这种做法与“联合国日”不一致，“联合国日”是联合国成立的那一天，于每年10月24日举行庆典。

在本书写作时，有191个国家签署或以其他方式加入了《芝加哥公约》，这实际上使它们成为国际民航组织的成员国。但是，在1944年，《芝加哥公约》仅有52个签署国（约占当前数量的27%）。多年来，虽然增加了一些“装饰性”修订，但《芝加哥公约》保留了原始的文本，没有任何根本性的修改或修订。需要指出的修改是以下条款：第五十条第一款，第五十六条以及在1995至1998年间生效的第三条分条和第八十三条分条。

《芝加哥公约》在过去几十年中一直是一项持久的多边条约，显示出韧性和愿景。《芝加哥公约》具有深远意义，今天可被用于航空的诸多方面，如安全和环境保护等，这些方面甚至没有在《芝加哥公约》中被明确提及。但是，《芝加哥公约》很容易被误解，并且经常被各国错误引用，且主要出于政治原因和利益。例如，关于国家对领空主权的规定，被用来阻止针对航空运输自由化的有用倡议、征收空中航行费和其他针对航空公司的税负。应依据《芝加哥公约》起草者的意图和当前的情况解释公约，使其以实现满足世界人民的需求为主要目标，而非仅满足个别企业和国家的需求。

《芝加哥公约》的一个特征是，许多条款的措辞规定了条款的具体含义和目的。在这个意义上，《芝加哥公约》作为第二次世界大战后国际社会早期的一项国际条约脱颖而出，其语言具有特殊的外交意义上的细微差别。不同条款，基于其引人注目的性质，使用有效描述条约含义和意图的词语。例如，关于主权问题的第一条规定，各缔约国“承认”每一国家对其领土之上的空气空间具有完全的和排他的主权。在这里，“承认”一词表达的含义是，对国家主权的法律承认已经存在，这是事实，因为1919年《巴黎公约》首次提到领空主权。在《芝加哥公约》第三条中，使用“仅”一词表示强制性的规则（例如，第三条第一款规定，本公约“仅”适用于民用航空器，不适用于国家航空器）。

在《芝加哥公约》第三条分条第一款和第二款中，我们再次看到“承认”一词，公约规定，各缔约国承认，每一国家必须避免对飞行中的民用航空器使用武器，并且各缔约国承认，有权要求该航空器在指定的机场降落。但是《芝加哥公约》第三条分条第三款，以“任何民用航空器必须遵守根据本条第二款发出的命令”为开头，引入针对遵守的强制性要素。

《芝加哥公约》第四条略有偏离，规定各缔约国“同意”不将民用航空用于和本公约的宗旨不相符的任何目的。在此，“同意”一词暗含着各国普遍同意。可以说，如果该国不能保持同意时，“同意”的特定用法为一国偏离其同意留下了可能。在下一条中，再次出现“同意”一词，缔约国同意其他缔约国一切不从事定期国际航班飞行的航空器，在其国境内作技术以及非商业性降停。

《芝加哥公约》第七条偏离了前述条款的积极态度，该条规定各缔约国有权拒绝准许其他缔约国的航空器为取酬或出租在其领土内载运乘客、邮件和货物前往其领土内另一地点。使用“有权拒绝”的措辞是巧妙的，被用来传达一国授予国内载运权的权利已经存在之含义。

《芝加哥公约》第九条明确承认国家的自由裁量权，该条规定，各缔约国因军事需要或公共安全，可以在特定情况下，限制或禁止其他国家的航空器在其领土内的某些地区上空飞行。使用“可以”一词，在其含义和目的上是清楚的。

《芝加哥公约》第十二条还载有另一种语言上的细微差别，该条要求各缔约国承允采取措施。“承允”一词意味着归责和责任。“同意”和“承允”这两个词之间的差异反映了许多年前起草者的愿景和条约的明确意图。

上述术语可与第十七条中使用的词语相较，《芝加哥公约》第十七条指出“航空器具有其登记的国家的国籍”。值得注意的是，这一规定没有通过“应”一词发出强制性的警告，结论是该条款规定了一个理所当然的事实，即一旦航空器在某一个国家登记，它实际上应被视为在该国注册。第十八条中的以下声明：“航空器在一个以上国家登记不得认为有效”，传达了这种情况的不可能性。在这里，使用“不得（can not）”而不是“不应（shall not）”这个词，使得这一事实不容置疑，即航空器双重登记的权利从一开始就不存在。这种用法与“不应”这个词的使用形成鲜明对比，“不应”意味着看似存在的权利被剥夺了。

本书对《芝加哥公约》及其条款在法律分析的背景下进行评论。笔者撰写本书，是因为没有看到类似论著解释公约、条款的细微差别并论及国际民航组织大会和理事会对《芝加哥公约》的解释方式。在本书中，笔者阐述了影响航空法的《芝加哥公约》的主要条款。那些不言自明的并且没有受到国际民航界或国际民航组织行动影响的条款，未在书中相应章节提及。书中附有《芝加哥公约》的文本，以便参考。

卢万提沙·阿贝拉特纳（Ruwantissa Abeyratne）

2013 年 7 月 1 日

绪　论

鉴于国际民用航空的未来发展对建立和保持世界各国之间和人民之间的友谊和了解大有帮助，而其滥用足以威胁普遍安全；

又鉴于有需要避免各国之间和人民之间的摩擦并促进其合作，世界和平有赖于此；

因此，下列各签署国政府议定了若干原则和办法，使国际民用航空得按照安全和有秩序的方式发展，并使国际航空运输业务得建立在机会均等的基础上，健康、经济地经营；

为此目的缔结本公约。

我们一眼就注意到，设定了公约基调的《国际民用航空公约》（《芝加哥公约》）序言，与通过航空实现国家间和平以及和谐的信号产生共鸣。国际民航组织大会第15届会议（1963年6月16日至7月22日，蒙特利尔）采纳决议A15－7（谴责南非的种族隔离以及种族歧视政策），该决议在和平的基调上援用序言及其存在目的。[①] 大会决议特别说明：

---

① 国际民航组织是联合国处理国际民用航空的专门机构。国际民航组织依据在1944年12月7日签署于芝加哥的《国际民用航空公约》设立。在1944年12月7日52个国家签署了该公约。在第二十六件批准书交存美国政府30天后，该公约于1947年4月4日生效。公约第四十三条规定："一个组织被命名为国际民用航空组织依据公约成立。"国际民航组织由一个国际民航组织全体缔约国组成作为其主权机构的大会和一个选举其自己主席的理事会组成。大会每三年至少开会一次，由理事会召集。理事会是对大会负责的一个常设机关，由36个缔约国组成。这36个被选举的缔约国在理事会代表以下三类国家：在航空运输方面占主要地位的各国，未包括在前一类下的为提供国际民用航空航行设施做出最大贡献的各国，以及未包括在其他项下的其当选可保证世界各主要地理区域在理事会中均有代表的各国。《芝加哥公约》第四十七条规定，国际民航组织享受"为履行其职能所必需的法律能力"以及"凡与有关国家的宪法和法律不相抵触时，都应承认其完全的法人资格。"理事会有两个主要下属管理机构，航行委员会和航空运输委员会。航行委员会由航行局提供服务并负责检查、协调和规划国际民航组织在航行方面的工作。这包括发展和修改包含在国际民航组织附件中的标准以及建议措施（除了附件9和17），以待理事会最终采纳。在本书写作时，国际民航组织有191个成员国。

谨记隔离政策永远是在世界国家间以及人民间引发冲突的来源之一；并且进一步承认，种族隔离以及歧视政策是公然违背《芝加哥公约》序言确定的神圣不可侵犯的原则；大会敦促南非遵守《芝加哥公约》的目标和宗旨。

公约第四十四条规定："国际民航组织的宗旨和目的在于发展国际航行的原则和技术，并促进国际航空运输的规划和发展，以：一、保证全世界国际民用航空安全地和有秩序地发展；二、鼓励为和平用途的航空器的设计和操作艺术；三、鼓励发展国际民用航空应用的航路、机场和航行设施；四、满足世界人民对安全、正常、有效和经济的航空运输的需要；五、防止因不合理的竞争造成经济上的浪费；六、保证各缔约国的权利受到充分尊重，每一缔约国均有经营国际空运企业的公平机会；七、避免各缔约国之间的差别待遇；八、促进国际航行的飞行安全；九、普遍促进国际民用航空在各方面的发展。"

国际民航组织大会第17届会议（1970年6月13日至16日，蒙特利尔）采纳决议A17－1（大会声明），特别说明：

鉴于国际民用航空运输有助于建立和保持世界人民之间的友谊、了解以及促进国家之间的交往；大会做出如下声明：国际民航组织大会铭记《国际民用航空公约》详述的原则；严正要求各国采取一致行动，制止危及国际民用航空运输安全且有序发展的一切行为。

第18届会议（1971年6月15日至7月7日，维也纳）采纳决议A18－4（遵照关于南非的联合国大会第2555号和第2704号决议所采取的措施），大会说明：

大会重申其在决议A15－7中对南非种族隔离政策的谴责；承认与联合国大会在执行联合国大会的决议上最大的合作需求；决定只要南非政府继续违背联合国大会在种族隔离上的决议以及给予殖民地国家与人民间独立的声明；南非将不会被邀请参加国际民航组织召集的任何会议。

两年之后，国际民航组织大会在其第19届会议（临时的，1973年2月27日至3月2日，纽约）采纳决议A19－1，谴责以色列造成106条无辜性命丧生的行动。

同年，国际民航组织大会在其第20届会议（临时的，1973年8月28日至9月21日，罗马）采纳决议A20－2（非法干扰民用航空行为）特别说明：

大会谨记国际民用航空的发展对建立和保持世界各国之间和人民之间的友谊和了解大有帮助，而其滥用足以威胁普遍安全；意识到对国际民航组织法定的授权以保证国际民用航空的安全以及有序发展；重申国际民航组织对于解决缔约国之间可能导致的关于影响国际民用航空在世界上的安全与有序发展的问题发挥着重要作用。

我们在《芝加哥公约》的序言中能获得三个关键要素：通过航空建立的和平、友谊、安全、经济及有秩序的航空运输。

上述大会决议已经述及和平与友谊的要素。关于被公约序言规划的安全，国际民航组织理事会在 1973 年 6 月 4 日采纳了一个决议，回顾联合国安理会在 1969 年采纳的第 262 号决议，该决议谴责以色列针对贝鲁特机场导致 13 架商用以及民用飞机毁坏的有预谋的行动。理事会的决议敦促以色列遵守《芝加哥公约》的目的和宗旨。

在经济方面，国际民航组织大会第 21 届会议（1974 年 9 月 24 日至 10 月 15 日，蒙特利尔）采纳决议 A21-28（即《国际航空过境协定》），在该决议中《芝加哥公约》序言被显著地作为重点，该决议部分引用序言关于《芝加哥公约》目标的规定，即国际航空运输业务健康、经济地经营。为追求这一目标，决议 A21-28 敦促缔约国成为《国际航空过境协定》的成员，该协定加强了国际定期航班的运营并促进了上述目标的实现。

笼统地讲，对于一个战后文件，没有理由怀疑《芝加哥公约》序言的全部主题是航空与和平，这源于制定《芝加哥公约》的芝加哥会议。该会议于 1944 年 11 月 1 日至 2 月 7 日举行，以宣读美国总统对大会的咨文开始。在该咨文中，罗斯福总统提到为航空运输打开欧洲天空，但不幸花了很多年才被有效执行的 1919 年巴黎会议，他说道：“我不认为今日世界应为航空通信等待多年，也没有等待的原因。飞机数量将会增长。当德国或者日本的军队被打败，运输计划将被从军队工作中释放，在数量上足够用来发展民用航空。由于德国与日本的军队都被击败，飞机在数量上是充足的。每个国家有机场以及有经验的飞行员；特别是每个国家知道如何组织航空公司。你将幸运地面对历史伟大的一课。在过去的数个世纪，建立伟大帝国、控制广大海域的企图成功过。海域的领主试图对有些人关闭海域，但允许他人进入，借此增加自己的财富并扩张自己的权力。这直接导致东半球以及西半球的许多战争。我们不能让这样的错误重演。我希望大家不要耽于创造关闭天空的想法，借此在天空中追寻挑起未来战争的根源。我知道，大家将看到上帝给予每个人的天空不应成为对于每个人控制的手段。”①

据此，罗斯福总统敦促参会国避免保护主义，同时鼓励参会国不要滥用支配地位。从此之后，对于管理者而言，国际航空运输经济管理的命运成为一个长久的僵局，因为他们不得不面对这一问题：如何在保护自己的情况下避免被他国支配。这两者间微妙且晦涩的平衡仍被热烈讨论，且将在本书后续讨论中呈现。

会议的主席，小阿道夫·伯利（Adolf A. Berle Jr.）通过如下评述赞同罗斯福总统的观点：“国家必须共同应对许多挑战，但其中没有一个挑战比使天空能为人类服务更有明确、清楚的共同利益。对于我们的天空，每一个国家都能进入。对每个国家而言，现在有了同全世界更好交流的手段，只要这种交流能够找到并维持一个有效的基础。”②

在会议上，美国认为对天空的使用与对海洋的使用是公共的，因为这都是自然给予人类的道路。不同之处在于，人类对于天空的利用受制于该处对应的国家主权。因此，美国持这种观点：不管位于何处，对于天空的使用，国家间应以最大程度有利于人类的方式相互协定。美国进一步断言，每个国家有权保持其在领水以及领陆上的领空主权。这种主权不能让与或者限制。依据美国的观点，只有为了友好交流基于国家同意以及全世界承认的与其他国家交流和贸易的自然权利才能限制前述绝对的权利。这种权利不能通过歧视性的方式减损。③ 美国要求国家相互交换航权的事实在以下说明中明确地显现：“因此美国的观点是，在不减损主权的情况下，我们应该在交换特权以及许可的基础上共同努力，这些特权以及许可是友好国家有权从他国期待的。”④

依据美国的观点，与友好国家通过天空交流的特权，不是在全世界随意飞行的权利。航空运输与海运在这方面存在实质性不同。在海运中，商业需要与船舶

---

① Proceedings of the International Civil Aviation Conference, Chicago, Illinois, November 1-December 7 1944, Vol I & II (Washington, D.C.: U.S. Government Printing Office, 1948) at 42 -43.

② 上引用，第 43 页。

③ 上引用，第 55 页。

④ 上引用，第 56 页。

可能来自的国家没有直接联系。航路类似于铁路线，在国家间形成联系的权利是用来建立稳定流动的运输，借此在国家间开放经济路线。依据美国的观点，超越这一概念为时尚早，并且国家应接受这一事实，即芝加哥会议能完成的是采纳一个建立国家间联系的公约。[①]

国际民航组织大会第28届会议（1990年10月22日至26日，蒙特利尔）采纳决议A28－7（伊拉克入侵科威特在航空方面的后果），忆及《国际民用航空公约》基于如下信念，即国际民用航空未来的发展能够极大地帮助建立和保持世界各国之间和人民之间的友谊和了解，但其滥用则将构成对一般安全的威胁；以及避免冲突和加强世界和平赖以存在的各国和人民之间的合作是适宜的；注意到联合国安全理事会谴责入侵科威特，以及判定伊拉克兼并科威特不具有法律效力因而是无效的安全理事会的第662号决议，要求所有国家、国际组织和专门机构不承认该兼并，并避免可被解释为间接承认该兼并的任何行动或举措；还注意到安全理事会第661号决议要求所有国家采取适当措施，保护科威特合法政府及其机构的财产。

同时大会还注意到，安全理事会第670号决议确认了专门机构必须采取必要措施实施第661号决议的条款；谴责伊拉克武装部队侵犯科威特领空主权和掠夺科威特国际机场，包括伊拉克扣押并向伊拉克转移科威特航空公司的15架航空器并准备由伊拉克登记。大会还要求伊拉克为被困在科威特国际机场的外国登记的航空器的所有者早日收回其航空器提供便利，并宣布将科威特航空公司的航空器按伊拉克航空器进行的单方面登记无效，并呼吁伊拉克政府将科威特航空器归还科威特合法政府。还要求在其领土上发现任何这类航空器的国家将其送交科威特合法政府并不向伊拉克、其公司或国民直接或间接地提供能使伊拉克使用该航空器的备件、设备或供应品或服务。

2001年的“9·11事件”凸显了民用航空两方面的战略性地位：既是一个易受攻击的产业，又是追求国际和平与安全所必需的工具。在《芝加哥公约》签署时，流行的民航现代主义观点以下述两点为中心：国家主权以及被广泛接受的战后观点，即国际民用航空的发展对建立和保持世界各国之间和人民之间的友谊和

---

① 上引用，第57页。

了解大有帮助，而其滥用足以威胁普遍安全。这一观点关注国家的重要性，即作为最终的主权主体能够否决关乎国际社会福祉的考量，如果该福祉与国内利益相冲突。20世纪六七十年代，该观点让位于后现代主义的观点，在国际公法上承认个人作为全球公民的利益超过单独国家的利益。2001年的“9·11事件”呼唤新后现代主义观点，即在确保国际和平以及安全的努力中承认社会元素以及团体利益与国家利益的融合。在这一进程中，民用航空的角色是关键的，因为它是商业与社会互动的一个必要元素，并且国际社会可用其在全世界人民中缔造紧密互动。本书将评估民航在一个以新后现代主义方法确保世界和平和各国之间相互理解的国际社会中的地位。

直到2001年9月11日，民用航空与世界和平的联系在某种程度上是概念的、学术的。但是，在为美国本土服务的四架民用飞机被恐怖分子的行动摧毁，成百上千的乘客以及无辜的受害者在位于纽约及华盛顿特区的建筑中被杀害时，民用航空被停止从世界和平的努力中孤立出来，并且立即被密不可分地联系到国际社会为实现和平以及经济持续发展的整体努力中。

民用航空对国际和平与安全的重要性已被联合国决议A/RES/421（XIV）表达，该决议提及2001年的“9·11事件”最直接的结果是在美国关闭民航机场以及扰乱航空服务。该决议同样提及A/RES/145（V），涉及与旅游业有关的民航安全。国际贸易停摆带来的新纪元使得国家及其机构一起与私人部门合作，为了保持世界贸易运转正常而形成解决方案。

在航空事务中，追求和平与制定政策和解决争端是分不开的。国际民航组织被成员国要求解决与民航有关争议问题的例子，反映了构成这种争议的政策考虑的重要性以及国家持续尝试和平解决争议的努力。尽管国家间仍会存在政策争议，但这是治国方针以及国际政策的一个自然延伸，但当审议提交给它的问题或者裁决国家间争议时，国际组织的权限不能用来解决个别国家的政治动机。在这方面，国际民航组织行走在外交和目标间微妙的平衡木上。

目　　录

译者前言 …… Ⅰ
前　言 …… Ⅲ
绪　论 …… Ⅶ

第一部分　空中航行

第一章　公约的一般原则和适用 …… 3
第一条　主权 …… 3
第二条　领土 …… 33
第三条　民用航空器和国家航空器 …… 37
第四条　民用航空器的滥用 …… 57
第二章　在缔约国领土上飞行 …… 73
第五条　不定期飞行的权利 …… 73
第六条　定期航班 …… 79
第七条　国内载运权 …… 88
第八条　无人驾驶航空器 …… 92
第九条　禁区 …… 108
第十条　在设关机场降停 …… 115
第十一条　空中规章的适用 …… 125
第十二条　空中规则 …… 147
第十三条　入境及放行规章 …… 151
第十四条　防止疾病传播 …… 177

第十五条　机场费用和类似费用 …………………………… 190
第十六条　对航空器的检查 ………………………………… 203
第三章　航空器的国籍 ………………………………… 213
第十七条　航空器的国籍 …………………………………… 213
第十八条　双重登记 ………………………………………… 214
第十九条　管理登记的国家法律 …………………………… 215
第二十条　标志的展示 ……………………………………… 216
第二十一条　登记的报告 …………………………………… 217
第四章　便利空中航行的措施 ………………………… 238
第二十二条　简化手续 ……………………………………… 238
第二十三条　海关和移民程序 ……………………………… 259
第二十四条　关税 …………………………………………… 262
第二十五条　航空器遇险 …………………………………… 267
第二十六条　失事调查 ……………………………………… 280
第二十七条　不因专利权的主张而扣押航空器 …………… 288
第二十八条　航行设施和标准制度 ………………………… 289
第五章　航空器应具备的条件 ………………………… 295
第二十九条　航空器应备文件 ……………………………… 295
第三十条　航空器无线电设备 ……………………………… 296
第三十一条　适航证 ………………………………………… 297
第三十二条　人员执照 ……………………………………… 324
第三十三条　证书及执照的承认 …………………………… 347
第三十四条　航行记录簿 …………………………………… 348
第三十五条　货物限制 ……………………………………… 349
第三十六条　照相机 ………………………………………… 350
第六章　国际标准及其建议措施 ……………………… 351
第三十七条　国际标准及程序的采用 ……………………… 351
第三十八条　背离国际标准和程序 ………………………… 352
第三十九条　证书及执照的签注 …………………………… 400

第四十条　签注证书和执照的效力 …… 401
第四十一条　现行适航标准的承认 …… 402
第四十二条　合格人员现行标准的承认 …… 403

第二部分　国际民航组织

第七章　组织 …… 407
第四十三条　名称和组成 …… 407
第四十四条　目的 …… 442
第四十五条　永久地址 …… 451
第四十六条　大会第一届会议 …… 452
第四十七条　法律能力 …… 453
第八章　大会 …… 462
第四十八条　大会会议和表决 …… 462
第四十九条　大会的权力和职责 …… 479
第九章　理事会 …… 480
第五十条　理事会的组成和选举 …… 480
第五十一条　理事会主席 …… 488
第五十二条　理事会的表决 …… 489
第五十三条　无表决权参加会议 …… 490
第五十四条　理事会必须履行的职能 …… 491
第五十五条　理事会可以行使的职能 …… 498
第十章　航行委员会 …… 500
第五十六条　委员会的提名和任命 …… 500
第五十七条　委员会的职责 …… 501
第十一章　人事 …… 502
第五十八条　人员的任命 …… 502
第五十九条　人员的国际性 …… 503
第六十条　人员的豁免和特权 …… 504

第十二章　财政 …… 505
第六十一条　预算和开支分摊 …… 505
第六十二条　中止表决权 …… 506
第六十三条　代表团及其他代表的费用 …… 507
第十三章　其他国际协议 …… 508
第六十四条　有关安全的协议 …… 508
第六十五条　与其他国际机构订立协议 …… 517
第六十六条　关于其他协定的职能 …… 518

第三部分　国际航空运输

第十四章　资料和报告 …… 521
第六十七条　向理事会送交报告 …… 521
第十五章　机场及其他航行设施 …… 522
第六十八条　航路和机场的指定 …… 522
第六十九条　航行设施的改进 …… 523
第七十条　提供航行设施费用 …… 524
第七十一条　理事会对设施的提供和维护 …… 525
第七十二条　土地的取得或使用 …… 531
第七十三条　开支和经费的分摊 …… 532
第七十四条　技术援助和收入的使用 …… 533
第七十五条　从理事会接收设备 …… 534
第七十六条　款项的退还 …… 535
第十六章　联营组织和合营航班 …… 536
第七十七条　允许联合经营组织 …… 536
第七十八条　理事会的职能 …… 537
第七十九条　参加经营组织 …… 538

第四部分　最后条款

第十七章　其他航空协定和协议 …… 541

第八十条　巴黎公约和哈瓦那公约 …… 541

第八十一条　现行协定的登记 …… 542

第八十二条　废除与本公约抵触的协议 …… 543

第八十三条　新协议的登记 …… 544

第十八章　争端和违约 …… 547

第八十四条　争端的解决 …… 547

第八十五条　仲裁程序 …… 552

第八十六条　上诉 …… 553

第八十七条　对空运企业不遵守规定的处罚 …… 554

第八十八条　对缔约国不遵守规定的处罚 …… 555

第十九章　战争 …… 556

第八十九条　战争和紧急状态 …… 556

第二十章　附件 …… 558

第九十条　附件的通过和修正 …… 558

第二十一章　批准、加入、修正和退出 …… 560

第九十一条　公约的批准 …… 560

第九十二条　公约的加入 …… 561

第九十三条　准许其他国家参加 …… 562

第九十四条　公约的修正 …… 566

第九十五条　退出公约 …… 567

第二十二章　定义 …… 568

第九十六条 …… 568

公约的签署 …… 569

结　论 …… 570

第一部分

空中航行

第一章　公约的一般原则和适用

第一条　主权

各缔约国承认每一国家对其领土之上的空气空间具有完全的、排他的主权。

1　概论

1.1　国家

关于国家在法律上的构成，1933 年的《蒙德维的亚公约》第一条指出，一个国家作为国际法意义上的法人应该具备以下条件：①永久居民；②界定的领土范围；③政府；④与其他国家建立外交关系的能力。[1]法学家们认为这个清单并不详尽，对这四个要素应当进行更深入的解释。因此，有人说“永久居民”的含义本质上应该是指一个稳定的社区或群落，如果在某一特定的领土上没有这种社区，就实际上排除了这块领土在法律上被指定为国家的可能性。对于上面提到的“界定的领土范围”，可以接受的观点是，它必须是在政治上被稳定社区或群岛所控制。而一般意义上的“政府”意味着一种由立法、司法和行政三个独立可识别要素组成的法律秩序。

孟德斯鸠通过其关于立法、行政和司法三权分立的理论提出的三权分立的法律学说，主张政府的三个分支（立法、行政、司法）要尽量彼此之间相互独立，拥有各自的权力、职权范围，并相互制约。[2]立法机构也可以控制司法工作的模式。司法机关控制不与宪法或其他法律冲突的法律，且有权纠正和控制执行机构行使其权力（执行法律）。行政机构是政府行使其权威、权力和国家日常管理责

---

〔1〕 1933 年 12 月 26 日《国家权利和义务公约》，1934 年 12 月 26 日生效。

〔2〕 Bijo Francis，一位作为亚洲人权组织的人权律师曾说：“在印度记录这些事情很有趣，无论什么时间，印度的立法机关或者国会总是试图利用议会特权对司法系统进行没有正当理由的反对和干涉，司法机关已经纠正过立法机关的错误了。”

任的一只手臂，并在国家范围内执行国家法律。

这种三权分立制度对于保证“Omnia praesumuntur rite et solemniter esse acta”（所有的行为都被假设为正确且具有规律性的）这个法律格言的实现是很重要的。它还可以确保良好国家治理的实现。总的来说，在现代国家中，公众对善治的兴趣已经作为现代国家治理的一个共同标志，此种兴趣已经不再局限于在过去承担评估治理水平的学者和志愿者中。对善治的关注和兴趣可能源于社会公众受教育水平和社会意识的提高，也就是现在被熟知的“公民素养”，以及全球化所致复杂问题的扩散和超越同一边界的国际意识。因此，一个关于善治的实证论证，现在成为一种迫切的需求，这种善治的制度可以为公众提供必要的工具，让他们自己设计和创造他们自己想要的治理模式，而这种模式能够为他们提供符合他们期望的成果。

从本质上讲，作为对于一个国家正常运行至关重要的政府，管理是一系列的责任和实践，用来实现国家的战略规划和确保实现国家的目标。善治的指标是：公民的参与；政府行为的问责制；透明度；社会角色的平等（性别、种族、年龄、宗教信仰等）；伦理规范；诚信、全球环境中的竞争力；与其他政府或主体的协作力；公平程序和正当程序以及对法治的尊重。一个国家对法治的坚持是决定善治能否实现的极其重要的因素。它承载的原则是法律（由普通法院执行）是至高无上的，而且全体公民（包括政府官员）平等，并受法律约束，同时也平等地受法律保护。

至于国家第四个特征的“独立性”，在《蒙德维的亚公约》中与其他国家建立外交关系的资格和能力捆绑在一起，并被认为是完成建国的决定性因素。在这个问题上，最重要的是一个国家在其职能中具有一定的中心地位并避免受到其他国家或实体的干涉。

按照近代以来的说法，已经确定了另外两个对国家构成的要求：同意遵守国际法和达到一定的文明程度。

1.2 主权

1.2.1 理论角度

国家对其领空的主权的承认，不可避免地要假设这一规则在很早以前的航空法中已被确立。1919 年 10 月 13 日由 26 个国家签署的《航行规则公约》《巴黎公约》就指出，缔约国认识到每一个权力主体都对其领土上面的空域有完全的、排他的主权。[3]

即使《巴黎公约》仅承认了每个国家的主权在其领土上方的空域。这意味着对领空的主权已经是在国际法上被确认的权利了。

这个概念实际上可以追溯到罗马时代：

> 各个国家声称、主张，甚至实践了领空主权……而 1919 年的《巴黎公约》也很好地在法律和历史上承认了现有的国家领空。[4]

为了保护公民的私人和公共权利，罗马采取了一种包罗万象的方式。除非它能像在陆地上行使主权那样行使领空主权，否则它还不能将设想中的全部管辖权制定成对公民有效的法律。空域主权概念的起源可以追溯到查士丁尼大帝的《民法大全》，这个概念就出自这本书中的一个章节[5]。相应地，从那时起，领空就变成了一个在国际法领域存在争议的话题。鲍韦（Bouve）补充认为，领空是为了适应人类飞翔的能力而产生的新空间[6]。因此，这个被私法箴言“Cujus est solum，ejus estusque ad coelom（谁占有土地，谁就占有土地上空）”赋予的权利，被古罗马法正式确立为一个人的绝对权利。这一箴言的意思是，土地所有者对于土地所有权的权利延伸到其对土地上方空间的权利。后来这一箴言却被发现作为绝对规则是不能接受的，遭到诸如“某个黑律师的产品”[7]等评论派法学家的批评。后来这个规则的含义演变成：任何国家不能在一些已经公认的可航行空域主张主权，除非是出于保护该空域下方领土主权的目的[8]。

法国哲学家博丁（Bodin）把主权原则带给了西方世界。当时的政治态度正从普世教会占支配地位向普遍的法律秩序转变，博丁解释主权不受法律约束，是一种超越公民和臣民的至高无上的权力。博丁说道，如果一个国家希望成功做到

---

〔3〕 对此问题的延伸讨论见 Milde（2012）at 8 – 10.

〔4〕 Cooper（1968） at 55.

〔5〕 42 tit. 24，pr 22 S 4.

〔6〕 Bouve（1930）.

〔7〕 Baldwin（1910）.

〔8〕 Cooper（1968） at 29.

善治的话，那么每个独立的社区都必须考虑到在承认法律权威的同时，国家是凌驾于法律之上的。其他支持绝对主权理论的法学家，如格劳秀斯，主张主权国家的标志是独立于外国控制，再如托马斯·霍布斯，认为主权是绝对的而其滥用是不可想象的。约翰·洛克认为主权不是绝对的和毫无疑问的，而是政府与人民之间社会信任的交换。因此，破坏国家与人民之间的信任会损害主权。

问题的关键在于主权是如何决定的？法律和司法均赞成空域主权取决于其在与土地和海洋的关系中所起的重要作用。换句话说，为了使国家能够对其领空声明享有主权，一种具有象征意义的领空是十分必要的。因此，主权概念变成一个可以与排他性的财产所有权并列的概念。为了确定领空的主权，必须具备三个因素：空域的使用性、实质性的占有和排他性的控制。

领空的使用性与社会的实际需求紧密相连，而且对于社会需求问题的解决有促进作用。罗斯科·庞德认为对财产的控制和使用的基础之一是其社会学的重要性。在领土和领海的社会价值与国家领空所提供的保护之间建立联系并不困难。韦伯和埃利希都认为法律不是一套正式的规则，但这是建立社会秩序的一种主要方法，相应地就像人们只是为了表现出无可争议的理由来拥有财产。最后一个因素（排他性的控制）可以被归入现代法律思想；对主权概念的现代诠释是，主权不是制造战争或剥削他人的能力，而是在某个特定的国家或地区所进行的立法。

也许让人接受领空主权概念最令人信服的理由出自汉斯·凯尔森的纯粹法学理论。凯尔森认为国际法的基础是一个普通的或基本的法律假设，纯粹从法律出发而不是从道德出发。这种基本规范是国际惯例。关于这一点，航空法的哲学是建立在领空主权之上的，并且要通过这些传统概念维护其公信力。主权的基本思想发展到了最终结论和终极论题，当庞德提出：

> 人类必须能够在文明社会中，为了对自己有利的目标，控制他们靠自己的劳动创造的且在现有的社会和经济秩序下获得的事物。这是现代文明社会的最终假设。

到19世纪末，绝对的私法领空的概念已经过时。在20世纪初，已经出现国家领空主权的概念。国际公法开始接受领空主权问题的动力是，1904年8月俄罗斯击落了进入其领空的德国气球和其他两个分别发生在1908年和1910年的不相关但相似的事件。法国于1910年急忙在欧洲强国之间召集了一个会议。就是在这个会议上，欧洲各个国家首次达成共识，认为领空属于各自国家。

国际法中的主权是行使国家职能的权利，把所有其他国家排除在世界的某个特定区域之外。在国际航空法领域，主权概念是几乎所有航空法和其他规范的基本前提和假设。“二战”后关于空域主权的概念以及航空法哲学的立场，在受限的国家领空主权和空间自由飞行之间来回摆动。O. J. 威尔教授分析了主权概念在现代发展中应有的三个基本原则：每个国家对其领空拥有专属的主权；每个国家对进入其领空的任何航空器都有完全的自由裁量权；公海上方空域和其他不属于国家的区域裁判权是无效的，所有国家的飞机都可自由通过。

主权，在其原始的含义中，包含一个国家在地球上某一区域独立地行使权利，排除其他国家的干涉以及国家的正常运行。但在20世纪60年代至70年代，国际法的发展受到了冷战的刺激，冷战促使法学家们把关注焦点从主权的排他性转移到了如何使主权适应国际化和民主化。尽管政治理论和社会正义由于华沙解约、德国统一、一些共和国的独立完成了从专属主权到扩展主权的转变，尤其是在公海上的一些限制，但问题是在主权领域是否存在一个清晰可识别的标志。

主权有两个特性：

第一，内部主权。一个国家借以行使其独有的权利和能力来决定其自身机构的性质，并为其提供支持的功能。内部主权还包括一国制定其内部法律和确保其被遵守的专有权力。

第二，外部主权。一个国家借以自由地决定它与其他国家的关系，不受其他国家或实体的干涉与控制。

休伯在1928年的帕尔马斯案中指出：

> 主权在国家关系中意味着相互独立。在地球上某一地区独立就意味着可以在其中行使权利，同时排除其他国家的干涉，从而实现一个国家的功能。国际法在过去几个世纪的发展中，作为国际法发展的逻辑推论，已经确立了国家权力在本国领土上的排他性，并通过这种方法使之成为在国际关系中解决大部分问题的出发点。主权与地球表面上的每一部分有关，是任何国家将

特定区域作为自己领土的一部分的必要法律条件。[9]

郑斌教授在演讲中提出“二战”后主权原则就像在《芝加哥公约》第一条中所述的那样并得出以下结论：

> 每个国家对其领土上空的空域享有完全的主权，这是一个已经被国际法确认的原则。它意味着现在的民用航空运行取决于飞越国的默许或以协议方式的同意。[10]

英国牛津大学的伊恩·布朗利教授引用了主权和国家平等的原则进行推论，认为主权即：

> 排他性司法管辖权，针对一个有永久居民的地方；不干涉其他国家管辖权的责任，以及由习惯法和所签署的条约产生的义务。[11]

伊恩·布朗利在他所写的《国际公法原理》一书中提出一个更现代的观点，即主权一词是独立的代名词。《联合国宪章》第二条第四款告诫全体成员国，在国际关系中，避免使用威胁或武力来干涉其他国家的领土完整和政治独立，或者以其他方式违背联合国的宗旨。为与这个基本前提保持一致，1965 年《关于不允许干涉国家内政宣言》强调任何国家无论出于什么理由都没有权力直接或间接地干预其他国家的内部或外部事务。宣言还强调，武力干涉和其他形式的干涉，或试图威胁一个国家的尊严或政治、经济、文化的行为都应被谴责。这一原则被 1970 年的《国际公法宣言》重申并记录在联合国大会第 2625 号决议中。

斯塔克认为：

> 现代意义上的主权概念比 18、19 世纪时受到的限制更多，在那个时候，对国家主权少有限制。目前几乎所有国家，为了国际社会的利益也不得不接受对于国家自由行动的限制。世界上的大多数国家都是联合国和世界劳工组织的成员，它们都承担了在国际政策方面限制自身自由裁量的义务。因此，

---

〔9〕 2 RIAA, at pp. 829, at 838 (1928).

〔10〕 Cheng (1962) at 3. 参见该书第 3 至 17 页关于依据《芝加哥公约》确立的原则，航权如何被赋予航空公司。

〔11〕 Brownlie (1990) at 287.

今天准确地说，国家主权可能意味着国家在国际法规定的范围内所拥有的剩余权力。值得注意的是，主权概念就像早期国际法学家的学说，他们把国家作为国际法的附属，而国际法又是自然法的一部分。〔12〕

联合国原秘书长科菲·安南给主权下过这样的定义：

国家主权正在被全球化和国际合作的力量重新定义。现代国家被广泛地认为是人民的公仆而不是相反。同时，在《联合国宪章》中，每一个人的人权和基本自由都是神圣的，重新认识到每个人有权控制自己的命运增强了人权的理念。〔13〕

主权从技术上排除了一个国家对其他国家事务的干涉。斯塔克认为：

不干涉原则是国际法的一部分，该原则的基础是国家的领土主权和完整性。在国际法领域，国际干预是不被允许的，否则，会对因主权而产生的国家自由选择产生不利影响。当国际干预制约了国家的自由选择时，它就变得不被接受了。〔14〕

尽管存在上述观点，但主权已经不可争议地不再是一个绝对保护国家不受任何内部侵犯或者公民非理性反对的概念。因此，主权在国际法上不再被看作对于对抗干扰的绝对保护。它不再是一种绝对的权利，而是一种对国家的管理责任，要对内部和外部负责。布鲁金斯研究中心所最近的研究表明，在非洲的内部冲突中，主权国家经常不能为自己的公民创造福利，不能在人道主义冲突发生后让受害者得到帮助。因此，需要在国家主权和保护公民不受国家任意和反复无常的行为损害之间建立一种微妙的平衡。

1.2.2 实践方面

从航空的角度来看，第一个关于《芝加哥公约》第一条领空主权的官方实例记录是，国际民航组织大会第21届会议（1974年9月24日至10月15日，蒙特利尔）通过的A21-7号决议（耶路撒冷机场），大会认识到耶路撒冷机场位于阿

---

〔12〕 Starke（1977）at 106.

〔13〕 http：//users. lmi. net/wfanca/pp_annan_on_sov. html.

〔14〕 Starke，见上引注〔12〕.

拉伯被占领土，并在国际民航组织中东航行计划中的约旦管辖权下登记。大会决定所有缔约国在执行《芝加哥公约》相关条款〔15〕时，除非按照该条款的规定得到事先许可，否则，应采取一切措施，避免经营或允许任何航空公司经营来往于耶路撒冷机场的任何航班，无论是定期的，还是不定期的。

大会还通过了 A21-21 号决议（关于具体针对空中航行的持续政策和相关做法的综合声明），附录 N 声明任何缔约国在向另一国家委托在其领土上方的空域内提供空中交通服务责任并不减损其主权。

国际民航组织理事会已经在若干场合考虑侵犯一国领土主权这一问题。

1996 年 2 月 24 日，美国注册的民用飞机（通用航空）被古巴军用飞机击落，导致 4 人丧生。根据从美国当局获得的关于这次事件的消息，国际民航组织理事会主席在 1996 年 2 月 26 日写信给古巴政府，表达了他深切的关心，并请求古巴政府提供与此次事件有关的真实和权威信息。〔16〕紧接着安理会于 1996 年 2 月 27 日正式要求国际民航组织理事会考虑《芝加哥公约》第五十四条第十四项。在同一天，美国国家安全局发布了一份声明，声明中称总统对古巴军用飞机击落美国注册的两架民用飞机事件表示强烈谴责。美国国家安全局还提到了《芝加哥公约》第三条分条和 1984 年的《蒙特利尔议定书》，其中规定国家必须避免在战争中使用武器对付平民而且不得危及船上和飞机上平民的生命安全。安理会要求国际民航组织理事会对这一问题进行调查并尽快向其汇报。〔17〕古巴在给理事会主席的回信中，记载了美国飞机的一系列违规行为。在接下来的进一步的交流中，古巴外交部于 1996 年 2 月 28 日，向国际民航组织秘书长指出美国飞机在古巴领空的一系列违规行为在过去的 20 个月中持续增加。古巴政府敦促国际民航组织对美国飞机多年来在古巴领空的违规行为进行广泛调查，包括 1996 年 2 月 24 日发

〔15〕 根据第五条，各缔约国同意，所有所有不从事定期国际航空服务的国际航空器，在遵守本公约条款的前提下，都有权利在其领空进出和进行不间断飞行、未经许可而进行非交通目的的停止，并根据国家的要求进行降落。每一个缔约国仍保留权利，出于飞行安全的原因，要求飞行器在无法进入或没有空中导航设施的地区按照规定路线进行飞行，或者在某些飞行时获得特别许可。第六条规定，除非经一缔约国的特别许可或其他授权，并按照这种许可或授权的条件，不得在该缔约国领土上空或进入该缔约国领土经营任何定期的国际航空服务。

〔16〕 Memorandum PRES AK/97 dated 26 February 1996 from President of the Council to Representativeson the Council，Attachment.

〔17〕 S/PRST/1996/9，27 February 1996 at 35 I. L. M. 493（1996）.

生事故的这一次。

国际民航组织收到的关于 1996 年 2 月 24 日事件的通信都要求该组织依据《芝加哥公约》第五十四条第十四项，研究以下两个问题：

对于 1996 年 2 月 24 日的事件，美国和古巴都要求进行调查；

古巴要求对美国飞机在古巴领空的违规行为进行调查。

当国际民航组织理事会在 1996 年 3 月 6 日审议上述问题时，美国所采取的立场主要是基于《芝加哥公约》第三条分条，即每个国家都有义务不对民用航空器使用武器。因此，美国声称古巴的行动是公然违反国际法的行为，对没有武装的、已知的民用飞机开火永远都是不合理的。因此，美国要求古巴政府根据国际法的要求，对死难者的家属进行赔偿。〔18〕

作为回应，古巴代表团声称古巴是多年来遭受包括美国飞机在内的其他国家航空器侵犯主权和领土完整行为的受害者，而且在过去的 20 个月中，在古巴已经发生了 25 起类似的侵入领空的事件。古巴提出相反意见称，作为美国以第三条分条作为参考的回应，该条也规定，每一架民用飞机都必须遵守领空所在国的规定，而且这些民用飞机的注册国有义务遵守这些规定。古巴举出的另一个例子是第三条分条第四项的要求，每个缔约国被要求采取适当的措施，禁止蓄意使用在本国注册的民用航空器，尤其是用于任何与《芝加哥公约》精神相悖的目的。

当美古争端发生后，理事会总体上的意见是，古巴采取的行为是应受谴责的〔19〕，英国的观点代表了多数意见，英国认为“原则很简单，在国际航空法领域不允许对民用航空器使用武器”〔20〕。关于古巴提出的侵犯领空的问题，很多国家认为所有国家都应避免侵犯其他国家的领空，该义务应成为国际义务的一部分，一些国家将他们的注意力集中在《芝加哥公约》第四条上，该条款要求任何国家不得将民用航空器用于与公约精神相悖的目标。

联合国安理会在 1996 年 7 月 26 日通过了第 1067 号决议，在注意到各种声明和决议之后，联合国安理会秘书长和国际民航组织谴责于 1996 年 2 月 24 日发生

---

〔18〕 ICAO Doc 9676-C/1118, C-MIN 147/1-16: Council—147th Session, Summary Minutes with Subject Index at 68 – 71.

〔19〕 上引注在 79—92。

〔20〕 上引注在 88。

的古巴空军击落美国两架民航飞机的事件。安理会呼吁古巴遵守由航空法尤其是《芝加哥公约》规定的国际义务。

安理会重申所有国家在其领空和领海上空的空域都拥有主权。所有的国家必须遵守《芝加哥公约》的原则、规则和标准，包括与拦截有关的规则和不得对民用航空器使用武器。

决议还指出这次击落两架飞机的行为违反了对民用航空器不得使用任何武器的原则，而且当拦截这些飞机时，也不得危及飞机上平民的生命安全。古巴曾辩称，这些航班进入其领空是挑衅行为。安理会谴责拦截行为，并对该行为导致遇难的4个人的家属表示哀悼。所有各方都呼吁尊重国际民用航空法律和程序，同时也重申了国家有权对有悖于《芝加哥公约》精神的航空器采取限制行动。

由于其固有的复杂性，主权是国际民航组织理事会需要审慎处理的问题。当理事会主席在其声明中提出三个可供理事会选择的办法时，即决议、决策和结论，理事会主席的智慧和外交手段被证明是无价的。主席进一步向理事会提出建议，即理事会无论通过决议、决策或结论，任何一种都可以在实施方面有约束力。从而，理事会主席提交了一份由美国和古巴共同修改后的决议草案，供理事会考虑。主席在决议草案中建议，应当认识到对飞行中的民用航空器使用武器是与人类基本价值判断和国际行为准则不相容的，重申国家必须避免对飞行中的民用航空器使用武器，同时在拦截飞机时，飞机上平民的生命和飞机本身的安全不应该受到严重威胁。在具体行动上，决议草案要求秘书长立即对飞机的击落事件进行调查，特别提到了安理会的要求，并要求该调查报告应在60天内提交给理事会以便于理事会将其提交给联合国安理会。[21]

就第三条分条而言，理事会主席解释说，第三条分条仅认可习惯国际法的一项原则。因此，主席认为，决议没有必要重申第三条分条，因为该条已被决议案文中的人道主义原则所吸纳。[22]应当注意到，通过排除已被《芝加哥公约》有效并入的习惯国际法原则，理事会在其职权范围内行动，并避免在查明事实之前，作出武断的认定，进而在外交和政治中发挥了最终的作用。

---

〔21〕 上引注在102—103。

〔22〕 上引注在103。

1996 年 6 月 27 日，国际民航组织在安理会秘书长做完报告之后通过的最后决议中，体现出了两个重要原则。第一，理事会重申并确认了任何一个国家对于其领土之上的领空拥有完整并排他的主权，而且领土应该视为包括领土、领海及相邻区域；任何国家必须避免对航行中的民用航空器使用武力，而且当拦截民用航空器时，航空器上平民的生命和飞机安全不应受到威胁。第二，每一个缔约国都应当确保采取适当的措施禁止在该国注册的民用航空器被用于与《芝加哥公约》规定不一致的行为，这个原则对决议来说也是不可或缺的。理事会谴责对民用航空器使用武力，并在决议制定过程的最后阶段提及第三条分条，当从外交角度进行审视时，是有意且适当的。

当理事会以后需要解决第五十四条第十四项所涉及的问题时，上述决议是一个范例。此外，这个决议巧妙地指出了理事会的观点。一方面，所有国家对于其领土上方的领空的主权是不容侵犯的；另一方面，任何国家在任何情况下都没有权利使用武力去威胁飞机上人员的生命安全。

国际民航组织是联合国的一个专门机构，应成员国的要求处理有争议的问题，此时，需要就国际民航组织是否应在其外交努力中避免逾越国际政治的界限，作出决定。美古事件就是一个很明显的例子，具有奉献精神的国际民航组织理事会扮演了一个平衡者的角色。主权的二元性和国家对于其领土的保护与任何情况下不得对民用航空器使用武器达到了很好的平衡。

国际民航组织理事会审议 1988 年的伊朗航空事件体现出国际民航组织理事会在处理问题时，在何种程度的政治斗争。这涉及击落一架计划从阿巴斯港飞往迪拜的载有乘客的伊朗航空公司的 A300 客机（IR655）。这架飞机被美国文森号军舰在波斯湾上空击落，导致机上 290 人丧生。这场发生在 1988 年 7 月 3 日的事故，被理事会开会评估了很多次，并在 1988 年 12 月 7 日通过了决议。决议回顾 1988 年 7 月 3 日的事件，认可了国际民航组织秘书长的调查报告，并敦促所有国家对民用航空器的航行安全采取一切必要的行动，特别是要确保民事和军事活动的有效协调。这个决议参考习惯国际法的一项原则，国家必须避免对民用航空器诉诸武力并敦促各国尽快批准第三条分条。

国际民航组织理事会所面临的紧急情况已经变得清晰起来。理事会希望通过纯技术的角度来解决这次事件，并严格地避免政治问题和陷阱。这对于解决前面提到的问题当然是正确的，理事会将其范围限制在《芝加哥公约》规定的原则所涵盖的技术问题之内。

采取协调一致的行动来压制所有危害人类的行为从而促进国际航空运输的有序发展。在这个背景下，最有力的例证就是 1973 年 3 月由大会通过的第 A20-2 号决议非法干扰民用航空，重申了国际民航组织的作用是促进解决缔约国之间，在影响全世界民用航空有序运行的事项上可能出现的问题。[23]

在 1983 年 9 月 1 日，国际民航组织理事会主席收到了来自韩国外交部长的外交公函，其中说到 1983 年 8 月 31 日由韩国航空公司波音 747 客机执飞的，自阿拉斯加飞往首尔的 007 航班从安克雷奇机场起飞后在雷达屏幕上消失了。部长请求国际民航组织提供协助以确保旅客、机组人员和飞机的安全。[24] 理事会主席立即给予了回应，包括向苏联民用航空部长传达这个信息。国际民航组织告知苏联，民航组织得到消息，一架民航客机已经坠落在苏联领土而且民航组织确信苏联当局正在采取措施救援机上人员和财产。[25]

作为对事件的最初反应，理事会在 1983 年 9 月 15 日至 16 日应韩国和加拿大政府的请求召开了特别会议，并形成了决议说明韩国航空公司的一架民用飞机于 1983 年 9 月 1 日被苏联军机摧毁。理事会通过这份决议表达了对在这一悲惨事件中失去亲人的家庭最深切的同情，重申了拦截民用飞机时不应使用武力的原则。除此之外，决议还对在国际商业服务中造成 269 名无辜生命损失的飞机击落事件感到遗憾，并认识到这种对国际民用航空使用武力的行为是与《芝加哥公约》及其附件中的标准，以及公约和这些标准所推崇的国际和人类行为准则背道而驰的。理事会指示秘书长从飞机飞行和被击毁的技术层面进行调查以查清事实，并在 30 天内向理事会提交临时报告，并在理事会第 110 届会议期间提交一份完整报告。理事会要求各方必须给予调查充分的合作和配合。

1983 年 9 月 20 日至 10 月 7 日，国际民航组织在蒙特利尔召开的由 131 个缔

---

〔23〕 For the resolutions quoted above, see Doc 8900/2 Repertory—Guide to the Convention on International Civil Aviation, Second Edition, 1977 at pp. 1 – 3.

〔24〕 Memorandum dated 2 September 1983 from President of the Council to the Representatives on the Council, Attachment 1.

〔25〕 上引注 Attachment 2.

约国出席的第24届大会（特别会议）对这个问题进行了进一步的讨论。在一般辩论中，韩国航空公司007号航班的悲剧和关于此次事件的理事会特别会议决议最为引人注目。大会通过了A24-5号决议，支持理事会到目前为止的行动并敦促所有会员国在调查行动中全面合作。

在大会期间，加拿大代表团提议拟定一个反对拦截民用航空器的新公约[26]。大会向理事会提交了这一建议并建议进一步研究且考虑授权理事会将这一建议纳入法律委员会的工作计划。

在理事会第138届会议上，理事会审查了国际民航组织调查小组对007航班事件的临时调查报告和对击落事件的调查情况。理事会提到了各缔约国对调查小组工作的积极配合，而最终的报告将由秘书长在理事会第139届会议之前提交给理事会。

秘书长在理事会第139届会议时提交了最终报告，且理事会在1993年6月14日停止了对007号航班事件的调查[27]。从外交的角度来看，不管调查的结果如何，必须指出，报告及随后在理事会的讨论说明了理事会的作用。正如韩国在理事会发布的声明中提到：

> 理事会必须再次向全世界重申禁止对民用航空器使用武器的原则，理事会应毫无保留地谴责仅因民用飞机误入了一个国家的领空就对其进行武力摧毁的行为和事件。[28]

在理事会审议007号航班事件的过程中，国际民航组织理事会的角色实际上是由英国来承担的，它获得了几个国家的支持，但因为这并不是一个对事实进行判断的法庭[29]，因此理事会不应在报告中寻求支持和建议。理事会在国际民航事务中作为外交工具的重要作用是由理事会主席在实践中提出来的，并在对相关国家的全面合作进行赞赏并成为理事会决议实质内容的过程中慢慢形成的。主席呼吁所有缔约国批准《芝加哥公约》第三条分条，该条款的核心就是确认国际民

---

〔26〕 A24-WP/85.

〔27〕 See C-WP/9781 Appendix for the Secretary General's Report.

〔28〕 ICAO Doc 9615-C/1110, C-MIN 139/1-17: Council—139th Session, Summary Minutes with Subject Index at 69.

〔29〕 上引注在72。

航领域禁止使用武力的国际法原则。

007号航班事件的调查和国际民航组织对此次争端的解决很明显又重申了它的立场，就如其先前在解决1973年利比亚—以色列争端时所确定的。该事件是以色列战斗机于1973年2月21日在其占领的西奈半岛上空击落了一架利比亚航空公司的波音727飞机。除了飞机彻底损毁外，还有108名乘客丧生。作为一个直接的反应，国际民航组织召开了第19届特别会议，在会上大部分发言者都谴责此次击落事件。为了做出A19-1号决议，理事会进行了一系列调查并在大会上进行了公布，决议谴责了以色列的行动导致无辜生命的丧失。相信这样一个行动会对国际民用航空安全造成不利影响和危害，并强调立即进行调查的紧迫性，大会指示理事会要求秘书长进行一项调查，目的是对事实进行调查并向理事会报告。大会还要求所有参与调查的各方要全面合作。[30]

随后，国际民航组织秘书长提交了他的报告[31]，当然，实际上是调查小组所作的报告，该报告载自国际民航组织许多成员国拟订的一项决议草案[32]。根据大会的持续讨论，大会的代表们就理事会提出的一项决议达成一致。这个决议回顾了联合国安理会于1969年通过的第262号决议，谴责了以色列对贝鲁特国际机场有预谋的行动，该行动导致了商用及民用飞机的损毁，并就这种行动对国际航空业造成的巨大安全威胁表达了严重关切，并且认识到这种行动是对《芝加哥公约》所纳入的国际法原则的公然违反。

国际民航组织理事会的上述声明是在理事会缔约国之间通过外交途径解决争端的典型例证。如果分析上面列举的理事会决议的第一部分，很难不注意到，理事会已经巧妙地通过联合国通过的决议重申了一个已经存在的问题，同时避免主观判断，尽管如此，它还是向国际航空界传达了它解决问题的立场。

在决议的第二部分，理事会被证明是更富有技巧性的，它勇敢地站在了强烈谴责以色列行动的立场上，因为以色列的行动导致了利比亚民用飞机被毁和108条无辜生命丧生，并且敦促以色列遵守《芝加哥公约》的宗旨和目标。理事会通

---

〔30〕 ICAO Doc 9061, Chapter II, note 60.

〔31〕 C-WP/5764, Attachment.

〔32〕 C-WP/5792 at p. 33.

过把自己坚定的立场包含在联合国安理会一个引人注目的单一决议中，体现了精明的外交方式。在这个例子中，理事会的灵活性不能被误认为是有偏见的或曲折的，就如理事会的决议是直接而坦率的一样。

理事会对1998年伊朗航空事故的审查，体现了理事会在解决争端时，将置国际民航组织于何种程度的政治斗争中。这涉及击落一架计划从阿巴斯港飞往迪拜的载有乘客的伊朗航空的A300客机（IR655）。这架飞机被美国文森号军舰在波斯湾上空击落，导致机上290人丧生。这场发生在1988年7月3日的事故，被理事会开会评估了很多次，并在1988年12月7日通过了决议。决议回顾1988年7月3日的事件，认可了国际民航组织秘书长的调查报告，并敦促所有国家对民用航空器的航行安全采取一切必要的行动，特别是要确保民事和军事活动的有效协调。这个决议参考国际法中的通行原则，那就是国际社会必须避免对民用航空器诉诸武力并敦促各国尽快批准第三条分条，如果他们还没有这样做的话。

任何一个国家都有义务尊重其他国家的主权。除了在一个国家因违反条约规定而有责或者侵犯了一个国家而有责的情况下，仍有很多情况可将国际不法行为归于一国。[33]是否归责取决于国家与法人或者实际负责该行为的人之间的关系。只要政府官员代表国家从事，即可归责于国家，这使得国家应当审慎控制政府官员的行为。在国家明知的情况下，也可以归责于国家，在克拉基海峡案中将铺设地雷的责任归于阿尔巴尼亚是因为阿尔巴尼亚明知此事，尽管它并不知道到底是谁做的。《芝加哥公约》所确定的国家提供国际航空服务的责任，鉴于当政府官员或私人提供航行服务时，需要考察归责于国家的可能性。

国家责任已经发展到了一个较高阶段，在国际人道主义行动中，国际法的作用是主要的而且被视为是高于国家主权的。在提交给联合国大会的报告中，国际

〔33〕 以下是一些可以认定有罪的事例。比如，发生在1995年的一架属于以色列国家航空公司的民航客机被保加利亚战斗机击落，结果苏联对死亡和伤害承担了责任并向受害者及其家属支付了赔偿金。See 91 ILR 287. 另一个相关的案例是国际法院认定美国应当就尼加拉瓜案承担责任，当时美国在尼加拉瓜水域铺设了地雷并准备对尼加拉瓜港口实施袭击，石油设施和海军基地被视为是美国的代理人。See Nicaragua v. the United States，ICJ Reports 1986，14. Also，76 ILR 349. 还有一个例子是经联合国秘书长调解达成了一项和解，即由于新西兰的一艘民用船只被法国的间谍摧毁而使法国向新西兰支付了700万美元。See the Rainbow Warrior case，81 AJIL，1987 at 325. Also in 74 ILR at 241.

法委员会就国际法的作用提出了一个条款草案，其中要求：

> 每一个国家应当依据国际法和每个国家的主权都服从国际法权威的原则去建立自己与其他国家的关系。[34]

上述原则是国际交往的基石，为强化国际礼让并规制国家内外部行为提供了基础。鉴此，国家不能为了追求一己之利而不顾国际法的基本原则。

每个国家都是独立且平等的，主权这个词可能被用作独立的同义词。然而，按照现代的说法，随着全球竞争和对抗的迅速发展，任何国家都不能完全独立于其他国家。今天，“主权”和“介入”这两个词在实践中往往是相互联系的。

如果斯塔克是对的，主权是国家在国际法规定范围内所拥有的剩余权力，并且大部分国家以国际社会利益限制自身的行动，那么没有哪个国家有对国际社会对其内部行为的集体意志予以拒绝的道德权利。同时，国际社会也不能声称有权任意干涉一个国家内部的行为，除非国际社会形成压倒性一致意见。这个外交上的微妙平衡最好留给经验丰富的外交官。

1.2.3　领土

尽管《芝加哥公约》序言没有提到航空和环境保护（在1944年这还不是一个值得关注的话题），但《芝加哥公约》被拖入了一场因为欧洲执行欧洲碳排放交易计划延伸到航空领域导致的争吵中。很多国家基于它侵蚀了第一条赋予的对主权国家的保护而反对这一计划。

2003年，欧盟通过2003/87号法令[35]，修改了欧洲碳排放交易计划，在方案中增加了航空业的义务。最初，在2011年，只有欧盟机场之间的航班才会被涵盖在该方案中。从2012年起，延伸到所有在欧盟机场起飞和降落的飞机。这就意味着，该计划适用于任何一家航空公司和它的飞机，无论这些飞机从世界上的任何地方飞往欧洲，反之亦然。这就是说，这个计划适用于这样的航班，比如

---

〔34〕 Report of the International Law Commission to the General Assembly on the Work of the 1st Session, A/CN. 4/13, June 9 1949, at 21.

〔35〕 欧盟碳排放交易计划是世界上一项巨大的跨国、温室气体排放交易计划和欧盟气候政策的主要支柱。在这个计划中，每个参与国对于单个电厂和大型电源都有关于温室气体排放的一个国家分配计划。每台设备在特定阶段内都有一个最大的排放量限制。为了遵守这项规定，既可以减少设施的排放，也可以从其他国家购买配额。每一个新时期都有逐步收紧的上限，从而迫使减少排放总量。

一架从纽约飞往伦敦的航班，即飞越美国领空和其他国家领空，尤其是进入欧洲领空前的空域的飞机，也必须符合该计划的标准。该计划的批评者声称这样做超出了欧盟法律的界限。另一个争论的焦点是欧盟并没有明确说明在该计划下的资金将会流向哪里。布莱恩·哈维尔和约翰·穆里根经过仔细分析和充分论证，解决了域外适用的问题——所有关于该计划的争论的原因如下：

> 欧盟计划将欧盟碳排放交易计划扩展至非欧盟航空公司，这引发了国际法学者和环境法学者之间激烈的争论。美国航空公司在英国高等法院对欧盟的相关指令提出质疑，认为它与国际法相悖……，法庭和总顾问在他们关于本案中的法律问题的法律声明中，表达了对国际航空法的基本原则坚持传统理解的政治担忧，尤其是对主权、域外适用和《芝加哥公约》的适用性等问题……[36]

当一个国家行使域外管辖权时，也就是寻求将其法律在其领土以外的地方运用时，往往会与其他国家发生冲突。[37]它可以通过对效果的调用或者用超越了主权原则的"效果理论"来证明。这个理论与这种情境有关，即一个国家想超越领土的限制行使管辖权，必须基于某种行为会对一个国家内部管理产生"效果"。所有的行为发生在另外一个国家或者部分行为发生在另一个国家并不重要。在后者情况下，还会涉及"客观领土原则"。在飞机发动机排放这个问题上，客观领土原则和效果原则皆可适用。

效果原则在美国已经开始强硬地实施，尤其是在反垄断领域。[38]对这一原则司法承认的前提是国家可以对境外行为施加责任，因为这些行为在该国境内产生了不利影响。[39]这一原则后果有所修改，因国际社会对该原则广泛和任意适用提出了抗议。修改包括以下两点：境外行为必须是故意的，境外行为必须产生实质的境内效果。此外，美国法院开始适用合理性原则，该原则要求法院考查其他国

---

〔36〕 See generally, Havel and Mulligan (2012) at 3 –33.

〔37〕 普通法通常推定不能在域外适用法律. See the House of Lords decision in Holmes v. Bangladesh Biman Corporation [1989] AC1112 at 1126; 87 ILR 365 at 369. Also, Air India v. Wiggins [1980] 1WLR 815 t 819; 77 ILR 276 at 27.

〔38〕 See the US Sherman Antitrust Act 1896 15 USC paras 1ff.

〔39〕 US. v. Aluminium Company of America, 148 F. 2d 416 (1945).

家的利益以及美国与相关行为者之间关系的性质。[40]此外，法院开始坚持司法管辖原则，包括考虑其他国家的利益，以及美国和相关参与者之间的关系。《第三次对外关系法重述》也是值得关注的，它规定当其效果或预期效果显著且行使管辖权合理时[41]，国家可以根据效果原则行使管辖权。合理性是建立在国家自我限制的范围内的，以尽可能避免与受影响的国家的管辖权冲突。

在1984年的湖人航空诉比利时航空[42]案件中，法院认为法律一旦被确认适用，它就不可能受到礼让的限制或者否定。[43]当然，改变可以通过外交谈判来实现。美国最高法院在1993年裁定美国立法（即《谢尔曼案件》）能够适用于外国的行为，是因为境外行为在美国国内产生了一些实质性的影响。[44]法律的域外适用可以有效地通过"阻断法"使之变得毫无效果,[45]一个国家可以制定法律来对那个国家的公民排除外国法律的适用。

还有一些案例，美国已经控制或影响了在其境外发生的故意破坏环境的活动。比如：国会通过了一项法律，该法律禁止任何受美国管辖的个人和船舶违法在公海捕获（杀死或伤害）哺乳动物；美国环保局向美国公司发出传票，要求它们公布来自墨西哥公司的化学品的使用和投放信息，目的是遏制来自墨西哥河流污染流入美国；国会还通过法律禁止从没有大象保护计划的国家进口象牙，这样做是为了让非洲和亚洲的大象数量不会因为偷猎而下降。

美国也使用贸易和投资措施来对其他国家施加影响。比如，某些进入美国的

---

〔40〕 Timberlane Lumber Company v. Bank of America 549 F. 2d 597 (1976); 66 ILR, 270. Also, Mannington Mills v. Congoleum Corporation, 595 F. 2d 1287 (1979); 66 ILR, 487.

〔41〕《第三次对外关系法重述》构成了对早期（1965）的重述的全面修订，涵盖了更多的主题，并反映了这几十年来的重要发展，这份重述包含了适用于美国的国际法和对美国的对外关系有重大影响或有其他影响的国内法。

〔42〕 731 F. 2d 909 (1984).

〔43〕 礼让是指法律上的互惠，即一个司法管辖区会从某些特定国家扩展到其他国家，特别是通过认识到它们的行政、立法和立法行为的有效性和效果。这个术语指的是法院不应该以一种贬低另一个国家的管辖权、法律或司法决定行为的方式行事。国际公法原则的应用在这一点上尤为重要。礼让的一部分就是其他国家也会对它们的礼貌表示感谢。

〔44〕 Hartford Fiore Insurance Company v. California, 113 S. Ct. 2891 (1993) per Souter J.

〔45〕 最常见的阻碍立法的例子是防范本国公民的个人信息被另一个国家的公民所获得。几个国家已经制定了所谓的"阻断法"。"阻断法"要求对信息和文件进行保密，并试图阻止外国获取居民的信息。它通常是由那些寻求促进银行和金融行业发展的国家制定的，如瑞士、巴哈马、巴拿马和瓦努阿图，一般禁止披露那些在这些国家做生意的公司和个人的业务信息。

货物被禁运，除非这些货物符合美国法律的某些标准。同样地，美国的出口被禁止进入这些国家。

域外管辖涉及两个问题：第一，某个国家或国家联盟是否有权力在域外行使管辖权；第二，行使权力是否正当（是否符合相关法律及是否存在潜在的外交政策的冲突）。

1.2.4 领空和外空

当国际常设法院被要求在格陵兰岛东部情况案中对领空进行定义时，[46]法院认为这个词的意思指的是它的地理意义。鉴此，领空本质上是地球物理的概念，指的是存在空气的空间。简单地说，领空被认为是以倒锥的形状从传统领土边界往上进入太空的和往下到地球的中心的区域。根据数学理论，就存在空气的空间而言，包括大气中的对流层（海平面以上10千米）、同温层（海平面以上10～40千米）、电离层（海平面以上40～375千米）和外逸层（海平面以上375～2000千米）。基于这种方法，在地球的陆地之上62.5英里（约100千米）的亚轨道飞行，是一种穿越外层空间的空间飞行，但也有人会认为这并没有离开大气层，因此属于航空运输。

联合国和平利用外层空间委员会，是一个讨论关于国际空间活动技术和法律问题的联合国论坛。虽然它已经讨论了外太空的定义，但是自1962年开始到目前为止，对外太空的限制并没有讨论出明确的结论。在这一点上，值得注意的是，联合国和平利用外层空间委员会下属的法律委员会，通过它关于外太空定义的讨论以及与之相关的工作小组，已经考虑航空航天飞行器可能相关的法律问题。一份问卷传阅给了所有的联合国成员国。到目前为止，已经收到的回复和对这些回复的分析，以及对外太空的定义等相关问题的讨论可以在联合国和平利用外层空间委员会网站上找到。[47]

几十年来，在联合国和平利用外层空间委员会的框架下，持续讨论的是，空气空间的垂直限制是否对航空法和空间法的适用至关重要（空间主义方法），以及亚轨道飞行应适用航空法，还是空间法（万能主义方法）。有观点提出，仅在

---

〔46〕 PCIJ Series A/B, No. 53, at pp. 53ff.

〔47〕 www. oosa. unvienna. org/index. html.

地面到地面的飞行运输过程中通过亚轨道的飞机仍然属于在大气层空间中飞行，因此仍需遵守航空法律的原则。

亚轨道飞行是一种飞到很高的高度却不涉及将航天器送入轨道的飞行。“亚轨道轨迹”被美国法律定义为：

运载火箭或其任何部分飞出或再飞入大气层，它的真空瞬时冲击点不会离开地球表面。

2004年，第一架私人飞行器太空一号在2周内完成两次亚轨道飞行，它载有相当于3个成年人体重的载荷飞到陆地之上62.5英里（约100千米），并赢得了安萨里X大奖。它在1小时内，被飞机携带至高度接近5万英尺（约为15.24千米）后被滑翔释放，然后在80秒内被火箭发动机垂直推进到远地点超过62英里（约为99.8千米）的高度，速度超过了3马赫（约为1千米/秒）。最后落回地面，它重新进入大气层并在跑道上着陆前滑翔了15~20分钟。

太空一号，严格地说，在飞行的轨道方面不像航天飞机，甚至不像飞机，它并不依靠空气反作用力提供动力，尽管有一定程度的空气动力学控制，但是从发射高度到飞行器进入高空的轨迹来看，在大气中空气密度已经不足以满足空气动力学的要求了。达到远地点之后，在重返大气层的过程中，飞行器已经转换为依靠滑翔来为飞行提供返回地球的动力了。因此，考虑到一些设计和运行因素，在旅程的后一部分按照飞机的方式来操作应该是被考虑到的。

因此，这样的交通工具可以在定义中实现飞机主要的元素并在它们的飞行中被部分使用，但它们毕竟还是表现出了一些火箭的特性。很有可能其他交通工具也参与其中，使这种亚轨道飞行的未来也将类似于混合性质，而这种混合在未来可能会导致一系列的设计，而其中的一些设计可以更清楚地将其定义为飞机。是否应该将亚轨道交通工具（主要是）定义为飞机，在空中航行时，在《芝加哥公约》的影响下，主要涉及登记、适航证书、引航员执照、操作要求（除非按照公约第三条的规定将其归类为国家飞机）等。

维珍银河公司已经制订计划发展由5艘亚轨道飞行器组成的机组用来搭载付费旅客，每艘搭载6名；他们计划最早一批将于2008年投入商业运营。有迹象表明，至少还有一家公司计划提供有竞争性的亚轨道飞行服务。

载人和无人的亚轨道飞行已经进行了测试阶段，并发射了为以后进行亚轨道飞行的飞行器，但是一些飞行器专门设计用于在太空轨道上飞行：载人的如 X-15 和太空一号，无人的如 ICBMs 和探空火箭。亚轨道旅游航班最初将重点放在达到空间的高度要求。当航天器返回它的起飞地点时，它的飞行路径可能是垂直的，也可能是陡峭的。

在达到最大限制高度之前，宇宙飞船很可能会关闭发动机，然后再上升到最高点。旅客可以在几分钟之内体验从发动机关火到飞船降落前的降速的整个过程。

亚轨道飞行被认为是下一代的商业旅行方式。目前，商业可重复使用运载工具的飞行测试（RLVs）正在进行中，测试如果成功，将比以往任何时候都更接近实现频繁的亚轨道飞行。就像之前提到的，亚轨道飞行被认为是一种飞出大气层但无法达到维持在地球轨道持续飞行速度的任务。它们让乘客可以像从轨道上所做的那样俯瞰灿烂的地球。

我们不能把亚轨道飞行和进出太空的太空飞行混为一谈。进行太空飞行的飞船被称为宇宙飞船。一般的概念是，轨道飞行是航天飞行，而亚轨道飞行比实际的航天飞行还低。把轨道和亚轨道飞行认为是真正的太空飞行是不完全准确的。

“轨道”这个词可以有两种使用方式：它既可以用作一般的轨迹，也可以用作闭合的轨迹。亚轨道和宇宙飞行是后者。轨道飞行是围着一个中央的球体完成绕轨道运行。

从上面的讨论中可以得出的结论是，从地球到太空的飞行，宇宙飞船必须从地球上升到太空的边缘。太空的边缘，出于太空飞行的目的，指的是海平面以上 100 千米。如果任何飞行器的飞行高度超过这个边界，就被认为是宇宙飞行了。虽然太空起点是大气层消失的地方，但因为大气层是逐渐淡出的，所以很难确定出精确的界线。因此，有人会说，我们有必要接受这样一种事实，通过亚轨道完成地球特定地点与地球待定点连接的运载工具，可以包含飞机的构成要素。当然，火箭推进的飞行器不能被归类为航空器。

从航空专业的角度出发，一方面，在国际法上对空域与外太空的界线没有明确的规定，从而达成关于亚轨道飞行适用航空法或空间法的结论。另一方面，如果从功能主义的观点出发，空域是亚轨道交通工具的主要活动中心，那以航空法将占上风。联合国和平利用外层空间委员会，尤其是它的法律小组委员会，正在考虑关于航空的对象可能存在的法律问题，到目前为止还没有结论。

国际民航组织大会第29届会议（1992年9月8日至22日，蒙特利尔）形成A29-11号决议，认为国际民航组织有义务在所有相关的外太空重要问题中，陈述国际民用航空的立场。

1.2.5　无人机和主权

无人机基本上是无人驾驶的飞机（接下来在第八条中将会详细讨论）常被称作无人驾驶飞机系统。远程飞行控制系统（RPAS）超越了传统军队的应用，向一种国家非军事行动（如警察、海岸警卫队等）发展，也用于民用航空。但是，这些飞机目前主要用于军事攻击且并未有严格的规定。但它们并非对《芝加哥公约》第三条没有影响，该条款规定缔约国的任何飞机在得到特别许可前不能飞越他国领空或降落在该国领土上。

那些负责操控无人驾驶飞机（如MQ1和MQ9）的人，通常不会去寻求或获得这样的许可。《经济学家》杂志报道称：

> 载满了传感器、地狱火导弹和精确制导炸弹的无人机在阿富汗上空巡逻，发射精确制导武器来攻击巴基斯坦、也门、索马里境内的恐怖分子，并在利比亚帮助北约扭转了对卡扎菲的战局。称它们为无人驾驶飞机或无人驾驶航空系统是略具误导性的。它们可能没有人在驾驶舱中，但是每一架收割者，都是一个巨大的死亡武器，需要超过180人来保障它的飞行。一名飞行员来操控飞行（虽然基地可能在7500英里或者12 000公里以外），而其他工作人员负责它的传感器和相机。[48]

据记载，在美国总统贝拉克·奥巴马的任期内，无人机对巴基斯坦部落地区的恐怖分子的攻击事件上升了10倍，相较于布什总统在任时的每40天有1次攻击行动，现在每4天就有1次攻击行动。而这个频率仍在增长。在2012年奥巴马与罗姆尼的总统竞选辩论中，他们都赞成在反恐作战中使用无人机，那就意味着即使罗姆尼竞选成功，无人机在主权国家的空袭也将继续。约翰·布伦南，奥巴马的反恐首席顾问，明确表示美国将在接下来的三年时间里逐步撤出驻扎在阿富

---

〔48〕 The Economist, 8th October 2011.

汗的美国军队并减少无人机攻击，这部分源于基地组织的恐怖活动被遏制。

这就产生了一个有趣的观点，《联合国宪章》第二条第四款明确规定：

所有成员国应避免在国际关系中使用或威胁使用武力来反对任何国家的领土完整或政治独立，或者采取其他任何与联合国宗旨不一致的行动。[49]

《联合国宪章》第五十一条进一步规定：

本宪章没有损害个人或集体的固有权利或对联合国的一名成员发动武装袭击时的自卫权利，直到安理会采取必要措施维护国际和平与安全。行使本正当防卫权的成员所采取的措施必须立即向安理会报告，而且不应影响安理会基于本条款而享有的权威和责任，即任何时候都可以采取必要行动以维护或恢复国际和平与安全。

众所周知，在“9·11事件”后，美国对阿富汗和伊拉克的入侵，使主权概念有了新的变化。民用、商用飞机被用作大规模杀伤性武器的“9·11事件”发生之后，防空识别区成为一个国家控制准备接近其领土的飞机的工具。防空识别区是领土和领海上方超出领空的一片空域，在这里出于国家安全的考虑，一个国家可以识别、定位和控制所有飞机。[50]

防空识别区一定不能和飞行情报区混淆，飞行情报区是为空域和空中交通管

---

〔49〕《联合国宪章》第二条第一款记载了联合国是建立在全体成员国主权平等的基础上的，宪章第一条规定了联合国之目的：

1. 维护国际和平与安全，为达到这个目的：采取有效的集体防止和消除对和平的威胁的措施，抑制侵略行为或其他违反和平的行为，以和平方式来实现目的，在符合正义与国际法的原则下，调整或解决可能导致破坏社会安宁的国际争端或情势；

2. 在尊重平等权利原则和民族自决的基础上发展国家友好关系，并采取其他适当的措施加强世界和平；

3. 在解决国际经济、社会、文化或人道主义问题上达成国际合作，促进和鼓励尊重人权和基本自由，消除对于种族、性别、语言或宗教的歧视；

实现这些共同目标，成为协调各国行动的中心。

〔50〕在美国联邦法规中也有类似的定义。See 14 C. F. R. S. 99. 3（2009）. 美国有四个防空识别区：美国本土防空识别区、阿拉斯加防空识别区、关岛防空识别区和夏威夷防空识别区。在美国，防空识别区适用于试图进入美国领空的商业飞机。美国亦认为沿岸国能将航空识别区适用于不试图进入该国领空的外国航空器，这一判断也适用于美国。相应地，美国军机如果不想进入其他国家的领空也就不用表明自己的身份，或遵守他国的航空识别区程序，除非美国已经同意这么做。See U. S. Navy's Commander's Handbook on the Law of Naval Operations. Also see Williams（2007）at 95 –96.

理的便利而设置的。飞行情报区涉及这片空域下方提供航空管制服务的国家。[51]设置防空识别区主要是为了安全目的而正确地识别进入该区域的所有航空器，进而在航空器进入该国领空之前，使其满足当地的准入要求。[52]虽然没有压倒性的证据，从学术或立法的角度来看，也不能借助法律解释论证防空识别区设置的合法性，但是这样的概念从来没有被质疑与现行法律不一致。[53]

值得讨论的是，自从“9·11事件”，民航飞机被用作大规模杀伤性武器后，作为保卫领空安全的手段设置防空识别区已显得十分重要。[54]挪威、英国、印度、巴基斯坦、加拿大等国效仿美国设置了防空识别区。[55]如果用海商法和实践做类比来看待防空识别区域，人们可以引用于1982年12月10日签署并于1994年11月16日生效的并先后被60个国家批准或加入的《联合国海洋法公约》[56]。《联合国海洋法公约》将海洋划分为国家享有不同程度权利和控制的区域。领海是完全被国家控制，从海岸或海岸基线延伸12海里的第一个区域。领海对所有船只开放，以享有无害通过权。领海往外是12海里的毗邻区，再往外是200海里的专属经济区。依据《联合国海洋法公约》第七十六条，如果满足特定条件，则200海里的大陆架可以继续延伸。

国际航行可能经常与国家保护自己主权、资源权利，以及内部安全不受侵犯的企图相冲突。在此情况下，沿海国有相应的管辖权。[57]就防空识防区而言，必

〔51〕各国家可以将这样的责任委托给另一个国家或几个国家，而不必放弃它们的主权。《芝加哥公约》附件11规定，航行信息服务提供给在管制空域和空中交通服务单位识别的其他航空公司的飞机。这些信息包括重要的气象信息、改变航线的适用性、飞机场地条件或者其他与飞行安全有关的相关信息。根据仪表飞行规则飞行的飞机接收到气象和温度条件、目的地机场和备用机场、控制区域外航空器的碰撞危险、水面飞行等信息和水面舰艇信息等所有有用的信息。根据目视飞行规则飞行的飞机接收气象条件是否使目视飞行不可行的信息。附件11还提到了通过无线广播提供的规范飞行操作的信息服务，还有通过无线广播的自动化终端信息服务。See Franklin（2007）at 426.

〔52〕See Petras（2010）at 62－63.

〔53〕See McDougal et al.（1963），at 306－311，作者认为如果为了安全目的而对进入其领空的飞机提出特定要求，符合国际法原则。

〔54〕See Dutton（2009）at 691.

〔55〕Ibid.

〔56〕Law of the sea，official Text of the United Nations Convention on the Law of the sea with Index and Annex，Final Act of the Third United Nations Convention on the Law of the Sea conference，United Nations：1983.

〔57〕See Posner and Sykes（2010）at 577.

须强调的是，设置防空识别区绝不意味着实际上的领土主权。一个国家也不能干涉另一个国家在公海上行使合法的航行权。〔58〕

一般来说，为获准进入一国领空，飞行器应遵守一国针对防空识别区设置的要求。因此防空识别区的目的在于保护国家主权的安全。从理论上讲，防空识别区的依据是预防原则，指的是在缺乏经验、科学或充分证据的情形下允许国家采取行动避免对国家产生危害。〔59〕该原则的演变尤其是在环境保护领域的演变起源于20世纪80年代早期〔60〕，尽管有证据表明该原则曾在20世纪30年代的德国流行，其核心是以良好家庭管理为理念的社会法学传统。一位评论人士指出，在今天的政治范畴内，预防原则得到了广泛的、前所未有的认可〔61〕：

> 预防原则已经在很多事件中显得极其重要，因为在很多情况下科学地建立因果关系十分困难，有时接近于对事件进行无限的无果的调查。〔62〕

为了适用预防原则，各个国家必须按照他们自己的能力来采取措施，而且必须具有成本效益。并且，所针对的威胁必须是严肃的和不可逆转的。预防原则一般通过风险分析的结构化方法，即通过比较风险评估、风险管理和风险沟通这三个因素的方法予以适用。这个原则与风险管理密切相关。它是建立在这样一种假设之上，即某一特定过程或现象的潜在风险能被识别，而且科学的评估不能保证风险可以避免。

国家可以基于社会契约理论，采取预防措施。社会契约描述了广泛的哲学理论的主题，该主题是组成国家并维持社会秩序的默示协议。社会契约理论的基础是合法的国家权力必须从被统治者的同意中获得，也就是说，一个民主国家禁止制定法律反对公民的自由，除非得到人民的同意。第一位详细阐述社会契约理论

---

〔58〕 In the United States context, see Restatement 3d, Foreign Relations Law, American Law Institute, at S. 521. The Restatement is persRPASive law in the United States. See Cardozo (1924) at 9.

〔59〕 预防原则（一个道德和政治的概念）指的是如果一个行动或政策可能对公众造成严重或不可逆的伤害，在缺乏科学共识针对伤害是否会接踵而来时，举证责任落在那些主张采取行动的人身上。预防原则经常适用于人们关于环境、人类健康等后果可能是不可预测的行为。

〔60〕 关于预防原则产生的讨论见 Scott Lafranchi, Surveying the Precautionary Principle' Ongoing Global Development 32 *B. C. ENVTL. AFF. L. REV.* 2005 at 678.

〔61〕 Marr (2003) at 3.

〔62〕 上引注在6。

的哲学家托马斯·霍布斯，他主张自然状态下的人们放弃了他们的个人权利而创建被国家掌控的主权，为的是获得保护和有秩序的社会，因此社会契约论的发展也是出于个人自利的考量。霍布斯在他的著作《利维坦》中指出了社会契约论中的诡计。

哈佛大学法学教授艾伦·德肖维茨断言说：

> 世界迫切需要一个连贯的且被广泛接受的关于自卫和防御他人的法学体系。[63]

当然，德肖维茨在这里指的是国际舞台，但是当一个国家出现无政府状态和不安全状况时，把前述观点适用于国内也不能说不对。但是，在国内实施预防法律体系的底线就是社会契约理论，即国家权力必须从人民中获得。管理行政和执法官员的行为时，必须有预防措施。预防措施永远都不能决定于法律执行者的一时兴起。

优先权[64]和预防[65]在今天的政治和军事架构中是必需的。在这种结构中，为避免伤害和保护公民而采取迅速行为，具有合法性。这需要绕过僵化教条和基于预防原则的根深蒂固的规则，并立足于“necessitat non habet legem”（紧急时没有法律）。另一个被西塞罗提出的格言就是“Inter arma enim silent leges”，它的含义是“在战争时期，法律是沉默的”。这个据说是在西塞罗时代为了解决日益增长的暴徒暴力和暴徒暴行的格言，在21世纪已经有了一个不同的、更复杂的维度，从内乱中行政和司法之间的理想互动扩展成整体的力量，称为主权的特权或自由裁量权，为公益行为，并由司法作为法治的捍卫者。

行政权力与法治之间的持久冲突就是这个格言的核心。在现代使用中，它是在内部和外部冲突中侵蚀公民自由的口号。西塞罗这个格言的广义含义是：自由，比如自由通过某国领土的权利，屈从于国家对于内部或外部威胁所作出的自卫行动。

---

〔63〕 *Preemption—A Sword that Cuts Both Ways*, Norton: New York, 2006, at 11.

〔64〕 优先权是指在一种行为对一个国家来说可能是有害的而且迫在眉睫的情况下，这种行为被军事或其他行动有效地排除。

〔65〕 预防是指在一种行为对一个国家有潜在的危害且不可避免的情况下，这种行为被军事或其他行动有效地排除。

“例外状态”或“特殊时期”是一些政治学家为不受控制的国家行为，进行的法律辩护[66]。这个理论证明了主权，作为宪法的守护者，可以根据识别敌人及对国家之威胁的专有权力对政治和法律框架内的所有危险例外作出司法之外的反应。然而，在普通法国家，这种极端观点与法治的基本理念和谐地混在一起。法治是公司自由和社会秩序的基础，也是要求政府依法行使的基本宪法原则。实践普通法的国家，如美国、加拿大、英国，为它们的传统的议会民主制而自豪，有效地排除行政机关任意的行为，从而依法保障公民自由。这一原则在安德森案的异议判决中体现出来，阿特金大法官反复说：

在武装冲突中，法律并不沉默。它们可能会改变，但它们会以与和平时期相同的方式说话。[67]

另一个问题是国家为保护其公民而暂停现有的法律秩序在多大程度上是正当的。布什主义[68]的背景是2001年的“9·11事件”，并且是不顾《联合国宪章》第二条第四款入侵阿富汗的理由。[69]。特别需要说明的是，“9·11事件”发生3个月后，美国最高法院对阿拉伯裔美国人移民监禁进行的司法检查。斯卡利亚法官说：

许多人认为，在国家面临危机时期，特别是在军事危机的极端情况下，自由让位于国家安全，这不仅是不可避免的，而且是完全正确的。无论战争使法律沉默或调整其声音这一观点的一般优点是什么，这种观点在解释和适用宪法方面都没有任何地位，宪法被精确地设计来对抗战争，并且以符合民主原则的方式来调整战争。[70]

这一强烈支持西塞罗格言的声明强化了首席大法官伦奎斯特早些时候发表的

---

〔66〕 Schmitt（1988）at 5.

〔67〕 Liversidge v. Anderson［1942］A. C. 206 at 244.

〔68〕 布什主义被视为现代预防战争的概念和理由，它认为美国有权保护自己不受那些庇护或援助恐怖分子的国家的攻击，而这个理由被用来证明2001年美国入侵阿富汗的合理性。

〔69〕“联合国的全体成员国必须在国家关系中避免以威胁使用武力来对抗领土完整或政治独立的任何国家，以其他方式与联合国的宗旨不一致” See Charter of the United Nations and Statute of the International Court of Justice，United Nations：New York.

〔70〕 Hamdi v. Rumsfeld，542 US 5047（2004）.

声明：

> 公民自由在战时与和平时期占据一样有利地位的说法既不可取，也不太可能。但法院应该更加谨慎地关注作为削减公民自由之基础的政府所声称的必要性，这既是可取的，也是应当的。因此，在战争时期，这些法律不会保持沉默，但会以不同的声音说话。[71]

主权特权和战争法治化的冲突引发了两个进一步的问题：司法是否能够在任何时候践行法治；在例外状态下国家是否可以暂停法律。前述问题在 1917 年被肖勋爵很好地进行了阐释：

> 当法律面前人人不再平等，且受害者由暴君、议会、官僚机构或其他任何专制机构决定时，就会出现特别严重的基本危险，这对英联邦而言，是一剂毒药。

“9·11 事件”不可避免地强调了民航业是一个容易受到攻击的行业，同时也是一个确保世界整体和平与安全的工具。1944 年 12 月 7 日在芝加哥签署《芝加哥公约》时，关于民用航空的现代主义观点，[72]是国家主权和被广泛接受的国际民用航空的发展将极大地有助于创建和保持友谊，但是它的滥用也会对整体安全造成威胁[73]。这种现代主义哲学实质关注的是国家的至高无上权威，在国际社会的利益与国家的国内利益发生冲突时，否定国际社会的利益。在 1960 ~ 1970 年前述观点让位于后现代主义观点，该观点承认个人是全球性的公民，国际公法上的利益与个别国家利益的考虑进行比较时，前者被认为是至高无上的。

2001 年的“9·11 事件”创造了一个新纪元，需要一种新后现代主义的观点，这种观点承认，应由国家、社会、企业共同努力，用以维持世界和平与安全。民用航空在这个进程中的作用至关重要，因为它是商业和社会互动的一个组成部分，也是国际社会可以用来加强世界人民之间互动的工具。

防空识别区很好地服务了主权国家对于攻击的防卫，与后现代主义观点一

〔71〕 Rehnquist（1998）at 5.

〔72〕 Preamble supra note 1.

〔73〕 Preamble to the Chicago Convention，Id.

致，航空应该首先服务于社会的安全，而且应该有效杜绝滥用航空造成的任何损害。《芝加哥公约》的真正意义，尤其是作为确保各个国家政治意愿的工具，在于其序言中所包含的基本哲学。在序言中，大会通过航空宣告了和平的信息。它提到了未来国际民用航空的发展可以保持不同国家之间的理解和友谊，然而它的滥用（滥用未来国际民用航空的发展）会成为整体安全的威胁。芝加哥会议中的整体安全指的是对威胁和平行为的预防。如前所述，国际民航组织大会在其各届会议上对这些词语作了尽可能广泛的解释，以涵盖社会不公平的事例，如种族歧视以及对民航商业利益的威胁。

参考文献：

Baldwin SE(1910):The law of the airship. Am J Int Law 4(95):97.

Bouve(1930):The development of international rules in air navigation. Air Law Rev 1(1):6.

Brownlie I(1990):Principles of public international law, 4th edn. Clarendon, Oxford.

Cardozo BN(1924):The growth of the law. Yale University Press, New Haven.

Cheng B(1962):The law of international air transport. London/New York, Stevens/Oceana.

Cooper JC(1968):Roman law and the maxim "Cujus est Solum" in international law. Explor Aerosp Law.

Dutton PA(2009):Caelium Liberum: air defence identification zones outside sovereign airspace. Am J Int Law 103(4):691 – 709.

Franklin M(2007):Sovereignty and functional airspace blocks. Air Space Law 32: 425.

Havel BF, Mulligan JQ(2012):The triumph of politics: reflections on the judgment of the court of justice of the European Union validating the inclusion of non-EU airlines in the emissions trading scheme. Air Space Law 37(1):3 – 33.

Marr S(2003):The precautionary principle in the law of the sea, modern decision making in international law. Kluwer Law International, Alphen aan den rijn.

McDougal MS et al(1963):Law and public order in outer space. Yale University Press,New Haven.

Milde M(2012):International air law and ICAO. In:Benko M(ed) Essential air and space law. Eleven International Publishing,The Hague,pp 8 – 10.

Petras CM(2010):The law of air mobility – the international legal principles behind the U. S. mobility air forces' mission. Air Force Law Rev 66:1 – 78.

Posner EA,Sykes AO(2010):Economic foundation of the law of the sea. Am J Int Law 104(4):569.

Rehnquist WH(1998):All the laws but one-civil liberties in wartime. Alfred A. Knopf,New York.

Schmitt C(1988):Political theology:four chapters on the theory of sovereignty (trans:George Schwab). MIT Press,Cambridge.

Starke JG(1977):An introduction to international law,7th edn. Butterworth's, London.

Williams A(2007):The interception of civil aircraft over the high seas in the global war on terror. Air Force Law Rev 73(73):95 – 96.

第二条 领土

本公约所指一国的领土，应认为是在该国主权、宗主权、保护或委任统治下的陆地区域以及与其邻接的领水。

1 领水

《联合国海洋法公约》[1]于1994年11月16日生效，第七十六条对大陆架作了界定，一国满足一定的条件即可将大陆架扩展到200海里以外。同时，《联合国海洋法公约》在不同区域也赋予了国家不同的权利。领海是从领海基线起向外延伸12海里，一国对其享有全部主权。[2]12海里的领海与《芝加哥公约》第二条所规定的邻接的领水并不是同一概念。一国通常对其内海水享有主权，以获得航行自由、享有渔业权并保护国家安全。问题是，《联合国海洋法公约》规定的12海里的毗连区是否属于《芝加哥公约》第二条规定的邻接的领水？尽管《联合国海洋法公约》对领海的规定十分明确，即从领海基线量起不得超过12海里，但一国却对领海的宽度有选择权。

在国际海洋法中，无论是国际习惯规定的抑或是依据无害通过所享有的国际航行权都会引发国家间的冲突，这是必然的，因为一国对其国家主权、资源开发权甚至是国家安全都会据理力争。如果发生这样的冲突，依据1974年、1976年的条约或是《联合国海洋法公约》，法庭都会赋予沿海国这样的权利。沿海国可以以国家安全为由禁止外国船舶靠近其沿岸。《联合国海洋法公约》第七十八条规定，沿海国对大陆架的权利不影响上覆水域或水域上空的法律地位。

在某些情况下，沿海国的分界线可能是不确定的。有些国家的海岸线是凹进去的；有些海岸线是平行于沿海国家或岛屿的不规则的海岸线。例如，在英国—挪威渔业案中，挪威主张适用直线基线来划定其领海基线，而国际惯例是领海基线从低潮线量起。[3]法院支持了挪威的主张，同时法院认为这种划定方法已使用多年且已形成国际惯例。

---

〔1〕《联合国海洋法公约》，第三次海洋法会议决议，联合国：纽约，1983年版。

〔2〕《联合国海洋法公约》第三条。

〔3〕1951年国际法院报告，第128页。

沿海国划定领海宽度时，通常是从低潮线量起，该线已得到了国际的认可。测算领海宽度的正常基线是沿海国官方承认的大比例尺海图所标明的沿岸低潮线已作为一项法律原则规定在1958年的《领海和毗连区公约》第三条。1982年的《联合国海洋法公约》的第五条也规定了该原则。〔4〕

综上，我们可以得出以下结论：《联合国海洋法公约》是《维也纳条约法公约》框架下的条约，所以其对各方有约束力，各方都应遵守。《维也纳条约法公约》规定了善意解释条款。《维也纳条约法公约》还规定，除非另有约定，否则条约对各方均具有约束力。因此，国家组成部分，无论是否为省份，亦不能违反条约的规定。《维也纳条约法公约》还规定一方不得因公约与其国内法相违背而不遵守。

2 主权、宗主权、保护或委任统治

主权问题已经讨论了，我们要讨论的下一个概念是宗主权。宗主权是一个古老的术语。宗主权是由一个更强大的实体控制一国的外交事务，同时允许一国享有有限的自治权。〔5〕在宗主关系中占主导地位的，称为宗主国。宗主权这个词最初是用来描述奥斯曼帝国与其周围地区之间的关系的。主权和宗主权之间的基本区别是，后者享有某种程度的自治，而非完全的自治权。

依据当代国际法，主权或者存在，或者不存在。在国际民航组织的191个成员国中，并不存在宗主权或殖民地。弱国可以通过缔结条约来寻求强大国家对其予以保护，但当代国际法律并不承认宗主权这种关系。

说到保护，应该对保护国和被保护国予以区别，受保护的国家应保持独立，保护国依据条约赋予其一定的外部权利和内部权力。两个国家达成协议，保护国承认被保护国的独立法律人格但不承认其主权。〔6〕关于保护国的例子我们可以看1912年摩洛哥和法国之间的条约，法国给予其一定的国内外权利。国际法院认为

〔4〕 厄立特里亚/也门（第二段：海洋划界）；卡塔尔V巴林王国，国际法院报告第184页。

〔5〕 古代有两种类型的契约。一种是平等的契约，即缔约双方地位是平等的，通过合同将二者联系起来；另一种是不平等的契约，强大的一方和弱小的一方达成协议。比如，强国会压制弱国，如果弱国遵守规则，强国会保护弱国。

〔6〕 非洲被殖民期间，一些被殖民者会与殖民国订立条约，他们被称为殖民主义的保护者，且并不享有主权。

尽管在国际关系中，法国代摩洛哥行使对外权利，但摩洛哥仍为主权国家。[7]

托管是在两次世界大战之间形成的，殖民地国家被同盟国所管理。这个制度彻底排除殖民并为被托管国提供保护，创造了独一无二的托管制度，将被托管国人民的福祉置于“神圣的信任之下”。被托管国的人民受托管国的管理。

由此，可以得出这样的结论：《芝加哥公约》意图扩展一国的国家主权的土地范围，无论基于海洋还是陆地，无论是以领土主权的形式抑或其他形式的控制。因此，在国际民用航空方面，控制了领土就控制了领空。

众所周知，在 1944 年，有两个最重要的趋势。第一，我们见证了巨大的空中力量的发展，并且某些国家的领空受到了攻击。因此，《芝加哥公约》第一条和第二条的规定表明，在和平时期，没有人可以对国家领空和国家安全造成威胁。第二，殖民主义国家行使宗主权，对殖民地进行保护和托管，殖民地想积极捍卫自己的资产。

上述条款应在现代国际民航背景下理解和解释。我们谈论的是航空运输产品，即通过空运连接世界各地的人们，是否在正确的轨道上，如果发生错误，我们如何能让它重回正轨。我们必须考虑绩效治理或业务治理，通过提高资源利用率来创造价值。

我们是否已经建立了全球航空社会？我们如何使其平衡增长和发展？随着科技的发展航空及其治理如何适应其发展？

治理是由一系列的责任和实践构成的，目的是实现其战略和确保目标的实现。接下来的问题是：“我们的战略方向能确保我们实现航空目标吗？”换句话说，我们在 21 世纪仍严格执行陈旧的观念能实现目标吗？

让我们从头开始。航空的战略方向是什么？追溯到 1944 年的《芝加哥公约》第四十四条规定，想要“创造并保持友好关系，了解全世界的国家和人民”，我们应该努力满足世界人民对安全、正常、有效和经济的航空运输的需要。我们想象不到，在一份全球性文件中，航空的战略方向是可以赚很多钱或优先考虑国家利益或航空运输行业或任何其他业务的利益。创建和维护人们之间的友谊只有通过适当的方式加以解决。

---

〔7〕 美国在摩洛哥所享有的权利，1952 年国际法院的报告，第 176—188 页。

考虑到这点，《芝加哥公约》要求对定期飞行提供许可显得十分特别。在1609年，雨果·格劳秀斯在他的代表作中写道：海洋应该向任何人开放。然而三个多世纪之后，与之相反的原则被1944年的航空大国采用。

航空运输的问题在于：一方面它涉及产品；另一方面，关于产品的规定可能限制消费者的选择，剥夺其在空中旅行方面可能的各种选择。换句话说，保护国家政策和国家利益优先于航空运输用户的利益。

航空运输业是有周期性的，并且深受全球经济的影响。无须详细阐述欧美的经济变迁及亚洲其他地方经济的显著增长。

航空业是一个全球性的产业且航空运输业正在持续增长，主要源于城市人口的持续增长。最近一次预测表明，在19世纪70年代只有四大城市的人口超过了一千万，今天〔8〕人口超过一千万的城市有26个，到2015年将超过30个。随着经济的繁荣发展，越来越多的人需要航空运输，且交通增长预计在15年内翻倍。

“连接”在航空领域最引人注目，在《芝加哥公约》中尤其体现了“世界人民需要有效和经济的航空运输”，但由于商业利益和国家政策，该原则并未体现出来。

1997年阿联酋航空开始在澳大利亚运营时，澳航感到恐惧和担忧，认为阿联酋航空威胁到了自己市场的份额。这个问题是由澳大利亚政府提出的。然而，政府的态度却很快发生了改变，当他们意识到阿联酋航空提供的服务有可能使经济迅速增长。目前〔9〕，阿联酋航空公司每周运营49个航班往返于澳大利亚的城市，并且希望将这一数字扩展到80个。澳航和阿联酋航空现在是合作伙伴，并且他们有更长的路要走。

阿联酋和美国也有这种航空服务协议，美国允许阿联酋航空在美国有航空运营，他们多么希望没有交通限制。

在这样的背景之下，如何理解《芝加哥公约》第一条和第二条的限制呢？

---

〔8〕 此外“今天”指2013年——译者注。

〔9〕 此处“目前”指2013年——译者注。

第三条 民用航空器和国家航空器

一、本公约仅适用于民用航空器，不适用于国家航空器。

二、用于军事、海关和警察部门的航空器，应认为是国家航空器。

三、一缔约国的国家航空器，未经特别协定或其他方式的许可并遵照其中的规定，不得在另一缔约国领土上空飞行或降落在此领土上。

四、各缔约国承允其在发布关于国家航空器的规章时，对民用航空器的航行安全予以应有的注意。

1 航空器的定义和用途

《芝加哥公约》附件2定义的航空器是大气中能够凭借空气的反作用而不是凭借空气对地面的反作用获得支撑的任何器械。

第三条确实是一个有趣的条文，第二款规定了三种类型的航空器为国家航空器，但这三类是已经涵盖了全部，还是列举的几种类型，对这一点的规定并不十分明确。例如，政府征用用来扑灭森林火灾或在空中进行喷洒的飞机，是否属于该条款所规定的国家航空器？更合理的方法是考虑使用飞机的目的，而非其标签。一位评论员指出：

> 国际法对军用航空器的地位并没有作出明确的规定，也没有专门的国际法或法律论著对此问题进行探讨，只是散见于一些国际条约中。即使有规定也都是从反面来定义的，即什么不适用于军用飞机或此类航空器不允许做什么。国家的实践也是基于国际惯例，而且不透明，视其为机密。[1]

《芝加哥公约》的前身——1919年的《巴黎公约》规定国家航空器是专用于国家服务的军用飞机和其他飞机，如邮政、海关和警察军用，其他所有航空器均应视为私人飞机。《巴黎公约》还规定：

> 除邮政、海关、警察军用飞机之外，其他的民用航空器应视为私人飞机，都应适用本公约。

〔1〕 Milde (2012), at 63.

《芝加哥公约》的起草者认为,《巴黎公约》明确的规定进一步论证了《芝加哥公约》第三条的定义是一个开放和包容的定义。

《芝加哥公约》的另一个缺陷是，一方面它明确提到公约不适用于国家航空器（军用飞机），另一方面第三条第三项规定：

> 一缔约国的国家航空器，未经特别协定或其他方式的许可并遵照其中的规定，不得在另一缔约国领土上空飞行或降落在此领土上。

这使得公约对国家航空器在上述范围内同样适用。

1962 年 8 月 15 日至 9 月 21 日在罗马举行的国际民航组织第 14 届会议通过了决议 A14-15（关于民用航空器和军用航空器的空中交通的协调），大会指示理事会为民用和军用联合使用空域制定指导材料，虑及各国已采用的各种政策、做法和手段，并采用令人满意的做法和手段，促进民用和军用航空器空中交通的整合。1974 年 9 月 24 日至 10 月 15 日在蒙特利尔召开的第 21 届国际民航组织大会通过了 A21-21 决议（针对空中航行的持续政策和相关做法的综合声明），在附录 O 中，大会认识到空域以及许多设施和服务应由民用和军用航空共同使用，大会决议指出，应当安排民用和军用航空共同使用空域及某些设施和服务，以确保国际民用空中交通的安全、正常和效率，各缔约国制定的管理其国家航空器在公海上运行的条例和程序应当确保这种运行不损害国际民用空中交通的安全、正常和效率。

2010 年 9 月 28 日至 2010 年 10 月 8 日，在蒙特利尔举办的第 37 届国际民航组织大会通过了决议 A37-15（国际民航组织具体针对空中航行的持续政策和相关做法的综合声明），附件 O 指出，这需要国家采取适当行动来配合军事当局进行组织和管理。它还重申了 A21-21 决议，各缔约国制定的管理其国家航空器在公海上运行的条例和程序应当确保这种运行不损害国际民用空中交通的安全、正常和效率，并且在实际可行的范围内遵守附件 2 中的空中规则。

必须指出的是,《芝加哥公约》仅适用于民用航空器而不适用于国家航空器。《芝加哥公约》第三条指出用于军事、海关和警察部门的航空器应当视为国家航空器。关于国家航空器和民用航空器的组成，无论是条约还是习惯国际法，都没有被各国普遍接受的明确的国际规则。军用飞机，包括海关和警用飞机，比其他任何类型的飞机更体现一个国家的主权。国际社会已经多次尝试定义军用航空器。对民用航空简单却恰当的定义是“由民用航空器进行的航空活动”。民用航空器包括用于运输旅客、行李、货物和邮件的任何航空器，但不包括政府和军用飞机。民用航空包括所有的航空活动，政府和军事航空服务除外，一般而言可分为三大类：定期或不定期商业飞行；用于商业或娱乐的私人飞行；专业服务工作，如农业、建筑、摄影、测量、观察和巡逻、搜索和救援、空中广告。同样，军事航空必须使用军用飞机，即航空器的设计或维修都是用于高度专业化的军事活动。

军事航空器可以被认定为使用飞机和其他飞行器进行或支持战争，其中可能包括运输军事人员和军事物资等军事活动。这些飞机通常包括轰炸机、战斗机、无人驾驶侦察和攻击无人机等，这些不同类型的飞机用于完成各种各样的军事任务。

可以说，民用航空器和军用航空器最基本的差异在于，尽管它们都是在天空中飞行，但在程序方面却有很大区别。民用航空器是根据飞机类型和飞机流量来确定飞行路径，而军用飞机是在紧急情况下进行操作，并不一定总是按预定的飞行路径飞行。1956 年 6 月 19 日至 7 月 16 日的第 10 届国际民航组织大会在拉斯维加斯召开，通过了 A10-19 决议，指出民用航空器和军用航空器共享空域、航行设施和服务，但国际民航组织的主要任务是保障民航安全。

区分民用航空器和军用航空器不能仅依据其飞行目的。在特殊情况下，民用航空器也会用于军事目的。民用航空器用于军事活动的情形越来越多。军事战略家期望得到民用航空器的支持，在军事行动中需要民用航空支持的需求变得越来越明显，在遭遇自然灾害时也需要航空器予以协助。有许多这样的实例，1982 年英国在福克兰群岛曾特许商业运输机用于军队运输。

为军事目的而使用民用航空器或为民事目的使用军用航空器时，民用航空器和军用航空器面临的问题是一样的。军用航空和民用航空本质上是不同的，在功能上也是不同的。然而，两者却面临相同的空中交通管理环境，因此，使用空域需要严格管理，不仅出于安全，也出于效率。而军事航空对国家安全与国防至关重要，是一个合法且不可缺少的活动，民用航空运输不仅是全球交互的需要，而且对全球经济的增长也做出了巨大的贡献。这两个同样重要的活动呼吁不妥协的合作：彼此之间共享空域及理解对方的需求。军事航空活动不仅包括军用航空器运行，还涉及无人机运行以及导弹发射。

国际民航组织已经发布了协调军方和民用航空器组织的指导方针，指导方针指出，为了保障民用航空的安全，双方进行协调是十分必要的。指导方针还指出，如果突然爆发武装敌对活动或存在其他任何异常因素，政府当局、民用航空器组织和飞机的机长必须根据可获得的信息评估情况并规划行动，以免危及飞机安全。

指导方针建议，如果军方观测到民用航空器进入或即将进入禁止、限制或危险区域或其他任何可能构成潜在危险的区域时，应由空中交通服务当局发布警告。警告应包括要求离开或规避该地区。如果军方无法立即联系空中交通服务当局，应该通过甚高频（VHF）121.5 MHz 发布警告。如果无法确认航空器的身份，必须立即发出警告包括特殊服务请求代码（SSR），并以对飞行员有意义的形式描述飞机位置。例如，参考空中交通服务当局路线和/或飞机场的方向和距离或航空无线电导航辅助确定航路点或报告位置。观测到未经授权的情况下航行的飞行器即将进入一个禁止、限制或危险区域，依据《芝加哥公约》附件 2 规定的航行规则，采取附件 1 规定的补救措施是十分必要的。该方针还指出协调的重要性，只要有可能，在发布任何警告和建议改变飞行路线时，军方都要向空中交通服务当局发布简报，因为不协调的警告或相关的航行建议都存在与其他飞机碰撞的潜在风险。

军方和民航方在协调方面最好能达成一致意见，尽量不要干扰民用航空器的正常操作，避免对民用航空器造成危害。理想情况下，这意味着对外公布的路线和有潜在危险的领域要准确。如果选择的路线不在计划或范围之内，对民用航空器要尽量避免采用临时限制措施。

近年来，政府人员和航空领域的专家都意识到，民用航空和军用航空均具有双重角色，共享同一个天空，这就需要外交和政治妥协。在处理航空领域的问题时，要结合政治考虑，从以往的历史经验我们可以得知，一国空中力量的总和是所有民用航空和军用航空之和。[2]此外，航空对维护和平的重要性自“二战”后为人们所认可，掌握民航对一个国家的重要性不言而喻，因此国际社会对其要进

〔2〕 van Zandt（1944）at pp. 28,93.

行监管或控制。[3]比弗布鲁克在英国议会上表示：

> 我们首先要关注的是能被国际社会普遍接受的原则，民用航空会对世界各国密切合作产生积极影响。这将是我们的目标，使民航成为国际团结、世界和平的中流砥柱。[4]

“二战”后形成的民航系统带有强烈的政治色彩，外交、国际政治与国际关系对民用航空都有影响，国际民航组织第一任理事会主席说：

> 我们应该注意到的是……如果在和平时代，外交和军事方面的考虑在国际航空运输中都占很大的比重的话，我们的航空运输史是虚无缥缈的，并且以这种观点规划航空行业未来的发展是错误的，我们应该把它视为纯粹的商业活动，或减少对政治因素的考量。[5]

这种说法真实反映了当时的民航活动，更重要的是，这种说法随着时间的流逝，即使在目前也是符合现实情况的。最近，一位评论员指出，在过去的几十年中，民航不得不服务于国家的政治和经济利益，在这方面，国际民航组织一直扮演着两种角色——外交家和监管者。[6]

航空活动的一个固有特性是融入人类活动并促进了国家间的交流，加强了国际友好关系，使全世界人民感觉我们都是一家人。[7]国际民用航空是世界政治的主要问题，因此，航空问题的解决不得不涉及政治和外交。[8]面临复杂形势时，联合国与国际民航组织的参与是十分必要的。

军用航空、民用航空在本质上和功能上是不同的。然而，两者却面临相同的空中交通管理环境，因此需要严格的空中管理，不仅出于安全，也出于效率的考量。而军用航空对国家安全与国防至关重要，是合法且不可或缺的，民用航空运输不仅对国家之间的交往是不可或缺的，且对全球经济增长也做出了巨大的贡献。[9]这两

---

〔3〕 上引注第1页。

〔4〕 航行，第XLV卷1331号，1994年1月27日，第97—98页。

〔5〕 Warner（1942），p. V.

〔6〕 Sochor（1991）at xvi.

〔7〕 Schenkman（1955），at p. 6.

〔8〕 上引注vi.

〔9〕 Abeyratne（2007）at 25 -47.

个同样重要的航空活动需要彼此之间合作共同使用空域，了解对方的需求。军用航空不仅包括用于军事目的之民用飞机，还涉及使用无人机系统（RPAS）[10]和导弹测试系统，所有这些都应在现代背景下仔细考察空域的使用。

出于安全考虑，军用航空活动和民用航空活动的合作不局限于分享空域，也包括对空域的合理分配，这两种类别的飞行活动是相分离的，特别是在军用飞行中，民用航空使用特殊的空域，也在民用航线执行任务。我们可以得出这样的结论：协调军方和民航部门是十分必要的。

在2009年10月19日国际民航组织全球军民空管合作论坛[11]上，国际航空运输协会[12]谈到，鉴于民用航空和军用航空的平等性，应将空域作为一个整体进行管理，空域既是国际资源又是国家资源，作为共同的资源，不应将其割裂开来。这就要求对所有的用户减少限制，对空域进行结构化和系统化管理和使用。

在论坛上，民用空中航行服务组织[13]强调，民用航空运输量的增加对有限的空域资源施加了压力，并使得军民合作成为当务之急。民用空中航行服务组织呼吁全球合作，并强调成功合作的关键是要相互信任、相互尊重、提高透明度、增强灵活性，在建立合作框架时，国家要充分发挥其领导地位。它还指出，区域合作也是十分必要的，特别提及欧洲航空安全局[14]，该局在决策层既是民方代表，亦是军方代表。民用空中航行服务组织呼吁要充分结合军民空中交通管理部

---

〔10〕在航空领域无人侦察机的增加使得进一步探索民用—军事航空领域变得越发重要。在许多国家，无人侦察机都用于军事措施。无人侦察机在专属经济区的上空应遵循哪国的法律呢？详参Abeyratne（2009）。

〔11〕论坛的主题是“进入全球化时代：不去妥协而满足每个人的需求”。该问题与第11次航行会议关于完善军方航空机构和管理及完善军民航空管理体系的观念一脉相承。国际民航组织A36-13号决议，附件O关于政府应采取适当的措施使军民合作。该论坛想要使军民合作政策的制定者、军民航空服务的提供者都意识到军民合作体系的完善需要每个人的参与和支持。

〔12〕国际航空运输协会于1919年成立。国际航空运输协会有七个宗旨：促进安全、准时；形成完善的航空运行体系，促进经济的发展；帮助航空业取得利润；提供高质量的服务和产品，满足消费者的需求；在航行过程中注意环境保护；确定民航的地位及为其提供解决问题的方式；为员工创造良好的工作环境。

〔13〕民用空中航行服务组织是专门性机构，它的成员国控制着全球85%以上的航空运作，该组织致力于行业内的最佳实践。

〔14〕欧洲航空安全局是一个国际组织，由38个成员组成，主要目标是建立统一的欧洲管理体系。欧洲航空安全局对促进欧洲的航空安全和环境保护有着至关重要的作用。成立于1960年，作为一个军民融合组织，为其最初的六个欧共体创造成员国的民用和军用航空器使用航空，提供空中交通服务。欧洲航空安全局已经成为重要的欧洲空中交通服务当局，引领和支持欧洲空中交通服务的完善。

门，在国内、地区间和全球形成完整的军民合作联盟。[15]

欧洲航空一体化法案旨在建立统一的管理框架，国际航空运输协会认为该法是一个很好的管理机制，民用空中航行服务组织认为该法设定了很好的合作框架，在该框架下确保空中交通管理的协调，欧盟 27 个成员国及周边的其他 28 个国家都适用该法。该项立法是由一项欧洲航空一体化项目推动的，此项目旨在通过改善基建来减少排放量。欧洲航空一体化法案和欧洲航空一体化项目是欧洲航空运输政策的基本构成要素。

政策和基础设施合并的结果是建立了一个完善的军民航空合作机构，使欧洲航空一体化代表所有欧盟成员的利益。

与欧洲航空一体化项目类似的是美国的新一代航空运输系统，该系统计划于 2012 年到 2025 年生效，旨在建立一个更加现代化的新型运输系统。它有以下五个属性：将使用全球定位系统广播式自动监视为空中交通管制员和飞行员提供更准确的信息，使更多的飞机在更密集的航路上安全飞行；由基础设施和信息管理系统构成的广域信息管理系统，会为使用者提供高质量且即时的数据信息；下一代数据通信将为空中交通控制许可、指令、建议以及飞行机组的要求和报告提供双向通信的附加手段；新一代网络化天气系统还将削减至少一半与天气有关的延迟现象；国家空域语音系统还将取代现有的陆空语音通信系统。

欧洲航空一体化和新一代航空运输系统计划在 2020 年建成，这些系统将通过新程序提高空中交通管理系统的性能，以实现效益、安全、经济效率和环境保护。

2 民用航空和军用航空的区别

对民用航空简单却恰当的定义是“由民用航空器进行的航空活动”。民用航空器包括用于运输旅客、行李、货物和邮件的任何航空器[16]但不包括政府和军用飞机。民用航空包括所有的航空活动，政府和军事航空服务除外，一般而言可分为三大类：定期或不定期的商业航空；用于商业或娱乐的私人飞行；专业服务

---

〔15〕 参见军民航空合作——民用空中航行服务组织的观点，2009 年 10 月。

〔16〕 Groenewege（1999），at 437. 必须指出的是《芝加哥公约》附件 6 – 8 中的航空器是指在大气中能够凭借空气的反作用而不是凭借空气对地面的反作用获得支撑的任何器械。

工作，如农业、建筑、摄影、测量、观察和巡逻、搜索和救援、空中广告。[17]同样，军事航空必须使用军用飞机，即航空器的设计或维修都是用于高度专业化的军事活动。[18]

军事航空器可以认定为使用飞机和其他飞行器进行或支持战争，其中可能包括运输军事人员和运输军用物资等军事活动。这些飞机通常包括轰炸机、战斗机、无人驾驶侦察和攻击型无人机等。[19]这些不同类型的飞机用于完成各种各样的军事目标。

可以说，民用航空器和军用航空器最基本的差异在于，尽管它们都是在空中行驶，但在程序方面却有很大不同。民用航空器是根据飞机类型和飞机流量来确定飞行路径，而军用飞机是在紧急情况下进行操作，并不一定总是按预定的飞行路径飞行。1956 年 6 月 19 日至 7 月 16 日的第 10 届国际民航组织大会在拉斯维加斯召开，通过了 A10-19 决议，指出民用航空器和军用航空器共享空域、航行设施和服务，但国际民航组织的主要任务是保障民航安全。[20]

民用航空和军用航空相比，更应支持民用航空的发展，尤其是 A10-19 决议和《芝加哥公约》的附件 11 中都体现了这种观点，考虑到军用航空的风险性，保护民用航空势在必行。

希腊和土耳其之间的冲突就是军用航空和民用航空之间存在严重冲突的例子。据报道[21]，两国冲突的核心在于希腊“滥用飞行情报区”[22]，希腊于 1952 年确认爱琴海的上空是希腊的飞行情报区。希腊认为飞行情报区是国家的边界线和防线（希腊认为土耳其的西部边界、希腊东部边界、爱琴海上空的区域属于希

---

〔17〕上引注。

〔18〕http://www.answers.com/topic/military-aircraft.

〔19〕2009 年 12 月 21 日报道，委内瑞拉总统胡戈·查韦斯（Hugo Chavez）宣布，12 月 20 日委内瑞拉和哥伦比亚就西北部边界的航空区域进行了谈判。委内瑞拉表明将采取一切措施保护其主权完整。参见 http://www.venezuelanalysis.com/news/5022. 2010 年 1 月 4 日，美国公布其已于 2010 年 1 月 3 日向巴基斯坦的武装分子发射了两枚导弹，阻止了武装分子的进攻。参见 http://www.channelnewsasia.com/stories/afp_asiapacific/view/1028351/1/.html.

〔20〕《芝加哥公约》第四十四条。

〔21〕http://www.aegeancrisis.org/category/air-space/.

〔22〕飞行情报区是 1950 年国际民航组织设立的，为国际空域飞行的民用航空器提供设施和服务。飞行情报区只涉及责任，并不改变公海上空域的国际性地位。

腊)，因此，希腊认为军用飞机进入雅典的飞行情报区、在爱琴海上空飞行时应提交飞行计划并受希腊空中交通管制局的控制。

土耳其的军用飞机不向希腊提交飞行报告违反了希腊飞行区域管理，一些人认为，依据《芝加哥公约》第三条的规定，土耳其军用飞机无须向希腊提交飞行计划，因为第三条的规定不适用于国家航空器（包括军用飞机)，且在一国领空未采取任何措施并未侵害一国的飞行情报区，因此可以得出这样的结论，希腊滥用飞行情报区。

3 为军事目的使用民用航空器

区分民用航空器和军用航空器不能仅看飞机的使用目的，特别是在民用航空器用于军事目的时。军事专家期望发生战争或自然灾害时从民航方面获得更多的支持。有很多这样的实例，比如 1982 年英国军方特许商业运输机运输军队，1971 年印度和巴基斯坦在印巴战争中使用民用飞机运输军队。

民用航空器用于军事目的带来的问题是，要依据《芝加哥公约》第三条对飞机和飞机身份进行识别。〔23〕关于民用航空和军事航空是否有各自的管理区域或者它们功能是否相同的问题，已经争辩了好多年。该问题的决定因素有：货物的性质，它们是为军队、海关或警察提供的物资或设备吗?《芝加哥公约》第三十五条规定不得载运军火或作战物资。那么问题是，如何确认飞机的所有权的问题。它是私人拥有或由国家所有? 对特定服务的控制和监督的程度也是要考虑的因素。乘客的身份也是一个考虑因素。他们是军事人员、海关人员或警察，或是公共人物吗? 是特定航班对公众开放吗? 与飞机的注册国和国籍国是否有关? 是否提交了飞行计划或获得了空中交通许可? 机组人员的身份是什么? 受雇佣的是普通的公民，还是军事人员、海关人员或警察? 经营者是谁? 是军方、海关还是警察? 飞机所携带的文件是什么性质的? 是《芝加哥公约》及其附件所规定的民用航空器的文件（如注册证书、适航证书、飞行员执照、飞行日志等）吗? 飞行区域是什么? 是否会飞到正在进行或即将发生武装冲突的上空? 报关呢? 是否会获得

〔23〕《芝加哥公约》第三条规定，该公约仅适用于民用航空器，用于军事、海关和警察部门的航空器，应认为是国家航空器。第三条的第三项规定一缔约国的国家航空器，未经特别协定或其他方式的许可并遵照其中的规定，不得在另一缔约国领土上空飞行或在此领土上降落。

许可？

所有这些问题的答案就是：从根本上进行分析，民用航空器用于军事目的之责任在于国家。在国际关系中，适用于前述情形的基本原则是，一国损害他国权益导致该国的国际不法行为责任。当今社会，国家责任是国际法的基石。国家责任是违法行为的后果，其应对损失予以赔偿。因此，可能值得探讨的是，应否对《芝加哥公约》第八十九条[24]进行审查，以便国际社会和国际民航组织能够更加灵活地确定民用航空器用于军事目的之适当性。

4 最新发展

在全球军民空管合作论坛上[25]，国际民航组织指出空域是有限的自然资源，其容量是有限的，随着用户需求的不断增长，空域的使用要满足快速增长的航空需求。国家选择加入《芝加哥公约》是为了国际民用航空健康有序地发展，国际航空运输服务是建立在平等的基础上的。近年来，为了实现这些目标，考虑到当前和未来的航空需求，国际民航组织希望建立全球空中交通管理（ATM）系统。[26]

国际民航组织还建议，虽然《芝加哥公约》仅适用于民用航空器，不适用国家航空器（军事、海关和警察部门的航空器），[27]但国家航空器以及军事空中交通管理系统和服务是航空运输的重要组成部分，民用航空器和军用航空器之间的合作有助于《芝加哥公约》序言规定之愿景的实现，使空域获得最优的使用效果，使民用航空器和军用航空器和谐共处。

2007年9月，国际民航组织在蒙特利尔举行的第36届大会注意到上述论坛，通过决议A36-13[28]，附件O认识到空域以及许多设施和服务应由民用航空和军用航空共同使用，国际民航组织全球空中交通管理（ATM）运行概念[29]声明，

---

〔24〕 参见McDougal et al.（1963）at 306－311。作者认为一国出于安全的考虑，对进入其领土范围的飞行器发出警告，所发出的警告或许不符合国际法的原则。

〔25〕 参见Dutton（2009）第691页。

〔26〕《全球航空管理手册》，国际民航组织9584，2005第一版，第一章，第一段。

〔27〕《芝加哥公约》第三条。

〔28〕《国际民航组织的政策及国家实践汇总》，Assembly Resolutions in Force（as of 28 September 2007），Doc 9902，Ⅱ－2。

〔29〕 Hamdi v. Rumsfeld，542 US 5047（2004）.

所有空域均是可利用资源，对使用空域任何特定容量的限制应视为是暂时的，应对所有空域灵活管理。A36-13 决议还指出，应当安排民用和军用航空共同使用空域及某些设施和服务，以确保国际民用空中交通的安全、正常和效率，各缔约国制定的管理其国家航空器在公海上运行的条例和程序应当确保这种运行不损害国际民用空中交通的安全、正常和效率，而且在实际可行的范围内遵守附件 2 中的空中规则。该决议还要求理事会应当通过提供建议和指南来努力支持各国缔结民用/军用协议。

在这种背景下，国际民航组织建议论坛要加强民用航空和军用航空的合作和协调，呼吁国际民航组织的成员国启动或完善民用航空和军用航空服务协调体系。国家实施民用航空和军用航空合作的战略是十分必要的，国家可以通过制定短期、中期、长期战略目标以促进军民合作的实现。国际民航组织进一步指出，要通过对话和交流，建立全球军民航空合作体系。有效的军民合作和协调不仅要满足民用和军用空中交通未来的需要，也要保证安全、容量、效率和环境的可持续性，还要通过政策、框架、有效联系和管理实现可操作性、无缝衔接与和谐性。[30]

除《芝加哥公约》以外，其他公约也规定了民用航空器和军用航空器的区别，军用航空器包括无人机。1948 年在日内瓦签订的《国际民用航空器权利公约》、1963 年在东京签订的《关于在航空器上犯罪和某些其他行为的公约》、1970 年在海牙签订的《空中劫持飞机公约》和 1971 年在蒙特利尔签订的《制止危害民用航空安全的非法行为公约》，都含有一个条款："本公约不适用于军事、海关、警察部门的飞行器。"这样的规定与《芝加哥公约》第三条第一项和第二项相比，对公约的适用范围更容易确定，虽然最终的结果是相同的。此外，这也意味着所有航空器都应符合该规定。

1952 年在罗马签订的《统一航空器对地面上第三者造成损害的某些规则的公约》第二十六条规定，公约不适用于由军事、海关和警察部门造成的损害。需要注意的是，"军事、海关和警察部门"和"飞机用于军事、海关和警察服务部

〔30〕 简言之，国际民航组织强调军民之间的合作旨在使航空器达到最优使用效果，增强空域的容量、可操作性、灵活性，缩减时间、减少燃油的使用和二氧化碳的排放。论坛指出军民合作的目标是安全、经济、效率和可操作性。

门”是不一样的，尽管对“军事、海关和警察部门”并未定义。同样，其他国家航空器也属于公约调整的范围。然而，1978 年修订该公约的议定书进行了进一步的修改规定，“本公约不适用于军事、海关、警察部门所用的民用航空器所造成的损害”。

1933 年《罗马公约》规定了某些类别的飞机不受附件的约束，包括为政府服务的飞机、为邮政服务的飞机，但不包括商用飞机。另一方面，1938 年，在布鲁塞尔签订的《统一对水上飞机的海上援助和救助及由水上飞机施救的公约》规定，“适用于政府船只和飞机，除了军事、海关和警察部门的船只或飞机”。

1929 年的《统一国际航空运输某些规则的公约》（《华沙公约》）适用于所有以航空器运送旅客、行李或货物而收取报酬的国际运输。尽管第二条明确规定，公约适用于国家或其他公法人，但一国在批准或加入公约的同时可以明确声明，第二条不适用于国家实施的国际运输。1955 年《海牙协议》修改了《华沙公约》的规定，允许国家声明军方航空器运送旅客、行李或货物不适用本公约的规定。1971 年的《危地马拉协议》（第二十三条），1975 年《蒙特利尔公约》附件 2、附件 3、附件 4 也有相同的规定。《芝加哥公约》第三条第二项并不适用于“华沙体系”，《华沙公约》有自己的适用范围。

1999 年的《蒙特利尔公约》[31]取代了 1929 年的《华沙公约》，《蒙特利尔公约》的第一条规定该公约适用于所有以航空器运送人员、行李、货物而收取报酬的国际航空运输。《蒙特利尔公约》和《华沙公约》一样，对民用航空器和军用航空器或其他国家航空器并没有作区分。

通过分析国际航空法，可以得知许多《芝加哥公约》后的公约，比如 1948 年的《日内瓦公约》、1963 年的《东京公约》、1970 年的《海牙公约》、1971 年的《蒙特利尔公约》、1952 年的《罗马公约》和 1978 年修订的《罗马公约》都与《芝加哥公约》第三条第一项和第二项的规定大体相似。华沙体系由于自身的特殊性选择了与之不同的规定。

《芝加哥公约》的规定和附件都不适用于为国家服务的民用航空器，1948 年

---

〔31〕《统一国际航空运输某些规则的公约》1999 年 5 月 28 日签订于蒙特利尔，国际民航组织 9740 号文件。

《日内瓦公约》、1963 年的《东京公约》、1970 年的《海牙公约》、1971 年的《蒙特利尔公约》和 1952 年的《罗马公约》及 1978 年修订的《罗马公约》也不适用于“为军事、海关、警察服务”的民用航空器。民用航空器若为国家服务在理论上会出现同样的问题。对此问题的关切并不常见。

另一个经常被提及的问题是对国家航空器机体本身、运营商、机组人员和乘客及其他各方的保险险别。在这种情况下，保险险别是否无效取决于保险合同的规定和解释。除非合同有除外条款，并特别提及《芝加哥公约》第三条（国家航空器）对合同样本的影响。通常而言，保险合同法明确规定，航空器只能按照约定用途使用；运营航空器所致异常风险通常被包含在除外责任中。几乎每一个航空器机身责任险都不包括战争、入侵、敌对、叛乱造成的损失。虽然涵盖这些风险会获得更高的保费，但是，在实际中并不需要确定飞机是否属于《芝加哥公约》所规定的国家航空器或民用航空器。

国内民事法律、法规是否适用于为国家服务的民用航空器的机组人员？民事或军事调查程序和司法程序在一个事故中将如何应用？答案在很大程度上取决于一国国内法的规定。《芝加哥公约》第一条规定：各缔约国承认每一国家对其领土之上的空气空间具有安全的和排他的主权。此外，基于《芝加哥公约》的规定，一同制定的他国航空器进入、飞越、离开一国领空所需遵守之国内规章，应同样适用于民用航空器和国家航空器。

涉及国家航空器的事故，不适用《芝加哥公约》第二十六条和附件 13 的规定。然而，他们可以自愿（通过国内立法）适用前述规定。有些国家国内法为反对军用航空器制定了不同的程序；所有其他飞机，包括那些为海关或警察服务的飞机，都被视为民用飞机。在其他事件中，如必须获得许可的飞机尚未获得许可而被迫降落是否违法取决于国内法律规定。《芝加哥公约》中所指的国家航空器并不意味着一国的军事法律和程序适用于飞机或机组人员。《芝加哥公约》对航空器的不同分类并不会制约国家使飞机或机组人员受民事或军事法律法规的调整。在通常情况下，军事惯例、军事规则和流程应用于军事飞机和人员。在国际上，得出一个可接受的军用飞机的定义很难。

即使没有国际法规适用于无人机，但国家为了确保无人机不影响民用航空器，都制定了国内法对其加以规制。《芝加哥公约》及其附件、国际民航组织大会决议的规定对民用航空器和军用航空器的空域并没有作明确界定。一国所承担的国家责任源于其所接受的法律。国际法委员会（ILC）明确规定每一个国际不法行为造成的损害都需要承担国际责任。[32]

保罗·斯蒂芬·邓普西[33]指出，空中交通管理有两个关键因素，一个与法律有关，一个与公共政策有关。他还指出，天空是一种公共资源。因此，国家不能放弃他们的责任，《芝加哥公约》第十五章规定了国家提供空中导航服务的责任。

所有国家都应履行这些义务，任何国家都不能通过条约或其他文件表明不履行国际法律义务。此外，政府应确保空中导航服务的质量。

第三条　分条

一、各缔约国承认，每一国家必须避免对飞行中的民用航空器使用武器，如若拦截，必须不危及航空器内人员的生命和航空器的安全。此一规定不应被解释为在任何方面修改了联合国宪章所规定的各国的权利和义务。

二、各缔约国承认，每一国家在行使其主权时，对未经允许而飞越其领土的民用航空器，或者有合理的根据认为该航空器被用于与本公约宗旨不相符的目的，有权要求该航空器在指定的机场降落；该国也可以给该航空器任何其他指令，以终止此类侵犯。为此目的，各缔约国可采取符合国际法的有关规则，包括本公约的有关规定，特别是本条第一款规定的任何适当手段。每一缔约国同意公布其关于拦截民用航空器的现行规定。

三、任何民用航空器必须遵守根据本条第二款发出的命令。为此目的，每一缔约国应在本国法律或规章中作出一切必要的规定，以便在该国登记的、在该国有主营业所或永久居所的经营人所使用的任何航空器必须遵守上述命令。每一缔约国应使任何违反此类现行法律或规章的行为受到严厉惩罚，并根据本国法律将这一案件提交其主管当局。

四、每一缔约国应采取适当措施，禁止将在该国登记的、在该国有主营业所或永久居所的经营人所使用的任何民用航空器肆意用于与本公约宗旨不相符的目

---

〔32〕 See Crawford（2002）, p. 77.

〔33〕 See Dempsey（2003）at 118－119.

的。这一规定不应影响本条第一款或者与本条第二款、第三款相抵触。

对飞机的行为和行动

1984年5月10日国际民航组织第25届大会《芝加哥公约》第三条分条通过。1998年10月1日该分条生效，目前[34]有143个成员国，通常被视为编纂了习惯国际法的现有规则。在序言和第三条分条第二、第四款都使用了“与本公约宗旨不相符的目的”这一措辞。然而，起草历史表明，第三条分条和第四条所讨论的范围是不同的。

乍一看，这是一个软化了的条款，反映了本书关于《芝加哥公约》序言之讨论中提及的措辞中敏感问题的细微差别。该条规定：

> 缔约国承认，每一国家都必须避免对飞行中的民用航空器使用武器……

“承认”和“必须避免”这两个词很容易引起人们的注意。该条在国际民航组织大会商议韩国007航班在苏联领空被击落时形成。显而易见的是，这一规定是在大会激烈的讨论中拼凑而成的，大多数参与国能够“接受”（lire with）（国际民航组织大会和理事会会议中的一个流行词语）的共识就是这两个词。当然，有些国家坚持用更强硬的措辞来处理这一极为重要的航空安全问题。如果这些国家占上风，那么第三条分条第二款将变为：

> 缔约国应确保每个国家必须a）不诉诸武器针对民用航空器……

民用航空面临的问题是，军事活动将不可避免地影响民用航空器的航线。

2006年7月5日，朝鲜发射的核导弹对民航造成风险和严重的威胁。朝鲜发射的核导弹穿越了公海上空的民航航线。据说，在设计导弹的路径时，他们已经预测到可能会干扰很多北太平洋的航线。

实践中有很多类似的事件。1998年8月31日在同一个地方也有导弹发射。朝鲜发射的火箭击中了日本东北部的太平洋海岸。目标的影响区域附近是构成北太平洋混合航路系统的国际航路A590，连接亚洲和北太平洋重要航域，每天约180班航班飞行。

---

〔34〕此处“目前”指2013年——译者注。

国际民航组织成员国在1998年9月22日至10月2日于蒙特利尔召开的第32届大会通过了A32-6的决议（航行安全），决议考虑到1998年8月31日，某缔约国发射了一枚由火箭推进的物体，该物体的一部分命中日本东北部海岸外的太平洋海域并且该物体的弹着区位于通称为构成北太平洋混合航路系统的国际航路A590附近，这是一条每天各国约有180架航班飞过的连接亚洲和北美洲的主航线。由此得出的结论是，这样一个物体运载工具的发射在某种程度上不符合《芝加哥公约》的基本原则、标准和建议措施。应注意到有必要以安全且有序的方式发展国际航空，而且各缔约国必须采取适当措施，进一步加强国际民用航空的安全。

大会敦促所有国家重申空中交通安全对于国际民用航空的健康发展是至关重要的。敦促所有缔约国严格遵守《芝加哥公约》及其附件，以及有关的程序规定，以防止此类潜在危险活动的再次发生。并指示秘书长立即提请所有缔约国注意本决议。

应适用的航空原则

从航空法的视角来看，《芝加哥公约》附件11规定的空中交通服务，旨在协调可能危及民用航空器的行为。附件规定了国际标准和措施，第二章（尤其是第十七、第十八条）规定了军事当局和空中服务交通当局之间的协调。规定明确了空中交通服务当局必须与负责可能影响民用航空器飞行活动安全的军事当局建立并保持密切的协调。协调的目的是对活动做出最好安排，以避免民用航空器发生危险，并将对这种航空器正常运行的干扰减少到最低限度。

第二章第十七条第一款规定无论在一国的领土上空或在公海上空安排对于民用航空器有潜在危险的活动，均须与有关空中交通服务当局进行协调。这种协调应及早进行，以便能按照附件15的规定及时公布关于这些活动的情报。第二章第十七条第二款规定协调的目的是对活动做出最好安排，以避免民用航空器发生危险，并最大可能地减少对航空器正常运行的干扰。《芝加哥公约》第八十九条规定，如遇战争，本公约的规定不妨碍受战争影响的任一缔约国的行动自由，无论其为交战国或中立国。如遇任何缔约国宣布其处于紧急状态，并将此事通知理事会，上述原则同样适用。

第三条分条是为应对空中入侵。空中入侵行为是航班事件的核心问题。

1953 年一位评论员说：

> 空中入侵可能因各种原因在不同情况下发生。他们可能是故意的或是有敌意的，比如为了攻击、侦察、进行颠覆活动、走私或对他国领土主权进行挑衅等非法意图。他们也可能是故意但却无害的，如为了缩短飞行距离或为了躲避恶劣天气的影响。他们可能遇险或因航线错误而侵犯他国。侵犯可能发生在和平时期也可能发生在战时。[35]

第三条分条旨在有效地阻止一国私自对入侵的飞机使用武器，确保航空器内人员的生命安全。从这个意义上说，对于之前所谈到的事件，即飞机可能在不知情的情况下，或者是无意地侵犯领空，第三条分条的规定并不明确。

1983 年 9 月 16 日至 25 日召开的会议，对被击落的韩国航空 007 航班进行调查，委员会主席作了简单的总结：

> 国际民航组织应……将注意力集中在全面、完整地理解造成这一悲惨事件发生的技术问题上，并审查国际民航组织现有的关于技术的规定中促进空中航行安全的每个要素……[36]

在第 138 届会议上，理事会对国际民航组织的调查小组的中期报告进行了检查。理事会指出，成员国与国际民航组织调查小组进行了充分的合作，国际民航组织最终的调查报告将在第 139 届会议上进行讨论。

在第 139 届会议[37]上，最终的报告被提交给理事会，理事会于 1993 年 6 月 14 日对韩国民用飞机航空被击落事件做了处理。从外交角度来看，不管报告的结果如何，报告的结果以及理事会对报告的讨论证明了理事会的作用。韩国在会议上发表声明：

> 理事会必须再次向全世界表明，在重申禁止对民用航空器使用武器的

---

〔35〕 Lissitzyn（1953）.

〔36〕 国际民航组织第 9416 号文件，第二章第 4 页。

〔37〕 秘书长报告 C-WP/9781。

同时，毫无保留地谴责仅因为民用航空器误入另一个国家领空而对其进行的摧毁。〔38〕

在其他几个国家的支持下，英国恰当地承担了国际民航组织理事会的作用。理事会不应作出最终结论，因为它不是法庭，不能基于事实作出判决。〔39〕国际民航组织理事会在国际民航方面所起的外交作用充分体现于理事会主席的说明中，该说明构成理事会决议的实质内容，并且高度赞赏缔约与调查小组在查清事实方面的充分合作。理事会主席呼吁所有缔约国都应批准第三条分条的规定，对民用航空器禁止使用武力应作为国际法的基本原则。

对韩国航空007航班的调查方式和争端解决方式，与理事会在1973年解决利比亚和以色列之间的纠纷时所采用的方式一样。1973年2月21日在以色列占领的西奈半岛领土上空，利比亚航空公司波音727飞机被以色列战斗机击落。108人在事故中丧生，波音727飞机完全被摧毁。国际民航组织理事会立即召开会议，对以色列的行为予以谴责。国际民航组织立即组织着手调查，理事会通过了A19-1决议，关于1973年2月21日以色列在西奈的上空击落利比亚的民用航空器，谴责以色列的行动导致无辜的人丧失生命。这样的行动严重危及国际民用航空的安全，因此，必须立刻着手调查，调查委员会被要求对事实进行调查，并向理事会报告。理事会还要求各方都参与合作。〔40〕

国际民航组织秘书长作了报告〔41〕，该报告包含了众多缔约国拟定的一项决议草案〔42〕。根据理事会的讨论，代表通过了一项决议。依据联合国安理会第262号决议，谴责以色列对贝鲁特国际机场有预谋地毁灭了13架民用航空器的行为，这样的行为对国际民用航空器的安全构成严重危险，还违反了《芝加哥公约》的基本原则。

国际民航组织理事会的上述声明代表了国际民航组织对于缔约国之间争议所

---

〔38〕 国际民航组织第9615-C/1110号文件，第C-MIN 139/1-17号文件：第139届会议委员会的总结，第69页。

〔39〕 上引注at 72.

〔40〕 ICAO第9061号文件，第二章，第60页。

〔41〕 C-WP/5764号文件。

〔42〕 C-WP/5792号文件，第33号。

采用的外交法。如果对理事会决议的第一部分进行分析不难发现，理事会重申了联合国的决议，从而避免做出裁判，但它仍然传达了国际航空界在这个问题上的立场。

在决议的第二部分，理事会更多是在强烈谴责以色列的行动，该行动导致利比亚民用航空器遭到破坏，108 条无辜的生命因此遇难，并敦促以色列遵守《芝加哥公约》的目标和宗旨。理事会最精明之处在于，所作决议是依据联合国的决议来表明自己的立场。在这个实例中，理事会的灵活不能被误认为是有歧义的，因安理会决议是明确的。

还必须提到《芝加哥公约》第八十九条的规定：如遇战争，本公约的规定不妨碍受战争影响的任一缔约国的行动自由，无论其是交战国还是中立国。如遇任何缔约国宣布其处于紧急状态，并将此事通知理事会，上述原则同样适用。

联合国安理会通过第 1973 号决议规定，在利比亚设立“禁飞区”，并要求有关国家采取一切必要措施保护利比亚平民和平民居住区免受武装袭击的威胁。该决议还授权成员国采取一切必要措施，以便保护阿拉伯利比亚民众国境内可能遭受袭击的平民和平民居住区（包括班加西），以对抗 2011 年北约部队对利比亚的空袭。

参考文献：

Abeyratne R(2007):Air law and policy. PublishAmerica,Baltimore.

Abeyratne R(2009):Regulating unmanned aerial vehicles-issues and challenges. Eur Transport Law XLIV(5):503 – 520.

Crawford J(2002):The international law commission's articles on state responsibility: introduction,text and commentaries. Butterworth,Oxford.

Dempsey PS(2003):Privatization of the air:governmental liability for privatized air traffic services. Ann Air Space Law XXVII(95):118 – 119.

Dutton PA(2009):Caelium liberum: air defence identification zones outside sovereign airspace. Am J Int Law 103(4):691 – 709.

Groenewege AD(1999):Compendium of international civil aviation,2nd edn. International Aviation Development Corporation,Canada.

Lissitzyn OJ (1953) : The treatment of aerial intruders in recent practice and international law. Am J Int L 47 :559.

McDougal MS et al (1963) : Law and public order in outer space. Yale University Press, New Haven/London.

Milde M(2012) :In :Marietta B(ed) International air law and ICAO, essential air and space law, 2nd edn. Eleven International Publishing, The Hague.

Schenkman J (1955) : International civil aviation organization. Librairie E. Dross, Geneve.

Sochor E(1991) :The politics of international aviation. Macmillan, London.

van Zandt P(1944) :Civil aviation and peace. Brookings Institution, Washington.

Warner E (1942) : Foreword to international air transport and national policy by Lissitzyn O. J. , Oceana Publishers, New York.

第四条　民用航空器的滥用

各缔约国同意不将民用航空器用于和本公约的宗旨不相符的任何目的。

1　和平利用民航

在国际民航组织大会第25届（特别会议）会议期间（1984年4月24日至5月10日，蒙特利尔），对空中侵犯主权和与《芝加哥公约》宗旨不符的其他用途进行了区分。古巴将“与公约宗旨不符的行为”定义为：

> 包括侵略、渗透、间谍活动，及对有害物质或病原制剂的排放；禁止使用其他国家领空运输违禁品，即使是以第三国为目的地，或其他与公约宗旨不一致的目的。[1]

其他国家也提到民用飞机在军事侦察中的使用；违反强制性法律和国家安全要求；从事挑衅活动、间谍活动和侵略行为；用于运送雇佣军、麻醉品、枪支或弹药；或以其他方式从事犯罪活动。其目的是保证所有外国民用航空器不违反《芝加哥公约》的“目的”，也不违反飞越国的法律和公共秩序。

2　公约规定

公约不包含特定条款，专门针对航空器用于或涉及犯罪活动或其他违反国家法律和公共秩序的情形，但却有相当多的条款有效地保证了外国航空器遵守一国的法律和公共秩序。其中特别提到了第三条、第五条、第九至十三条、第十六条和第三十五条。第一条承认每个国家对其领土上方的空域拥有完全和排他的主权。根据国际法，在通常情况下国家可以执行其国内法律和法规，只要这些法律法规和执行方式不违反与其他国家的协议（如《芝加哥公约》）或是其他国际法准则；而这样的权力和权威是主权的一个基本属性。

所有国家都在《芝加哥公约》现有的框架内，拥有适用各自法律的完全管辖权，以防止或禁止“民用航空器用于非法用途”。根据第三条的相关规定，《芝加哥公约》仅适用于民用航空器，而不适用于国家航空器。那些用于军事、海

---

〔1〕 A25 – Miu. Ex16.

关、警用航空器，应当视为国家航空器。因此，公约只承认两类航空器：民用航空器和国家航空器。

据称，根据《芝加哥公约》，任何用于军事、海关或警察服务的飞机都不应被视为民用飞机〔2〕；相反，除第三条规定的政府服务外，所有使用中的飞机都应视为民用飞机。应认为，航空器的使用是决定因素，而不包含其他因素，如航空器的注册和登记、使用的呼号、所有权（公共或私人）、运营商类型（私人/国家），除非这些标准用于显示航空器的使用类型。不过，在绝大多数情况下，航空器的主要使用类型和基本标准以及最强的证据就是航空器的登记。根据《芝加哥公约》，在航空器用途明显不同于其登记类型的情况下，确定其是公务或民用航空器时，应考虑航空器的其他相关情况以确定其使用类型，如携带货物或乘坐人员的性质、所有权、指定服务的控制和监督、国籍标记。

无论是攻击飞行中的航空器还是攻击地面设施，都属于滥用民用航空器的情况。

3 加沙国际机场的毁灭

国际民航组织理事会对加沙国际机场被破坏的处理反映了航空和全球努力争取和平之间的联系。在高级别航空安保部长级会议（2002年2月19日至20日，蒙特利尔）上，阿拉伯民航委员会的阿拉伯成员国提交了一份报告〔3〕。该报告于2002年3月4日举行的第165届会议第六次会议上提交理事会审议〔4〕，报告指出〔5〕2001年12月4日，以色列军队袭击了加沙国际机场，摧毁了空中导航设施并轰炸了跑道和滑行道，导致机场变得无法使用。据报道，当巴勒斯坦政府于2002年1月11日试图对机场进行修理时，以色列军方再次以飞机、炮兵和坦克炮击机场及其设施，继而摧毁了跑道、滑行道和所有设施。

巴勒斯坦当局称，被摧毁的机场和空中导航设施是用来运输平民乘客、用于紧急情况下的搜救行动、运送救援物资，包括医疗设备、药品和保护人类生命的

〔2〕 C-WP/9835，22/9193，ICAO：Montreal at 5.

〔3〕 AVSEL-Conf/02-IP/29.

〔4〕 依据《芝加哥公约》第54条第14项，理事会可以审议任何缔约国向其提出的与公约有关的任何事宜。

〔5〕 C-WP/1790，加沙国际机场的毁灭。

救生包。

理事会注意到，机场是由一些欧洲国家自愿捐赠建设的，而这个机场无疑是迫切需要的。然而，机场在没有任何人道主义考虑的情况下被毁。这导致欧盟谴责以色列的行动，并保留要求赔偿的权利。理事会进一步调查到，加沙的民用机场遭到破坏是缔约国故意为之，而这样的破坏就发生在国际社会的视野中，并被地方和国际媒体广泛报道。同时，理事会要求考虑这一行为的后果，即对蔑视人生命的，不遵守包括民航安全公约在内的国际法。

理事会参考了包括《芝加哥公约》在内的有关规定，首先是《芝加哥公约》第四条，该条规定每个缔约国同意不将民用航空用于与本公约目标不符的目的；其次是第四十四条，该条被认为规定了国际民航组织的目标，即满足世界各国人民对航空运输安全、定期、高效和经济的需求。〔6〕

理事会也考虑了1971年《蒙特利尔公约》〔7〕，特别是该公约缔约国的意见，该意见认为：违反民航安全的非法行为危及人身财产安全，严重影响航空运作，而且减损了世界人民对民航安全的信心。此类行为的发生是需要严重关切的事项，同时，为了遏制这种行为，人们迫切需要法律提供适当的措施惩罚罪犯。〔8〕

理事会忆及大会第20届会议（1973年8月28日，罗马；1973年9月21日，罗马）通过的第A20-1号决议，特别是第三项决定，郑重警告以色列：如果其继续从事此类行为，大会将采取针对以色列的进一步措施，以保护国际民用航空。同时，理事会还参照了大会第33届会议（2001年9月25日至10月5日，蒙特利尔）通过的第A33-2号决议。其中指出，针对民用航空的非法干扰行为已成为对其安全和有序发展的主要威胁；并且针对国际民用航空的一切非法干扰行为均构成违反国际法的严重犯罪，大会强烈地谴责无论何处、无论何人和无论出于何种原因针对民用航空的一切非法干扰行为。有人指出，这个高级别部长级会议面临的挑战是如何采取有效措施从而帮助各国应对非法干扰民航安全的行为，同时要拒绝和谴责使用民用航空器作为破坏人类生命和财产的武器。

---

〔6〕《芝加哥公约》序言和第44条。

〔7〕《制止危害民用航空安全的非法行为公约》，1971年9月23日蒙特利尔，ICAO DOC. 8966.

〔8〕上引注序言。

基于对这个问题的考虑，理事会于2002年3月13日通过了一项决议，强烈谴责对加沙国际机场及其空中导航设施的破坏。并在决议中强烈谴责一切非法干扰民用航空的行为，不论这些行为是由谁、出于何种原因造成的。其不仅强烈谴责对加沙国际机场及其空中导航设施的破坏，同时重申国际民航组织在促进解决缔约国之间就影响国际民用航空在全世界安全和有序运行方面可能出现的问题的重要作用。理事会敦促以色列充分遵守《芝加哥公约》，同时强烈敦促以色列采取必要措施恢复加沙国际机场，以使其尽快重新开放。此外，理事会请理事会主席参与该决议的执行，并确保有关各方就《芝加哥公约》和上述原则的适用进行充分合作。最后，理事会请秘书长将该决议通知所有缔约国。[9]

4 韩国航空（1983年韩国和苏联）

1983年9月1日，国际民航组织理事会主席收到了韩国外交部长的公报，其中说到，韩国航空公司波音747客机航班KAL007于1983年8月31日从阿拉斯加安克雷奇起飞，飞往首尔，后从雷达屏幕上消失。韩国外交部长要求民航组织协助韩国确保乘客、机组人员和飞机的安全。[10]同时韩国总统的外交反应也是立即和迅速的，其中就包括向苏联民航部长发出信息。国际民航组织收到的情报表明，此架飞机可能已经坠落在苏联领土上，国际民航组织相信苏联当局正在向有关的人员及其财产提供一切有可能的援助。[11]

作为对事件的初步响应，国际民航组织理事会应韩国政府和加拿大政府的要求于1983年9月15日和16日举行特别会议并通过了一项决议。该决议认定韩国航空公司民用飞机于1983年9月1日被苏联军用飞机摧毁。理事会通过决议对在这场悲惨事件中遇难者的家属表示最深切的哀悼并重申了一项原则，即在拦截民用飞机时，各国不应对其使用武器。除此之外，该决议还对摧毁国际商务飞机而造成269条无辜生命的逝去表示遗憾，并承认这种使用武装力量针对国际民航飞机的行为违反了对国际行为准则、人道主义的基本考虑，以及《芝加哥公约》

〔9〕 国际民航组织秘书长通过2002年4月26日的State Letter E S/61-02/42通知成员国理事会的决议．另参见ICAO official Press release PIO 03/02（国际民航组织采纳决议强烈谴责针对加沙国际机场的破坏）。

〔10〕 1983年9月2日理事会向理事会成员提交的名言录，附件2。

〔11〕 上引注，附件2。

所规定的规则、标准和建议措施。理事会指示秘书长对事件进行调查，从事实和技术方面确定与飞机的飞行和破坏有关的问题。在本决议通过后30天内向理事会提供临时报告，并在理事会第110届会议期间提供一份完整的报告。同时，理事会要求所有各方在调查中给予充分合作。

国际民航组织大会于1983年9月20日至10月7日在蒙特利尔举行的国际民航组织第24届（特别会议）会议上进一步讨论了这个问题，本次会议有131个缔约国参加。在这次会议的一般性讨论中重点关注了韩国航空007号航班的悲剧以及理事会特别会议的决议。此次大会通过了第A24-5号决议，该决议赞同理事会当时采取的所有行动，并敦促所有缔约国在执行该决议的过程中给予充分的合作。

在大会期间，加拿大代表团提出了一项关于民用航空器拦截〔12〕的新提议，大会将该提案提交给国际民航组织理事会进一步研究，理事会有权考虑是否将该项目列入法律委员会的总体工作计划。

根据日本、韩国、俄罗斯和美国政府的要求〔13〕，除了俄罗斯直接提到的《芝加哥公约》第五十四条第十四项外，〔14〕主席还引用了理事会程序规则第二十七条（d）款和二十五条第二款，前者规定了将列入理事会会议议程的项目是由主席、秘书长或缔约国要求列入一个新议题。后者规定了，符合第二十七条（d）款条件的任何附加议题都应列入理事会的工作方案。因此，理事会决定将韩国航空事件纳入理事会第137届会议的工作计划。这个议题被记录在案〔15〕并进行了持续的讨论，理事会着重关注细节、听取多国代表表达的相应意见〔16〕。除此之外，这些讨论让理事会决定完成1983年国际民航组织发起的事实调查，并指示秘书长，要求参与有关韩国航空007航班实况调查的所有各方与国际民航组织充分合作，并尽快转交所有相关材料〔17〕。

---

〔12〕 A24-WP/85.

〔13〕 北约各国的要求须理事会主席通过1992年12月4日的PRES AK/333备忘录通传理事会成员国。

〔14〕《芝加哥公约》第54条第14项使得理事会必须考虑公约缔约国提交的关于公约的所有事项。

〔15〕 C-WP/9684，14/12/92，ICAO C-WP. 9616-9686：1992.

〔16〕 C-MIN 137/15 concained in/CAO DOC C-MIN 137ch Session，1992 at p. 131.

〔17〕 上引注。

国际民航组织理事会对韩国航空事件的介入及其对秘书长的指示是国际民航组织外交机构采取行动的良好例子。国际民航组织理事会立即采取行动，通过一丝不苟地专注细节（特别是关于程序）的方式，国际民航组织作为联合国全球监管机构发出外交声音。

在1983年9月16日和25日举行的理事会会议上，理事会主席简明扼要地概述了国际民航组织在调查KAL 007事件中的作用：

> 国际民航组织清楚地知道……将注意力集中于调查与理解发生这一悲剧事件的技术原因上，并审查民航组织现有的技术规定以促进空中航行安全……〔18〕

在第138届会议上，理事会审议了国际民航组织调查小组的临时报告，报告介绍了007航班事件以及在收集关于被击落飞机的事实方面所取得的进展。理事会注意到有关缔约国与国际民航组织调查小组进行了出色的合作，并指出秘书长将在理事会第139届会议期间向国际民航组织提交最终调查报告。

理事会于1993年6月14日结束了关于007航班的调查，秘书长也将已完成的报告在第139届〔19〕会议期间提交给了理事会。从外交角度来看，不论报告的调查结果如何，必须指出，理事会所提交的报告和讨论的结果都认可了理事会的实际作用。正如韩国在理事会发表的声明中所反映的那样：

> 理事会必须再次向全世界表明，在重申禁止对民用航空器使用武器的同时，毫无保留地谴责仅因为民用航空器误入另一国领空而对其进行摧毁。〔20〕

在国际民航组织理事会审议007航班事件期间，英国恰当地对理事会的角色施加其影响，而由于理事会审议并不是追求事实判断的法庭，〔21〕所以其他国家也支持理事会不应该认可报告中的结论和建议。理事会主席总结了理事会作为外交工具在国际民用航空中的作用，这也是决议的实质内容。除此之外，决议中就所

〔18〕 ICAO DOC 9416，第二章，注释12 at 4。

〔19〕 C-WP/9781，秘书长报告的附录。

〔20〕 ICAO Doc 9615-C/1110，C-MIN 139/1-17：Council—139th Session，Summary Minutes with Subject Index at 69.

〔21〕 上引注在72。

有相关国家与临时调查小组的充分合作表示赞赏。同时，主席呼吁所有缔约国批准《芝加哥公约》第三条分条款，该条款规定了一般国际法的基本原则，即各国必须避免对民用航空器使用武器。

5 利比亚航空公司（阿拉伯利比亚民众国，美国，1973 年）

关于 007 航班事件的调查和国际民航组织解决争端的办法显然是重申理事会早先在解决 1973 年利比亚与以色列的争端时所采取的立场。此事件涉及 1973 年 2 月21 日以色列战机在以色列占领的西奈半岛领土上空，击落了一架利比亚航空公司的波音 727 飞机。在这起事件中有 108 人遇难，而波音 727 飞机也被彻底摧毁。国际民航组织理事会立即召集了大会第十九届（特别会议）会议作为回应，大多数发言者谴责该破坏行为。大会通过第 A19-1 号决议审议了关于利比亚一民用航空器于 1973 年 2 月 21 日在埃及被占领土西奈上空被以色列战斗机击落的事件，谴责以色列造成 108 条无辜生命丧失的行动，深信这一行动影响和危及国际民用航空的安全，并因此强调对该行动进行直接调查的紧迫性，指示理事会通知秘书长开始调查，以便查明事实，并在最早的时间向理事会报告；要求有关各方在调查中给予充分合作。[22]

国际民航组织秘书长[23]提交了一份实际上是由秘书处调查组完成的报告，特别包含了由国际民航组织许多缔约国制定的一项决议草案[24]。经过理事会的持续讨论，理事会的代表同意理事会通过此项决议。该决议回顾了联合国安理会 1969 年第 262 号决议，谴责以色列向贝鲁特国际机场采取的有预谋的行动导致 13 架商用和民用航空器遭到破坏，并深信这种行为构成对国际民航安全的严重危害，而这种态度也公然违反了《芝加哥公约》所规定的原则。

国际民航组织理事会的上述声明真正体现了国际民航组织解决缔约国之间争议时所采取的典型外交手段。如果分析上述理事会决议的第一部分会发现，理事会巧妙地重申了一个已经通过的联合国决议，确保了即使在避免作出判断的情况下，仍能将对现有问题的立场传达给国际航空界。

---

〔22〕 ICAO DOL 9061 第二章 note 60.

〔23〕 C-WP/5764，附件。

〔24〕 C-WP/5792 at p. 33.

在决议的第二部分，理事会则更加灵活且勇敢地表态，强烈谴责以色列导致利比亚民用飞机遭到摧毁且造成108人无辜丧失生命的行动，并敦促以色列遵守《芝加哥公约》。理事会所采用的是一种最为精明的外交手段，就是把联合国安理会的决议和自身的立场融合在一项决议中。在这种情况下，理事会的灵活绝不能被误认为是有倾向性和诡辩性的，因为理事会的决议是明确且直接的。

6 美国与古巴，1996年

1996年2月24日，两架登记在美国的私人（通用航空）民用飞机被古巴军用飞机击落，造成4人死亡。国际民航组织理事会主席在收到美国有关当局的资料后，于1996年2月26日向古巴政府致函表达了他对此事的深切关注，并要求古巴当局提供有关这一事件的真实和权威资料。[25]1996年2月27日，美国正式要求国际民航组织理事会根据《芝加哥公约》第五十四条第十四款对此事进行审议，联合国安理会发表声明，谴责古巴军用飞机击落两架在美国注册的民用飞机的事件。安理会同时还提到了《芝加哥公约》第三条分条和1984年《蒙特利尔议定书》，其中都规定各国必须避免对飞行中的民用航空器使用武器，且不得危及机上人员的生命和飞机的安全。安理会请民航组织理事会调查此事，并尽快向其报告。[26]古巴在向理事会主席的去文中记录了美国注册飞机一系列按时间顺序排列的违规行为。随后，在1996年2月28日的进一步沟通中，古巴外交部向国际民航组织秘书长指控了在最近20个月内激增的一系列违规行为——美国民用航空器侵入古巴领空。古巴政府敦促国际民航组织对从美国飞来的航空器在古巴领空的侵犯行为进行广泛调查，其中也包括1996年2月24日发生的事件。

国际民航组织收到的有关1996年2月24日事件的来文中明确要求国际民航组织根据《芝加哥公约》第五十四条第十四款调查以下两个问题：

1. 美国和古巴都要求对1996年2月24日的事件进行调查；

2. 古巴要求对在美国境内注册并从美国起飞的航空器重复侵犯古巴领空的事件进行调查。

当国际民航组织理事会于1996年3月6日审议上述问题时，美国采取的主

---

〔25〕 理事会主席于1996年2月26日向理事会成员国发出的PRES AK/97备忘录。

〔26〕 S/PRST/1996/9，1996年2月27日，at 35 I. L. M. 493（1996）.

要立场是根据《芝加哥公约》第三条分条之规定，即每个国家都有义务对飞行中的民用飞机不得使用武器。据此，美国称古巴的行动是公然违反国际法的行为，对于无武装且已知是民用航空器的飞行器使用武器是永远不能被理解的。因此，美国认为按照国际法的规定，古巴政府应该向失去生命的人的家属支付适当的赔偿。[27]

古巴代表团回应说，古巴的主权和领土完整多年来一直被侵犯，过去20个月以来，古巴发现来自美国的航空器所涉及的类似的违法入侵多达25次。古巴还反驳说，根据美国提到的公约第三条分条的规定，每一架民用航空器都必须遵守飞越国的命令，而航空器的注册国也有义务保证航空器遵守这些命令。古巴提出的另一个观点是关于公约第三条分条第四款的规定，每个缔约国均须采取适当措施，禁止将在该国注册的任何民用航空器用于任何与《芝加哥公约》不一致的目的，这适用于该事件。

当美古争端被审议时，理事会的总体趋势表明了一个共识，即古巴所采取的行动是令人遗憾的。[28]以英国的话来说就是："原理很简单，不得在国际民用航空中对民用飞机使用武器。"[29]这与一般观点相一致。在古巴提出的对空域的侵犯问题上，许多国家认为所有国家确实有义务不侵犯他国国家主权，而有些国家则把注意力集中在《芝加哥公约》第四条上，即要求民用航空器不得用于与《芝加哥公约》宗旨不符的任何目的。

这一问题固有的复杂性，显然使国际民航组织的外交能力受到了考验。此时理事会主席的智慧和外交手段被证明是非常宝贵的，他建议理事会在其声明中提供三种备选方案：决议、决定或结论。主席进一步建议理事会，无论理事会通过的是决议、决定还是结论，都将在执行方面具有约束力。因此，理事会主席提出了美国和古巴决议草案的修订本，供理事会考虑。此决议草案承认在飞行中对民用航空器使用武器不符合对人道主义和国际行为准则的基本考虑，同时重申各国必须避免使用武器攻击飞行中的民用航空器，而在拦截飞机时，飞机上人员的生

〔27〕 ICAO Doc 9676-C/1118, C-MIN 147/1-16: Council—147th Session, Summary Minutes with Subject Index at 68 –71.

〔28〕 上引注第79—92页。

〔29〕 上引注第88页。

命和飞机的安全也不能受到威胁。为了采取行动，决议草案要求秘书长参照联合国安全理事会决议的要求，立即对被击落的飞机进行调查，并将调查报告提供给理事会，再由理事会在60天内提交给联合国安理会。[30]

关于在决议中提及的第三条分条，理事会主席建议，第三条分条仅承认了习惯国际法的一项原则，同时也是对《芝加哥公约》所规定之原则的增加。因此，主席认为决议没有必要重申这一条，这实际上是对已经并入决议的人道主义原则的确认。[31]值得注意的是，理事会通过有效排除《芝加哥公约》中提及的习惯国际法原则，从而在外交和政治方面发挥了极大的作用，保持在自己的管辖范围内，并避免在事实得到适当确定前作出判断。

根据秘书长的报告，1996年6月27日通过的国际民航组织理事会最终决议体现了两个关键原则。理事会回顾并承认每个国家对其领土上方的领空拥有完全的和排他的主权，一国领土应包括其陆地和领海。而且各国必须避免使用武器攻击飞行中的民用航空器，且在拦截民用航空器时，飞机上人员的生命和飞机的安全不能受到威胁。该决议也同时承认这样一个原则，即每个缔约国应确保采取适当措施，禁止将在该国注册的或在该国有主要营业地或永久居留地的经营者经营的民用航空器蓄意用于任何与《芝加哥公约》不一致的目的。在决议制定过程的这一后期阶段，理事会谴责对民用航空器使用武器时，明确提到第三条分条，从外交的角度看，这似乎是恰当和有目的性的。

理事会的决议是理事会以综合方式处理第五十四条第十四款所涉及问题的一个例子。此外，该决议高度地表明了理事会的意见，虽然一方面应该承认所有国家对其领土上方的空域拥有完全和排他性的主权且他国不应该侵犯这种主权，但另一方面，无论在何种情况下，各国都无权使用武器危害民用航空器上人员的生命。

考虑到国际民航组织作为联合国的专门机构，时不时地需要应缔约国的要求处理有争议的问题，不可避免的问题是：国际民航组织是否应避免在其外交努力中超越国际政治范畴作出决定。对于美国和古巴的问题，民航组织理事会显然是

---

〔30〕 上引注第102—103页。

〔31〕 上引注第103页。

以一种使命感和献身精神来跨越外交界限的。一个国家对其领土主权的保护应与强制性的警告相平衡，即无论国家的权利是什么，在任何情况下对民用航空器使用武器都是不可以被宽恕的。

7 伊朗航空事件：IR 655（伊朗，美国，1998）

国际民航组织理事会在解决问题时，在多大程度上受政治影响，最好的说明大概是1988年伊朗航空事件。一架载有商业乘客的伊朗飞机A300（IR655），从班加罗尔经阿巴斯（伊朗）飞往迪拜。飞机被美国在波斯湾的文森舰击落，导致机上290人死亡。该事件发生于1988年7月3日，理事会在几次会议上审议了这一事件，1988年12月7日理事会作出决定。理事会在回顾1988年7月3日的事件时发表了国际民航组织秘书长的调查报告，并促请所有国家采取一切必要行动，确保民用航空器的航行安全，特别是确保民用航空活动和军事活动的有效协调。该决议继续重申一般国际法的基本原则，即各国必须避免对民用航空器使用武器，并敦促还没有批准第三条分条的各国尽快批准。

国际民航组织理事会在其审议中明确突出的一点是，其决心处理与事件有关的纯技术问题，同时严格避免政治问题和外交陷阱。这一原则当然适用于以上讨论的所有事件，理事会将其讨论范围限制在技术问题上，这样便可以适用《芝加哥公约》的规则。

尽管国际民航组织迄今已经成功地避免了其所处理的问题可能带来的潜在政治争端，但有人问及国际民航组织是否可以继续将仅有细微差别的航空技术问题与潜在政治问题相分离时，答案似乎在于国际民航组织运作的环境以及根据《芝加哥公约》可以适用的原则。国际民航组织的主要目标是制定空中航行的原则和技术，促进国际航空运输的规划和发展，以确保空中航行的审慎和有序增长。[32]当这个基本假设结合《芝加哥公约》序言的规定，即滥用国际民用航空器可能会对一般安全构成威胁，国际民航组织的任务就变得更加明确了。综上所述，这两项原则构成了国际民航组织任务的基本事实，即本组织必须确保，安全和有序（经济）增长，并确保在同一时间内，民用航空器不会被滥用到对国际民用航空

〔32〕《芝加哥公约》序言以及第44条第1项。

全球安全构成威胁的程度。这通常意味着民航组织必须确保各国遵守民航组织监管机构所采用的航空原则。

在这方面，《芝加哥公约》及其附件规定的原则在理事会讨论上述问题的过程中已成为相关内容。然而，责任不仅是单方面的。民航组织不能，也不会对一个国家可能危及民用航空目标的非航空行为视而不见。例如，在1965年6月至7月召开的第15届会议上，大会通过了A15-7号“关于南非种族隔离与种族歧视政策”的决议（现已不再适用），认为当时的南非种族隔离政策是南非人民与世界各国之间冲突的永久性根源，种族隔离和种族歧视政策公然违反《芝加哥公约》序言所载原则。该决议敦促南非遵守《芝加哥公约》的宗旨和规则。在稍后1970年6月的第17届会议大会通过了第A17-1号决议，也提到了类似的倡议。国际民用航空运输有助于建立并保持世界人民之间的友谊和相互间的理解，且能促进各国之间的商业活动，因此请各缔约国采取协调一致的行动，遏制危及国际航空运输审慎和有序发展的一切行为。国际民航组织发挥作用最有力的例子是大会1973年3月通过的第A20-2号“非法干扰民用航空器行为”决议，该决议重申了国际民航组织有助于解决缔约国之间影响全球民用航空安全有序运作的争议。[33]

可以认为，国际社会作为国家之间的“俱乐部”，设立国际民航组织的必然结果是，国际民航组织理事会解决的大多数问题都可能涉及或缘于国家之间顽固的政治分歧或冲突。因此，如果民航组织不知道理事会所面临的问题的冲突性，那就太天真了。然而，国际民航组织还是联合国的一个专门机构，其具体愿景体现在《芝加哥公约》中。在这方面，我们必须牢记联合国前秘书长哈维尔·佩雷斯·德奎勒的观点。他说，世界必须谨慎，不去模糊、混合或分离主要机构的具体职能，而是把其当作追求同一政治目标的可互换平台。[34]各国承担着不让这种事情发生的巨大责任。

古巴政府于1996年9月9日致理事会主席的信中要求理事会将“有预谋的

---

〔33〕 Doc 8900/2 Repertory—Guide to the Convention on International Civil Aviation, Second Edition, 1977 at pp. 1 – 3.

〔34〕 A26/MIN EX/10 pp. 148 – 149.

滥用被登记为民用飞机的航空器”的研究纳入“工作计划”，从而使美古事件达到了高潮。

同时，这封信还附有一份文件，进一步扩大其请求。它表示：

> 越来越多的情况是，故意将登记为民用航空器的飞机用于飞行，但其目的显然与《国际民用航空公约》不符，因此这类飞机不应享受民航组织的保证和设施。

此外，该文件还表示：

> 每个缔约国在登记航空器作为民用飞机时，应承担《芝加哥公约》第四条的全部责任，该飞机以符合《芝加哥公约》的方式加以使用。也要遵守《芝加哥公约》第十二条“空中规则”设定的义务。同时按照《芝加哥公约》的要求，对于使用方式与国与国之间友谊、理解和总体安全不符及违反国际民用航空规则的所有航空器应采取预防性和惩罚性措施。

古巴政府在1996年10月21日的一封信中进一步说明。信中表示其要求是希望理事会讨论任何与《芝加哥公约》目的不一致的有预谋的滥用民用航空器的事宜。有人提到蓄意滥用已注册为民用飞机的航空器，特别是：

> 用于通用航空的轻型航空器被用于非法贩运毒品、走私人员和货物、恐怖主义、侵略、海盗、破坏环境的行为，以及其他被认为是国际社会所否认和谴责的国际犯罪行为。以上行为都应被理解为非法行为。

要求的目的是“让理事会考虑并采取行动来解决这些非法行为”。

理事会在第117和118届会议审议了秘书处提交的关于“民用航空器滥用”的研究报告（C-WP/8217）。秘书处在报告中回顾，在大会第25届会议（特别会议）上提出的“民用航空器的滥用”问题是由几位代表在讨论《芝加哥公约》附件2关于拦截民用飞机的第二十七次修订时被提到的；事实上正是在这次讨论中，秘书长被要求撰写一份关于“民用航空器滥用”的报告。几位代表则表示“考虑采取必要的措施以防止将民用航空器被用于非法目的”。

C-WP/8217号文件指出，有必要搞清楚《芝加哥公约》现有的框架是否提供了民用航空器违反飞越国法律问题的解决方法。

1986年6月9日，理事会注意到这一研究报告以及在进一步工作中所需要考虑的是，国际民航组织在打击麻醉药品和精神药物非法运输等方面的作用。据了解，C-WP/8217号文件的法律分析将用于今后关于民用航空器滥用的其他研究。《芝加哥公约》第四条是唯一一条明确使用“民用航空器滥用”的条款，而“滥用”一词仅载于标题中。

还可以参考第四十四条所列出的本组织的“目的”（但不是《芝加哥公约》的目的）。在这样的情况下，很难对“与本公约目的不符的目的”这一短语作出明确和清晰的解释。《维也纳条约法公约》允许对条约的筹备工作进行考察以作补充的解释手段。

根据第四条的起草历史可以看出，其根本意图是防止将民用航空器用于可能对其他国家安全构成威胁的目的。第四条来源于加拿大提供的国际航空公约修订初稿，该草案规定，拟议的国际航空管理局应规划和促进组织国际航空服务，除此之外，“应避免滥用民航对国家安全构成威胁的可能性，并为建立和维持一个常设的全面安全制度作出有效的贡献”。

在美国、英国和加拿大的“三方提案”中，前述措辞在第二条中被修改为“各成员国拒绝使用民用航空作为国际关系及国家关系中的政策工具”。这一措辞实际上重复了1928年《退出战争条约》的案文，“双方同意放弃战争作为国家关系中的政策工具”。三方提案提交给“只解决语言问题”的起草委员会。提交给起草委员会的第二条是，“为了寻找更合适的语言，以防止为侵略目的而使用民用航空运输”。鉴此，第四条中“与本公约宗旨不符的目的”一语，基本上意味着“对一般安全的威胁”，其并不调整与一般威胁无关的飞机用于犯罪目的或其他非法目的。根据第四条，各国承诺不通过使用民用航空威胁其他国家的普遍安全应被视为一项压倒一切的原则和实现《芝加哥公约》其他目标的先决条件。

考虑到《芝加哥公约》起草时的情况，前述对第四条的解释是合乎逻辑的。因此，根据第四条，各国应同意不使用民用航空作为威胁其他国家安全的手段。“民用航空”一词也必须做扩大解释，不仅包括民用飞机，还包括“民用”航空设施和服务。在通过第三条分条的第25届会议（特别会议）期间一个代表团（美国）阐明了这一区别。该代表团在提出修正草案时指出，“民用航空”一词被用来保护民用航空器以及民用航空的其他组成部分。

大会第25届会议，将空中侵犯主权和其他与《芝加哥公约》宗旨不符的目的进行了区分。古巴将“与《芝加哥公约》宗旨不符的行为”定义为：

包括侵略、渗透、间谍活动，以及对有害物质或病原制剂的排放、使用其他国家领空运输违禁品，即使以第三国为目的地，或其他与公约宗旨不一致的目的行为。

还包括其他国家对于民用飞机在军事侦察中的使用：违反强制性法律和国家安全要求；从事挑衅活动、间谍活动和侵略行为；用于运送雇佣军、麻醉品、枪支或弹药；或以其他方式从事犯罪活动。其目的是保证所有外国民用航空器不违反《芝加哥公约》的“目的”，也不违反被飞越国国家的法律和公共秩序。[35]

8 《芝加哥公约》的规定

《芝加哥公约》不包含特别条款，专用针对飞机用于或参与犯罪活动或其他违反国家法律和公共秩序的活动，但许多条款提供了“外国飞机应遵守他国适用的法律和公共秩序”的保障措施。特别是第三条、第五条、第九条、第十一条、第十二条、第十三条、第十六条和第三十五条。第一条承认每个国家对其领土上方的空域拥有完全和排他的主权。因此，根据国际法，国家可以执行其国内法律和法规，只要这些法律法规及其执行方式不违反与其他国家的明确协议（如《芝加哥公约》）或其他国际法准则。而这样的权力和权威是主权的一个基本属性。

从以上阐述中可以得出以下结论：

（1）《芝加哥公约》第四条以及“与本公约宗旨不符的目的”，本质上是指“对一般安全的威胁”。

（2）《芝加哥公约》第三条分条中的“与本公约宗旨不符的目的”一词具有更广泛的含义，涵盖了外国民用航空器违反飞越国的法律和公共秩序。

（3）《芝加哥公约》包括有效的条款，规定各国有充分管辖权禁止或阻止在其境内将外国航空器用于非法目的。

在大会第33届会议上，国际民航组织通过题为“滥用民用飞机”的第A33-1号决议，关于滥用民用航空器作为杀伤性武器和涉及民用航空的其他恐怖主义

〔35〕 A 25-MIN EX 16.

行为的宣言。该决议指出对2001年9月发生在美国的恐怖活动的思考，尤其还认识到恐怖组织造成的新型威胁需要各国作出新的一致的努力和采取新的一致的合作政策，敦促所有缔约国加强努力，以便实现全面实施关于航空保安的多边公约，以及国际民航组织有关保安的标准、建议措施及程序（SARPs）。决议还呼吁各国要监督此类实施，并在其领土内采取与威胁程度相适应的额外保安措施，以便防止和消除涉及民用航空的恐怖主义行为。该决议敦促所有缔约国以财政或人力资源的形式向国际民航组织的航空保安机制进行捐助，以支持和加强对恐怖主义和非法干扰民用航空行为的打击；呼吁各缔约国一致同意对国际民航组织在航空保安方面的紧急行动进行特别资助。同时，该决议指示理事会更加稳定地资助国际民航组织在航空保安方面的行动，包括适当的补救行动、编制提案以及作出适当决定。

第A33-1号决议还指示理事会尽早在蒙特利尔召开关于航空保安的部长级高级别会议，目标是防止、打击和消除涉及民用航空的恐怖主义行为；加强国际民航组织在通过保安方面的标准和建议措施及检查其实施情况方面的作用；确保必要的财政手段来加强国际民航组织航空保安机制，而在航空安全领域提供专项资金用于国际民航组织采取紧急行动。

从美国和欧洲在立即采取措施加强航空安全方面的一些共同努力可以看出这项决议的效果。欧洲运输和电信委员会于2001年10月16日在卢森堡举行的会议上，欢迎委员会关于制定民用航空安全领域共同规则的条例的提案。理事会邀请会员国和欧洲委员会为第A33-1号决议提及的国际民航组织部长级高级别会议的筹备工作做出贡献。

在美国，美国联邦航空局局长简·加维（Jane Garvey）女士于2001年10月17日在华盛顿的一次会议上表示，美国将开始使用称为计算机辅助乘客预检系统的新技术，以检测塑料武器，并更多地使用爆炸物检测设备。加维女士进一步补充道，运输部长诺曼·米内塔（Mineta）已经创建了一个2000万美元的基金来探索新技术提高飞机安全性。这些拨款可用于测试任何可带来更安全的飞机的新技术。

第二章 在缔约国领土上飞行

第五条 不定期飞行的权利

各缔约国承允，其他缔约国的一切不从事定期国际航班飞行的航空器，在遵守本公约规定的条件下不需要事先获准，有权飞入或飞经缔约国领土而不降停或作非商业性降停，但飞经国有权令其降落。为了飞行安全，当航空器所欲飞经的地区不得进入或缺乏适当航行设施时，各缔约国保留令其遵循在规定航路航行或获得特准后方许飞行的权利。

此项航空器如为取酬或出租而载运乘客、货物、邮件但非从事定期国际航班飞行，在遵守第七条规定的情况下，亦享有上下乘客、货物或邮件的特权，但上下的地点所在国家有权规定其认为需要的规章、条件或限制。

1 商业方面

国际民航组织理事会于1952年根据《芝加哥公约》第五条（关于不定期飞行）以及第六条（关于定期飞行）形成“定期国际航班”的概念。[1]国际民航组织要求其成员国提交关于不定期飞行规章的附件。在大会第7届会议（布莱顿，1953年6月16日至7月6日）上，国际民航组织秘书处提交给大会一份对1952年各成员国提交的规章的分析报告。[2]大会第一届会议（蒙特利尔，1947年5月6日至27日）通过了第A1-39号决议（国际航空运输中定期和不定期业务的区别），特别说明：鉴于公约第五条规定，一切不从事定期国际航班飞行的航空器有权在一些特定的安全条件下，飞入或飞经一缔约国领土而不降停，或作非商业性降停；此项航空器如为取酬或出租而载运乘客、货物、邮件但非从事定

〔1〕 ICAO Doc 7278-C/841, May 1952.

〔2〕 A7-WP/10.

期国际航班飞行，亦享有上下乘客、货物或邮件的特权，但上下的地点所在国家有权规定其认为需要的规章、条件或限制。

大会决定，国际民航组织应继续进行研究，目的是采纳一个国际性的定义，清晰地界定定期和不定期运营的概念。大会第 2 届会议（日内瓦，1948 年 6 月 1 日至 21 日）通过了第 A2-18 号决议（定期国际航班的概念），借此，大会规定：理事会应通过定期国际航班的概念，并定期审查。为国际民航组织成员国在解释或者适用公约第五条以及第六条提供有关的指导。大会建议按以下概念定义“定期国际航班”：为公约的目的，“定期国际航班”是由一系列系统的、可识别的国际航班构成，即固定在两个或多个地点或者两个或多个交通区域运营，并考虑航班飞行的规律及时刻表，比如飞行距离以及所使用的航空器并不发生实质性的改变；进行等价有偿的系统运营；对想要经常享受其优点的公众（承运人可接受的）开放。

国际民航组织成员国在大会第 7 届会议（布莱顿，1953 年 6 月 16 号至 7 月 6 号）上，通过第 A7-16 号决议（国际航空运输商事权利国际协议的前景和方法—非定期航空运输运作）规定：大会要求国际民航组织理事会通知成员国是否接受国际民航组织理事会于 1952 年 3 月 25 号通过的“定期国际航班”的概念以及其他概念，或者成员国是否采纳大会制定的区别定期国际航班以及不定期国际航班的措施。大会同样要求理事会仔细考虑成员国所提出的能够优化“定期国际航班”定义的任何意见，这是区别定期和不定期国际航班的方法。通过此次大会，理事会通过了以下定期国际航班的定义，定期国际航班是一系列包含下列特征的航班：飞越一个以上国家的领空；由航空器为取酬而通过对公众开放的方式载运乘客、货物、邮件。

国际民航组织和联合国安理会都有针对《芝加哥公约》第一条、第五条、第六条的一些决议。第 21 届大会（蒙特利尔，1974 年 9 月 24 日至 10 月 15 日）通过了第 A21-7 号决议（耶路撒冷机场），鉴于耶路撒冷机场位于阿拉伯被占领土，并登记在国际民航组织中东航行计划中的约旦管辖下，因此决定所有缔约国在执行《芝加哥公约》上述相关条款时，除非按照该公约的规定得到事先许可，否则，应采取一切措施避免经营或允许任何航空公司经营来往于耶路撒冷机场的任何航班，无论是定期的还是不定期的。2011 年联合国安理会通过第 1970 号决议，借此，安理会决定立即在利比亚停火，包括目前针对平民的攻击，安理会认为该针对性攻击可能构成“反人道罪”，安理会对在该国领空的所有航班施加禁令，并将该国划定为禁飞区，同时加紧对卡扎菲政权及其追随者的制裁。随后安理会又通过了第1973号决议，为保护平民，安理会决定对在利比亚领空的所有航班施加禁令。该决议要求所有成员国告知联合国秘书长和阿拉伯国家联盟秘书长，通过国家或者区域组织，或者安排采取一切必要措施来执行对利比亚领空中航班的禁令，并要求涉及的航班所属国家在其遵守禁令的基础上与阿拉伯国家联盟进行合作并与联合国秘书长做好协调。

《芝加哥公约》区别缔约国给予定期国际航班（第六条）和不定期国际航班（第五条）的权利。该公约提及不定期航班是一切“不从事定期国际航班飞行的航空器”。第五条第一款要求缔约国给予他国从事不定期国际航班飞行的航空器有飞经或作非商业性降停，而“不需要事先获准”的权利。第二款说明商业性非定期航班亦有上下乘客、货物或邮件的特权，但上下的地点所在国家有权规定其认为需要的规章、条件或限制。

第五条的实际效果是国内不定期航班由各个国家自己制定规则调整和管理，国际不定期航班只有少量双边和多边协议达成共同管理规章。

为替各成员国解释或者适用第五、第六条提供指导，理事会形成“定期国际航班”的概念，并附有“针对定义的适用和公约第五条赋予权利分析的报告”。[3]理事会认为，国家对商业性不定期航班上下乘客、货物或邮件规定需要的规章、条件或限制的权利是不受限制的。但是理事会也同样表明，这种权利的行使不能禁止这一重要的航空运输方式或者使其无效。

在国际不定期航班或者包机业务的单边框架下，航班始发国与目的地国相互独立地管理在两国领空之间进行的航班运营。在此种情况下，包机承运人和不定期航班承运人必须遵守两国的规则，以使该业务符合包机条件，即在相关的规则下形成有效的租约。这些规则一般出现在法律、法规、关于航空运输的政策声明中、授权管理不定期航班的政策声明中，或出现在批准不定期航班的证书及对飞行许可证的授权中。在某些情况下，由相关管理机构做出专门的决定。

[3] See Doc 9587.

各国对国际不定期航班商业运营的政策采用多种不同的形式，从严格的限制到完全的自由。绝大多数国家的政策介于两者之间。在制定有关不定期航班的政策及规章时，各国通常考虑这种服务在满足公众对低价航空运输需求方面的作用；同时考虑其在整个航空运输体系中的地位；以及对实现一些国家政策的贡献，如推动旅游业发展、扩大机场利用率、创造就业机会以及促进社区发展。

承运人必须得到国籍与许可，方能从事国际不定期飞行。一些国家要求外国承运人也需提供这方面的证明。航空运输主管部门可以通过签发证书、许可证（即在相对长期的、持续的基础上给予一般授权或许可，如一年或一个季度），或特别授予一次或多次国际不定期航班的权利。

国家对于以下事项可以制定程序：对于租赁计划或者个别飞行要求预先征求同意；或者不要求飞行前同意；以及要求飞行前通知并/或飞行后报告。

一些国家可能继续使用将承运人预先列入有资格执行包机的承运人名单的程序。大多数国家沿用以上所提管理方式并综合考虑双方互惠、飞行活动的出发地及途经的地区、航班承运人的国籍（本国或外国）、承运人种类或航空器的大小、运营合同的类型及其他决定因素。各国通常的做法是要求航班承运方提前24小时提交飞行计划或者出于为合理进行空中交通管制、海关、移民以及公共卫生等目的给予某种形式的事先通知。（《芝加哥公约》附件9同样载有要求缔约国简化此类程序以便简化关于不定期航班运营的条款）。

一些国家之间缔结双边不定期航班协议，包括定期以及包机的双边航空运输协议，使不定期航班在各国相互同意的基础上运营。此类协议通常包括以下方面的条款：适航规则（如接受航班始发国家的规则或协调规则）；可提供服务的地点；公平及平等的机会；价格；航权；承运人的指定和许可；其他涉及的技术问题（如海关豁免、磋商以及仲裁条款）。

只有少数关于不定期航班的多边协议，而且都是在区域基础上缔结的。比如，1956年在欧洲民航会议成员国内部的协议，1971年东盟成员国之间的《关于非定期航班商业权利的多边协议》。这些协议一般在签署国之间规定较为自由的不定期航班运营机制。比如，允许一些类型的不定期航班不经许可地运营（如人道主义包机、紧急包机、单一实体包机或者提供定期航班未开通航线的包机航班），但需要事先通知。

2 固有的实际问题

许多国家在管理国际不定期航班时所面临的一个基本问题是如何平衡同一市场中定期航班运营人和包机运输运营人之间的商业利益，同时又要考虑国家整体经济利益。保持管理的国家会施加多种限制或者管制，以确保不定期航班的运营不会损害定期航班的利润和效率，和/或在每一有关国家的承运人获得包机利益方面取得必要的平衡。该管制包括：通过对包机承运人的定义和规则进行市场限制（如禁止一些类别的包机承运人进入市场）；对地理以及航路做出限制（如只允许某些类别的包机承运人在确定的区域或特定的航路营运）；运力控制（如涉及具体的数量限制或者与定期航班的特定比例相关的运力限制）；价格限制。

许多国家在管理国际不定期航班时面临的另一个问题来自对不定期航班缺乏明确而统一的概念（仅被定义为不属于定期航班）。在两类航班之间的区别比较模糊的情况下该问题尤为明显。比如，由于包机服务对公众更加开放，这类航班逐渐被称为“定期包机”或者“计划包机”，即对公众开放的包机运输，且航班安排如此定期或频繁，以至于构成了一系列系统的、可识别的航班。

多数的定期航班承运人现在提供较低的运费和限制条件，这曾经在包机运输中很常见。随着航空运输业的发展以及越来越多的国家在国际和国内航空运输管理上采取了较自由的政策，区别定期与不定期航班是否仍然有用受到了质疑。就欧盟而言，行业倾向于保留这种区别，但第三次航空运输自由化措施已经有效地消除了对这两类航班在管理上的区别（允许不定期航班或者包机承运人运营定期航班，并直接向公众出售航班机票）。

2009 年，不定期航班或包机航空公司以 99.8% 的载客率运输了 5600 万名旅客。[4] 他们被描述成这样的承运人：航班通常作为节日礼包的一部分，并且包含酒店住宿，其中的大多数航班是由包价旅游承办商直接提供的，这也是此类航空公司在其商业模式下有较高的载客率，但收益率仍然较低的关键原因。[5]

《芝加哥公约》第五条所提供的灵活性，即不定期航班无须获得经过国着陆或者起飞的许可，便可不间断地进入其领土或直接过境，并做非商业性降停，很

---

〔4〕 O'Connell（2007）at 59 at 63.

〔5〕 上引注第 67 页。

好地预示了公约便利航空运输，以期符合世界人民需要的主题。接下来要讨论的是第六条带来的官僚主义混乱对大众旅行的抑制。

参考文献：

O'Connell JF(2007) Airlines, an inherently turbulent industry. In: O'Connell JF, Williams G(eds) Air transport in the 21st century-key strategic developments. Ashgate, Surrey.

第六条 定期航班

除非经一缔约国特准或其他许可，并遵照此项特准或许可的条件，任何定期国际航班不得在该国领土上空飞行或进入该国领土。

1 商业限制

第六条因参加芝加哥会议的 52 个国家不能在航权问题上达成多边协议而产生。如后所述，许多代表在《芝加哥公约》中主张商业化航权的多边化，但是由于一些国家极端的领空保护主义，该趋势从未占据优势，从而诞生了第六条。临时国际民航组织第一届大会（1946 年 6 月第 4 号决议）声明，关于商业化航权的多边协议是唯一不与《芝加哥公约》矛盾的解决方案。然而，在 1947 年 11 月，经过详尽的商议和讨论后，在通过第 A1-38 号决议前召集的国际民用航空商业权利多边协议委员会认为，在一些关键问题上有意见的分歧使任何协议都不能得到广泛的接受。[1]尽管如此，该委员会在其报告中形成附件 3，包含未来将形成的一个多边协议的部分条款。

国际民航组织大会在第 7 届会议（布莱顿，1953 年 6 月 16 日至 7 月 6 日）通过了第 A7-15 号决议（国际定期航班商业权利预期——国际协议的前景与措施），大会认为，在当时不具备实现一个普遍的多边协议的前景，尽管在商业权利上尽可能地多边化将一直是该组织的目标。通过第 A7-15 号决议，大会要求理事会应积极考虑在欧洲召集区域会议（应当时的欧洲煤钢共同体部长理事会的请求）。

第六条可以说是《芝加哥公约》中最具争议的条款。简单来说，该条导致以下问题：禁止所有定期国际航班，除非被允许；所有双边和开放天空协议是互惠的，并服从于航空政策的差别、保护主义以及市场份额的随意划分；航空公司没有进入市场的自由；“国有航空公司”的所有权和管理条例及规定僵化过时；在许多情况下，实际上妨碍了对航空公司的外国直接投资；所有上述都不适时地阻止了各国之间的互联互通，而互联互通正是满足全世界人民对定期、高效和经济

〔1〕 Doc 5230 A2-EC/10.

航空运输的需求的意义和目的。

需要指出的是，在航空运输领域，国际民航组织的职权受到其目标和宗旨的限制，如《芝加哥公约》第四十四条规定，国际民航组织应“促进国际航空运输的规划和发展”，该条规定下放给国际民航组织在航空运输管理上形成指导意见的责任，但这一责任在一定程度上被冲淡。大会第 A37-20 号决议附件 A 重申了国际民航组织在制定关于国际航空运输管理政策方面以及必要时在协助和促进航空运输管理自由化方面的主要作用。

第六条的措辞自相矛盾，我们不禁要问：作为一个全球航空共同体，国际民航组织代表着什么？如何公平地处理增长和发展的关系？航空及其管理该如何适应被全球化和技术变革所改变的世界？我们有战略方向吗？我们是否实现了民用航空领域的目标？

这些问题产生的原因在于，如前文所述，早在 1944 年由 52 个签字国缔结的，现有 191 个成员国的多边条约《芝加哥公约》所形成的航空战略方向，即“建立和保持世界各国之间和人民之间的友谊和了解”。难以想象，在一个全球性的文件中，写满了航空的战略目标是赚取尽可能多的金钱、排斥其他国家或优先考虑各国或航空运输业的利益。建立和保持世界各国人民之间的友谊和了解，只能通过最佳的连通性来实现。最初的宗旨是连接世界，并满足全世界人民对于更安全、定期、高效和经济的航空运输的需要。[2]

被给予这一方向后，《芝加哥公约》规定，除非经一缔约国批准或其他许可，任何定期国际航班不得在该国领土上空飞行或进入该国领土。有趣的是，1609 年，格劳秀斯在其巨著《海洋自由论》中提出，海洋应对所有人开放。然而 300 多年后的 1944 年，聚集在芝加哥的航空强国在《芝加哥公约》中却采取了完全相反的原则。

航空运输的问题在于：一方面，它是一个产品；另一方面，关于这一产品的规定，可能通过剥夺消费者在一个自由化系统中可能拥有的多种航空运输选择的方式来限制该产品的可用性。换句话说，国家政策以及对国家利益的保护优于航空运输使用者的利益。航空产业仅为最终的消费者提供一个产品，即航空运输。

〔2〕 Chicago Convention, Preamble, ICAO Doc. 7300/8: 2006.

航空产业是周期性的，并深受世界经济状况的影响。此处不详述欧洲经济的兴衰以及在亚洲其他地区的显著增长。

航空运输是一个全球性的产业，伴随着主要城市人口的持续增长和繁荣，社会对航空运输的需求持续增长。最近的一项预测显示，尽管在20世纪70年代只有4个人口数量超过1000万的主要城市群，但现在[3]已经拥有26个，到2015年将超过30个。随着经济的繁荣，越来越多的人将需要航空运输，因此，航空运输增长量预计在未来的15年内翻一番。

互联互通是航空领域最迫切的需求，并体现在《芝加哥公约》中，但这一需求却被商业和国家政策的利益所扼杀。

由于第六条的规定，国际民航组织成员国际商业航班的运行被双边协议调整。这对于航空承运人在《芝加哥公约》所阐述的公平及平等机会下的运营造成了障碍。这不是在起草《芝加哥公约》的芝加哥会议中存在的趋势。

2 令人费解的最初政策的彻底转变

1944年，美国在芝加哥会议上提出了保障世界上所有航空公司在世界各地商业降落权不受限制的多边协议。美国的立场是，世界各国对天空和海洋的使用是公共的，因为这都是自然给予人类的公共资源。它们的不同之处在于，人类对于天空的利用受国家主权的限制。因此，美国认为，不管位于何处，对于天空的利用，国家间应以最大的有利于人类的方式相互协定。

英国争辩道，在承认国家利益的同时，我们也要鼓励企业效率，这本身就是维护国家和国际利益。因此，我们试图鼓励高效的并排除低效的企业。我们只有针对一些问题采取共同行动，才能减少并逐渐消除补贴，借此，民航便有了经济基础，并顺便较大地减轻了纳税人的负担。不受限制的竞争是最有效的方法。[4]

英国似乎采纳了一种平衡的措施，支持建立航空运输服务，以满足大众旅行的需要，但同时不过分影响国家在交通领域享有公平份额的权利。

印度认为，航空运输必须合理发展，使一定程度的空中自由成为每个国家的

---

〔3〕 此处“现在”指2013年——译者注。

〔4〕 See Proceedings of the International Civil Aviation Conference, Chicago, Illinois, November 1-December 7, 1944 United States Government Printing Office: Washington, 1948 at 65.

固有权利。并且，授予航权，即来往于另一个国家的运输权利，最好在全球互惠的基础上协商和同意，而不是通过双边协定安排。我们认为，只有这样的安排能保证所有国家利益所需的权利互惠。但是，我们认为，任何这样的自由和权利的授予，必须与国家调整此类自由的宪法相联系。确保最强大的和最弱小的国家的人民利益均得到保障。[5]

因此，印度的立场是，建议在国家当局的管制范围内建立全球互惠的、自由的措施，该措施将确保小国不会因大国而陷入困境。

必须指出，《芝加哥公约》的经济意义完全在于其主要表达的主题，即满足全世界人民对于经济的航空运输的需求，同时，阻止不公平竞争导致的资源浪费，以及给所有国家提供均等的机会来运营航空运输服务。为实现这一目标，《芝加哥公约》必须通过国际民航组织规范世界航空运输企业，特别是国际民航组织成员国的这类企业，提供航空运输服务所涉经济问题的所有方面。

1945 年 8 月，加拿大复兴部原部长豪（Hon. C. D. Howe）在临时国际民航组织理事会第一届会议上说道："加拿大相信，为了国际航空运输的发展必须有更大的自由，并且这一自由最好是在提供均等机会和奖励高效的框架下获得。"[6]

美国代表爱德华·华纳博士（Dr. Edward Warner）（国际民航组织理事会第一任主席）在国际民航组织临时理事会第一届会议上说道："我们首要的目标将是尽我们最大的努力促进民航发展。我们应努力使其在物理上更容易、更安全、更可靠以及更舒适；但我同样认为，我们应保持持续的目标，即民航应为国际和谐做出贡献。航空器的民事用途必须得到发展，以便使人们更紧密地团结在一起，让国家间的交流更能得到相互理解。"[7]

华纳博士尤其强调民航的目标是促进国际和谐以及国家间的对话。他同样指出，民航至关重要的任务是通过相互理解以及互动使得全世界人民更加团结。显然，至少在当前，民航更多地被认为是社会的必需品，而非仅是一种经济产品。此外，通过上述两位国际民航组织参与者的说明，我们能明确当时的国际社会对

〔5〕 上引注，第 76 页。

〔6〕 PICAO Documents, Montreal, 1945, Volume 1, Doc 1, at 3.

〔7〕 上引注 Doc 2, at 2.

于航空运输的态度：民航应机会均等地发展；以及民航是社会需要而不是作为财政工具。

但美国在该会议上关于市场准入措施，特别是航权问题的态度，体现在当时美国国务院助理国务卿阿道夫·伯利的讲话中："我认为航空对美国的对外利益和对外政策的影响比其他任何非政治因素都要更大。在一些与美国国防有关的领土问题上，以及影响美国商业发展的运输问题上，其影响程度堪比海洋权益对我们的利益和政策所起的作用。"〔8〕

这明确超出了以机会均等为基础使用航空运输满足社会需要的范围。

1946年5月，临时国际民航组织第一届临时大会举行。该会议为指明《芝加哥公约》条款中的问题做准备。会后，临时国际民航组织委托被称为第三委员会的专家组起草关于商业化航权的多边协议，最终达成了一项商业化航权多边协议草案。该草案包含3项基本内容：为使每一个成员国的国际交通便利和可行，授予数量合理的航空公司商业运营的权利；调整运力数额的基本管理条款和为防止滥用的附加条款；以及通过有权做出有约束力的决定的仲裁庭解决国家间争议的条款。〔9〕

草案中唯一没有达成一致同意的条款针对的是航线、机场以及运力。第三委员会还探究了《芝加哥公约》第五、第六条规定的不定期航班和定期航班之间的区别。

基于第三委员会对定期以及不定期航空运输研究的结果，航空运输委员会在1952年国际民航组织理事会第17届会议上，审查了秘书处对于国际不定期航班的研究报告。该研究发现，当时，关于外国不定期航班在其领土上下旅客、货物或者邮件，各国采用不同形式的国家政策。有13个国家要求每一次航行或者一系列航行需要依据不同的情况预先获准。10个国家要求每一次或者一系列不定期航班飞行都应该根据规章获得准予。一些国家要求达成具体的双边协议，而另一些国家要求对各自的承运人提供互惠待遇。〔10〕据了解，为了管理在不同国家

〔8〕 Mackenzie（2010）at 3.

〔9〕 Views of Commission No 3，Doc 4023，A-1 - P/3，1/4/47. see C-WP/369，22/6/49 关于委员会在该协议上工作详细的讨论。

〔10〕 AT-WP/295，15 Dec 52 at 5.

领土间的不定期商业航班，五个欧洲国家已经达成正式的双边安排。[11]

航空运输委员会还注意到，国际民航组织理事会表示，“非商业性降停”应包括上下旅客或者货物的自由，但不是为了取酬或出租。理事会还认为：“获取报酬或出租”是指从不定期航班经营者以外的人的行为中获利。这一解释意味着，承运人自身对自己运营航班将得到第五条第一款内容所给予的自由。[12]理事会对《芝加哥公约》第五条内容的分析报告还指出，航班飞越的国家不应将要求航空器降落的权利视为理所当然，并且该权利不能不受限制地行使。尽管《芝加哥公约》第三条规定，该公约不适用于国家航空器，但多数国家可能会扩大公约适用范围至国家航空器，使国家民用航空器可享有第五条第一款规定的飞行自由。[13]同样的权利可被给予紧急情况下定期航班的运营、类似租车的飞行以及所有包机旅游。[14]

1952年3月28号，理事会第15届会议通过了一份包含上述国际民航组织理事会观点的分析报告，以及理事会给缔约国关于定期国际航班[15]确定性的报告。该报告认为，国际定期航班必须由一系列的航班构成，单次飞行本身不能构成国际定期航班。因此，第六条规定，国际定期航班必须经过一个以上国家的领土进行一系列飞行，并由航空器为获取报酬而进行旅客、货物以及邮件的运输。该类航班经营固定的两点或多点间的运输业务，通常按照公布的班期时刻表进行，也可以说它所从事的飞行有规律或频繁，被公认为有系统的活动。第六条中报酬一词与第五条中报酬一词的含义相同。[16]

3 不可避免的妥协

与此同时，1946年，持自由市场观点的美国和比较谨慎保守的英国达成妥协针对两国之间的航空服务达成第一个双边运输协定——“百慕大协定”。该协定

〔11〕 上引注。

〔12〕 See AT-WP/296, 15/12/52, at 9.

〔13〕 上引注。

〔14〕 AT-WP/296, 15/12/52, at 10.

〔15〕 1948年日内瓦召开的国际民航组织第二届大会通过第A2-18号决议，要求理事会采纳“国际定期航班”的定义。

〔16〕 See, Report by the Council to Contracting States on the Definition of a Scheduled International Air Service and the Analysis of the Rights Conferred by Article 5 of the Convention. Doc 7278, C/841, 10/5/52.

体现了芝加哥会议期间两国对航空服务不同理念的妥协。百慕大协定Ⅰ以限制价格机制、自由运力安排以及指定航路为特征。在该协议中，美国放弃了运输价格由市场竞争决定的主张，基本接受价格由国际航空运输协会统一拟定，经双方批准，英国放弃了运力由双方政府事先确定的原则，基本接受了运力由航空公司按市场需要自行确定的主张，只要各国政府是控制航线运力的最终仲裁者即可。因此，百慕大协定Ⅰ确定了运力应与公众对航空运输的需求有强烈和紧密的联系。

在百慕大协定Ⅰ缔结后将近30年间，许多国家在其航空运输服务协议中遵守该协议确立的模式。该模式的好处在于运价由国际航空运输协会统一拟定，从而实现了一定程度的多边主义，但主要缺陷在于给予了政府规划、制定本国民航政策的权力，并且政府可能就其领空主权采取不恰当的严格立场，从而导致航空公司享有的航权被国家频繁收回。基于以上缺陷，该百慕大协定Ⅰ在30年后不出所料地被废除了。[17]

1947年，国际民航组织第一届大会对由临时国际民航组织发起的《国际民用航空运输商业权利多边协定》采取了后续完善行动。英国认为，航线协议应遵循某些一般原则。[18]美国则担心就班次、运力和航线交换以及第五航权达成多边协议会导致运营的混乱。[19]在该会议上，加拿大代表分析了在航空方面寻求多边协作的原因："为什么我们需要多边主义"，就加拿大而言，我认为不是我们想要统一性，尽管统一性是可取的，但仅追求统一性并不一定能达成。我们有更为崇高的目标，即形成一些所有成立航空运输事业的国家都能遵守的规则，以便于他们预先了解机会、条件及依据，以便消除国家间的歧视，并赋予每个国家同等权利和特权，减少国家之间的摩擦、冲突，甚至是战争。为此，我们需要多边主义，而不仅仅是统一的条款。[20]

秘鲁代表向大会提交发展中国家的意见：多边协议是一个我们已经为之并将继续为之奋斗的崇高理想，但理想并不能战胜现实。就秘鲁而言，现实是达成完

---

〔17〕 百慕大协定Ⅱ，签署于1977年，包含一国对航线的多重设计系统以及其他自由化条款缓和百慕大协定Ⅰ中对运力以及航线的严格管理。

〔18〕 ICAO Doc 4510，A1-EC/72，May 1947，12－13.

〔19〕 上引注第23页。

〔20〕 上引注第35页。

全的、普遍的多边协议困难重重。这些困难在于不同国家民航事业发展处于不同阶段、在于各国不同的航空发展潜力、在于国际航空运输中各国不同的气候或者地理条件所产生的变量，最后，更为重要的是，在商业航空方面不同国家间已在发展上形成实质性差距，而广大如秘鲁一样的国家只能期待未来。〔21〕

1948 年 6 月，国际民航组织在日内瓦举行的第二届大会上通过了第 A2-16 号决议，要求就《国际民用航空运输商业权利多边协定》采取更进一步的措施，并决定各缔约国研究和审议上述内容。〔22〕

因为缔约国不能在授予航权上达成多边协议，所以形成了两项协定，试图使各国接受商业航空有限的共同基础。第一个是《国际航班过境协定》，由 32 个国家签署并承认，每一缔约国给予其他缔约国不需要获得许可即可飞越其领土以及能够进行非商业性降停的权利。第二个是《国际航空运输协定》，由 20 个国家签署，他们彼此给予现在所称的第五航权，该航权可由缔约国承运人自由地行使。〔23〕没有签署上述协议的国家被要求签署双边航空运输服务协议，以调整外国航空器为取酬或出租在他国领土内载运乘客、货物、邮件。此外，《芝加哥公约》第七条引入国内载运权，各缔约国有权拒绝准许其他缔约国的航空器为取酬或出租在其领土内载运乘客、邮件和货物前往其领土内另一地点。

如果航空运输业想被承认是对世界经济以及贸易发展的主要贡献者和辅助者，必须做两件事。第一，视航空运输为一项贸易工具，而非一种奢侈品。就航空运输而言，自由化的贸易进程必须适用。毫无疑问，航空运输自由化是一个不可逆的全球趋势，自 20 世纪 80 年代以来一直在持续发展。在这一自由化的进程中，全球经济的波动及其对市场准入策略的影响以及航空运输对经济发展的影响，一直是国家间航空运输协定中最关键的因素。如果一国决定彻底改变其对开

---

〔21〕 上引注第 45—46 页。

〔22〕 Resolutions and Recommendations of the Assembly 1-9th Sessions（1947 – 1955）Part II，Doc 7670 at 78.

〔23〕 See Shawcross and Beaumont（1977）Paras. 207 – 209. 自《芝加哥公约》签署后又增加了三种航权：第六航权，即某国或地区的航空公司在境外两国或地区间载运客货且途中经其登记国或地区的权利，也可被认为是第三及第四航权的结合；第七航权，即某国或地区的航空公司完全在其本国或地区领域以外经营独立的航线，在境外两国或地区间载运客货的权利。第八航权，即公约第七条国内载运权。参见 Dempsey（1987）at 50.

放领空的立场，这些因素仍是实质性监管航空运输自由化不可或缺的部分。在考虑市场准入的自由化时，国家不可避免地面临两个基本问题：自由化的程度，就授予航权而言，应如何实现市场准入；以及实现自由化的措施，自由化是国家的、双边的、区域的或者是多边的和追求自由化的节奏；第二，放宽严格的以及过时的“对航空公司的国家所有权及其控制”的规定，以鼓励航空运输方面的外国直接投资。

参考文献：

Dempsey PS(1987)Law and foreign policy in international aviation. Transnational Publishers Inc, Dobbs Ferry.

Mackenzie D(2010)ICAO-a history of the international civil aviation organization. University of Toronto Press, Toronto.

Shawcross, Beaumont(1977)Air law, vol 1, 4th edn. Butterworths, London.

第七条　国内载运权

各缔约国有权拒绝准许其他缔约国的航空器为获取报酬或出租在其领土内载运乘客、邮件和货物前往其领土内另一地点。各缔约国承允不缔结任何协议在排他的基础上特准任何其他国家的空运企业享有任何此项特权，也不向任何其他国家取得任何此项排他的特权。

1　商业平等

必须指出的是国内载运权，[1]一国航空公司在他国领土内两地间载运客货的权利并不被该条禁止。第七条仅规定，国家有权拒绝准许此类运输，但如果授予这种准许也不能只授予特定承运人。

国内载运权及其在航空运输中的运用源于海运禁止外国承运人在本国进行沿海运输以及禁止等同于国内运输的其他运输。比如，依据一张单证（客票或者货运单）进行始发地、经停地以及目的地位于一国的运输。又如，在同一国家领土内两点之间从事的国际航路的部分航线（由外国承运人执飞）。再如，通过空运穿越一国边境并立即沿同一路线返回边境，即便两段运输有不同的客票或运单。但不包括在国家集团或经济联盟内进行的两国间运输，如果国家集团或经济联盟仅将此项权利赋予集团或联盟内的承运人。

国内载运权是授予外国或者外国承运人进行不对外国或外国承运人开放的国内载运的权利。次要的国内载运涉及在一国的同一海岸的两个港口间的运输（就海运而言），就航空运输而言，次要的国内载运权涉及在一个国家位于毗边领土的两个机场之间的航空运输。重要的国内载运涉及在一国的不同海岸的两个港口间的运输（就海运而言），就航空运输而言，重要的国内载运权涉及在一个国家位于不毗连领土的两个机场之间的航空运输。

所谓的第八航权或连续的国内载运权是指，就定期国际航班而言，在授予国领土内两点间进行的国内载运，由外国承运人实施，始发地或目的地位于外国承

---

〔1〕 国内载运权，是指某国或某国航空公司在他国或地区领域内两地间载运客货的权利，参阅 Manual on the Regulation of International Air Transport，ICAO Doc 9626，at 4.1 - 10.

运人母国，或者与第七航权相结合始发地或目的地，在承运人母国领土外。

大会以及理事会都没有对《芝加哥公约》第七条做出决议。根据记录，瑞典曾在第16届以及第18届大会上提议，该条规定的第二句内容过于严格，应该被删除，因为在实践中，没有国家仅因为想对特定承运人授予其国内载运权而对所有航空公司授予国内载运权。瑞典同样指出，公约第一条国家领空主权与第七条不受限制的灵活性不一致。但瑞典的提议并未被大会采纳。〔2〕

2 美国以及欧盟的国内载运权

国内载运权在开放天空协议〔3〕中变得重要，特别当协议涉及整个地区，如欧洲。美国以及欧盟开放天空协议的目标，在于消除美国与欧盟成员国之间现存的庞杂的双边航空运输协议，从而建立一个调整跨大西洋航空运输的体系。需要解决的问题之一是国内载运权，特别是对于不能在美国领土内载运旅客的欧洲承运人而言。美国的提议是，赋予欧洲承运人从欧洲各处飞往美国各处的权利。但是美国想要寻求第五航权（即美国承运人从欧洲一点到欧洲之外一点载运旅客的权利）的回报，并且愿意提供给欧洲承运人同样的权利。

在1987年之前，欧洲各国各自调整本国承运人从事的国际航空运输服务，通过1987年部分自由化欧洲定价政策，展示出最初的为共同利益而努力的倾向。1993年，加入欧洲经济共同体的欧洲国家同意在欧洲内部实行定价和市场准入的完全自由化。1997年，欧盟同意授予欧盟成员国的承运人在欧盟内的国内载运权，这是欧洲航空运输一体化的顶峰。

从欧洲承运人的角度而言，其更加倾向于获得从欧盟内任何一点到美国国内

---

〔2〕 See Doc 8771 A16-EX—report of the executive Committee, p. 43 at paragraphs 39: 1 – 39: 6. Also Doc 8960 A18-EX—Report of the Executive Committee, p. 32, 33, paragraphs 37: 1 – 37: 7. A16-WP/7 EX/1, A16-Min. P/7, A18-WP/26 EX/4; A18-WP/27 EX/5 and A18-Min. P/12.

〔3〕 开放天空协议，尽管其倡议者对其没有统一的定义，但将形成一个管理机制，该机制主要依赖为了实现其航空运输服务目标的持续的市场竞争以准入、运力以及定价很大或者完全没有假定的政府管理，同时保证合乎为实现协议的目标必要的最小的管理。开放天空协议被认为在签署国家间市场中提供更多竞争、低价以及更多乘客数量。See ICAO Doc 9626, S/PRST/1996/9, 27 February 1996 at 35 I. L. M. 493 (1996) at 2. 2. 2.

任何一点（第七航权[4]）运营的权利，并扩展该服务到美国境内其他地点（第八航权[5]或者连续的国内载运权）。同样地，欧洲承运人也试图希望在美国境内获得第九航权。[6]为获得这些权利，欧盟承运人试图废止美国承运人所有权为美国国民所有的规则，以便于欧洲承运人从国际金融市场上融资，并参与并购外国承运人。如果美国允许（依据美国现有政策似乎不可能），欧洲承运人将在其仍是欧盟承运人而必须被欧盟成员或其国民占多数股份的基础上运营。

美国承运人试图获取能自由进入伦敦西斯罗机场的权利，以及获得在欧盟内的第七航权。总体而言，美国试图将北大西洋航空市场转变为一个开放的空域，从而形成不受任何市场准入、运力以及定价条件限制的国际公共航空运输市场。当然，这将排除美国国内市场，以及禁止任何对美国现行政策的侵犯，即美国国民持有美国航空公司的多数股权。

实际上，美国已经通过与个别欧洲国家谈判达成的双边航空运输服务协议，为其承运人获得在欧洲国家间运营的权利，因此，美国在欧盟内为获取第五航权的任何要求不能被认为是国内载运权。如瓦森贝格（Wassenbergh）所指出，在缺乏单一、统一的欧盟领空主权的情况下，欧盟不能保证航空承运人在欧盟内主权国家间的运营被认作国内载运。[7]尽管如此，2002年11月5日，欧洲法院[8]对开放欧盟成员国领空的判决大意是：八个欧盟成员国由于单独与美国签订双边协议，违反欧共体法律，因为这些双边协议中的国籍条款侵犯了欧共体条约第四

---

〔4〕 第七航权是指，就国际定期航班而言，某国或地区的航空公司完全在其本国或地区领域以外经营独立的航线，在境外两国或地区间载运客货的权利。

〔5〕 第八航权是指，就定期国际航班而言，在授予国领土两点间进行国内载运由外国承运人实施始发地以及到达地都在承运人母国境内或者与第七航权相连始发地或目的地在母国领土外（也被称为连续的国内载运）。

〔6〕 第九航权是指，本国航机可以到协议国作国内航线运营。

〔7〕 Wassenbergh（2005）at p. 55.

〔8〕 欧洲法院位于卢森堡，不同于多数的欧盟机构坐落于布鲁塞尔以及斯特拉斯堡。欧洲法院是欧盟的最高法院。其裁决解释欧洲法律的事项，通常主要包括：欧洲委员会对一成员国不实施欧盟法令或者其他法律要求的诉讼；成员国对欧盟委员会超越权限的诉讼；以及各国法院请求其答复欧盟法律特定部分的意义或有效性的咨询。欧盟有多种语言并且各国间存在相互竞争的政治利益，因此一国法院通常面对在特定条件下解释法律的问题。此时，欧洲法院介入给与其对成员国法院有约束力的裁决，案件将会被发回该法院处理。欧洲法院仅被许可帮助解释法律，并不能决定案件事实本身。个人不能直接向欧洲法院起诉。但个人能在较低层级的法院，如一审法院，对欧盟机构的行动提出质疑。对一审法院决定中的法律问题可以上诉到欧洲法院。

十三条确立的权利，依据其国籍区别对待。[9]欧洲法院认为，这些双边协议侵犯了欧盟委员会的专属外交权限。该判决的本质是在欧共体法律涉及第三国时，只有欧盟能作出国际承诺。欧盟航空运输服务的新框架载于法规847/2004中，该法规允许欧共体实施“横向授权”（horizontal mandate），与第三国谈判全面协议。这意味着，第三国承认存在一个单一的欧洲市场，同时承认欧盟成员国的航空公司以其设立国为始发国或目的国而运营国际航班。

不管美国以及欧盟之间的谈判成果如何，针对欧盟承运人的国内载运权以及美国对其承运人的所有权与控制权规则，似乎可以肯定，双方可以就美国以及欧盟内任何一点之间自由市场准入和第五航权问题达成一致。必然的推论是，自由市场准入，加上对运价以及运力缺乏限制，必然会导致美国和欧盟承运人之间的竞争。

参考文献：

Wassenbergh H (2005) Open skies and a global common air traffic market. J LuchtRecht. Special Edition, Liber Amicorum in Honour of Prof. Dr. I. H. Ph. Diederiks-Verschoor, Nr. 9/10.

Abeyratne RIR (2003) The decision of the European court of justice on open skies-how can we take liberalization to the next level? J Air Law Commerce 68 (3): 485 – 518.

[9] See generally, Abeyratne (2003), pp. 485 – 518.

第八条　无人驾驶航空器

任何无人驾驶而能飞行的航空器，未经一缔约国特许并遵照此项特许的条件，不得在无人驾驶情况下，而在该国领土上空飞行。各缔约国承允，对此项无人驾驶的航空器在向民用航空器开放的区域内的飞行加以管制，以免危及民用航空器。

1　遥控民用航空器

1960年6月13日，国际民航组织理事会在其第40届会议第6次会议上通过了一项决议，理事会声明，在没有适当的气象条件和保障措施时释放无人控制气球[1]的飞行，可能对航空飞行安全构成明确的威胁。[2]同时，理事会提请国际民航组织成员国注意《芝加哥公约》第八条的内容，敦促缔约国采取任何其认为适当或者必要的行动，保证无人驾驶航空器的飞行安全。

在现代术语中，最具争议的无人驾驶航空器是无人机，更具技术的被称为遥控驾驶航空器系统（Remotely Piloted Aircraft System）。一开始被称为无人驾驶航空器（Unmanned Aerial Vehicle），[3]这是一种自动驾驶或者遥控驾驶的航空器，[4]能携带相机、传感器、通信设备或者其他载量。其被用于侦查与情报收集将近60年（从20世纪50年代开始）[5]。无人机在未来会扮演更具挑战性的角色，除了具有目前的用途外，还将参与战斗任务。[6]无人机民航事业带来的问题与挑战主要可以分为两个方面：第一，需要考量适航性。必须保证无人机在高标准条件下进行构造、维护以及运行，从而确保所有与无人机分享共同空域的民用以及军用

---

〔1〕《芝加哥公约》附件7定义气球为“没有动力驱动的轻于空气的航空器”。

〔2〕 Doc 8097-C/926 at p. 9.

〔3〕 关于无人机运行及其本质的更多的细节见网站 www. uvs-info. com.

〔4〕 航空器被定义为：“可以在大气中通过与空气相对运动产生对自身重力的反作用力，而不是从空气对地面的反作用力获得支撑的任何机器。”这一定义出现在《芝加哥公约》附件1、附件2、附件3、附件7、附件8、附件11、附件13、附件16、附件17中。

〔5〕 至2013年本书完成时近60年——译者注。

〔6〕 从1964年开始美国国防部已经研发成功11种不同的无人机型，但由于收购以及发展的问题只有3种投入生产。美国海军研究运行垂直起降无人机的可行性。美国海军从20世纪60年代早期便开始使用无人机，携带鱼雷的旋翼式螺旋桨无人机QH-50是其早期的机型。但是高昂的成本以及不成熟的技术阻碍了军队获得以及装备垂直起降的无人机。

航空器机组、乘客以及地面上任何人员及其财产的安全。[7]目前还没有在国际民航组织[8]主持下被通过的相关国际标准以及建议措施适用于无人机，[9]尽管无人机越来越需要进入包括非隔离空域在内的所有类型的空域。

第二，无人机在非隔离空域违反空中交通管制规定的可能性，这个挑战更为深远。在这种情况下，无人机不应增加各国在空域管理方面的负担和要求，并且在确定航线上，从事通常航空运输的航空器的飞行不能因无人机的存在而受到损害。在这方面，优先考虑的是避免航空器碰撞，这主要通过有效的空域分割完成，由此，航空器在通过适飞区域时应采用适当的最小间隔标准保持航空器之间的距离。完成此项任务的两个关键角色是手动驾驶航空器的驾驶员与航行服务提供者。如果航空器的最小间隔被破坏，提供者将承担共同或者连带责任。

尽管目前没有国际规章解决无人机在非隔离空域的运行，但国际民航组织规章中关于适当程序的条款应被遵守。《芝加哥公约》的附件 11 要求协调对民用航空器构成潜在危险的活动。标准 2. 17. 1 规定，无论在一国的领土上空或在公海上空安排对于民用航空器有潜在危险的活动，均须与有关空中交通服务当局进行协调。这种协调应尽早进行，以便能按照《芝加哥公约》附件 15 的规定及时对外公布关于这些活动的情报。[10]标准 2. 17. 2 指出，协调的目的是对航行活动做出最好的安排，以避免民用航空器发生危险，并将对民用航空器正常运行的干扰降到最低。

运行无人机的行为在本质上是国家本位的，并由此构成国家责任问题。国家责任建立在主权以及国家的权利义务之上。国家领空主权原则被规定在《芝加哥公约》的第一条和第二条。第一条承认各缔约国对其领土之上的空气空间具有完全的、排他的主权。第二条明确，一国的领土，应认为是在该国主权、宗主

〔7〕 在这方面作为管理者，国际民航组织主要的担忧在于国际民用无人机的运行及影响的附件。国际民航组织，因此不被期待在形成航空器性能标准上采取领导地位。

〔8〕 2006 年月 23 日至 24 日在国际民航组织总部蒙特利尔召开国际民航组织无人机探讨性会议。该会议的主要目标是探讨涉及形成与无人机有关的管理材料有关的现状，并讨论国际民航组织在管理程序中可能的角色。该会议告知国际民航组织秘书处应使用该会议的结果作为形成给国际民航组织航行委员会的报告的基础，以及在国际民航组织工作计划上的建议。

〔9〕 至少四个国家（澳大利亚、法国、南非以及美国）据称已经开始计划来制定无人机系统的运行标准。See ter Kuille，p. 24 at 25.

〔10〕 附件 15 包含关于航行情报服务的标准及建议措施。

权、保护或委任统治下的陆地区域及与其邻接的领水。1982 年《联合国海洋法公约》[11]第八十七条授予所有国家在公海上空飞行的自由。在划定领土主权时的重要考量在于，飞行情报区的扩张以及国家提供的空中交通管理服务，特别是当这样的服务受到情报区扩张所导致的反馈能力所影响时。《芝加哥公约》极有远见地列入了许多关于各国提供给飞越其领空的航空器航行服务的条款。第一，公约通过包含在第十五章的条款保证无法为航空器提供航行服务的国家将获得帮助。第二，公约第十五条向航空公司保证，缔约国对其本国航空器开放的公用机场，应按统一条件对所有其他缔约国的航空器开放。为航行安全和便利而公用的一切航行设施，包括无线电和气象服务，提供给各缔约国的航空器使用时，应适用同样的统一条件。第十五条在反歧视的基础上规定对这些服务的收费标准，一缔约国对任何其他缔约国的航空器使用此种机场及航行设施，可以征收或准许征收的任何费用应不高于从事同样飞行的本国同级航空器所缴纳的费用。为此，公约第二十八条规定，缔约国根据依本公约随时建议或制定的标准和措施，在其领土内提供机场、无线电服务、气象服务及其他航行设施，以便利国际空中航行。

《芝加哥公约》严格规定的法律条件，特别是在平等和非歧视的基础上保证空中航行服务，在 21 世纪是有意义的。因为在 21 世纪，服务提供者和航空承运人必须合作以确保无缝隙的国际航行系统建立并运行。在空中交通服务中使用惯性全球卫星导航系统以及电脑编程以提供精确导航辅助，现代技术通过甚高频以及卫星提供成熟的空地数据通信。这些将被用于用户选择航线，为航空公司提供各种替代方案，以节省燃油和时间。然而，这种对航线的选择及其用途的偏好将受制于日益增长的空中交通需求。这给服务的提供者以及航空运营人都施加了额外的负担。在这一过程中判断和解释将会是关键因素，对现代无缝衔接的空中交通管理系统法律方面的审查是不可避免的。

公约第二十八条原则上确立了缔约国在其领土内提供航行服务的责任。但必须指出，这并非是一个完全的责任，因为缔约国仅被要求提供它认为可行的服务。为避免一国不能提供完善的航行服务，公约在第六十九条要求国际民航组织

〔11〕 The Law of the Sea, Original Text of the United Nations Convention on the Law of the Sea, all Annexes and Index, United Nations: New York, 1983.

理事会应该与不能完善地为航空器运行提供安全、正常、有效和经济的航行服务的缔约国进行磋商。磋商应以补救此种情形为目的。公约第七十条甚至允许一国与理事会达成关于航行设施费用的安排，并且公约第七十一条给予理事会在缔约国请求时同意提供、维护和管理服务的选择权。

《芝加哥公约》附件 2（即《空中规则》）、附件 3（即《国际航行气象服务》）以及附件 11（即《空中交通服务》）[12]是调整航行服务的主要附件。附件 2 必须履行[13]，并且不给予缔约国根据《芝加哥公约》第三十八条通知与附件条款差异的灵活性。

在无人驾驶航空器成为遥控驾驶航空器系统前，无人驾驶航空器被称为无人驾驶航空器系统（Unmanned Aircraft System），是指没有飞行员在无人驾驶航空器上操作航器本身及其相关配件[14]。遥控驾驶航空器系统是一个总称，该系统包括无人驾驶航空器，[15]是一种自动驾驶或者遥控驾驶航空器，能携带相机、传感器、通信设备或者其他载量[16]，以及支持无人驾驶飞行的装备，如空中交通管理以及对航空器的遥控控制器。美国国防部将无人驾驶航空器定义为有动力装置的航空器，且不需要人工操作，使用空气动力提供航空器上升动力，能自动飞行

---

〔12〕《芝加哥公约》第五十四条第十一款规定："按照本公约第六章的规定，通过国际标准及建议措施；并为便利起见，将此种标准和措施称为本公约的附件，并将已采取的行动通知所有缔约国。"第三十七条规定标准以及建议措施以及附件应被形成的领域。第三十八条规定："任何国家应立即将其本国的措施和国际标准所规定的措施之间的差别，通知国际民航组织。但该通知并不免除缔约国在第三十七条下持续的合作在国际规章、标准以及程序上保证统一的最高实践程度的义务。"

〔13〕1945 年 10 月，空中规则以及空中交通服务第一次专业会议为空中规则标准、实践以及程序提出建议。该建议被航行委员会审查并被理事会于 1946 年 2 月 25 日通过。于 1946 年 2 月在 Doc 2010 号文件的第一部分作为对空中规则的标准、实践以及程序的建议出版。1946 年 12 月至 1947 年 1 月空中规则以及空中交通服务第 2 次会议审查前述文件并为空中规则提出标准以及建议措施。1948 年 4 月 15 日，理事会依据《芝加哥公约》第三十七条通过这些标准以及建议措施并指定其作为附件 2，于 1948 年 9 月 15 日生效。1951 年 11 月 27 日，理事会通过一个全新的附件文本，不再包括建议措施。附件 2 修正案 1 的标准在 1952 年 4 月 1 日生效并于 1952 年 9 月 1 日起实施。

〔14〕航空器被定义为："可以在大气中从空气的反作用，而不是从空气对地面的反作用获得支撑的任何机器。"这一定义出现在《芝加哥公约》附件 1、2、3、7、8、11、13、16、17 中。

〔15〕For more details of RPAS operations and their nature visit www. uvs-info. com.

〔16〕2007 年 1 月，国际民航组织航行委员会与国家以及相关的国际组织磋商在 2008 年召集事故调查以及预防小组会议来讨论事故调查领域的问题。讨论的问题其中之一是修改附件 13 第一章对事故的定义使得包括涉及无人机的事件。See Addressing Unmanned Aircraft System Accident Investigation and Prevention（Paper presented by the United States at the 36th ICAO Assembly）A36-WP/217 TE/70 18/09/07.

或者遥控飞行，可消耗或者可恢复，并能携带致命或者非致命的武器。[17]

据此定义，弹道式或者半弹道式飞船，巡航导弹以及炮弹弹射（artillery projectiles）不被认为是无人驾驶航空器。[18]美国联邦航空管理局将遥控驾驶航空器系统定义为一种没有机载飞行员的用于或打算用于空中飞行的设备。这包括所有没有驾驶员的飞机、直升机、飞艇以及平移上升航空器（translational lift aircraft）。[19]因此，本书提及的遥控驾驶航空器系统（以下称为无人机）包含无人驾驶航空器。

无人机用于多种作业，因此拥有广泛的样式、外形和大小。它们的大小可能不同，有的翼展像一架波音737飞机那么宽大，也有无线电控制的模型飞机。无人机必须由一名地面飞行员指导和操作。无人机的战略用途是军事侦察和攻击，通常被称为武装无人机。但是，无人机同样有助于提升效率和降低成本，提升安全性，甚至拯救生命。它们还可以用于航拍、测量耕地和农作物，监控森林火灾和环境状况，以及保护领土边境和港口免受入侵者侵犯。[20]

《芝加哥公约》致力于民用航空，并适用于民用航空器。该公约不适用于国家航空器，用于军事、海关和警察部门的航空器视为国家航空器。[21]因此，《芝加哥公约》原则上仅适用于不从事上述活动的无人机，因为这些活动被公约排除在外。公约与无人机有联系的条文是第八条，任何无人驾驶而能飞行的航空器，未经一缔约国特许并遵照此项特许的条件不得无人驾驶而在该国领土上空飞行。各缔约国承允对此项无人驾驶的航空器在向民用航空器开放的区域内的飞行加以管制，以免危及民用航空器。无人机的一个常见用途是空中摄影，该种用途被公约第三十六条限制，该条授权各缔约国可以禁止或管制在其领土上空的航空器内使用摄影器材。该规定是《芝加哥公约》第一条的附属物，第一条规定，每一国家对其领土上方的空气空间具有完全的和排他的主权。还需提及《芝加哥公约》

---

〔17〕 Unmanned Aerial Vehicles: Background and Issues for Congress, Report for Congress written by Elizabeth Bone and Christopher Bolkcom, Congressional Research Service: The Library of Congress, April 25 2003 CRS 1.

〔18〕 上引注。

〔19〕 Unmanned Aircraft System Regulation Review, September 2009, Final Report, DOT/FAA/AR-09/7, 14.

〔20〕 See FAA Fact Sheet-Unmanned Aircraft Systems (RPAS), December 1, 2010 at http: //www.faa.gov/news/fact_sheets/news_story.cfm? newsId1/46287.

〔21〕《芝加哥公约》第三条以及序言。

关于航空安全问题的附件 17。[22] 该附件第 2. 1. 2 条规定，每一缔约国必须制定和实施顾及飞行安全、正常和效率的规章、措施和程序，以保护民用航空器免遭非法干扰行为的侵害。这使得国家应当形成规章和习惯做法，处理对控制信号的干扰，乃至恶意接管无人机，因为这些是常见的对无人机正常运行的潜在威胁。

无人机运行中的重要挑战是操控航空器人员的飞行执照以及无人机的适航证。《芝加哥公约》第三十一条规定，凡从事国际航行的每一航空器，均应备有该航空器登记国发给或核准的适航证。公约附件 8 规定了颁发适航证的标准以及建议措施。[23] 附件 8（第 9 版）仅适用于审定起飞重量超过 5700 千克的飞机[24] 以及直升机，[25] 这可能会引起一种争论，即附件 8 通常不适用于无人机，因为只有大型无人机的重量才会超过 5700 千克。缺乏国际认可和接受的标准以及建议措施，对于无人机以及有驾驶员的小型飞机是一个问题。就执照而言，根据界定人员执照颁发标准以及建议措施的附件 1[26]，除非持有有效执照，否则任何人不得担任航空器飞行机组成员。[27] 飞行员不仅被视为飞行机组成员，还被视为飞行领航员、飞行机械员和飞行无线电报务员。[28] 这意味着不仅无人机驾驶员需要执照，而且参与无人机航行以及做技术支持的人员也需要执照。此外，无人机的维修人员同样需要依据附件 1 第 4. 1 章及第 4. 2 章而颁发的执照。《芝加哥公约》第二十九条要求缔约国的每一航空器在从事国际航行时，都应按照本公约规定的条件携带证件，如航空器登记证、航空器适航证以及每一机组成员的适当的执照。虽然适航证可以按要求的方式放置于航空器中，但携带其他证件可能会有困难。由于一些无人机被设计为长时间运行，可能多达数月，因此在飞行的最初阶段，将进行长时间飞行的具体操作人员可能无法确定。一个可行的解决方案是以电子方式储存数据并使用在航空器上传当前机组成员电子执照（以能被扫描的电

---

〔22〕《芝加哥公约》附件 2《安全—保护国际民用航空免遭非法干扰行为》，2006 年第 8 版。

〔23〕《芝加哥公约》附件 8《航空器适航证》，2005 年第 10 版。

〔24〕飞机被定义为："由动力驱动的重于空气的航空器，其飞行中的升力主要由作用于翼面上的空气动力的反作用获得，此翼面在给定飞行条件下保持固定不变。"

〔25〕直升机被定义为："一种重于空气的航空器，飞行时主要凭借一个或者多个在基本垂直轴上由动力驱动的旋翼，依靠空气的反作用力获得支撑。"

〔26〕《芝加哥公约》附件 1《人员执照的颁发》，2006 年第 10 版。

〔27〕上引注标准 1. 2. 1。

〔28〕上引注第三章。

子文件的形式或者其他形式），但该方案仍需深度评估以电子文件形式出示的证件的法律有效性。

《芝加哥公约》附件2，详细说明了公约第十二条提及的空中规则，特别说明，任一具有一缔约国国籍和登记标志的航空器均适用本空中规则。[29]这些规则有两个主要种类：目视飞行规则以及仪表飞行规则。[30]在目视气象条件下，驾驶员可以选择或根据有关空中交通管制当局的要求按照仪表飞行规则飞行。因此，在不同航行情况下所遵循的空中规则是不同的，并与作业地区普遍存在的气象条件具有相关性。该附件第3.1章包含关于无人驾驶自由气球的条款，规定该种气球必须按照对人员、财产或其他航空器的危害减至最小的方式，并按照公约附录4规定的条件飞行。附录4特别说明重型气球[31]也需要遵守与一般飞机同样的条款，特别是飞越城镇或居民点等人口稠密地区或与该次运行无关的露天人群上空的最低高度，[32]还需装配监视雷达装备[33]以及灯光。[34]公约附件4第3.3条对于无人驾驶气球的装备提出了值得注意的要求，此类运载工具应当配备至少两套各自独立工作的自动或是遥控的有效载荷飞行终止装置或系统。可以认为，无人机同样需要类似的装置或者系统。对无人机运行的类推适用存在于附件2，要求航空器机长为避免航空器相撞而采取最有效的行动。该附件还要求，不论飞行类型或航空器飞行的空域类别，为防止潜在相撞之目的，在航空器上始终保持警惕是十分重要的。因此，可以认为，飞行员依据仪表飞行规则飞行时，为了提前发现潜在的碰撞危险，需要对周边环境进行目视扫描。这一任务对于无人机而言是困难的，尽管许多无人机装有摄像机，但对于无人机运行人提前有效评估碰撞，以及采取适当的措施发现并避开附近的航空器仍然十分困难。这种无力履行可能导致违反附件2第3.2.1条内容。该条规定，驾驶航空器不得过于靠近其他航空器，以免相撞。一个可能的解决方案是，将类似于汽车停车辅助雷达或者超声装

〔29〕 Resolutions and Recommendations of the Assembly 1-9th Sessions（1947 – 1955）Part II，Doc 7670 at 78. 第2.1.1.1条。

〔30〕 上引注27第2.2条。

〔31〕 上引注27附录4第1条c。

〔32〕 上引注27第3.2条。

〔33〕 上引注27第3.4条。

〔34〕 上引注27第3.6条。

置的运动传感装置安装到无人机中。这一措施的缺点是制造成本提高，并且无人机需要负担额外的重量。

2 国际民航组织的工作

2011年初，作为国际民航组织在无人机方面持续工作的成果，[35]该组织颁布名为无人驾驶航空器系统的通报，[36]该通报的目的在于：告知各国，国际民航组织对于将无人机纳入非隔离空域和机场的态度；考虑一体化航行与载人航空的根本差别；鼓励各国提供他们在无人机方面的经验资料，帮助国际民航组织在无人机方面形成政策。[37]在这方面，国际民航组织遵循的基本的前提是，由于无人机仍属于航空器的范畴，所有《芝加哥公约》附件中适用于航空器的标准以及建议措施也应同样适用于无人机。[38]

必须强调的是，国际民航组织通报的主要目标是确保航行安全，[39]这是因为对于全世界的无人机运营人而言，无人机与有人驾驶航空器之间在空中碰撞的风险是一个关键的安全关切。因此，在事故导致人员伤亡、财产损失的情况下，以及在遥控驾驶航空器系统与有人驾驶航空器之间发生碰撞的情况下，事故调查变得非常重要。因为需要确定航行中哪方面运行是失败的，是否有额外的、没有预料到的影响因素，以及哪种缺陷应被及时纠正，以阻止类似的事件在将来演变成更为严重的事故。

---

〔35〕 2007年11月国际民航组织航行委员会确立无人机研究小组，包括澳大利亚、匈牙利、巴西、中国、捷克、法国、德国、意大利、荷兰、新西兰、俄罗斯、新加坡、南非、瑞典、英国、美国、欧洲航空安全局、欧洲民用航空设备组织、欧洲航管组织、国际飞机所有人与驾驶员协会理事会、宇航工业协会国际协调理事会、国际民航飞行员组织、空中交通管制员协会联盟、国际无人机系统协会。

〔36〕 Unmanned Aircraft Systems（RPAS）Cir 328-AN/190.

〔37〕 上引注第1.6段。

〔38〕 上引注第1.7段。模型航空器，处于《芝加哥公约》范围外并未被该原则包括。第2.4段，许多民航管理局已经采纳政策，即无人机必须满足与有人驾驶航空器同样的安全等级。无人机的运行必须与有人驾驶航空器同样安全，至少其绝对不构成对地面或者空中人员或者财产比同样等级或者种类的有人驾驶航空器在运行中可能构成的更高的危险。通常而言，无人机应依据调整有人驾驶航空器飞行的规则运行，并且必须满足适用于其欲进入的不同类型领空的装备要求。无人机必须能够遵守空中交通管制规定。

〔39〕 安全被定义为："通过伤害识别以及安全风险管理持续的进程将对人或者财产的伤害的可能被减到、并被保持到在或者低于可以接受的程度的状态。" See Cir 328-AN/190，C-WP/9781 Appendix for the Secretary General's Report at p. 5.

通报明确提及《芝加哥公约》第八条，该条要求任何无人驾驶而能飞行的航空器，未经一缔约国特许并遵照此项特许的条件不得无人驾驶而在该国领土上空飞行。在这方面，通报通过引用其他国际民航组织文件解释所有缔约国关于什么是无人机的困惑。该文件说明，《芝加哥公约》第八条提及的航空器是指没有驾驶员在航空器上指挥飞行，但通过地面、其他航空器或卫星遥控或者以其他形式进行完全的控制。[40]

通报解决的一个主要问题是无人机对于民航系统构成的广泛危险。这些危险必须被识别和预防，并且安全风险必须尽可能地减少，[41]通过引入空域重新设计、新的装备或者新的程序。在这方面，国家被要求确立国家安全计划，包括安全规则的制定、政策的形成以及监督。在非隔离空域运行的无人机既不能影响商业航空承运人从事的航空运行，也不能影响通用航空。国际飞机所有人与驾驶员协会理事会就无人机的问题发表评论，认为无人机的运行规则必须考虑到它们在非隔离空域对通用航空运行产生的潜在影响。国际飞机所有人与驾驶员协会理事会还指出，尽管在隔离空域运行应依据空中交通管制，但在非隔离空域几乎完全取决于《芝加哥公约》附件 2 的巡航高度以及相互的自动分离措施。但因为对于无人机自动分离措施仍处于概念阶段，并将可能需要一些时间来完善，在非隔离空域施加给有人驾驶航空器限制适应无人机是一个选择。但因非隔离空域几乎完全是通用航空的领域，因此飞机所有人与驾驶员协会理事会并不希望发生这种情况。

飞机所有人与驾驶员协会理事会还认为，国家或者军用无人机必须遵守确保无人机安全、无危险运行的规则。由于非民用无人机希望利用低海拔的非隔离空域，因此各国政府和军方可能会临时或者永久地在这些区域停用常规飞行规则。[42]

---

〔40〕 The Global Air Traffic Management Concept, Doc 9854 referred to in Cir 328-AN/190 in 2. 2. 必须指出国际民航组织指出许多种类的航空器，包括但不限于气球、滑翔机、飞机以及旋翼机不管是从地面还是水面运行。

〔41〕 安全管理的概念包括两个关键概念。一是国家安全计划的概念，完整的设定致力于改善安全的规章以及行动；二是安全管理系统的概念，这是一个系统的措施管理安全，包括必要的组织的结构、责任、政策以及程序。

〔42〕 See http：//www. iaopa. org/news/RPAS. html.

前述观点的前提事实是，无人机的运行将依据国际民航组织现有的针对有人驾驶航空器的标准，以及任何特殊和具体的解决有人驾驶航空器与无人机在运行、法律、安全方面差异的标准。[43]该标准也包括能够适用的环境规则以及指导方针。为了使无人机可运行空域纳入非隔离空域和非隔离机场，无人机操纵义务将被引入。操纵人员可以利用自动驾驶设备帮助其履行义务；但在可以预见的未来，在任何情况下，操纵人员的义务都不能被科学技术替代。为了更灵活识别操纵人员身份，通报引入遥控驾驶的航空器（remotely-piloted aircraft）的概念，这是无人机的一个子概念。遥控驾驶的航空器[44]是由具备执照的遥控航空器驾驶员在航空器外的遥控驾驶站操作的航空器，该驾驶员全天候监控航空器，并回应空中交通管制当局发布的指令，根据空域或操作需要，通过语音或者数据链进行通信，并对航空器在飞行全程的安全行为负直接责任。遥控驾驶的航空器可能包含各种类型的自动驾驶技术，但远程操控的飞行员可以在任何时候介入对飞行的管理。这等同于飞行员能够立即掌握自动飞行模式下的载人航空器。

从法律的角度看，依据《芝加哥公约》第三条分条，各缔约国承认，每一国家在行使其主权时，对未经允许而飞越其领土的民用航空器，或者有合理的根据认为该航空器被用于与本公约宗旨不相符的目的，有权要求该航空器在其指定的机场降落。因此，无人机的操纵人员也必须遵守飞越国的指令，并且在该国提出要求时能改道飞往其指定的机场。对基于可视指令回应的要求，可能对从事国际飞行的无人机探测系统的认证提出重要要求。

就避免碰撞而言，该通报规定，指挥无人机的操纵人员与载人飞机的飞行员一样，有责任探测并避免潜在的碰撞风险以及其他风险。此外，通报还规定，为

---

〔43〕《芝加哥公约》在这方面应适用的原则包括：第十二条空中规则；第十五条关于机场费用和类似费用；第二十九条航空器应备文件；第三十一条，凡从事国际航行的每一航空器，应备有该航空器登记国发给或核准的适航证；第三十二条人员执照，从事国际航行的每一航空器驾驶员及飞行机组其他成员，应备有该航空器登记国发给或核准的合格证书和执照；第三十三条，登记航空器的缔约国发给或核准的适航证和合格证书及执照，其他缔约国应承认其有效。但发给或核准此项证书或执照的要求，须高于或等于根据本公约随时制定的最低标准。

〔44〕无人机可能有如同有人驾驶航空器一样的飞行阶段，滑行、起飞、飞行以及着陆，或可能被发射、回收以及/或者从事空中作业。航空器的性能特征可能与传统有人驾驶航空器显著不同。不考虑这些，遥控驾驶员将运行航空器依据国家的以及无人机运行的空域的空中规则。这包括遵守空中交通管制单位提供的指示。

操纵人员提供飞行环境知识，以履行职责的技术必须与位于远程飞行员站的对应部件并入无人机中。同样，尽管不在无人机上，操纵人员也要遵守与有人航空器飞行员同样的要求，需要观察、说明和注意广泛的可视信号。这些信号试图吸引他们的注意和/或传递信息。这些信号既可以是机场运输的信号灯和烟火信号，也可以是拦截航空器的信号。所以，需要为操纵人员满足前述要求提出专门方法。

关于空中交通管理，该通报规定，无论航空器是由机载飞行员操控或远程操纵，提供空中交通服务应在最大的可行范围内保持一致。[45]通报更进一步说明，引入无人机不得使其他航空器或者第三方的风险有所增加，并且不应阻止或者限制航空器进入空域。处理无人机的空中交通管理程序应尽可能与有人驾驶航空器的程序相一致。在一些情况下，远程操纵员无法以与航空器上的飞行员相同的方式作出响应，对此，通报要求空中交通管理程序能够顾及这些差异。为此目的，空中交通服务与操纵人员的通讯要求，必须在空中交通管理职能的背景下评估，考虑到人的互动、程序以及环境特征。安全管理系统措施应被用来确定任何通信措施是否恰当。[46]就服务质量而言，空中交通管制和远程飞行员之间的信息交换需要与空中交通管制和有人机飞行员之间的信息交流相同水平的可依赖性、持续性和完整性。[47]

在航空器及其遥控驾驶站间管制信息的交换将要求极高的可用性、可依赖性、持续性和完整性。所需的通信性能和相关服务质量水平将依据相应的空中交通服务的功能性考量决定。[48]

就机场运行和无人机而言，通报承认，将无人机整合进机场运行将是最大的挑战之一。问题的关键是，让操纵人员实时识别机场的实体布局和相关设备，如机场照明和标志，以便安全、正确地操作无人机。通报规定，无人机必须能够在现有的机场标准范围内工作。机场标准不应被显著地改变，并且为无人机开发的设备必须能在最大程度上符合现有的条款。此外，当无人机与载人航空器同时运

〔45〕 Unmanned Aircraft Systems（RPAS）Cir 328-AN/190.

〔46〕 上引注第5.14段。

〔47〕 上引注第6.33段。

〔48〕 上引注第6.34段。

行时，向两者提供的空中交通服务需要协调一致。[49]

运行无人机时，气象学是另一个需要适当协调的重要因素。通报规定，气象信息对国际航行的安全、规律和高效起着重要作用，并应根据用户履行其各自职能的需要提供气象信息。向操纵人员以及飞行/远程机组人员提供的气象信息包括有关飞行的时间、海拔以及地理区域。这些信息涉及固定时间或时间段，并延伸到预定着陆的机场。它还包括预定着陆机场和操纵员指定的备用机场的气象条件。[50]

气象服务对于国际航空的规划、实施以及安全运行至关重要。因为操纵人员并不在无人机上，可能无法查明气象条件及其对无人机的实时影响，因此，在飞行前和飞行中，从适当的来源获得气象信息对无人机飞行非常重要。[51]

通报承认，《芝加哥公约》附件3《国际航行气象服务》要求在国际航线上运行的注册飞机，如果配备了自动例行观测设备，必须进行自动例行观测。无人机可能缺少这样的装备。同样地，附件3要求所有航空器，对飞行过程中不管何时遇到的严重颠簸，严重的机身结冰，严重的地形波、雷暴、冰雹、灰尘、石头或火山灰时，要做出特殊观测。但是，无人机可能无法遵守这些规定，因为操纵人员遥控操作航空器，并且航空器可能没有传感器检测这些现象。[52]

通报还指出，专门为这些目的配备设施的无人机可能实际上被用来监控气象条件，向地面传感器传回信息。这些无人机可能被用于载人驾驶航空器不能安全运行的气候或地区，如飓风、对流天气或附近有火山灰/气体的地区。[53]

在无人机飞行中，一个关键的要素是系统的安全性，在许多方面，与载人驾驶航空器相比，无人机的安全性既相似又独特。由于遥控驾驶站就目的以及设计而言类似驾驶员座舱，必须同样被保护，以免被蓄意破坏或者遭到非法恶意的干扰。《芝加哥公约》附件6第一部分《国际商业航空运输—飞机》第十三章包含使机组成员的座舱免受攻击的标准以及建议措施。但是，由于遥控驾驶站固定以

---

〔49〕 上引注第5.23段。
〔50〕 上引注第5.27段。
〔51〕 上引注第5.28段。
〔52〕 上引注第5.29段。
〔53〕 上引注第5.30段。

及暴露的本质（由于商业飞机座舱的有限性，入侵和使用重型武器的可能性较小），应进一步考虑遥控驾驶站遭受非法干扰的潜在危险性。[54]同样地，无人机自身必须以阻止和发现干扰，确保关键部件完整的方式进行储存并准备飞行。

3 在公海上空运行

通报规定，无人机在公海上空飞行前必须征得操纵人所属国的同意。同样需要与对此空域负责的空中交通服务提供者协调其飞行。[55]《芝加哥公约》第十二条明确规定，在公海上空，有效的规则应为根据该公约制定的规则。各缔约国承诺确保起诉所有违反适用规则的人，[56]要求缔约国家和具有其国籍的航空器遵守有关公海的任何标准和建议做法，有效地排除了各国援引《芝加哥公约》第三十八条的任何可能性，因为这条允许各国背离国际标准和程序。换句话说，《空中规则》附件2所包含的与航空器在公海上空飞行有关的条文，是神圣不可侵犯的。从这一明确原则产生的第一个法律问题是除《空中规则》之外的其他附件对公海的可适用性，是否其他附件中直接与航空器在公海上空飞行有关的条文，将同样不受公约第三十八条约束。凯撒（Kaiser）认为："在公海上，依据《芝加哥公约》第十二条第三款规定，空中规则具有约束力。应该澄清的是，空中规则含义比附件2中更为广泛，并包含其他附件的标准和建议措施，只要它们在公海上空适用是有意义的。"[57]

当然，凯撒主要指的是《芝加哥公约》关于空中交通服务和空中交通管理的附件10和附件11，当然关于环境保护的附件16也可能在将来适用，如果超出附件16的规定向公海排放发动机噪声。[58]这将给予理事会对广大空域享有广泛的控制权，但根据《芝加哥公约》第十二条只有在其他附件的条文（不包括附件2）直接与航空器在公海上空的操作以及运行有关时，前述控制权才是可以接受的。

---

〔54〕 上引注第5.32段。

〔55〕 上引注第3.19段。

〔56〕 郑斌认为，在公海上空国家不能背离《芝加哥公约》对于航空器操作以及运行的规则。See Cheng（1962），at 148.

〔57〕 Kaiser（1995）at 455. 郑斌认为，缔约国被期待能够在其国领土内对航空器实行管制，但是在其国领土外仅能够管制具有其国籍标志的航空器。Cheng（1962），for an extended discussion on this issue see Milde（2012），at 110.

〔58〕 上引注。

《芝加哥公约》附件 2（即《空中规则》）、附件 3（即《国际航行气象服务》）以及附件 11（即《空中交通服务》）[59]是调整航行服务的主要条款。附件 2 必须履行[60]，并且并不给予缔约国根据《芝加哥公约》第三十八条通知与附件条款差异的灵活性。

就公海航行而言，《联合国海洋法公约》第三十九条规定，船舶和飞机在行使过境通行权时应：①毫不迟延地通过或飞越海峡；②不对海峡沿岸国的主权、领土完整或政治独立进行任何武力威胁或使用武力，或以任何其他违反《联合国宪章》所体现的国际法原则的方式进行武力威胁或使用武力；③除因不可抗力或遇难而产生的必要情形外，不从事其继续不停和迅速过境的通常方式所附带发生的活动以外的任何活动；④遵守本公约的其他有关规定。该公约第三十九条第三款明确规定过境通行的飞机应：①遵守国际民航组织制定的适用于民用飞机的航行规则；国有飞机通常应遵守这种安全措施，并在操作时随时适当顾及航行安全；②随时监听国际上指定的空中交通管制主管机构所分配的无线电频率或有关的国际呼救无线电频率。

《芝加哥公约》附件 2 标准 2. 1. 1 规定，凡具有一缔约国国籍和登记标志的航空器，不论其在何地，只要与对所飞行领土具有管辖权的国家颁布的规则不相抵触，均适用本《空中规则》。[61]航空器在飞行中或在机场活动区的运行必须遵守一般规则。此外，在飞行中必须遵守：①目视飞行规则；或②仪表飞

〔59〕《芝加哥公约》第五十四条第十二款规定："按照本公约第六章的规定，通过国际标准及建议措施；并为便利起见，将此种标准和措施称为本公约的附件，并将已采取的行动通知所有缔约国。"第三十七条规定标准以及建议措施以及附件应被形成的领域。第三十八条规定："任何国家应立即将其本国的措施和国际标准所规定的措施之间的差别，通知国际民航组织。但该通知并不免除缔约国在第三十七条下持续的合作在国际规章、标准以及程序上保证统一的最高实践程度的义务。"

〔60〕1945 年 10 月，空中规则以及空中交通服务第一次专业会议为空中规则标准、实践以及程序作出建议。该建议被航行委员会审查并被理事会于 1946 年 2 月 25 日同意。于 1946 年 2 月在第 2010 号文件的第一部分作为对空中规则的标准、实践以及程序的建议出版。1946 年 12 月到 1947 年 1 月空中规则以及空中交通服务第 2 次会议审查前述文件并为空中规则提出标准以及建议措施。1848 年 4 月 15 日，理事会依据公约三十七条采纳这些标准以及建议措施并指定其作为附件 2，于 1948 年 9 月 15 日生效。1951 年 11 月 27 日，理事会采纳一个全新的附件文本，不再包括建议措施。附件 2 修改 1 的标准在 1952 年 4 月 1 日生效并于 1952 年 9 月 1 日实施。

〔61〕理事会在 1948 年 4 月采纳附件 2，在 1951 年 11 月采纳对附件 2 第一次修订时，规定即附件是在公约第十二条意义范围内，构成航空器飞行和机动操作的规则。因此，在公海上一律适用这些规则，没有例外。

行规则。[62]标准2.3.1进一步规定，航空器机长，不论其是否操纵航空器，必须对航空器的运行须遵守空中规则负责。但为了安全，绝对有必要偏离上述规则的情况下，机长可以偏离这些规则。

4 空中交通服务

有关空中交通服务[63]的条款规定在《芝加哥公约》附件11中，该附件一开始就规定各缔约国必须根据本附件的规定，确定在其所辖领土内提供空中交通服务的空域和机场。此后，并须按照本附件筹建和提供这种服务。但以下情况除外：对延伸到另一国领土上空的飞行情报区、管制区或管制地带，该国可以根据双方协议，将建立和提供空中交通服务的责任委托给另一国。[64]

附件11中的标准和建议措施连同附件2中的标准制约着《航行服务程序—空中交通管理》[65]以及《地区补充程序—空中规则和空中交通服务》（Doc 9030）的适用，附件11涉及空域的划设，为促进空中交通的安全、有秩序和迅速流通所需的单位与服务。在空中交通管制、飞行情报服务和警报服务之间做出明确的区别。附件11和附件2的目的是，保证国际空中航路上的飞行是在一致条件下进行的。这些条件的设计是为了增进航行的安全性和提高效率。

附件11中的标准和建议措施适用于缔约国所辖并提供空中交通服务的空域，和缔约国负责提供空中交通服务的公海上空和主权未定空域。接受前述责任的缔约国，采用标准和建议措施的方式可以与在其所辖空域内所采用者相一致。

该附件标准2.1.2规定，对公海上空或主权未定空域提供空中交通服务，必

---

〔62〕 在第七个不同的空中交通服务空间区域关于提供给航空器依据目视航行规则以及仪表航行规则运营的服务的信息包含在附件11第2.6.1以及2.6.3段。飞行员可以选择在目视气象条件下依据仪表飞行进行飞行或者被有关空中交通服务当局如此要求时。

〔63〕 依据附件11，空中交通服务的目标："防止航空器相撞；防止在机动区内的航空器与该区内的障碍相撞；加速并维持有秩序的空中交通流；提供有助于安全和有效地实施飞行的建议和情报；通知有关组织关于航空器需要搜寻与援救，并根据需要协助该组织。"

〔64〕 2.1条还规定，"如某一国将其本国领土上提供空中交通服务的责任委托给另一国，这种措施并不丧失国家主权。同样地，提供空中交通服务国家的责任，仅限于飞行技术方面的问题，而不能超出属于使用该空域的航空器的安全和加速流通的问题。提供国在委托国领土上提供空中交通服务要根据委托国的要求进行，并希望委托国建立双方协议认定必要的设施和服务，以供提供国使用。此外，还希望委托国未经事先和提供国协商，不要撤销或改变这些设施和服务。提供国和委托国都可以随时终止双方之间的协议。"

〔65〕 Doc 4444，PANS-ATM.

须根据地区航行协议予以确定。已接受在该部分空域内提供空中交通服务的缔约国，必须根据附件规定筹建和提供空中交通服务。[66]经确定提供空中交通服务后，[67]有关国家必须指定负责提供此种服务的当局。[68]对部分或全部国际飞行建立和提供空中交通服务，产生了以下三种情况：第一，航路或部分航路位于建立和提供交通服务的本国主权空域内。第二，航路或部分航路位于经双方协议委托另一国建立和提供空中交通服务的委托国的主权空域之内。第三，部分航路位于公海上空或主权未定的空域内，某一国家已接受对其建立和提供空中交通服务的责任。为本附件的目的，指定负责建立和提供空中交通服务的国家应：在第一种情况中，对空域有关部分拥有主权的国家；在第二种情况中，受委托负责建立和提供空中交通服务的国家；在第三种情况中，接受建立和提供空中交通服务责任的国家。

参考文献：

Cheng B(1962)The law of international air transport. Oceania Publications,London.

Dempsey PS(1987)Law and foreign policy in international aviation. Transnational Publishers Inc,Dobbs Ferry/New York.

Kaiser SA(1995)Infrastructure,airspace and automation-air navigation issues for the 21st century. Ann Air Space Law XX-I:447.

Milde M(2012)International air law and ICAO. In:Benko M(ed)Essential air and space law. Eleven International Publishing,The Hague.

Shawcross, Beaumont (1977) Air law, vol. 1, 4th edn. Butterworths, Londonter Kuille A. RPASD and the ATM community:the CANSO policy of engagement,UAV systems,the global perspective,2006/2007.

Blyenburgh & Co,Franceter Kuille A. UAV and the ATM community:the CANSO policy of engagement,RPAS systems,the global perspective,2006/2007. Blyenburgh & Co,France.

---

〔66〕“地区航行协议”一词系指国际民航组织理事会通常根据地区航行会议的建议而批准的协议。理事会在批准附件11前言时指出：“接受在公海上空或主权未定的空域内提供空中交通服务责任的国家，适用本标准和建议措施的方式，可与在其所辖空域内所采用者相一致。”

〔67〕标准2.1.3。

〔68〕负责建立和提供空中交通服务当局可以是一个国家或一个合适的机构。

第九条　禁区

一、各缔约国由于军事需要或公共安全的理由，可以一律限制或禁止其他国家的航空器在其领土内的某些地区上空飞行，但对该领土所属国从事定期国际航班飞行的航空器和其他缔约国从事同样飞行的航空器，在这一点上，不得有所区别。此种禁区的范围和位置应当合理，以免空中航行受到不必要的阻碍。一缔约国领土内此种禁区的说明及其随后的任何变更，应尽快通知其他各缔约国及国际民航组织。

二、在非常情况下，或在紧急时期内，或为了公共安全，各缔约国也保留暂时限制或禁止航空器在其全部或部分领土上空飞行的权利，并立即生效，但此种限制或禁止应不分国籍，适用于所有其他国家的航空器。

三、各缔约国可以依照其制定的规章，令进入上述第一款或第二款所指定地区的任何航空器尽快在其领土内某一指定的机场降落。

1　禁飞区

1950年12月，国际民航组织理事会在其第11届会议第17次会议上统一了下列关于禁区、限制区域以及危险区域的概念。

禁区：一国领土或者与领土毗连领水内的特殊区域，在其上空航空器禁止飞行。[1]

限制区：一国领土或者与领土毗连领水内，并非为空中交通管制目的而设立，航空器在其上空飞行，应遵循一些特定条件限制的特殊区域。[2]

危险区：在该区域内或者其上方可能存在对飞经该区域的航空器构成潜在危险的特殊区域。[3]

1951年7月22日，理事会在其第13届会议第9次会议上作出决定，要求所

〔1〕 附件15中规定，禁飞区是指："在一个国家的陆地区域或领海上空禁止航空器飞行的一个划定范围的空域。"

〔2〕 附件15规定，限制区是指："在一个国家的陆地区域或领海上空，根据规定的条件限制航空器飞行的一个划定范围的空域。"

〔3〕 附件15规定，危险区是指："范围经过划定、在特定时间内可能存在危及航空器飞行的活动的空域。"

有国际民航组织成员国，在确立或者改变任何禁区、限制区或者危险区的边界之前发布关于上述确立或者改变划定区的航行通告[4]，并在该通告中指出危险区风险存在的时间。

1957年4月1日，理事会在其第13届会议第8次会议上，寻求航行委员会关于以下观点的看法：应考虑是否设立一项程序，即航空公司在接近一国限制区时应提前给予通知，或者该危险区不属于国家控制时，应通过航行计划提前主动告知。

航行委员会在其给理事会的报告中认为，以上程序弊大于利，并告知理事会，它无法提供任何技术解决途径，以避免对无意侵犯限制区的民用航空器的攻击。[5]

在2011年的“阿拉伯之春”期间[6]，利比亚军队对抗议民众发动武装攻击[7]的装备和人员遭到了北大西洋公约组织的重击，这是联合国安理会第1973号决议的结果。该决议于2011年3月17日通过，要求利比亚国内立即停火，全面停止暴力事件以及对平民的所有袭击和虐待。该决议称，这些行为可能构成危害人类罪，安理会当日对利比亚领空的所有航班实施了禁飞，并加紧对卡扎菲政权及其追随者的制裁。

2 军事方面

第1973号决议援用第1970号决议，第1970号决议决定，所有会员国均应采取必要措施，防止指认的个人在本国入境或过境，但本段的规定决不强制一国拒绝本国国民入境。

第1970号决议还决定，上述决定不适用于：①经委员会逐案审查认定，出于人道主义需要，包括为履行宗教义务，此类旅行是合理的；②为履行司法程序

---

〔4〕 附件15规定，航行通告是指：“用电信方式发布的关于航行设施、服务、程序或者危险的设立、状况或者变更的资料的通知，而及时了解这种资料对于与飞行运行有关的人员是必不可少的。”

〔5〕 C-WP/2552.

〔6〕 “阿拉伯之春”是一个发生在中东以及北非的抗议游行的革命浪潮。从2010年12月18日开始。在此之前，苏丹是唯一成功推翻独裁统治的阿拉伯国家。

〔7〕 当利比亚政府对和平抗议反应激烈时利比亚起义立即变得暴力。2011年2月18日，抗议开始后三天，当抗议民众处死警察而效忠于卡扎菲的武装力量开始杀害抗议人群时，整个国家爆发了武装冲突。

必须入境或过境；③委员会逐案审查认定，予以豁免将促进阿拉伯利比亚民众国实现和平与民族和解，以及在该区域实现稳定的目标；④一国逐案审查认定，这种入境或过境是促进阿拉伯利比亚民众国的和平与稳定所必需的，且有关国家在做出此认定后的48小时内，通知委员会。

联合国安理会以10票赞成、0票反对、5票弃权（巴西、中国、德国、印度以及俄罗斯）通过第1973号决议，安理会授权成员国以本国名义或通过区域组织安排或采取一切必要措施，以便保护利比亚国境内可能遭受武装袭击的平民，包括班加西，同时排除任何形式的外国军队进入利比亚领土的任何地方，请有关会员国立即将这些措施通知秘书长。

认识到阿拉伯国家联盟在维护该区域国际和平与安全的事务中发挥的重要作用，并牢记《联合国宪章》第八章，安理会要求阿拉伯国家联盟成员国与其他会员国合作执行禁飞区。

安理会强调，需要进一步做出努力，找到满足利比亚人民合法要求的危机解决办法，并注意到在这方面外交的努力，进一步要求利比亚当局遵守国际法规定的义务，采取一切措施以保护平民，满足他们的基本生存需要，并确保人道主义援助快速、无阻碍地进行。

在这方面，联合国安理会还决定，禁令不适用于完全属于人道主义目标的飞行、从阿拉伯利比亚民众国疏散外国国民、执行禁令或者其他“认为对利比亚人民有益的”目的。

第1973号决议进一步决定，所有国家都应该禁止任何利比亚商用飞机在其领土起飞或降落，除非有关飞行事先得到依据第1970号决议设立的委员会的批准。

在加强第1970号决议确立的资产冻结以及武器禁运方面，安理会于当晚进一步决定，对涉嫌违反武器禁运的检查条件，要求国家在其实施的措施上相互密切协调，并与秘书长密切协调。

第1973号决议要求，秘书长应设立一个最多由八名专家组成的小组，以协助委员会执行对利比亚的制裁。

法国外交部部长在介绍该决议时说：“一些已被解放的城市被武装暴力分子重新占领，现在发生的情况比之前还要令人担心。”安理会不能袖手旁观，“听任好战者无视国际法”。世界正在经历“一场可能改变历史进程的伟大革命浪潮”，但是利比亚人民的意志却“屈服于卡扎菲政权”。早前的安理会决议被无视，针对贫民的暴力再度发生。

法国外交部部长认为，保护平民的迫切需要要求对当前决议进行精心设计，授权阿拉伯国家联盟和希望这样做的成员国采取措施保护受到卡扎菲政权威胁的地区。他说，“我们时间有限，也许仅有几个小时”，“过去的每一小时、每一天，国际社会的负担都在增加”。

在投票后，支持第1973号决议的代表们同意，强有力的行动是必要的，因为卡扎菲政权没有注意到安理会的第一次行动，当它逼近此前由反动派占领的东部地区时，对平民的暴力活动就处于更大的边缘。他们强调，行动目标只是为了保护平民免受伤害。

第1973号决议关于在利比亚设立禁飞区的案文如下：

回顾安全理事会2011年2月26日第1970（2011）号决议。

谴责利比亚当局未遵守第1970（2011）号决议，对局势恶化、暴力升级和平民伤亡严重表示深度关切，重申利比亚当局有责任保护利比亚民众，重申武装冲突各方负有采取一切可行步骤确保平民受到保护的首要责任，谴责严重、有系统地侵犯人权，包括任意拘留、强迫失踪、酷刑和即决处决，还谴责利比亚当局对记者、媒体专业人员和相关人员施加暴力、进行恫吓，敦促利比亚当局遵守第1738（2006）号决议所述的国际人道主义法为其规定的义务。

认为目前在阿拉伯利比亚民众国发生的针对平民人口的大规模、系统的攻击可构成危害人类罪，回顾安理会在第1970（2011）号决议第26段中表示，愿意考虑视需要另外采取适当措施，协助和支持人道主义机构返回，在阿拉伯利比亚民众国提供人道主义援助和有关援助，表示决心保护平民和平民居住区，确保人道主义援助迅速和无阻碍地通过，并确保人道主义人员的安全。回顾阿拉伯国家联盟、非洲联盟、伊斯兰会议组织秘书长谴责在阿拉伯利比亚民众国发生或正在发生的严重侵犯人权和违反国际人道主义法的行为，注意到，2011年3月8日，伊斯兰会议组织最后公报和非洲联盟和平与安全理事会关于设立一个利比亚问题高级别特设委员会的公报；又注意到，2011 年 3 月 12 日，阿拉伯国家联盟理事会决定要求设立利比亚军用飞机禁飞区，并在遭受炮击的地方建立安全区作为防范措施，以便保护利比亚人民和居住在阿拉伯利比亚民众国的外国人；还注意到，2011 年 3 月 16 日，联合国秘书长呼吁立即停火，回顾其将自 2011 年 2 月 15 日以来的阿拉伯利比亚民众国局势问题移交国际刑事法院检察官的决定，并强调，必须追究那些应对袭击平民事件，包括空中和海上袭击事件负责者或合谋参与者的责任，重申关切那些被迫逃离阿拉伯、利比亚民众国境内暴力行为的难民和外国工人的困境，欢迎邻国，特别是突尼斯和埃及，为解决这些难民和外国工人的需要做出的反应，并呼吁国际社会支持这些努力，谴责利比亚当局继续使用雇佣军，认为在阿拉伯利比亚民众国领空禁止一切飞行是保护平民以及保障运送人道主义援助的安全的一个重要因素，是促进在利比亚境内停止敌对行动的一个决定性步骤，还表示关切外国国民在阿拉伯利比亚民众国的安全和权利，欢迎秘书长任命阿卜杜勒·伊拉·穆罕默德·哈提卜先生担任其利比亚特使，支持他努力寻找一个持久和平地解决阿拉伯、利比亚民众国危机的办法，重申对阿拉伯、利比亚民众国主权、独立、领土完整和国家统一的坚定承诺，认定阿拉伯、利比亚民众国局势继续对国际和平与安全构成威胁，根据《联合国宪章》第七章采取行动：

（1）要求立即实行停火，全面停止暴力和对平民的所有袭击和虐待；

（2）强调需要进一步做出努力，寻找满足利比亚人民合理要求的解决危机办法，并注意到秘书长决定派其特使前往利比亚，非洲联盟和平与安全理事会决定派其高级别特设委员会前往利比亚，以便协助开展对话，促成必要的政治改革，从而寻找一个和平持久的解决办法；

（3）要求利比亚当局遵守国际法，包括国际人道主义法、人权法和难民法为其规定的义务，采取一切措施保护平民，满足他们的基本需要，并确保人道主义援助快速、无阻碍地通行；

保护平民

（4）授权已通知秘书长的会员国、以本国名义或通过区域组织或安排与秘书长合作采取行动的会员国，采取一切必要措施，不管第 1970（2011）

号决议第9段的规定，以便保护包括班加西在内的阿拉伯、利比亚民众国境内可能遭受袭击的平民和平民居住区，同时排除任何形式的外国占领军进入利比亚领土的任何地方，并请有关会员国立即将它们根据本款授权所采取的措施通知秘书长，并应立即向安全理事会报告；

(5) 确认阿拉伯国家联盟在事关维护该区域国际和平与安全的事务中发挥重要作用，并牢记《联合国宪章》第八章，请求阿拉伯国家联盟成员国与其他会员国合作执行第4段；

禁飞区

(6) 决定在阿拉伯、利比亚民众国领空禁止一切飞行，以帮助保护平民；

(7) 还决定，第6段规定的禁令不适用于完全属于人道主义目的的飞行，如交付或协助交付援助，包括医疗用品、粮食、人道主义工作人员和有关援助，或从阿拉伯、利比亚民众国疏散外国国民，也不适用于下文第4段或第8段授权进行的飞行，或根据第8段的授权采取行动的国家认为对利比亚人民有益的其他必要飞行，且这些飞行应与第8段设立的机制进行协调；

(8) 授权已通知秘书长和阿拉伯国家联盟秘书长以本国名义或通过区域组织或安排采取行动的会员国，视需要采取一切必要措施，强制遵守上文第6段规定的禁飞，并请有关国家与阿拉伯国家联盟合作，与秘书长一起密切协调它们为执行这一禁令正在采取的措施，包括建立一个适当机制来执行上文第6、第7段的规定；

(9) 呼吁所有以本国名义或通过区域组织或安排采取行动的会员国为执行上文第4、6、7、8段提供协助，包括批准任何必要的飞越；

(10) 请有关会员国对它们为执行上文第4、6、7、8段采取的措施，包括用于监测和批准获得授权的人道主义飞行或撤离飞行的实际措施，相互密切协调并与秘书长密切协调；

(11) 决定有关会员国应立即向秘书长和阿拉伯国家联盟秘书长通报为履行上文第8段的授权而采取的措施，包括提供行动构想；

(12) 请秘书长立即向安理会通报有关会员国为履行上文第8段的授权

而采取的任何行动，并在7天内向安理会报告本决议执行情况，包括关于违反上文第6段规定的禁飞的信息，其后每月报告一次；

禁飞

(17) 决定所有国家都应该拒绝许可任何飞机在阿拉伯、利比亚民众国境内注册，或由利比亚国民或公司拥有或经营的飞机，从其领土起飞、降落或飞越其领土，除非有关飞行事先得到委员会的批准，但紧急降落除外；

(18) 决定所有国家，如有情报提供合理理由，认为飞机上载有经本决议修订的第1970（2011）号决议第9段和10段禁止供应、销售、转移或出口的物项，包括提供武装雇佣军人员，应不让飞机从其领土起飞、在其领土降落或飞越其领土，但紧急降落不在此列。

第十条 在设关机场降停

除根据本公约或特别授权，航空器可以飞经一缔约国领土而不降停外，每一航空器进入缔约国领土，如该国规章有规定时，应在该国指定的机场降停，以便进行海关和其他检查。当离开一缔约国领土时，此种航空器应从同样指定的设关机场离去。所有指定的设关机场的详细情形，应由该国公布，并送交根据本公约第二部分设立的国际民航组织，以便通知所有其他缔约国。

1 降停规章

《芝加哥公约》附件9将国际机场定义为位于缔约国境内并经缔约国指定为国际航空交通入、出境机场，并办理有关海关、移民、公共卫生、动植物检疫和类似手续的任何机场。

《芝加哥公约》附件15对国际机场有类似定义。机场的主要功能是以下活动：管理与财政；机场设施运营；工程、建造工程和维修；市场营销和公共关系；地勤工作；空中交通运营；安全、移民、卫生和海关。由于机场的大小、交通的类型以及责任区域的不同，机场有不同的功能以及责任。比如，有些机场为空中交通管制以及气象服务负责，但是在多数机场这样的服务由独立的政府机构提供。许多机场不同程度地涉及安全职责，并为海关、移民以及卫生检疫机构提供设施。一些机场为航空公司提供地勤服务，包括终端处理或者提供停机坪服务，或者两者都提供，但在另外一些机场，这些服务由航空公司自己或者由专门机构或者公司提供。某些机场同样提供超过传统机场范围的功能，如咨询服务、公共工程、建造以及房地产发展。

国际民航组织第37届大会（蒙特利尔，2010年9月28日至10月8日）通过第A37-15号决议（国际民航组织具体针对空中航行的持续政策和相关做法的综合声明），附件P指出，许多地方都需要对机场的物理特征进行重大改进，在某些情况下，这些改进将涉及金额相当大的支出，而且在计划此类工作时不顾及未来发展是不妥当的。该决议还提到，各国和机场当局需要继续了解今后几代航空器最可能产生的对机场要求的一般趋势。

如“阿拉伯之春”中所反映的那样，国内动乱对航空器在设关机场的运营会产生不利影响。2010年12月17日，一名希望通过贩卖水果和蔬菜来供养其家庭的26岁青年穆罕默德·布瓦吉吉（Mohammed Bouazizi）在突尼斯中心城镇西迪布济德自焚，导致该国发生大规模的抗议，并最终在2011年1月14日推翻该国总统的统治。2011年1月25日，埃及爆发了抗议活动，此次抗议活动至少在一定程度上是受被推翻的突尼斯独裁统治所鼓动，[1]并愈演愈烈。结果，埃及总统由于人民致命的起义在数周内被罢免。与此同时，阿尔及利亚、也门和巴林等国也爆发了抗议活动，2011年2月14日，被埃及和突尼斯事件所鼓动的青年在巴兰举行“愤怒日”。此外，在本书写作时，由于大规模内乱的发生，利比亚国内局势紧张。[2]

在利比亚危机的背景下，许多航空公司在规划其前往利比亚的航班上采取谨慎的措施，而剩余航空公司则直接取消了定期航班。[3]欧洲航空公司的股票价格迅速下滑，英国航空公司和荷兰皇家航空公司等取消了飞往黎波里的航班。[4]作为欧洲主要的原油出口国，利比亚紧张局势的加剧会造成一个不可避免的必然结果航空公司不得不提高收费。国际航空运输协会指出，如果动乱继续在中东和北非多国的国内发生，航空公司将被迫取消飞往这些国家的航班，这必然导致这些航空公司产生重大损失。[5]

在利比亚，由于反政府抗议者和保安部队间的持续冲突，班加西的机场跑道被毁坏。[6]据报道，抗议者已经包围该机场，英国政府正在“迫切寻求利比亚政

〔1〕 旅游以及运输业共同构成世界上最大的产业。航空运输是旅游业重要的驱动者，并且通过航空运输直接到达的旅客供养全世界旅游产业中接近6700万个工作机会，并伴随旅客在旅行期间花费的外汇。旅游以及航空运输业的生存以及发展都仰仗于政府的政策以及单独国家的稳定。2011年在中东以及北非大量的抗议者导致的国内动乱严重妨碍旅游以及航空运输业的收入。在上一财政年度，埃及获得超过11亿美金的旅游收入。2010年第三季度在一周内埃及从旅游业获得了2.8亿美金的收入。See http://www. suite101. com/content/tourism-crisis-as-foreign-visitors-desert-egypt-a342840.

〔2〕 维基百科指出，从广义上讲国内动乱意味着主要被执法机关用于形容一种或者多种的由一群人引起的骚乱。包括但不限于非法游行、静坐以及其他形式的故意阻挠社会安定以及其他形式的犯罪。http://en. wikipedia. org/wiki/Civil_disorder.

〔3〕 Airlines wary on operating to Libya, Air Letter, No. 17, 180, Thursday 24 February 2011at p. 3.

〔4〕 上引注第4页。

〔5〕 Airlines set for losses as mid-east unrest continues, Air Letter, No. 17, 181, Friday, 25 February 2011at p. 3.

〔6〕 Reals (2011). See http://www. flightglobal. com/articles/2011/02/22/353498/runway-at-libyasbenghazi-airport-destroyed-capita. html.

府的降停许可”,[7]以便将滞留的英国国民空运出境。国际游客的第一站通常是机场，如果机场设施受到严重的内乱和攻击，将不会有游客到该国旅游。

一国的安全完全取决于其国内的和平程度，从该国领土的入境处开始发生的任何破坏安全的行为，将造成国家收入的损失，旅游业即是一例。受中东和北非国内动乱影响的大多数国家是旅游业依赖型国家，他们的国民收入将遭受极大的损失。许多国家发布了突尼斯、埃及以及利比亚的旅行警告。在 2011 年年初的内乱发生时，突尼斯正在从 2001 年至 2002 年间恐怖袭击带来的致命影响中恢复该国旅游业，由于恐怖袭击，该国损失了大量来自传统市场，如法国、德国、意大利和英国的游客。在此期间，损失 50 万德国游客，对突尼斯旅游业而言，无疑是沉重的打击。[8]对于埃及而言，2009 年至 2010 年，酒店客房数量增加了接近 7000 个，达到 22 万间。2010 年 12 月，联合国世界旅游组织加强了与埃及的合作，以提高该国的旅客人数以及衡量旅游业对经济业影响的能力，并提供连续的、国际的以及标准的旅游业统计数据。[9]在旅游业迅速发展的背景下，突尼斯和埃及这两个成功地对其现有政权进行了革命的国家的旅游业很快恢复，这是令人振奋的。联合国世界旅游组织表达其对国家当局恢复旅客信心，以及外国政府相应地更新旅游建议的前瞻性努力的赞赏。旅游业是国家经济的重要贡献者，随着旅游业恢复正常，可以刺激国家整体经济的复苏。[10]

由于埃及与突尼斯的局势恢复正常，与旅游业息息相关的个人以及政府部门也都恢复正常。主要的旅游景点恢复对公众开放、航空公司恢复航班、许多主要来源市场的旅游经营业者重新开始安排度假，并且政府已经更新其旅游建议来反映这一逐渐明朗的局势。

从航空和旅游的角度而言，这一区域的国内动乱迫使市场做出回应，布伦特原油价格飙升至 119 美元一桶。高油价令航空公司非常担忧。在紧缩和削减开支

---

〔7〕 上引注。

〔8〕 这一损失逐渐从新兴的欧洲市场获得平衡，特别是从波兰、捷克以及匈牙利。See http：//www. traveldailynews. com/pages/show_page/23601-Tunisiaunveils-new-tourism-plan.

〔9〕 http：//www. ameinfo. com/252453. html.

〔10〕 http：//www. traveldailynews. com/pages/show_page/41810-UNWTO-welcomes-signs-of-tourismre-cuperation-in-Egypt-and-Tunisia.

后，航空公司希望在2011年恢复盈利能力。[11]然而，正如国际航空运输协会所预测的那样，最近石油价格的增长将消除任何航空公司在今年（2011年）的收益，对航空业造成全球性的多米诺骨牌效应式的影响。

2 保证机场开放

2010年9月28日至10月10日在蒙特利尔召开的国际民航组织第37届大会正式承认国际民航组织有三个战略目标：安全、环保和航空运输的可持续发展。最后一个战略目标虽然与国内动乱在航空运输上造成的影响有关，但并不意味着国际民航组织能干涉缔约国内政，或者确保在武装冲突中航空运输照常进行。然而，国际民航组织所做的是践行《芝加哥公约》的规定，《芝加哥公约》特别规定了国际民航组织的宗旨是促进国际航空运输的规划和发展，以满足世界人民对安全、正常、高效和经济的航空运输的需求。[12]

《芝加哥公约》要求各国保持其机场对所有进出其国领空的航空公司开放，并提供气象、无线电和其他信息以及地面服务等设施。当然，可以争辩的是，该公约第八十九条使得公约的规定不妨碍受战争影响的任一缔约国的行动自由，无论其是交战国或中立国。该条同样适用，缔约国如遇任何紧急状态，并将此事通知理事会，上述原则同样适用。因此，除非一国处于战争状态（公约没有定义战争的概念）[13]或者宣布其处于紧急状态，否则都要受公约条款的约束。

不属于《芝加哥公约》第八十九条范围的缔约国的首要义务是保持其机场对所有入境航空器开放。该公约第十五条规定，为航行安全和便利而提供公用的一切航行设施，包括无线电和气象服务，各缔约国的航空器使用时，应适用统一条件。这一条件受到《芝加哥公约》第九条的限制，第九条规定，各缔约国出于军事需要或公共安全的原因，可以一律限制或禁止其他国家的航空器飞越其领土

〔11〕 http：//www.aerosocietychannel.com/aerospace-insight/2011/02/shifting-sands/.

〔12〕《芝加哥公约》第四十四条第四项。

〔13〕《维也纳条约法公约》第三十一条第一款规定：“条约应依其用语按其上下文并参照条约之目的及宗旨所具有之通常意义，善意解释之。”See Vienna Convention on the Law of Treaties 1969，done at Vienna on 23 May 1969. The Convention entered into force on 27 January 1980. United Nations，Treaty Series，vol. 1155，p. 331. 战争通常被定义为一个有组织的、暴力的、冲突的行为模式，以侵略、社会混乱以及高死亡率为代表。这一行为模式涉及两个或者更多有组织的团体。http：//en.wikipedia.org/wiki/War.

内的某些地区，但对该领土所属国从事定期国际航班飞行的航空器和其他缔约国从事同样飞行的航空器，不得加以区别。在特殊情况下，或在紧急时期内，或为了公共安全，各缔约国也保留暂时限制或禁止航空器在其全部或部分领土上空飞行的权利，并立即生效，但此种限制或禁止应不分国籍地适用于所有其他国家的航空器。

问题在于，处于严重内乱的国家是否仍受上述《芝加哥公约》规定的约束。作为条约当事方的国家或者国际组织，必须遵守其签署的条约，因此，必须解释此类情况下的适用范围。尽管条约的缔结由习惯国际法与缔约国宪法规则共同调整，但是条约的实施由国际法调整。然而，如果适用或者履行国际条约中的要求对国家构成问题，该国法院将应用该国的宪法解决这一问题。尽管《维也纳条约法公约》第二十七条规定，〔14〕一当事国不得援引其国内法规作为不遵守条约的理由，但是，国家有依据其传统以及政治组织选择他们认为合适的实施途径的自由。〔15〕根本规则是，条约是法律义务，必须履行。

3 机场以及航空安全

当航空器降落和起飞而处于最低高度时，在机场附近最为严重的安全威胁是单兵便携式防空系统（MANPADS）。自“9·11 事件”以来，已经发生了多次试图通过不当使用 MANPADS 破坏飞行中航空器安全的行为。〔16〕国际社会已经通过国际民航组织做出了一些努力，但 MANPADS 目前已经对航空安全构成了严重威胁。

1974 年 1 月 5 日，220 名士兵和 200 名警察封锁以伦敦希思罗国际机场为中心的方圆 5 平方千米的区域，因为他们收到报告，指出恐怖分子在某一中东地区的大使馆的外交邮袋中偷运了一些 SA-7 进入英国，并计划击落一架以色列航空公司的客机。〔17〕

---

〔14〕 上引注。

〔15〕 Reuter（1989），at 16.

〔16〕 恐怖分子使用地对空导弹以及反坦克火箭弹可以追溯到 1973 年。当年的 9 月 5 日，意大利警察逮捕了 5 名装备一些 SA-7 导弹的中东恐怖分子。恐怖分子租下罗马机场飞行航道下的一间公寓试图击落一架以色列航空公司将在该机场着陆的客机。See Dobson and Payne（1987），p. 366.

〔17〕 Mickolus（1980），p. 428.

另一个重大事件发生在1975年1月13日，当时恐怖分子企图用导弹击落以色列航空公司的飞机，这无疑会使航空公司陷入灾难。两名恐怖分子驾车抵达巴黎奥利机场停机坪，在此设置导弹发射器，并对一架将要飞往纽约的载有136名乘客的以色列航空公司的客机发射了导弹。第一次发射由于飞行员的躲闪操作未能命中目标，但却击中一架在附近等待旅客登机前往萨格勒布的南斯拉夫DC-9客机。因导弹未爆炸，所以没有造成严重伤亡。再次发射导弹并命中一幢行政大楼，造成一些损失后，恐怖分子驾车逃离。路透社收到个人来电声称对此事负责。来电人说“下一次必将命中目标”，明确暗示仍将有类似的行动。

事实上，上述事件发生后的6天，在奥利机场的确发生了另一起没有成功但引人注目的恐怖破坏行动。法国当局追查到4次袭击是由巴勒斯坦人民解放阵线在欧洲的头目，委内瑞拉籍恐怖分子卡洛斯实施的。[18]还有一次，以色列航空公司的飞机被卡扎菲刻意选为目标，作为对以色列在西奈沙漠击落利比亚飞机的报复。[19]

MANPADS是非常有效的致命武器，在世界范围内用途广泛。在机场方面，滥用MANPADS对民用航空安全的威胁在于，其能在机场的周边或机场内使用，击中接近或者离开机场距离较近的航空器。这种武器于20世纪50年代出现，最初被国家当局或者其他机构用来防止从天空对地面实施的恐怖袭击，但MANPADS却被错误地用来对民用以及军用航空发动攻击。MANPADS是一种轻型武器，在命中目标前很难被发现，通常具有破坏性和致命性。[20]这类武器便宜、易于携带、操纵简便且极具隐蔽性。据称，现存至少有10万套，并且全世界库存可能超过50万套，其中有数千套很容易遭到国家内部人员的盗窃。[21]据说，如果民用航空器被其击中，有70%的概率被摧毁。[22]据兰德公司2005年初完成并发布的研究称，基于“9·11事件”的影响，在MANPADS对美国的商业

〔18〕 Dobson and Payne（1987），以及前注15，p.53.

〔19〕 上引注。

〔20〕 从阿富汗叛军使用340套MANPADS成功击落269架苏联航空器上能反映出这一武器的致命性。See http://www.janes.com/security/international_security/news/.

〔21〕 MANPADS，Ploughshares Monitor Autumn 2004，at 83.

〔22〕 上引注，索马里武装分子使用MANPADS于1993年11月击落两架美国MH-60黑鹰武装直升机反映了该武器致命的精确性以及易操作性。

飞机一次成功的袭击后，美国的航空运输下降 15% ~20% 似乎是合理的。[23] 国际航空界要认识到，民用航空器特别易受 MANPADS 的攻击，所以其需具备敏感性避免技术（避免被攻击）以及脆弱性避免（在被攻击后存活）系统。尤其是追踪 MANPADS 的扩散情况非常困难，因为在这种特殊威胁事件上得到的任何情报通常都是事后的，只能通过发射器的二次利用或者爆炸后导弹的碎片来进行。与流行的观点不同，MANPADS 相当耐用，并且能在未使用数年后通过给电池充电能使其重新使用。

2002 年 11 月，肯尼亚蒙巴萨市发生了击落民用航空器未遂事件，MANPADS 引发的致命威胁进一步引起世界的关注。在的 35 年里，致命武器系统取得了重大发展，为恐怖分子创造了更多的机会。国际社会对新的现代科技欣然接受，以及我们对其增长的依赖创造了更多的目标，比如核武器以及飞行中的民用航空器。同样地，在电子化和微电子化上的发展以及朝着微型化和简便化发展的趋势，导致战术武器具有更强的可应用性，射程更远，精度更高，操作也更简便。在单兵武器上最有效的发展之一是便携式、精确制导导弹。这种武器轻便且易于操作，通常由单人便能携带和操作。这些小型化的武器很多，比如，美国制造的 Stinger、英国制造的 Blowpipe、俄罗斯制造的 SA-7 导弹，都是肩扛式、针对航空器的导弹，导弹上装有红外热追踪传感器，引导其追踪航空器发动机散发的热量。众所周知，超过 60 个国家拥有 SA-7 导弹，毫无疑问，其中绝大多数国家具有严格的安全措施，防止导弹外流。但是，据称一些国家，包括利比亚在内，对恐怖组织提供精确制导武器。毫无疑问，恐怖分子手中的这些导弹不太可能被用来对付坦克和军用飞机等常规目标。民用航空器在机场着陆或者起飞时，被地对空导弹以及反坦克火箭炮击中的可能性特别引人关注。[24] 理查德·克拉特巴克博士（Dr. Richard Clutterbuck）总结了导弹攻击的巨大威胁："近年来，恐怖分子越来越多地使用昂贵和精密的地对地与地对空导弹，这些武器通常产于俄罗斯或者东欧，并由阿拉伯政府，特别是卡扎菲政府流出。这些武器为了供正规军队使

〔23〕 Infrastructure Safety and the Environment, Protecting Commercial Aviation against the Shoulder-Fired Missile Threat, Rand Corporation, 2005, at 9.

〔24〕 Hanle (1989), p. 185; Ofri (1984), p. 49; Pierre (1975 - 6), p. 1256; Dorey (1983), p. 142.

用而持续发展，也确保恐怖分子可以获得新的以及更有效率的武器。”[25]

伴随机场安保措施的加强，在民用航空器上安置爆炸装置的可能性正变得非常困难，但是使用现代导弹或者火箭可以更轻易地达到同样破坏性的结果。

机场周边安全是保证机场本身以及进出机场航空器安全至关重要的因素。为成功进行针对航空器的导弹攻击，发射地点必须位于跑道的范围内。导弹的导航系统是，如果红外线导航想要锁定目标，武器必须在跑道的一定角度内发射。因此，一项可行的预防措施是防止恐怖分子携带导弹进入发射地点。但是，当航空器着陆和起飞时，隔离跑道范围内多达六千米宽的区域是非常困难的。因此，这一措施虽然理论上可行，但并不具有实际可操作性。[26]这一困难可以在一定程度上被克服，在安全要求严格的时候，在机场附近巡逻可能会阻止该类袭击发生。甚至在没有特殊威胁时，大多数国家也有能力监控适合地对空导弹发射地带，从而减少此类威胁。同时，这些安全行动将阻止恐怖分子耗费至关重要的资源购买地对空导弹，因为它们使用的可能性有限。

尽管到目前为止，西方国家阻止恐怖分子针对航空器的导弹袭击的成功率令人满意，并且安全部队在良好情报的协助下，已经成功在导弹使用之前追踪并捕获它们，但是在不久的将来，试图通过地对空导弹袭击民用航空器并非没有发生的可能性。随着恐怖分子袭击的难度加大，可以预计恐怖分子将会努力避开安保系统，并将努力转向较低的安全目标。导弹攻击航空器取代日益无效的劫机是民航新的威胁。

在国内动乱时保证航空安全的另一方面是外交以及如《芝加哥公约》的缔造者们所解释的航空的意义和目的。考虑其在航空运输持续发展上的战略目标，以及国际民航组织在过去泰然自若和称职地发挥令人信服的外交角色，国际民航组织的成员国完全可以考虑航空在实现和平方面的作用。航空对于维护和平的重要性从第二次世界大战后被接受，并由英国代表在那时恰当地说明，民用航空是掌管国家力量和价值的钥匙，因此必须由国际权威机构监管或控制。那时英国政府的代表比弗布鲁克（Beaverbrook）勋爵在议会说道：“我们首要考虑的

〔25〕 Clutterbuck（1991），at 175.

〔26〕 Dorey（1983），p. 142.

是，要获得对一些宽泛原则的广泛接受，借此，民航能对紧密衔接世界各国做出好的贡献。我们的目标是使民航成为国际团结的保障，国际和平的中流砥柱。”[27]

强烈的政治色彩塑造了战后世界最初的民航系统，借此，无可争议地确立了外交、国际政治和国际关系在民航中的相关性，国际民航组织理事会第一任主席爱德华·华纳的说明是对前述观点的证实：“我们必须铭记外交和军事考量在国际航空运输中所起的巨大作用，即使是在和平时期。如果我们把航空运输业单纯地看成是一项商业活动，或者忽略政治考量在多大程度上控制了航空运输业，那么我们对航空运输业的历史就会有错误的认识，对规划航空运输业的未来也会产生非常错误的看法。”[28]

回顾历史，必须指出，这句话是当时民航的真实写照，更重要的是，这句话历经了时间的沧桑，即便在现在依然正确。近来一位评论员正确地指出，在过去的几十年间，民航必须为国家政治和经济利益服务，从这方面而言，国际民航组织在两个位置上交替，扮演着引人瞩目的外交角色和更为显著的管理角色。[29]

民航的一个固有特征是它有能力介入人类事务并促进国际对话。它还促进国际友好，以及形成“世界人民之间如同兄弟般的感觉”。[30]因此，国际民航的问题是世界组织普遍政治问题的重要部分，因此，如果没有世界政治和外交机构的参与，航空问题就不能得到解决。[31]正是在这些十字路口上，人们才会需要联合国机制与国际民航组织的深度参与。

参考文献：

Clutterbuck R(1991)Living with terrorism. Butterworths,London.

Dobson C,Payne R(1987)Appendix B:the chronology of terror:1968 – 1987. In: War without end:the terrorists:an intelligence dossier. Sphere Books,London.

Dorey FC(1983)Aviation security. Granada,London.

〔27〕 Flight, Vol. XLV No. 1331, January 27, 1944, at pp. 97 – 98.

〔28〕 Warner (1942), p. V.

〔29〕 Sochor (1991), t xvi.

〔30〕 Schenkman (1955) at p. 6

〔31〕 上引注 VI.

Hanle DJ(1989)Terrorism:the newest face of warfare. Pergamon-Brassey's, New York.

Mickolus EF (1980) Transnational terrorism: a chronology of events, 1969 – 1979. Aldwych, London.

Ofri A(1984)Intelligence and counterterrorism. ORBIS 28:49.

Pierre AJ(1975 – 6)The politics of international terrorism. ORBIS 19:1256.

Reals K (2011) Runway at Benghazi airport destroyed: Capita Symonds. Air Transport Intelligence News(22 February 2011).

Reuter P(1989)Introduction to the law of treaties. Pinter Publishers, London.

Schenkman J (1955) International civil aviation organization. Librairie E. Droz, Geneve.

Sochor E(1991)The politics of international aviation. Macmillan, London.

Warner E (1942) Foreword to international air transport and national policy by Lissitzyn OJ. Council on Foreign Relations, New York.

第十一条 空中规章的适用

在遵守本公约各规定的条件下，一缔约国关于准许从事国际航行的航空器进入或离开其领土，或准许此种航空器在其领土内操作或航行的法律和规章，应不分国籍，适用于所有缔约国的航空器，此种航空器在进入或离开该国领土或在其领土内时，都应该遵守此项法律和规章。

1 主权扩张

国际民航组织第二届大会（日内瓦，1948 年 6 月 1 日至 21 日）通过修改第 A1-30 号决议的第 A2-45 号决议要求理事会设立程序，报告成员国违反或不遵守与航空有关规章的个案，以及成员国在此种情况下应采取的纠正措施，包括采取措施确保各国航空人员熟悉其他成员国的规章以及在公海上空飞行的现行有效规则。国际民航组织理事会在其第七届会议（布莱顿，1953 年 6 月 16 日至 7 月 6 日）的年度报告中指出，大会在对寻找一种切实可行和实际有效的程序所涉及的困难进行了进一步研究之后，上述决议便被放弃了，至少就当时而言。[1]

第 A2-45 号决议被第 16 届大会（布宜诺斯艾利斯，1968 年 9 月 3 日至 26 日）通过的第 A16-1 号决议宣布失效。必须指出，《芝加哥公约》附件 17 有类似的条款（可能来源于《芝加哥公约》第十一条），建议实施 6.1.2 规定，每一国际民航组织的成员国应要求在其所登记的航空器的运营人遵守其欲运行国家的国际民航安全要求，因此，第十一条与安全有密切的联系。

运输危险货物进入一国就是一个很好的例子，因为这涉及航空货运安全、空运人类遗骸以及危险物品。

2 航空货物安全

航空货运业规模达 600 亿美金，其中乘客携带的航空货物是主要的收入来源，大约占整个产业总体收入的 15%。在 2012 年 9 月，国际民航组织举办的高级别航空安全会议上，国际民航组织认为，2013 年民航产业规模预计将增长 6%；2014 年增长 6.4%；并以每年 4.9% 的增长率持续增长到 2020 年，从经济

〔1〕 Doc 7367，A7-P/1.

角度看，航空运输业这样的增长是鼓舞人心的。与此同时，国际民航组织警告，这一增长可能并不能抑制现存的对民航产业非法干扰的威胁。并且，由于新的攻击措施的形成，此类威胁将演变成一个复杂的行动网络。这就迫切需要解决航空运输系统日益脆弱的问题以及航空安全的可持续性问题。

在这一背景下，上述会议指出，航空货物安全、发展可持续性以及创新风险管理方法被认为是居于首要地位的，并且关键是必须有一个全球法律和管理系统来调整航空货运产业。据此，航空承运人应遵守和完全实现其航空服务进出的每个国家的安全要求。

2012 年 9 月 12 日至 14 日，国际民航组织在蒙特利尔召开高级别安全会议，来自国际民航组织 191 个成员国中的 132 个国家以及 23 个政府间国际组织、行业国际组织和区域组织共超过 700 名代表参与会议。会议内容集中于三个中心议题，货物安全、安全措施的可持续性以及在解决航空安全威胁方面的创新。

会议回顾了 2010 年 10 月 29 日发生的事件，恐怖分子利用航空货物安全系统的漏洞，放置简易爆炸装置，企图破坏飞行中的航空器。会议通过了在航空货物和邮件运输安全方面的一些原则。原则之一是，一个牢固的、可持续的和有弹性的航空货物安全系统至关重要，威胁是针对整个航空货物系统，必须在风险评估的基础上考虑加强该系统所有方面的安全措施，包括加强从重大扰乱中得以恢复安全的能力。另一个原则是，要在航行起始地实施适当的安保控制。货物和邮件应当来自安全的供应链，或经过筛选，并且无论属于哪种情况，在整个航行过程中都应受到保护，包括在过境时和航行中转点。在过境点，各缔约国应确保此前对货物和邮件实施的安全管制措施符合国际民航组织《芝加哥公约》附件 17 的标准和建议措施。这样做能够避免各国在安全控制措施方面不必要的重复。

航空货物的识别预报信息风险评估是一个提升航空货物安全有待发展的领域，特别是对于快递承运人，如 FEDEX、UPS、DHL Express、TNT Express，每天运送的货物量达 3000 万件，通常包括贵重以及需要快速运输的货物。这些承运人保证这些大量货物的及时交付，从当天交付到接收后 72 小时内交付，基本上可运送至世界各地。他们在 220 个国家和地区开展运输业务。

该会议指出，当快递承运人在航空器上遇到技术问题，并被迫转移货物给旅客承运人时，货运和邮件安全方面将出现实际风险。在此情况下，应遵守严格的供应链标准，以避免货物转运中的风险。

与会者一致认为，至关重要的是形成统一的标准和相互承认的安全管理方案，以确保航空货物供应链上的所有国家都确信航空货物自始至终是安全的，并使得货物能够畅通无阻地流动。这样的标准和建议措施应允许合法货物在世界范围内通过任何航线的联合以及中转，快速地中转以及转运。

会议考虑的另一个危险要素是内部人员的威胁并需要对旅客之外的人员实施100% 的检查。这包括机场工作人员以及任何没有携带登机牌的人。会议提醒各国必须承认，除乘客以外，民航工作人员可能带来的易受攻击性应被解决。

会议还指出，国际民航组织已经制定了一项标准，要求每一缔约国必须确保旅客以外的人员连同其所携带的物品，在进入为国际民用航空运行提供服务的机场的安全限制区以前，应接受检查和安全管制。如果不能实现 100% 的检查，必须根据国家有关当局进行的风险评估适用其他安全管制措施，包括但不限于比例的与不可预测的筛查、抽查。

会议提出的一项建议是，培训更多的安全专家。在这方面，会议指出，相关国家的安全机构需要依据风险评估对所有选择在机场受雇或者就业的人员进行全面的背景审查。此外，必须经常重新审查机场工作人员，比如，清洁人员、免税店工作人员、餐厅员工以及服务业人员，以减少其联合共谋实施的非法干扰行为。

作者认为，如果要以基于结果的方法解决货物和邮件的航空安全问题，需要加强两个关键的领域：可持续性和创新。“可持续的航空安全”可以被定义为责任实体在需要的时间段内，利用能够持续的手段对针对民用航空的非法干扰行为或未遂行为进行侦测、预防并做出回应，并从中恢复。值得注意的是，一些重要的相互关联的政策原则和做法能够有助于实现可持续的航空安全。更广泛地说，这些和其他手段为健全和经济上可行的民用航空安全系统的发展提供了支持。任何安全措施考虑的起点必须是风险评估。风险评估由适当的安全主管部门持续客观地进行，并以现有的相关信息（包括安全情报）为依据，有助于确保新的或修订的安全措施是合理的，符合实际需要，并与风险水平相符合。

会议认识到，航空安全措施和安排的可持续性对负有航空安全相关责任的所有实体来说是一项重要战略性问题。会议指出，基于风险评估并注重成果的安全措施、安全措施的合理化、技术优化和对等承认、一站式安全协调以及对危机事件的应对是政策原则和最佳实践，其实施能够极大地助力航空安全措施和安排的可持续性。

自“9·11事件”民航航空器被用作大规模杀伤性武器以来，截至2011年底，全世界范围内共发生了75起针对航空器和机场的恐怖袭击事件，造成157人死亡。当与其他运输方式的统计数据相比，就会发现，铁路和公路大约发生了2000起袭击事件，并造成约4000人死亡。相较而言，航空业是幸运的，但是不能自满。恐怖分子适用代替理论，当一种袭击模式变得不可行时，则转换另一种袭击模式。从对大楼的袭击转向对机场的袭击，再转向对货物的袭击。从20世纪80年代开始回溯，在20世纪80年代早期，航空器通过携带的货物被袭击（只有三起，印度航空和泛美航空在空中爆炸，以及对斯里兰卡航空公司航空器的袭击），在2001年使用航空器作为大规模杀伤性武器，似乎对民航的非法干扰又回到了攻击货物上。

会议核准了民航组织《风险内容声明》，并核准了2010年9月2日至10月8日第37届大会通过的宣言，特别要求加强安全检查程序，加强人为因素和利用现代化技术探测违禁物品，支持对探测爆炸物、武器和违禁物品技术的研究和开发，以便预防非法干扰行为。该宣言还呼吁成员国共享关键领域的最佳做法与信息，包括基于威胁的风险评估。

2.1 《风险内容声明》

国际民航组织提交给会议的《风险内容声明》完全基于全球风险措施，提倡一种强有力的国家风险评估方法。旨在对全球风险图景做出描述；协助各国努力保护航空运输、并防止将其用于非法行为；提出高级别声明，以改进各国建立和维护国家民用航空安全方案的做法；并协助国际民航组织改进标准、建议措施和指导材料。《芝加哥公约》附件17标准3.1.3要求每一缔约国必须经常审查本国领土内对民用航空的威胁等级，并根据国家有关当局进行的安全风险评估制定和实施政策和程序，相应地调整本国国家民用航空安全方案中的有关内容。基于这一基本前提，会议认识到，一项设计合理的以风险评估为基础的办法，是国家可赖以衡量主要来自恐怖主义的潜在犯罪活动的标准方法。查明了风险，国家就能制定并实施相应的措施和管控办法，以降低每一种风险类型发生的可能性。

上述声明敦促国际民航组织成员国分享信息，即在进行风险评估时，有关威胁的信息。这些信息可能来源不同，例如，实际事件，包括对民航进行的成功或未遂攻击，它们能提供恐怖分子已经采用的方法的信息；不公开的来源，主要是反恐情报，它们可能由国家情报、执法等机构收集；公开来源，它们可能包括公开存在的有关不寻常或可疑的事件、可能用于恐怖主义用途的事物和任何其他可能有助于构成威胁状况的信息。

上述声明还强调，内部人员威胁的显著重要性。强调与内部人员相关之漏洞的危险，如果他们能够进入旅客无法进入的最后一层安全系统，可能会被认为是更大的危险；并指出，如果他们已经经受审查和甄选程序和/或安全检查，与内部人员有关之风险发生的可能性可能会小一点。同时警告，如果内部人员能进入系统的深层部分，与内部人员有关之风险造成的后果可能更高。例如，内部人员可以制造一个更可信、但更具破坏性的骗局。总之，声明要求形成一种方法，该方法考虑系统内的每一角色，并对每种威胁形式具有一定的策略优势，同时能够评估内部人员与旅客是否具有相当的威胁等级。在使用这种方法时，可以将内部漏洞作为整体风险评估的一部分考虑。

最后，该声明指出，风险评估是通过以下方法进行的：威胁识别——查明威胁情境，包括界定目标（如机场候机楼或航空器等），以及可能攻击的手段和方法（如旅客使用简易爆炸装置实施攻击，或内部人员使用武器攻击等）；可能性——考虑威胁发生的概率；后果——评估袭击得逞后可能发生的相关影响的性质和规模，包括考虑人身、经济、政治和信誉影响等因素（以合理的最坏情境为据）；脆弱性——评估当前的安全措施对于减轻查明的潜在威胁情境的有效性和脆弱性，即标准和建议措施的强项和弱项；剩余风险——评估针对目标成功实施攻击的剩余风险，以便能从风险管理的角度判断剩余风险是否为可接受的。

2.2 能力建设

高级别安全会议指出，在国际层面的能力建设，对基于风险评估的航空货物安全方法是至关重要的。在这方面，会议认识到，对航空货物和邮件安全的国际能力建设战略将是以国际民航组织的航空安全援助和能力建设战略为指导的，并允许向有需要的国家提供有针对性的援助。该战略将以国际民航组织安全审计结果为指导，其中航空货物和邮件安全已被确定为优先需要。该战略将包括一项倡议，协调区域内以及世界海关组织和万国邮政联盟等国际组织之间的双边和多边能力建设计划，以最大限度地利用有限的资源、避免重复工作。该战略的制定同样依据国际民航组织2010年第37届大会通过的《2011—2016年国际民航组织综合航空安全战略》。

在此方面，会议赞成这一观点，即任何新的安排必须承认，许多捐助国从事航空安全能力建设是为了具体的国家利益，通常与飞往捐助国的航班的性质有关。这是可以理解的，事实上，这也是推动全世界许多双边航空安全努力的一个理念。为鼓励这一能力建设继续进行，提议的框架建立在现存以及将来的政府间安排和针对性的产业间能力建设的努力之上，旨在更好地协调与指导能力建议的发展并利用国际民航组织支持的能力建设，综合差距。

会议认识到，能力建设需要长期承诺，并应集中于“定期/重复地从事”，而不是不定期地提供一次性的课程。同时还认识到，有效的能力建设需要数年时间，且仅能在信任问题、相互尊重以及文化差异获得解决后，并且要在持续促进的基础上才能成功。会议赞同专门针对航空货物以及邮件安全的国际能力建设战略，帮助需要援助才能充分实施和提升国际民航组织航空货物和邮件安全标准的国家。该战略联合国际民航组织航空安全援助和能力建设战略，并避免重复努力。会议同样鼓励所有的国际民航组织缔约国进一步支持秘书处，就其依据普遍安全审计计划结果提供能力建设援助的努力，但需征得受援助国家的同意，重点是已确定为优先事项的航空货物和邮件；并敦促在航空货物中涉及的其他实体继续采取行动，以有效保证其经营的供应链各环节的安全。

2.3 内部人员威胁

在基于风险评估的措施中，还需要解决的问题是内部人员威胁和对除旅客外的其他人员进行筛查的必要性。会议审议作为讨论基础的《芝加哥公约》附件17标准4.2.6，经过第12次修改（2011年7月1日开始适用）的标准4.2.6要求，每一缔约国必须确保旅客以外人员连同其所携带物品，在进入为国际民用航空运行提供服务的机场的安全限制区以前，接受检查。如不能实行100%的检查，则应根据国家有关当局进行的风险评估适用其他安全管制措施，包括但不限于比例的和不可预测的筛查、抽查。

尽管存在上述条文，会议承认，实际上排除、发现以及面对内部人员支持的非法干扰行为非常困难，尽管这些人员的记录可能已经经过验证。更危险的是，这些人员通常可以进入经过安检人员的休息区以及其他安全限制区域，在这些区域，他们有机会混入旅客中，并且能很好地干扰旅客随身携带的行李和/或经过检查的托运行李。他们还能在航空器飞行前进行地面作业时进入航空器。一个与会国建议，在所有进入控制点，应创造条件以完全检查除旅客外的其他任何人及其运输的物品，使用任何服务于这一目标的检查手段，包括人工检查。

一些国家在会议上将本国的实践提交，具体如下：①监督或者陪同安全禁区内的日常/季节性工作人员；②严格检查所有进入限制安全区域的相关工作人员；严格检查所有被允许提前进入航区的人员；使用闭路电视监控系统进行持续监督或者定期巡逻，对限制安全区域以及与飞行有关的设施进行监视；检查所有的座舱随身物品、行李以及货物、食物（餐饮物品）、飞行需要的设备以及飞行中销售的货物（存货），并在登机前和登机期间监督；监督旅客登机以及货物的装载过程；起飞前航空器安全检查（飞行前安全检查）；监督、控制和更新适当的机场入境许可证的发放和使用，包括适用背景审查和受控人员名单；对所有机场通行证申请人进行安全意识培训；根据风险评估，实施定期的内部或者外部质量控制；同时还要针对利益相关者宗教、社会以及文化的不同适用不同措施。

2.4 可持续性以及创新

会议认识到，航空安全措施和安排的可持续性对所有负有航空安全相关责任的实体来说是一个重要的战略性问题，基于风险评估并注重结果的安全措施、安全措施的合理化、技术优化和相互承认同等性、一站式安全协调以及防范危机事件是政策原则和最佳做法，其实施能够极大地助力航空安全措施和安排的可持续性。

国家实施持续的风险评估被认为对航空安全的可持续性至关重要。有观点指出，一方面，航空安全必须通过平衡的方式被持续保证，以便应用安全措施排除已查明的威胁；另一方面，也应实现简化运行、提升旅客体验和促进贸易的基本任务。安全不应积累一层又一层的控制以及与之相关的成本，而应从成本、效率和旅客以及航空运输运营人可接受的角度，确保该系统的持续性，这应该是设计安全流程时的中心考量。另一个实现可持续性的途径是在过境点进行安全控制。会议认可这一事实，一站式安全的概念应被提倡，国际民航组织成员国通过承认其他国家航空安全机制的同等性，使得进入的旅客、行李和货物转移到相关中转航班，而不必再一次接受如在始发地一样的安全检查。一站式安全检查仍需要在国家间得到妥善安排。

对于实现和保持安全管理可持续性的一个前瞻性建议是，在跨越边界时，对等遵守同等安全措施，并对《芝加哥公约》设想的东道国责任原则给予适当的考虑。在这方面，会议建议，任何国家对他国额外的安全措施，可以通过应对全球威胁因素的国际要求而免除。进一步的建议是，该措施应被规定在处理安全问题的《芝加哥公约》附件 17 中。

会议呼吁支持对于安全事故和威胁的协调回应，在无须减损一国采取自己措施之自由的前提下，使各国能共同接受被一国采纳的措施作为全球标准，如果这一标准与《芝加哥公约》附件 17 中的标准以及建议措施一致，并被国际民航组织接受认可。

无可争议的是，航空货物安全的创新在于两个方面：技术的进步以及情报的获取。会议提出，技术和创新的讨论关键是供应链安全问题。在技术进步中最突出的是需要对托运人制定基本的安全包装规定。货物在任何给定时间点飞行或储存，因此，对货物的追踪和识别必须包括这两个阶段。霍弗建议：应要求承运人提供的快递盒子和信封有一个原始号码，并且（如可能）有一个防拆封的密封以及标示（粘贴到提单上），这样就很难用一个类似的包裹取代原包裹。收货人在接收包裹前，负有最终责任比较货物清单与包裹。

航空货物能被单独或者批量装载，重量从一千克到几吨不等，可以装载在多种平台上，比如，载具、板条箱以及组装托盘等。目前有几种技术用于确保货物安全。除了有执照的特种犬团队，还可以是爆炸物检测设备、计算机辅助断层扫描爆炸物跟踪检测以及 X 光扫描检测。美国交通安全管理局已经确定一些先进的技术，比如 XR/PFNA X 射线系统以及脉冲快速神经元分析（pulsed fast neuron analysis)；压力激活取样系统（pressure activated sampling systems)，四级共振（quadruple resonance）以及传感毒性化学性探测器（toxic chemical detector utilizer sensors)。

就军事情报而言，作者认为，作为“已知发货人”和“已知托运人”实践的镜像，军事情报能被用于追踪和识别不知名的托运人以及内部人员。考虑到已经发生的航空器爆炸（本书讨论过一些)，可以得出这样的结论：一般而言，大多数这样的袭击由一群恐怖主义煽动者所为。军事情报，本质上是与外国的军队有关的、对另一国的军事理论、政策、行动和大规模的犯罪者的规划以及实施具有非常重要意义的信息，并能够被有效地用于采取先发制人的措施和预防性措施，以应对那些对航空货物安全造成威胁的因素。

很明显，将上述内容与全球供应链相关内容结合在一起的黏合剂是法律和实践。这些措施原则上已经到位。比如，《芝加哥公约》附件 17 标准 4.6.1 要求每一缔约国必须在将货物和邮件装上从事客运商业航空运输运行的航空器之前，确保对其实施适当的安全管制，包括合适的检查。这里的关键字是“安全管制”，它体现这样一个事实，即不同国家可能有不同的安全管制，并且需要和谐一致确保供应链的安全并符合全球安全标准。对货物和邮件的筛选和检查是最重要的。

标准 4.6.2 要求每一缔约国建立供应链安全程序，包括监管代理人和/或已知托运人的同意，如果这些机构涉及对货物和邮件实施检查或者其他安全管制。监管代理人是指与经营人做生意，并在货物或邮件方面提供有关当局接受或要求的安全控制的代理人、货物发运人或其他任何实体。《芝加哥公约》附件 17 第 4.6 章另有其他 5 项规定：每一缔约国必须确保将由客运商业航空器载运的货物和邮件自实施安全管制的现场直到该航空器离场为止，始终得到保护并免遭未经准许的干扰；每一缔约国必须确保，经营人不接收货物或邮件，除非经确认已采用常规代理的筛选或其他程序并符合要求，或此种交货将受到适当的安全管制；每一缔约国必须确保将在商业客机上载运的配餐品、储藏品和供应品受到适当的安全管制并在其后直到装上航空器为止始终得到保护；适当地检查进入安全限制区域的商品和物资；每一缔约国应该确保根据国家有关当局进行的安全风险评估确定应对全货运航空器载运的货物和邮件适用的安全管制措施。

如果法律和实践是使得航空货物安全要素结合到一起的黏合剂，政治意愿则是点燃其发展进步的燃料。政治意愿本质上取决于每个国家的安全理念。安全理念将使得国家意识到他们的权利和义务，更重要的是，使各国能够维护这些权利和义务。具有安全理念的人同样知道怎样的行动会危害安全并且能够快速教育和警告出于无知、健忘、自身弱点而参与不安全行为的人员。当国际民航组织的成员国作为一个整体，使得在社会意义上和道德意义上都不能接受违反安全的行为时，这种安全意识就成为一种文化。在国际民航组织成员中形成安全理念至关重要的一点是应形成一个程序，该程序确保所有成员国被通知，当国际民航组织依据普遍安全审计计划从事的安全审计指出某一成员国的缺陷且一段时间后该国仍未解决时。通报过程可能涉及信息的使用，这种信息在不泄露特定的脆弱性的情况下，使得各国与有利害关系的国家开始磋商，以确保在双边基础上对航空安全持续的保护。各国需要采取安全理念，该理念认可应对人类潜在伤害威胁的总体措施。这必然包括各国严格遵守《芝加哥公约》附件 17 中的条款。

3 空运人类遗骸

当自然人死于国外，目前没有全球规则或者指导材料规定如何将其遗骸体面和小心地运送回国。2003 年，一个英国人在希腊度假期间死亡的真实例子在欧洲议会上凸显了这一问题。希腊当局进行尸检，认为死者死于心脏病发作。但当死者尸体被运回英国时，死者家属要求二次尸检，发现死者大多数的器官依据希腊法律，在希腊尸检后被移走并破坏。这给死者家属造成巨大的精神痛苦。

空运人类遗骸涉及三个问题：航空运输人类遗骸的健康以及公共卫生方面；死者近亲属快速运送死者遗骸回国的权利；此类运送对航空安全的风险，因为对这类货物的安全检查必须仔细。正如本书将讨论的，包装人类遗骸的国际标准存在一些缺陷。

对于人类遗骸被用于运输爆炸物品存在一些关切。美国交通安全管理局警告托运人以及收货人：出于对死者及其家属以及朋友的尊重，工作人员不会在任何情况下开棺，即使旅客要求。来自死者家属的文件并不能使得火葬集装箱（crematory container）通过安检并在没有检查的情况下登机。我们将使用各种技术为发现爆炸物/装置而对骨灰坛进行检查；如果没有问题，其仅能作为托运行李运送。火葬集装箱由不同种类的材料制成，厚度各不相同。目前，我们还不能明确你们特定的火葬集装箱能否成功通过 X 光机扫描。但是，我们建议您购买一个临时性的或永久性的由较轻的材料制成的火葬集装箱，比如，能成功通过 X 光机扫描的木头或者塑料制成的火葬集装箱。[2]

各国航空在空运人类遗骸的管理的一致性上存在严重的缺陷，这与《芝加哥公约》第十一条的主旨不相吻合。国际社会曾试图解决这一问题。结果是，尽管过去在国际层面做过几次尝试，有些是明确的，有些是不明确的，但都缺乏统一性，而且是支离破碎且矛盾的。值得称赞的是，国际航空运输协会在运送人类遗体时采用了以爱心和奉献精神作为运送人类遗骸的原则，提出了以和谐的方式将这一问题的各个方面结合起来的方法。

人格尊严是一个国际概念，包括生者也包括亡者。1948 年联合国《世界人权宣言》是确定人格尊严的基础性文件，宣布对人类家庭所有成员的固有尊严及其平等的和不移的权利的承认，乃是世界自由、正义与和平的基础。该宣言确立人格尊严是人权的概念基础。国际民航组织 191 个成员国的宪法中，75% 明确地使用了人格尊严或者个人尊严的概念。[3] 如果人类遗骸没有被给予平等的尊重和尊严，人格尊严原则的道德律令[4] 将变得毫无意义。

从航空的角度，世界上多数的航空公司提供运输人类遗骸以及骨灰的服务。这些服务依据不同航空公司的政策而不同，但所有航空公司在提供丧葬运输服务方面都有着共同的奉献和同情心。当运输这种敏感物品时，通常航空公司会雇用经过专门训练的人员来解决所有与运输相关的问题。这些员工的任务包括向寻求航空公司服务的人提供法律方面的建议，同时考虑承运人责任的微妙性。

就尸体或者其他遗骸的财产权而言，这样的权利在普通法上并不存在。但是，就运输目的而言，无论是防腐处理、火化或者收容，尸体或者骨灰都被认为是财产或者类似财产，其权利由死者未亡配偶或者近亲属持有。这种权利不能转

〔2〕 See Transportation Security Administration, Transporting the Deceased, at http: //www. tsa. gov/travelers/airtravel/specialneeds/editorial_1296. shtm.

〔3〕 http: //www. constitution. org; http: //www. oefre. unibe. ch/law/icl; http: //www. psr. keele. ac. uk.

〔4〕 人类尊严并没有被全面地定义并有一些一定程度上模糊的方面，通常从神学上被解释。但是尊严的词典概念是“值得被尊敬或者尊重的品质或者状态” See http: //www. thefreedictionary. com/dignity.

让，并且在死者生前不存在。承运人不得保留载有火化遗骸的尸体或者骨灰坛，以作为对未付费用的抵押，特别是未经授权而强行保留，并要求偿付费用作为释放的先决条件。在埋葬后，尸体归于大地，而任何附属物，如埋葬时尸体上的珠宝，应归属于其合法所有人，这是根据应适用的财产法原则以及可能存在的遗嘱所确定的。

本部分的目的是，讨论现行法律中应用于空运人类遗骸的碎片化机制。两个过时的多边条约、欧盟的一个决议以及条例、一些国际民航组织理事会数十年前的只言片语、可能对这一问题具有适用性的《芝加哥公约》的三个附件、一些国际航空运输协会以及世卫组织前瞻性的指导材料以及个别承运人包含这一问题的程序与政策构成了这一主题的内容。在此背景下，本部分将探讨全球监管的必要性，以适当解决这一深奥但重要的航空运输问题。

3.1 1937年柏林协议

1937年2月10日于柏林签署的《涉及遗体运输的国际安排》[5]（柏林协议），是第一次有记录的尝试统一有关运输人类遗骸的规则。该协议适用于在死后或死者尸体被发掘后立即进行的国际运输，其被设计用来避免由于有关运输尸体规章的差异而造成的困难，并认识到在这一运输领域制定统一规则的必要性和便利性。因此，该协议缔约国[6]承诺，在协议所规定的某些条件下，接受在任何其他缔约国领土内死者遗骸进入其领土或者穿越其领土。

柏林协议第一条设定的条件是，对于任何尸体在任何措施和任何条件下的运输，应向尸体颁发特殊的通行证，包括死者的姓名、年龄、死亡地点、死亡日期以及死因。由死亡地点或者在尸体被掘出的情况下的埋葬地点的主管部门颁发通行证，协议建议通行证不仅应由颁发国语言写成，也应由在国际关系中最常用的语言之一写成。

柏林协议进一步规定，除为一般运输目的缔结之国际公约所要的文件外，目的地国和过境国都不能要求除第一条所要求的通行证以外的任何其他文件。在要

---

〔5〕 League of Nations, Treaty Series 1938, No. 439r at 315 - 325.

〔6〕 德国、比利时、智利、丹麦、埃及、法国、意大利、荷兰、瑞士、捷克斯洛伐克以及土耳其。

求主管部门颁发通行证时，应提供经认证的死亡证明的真实副本；证明尸体的运输从卫生的角度或者从法医学的角度不应被阻止的官方证明文件；并证明尸体已依据协议设定的规则被放置在棺椁中。[7]

关于人类遗骸的包装，柏林协议第三条规定，尸体必须放置在一个底部覆盖着一层约5厘米厚的吸收性材料如泥炭、锯末、粉木炭或添加防腐剂的类似物质的金属棺椁中。如果死者死因是接触性传染病，尸体就需要用浸过杀菌剂的裹尸布包裹起来。另一项要求是，金属棺椁必须被密封闭合（焊接），并以防止移动的方式装进木质棺椁。木质棺椁的厚度要求不低于3厘米，并且结合部分必须完全防水。还要求棺椁必须以不超过20厘米的螺丝来闭合，并用金属环加固。在空运时，协议第七条规定，棺椁必须以专门用于该目的的航空器运输，或者在普通航空器专门为该目的保留的特殊舱室中运输。

柏林协议规定因鼠疫、霍乱、天花或斑疹伤寒死亡的人的尸体在缔约各方境内运输，至少在死者死亡一年后才可进行运输。除花圈、鲜花等物品外，其他物品不能随同棺椁同机或者同舱一同运送。[8]

3.2 运输尸体协议（1973年斯特拉斯堡）

第二个国际协议完成于1973年，被称为《运输尸体协议》，该协议由欧洲共同体理事会内的欧洲公共卫生委员会起草。该协议从1973年11月26日对欧洲共同体理事会成员国开放签署。该协议被设计来修改柏林协议关于运输尸体的条款，以适应由于通信系统、国际关系以及商业和旅游活动的发展所产生的新情况。1967年，欧洲共同体理事会部长委员会同意重新审查尸体的转移问题，该任务委托给了欧洲公共卫生委员会，在协议起草过程中，给予欧洲殡仪业者联盟（布鲁塞尔）以及欧洲殡仪业者协会（维也纳）的评论适当考虑。协议草案的文本在1973年4月被欧洲共同体理事会部长委员会采纳之前提交给了欧洲共同体法律合作委员会。该协议于1973年10月26日开放供欧洲共同体理事会成员国签署。

---

〔7〕 Berlin Agreement, Airlines set for losses as mid-east unrest continues, Air Letter, No. 17, 181, Friday, 25 February 2011at p. 3, Article 2.

〔8〕 上引协议第四条。

《运输尸体协议》将尸体运输定义为：人类遗骸从出发国到目的地国的国际运输。因此，出发国即为运输开始的国家；就掘出的遗骸而言，指的是埋葬地国；目的地国是尸体在运输结束后被埋葬或火化的国家。该协议不适用于骨灰的国际运输。该协议第三条规定，在运输过程中，任何尸体都必须附有由主管部门颁发的特殊文件（尸体通行证）。通行证至少必须包括协议规定所载的资料；并由颁发国官方语言或者其中一种官方语言以及欧洲共同体理事会官方语言之一写成。

第四条要求，除为一般运输目的缔结之国际公约或者将来关于运输尸体的公约或者安排所要的文件外，目的地以及中转地国家都不能要求除通行证以外的任何其他文件。通行证由协议第八条提及的主管部门颁发，[9]在主管部门查明并且确定以下情况后签发：满足出发国现行有效的与运输尸体有关的规章的所有医学、卫生、管理以及法律要求；满足关于埋葬和发掘的要求；遗骸依据协议第六条、第七条的要求被放置在棺椁里；以及棺椁仅包含通行证上指明的人的遗骸以及将与尸体一起埋葬或者火化的个人物品。

第六条要求棺椁必须是不透水的，并且内部必须含有吸收性材料。如果起始国的主管部门认为有必要，棺椁还必须配备净化装置，以平衡棺椁内部和外部压力。棺椁可以如下构成：一个侧面至少20毫米厚的木质外棺和一个紧密焊接的锌质或任何其他能够自毁的材料构成的内棺；或侧面至少30毫米厚的单独木质棺椁，内衬一层锌或者任何其他能够自毁的材料。如果死因是接触性传染病，尸体被要求用浸有消毒溶液的裹尸布包裹。

该协议第六条还要求，如果空运棺椁，棺椁必须配备净化装置，否则，必须提供运输起始国主管部门认为必要的类似装置。如果棺椁要像普通货物那样运输，其必须被包装得不再像一个棺椁，并标明“小心搬运”。[10]

3.3 决议2003/2032（INI）

欧共体对于上述两个协议都不满意，声称这两个协议对非欧共体居民实施间接歧视。还声称，这两个协议对遗体的跨境运输施加了严格的规则，基本上适用

〔9〕 第八条规定每一缔约国应向欧洲共同体理事会秘书长传达协议中提及的主管部门的指定。

〔10〕 协议第七条。

于“非国民”，与欧共体的计划背道而驰。因此，为了解决欧共体居民在其本国以外的欧共体国家死亡而其遗骸需要运送回国的问题，欧洲议会任命一个委员会审议一个解决遗体运输的文件，即决议 2003/2032（INI）。该决议指出，由于上述两个协议，欧共体居民在其本国以外的欧共体成员国死亡时，其程序比在本国死亡更为复杂，埋葬或火化的时间较长，费用也高于死者原籍国。

出台决议的另一个重要原因是，鉴于欧共体内部旅游业的增长，越来越多的退休人员选择在本国以外的国家生活，更普遍地说，更多的欧共体内部移民实际上是受到鼓励的，因而，死于本国以外的欧共体居民逐渐增多。在此背景下，欧共体居民应能够在成员国之间流动和定居，其条件应类似于成员国居民在其本国流动或者变换住址，并且应将行政手续减少到最低限度，最大化便利行使自由流动和自由定居的权利。

欧共体认为，在提出该决议时，欧共体居民死于一成员国而非其本国而被如同一国国民在其本国死亡一样对待还太过遥远。比如，将尸体从萨尔茨堡运到弗雷莱辛（10 千米）需要锌质棺椁，但是将尸体从伊瓦洛运到赫尔辛基（1120 千米）却不需要。

因此，欧共体指出，当欧共体居民不在其被埋葬或者火化的国家死亡时，运回遗体而不需过多成本或者手续，可被认为是欧共体居民在成员国境内自由流动以及定居的权利的必然结论。

该决议呼吁欧共体委员会注意，适用于跨境尸体运输的标准和程序在整个欧共体内应是协调一致的，并在可能的情况下，尽力确保欧共体国家的居民在欧共体成员国如同该国居民一样被对待。

依据欧洲关于殡葬服务的标准 CEN/BT/TF 139，2005 年 6 月 27 日，调整欧共体内尸体运输的条例被批准。该条例第一条规定，死者的身份鉴定必须在尸体装入棺椁前进行。身份鉴定的内容与死者的民事地位有关，并在尸体的通行证上标明。为确认身份必须提供：附于尸体的身份腕带（手腕或者脚踝等）；以及粘贴一个防止篡改的身份牌附于棺椁及其包装材料（如果有的话）上。身份腕带所要求的信息包括：姓名、性别、出生日期以及地点、死亡日期以及地点、国籍。身份牌上所需的信息是：姓名；出生日期以及死亡日期。

该条例第二条规定，运载遗骸的棺椁或者骨灰盒必须由固体材料制成，在欧洲通常是木头（不包括纸箱或纸板）。该材料必须能够降解。该条例还要求，棺椁必须不漏水。使其不漏水的材料也必须是可降解的，并符合火葬场排放标准。特别是棺椁必须不被可分解液体渗透，并内置有吸收性材料。棺椁或者骨灰盒的外包装需要满足必要的公共卫生要求。

该条例对化学品的要求是上述两个协议中所没有的。比如，第2.3条以及第2.5条对国际运输尸体特别规定条件，如果死因是接触性传染病（依照世界卫生组织的官方清单），用于运输尸体外面的棺椁（通常是木制）可以内衬一个密闭容器。该密闭容器必须配备净化过滤器。如果死者在死亡后36个小时内被处理（从死因学的角度），尸体必须在6天内入殓。根据该条例，在欧洲以外进行长距离国际运输的条件是：密闭容器；和/或防腐处理/依据死因学实践而处理；和/或冰冻。就冰冻而言，在运输过程中容器内的温度不能超过80华氏度。

该条例对运输尸体要求具备两类文件：死亡诊断证明书以及通行证。诊断证明书被要求一面必须用死亡发生国的语言，另一面可以用下列语言之一：英语、德语或者法语。必须载有与死者有关的资料：例如，已婚妇女的姓和娘家姓、名字、出生地点以及日期、死亡地点以及日期、死因。

3.4 国际民航组织的行动

3.4.1 理事会

1957年国际民航组织理事会在其第32届会议上，在“运输病人、怀孕妇女、活物以及棺椁——航空器上公共卫生”的议题下讨论了运输人类遗骸问题，国际航空运输协会建议，除了现行的要求，即人类遗骸被放置在密闭容器中与外界隔绝，人类遗骸在被放置进棺椁之前还应做防腐处理。此外，国际航空运输协会还指出，接受这种棺椁需要取决于航空器的种类、入境以及通关要求以及航班始发地、中转地以及目的地国的事先批准。[11]理事会指出已收到来自27个国家以及2个海外领土关于对运输棺椁的意见（当时仅有72个成员国）。这些国家中有三个报告其被柏林协议约束，8个国家告知国际民航组织，他们的国家立法中有关于

〔11〕 C-WP/2448，5/6/57，Addendum and Corrigendum，21/11/576 at 3.

运输尸体的规定。13 个国家评论说，根据他们的经验，他们在这一领域没有遇到严重的困难。美国认为：由于已知的高海拔稀薄空气对密封的棺椁的影响，这种棺椁应被禁止运输。[12]

国际民航组织秘书处对美国的观点表示了赞同：众所周知，气压的差异会造成密封棺椁（通过焊接）的开裂，特别是依据柏林协议第五条以及第七条的规定或国内立法中的类似规定。进行尸骸运输时由于快速飞行会加速尸体的腐烂，所以有时这样的运输会造成骇人听闻的场景；因此，有一些国家（澳大利亚、菲律宾、委内瑞拉以及荷属安的列斯群岛）要求在运输前对尸体进行防腐处理，从而减少一些困难。如果释放压力的系统被应用于密封的棺椁，那么由压力差引起的困难可能得以解决，但是现有的法律还不允许进行此种国际运输。

需要指出的是，在这一讨论中，除了比利时指出“火化的尸体可被没有任何限制地接受，并且被所有类型的航空器运输”[13]，其他国家并未提及火化的人类遗骸的处理方式。国际民航组织理事会作出总结，国家报告的困难是气压变化造成的，这是航空运输的特点之一，但是国际运输的棺椁必须被密封。

国际民航组织从另一个角度探讨了这一问题，即运输空难遇难人员的遗骸。2001 年国际民航组织理事会发布《关于援助空难遇难人员及其家属的指南》,[14]指出在空难发生的情况下，辨认、保管以及送还遇难者遗骸是非常重要的家庭援助形式，但是遗骸往往难以找到，并且辨认身份通常是费时费力的程序。该指南同时指出，立法通常要求对这些事故中的死难人员进行尸检，但在一些情况下，可能存在某些无法辨认的遗骸。[15]国际民航组织还呼吁应正确处理死者的个人物品，并将其返还给合法所有人。[16]该指南还呼吁事故发生地的国家应对遇难者遗骸的送还作出规定,[17]同时也将运输遗骸的责任交予事故涉及的航空承运人。[18]

---

〔12〕 上引注，Paragraph 20. 1 at p. 10.

〔13〕 C-WP/2448，5/6/57，42 tit. 24，pr 22 S 4，Appendix “A” at 25.

〔14〕 Guidance on Assistance to Aircraft Accident Victims and their Families，ICAO Circular 285-AN/166.

〔15〕 上引注第 3. 10 段。

〔16〕 上引注第 3. 11 段。

〔17〕 上引注第 5. 1 段。

〔18〕 上引注第 5. 7 段。

3.4.2 《芝加哥公约》附件9、附件17以及附件18

《芝加哥公约》中有三个附件与运输人类遗骸有联系，即附件9（即《简化手续》）、附件17（即《保安》）以及附件18（即《危险物品的安全航空运输》）。附件9对货物的定义暗示人类遗骸能被归入“货物”的范畴，该定义为，除了邮件、储藏品和随行或托运的行李之外，在航空器上载运的任何物品。该定义与国际民航组织的另一份文件《危险物品安全航空运输技术细则》[19]中对“货物”的定义有细微差别，该细则将“货物”定义为“除了邮件和随行或托运的行李之外，在航空器上载运的任何物品”。附件18没有定义“货物”，但是规定危险品可能对健康、安全、财产或环境构成危险，并在《技术细则》的危险品清单中列明或根据指南分类为危险品的物品。技术指南并没有列明人类遗骸为危险品。但是，国际航空界应询问，在任何航空运输中如果人类遗骸都不会造成健康或环境风险，是否应排除对其运输，人类遗骸是否依据其包装方式能被认为是危险物品。[20]

附件17标准4.6.1要求每一缔约国必须确保在将货物和邮件装上从事客运商业航空运输运行的航空器之前对其实施安全管制措施。明确的措辞“安全管制”带来这一事实，不同国家可能有不同的安全管制措施[21]并且需要和谐一致地确保供应链的安全以及全球安全的标准。货物的审查以及邮件的检查是其中最重要的。

标准4.6.2要求每一缔约国建立供应链安全流程，包括确定受监管代理人和/或者已知发货人，如果这些主体参与对货物以及邮件实施的检查或者其他安全管制措施。受监管代理人是指，与经营人做生意并在货物或邮件方面提供有关当局接受或要求的安全控制的代理人、货物发运人或其他任何实体。附件17第4.6章以及其他5项条款规定：从安检或其他安全控制的角度出发，保护货物和邮件免受未经授权的干扰，直至航空器起飞；[22]每一缔约国必须确保经营人不接

〔19〕 ICAO Doc 9284，AN/905（2011－2012 Edition）.

〔20〕 美国航空公司要求用干冰包裹的遗体应适用危险品规章。https：//www. aacargo. com/shipping/humanremains. jhtml.

〔21〕 附件17定义保安管制为：“防止带入可能用于实施非法干扰行为的武器、炸药或其他危险装置、物品或物质的手段。”

〔22〕 标准4.6.3。

收通过从事客运商业航空运输运行的航空器载运的货物或邮件，除非受监管代理人确认并核实已实施了安全管制措施，或此种交货将受到适当的安全管控；[23]每一缔约国必须确保将在商业客机上载运的配餐品、储藏品和供应品受到适当的安全管制措施并在其被装入航空器前始终得到保护；[24]适当地检查进入保安限制区域的商品以及物资；[25]每一缔约国应该确保根据国家有关当局进行的安全风险评估确定应对全货运航空器载运的货物和邮件适用的安全管制措施。[26]

就附件9而言，该附件第四章专门规定货物及其他物品的入境和离境。令人惊奇的是，该附件没有任何一条关于人类遗骸相对于其他货物的优先通关或者运输的内容，不考虑国家民航组织通报285 - AN/166给予这一问题的重要性。[27]另一个令人惊奇的问题是，尽管附件中有建议措施规定有关“商品”（本书作者强调）放行以及通关的电子信息系统应覆盖商品在航空以及其他运输方式之间的转运，[28]但附件中没有关于“商品”的定义。人类遗骸或者骨灰是否属于商品，这是十分重要的问题。附件9的附件3中有对于货物清单的模板，该模板中有一栏“商品的属性”，但在该模板中同样没有提及货物的概念。

鉴于上述讨论，在全球航空背景下细节化地讨论人类遗骸的地位并重启1957年在国际民航组织理事会中的讨论是值得的。国际民航组织有关的文件，比如，通报285—AN/166使前述问题更加受人关注。

3.4.3 国际航空运输协会、世界卫生组织以及美国的准则

国际航空运输协会有关于空运人类遗骸明确的、令人信服的指导。在其《机场操作手册》中，国际航空运输协会规定，对于特殊货物，比如，贵重货物、易腐烂货物、易受损货物、人类遗骸以及特别重要或者特别紧急运送的货物，应给予下列特别考虑：所有工作人员应完全清楚到这些货物的性质以及装卸要求；对于贵重以及易受损货物的安全做适当的安排；易腐物品按照特定商品的要求进行

---

〔23〕 标准4.6.4。

〔24〕 标准4.6.5。

〔25〕 标准4.6.6。

〔26〕 标准4.6.7。

〔27〕 Baldwin（1910），97.

〔28〕 Annex 9 to the Convention on International Civil Aviation, Thirteenth Edition: July 2011, Recommended Practice 4.18.

处理，特别是按照最新版的《易腐货物管理手册》；对最终装配好的货物进行确认，以确定已经装配特别重要或紧急的货物；以及被视为特殊货物的物品在其包裹上都加上明显的“特别运送”的标签。[29]

《国际航空运输协会地面运营手册》（简称《地面运营手册》）规定，只有运营航空公司同意运营的情况下，才可以用航空器运输人类遗骸。《地面运营手册》要求航空承运人确保使用人类遗骸接受清单（如果航空公司要求）。依据《地面运营手册》，承运人不能接受任何与任何货物合并的人类遗骸。涉及骨灰，该手册要求仅当骨灰盒或者其他适当的容器作为货物且没有特殊的限制时才能被运送，并且承运人应确保骨灰盒或者其他容器被包装在防止骨灰盒破损/撒出的独立外包装中。[30]该手册同样规定，棺椁中的人类遗骸不应靠近食物或者活物储存，需要说明没有任何关于活物以及人类遗骸应在航空器货舱中因特殊的或技术的原因被分开的要求，除非因为伦理或者文化原因。

《国际航空运输协会机场操作手册》第三百三十三条规定，在运输尸体过程中若发生尸液渗漏，应遵守世界卫生组织认可的尸液渗漏处理准则，处理人被建议：穿戴使用后可弃的手套以及塑料围裙。如果渗漏发生在航空器上，根据机场操作手册的条款建议，处理人只能使用适于航空器使用的清洁材料。处理人不应通过软管用水或者空气冲洗尸液，而应使用能吸收尸液的材料并将之放入生物危险品的袋中。在移除这些吸收性材料、用后可弃的手套以及围裙后，处理人应用水或者消毒液冲洗该区域并用肥皂彻底地清洁双手。

世界卫生组织同样有一些关于处理人类遗骸的指导，并建议应将处理人类遗骸的工作保持在最低限度。此外，世界卫生组织建议，对于死于传染性疾病的死者，不应擅自进行喷药、冲洗或者防腐处理，并且只有受过专业训练的人员才能在传染病暴发期间处理遗骸。处理遗骸的人员应穿戴个人防护装备（手套、隔离衣、围裙、手术口罩以及护目镜）以及完全密闭的鞋。[31]

在美国，如果遗体完全由干净的骨头、骨头碎片或人发，牙齿，指甲或脚趾

---

〔29〕 IATA Airport Handling Manual，AHM 310 at 149.

〔30〕 IATA IGOM，Chapter 3.

〔31〕 Interim Infection Control Recommendations for Care of Patients with Suspected or Confirmed Filovirus（Ebola，Marburg）Haemorrhagic Fever，BDP/EPR/WHO，Geneva March 2008.

甲，以及入境前火化的遗体组成，则没有进口的限制。打算在进入美国后埋葬或者火化的人类遗骸必须出示说明死因的死亡证明。如若死亡证明由非英文写成，则必须提供英文译本。

如果死因是检疫传染病，即霍乱、白喉、传染性肺结核、鼠疫、天花、黄热病、病毒性出血热、SARS、流感，遗骸必须满足适当的标准，并且在以下情况下才能获得进入美国：人类遗骸被火化；或者遗骸被适当地进行防腐处理后并被置于密闭的棺椁中；或者遗骸携有疾病预防以及控制中心主任颁发的许可。该许可（如果适用）必须伴随在运输人类遗骸的全过程。如果死因不是检疫传染病，那么遗体可以获准进入美国：如果遗骸满足相关的标准或者进行适当的防腐处理并被放置于密闭的棺椁中，或者携有由疾病预防以及控制中心主任颁发的许可；或者遗骸通过防渗漏的容器运输。

《联邦检疫条例》（42 CFR Part 71）规定，已知或怀疑死于检疫传染病的人，其遗体不得进入美国，除非遗体被隔离，经过适当的防腐处理，并被置于密闭的棺椁中；火化；或者遗骸携有由疾病预防以及控制中心主任颁发的许可。应被隔离的传染性疾病包括：霍乱、白喉、传染性肺结核、鼠疫、天花、黄热病；病毒性出血热（拉沙、马尔堡、埃博拉、克里米亚－刚果，或其他没有独立或被命名的病毒）；SARS；由新的或者重新出现的正在导致或可能导致流感暴发的流感病毒导致的流感。当遗骸没有经过防腐处理或者火化时，特别是当死者被认为或者被怀疑死于应被隔离的传染性疾病时，可能需要疾病预防以及控制中心主任颁发的许可。

希望将人类遗骸，包括骨灰带入美国的人必须获得疾病预防以及控制中心的移民以及隔离部批准。应提交外国死亡证明的副本，如果需要的话还应提交疾病预防以及控制中心的移民以及隔离部给疾病预防以及控制中心隔离站出具的许可。如欲将被认为或者被怀疑死于应被隔离的传染性疾病的人类遗骸带入美国，需要疾病预防以及控制中心的移民以及隔离部许可。外国死因证明以及疾病预防以及控制中心的移民以及隔离部许可必须全程伴随人类遗骸。外国死因证明必须说明死者死因，并必须翻译为英文。

应适用于处理人类遗骸的基本原则必须与现在适用于空难的政策一致，即死亡发生地的国家必须与死者国籍国紧密协商。这将避免英国旅客死于希腊的案例中的问题。国际民航组织通报 285 – AN/166 中的原则应被并入《芝加哥公约》附件 9，作为附件 9 第四章的一个新标准，即人类遗骸应归于优先处理事项并给予尊严，为此目的，国家应对其航空公司公布特定的优惠价格。这一标准应依据《芝加哥公约》第四十四条第四款的基本理念而被采纳，即国际民航组织应致力于满足世界人民对安全、正常、有效和经济的航空运输的需要。

附件 9 应包含一个单独的关于空运人类遗骸附件，该附件将规定对于人类遗骸的处理以及照料的全球性原则以及国家的承诺。该附件应与附件 18 以及在第 9284 号文件〔32〕中的技术说明进行相互对照并具有适当的联系，从而确保这些附件协调一致地适用于这一敏感问题。

至于附件 18，应研究何时人类尸体或者骨灰会成为危险货物。关键问题是人类遗骸在接受地点的运输条件以及包装方式。空运人类遗骸必须有全球性的规则。不能将这一问题交由个别国家或者航空公司决定。

提升全球民航保安以及简化手续是 2012 年 5 月国际民航组织理事会采纳的国际民航组织的战略目标之一。这是第一次在国际民航组织的战略规划中提及简化手续，并且这是国际民航组织及其成员国对于空运人类遗骸进行新的研究以及新的合作的征兆。

参考文献：

Baldwin SE(1910) The law of the airship. Am J Int Law 4(95):97.

Dobson C, Payne R(1987) Appendix B: the chronology of terror: 1968 – 1987. In: War without end: the terrorists: an intelligence dossier. Sphere Books, London.

〔32〕 Dobson and Payne (1987), p. 53.

第十二条 空中规则

各缔约国承允采取措施以保证在其领土上空飞行或在其领土内运转的每一航空器及每一具有其国籍标志的航空器，不论在何地，应遵守该国现行的有关航空器飞行和运转的规则和条例。各缔约国承允使这方面的本国规章，在最大可能范围内，与根据本公约制定的条例相一致。在公海上空，有效的规则应为根据本公约制定的规则。各缔约国承允确保起诉所有违反适用条例的人。

1 航行必须遵守的规则

该条有三个方面。第一，在一国领土上空飞行或在其领土内运转的航空器必须遵守该国现行的有关航空器飞行和运转的规则和条例。第二，国际民航组织的每个成员承允将尽最大可能使其在这些方面的条例与根据公约不时制定的条例保持一致。第三，在公海上空，现行规则应为根据公约制定的规则。各缔约国承允将确保起诉所有违反适用条例的人。以上这三个方面与理事会根据《芝加哥公约》在空中规则方面采取的行动密不可分，并且这意味着该条规则在很大程度上依赖于处理这一问题的附件2（《空中规则》）。

国际民航组织理事会1947年6月建议，在根据《芝加哥公约》的条款正式采纳标准以及建议措施之前，国际民航组织各成员应继续在其国内民航实践上适用由临时国际民航组织临时理事会批准的对于标准以及建议措施的建议。[1]临时国际民航组织临时理事会在1946年2月25号通过了《对于空中规则以及空中交通管制标准、实践以及程序的建议》，该建议第一部分包含空中规则。这些建议在空中规则以及空中交通管制规则第一届专业会议[2]上形成并由航行委员会在其第12份临时报告[3]中做出一些修改后提交给临时理事会。理事会要求缔约国同样提交各国认为明智以及合适的国内实践，理事会并没有完全地遵照这些由专业会议在其报告中提交的建议。[4]1948年4月15日理事会在其第3届会议第22

〔1〕 Doc 6808-C/791, Proc. of Council, 1st S., p. 34.

〔2〕 Doc 806-RAC/97 and 824-RAC/100.

〔3〕 Doc 1360-AN/177.

〔4〕 1947年5月初召开的国际民航组织第1届大会满意该专业会议提交的建议，并决定重新命名其为标准与建议措施。并规定这些被大量同意的标准应被理事会尽快采纳。

次会议上审议了《空中规则标准和建议做法》的草案[5]，并认为“空中规则”以及“空中交通管制”具有足够的独特性，可以作为单独的附件发布，并且通过《空中规则的标准以及建议做法》，将其指名为《芝加哥公约》附件2——《空中规则》。

理事会另一个决议的大意是，为遵守国际民航组织管理性质的标准国家应尽最大可能在其国内规章中将国际民航组织采纳的措辞以及安排引入这些标准的文本，并且通知各国：空中规则附件构成在《芝加哥公约》第十二条下与航空器的飞行以及运转有关的规则并且只要与飞越公海有关应尽可能不偏离这些规则。[6]

必须指出，尽管国家依据《芝加哥公约》第三十八条[7]有不遵守任何公约附件的灵活性，唯一的例外是理事会在附件2中的规定。

1952年9月16日理事会在第17届会议第2次会议上，应美国关于解释附件2第3.1.2的请求，理事会声明：在适用第3.1.2段时，“有关当局”在航空器飞越公海时应是航空器登记国；在其他情况下，指对所飞越的领土拥有主权的国家有关当局。[8]

这一声明在1972年1月15日被理事会第7届会议第6次会议所采纳对附件2的第14次修正时被确认。[9]

理事会在1948年通过附件2，1951年11月通过附件2第1次修订，规定附件规则被包含在公约第十二条的范围内。因此，理事会明确承认附件2中的规则没有例外的适用于航空器的运转以及飞行。附件2在其序言中说明本文件中的标准和附件11的标准和建议措施指导着《航行服务程序—空中交通管理》和《地区补充程序—空中规则和空中交通服务》的应用。地区补充程序是区域实施的附

---

[5] Doc 5300-AN/604.

[6] Doc 7310-C/846, Proc. of Council, 3rd S., pp. 26 and 28.

[7]《芝加哥公约》第三十八条：“任何国家如认为对任何上述国际标准和程序，不能在一切方面遵行，或在任何国际标准和程序修改后，不能使其本国的规章和措施完全符合此项国际标准和程序，或该国认为有必要采用在某方面不同于国际标准所规定的规章和措施时，应立即将本国的措施和国际标准所规定的措施之间的差别通知国际民航组织。任何国家如在国际标准修改以后，对其本国规章或措施不作相应修改，应于国际标准修正案通过后六十天内通知理事会，或表明它拟采取的行动。在上述情况下，理事会应立即将国际标准和该国措施间在一项或几项上存在的差别通知其他所有各国。”

[8] Doc 7353-C/856, Action of the Council, 17th S., p. 26.

[9] Doc 9078-C/1012, Action of the Council, 77th S., p. 25.

属程序。明确的是，通过这一介绍，附件2与附件11有着明显的区别，附件2的条款无疑是强制性适用的，而附件11的条款仍受《芝加哥公约》第三十八条约束，可以背离。但是，明确的是，附件11的目的是确保航空器在国际航线上的飞行是在统一的条件下进行的，目的是改善空中运营的安全性以及效率，因此，当附件11中关于空中交通管制服务、航班信息服务以及警告服务的条款与附件2相联系时，会有强制的效力，可以在一定条件下不适用《芝加哥公约》第三十八条。

2 公海

确定公海上空空中规则的法律地位与主权有关，具体是指一国对航空器在公海上运营实施的控制要素。附件2第2.1.2条规定，一缔约国（除非国际民航组织有相反的决定），已经同意：出于在公海上空某些区域飞行之目的，当一缔约国按照地区航行协议已接受对该地区提供空中交通服务的责任时，本附件内“有关空中交通服务当局”系指负责提供这种服务的国家指定的有关当局。有关空中交通服务当局是指由国家指定的负责在有关空域内提供空中交通服务的有关当局。一缔约国依据区域航行协定接受空中交通服务当局，该协议由国际民航组织理事会以区域航行会议调查报告的成果为基础而制定。

在一定程度上令人困惑的是，区域航行计划或安排的法律地位及其定义都不明确。有记录表明，1996年11月，在欧洲航行规划组第38次会议上，航行计划包含一份国际商定的权威参考文件，该文件相当于航行计划所涵盖的国家之间关于提供一份航行设施的合同，该文件应被国际民航组织理事会依据《芝加哥公约》的条款批准。[10]理事会被认为在任何场合将代表所有缔约国行动，包括这些不被航行计划涵盖的国家。此处有一个术语上显著的巨大差别，一方面提到计划是国家间的合同；另一方面却作为一个参考文件。伯根索尔（Buergenthal）指出一个更为一致的观点，其认为国际民航组织附件、计划、国际民航组织区域补充程序[11]以及区域航行计划构成在结构上以及内容上可与完整的国内航空法相比

---

〔10〕 ICAO Doc. EANPG COG/2-WP/6，12/03/1996 at 3.

〔11〕 国际民航组织区域补充程序满足覆盖的特殊区域。其补充包含于出版的航行计划对于设施以及服务的要求的说明。世界范围内适用的程序或者作为标准或者建议措施包含于《芝加哥公约》附件或者包含于航行服务程序。See ICAO Doc 7030.

的国际航空法律体系。[12]然而另一个观点是区域航行计划，是一个技术以及运营的文件而不需要批准、签署或者采纳程序。[13]任何国家不履行其在区域航行计划下的义务而没有直接的后果进一步加深了关于该计划性质的困惑。

《芝加哥公约》附件2标准2.1.1规定，凡具有一缔约国国籍和登记标志的航空器，不论其在何地，只要与对所飞行领土具有管辖权的国家颁布的规则不相抵触，均适用本空中规则。[14]航空器在飞行中或在机场活动区的运行必须遵守一般规则。此外，在飞行中必须遵守目视飞行规则或仪表飞行规则。[15]标准2.3.1进一步规定，航空器机长，不论其是否操纵航空器，必须对航空器的运行须遵守空中规则负责。但为了安全在绝对必要偏离规则的情况下，机长可以偏离空中规则。

参考文献：

Buergenthal T(1969) Law making in the international civil aviation organization. Syracuse University Press, Syracuse.

Milde M (2002) Legal aspects of airports constructed in the sea. In: Milde M, Khadjavi H (eds) Public international air law, vol 2. McGill University Faculty of Law, Montreal.

〔12〕 Buergenthal (1969), at 121.

〔13〕 Milde (2002) at 192.

〔14〕 理事会在1948年4月采纳附件2，在1951年11月采纳对附件2第1次修订，规定附件在公约第十二条范围内，构成航空器飞行和机动操作的规则。因此，在公海上一律适用这些规则，没有例外。

〔15〕 在7个空中交通服务不同空域关于提供给航空器依据目视航行规则以及仪表航行规则运营的服务的信息包含在附件11第2.6.1以及2.6.3段。飞行员可以选择在目视气象条件下依据仪表飞行进行飞行或者被有关空中交通服务当局如此要求时。

第十三条　入境及放行规章

一缔约国关于航空器的乘客、机组或货物进入或离开其领土的法律和规章，如关于入境、通关、移民、护照、海关及检疫的规章，应由这些乘客、机组或货物在进入或离开或在该国领土内时遵照执行或由其代表遵照执行。

1　航空运输管制

该条构成国际民航组织简化手续的基础。第 37 届大会（蒙特利尔，2010 年 9 月至 10 月）通过第 A37-20 号决议（国际民航组织关于航空运输领域持续政策的综合声明）附件 D，简化手续条款的制定与执行，规定：

鉴于附件 9——《简化手续》是为了阐述《芝加哥公约》第二十二条、第二十三条和第二十四条规定的缔约国的义务和使其符合第十条、第十三条、第十四条、第二十九条和第三十五条中所提及的法律要求的程序标准化而制定的；

鉴于实施附件 9 的标准和建议做法对便利航空器、旅客及其行李、货物和邮件的放行以及边境管制和机场出入方面的挑战，从而维护航空运输的运行效率是至关重要的；

鉴于各缔约国继续追寻实现此种放行业务中使效率和保安最大化的目标是至关重要的；

鉴于 2006 年 12 月由联合国大会通过的《残疾人权利公约》及其《任择议定书》于 2008 年 5 月 3 日生效；

鉴于由本组织制定的机读旅行证件规范已经被证明对开发各种系统，加速国际旅客和机组成员通过机场放行控制，同时加强移民监察方案是行之有效的；

鉴于制定一套标准标志，以便于旅客和其他使用者高效率地使用机场候机楼已经被证明是有效且有益的。

大会：

1. 敦促各缔约国特别注意加强执行附件 9 的标准和建议措施的努力；

2. 要求理事会确保附件 9——《简化手续》是最新的，并能满足各缔约国在实施边境管制、货物和旅客保护以及机组健康和残疾人使用航空运输等方面的现时要求；

3. 要求理事会确保附件9——《简化手续》和附件17——《保安》的规定相互一致且相互补充；

4. 要求理事会确保其在第9303号文件《机读旅行证件》中的规范和指导材料保持与技术进步同步，并继续探索旨在改进放行程序的技术办法；

5. 要求理事会确保第9636号文件《为身处机场和码头的人员提供指导的国际标志》是最新的，并对缔约国的要求做出反应。[1]

第Ⅰ节　保护护照安全和完整方面的国际合作

鉴于护照是表明个人身份和公民身份的基本正式文件，旨在通知过境国和目的地国持有者能够返回护照颁发国；

鉴于对护照完整性的国际信任对国际旅行系统发挥职能至关重要；

鉴于机读旅行证件（MRTDs）的真实性和有效性取决于用于确定护照申请人的身份、确认公民身份或国籍和评估权利的文件，即“种”文件；

鉴于联合国会员国在2006年9月8日通过的全球反恐战略中，决定在适当情况下加强每一级的努力与合作，提高身份和旅行证件制作和签发的安全性，防止和查明篡改或欺诈使用证件的行为；

鉴于2001年9月28日联合国安理会通过的第1373号决议决定，通过有效的边界管制和对签发身份证和旅行证件的控制，并通过防止假造、伪造或冒用身份证和旅行证件，防止恐怖分子或恐怖主义集团的移动；

鉴于需要各国之间的高度合作，以便加强对护照欺诈行为的抵制，包括伪造或假造护照、使用伪造或变造的护照、冒名者使用有效护照、使用到期或作废的护照，以及使用以欺诈手段取得的护照；

鉴于使用被盗空白护照企图利用虚假身份进入一个国家的情况在全世界有所增加；

鉴于国际民航组织在与机读旅行证件有关的所有事项上向各国提供协

[1] ICAO Doc 9958, Assembly Resolutions in Force (as of October 2010) at III-9 to III-10.

助，包括进行项目规划、实施、教育、培训和系统评估服务，并建立了公钥簿（PKD）以加强利用生物鉴别增强的机读护照（电子护照）的安全性；

大会：

1. 敦促各缔约国加强努力，以保障其种文件的安全性和完整性；

2. 敦促各缔约国加强努力，以保障其护照的安全性和完整性，保护其护照免遭护照欺诈，并在此类事项上相互援助；

3. 敦促那些尚未这样做的缔约国，根据第9303号文件第一部分中的规范颁发机读护照；

4. 敦促各缔约国确保非机读护照的失效日期定在2015年11月24日之前；

5. 敦促在实施机读旅行证件标准和规范方面需要援助的各缔约国毫不延迟地与国际民航组织联系；

6. 要求理事会采取适当措施，制定关于种文件的指南；

7. 要求理事会继续通过执行《芝加哥公约》附件9中的相关标准和建议措施并制定指导材料以加强控制护照欺诈有效性等工作，协助各缔约国维护其护照和其他旅行证件的完整和安全；

8. 敦促颁发电子护照的国家加入国际民航组织的公钥簿，并敦促所有接受国核实与该护照相关的数字签名；

9. 敦促尚未如此做的缔约国，向国际刑警组织自动搜寻设施/被盗和丢失旅行证件数据库定期、及时地提供丢失和被盗护照的数据。

第Ⅱ节 简化手续事项上的国家和国际行动与合作

鉴于各缔约国需要采取持续行动，增强放行管制手续的效力和效率；

鉴于国家简化手续委员会的成立和积极运作经过证明是实现必要改善的措施；

鉴于缔约国之间以及与国家和国际简化手续事项各有关方在简化手续事项方面的合作给所有有关方面带来了效益；

鉴于不统一的旅客数据交换系统会对航空运输业的生存能力产生不利影响，此种合作至关重要。

大会：

1. 敦促各缔约国建立和利用国家简化手续委员会，并在区域基础上与邻国采取合作的政策；

2. 敦促各缔约国参与其他政府间航空组织的地区和次地区简化手续方案；

3. 敦促各缔约国通过国家简化手续委员会或其他适当手段，采取一切必要措施，以便：

a）定期要求该国政府所有有关部门注意以下需要：1）使国家规章和实践符合附件9的规定和意图，2）详细拟订解决简化手续方面日常问题的令人满意的办法；b）采取所需要的任何后续行动；

4. 敦促各缔约国鼓励其国家及其他简化手续委员会研究简化手续的问题，并和与其有航空联系的缔约国一道协调其委员会关于简化手续问题的研究结果；

5. 敦促相邻和接壤国家在处理简化手续方面可能具有的共同问题时，凡是对同一问题可能有一致解决办法的情况下进行相互协商；

6. 敦促各缔约国鼓励其航空器承运人在以下方面继续与其政府加强合作：

a）简化手续问题的确定和解决；b）制定防止麻醉品非法贩运、非法移民和对国家利益的其他威胁的合作安排；

7. 敦促各缔约国呼吁国际承运人及其协会尽可能地加入电子数据交换系统，以便在处理国际航站的客货运输方面获得最大效率；

8. 敦促各缔约国在使用电子数据交换系统时，确保其旅客数据要求符合联合国有关机构为此目的所通过的国际标准；

9. 敦促各国和经营人与有关国际组织合作，尽一切可能努力提高空运货物的办理和放行效率，同时确保国际供应链的保安。

非法或者违规移民，尽管通常是从目的地国家的角度而言，他可能发生在出发国、中转国或者目的地国中的一个或者全部。当自然人离开出发国而不具有该国法律要求的有效护照或者等效的身份文件时，对出发国而言，这就是非法或违规移民。就非法移民经过的国家而言，如果非法移民偷渡而无过境签证，可能违反其国法律。从目的地国的角度而言，非法或者违规移民的主要特征易于识别，也即一个人抵达一个国家并随后试图进入该国，而没有遵守所需的手续或者没有法律要求的授权；或者自然人不再满足停留或者活动的条件。

移民是关乎未来的强有力社会指标，由经济以及社会因素驱动。典型的出于经济动机的移民发生于劳动力市场表现出显著差异（典型的是当一国表现出劳动力短缺而他国表现出劳动力富余）且收入水平有巨大差异的国家之间。

这一严重问题自然形成了一种盈利机会，而该机会反过来形成数十亿美元的偷渡产业。1995 年，《经济学人》杂志报道："就全世界而言，大小以及复杂程度不同的偷渡组织每年从贫穷国家向富裕国家偷渡成千上万的人。在这一过程中，这些组织每年至少获利 70 亿美元，并且将来可能获利更多。"

偷渡面临的风险远不及走私毒品，因此一些臭名昭著的帮派放弃走私毒品而转向偷渡。偷渡被认为由两种不同的活动组成：试图非法移民的人与蛇头之间以金钱或者其他支付形式的交易；以及由"提供方便者"安排非法跨越国境的行为。这种流动应是自愿的，但私自跨越国境是非法的。

对于非法移民来说，面对各国反移民限制措施施加的困难以及适应所在国生活的困难，偷渡是一个常见的手段，也是一个简单的"出路"。

讽刺的是，由于适应所在国生活的困难，反而增加了偷运者的优势。支付行为是偷渡交易的重要组成部分，但并不总是以偷渡行为结束。它可能远不止于此，付款的方式与形式通常成为阴险的剥削，即偷运者可能拒绝在一开始付款从而使得非法移民易于被剥削并成为受虐者。在许多场合，试图偷渡的人选择迟延付款，这使得偷运者能够轻易地召集试图非法移民的人。这一情况通常提升偷运者的地位从而巩固了其对非法移民的控制并利用这些移民从事非法以及犯罪行为。

比利时 1995 年关于偷渡女性的研究指出，尽管多数女性并不需要提前向蛇头付款，但她们中很多人在抵达后发现自己被要求为偷运网络提供各种服务。以维也纳为基地的世界移民政策发展中心披露，在 1993 年，为工作或者定居之目的而非法进入西欧的人多达 25 万 ~ 30 万，这些人中有 15% ~ 30% 是以偷渡的方式进入。

2　联合国的倡议

由于担心通过偷渡人口非法获利的犯罪组织会成为国际社会的威胁，并认识到国际犯罪集团经常说服个人通过各种手段非法移民以获取巨额利润，1993 年 12 月联合国第 48 届大会通过了关于防止偷运外国人的第 48/102 号决议，该决议提及偷运不合法移民危及这些人的生命并使国际社会承担很大的经济负担。联合国指出，偷运外国人在许多国家涉及犯罪因素并且从事偷运外国人的行为违反国内法以及国际法。该决议同时敦促各国采取适当措施阻挠偷运外国人的走私犯的目的和活动，并指出作为联合国的专门机构的国际民航组织应考虑如何加强国际合作以阻止偷渡。本届联合国大会还采纳通过 48/103 号决议以预防犯罪和刑事司法，重申联合国预防犯罪和刑事司法方案的重要性以及联合国在促进预防犯罪以及刑事司法方面的国际合作可以发挥关键作用。该决议特别请各国政府全力支持联合国预防犯罪和刑事司法方案。

在随后 1997 年联合国第 51 届大会的一个决议中，大会认识到国际犯罪组织往往诱使个人以各种方式非法移民借机牟取暴利，仍旧是社会经济因素影响了偷运外国人的问题，并增加了当前国家间移民的复杂性。大会要求各个国家在双边以及多边的基础上合作来阻止使用虚假文件，并重申在处理偷运外国人问题时，必须充分遵守国际法和国内法，包括提供人道主义待遇和严格尊重偷渡者的各种人权。

作为其早期倡议的后续行动，联合国大会在 1998 年 12 月举办的第 53 届大会中通过第 53/111 号决议，决定设立一个不限成员名额的特设政府间委员会，负责拟订打击跨国有组织犯罪的全面国际公约。依据该决议形成《联合国打击跨国有组织犯罪公约（草案）》（本书[2]写作时该公约仍是草案）。公约的宗旨是促进合作，以便更有效地预防和打击跨国有组织犯罪。

上述公约第三条要求各缔约国均应采取必要的立法和其他措施，将为了直接或间接获得金钱或其他物质利益而与一人或多人约定实施严重犯罪，以及明知其行为相当于参与有组织犯罪集团的犯罪行为而积极参与的行为定为刑事犯罪。

---

〔2〕此处“本书”是指原版英文书——译者注。

公约还指出，组织、指挥、协助、教唆、便利或参谋实施涉及有组织犯罪集团的严重犯罪也是刑事犯罪。公约要求帮助并且教唆公约第三条规定犯罪所需之明知、故意、目标、目的，是行为人明知其协助以及教唆犯罪或者犯罪组织从事犯罪。该条并没有给任何协助或教唆犯罪的人施加责任，如果该人应该知道其行为将构成协助或教唆犯罪。换句话说，任何从事公约界定犯罪的个人必须明知其行为将会便利、协助或教唆犯罪。

补充公约的议定书（本书[3]写作时也是草案）专门针对通过海、陆、空偷运移民进行了规定。该议定书参加国关切偷运移民对已经确立的移民程序，包括对寻求庇护之难民的移民程序的滥用。

该议定书将偷运移民界定为：“为直接或间接获取金钱或其他物质利益，安排某一非缔约国国民或永久居民的人非法进入该缔约国。”

议定书将非法进入界定为：“以不符合合法进入接收国的必要规定的方式越境。”

议定书的目的是预防、调查和起诉涉及上述公约界定的有组织犯罪集团的偷运移民并促进国际合作以实现前述目的。议定书排除了对于被非法偷运之移民的刑事起诉，因而仅适用于为直接或间接地获取经济或其他物质利益而故意实施偷运移民的行为。

议定书第四条要求缔约国制定国内立法，将制作欺诈性旅行或身份证件视为犯罪。这意味着协助以及教唆上述行为将被上述公约视为犯罪。议定书第十二条规定，各缔约国均应在力所能及的范围内采取必要的措施，以便确保由其签发的旅行或身份证件具有不易滥用和不便非法变造、复制、伪造或签发的特点。该条还要求，缔约国确保由其或其代表机构签发的旅行或身份证件的完整性与安全性，并防止这类证件的非法制作、签发和利用。

3 国际民航组织的工作

国际民航组织一直致力于采纳技术标准使得非法移民更为困难，并简化航空运输的机读旅行证件。机读护照和签证的规格已经公布。斯里兰卡是生产机读护

〔3〕 此处“本书”是指原版英文书——译者注。

照并积极参加国际民航组织会议的国家之一。

4 机读护照

机读护照是在描述持有者基本信息的页面具有机读区以及视读区的护照。机读区能促成快速机器通关，并快速地核实并立即记录个人信息。除了这些优点，机读护照同样有保安方面的优点，比如，快速核对机读旅行护照持有人的身份是否为不能入境的人员，同时对于变更、仿造或者伪造提供有力的防护措施。机读护照另一个优势在于避免旅客填写入境卡或者出境卡的需要，假定安装自动机读装备的国家认为机读护照上的数据足以满足通关要求。当然，机读护照必须提供与传统护照相比等同或者更好的防护措施，并满足为全世界范围内使用中的传统护照以及其他旅行文件设立的管制要求。由于一些国家不希望颁发机读护照或者采纳新的与之相关的程序，所以机读系统与传统的护照程序将会同时存在一段时间。

尽管机读护照可被作为一种独立的卡片生产以及使用，但因为多数国家仍坚持必须在护照上输入入境签证，因而机读护照必须采用小册子的形式。机读旅行护照的尺寸小于多数传统护照，整个大小为 88.75 毫米 ×125.75 毫米。机读旅行护照资料页包括两个区域，处于页面顶部的视读检查区作为第一区域以及处于底部的机读区作为第二区域。视读检查区包括持有者的证件照以及个人信息。在机读区载有便于使用光符识别方法进行机读的格式化的强制性和选择性数据。在使用机读护照时，打开包含视读检查区以及机读区的页面并正面朝下放置在机读设备的玻璃平面上，从而激活电子光学扫描机制。该机制展示两条机读行并使用一个光源环绕背景。整个程序在“可吸收的光”的原则下运行，机读设备使用光学传感器来测量反映了机读旅行证件资料页的光存在或者不存在。这个形象化程序的最终效果转载于机读设备中的电脑，在机读设备的屏幕上显示所有查验官要求的信息，如护照号、护照到期日期、颁发国名称、持有者名称、国籍、性别、出生日期以及可选择的国家的身份号码。电脑同时询问包含国家认为不能入境人员的名单的数据库，相应的结果立即在屏幕上显示，使得查验官决定护照持有人是否能获准入境。该程序仅需 10 秒，对国际民航组织简化手续的努力起巨大的推动作用。

国际民航组织建议所有国家使用机读护照，即使对于交通量很少的国家可能没有使用机读设备的必要性。1981 年美国颁发第一个机读护照，从那以后全世界范围内颁发了 3500 万本机读护照，现如今在加拿大、澳大利亚以及德国这样的国家每年颁发超过数百万本机读护照。1980 年国际民航组织基于国际标准化组织标准 7501 出版关于机读护照的技术规范第 9303 号文件第一版。但是技术的发展以及现代航空大量的危机导致包含在第 9303 号文件中的规范应被改善。由于国际民航组织护照卡专家组在 1978 年第五次报告后不复存在，国际标准化组织自己承担建立工作组更新第 9303 号文件中条款的任务，以便于该组织审议的成果作为新的国际标准化组织标准出版。国际标准化组织工作组的谨慎导致该工作花费很长时间，迫使国际民航组织建立一个新的小组来继承护照卡专家组，这一新的小组被称为机读护照技术咨询组，该小组在 1986 年举行第一次会议。国际民航组织因此重新获得在形成机读护照规范方面的领导地位，并与其他组织合作形成单独的对于机读旅行证件的规范。为增强国际民航组织新的领导地位，航空运输委员会扩大咨询组的职权范围到编写机读签证的规范，并规定该咨询组由专门从事护照签发的政府当局官员组成。国际标准化组织技术委员会，鉴于国际民航组织在更新包含于第 9303 号文件中的规范的新角色，采纳一个提议，撤销国际标准化组织标准 7501，以免引入双重标准或者重叠的规范而造成混乱。

国际民航组织发展机读护照规范的授权来源于《芝加哥公约》规定国际民航组织应根据需要就海关和移民手续项目随时制定并修改国际标准及建议措施和程序。有趣的是，护照也适用于其他国际旅行方式，而国际民航组织被单独指定采用规格说明了其便利化计划的独特性。

5 机读签证

由于国际民航授权扩大到机读签证的形成，技术咨询组变更其名字为机读旅行证件技术咨询组并在 1992 年发布与机读签证有关的规范。由于签证不可避免地与护照产生联系，机读护照以及机读签证两者同步发展并被认为都不独立于彼此。只要还要求签证并需要包含于护照，就很难想象护照卡的形成，并且因视读检查的需要，小册子形式的护照是必要的。因此，机读签证是机读护照维持传统形制的重要原因。机读签证能被包含于任何种类的护照（不管是机读的还是传统的），在传统护照中放置机读签证，将使得该护照在全世界范围内可以机读。

6 官方旅行证件

机读旅行证件技术咨询组同样形成 1 型尺寸与 2 型尺寸官方旅行证件，这是遵守国际标准化组织 7810 号规范并被设计用来被类似于机读护照以及机读签证的机读设备读取的卡片。该规范规定有关身份的官方文件标准，该标准能被用于接收国就旅行目的接收该人。1996 年国际民航组织发布对官方旅行证件的规范，同年该组织发布机读机组成员执照规范。

1999 年 9 月，机读旅行证件技术咨询组第 11 次会议重申其对于在短期内形成点测试方法的持续工作的支持，该方法可以模拟在旅行证件中常见的失效模式。咨询组原则上还批准了咨询组将来的工作方向，应特别包括：为电子签证形成规范；一个完整的自动通关系统；一个使用者要求调查以及机读旅行文件现在的可用性；以及对于使用可选择的扩容技术的逻辑记录格式的规范。

联合国持续致力于发展对偷渡的预防性措施。信息技术的快速发展为国家创造了复杂的保安工具，如机读旅行证件。对于该趋势，一个值得注意的必然结论是，航空公司需要更为警觉，特别当引入国际航空运输协会快速发展的简化旅客旅行计划时。简化旅客旅行计划使用智能卡片依据与旅行相关的信息以及被编码的生物特征信息确认旅客身份。使用简化旅客旅行卡登机手续不会超过 1 分钟。据报道，许多航空公司将形成智能卡片程序。这意味着当其他航空公司发展这一程序时，将对不能同步发展的其他航空公司有强制性的效果，不能遵循这样的产业实践可能对承运人的安全记录有不利的影响并可能导致不必要的法律责任。

6.1 电子护照

现在，超过 104 个国家生产并使用电子护照，且接近 4 亿电子护照处于流通状态中。占据全球在使用护照的 33%。电子护照是携带自然人生物特征以及个人信息的芯片，必须在保证信息安全与完整的同时，进行精确、高效、快速的查验。理想的做法是，依据国际民航组织批准的技术规范颁发电子护照。但事实并非如此。背离会严重损害全球安全。本部分将在法律背景下描述以及讨论这一威胁。

2012 年 11 月 10 日至 12 日，国际民航组织召开关于机读旅行证件、生物特征以及安全标准的座谈会，与会专家讨论国际民航组织机读旅行证件标准及其规范，指出最佳的实践做法以及有关的边境安全问题。讨论中提及最多的问题是电子护照，国际民航组织将其定义为，一种内置非接触式集成电路芯片的机读护照，该芯片储存有机读护照资料页的数据，即持证人的生物特征测定数值和一个用公钥基础设施密码技术保护数据的安全对象，并符合联合国第9303号文件第一部分的规范。〔4〕国际民航组织简化手续手册将电子护照定义为，一种依据国际民航组织第9303号（机读旅行文件）相关部分规定的标准，有内置非接触式集成电路，能被用于机读护照持有人的生物特征识别的机读护照。〔5〕通过封面上的国际电子护照标识能轻易地辨认出电子护照。〔6〕

6.2 生物特征识别

必须明确电子护照中确定性的措辞“生物特征识别”以及“公钥基础设施密码技术”。生物特征识别用于识别或者核实〔7〕某人声称的身份，识别或核实是通过可测量的生理特征或者个人行为特征的方式。生物特征识别被定义为一种通过测量机读旅行证件持证人个人的一个或多个特征来识别或确认其身份的手段。〔8〕

生物特征标识测量个体的区别性生理或者行为特征，并放置在一个自动的存储处，如机读的编码标识中，该标识由电脑软件算法形成，可与实际特征进行比较。成功适用于这一科学程序的生理生物特征是面部识别、指纹识别以及虹膜识别。国际民航组织选择了虹膜识别，因其最为合适。生物特征识别程序包括四

---

〔4〕 Machine Readable Travel Documents Part 1 Volume 2 ICAO Doc 9303 Sixth Edition：2006，at Page II－3 at Paragraph 6.1，Definitions.

〔5〕 The Facilitation Manual，Doc 9957，ICAO：Montreal，First Edition 2011，Definitions at X 从1968年起，国际民航组织一直致力于护照的发展。1968年国际民航组织简化手续专业会议第7次会议建议一个小规模的包括护照以及/或者其他边境管制当局代表的有资质的专家组应被设立，并决定设立一个适当的文件，如护照卡、一般的护照或者一个身份文件伴随满足文件控制要求的电子的或者机读文字；在成员国的能力以及财力范围内，最佳的程序类型、系统（电子或者机读的）与用于上述文件的装备；以及标准化必要的控制信息以及通过自动的程序提供这些信息的可行性，如果这些程序能满足安全、运营的处理以及经济的运行要求。

〔6〕 http：//www.dhs.gov/xtrvlsec/programs/content_multi_image_0021.shtm.

〔7〕 核实意味着履行对旅行证件持有者在被调查时提交的生物特征信息与持有者登录系统时形成的生物特征模板的细节的一一对比。

〔8〕 Machine Readable Travel Documents Part 1 Volume 2，Preamble（supra note 3）at Page II－3 at Paragraph 4.1.

步：第一，捕获或者获得生物特征样本；第二，将提取或者转化获得的原始生物识别样本转换为中间形式；第三，形成中间形式的样本，该样本再被转化为用于储存的一个样本；第四，最终的比较阶段，即比较旅行证件提供的信息与存在于参考模板中的信息。

每次机读旅行证件持有人进入或者离开一国领土〔9〕时，以及当国家对持有人依据旅行证件颁发时形成的图像或者模板核实其身份时，生物特征识别投入工作。这一措施不仅确保文件持有者是对文件有合法权利的人，也确保提升任何预报旅客资料〔10〕系统的功效，预报旅客资料系统被国家用于在旅客到达前预先作出决定。此外，比对旅客提交的生物特征信息与储存在文件中的信息能精准地确认旅行文件是否被篡改。三方对照，即对比旅客生物特征与储存在文件中的生物特征以及中央数据库中的生物特征，是一个更为有效地决定旅行证件真伪的方式。最终以及最为有效的生物特征检查是四方比对，即除前述三方比对外再进行电子证件照的视觉比对（而非电子化）。〔11〕在这方面，通常建议旅行者的面部图像（传统的证件照）应与生物特征模板一起被并入旅行文件，确保其身份能被核实，如果无法直接进入中央数据库或者生物特征识别程序还未成为当地的法定程序。

6.3 公钥基础设施密码技术

公钥基础设施密码技术使用一种被称为量子密码的新技术，用于消除来自电子化存储的数据被欺诈性使用而导致的可怕漏洞。该技术使用偏振光子而不是电子信号沿着光纤传递信息。光子是光中的微粒，这种微粒非常敏感，当被拦截时

---

〔9〕《芝加哥公约》第二条规定：“本公约所指一国的领土，应认为是在该国主权、宗主权、保护或委任统治下的陆地区域及与其邻接的领水。”

〔10〕预报旅客资料涉及航空公司与海关当局交换数据信息，即将进入的旅客的基本信息由运载该名旅客的航空公司在旅客到达前通过电子方式通知海关当局。预报旅客资料的信息将被存储于旅客的机读护照的机读区。这一程序使得海关当局可以快速地处理乘客相关的通关手续，从而确保在机场海关快速流畅地通关。尽管这一系统通常运转良好并被证明是有效的，但缺点之一是非常依赖于所要求的高度精确性。另一方面，其主要的优势在于，预报旅客资料程序在提升机场以及飞行中航空安全具有很大潜力。See Abeyratne（2002a）.

〔11〕如果想要维持检查行为的完整性，颁发国应确保使用的生物特征比对技术以及适用的系统的功能准确性。颁发国同样必须有实际的以及高效率的标准，涉及在边境控制地区每分钟检查的旅行证件的数量以及遵守常规的生物特征识别措施，如面部识别、指纹识别以及虹膜识别。

会立即毁坏。这使得信息无法识别，并警告提供者以及接受者欺诈行为以及间谍企图。公钥目录基于密码设计，被海关和移民当局用于检查电子护照中的生物特征。航空界正在积极考虑将其作为一种确保护照信息完整性和准确性的故障排除方法。

为了向查验当局（接收国）保证生物特征数据的真实以及完整，并使该国知道生物特征数据何时被损害、被篡改，在机读旅行文件领域多年来作为先驱的机读旅行证件技术咨询组形成了公钥基础设施计划。[12]该计划没有规定公钥密码的全球实施，而仅是与其他促进措施一起作为催化剂，使得国家在主动或者被动认证、防止翻阅以及进入控制、自动化地通过边境等领域做出选择。通过公钥密码以及公钥基础设施环境确立公钥目录与国际民航组织实施生物特征技术的最终的目标以及愿景相一致。这一最终目标及愿景的实施是这一基本假定，即必须有基本的可交互使用的生物特征技术在边境报告中与核实设备一起使用，也为承运人以及文件颁发者所使用。这一假定不可避免地要求文件颁发者使用的生物特征技术必须有确定的规范，特别是为识别、核实以及形成观察名单之目的。国际民航组织的愿景是国家在可能的范围内免受基础设施和供应商变化的影响，而且技术一旦到位，必须可操作，或至少在十年内可恢复。

6.4 电子护照的特征以及目的

护照——电子护照的前身——始于一个人出生之时，记录这个人的出生证明所载的出生事实、时间和地点。户籍是有用的，用于确定自然人的身份并为人口普查以及保存至关重要的统计数据之目的告知其同籍国该自然人的细节。使用这些信息的护照记录个人国际旅行所需的姓名以及国籍。护照是航行的基本文件，其被作为旅行文件而使用是极为重要的，不仅在于其反映国家主权的重要性以及自然人的国籍，还在于其代表着通过航空联系起来的国家之间关系的神圣不可侵犯。

电子护照的关键之一是全球互用性，即迫切需要规定一个可普遍互用的生物

---

〔12〕 国际民航组织发展机读护照规范的授权来源于《芝加哥公约》规定，国际民航组织应根据需要就海关和移民手续项目随时制定并修改国际标准及建议措施和程序。有趣的是护照同样适用于其他国际运输方式，但国际民航组织被单独地指定为其独一无二的简化手续发声而采纳规范。See Machine Readable Travel Documents，ICAO Doc 9303/6 Sixth Edition 2006，1 – 1 to 1 – 3.

特征识别系统。电子护照实现全球互用性需要逻辑数据结构。当签发国或签发机构选择机读护照的非接触式集成电路扩容技术时，逻辑数据结构确定了数据记录的标准化组织规范，以便接收国可以访问数据。这需要识别所有的强制性和选择性数据元素，并对数据元素进行规定性的排序和/或编组，要实现全球互用性，就必须遵循这种排序和/或编组，以便选择性地读取包含在机读护照（电子护照）中以扩容技术所记录的详细信息（数据元素）。另一关键是一致性，即需要通过制定具体的标准，尽量减少各成员国不同解决方案之间的差异；技术可靠性，即需要提供指导方针和参数，保证成员国所利用的技术已经从身份确认的角度证明其具有高度的可信性。而且一国在读取其他国家编码的数据时能够确信，提供给它们的数据具有足够高的质量和完整性，使其能够在自身的系统中进行准确的身份验证；实用性，即需要保证各国能够贯彻执行所制定的规范，而无须为了应对所有可能出现的变化和对标准的各种解释而引入多余的系统和设备；耐久性，即要求引入的系统的使用寿命与旅行证件的有效期相同，最多达到10年，并且在未来的升级中能够向后兼容。

生物特征识别系统的主要组成部分是：采集——原始生物特征样本的获取；提取——原始生物特征样本数据到中间形式的转换；生成模板——中间数据到存储模板的转换；比对——与存储在参考模板中的信息相比较。

就所存储数据的安全性及保密性而言，签发国和接收国都需要确信，集成电路中存储的数据自证件签发时被写入后便从未被修改过。此外，签发国的隐私保护法或惯例也可能要求，只有经过授权的人员或机构才可以访问这些数据。因此，国际民航组织在第9303号文件的第Ⅳ节中为现代加密技术，特别是可互用的公钥基础设施（PKI）方案制定了规范，这些规范可由依据第9303号文件所载规定制作机读旅行证件的国家使用，主要是为了在国际上实施机读护照及其合法持证人的自动认证方法，从而加强安全性。此外，国际民航组织还为实施国际电子护照认证建议方式方法，并为利用电子护照促进生物特征或电子商务的应用提供了一些路径。

《芝加哥公约》附件9中[13]标准3.7要求各缔约国必须定期更新其新版旅行

---

〔13〕 Annex 9 to the Convention on International Civil Aviation, 12th Edition, 2006.

证件的保安特性，以防其被误用，并尽快侦查非法地更改、复制或颁发此种证件的案件。建议措施3.9建议各缔约国应该按照第9303号文件《机读旅行证件》的规定，使用一种或多种备选数据储存技术，在其机读护照、签证和其他官方旅行证件中纳入生物特征数据，以补充机读区数据。在集成电路芯片上储存的必需数据与数据页上印就的信息相同，包括机读区所载数据和数字照片影像。指纹影像和/或虹膜影像是备选生物特征数据，供愿意在护照上用另一生物特征数据补充面部影像的各缔约国使用。在其机读护照中纳入生物特征数据的各缔约国，要按照ISO/IEC 14443的规定，将数据储存在无接触的集成电路芯片中，并按照国际民航组织规定的逻辑数据结构进行编程处理。

6.5 法律问题

颁发电子护照所涉及的基本法律问题包括个人隐私〔14〕和国家内部安全。确保这两者的安全在本质上完全属于国家的责任。确立了国际民航管理框架的《芝加哥公约》强调就民航而言，国家的基本目标是交换友好国家间能够相互期待的特权。美国总统罗斯福在其给芝加哥会议的信中说道：该会议是建立一个持久和平的机构的伟大的尝试，不能被不重要的审议所危害或者被没有理由的恐惧所削弱。〔15〕

6.6 隐私

《芝加哥公约》第十三条规定，一缔约国关于航空器的乘客、机组或货物进入或离开其领土的法律和规章，如关于入境、通关、移民、护照、海关及检疫的规章，应由这些乘客、机组或货物在进入或离开或在该国领土内时遵照执行或由其代表遵照执行。该条确保一缔约国有权利就旅客通关规定自己的国内法并且为国家通过立法确立规则以及规章保障国家及其在机场之人员的安全预留空间。但是这一绝对的权利被《芝加哥公约》第二十二条限制以防止国家滥用权力，第二十二条规定各缔约国同意采取一切可行的措施，通过发布特别规章或其他方法，以便利和加速航空器在各缔约国领土间的航行。

---

〔14〕 See Abeyrante (2002a). 同参该作者 The Exchange of Airline Passenger Information-Issues of Privacy. Communication Law Vol. 6 No. 5; 2001: pp. 153 – 162. 参见该作者 Abeyrante (2003).

〔15〕 Proceedings of the International Civil Aviation Conference, Chicago, Illinois, November 1-December 7 1944 The Department of State, Vol. 1 at p. 43.

与个人信息的展示、存储以及使用有关的隐私权有三项：决定哪些个人信息可与他人分享以及控制这些信息的披露；个人信息被披露、收集以及存储时的知情权；修改不完整或者不正确信息的权利；以保持社会的健康与安全并评价、监督政府行为为目的的、合法的知情权。〔16〕

无可争议的是，信息主体有权决定哪些个人信息可与他人分享，更为重要的是，有权知道自身的哪些信息被收集。这一权利受社会收集个人信息以便于确保政府有序运行权利的限制。

所有信息主体对于自身隐私有与生俱来的权利。〔17〕隐私的话题被认为是有趣而情绪化的。〔18〕关于隐私的相关权利来自于与自由相关的权利，并且是最为全面的权利以及对自然人最有价值的权利。〔19〕因为现代科技能轻易地记录以及储存全世界每个人的相关信息，所以隐私权易受到破坏。〔20〕在全身扫描的场合，阿兰·威斯丁（Alan Westin）的评述指出此种情况下信息主体的隐私权是关键问题，他说："隐私是个人、团体或者机构自己决定何时、如何以及在多大程度上将信息传递给他人的权利。"〔21〕

技术已经影响了大量与人类互动相关的活动。信息高速公路的出现以及不断演进的自动化不可避免地改变社会以及个人的生活方式以及个人的价值观，创造了意想不到的商机，减少了运行成本，缩短了交易时间，促进了对通讯的可访问性，缩短了距离并消除官僚形式主义。〔22〕尽管有这些进步，但技术给予人类的必然结果是自动化的机制、装置、特征和程序侵入了个人生活。比如，当人们使用信用卡时，就很可能被追踪，从而发现关于特定个人的很多信息，包括饮食倾向、休闲活动以及消费者的信贷行为。〔23〕同样地，航空承运人预订系统的电脑记录可能泄露旅客旅行倾向的细节，特别是座位选择、喜好的目的地、购票记录、

〔16〕 Hoffman（1980），142.

〔17〕 Abeyratne（2001，2002b）.

〔18〕 Young（1978）at 1.

〔19〕 Warren and Brandies（1890－1891），at 193.

〔20〕 早在1973年，据称每卷包含长1500米、宽2.5厘米的磁带，只要10卷就能储存全世界所有人、每人20页的卷宗。See Jones（1973）.

〔21〕 Westin（1970），at 124.

〔22〕 Orwell（1984）.

〔23〕 信用卡对隐私权的影响的详细分析见Nock（1993）at 43.

住宿倾向、临时地址、电话号码、出席娱乐活动或者是否单独一人或者与他人一起旅行。[24]同样，全身扫描行为是否会披露不欲为外人知道的个人身体的瑕疵由于电脑装置监控个人最为私密的行为、倾向以及身体属性，会使自然人形成被监视的外在感知，进而形成真正的“可追踪社会”。[25]

技术活动形成的复杂网络使得大量的个人信息被公共以及私人部门的众多参与人处理，导致“数据泄露”的担忧，该风险有严重的法律后果，可能会影响隐私权。

在国际层面，《世界人权宣言》[26]第一次承认隐私作为一项基本自由。此后，众多其他人权文件也遵循了同样的趋势，授予个人基本的隐私权。[27]这些国际文件对隐私的重要关切形成了必要的保护个人享有私生活权利的法律框架。

隐私对于不同的人意味着不同的事。[28]在人类的历史中隐私概念本身一直在演化发展，从最初的不被侵扰措施，该措施保护个人财产以及身体不受不必要的入侵以及侵扰，随后体现于个人交往，其后扩展至个人决定权，[29]并最终达到对

---

〔24〕 航空公司预订系统记录的至关重要性反映在世界著名的 Libyan Arab Jamahiriya v. United Kingdom and Libyan Arab Jamahiriya v. United States of America 案件中，本案件记录了 1988 年苏格兰洛克比上空泛美航空公司 103 航班的空难，国际法院要求承运人提交被告的航班信息以及预订细节。See International Court of Justice. News Release 99/36，“Questions of Interpretation and Application of the 1971 Montreal Convention arising from the Aerial Incident at Lockerbie”（1 July 1999），online：http：//www. icj-cij. org/icjwww/idocket/iluk/iluk2frame. html（date accessed：14 July 2000）. 同样地，当处理联邦、州、当地以及其他形式的调查时，Arthur R. Miller 指出航空公司电脑预订系统记录的重要性，由于其能提供至关重要的信息。See also Miller（1971）at 42.

〔25〕 See Scott（1995）at 307；Burnham（1983）at 20. 对与这一问题相反的观点认为技术的进步直接影响个人的私密行为。美国巡回法院法官 Richard Posner 支持这一观点，即其他因素如城市化、收入、人口移动削弱政府对个人的信息控制，这表示个人的隐私空间正在增长。See Posner（1978）at 409.

〔26〕《世界人权宣言》第十二条：“任何人的隐私、家庭、住宅和通信均不受任意干涉，任何个人的荣誉和名声均不受攻击。每一个人均享有免受这种干涉或攻击的法律保护权利。” GA Res. 217（III），10 December 1948，Art. 12.

〔27〕 See International Covenant on Civil and Political Rights，GA Res. 2200（XXI），16 December 1966，Art. 17；American Declaration on the Rights and Duties of the Man（1948），Art. 5；American Convention on Human Rights，22 November 1969，San Jose，Costa Rica，Art. 11；Convention for the Protection of Human Nations Convention on Migrant Workers，A/RES/45/158，25 February 1991，Art. 14；United Nations Convention on Protection of the Child，GA Res. 44/25，12 December 1989，Art. 16.

〔28〕 See Regan（1995）at 33；Freund（1971）at 182.

〔29〕 在本案中，美国最高法院承认妇女有堕胎的权利，基于联邦政府不能干涉她的“隐私决定权”。See Roe v. Wade，410 U. S. 113（1973）. See also Cate（1997）at 49. See also Zelermyer（1959）at 16.

于个人信息的控制。[30] 因此，隐私概念的演化发展与历史中每一特定时期技术的进步直接相关。

如美国法官托马斯·库里（Thomas M. Cooley）所阐释的那样，隐私权是“独处”的权利，作为个人人格权的一部分。1890 年这一观点被两位杰出的青年律师，萨缪尔·沃伦（Samuel D. Warren）和路易斯·布兰迪斯（Louis D. Brandeis）[31] 更进一步地推动。[32] 在这一观点被引入前，隐私的概念主要反映某种程度上的财产权或者生命权。信息隐私权是隐私权的基石，凭借信息隐私权个人将决定何时、如何以及多大程度上自己的信息被传递给他人，这等同于个人控制信息的权利。[33] 随着电脑处理大数据能力的发展，隐私权的涵盖范围逐步扩大包括收集、存储、使用以及披露个人信息。[34] 信息隐私保护的理念是典型的美国用法，这一理念的欧洲表达方式是“数据保护”。[35]

1983 年德国联邦宪法法院在司法上首先纳入保护个人隐私的自决权。[36] 通过在司法部诉新闻自由记者协会案（DOJ v. Reporters Comm. for Freedom of the Press）中采纳隐私自决原则，美国最高法院也遵循这一趋势。[37]

必须指出，隐私并不是一种绝对的、毫无限制且单独起作用的权利。[38] 隐私权并不是毫无保留地适用并排除其他权利的绝对权。因此，有保持平衡的必要性，即在隐私与其他权利相冲突的权利，如言论自由以及为社会利益检查个人信

---

〔30〕 在一个著名的涉及有关当局规划的人口普查的合法性的案例中，德国宪法法院联系个人的自由与预期的人口普查对个人信息的处理，规定如果个人不知道为哪种目的以及由谁来收集数据，会最终导致为处理者的命令而放弃个人权利，这在民主社会是不能被容许的。See Simitis（1995）at 447－448. See also Hoffer（2000）at 8. 1；Gavison（1980）.

〔31〕 See Cooley（1888），as cited in Warren and Brandeis（1980）at 195.

〔32〕 把隐私定义为“独处的权利”通常被错误地归于这两位年轻律师。见 Warren & Brandeis。See Cooley（1888）as cited in Warren and Brandeis（1980）at 195. 此外，在 Olmsted v. United States. See Olmsted v. United States 案件中，277 U. S. 438，478（1928）大法官 Louis D. Brandeis 在具有里程碑意义的反对意见中引入隐私作为“独处的权利”的概念，以及“最有价值的自然人的权利”。

〔33〕 See Westin（1967）at 368. For a similar conceptualisation of privacy，see Fried（1978）at 425.

〔34〕 See Reidenberg（1995）at 498.

〔35〕 加拿大不列颠哥伦比亚前任隐私专员断言隐私最初不是一个法律概念。See Flaherty（1991）at 833－834. 信息保护的概念来自德语 Datenschutz，用于描述一系列试图管理收集、存储、使用以及传递个人信息的政策。See Bennet（1992）at 13.

〔36〕 WHO Global Influenza Preparation Plan.

〔37〕 See DOJ v. Reporters Comm. for Freedom of the Press，489 U. S. 749 AT 763（1988）.

〔38〕 See Simmel（1971）at 71.

息的权利之间的平衡。[39]这些多重利益将促使法院在裁判个人权利时采纳平衡的措施，特别是在涉及国家利益时。

由于信息可能被跨境传输，所以为保护信息主体以及信息需求者的利益，迫切需要引入统一的隐私法律。尽管在隐私立法上完全统一非常困难（鉴于其他方面统一立法的尝试），[40]但为向国家提供指导材料，国际社会应至少形成国际标准以及建议措施（鉴于国际民航组织的许多附件）。比如科林·梅勒斯（Collin Mellors）指出，在国际协议中，隐私现已被确立成为普遍概念、自然事物、道德以及人权。《联合国人权宣言》第十二条、《联合国公民权利以及政治权利公约》第十七条、《欧洲人权和基本自由公约》第八条，都规定隐私作为基本权利。所有人均有权短暂地与社会隔绝或者从社会退出，但隐私权并不仅限于前述领域。[41]

需要这样一个概念，以便确保对个人信息及其隐私的尊重与鼓励自由以及开放的跨境传递数据能够协调一致。

就提供生物特征信息而言，提供者以及接收者都有义务确保信息不被用于信息所有人通关以外的其他任何目的。这一信息随后不能用于商业的或者其他盈利的活动，比如广告目的（如使用最初为通关之目的给予生物特征信息的知名演员的身体轮廓）。[42]

对现代国家而言，保护人权是最为重要和关键的任务，特别是在现今世界多民族国家非常常见的情况下。全球化以及增长的跨境移民逐渐终结民族国家这一概念，尽管主流文化通过加强身份认同在一国内指控前述趋势。在这样的场合，少数民族为了避免被边缘化，不断努力保持其族群的身份认同。相反力量的极端化不可避免地导致不可相容性的增长并最终形成武装冲突。在这种情况下，统治

---

〔39〕 See Halpin (1997) at 111. See also Foschio (1990) at 35. 对于隐私与大众媒体以及言论自由的利益冲突更为全面的研究，see Pember (1972) at 227; Prowda (1995) at 769. See also J. Montgomery Curtis Memorial Seminar, The Public, Privacy and the Press: Have the Media Gone Too Far? (American Press Institute, 1992) at 2.

〔40〕 Computers and Privacy in the Next Decade, Lance J. Hoffman ed. op. cit. at 146.

〔41〕 Collin Mellors, Governments and the Individual-Their Secrecy and His Privacy, cited in, A Look at Privacy, Young (1978), at 94.

〔42〕 See Gould Estate v. Stoddart Publishing Company (1996) O. J. No. 3288 (Gen. Div).

者的首要任务是确保少数民族的权利得到保护。

国家安全可能是唯一比隐私更重要的因素。国家安全的概念包含国家对其人民以及其他处于其领土内的自然人的责任。[43]就本部分目的而言，国家责任的基本问题是，国家应否对其不能或者不作为阻止个人针对民航的恐怖主义行动负责或者由于犯罪者行为与国家间的联系，使得国家被责难。有观点认为，以行为人与国家之间的代理关系作为归责原因时，可能使得国家责任问题模糊不清，并阻止针对国家行为进行有意义的法律研究。[44]

7 安全

新的以及刚出现的对民航的威胁是民航持续关切的原因。比如，类似航空运输爆炸物以及危险病原体这样的严重威胁，是现实的并应被有效而常规地解决。类似于危险病原体从实验室的泄漏，[45]在空运危险物品时也可能危险品的泄漏发生。[46]尽管在过去危险病原体泄漏的案例是少见的，但是这种情况发生的可能性以及对人类福祉的威胁不能被低估。2002 年，当炭疽菌从两个美国军方实验室泄漏时，作者认为这一泄漏是由于安全漏洞。[47]2003 年在澳大利亚也曾发生一系列 SARS 病毒的泄漏。[48]

国际民航组织一直致力于在全球层面解决这些威胁，特别注意不可预知的保安措施对旅客关于航空安全的信心方面的影响。由于不可预知的保安措施具有威慑作用，这一措施得到许多支持。伴随不可预知的保安措施的增长，建立各国就此类措施拟定基本框架，以实现确定性以及不可预知性的平衡。

引入电子护照所确保的安全无疑有其根源，即联合国的重要宗旨维护国际和平以

〔43〕 For an in-depth discussion of State Responsibility see Abeyratne (2009).

〔44〕 Caron (1998) 109, at 153 – 54 cited in Becker (2006), at 155.

〔45〕 病原体是微生物（包括细菌、病毒、立克次氏体、寄生虫、真菌）或重组微生物（混合或突变体）被认为或合理认为导致人类或动物传染病的源头。

〔46〕 See Abeyratne (2007).

〔47〕 2001 年 11 月一个隐秘的时间，当炭疽菌通过信封邮寄给美国东部，带来病毒污染，导致死亡、疾病以及炭疽菌感染。公然宣称人们将被感染的警告曾发生在美国，尽管多数被认为是恶作剧并没有传染源的真正暴发。

〔48〕 泄漏同样发生在中国和新加坡。See Air-Tight Security, Intersec, June 2007 33 – 35 at 34. See also International Responsibility in Preventing the Spread of Communicable Diseases through Air Carriage-The SARS Crisis. Abeyratne (2002c).

及安全,[49]联合国承认其宗旨为：维持国际和平及安全；并以此为目的采取有效的集体办法，以防止且消除对于和平之威胁，制止侵略行为或其他和平之破坏；并以和平方法且依正义及国际法之原则，调整或解决足以破坏和平的国际争端或情势。[50]

显然，联合国承认适用国际法作为维持国际和平以及安全的重要组成部分，并避免可能导致破坏和平的情况。

电子芯片的制造者通常是私人机构，其责任是关键问题，而国家在这方面起到重要作用。即使电子护照中的芯片是公共或者私人机构的产品，其仍被包含在一个国家文件（即护照）中，因此对护照中存在的缺陷应由国家承担最终责任。国家在行政法上的责任可分为两个方面：对国家机构行为的责任；对提供技术服务的私有化服务者，国家仍承担责任。

传统行政责任的模式以及政府所负的责任基于这样的前提，即议会控制政府，但议会最终对人民负责。存在于这一前提中的基本假定是司法机构在保持国家机构完整性方面发挥作用。由于这两方面原因，政府对其机构应负责任：源于政府给予其机构的法定权力以及政府对其机构的授权。在授权的情况下，立法机构能干涉并与政府分享对政府机构的控制。鉴此，行政法以及法院的判决仅涉及政府提供给私人组织或者机构法定权力的情况。1983 年奥莱利诉马克曼案（O'Reilly & Mackman）中,[51]英国上议院限制公法救济，比如确认判决或者禁止令，在 1918 年《最高院法》第三十一部分之外适用的条件，该部分涉及对法定机构的行为提起行政诉讼。但 1949 年《王权诉讼法》第二十一部分允许法院在民事诉讼中颁发对政府的确认判决，尽管不能颁布对政府特定履行的禁止令。更进一步，随后的案件确立可对王国政府提出司法审查的请求，但王国政府仅是名义上牵涉其中并且最终的争议仅发生在原被告之间。[52]1990 年在要素框架案（Factorframe）的判决中,[53]大法官布里奇（Bridge）认为对王国政府或者其官

---

〔49〕 Charter of the United Nations and Statute of the International Court of Justice, Department of Public Information, United Nations, New York, DPI/511-40108 (3-90), 100M at 1.

〔50〕 上引注第 3 页。

〔51〕 [1983] 2. A. C. 237.

〔52〕 R. (on the application of Ben-Abdelaziz and Kugwa) v. London Borough of Hackney and the Secretary of State for the Home Department [2001] 1 W. L. R. 1485, para 29.

〔53〕 R. v. Secretary of State ex parte Factorframe Ltd. [1990] 2 A. C. 85.

员的禁止令救济是不可能的。

就私有化服务提供者而言，需要讨论的问题是，私有化的原因及其导致的私有化机构的法律性质问题。[54]私有化的原因包括提升效率和减少政府参与产业决策。私有化的结果通常是所有权的扩展；鼓励与员工分享股权；提供更为灵活的薪酬政策；以及提升经济自由。大概有两类私有化服务提供者：第一类，曾经是国家机构的大型公司，这类公司即使在私有化后也不会在市场中拥有过分的竞争潜力。这种情况很容易使大型公司首先被私有化，并且不适用公法原则。第二类，具有市场支配力并因此有不受制于竞争之可能的私有化服务提供者。在此情况下，国家可以通过国家机构对这类服务提供者进行行政管理。此种管理会使此类服务提供者受公法约束。

在英国，公共服务私有化的一个例子是依据1984年《电信法》使大型公共服务私有化。[55]该立法私有化英国电信公营公司并打破该公司在提供电信服务上的垄断，从而为行业竞争提供可能。由法案设立的电信业总监能给电信系统运营人授予执照。总监同样被授权向垄断以及并购委员会提交报告，特别是关于公共利益的报告。如果这一特征适用于私有化的被国家任命的航空服务提供者，在公法下将产生有趣的考量，即是否该提供者应遵守《芝加哥公约》第十五条[56]中关于服务收费的规定。

当从竞争政策的角度看一国采取措施制止垄断对社会的不良影响时，一国中行政管理程序的运行在一定程度上会变得复杂。最初的困难来自19世纪致力于提升竞争但产生反效果的竞争管制。这一困难与20世纪早期国家不愿干涉公民为其自身利益达成契约的政策相混合。[57]但是，第一次世界大战后一些英国政府

---

〔54〕 For a detailed discussion of the legal liability of States and of a privatized service provider see Abeyratne (2004).

〔55〕 从1912年至1981年电信由邮政局负责。1981年法律确定电信业的关键服务并设立英国电信作为公营公司。

〔56〕《芝加哥公约》第十五条规定："一缔约国对其本国航空器开放的公用机场，在遵守第六十八条规定的情况下，应按统一的条件对所有其他缔约国的航空器开放。为航行安全和便利而提供公用的一切航行设施，包括无线电和气象服务，由各缔约国的航空器使用时，应适用相同的、统一的条件。一缔约国对任何其他缔约国的航空器使用此种机场及航行设施可以征收或准许征收的任何费用应不高于从事本国同级航空器所缴纳的费用。"

〔57〕 Mogul SS. Co. Ltd. v. McGregor Gow [1892] A. C. 25. See also Sorrell v. Smith [1925] A. C. 700.

的措施导致政府对市场支配力具有全面的控制。[58]

英国立法者应为控制不公平竞争的三个立法阶段感到骄傲。第一阶段始于1948年《垄断以及限制措施（调查以及控制）法案》的形成，该法案下放管理的责任给垄断以及限制措施委员会，该委员会处于常规部门框架之外。第二阶段始于1956年《限制贸易措施法案》，该法案解决了卡特尔对竞争的威胁，并且建立了实施限制措施的法院裁决反竞争以及内幕交易问题。第三阶段始于调查垄断问题的垄断委员会职权的扩张，由于1968年《垄断以及并购法案》，违规并购进入该委员会的管辖范围。随后的1980年的《竞争法案》给予该委员会权力调查的特定的反竞争措施。演进的最后阶段划定不同机构在调查以及裁决反竞争措施上的职权范围。从行政的角度，公民对这些国家机构提出诸多质疑，[59]其中最为著名的是质疑许多由法令形成的政府机构就其针对竞争立法说明原因之义务的范围。[60]

政府对公共服务的管理措施，不管是由公共的机构还是私人的机构提供，通常基于公共利益原则，即个人消费者的选择将决定对货物的供需、价格以及数量。[61]在英国，这些内在的因素与透明、负责、相称、一致以及目标相联系。[62]

最重要的是，在每个国家确立强有力的安全理念。对此必须明确界定国家责任概念以及由紧密和牢不可破的政府以及产业利益相关方之联系所带来的责任。安全理念将使得国家认识到他们的权利以及义务，更为重要的是使国家维护之。具有安全理念的人同样知道哪类的行为会危害安全管理并且能够快速地教育以及警告出于无知、健忘、自身弱点参与不安全行为的他人。电子护照必须是高效的以及具有故障排除功能。其必须在由受过训练的专业人员在边境控制点测试。

电子身份证是国家安全的必需品。电子经济已经带来更多便利，这些便利帮助世界朝着无纸化发展，这种发展形成更好的经济以及流线型的程序。但是，在

---

〔58〕 Committee on Trusts Cmd. 9236 (1918).

〔59〕 See R. v. Monopolies and Mergers Commission Exp. Elders 1XL Ltd. ［1987］ 1. W. L. R. 1121. Also R. V. M. & M. C Exp. Mathew Brown plc ［1987］ 1 W. L. R. 1235.

〔60〕 R. v. Secretary of State for Trade Industry Ex parte Lonrho plc ［1989］ 1 W. L. R. 325.

〔61〕 Ogus (1994) Charter.

〔62〕 See Better Regulation Guide, UK Cobinet Office (1998).

此程序中必须全球和谐一致。在这方面，就机读旅行证件标准的一致化，国际民航组织取得了显著进展。如果和谐一致意味着确保全球实践的一致，标准化意味着遵守国际标准。毫无疑问的是，和谐一致与全球化都是必需的。

参考文献：

Abeyratne RIR(2001) The exchange of airline passenger information-issues of privacy. Commun Law 6(5):153 – 162.

Abeyratne RIR(2002a) Intellectual property rights and privacy issues: the aviation experience in API and biometric identification. J World Intellect Property 5(4): 631 – 650.

Abeyratne RIR(2002) Attacks on America-privacy implications of heightened security measures in the United States, Europe, and Canada. J Air Law Commerce 67(1).

Abeyratne RIR(2002c) Transportation Law J 30(1):53 – 80.

Abeyratne RIR(2003) Profiling of passengers at airports-imperatives and discretions. European Transport Law XXXVIII(3):297 – 311.

Abeyratne RIR(2004) Privatization of Hong Kong international airport: some legal and economic issues. Asia Pacific Law Rev 12(1):31 – 51.

Abeyratne RIR(2007) The safe carriage of dangerous pathogens by air: legal and regulatory issues. Eur Transp Law XLII(6):689 – 704.

Abeyratne R(2009) Principles of responsibility for private acts of terrorism. Bar Assoc Law J XV:55 – 64.

Becker T(2006) Terrorism and the state, Hart monographs in transnational and international law. Hart Publishing, Oxford.

Bennet CJ(1992) Regulating privacy. Cornell University Press, Ithaca.

Burnham D(1983) The rise of the computer state. Random House, New York.

Caron DD(1998) The basis of responsibility: attribution and other trans-substantive rules. In: Lillich RB, Magraw DB (eds) The Iran-United States claims tribunal: its conclusions to state responsibility. Transnational Publishers, Hudson.

Cate FH (1997) Privacy in the information age. Brookings Institution Press, Washington, DC Cooley TM (1888) A treatise on the law of torts, 2nd edn. Callaghan, Chicago.

Flaherty DH (1991) On the utility of constitutional rights to privacy and data protection. Case W Res 41:831.

Foschio LG (1990) Motor vehicle records: balancing individual privacy and the public's legitimate need to know. In: Kuferman TR (ed) Privacy and publicity. Meckler, London.

Freund PA (1971) Privacy: one concept or many. In: Pennnock JR, Chapman JW (eds) Privacy. Atherton, New York.

Fried C (1978) Privacy: economics and ethics a comment on Posner. GA Law Rev 12:423.

Gavison R (1980) Privacy and the limit s of the law. Yale Law J 89:421.

Halpin A (1997) Rights & law analysis & theory. Hart Publishing, Oxford.

Hoffer S (2000) World cyberspace law. Juris Publishing, Huntington Hoffman LJ (ed) (1980) Computers and privacy in the next decade. Academic, New York.

Jones RV (1973) Some threats of technology to privacy, privacy and human rights. In: Robertson AH (ed) Presented at the third colloquy about the European convention on human rights, Manchester University Press, Brussels, 30 September-3 October 1970.

Miller AR (1971) The assault on privacy. The University of Michigan Press, Ann Arbor.

Nock SL (1993) The costs of privacy. Aldine De Gryter, New York.

Ogus A (1994) Regulation, legal form and economic theory. Oxford University Press, Oxford.

Orwell G (1984) Nineteen eighty-four. Clarendon, Oxford.

Pember DR (1972) Privacy and the press. University of Washington Press, Seattle.

Posner R (1978) The right of privacy. GA Law Rev 12(3):393.

Prowda JB (1995) A layer's ramble down the information superhighway: privacy and security of data. Fordham Law Rev 64:738.

Regan PM (1995) Legislating privacy. The University of North Caroline Press, Chapel Hill.

Reidenberg JR(1995) Data protection law and the European Union's directive: the challenge for the United States: setting standards for fair information practice in the U. S. private sector. Iowa Law Rev 80:497.

Scott GG (1995) Mind your own business-the battle for personal privacy. Insight Books, New York.

Simitis S(1995) From the market to the polis: the EC directive on the protection for personal data. Iowa Law Rev 80:445.

Simmel A(1971) Privacy is not an isolated freedom. In: Pennnock JR, Chapman JW(eds) Privacy. Atherton, New York.

Warren SD, Brandeis LD(1980) The right of privacy. Harv Law Rev 4(5):193.

Warren SD, Brandies LD (1890 – 1891) The right to privacy. Harv Law Rev 4:193.

Westin A(1967) Privacy and freedom. Atheneum, New York.

Westin AF(1970) Privacy and freedom. Bodley Head, London.

Young JB(ed)(1978) A look at privacy. Privacy, Willey, New York.

Zelermyer W(1959) Invasion of privacy. Syracuse University Press, Syracuse.

第十四条 防止疾病传播

各缔约国同意采取有效措施防止经由空中航行传播霍乱、斑疹伤寒（流行性）、天花、黄热病、鼠疫，以及各缔约国随时确定的其他传染病。为此，各缔约国将与负责关于航空器卫生措施的国际规章的机构保持密切磋商。此种磋商应不妨碍各缔约国适用所参加的有关此事的任何现行国际公约。

1 对航空传播疾病的先见之明

该条施加给国家采取措施阻止疾病通过航空运输传播的责任。该条用来解决1944年流行的传染性疾病，但非常有弹性地留有余地以便包含现代疾病，其中包含SARS以及禽流感。该条明确下放主要责任给国家，以便采取有效的措施阻止航空运输传播疾病，并且暗含督促国家通过与相关的国际组织沟通给航空公司发布指导材料的要求。航空公司就其行为必须面对的一些法律问题。首先，航空公司被要求遵守应适用的国际卫生规章以及着陆国的法律。[1]其次，航空公司对乘客有照顾义务，[2]不能忽视在登机口明显看上去就存在健康问题的乘客。普通法侵权原则明确地区分过失、不管不顾以及视而不见。这些责任的认定要素中视而不见特别相关，因为航空公司需要注意观察乘客的情况以免潜在风险的发生或者避免威胁情形的发生。

2 SARS

传统民航不仅是在一国内以及国家间最快速的沟通与商贸运输方式，而且是一种慰藉，特别是为遭受自然灾害、饥荒、疾病或者战争所带来的苦难的人们提供救济。不幸的是，航空也曾被用于大规模的杀伤性事件，特别是考虑到灾难性的“9·11事件”。国际社会的最新考量是，尽管其他运输方式在速度上不能与航空匹敌，但是这也意味着航空运输快速的特点会对人类健康存在一些威胁，因为航空运输的快速性要求，需要在人为提供通风以及气压的有限空间内使一群人

〔1〕 World Health Organization, International Health Regulations, Third Annotated Edition, WHO: Geneva 1983.

〔2〕 see Abeyratne (2002b), R. v. Secretary of State for Trade Industry Ex parte Lonrho plc [1989] 1 W. L. R. 325 at 65 –78.

与外界隔绝。

2003 年在这方面最主要的关注点是 SARS（严重急性呼吸系统综合征）的传播，SARS 有着不断增长以及惊人的高发病率，在其顶峰接近 6%。尽管疾病的传播在其暴发几个月后减缓到一个可以控制的程度，但是 SARS 作为流行病的威胁仍然存在，并且十分可能在一段时间后重新出现。对抗该种疾病的疫苗可能还需几年，并且治疗此疾病的药物距离问世仍然遥遥无期。一些传染病学专家依据在 1919 年至 1920 年困扰世界的尽管只有 1% 的低发病率，但使得 2000 万人死亡的流感，预计 SARS 可能成为全球流行病。SARS 的威胁已使得一些大国，比如，中国大陆与有着高频率的跨境交流的地区（如中国香港）和国家（如新加坡）被严重影响。可以预计的是，除非被控制，否则 SARS 可能传播到其他大国，比如，澳大利亚、加拿大、美国以及欧洲国家。被 SARS 困扰的国家已经采取严格的措施，如隔离数以千计的医院员工和患者，以及隔离那些虽没有发病但与被感染人群有接触的人们。

2.1 SARS 在健康方面的影响

从航空的角度，认识到在飞行中 SARS 可能带来严重危险是非常重要的。要充分认识到，SARS 的本质及其传播途径。总体而言，SARS 以高烧超过华氏 100.4 度（大于 38 摄氏度）为基本症状。其他症状可能包括头疼、身体不适以及身体疼痛、一些人还会具有轻微的呼吸系统症状。在感染发病 2 至 7 天后，SARS 患者可能会有干咳以及严重的呼吸障碍。

SARS 传播的主要途径是通过人与人的密切接触。大多数的 SARS 病例涉及照料或者与感染 SARS 的病患共同生活或者与 SARS 病患的感染物质（如呼吸道分泌物）有直接的接触。SARS 可能的传播方式包括接触他人皮肤或者被感染性液滴污染的物品后接触自己的眼、鼻或者口。在当 SARS 病患对他人或者附近的物体咳嗽或者打喷嚏时，会发生前述情况。SARS 同样可能更为广泛地通过空气或者其他现在不知道的途径传播。因此，航空器机舱对于 SARS 的传播非常有利。

报道的 SARS 病例主要产生于与被感染人群有直接接触的人，比如，这些与病患共同居住的人以及在照顾病患时没有执行感染控制程序的护理人员。任何航空传播的疾病（如 SARS）都需要特殊的环境，比如封闭的机舱。通风系统在这方面是关键的部分，但具有讽刺意味的是，在 20 世纪 90 年代，随着技术的不断发展，航空器上的通风系统被建造成能够循环利用空气的方式，因此增加了细菌存活的可能性并且增加了机舱内的有害颗粒。为了省油而循环空气是一种普遍做法，但一个审慎的航空公司将会采取其他措施，比如，更换提供通风系统的空气过滤器。

机舱中的空气通常是干燥并且缺乏湿度的，因为在巡航高度，机舱外部的空气含水量非常低。巡航高度的航空器机舱内的空气湿度水平只有 10% ~20% ，类似于沙漠中的空气。缺乏湿度本身并不加速航空携带的带菌生物的传播，但是会造成呼吸困难，特别是对于罹患类似哮喘这类呼吸系统疾病的乘客。当干燥的空气通过循环系统变得不新鲜时，通常由新鲜空气完成的消除空气中飞沫的功能将变得非常困难。在这方面建议的解决方案是，审慎的航空公司再度引入 100% 的潮湿新鲜空气。

世界卫生组织的主要任务之一是疾病的国际预防。检疫条例是朝着这个目标迈进的第一步，隔离规章具有悠久的历史，在 10 世纪已经被引入。世界卫生组织 1951 年通过了《国际卫生条例》,[3]该条例的理念被认为是：阻止疾病国际性的传播，并且就国际旅行而言，尽可能减少对乘客的不便。这要求在发现、减少或者消除传染病传播的来源上进行国际合作，而不是试图通过多年来被证明没有效果的合法障碍阻止疾病的进入。[4]

当然，如果个别国家不愿意或者无政治意愿通知世界卫生组织传染病的暴发，特别是在缺乏监督机构或者对国家通知的激励或者制裁机制的情况下，上述理念将不能实现。因此，国家首要的义务是以有利于世界并阻止该疾病通过国境传播的方式通知世界卫生组织任何传染病的暴发。遗憾的是，有时世界卫生组织没有报道新发现的传染病例，但媒体却同时给出相反的信息。[5]国家缺乏兴趣向

---

〔3〕 See Gear and Deutschman（1981）, pp. 273 –343.

〔4〕 World Health Organization, Vaccination Certificate Requirements an Health Advice for International Travel, Geneva, 1988, p. 7.

〔5〕 See World Health Organization-Functioning of the International Health Regulations for the period January 1 to December 31 1984, 60 Weekly Epidemiological Record, December 13, 1985 at p. 386. 同样需要指出世界卫生组织报告仅 40% 的 AIDS 确诊病例被告知该组织。See. Schachter and Joyner（1995）, p. 865.

国际组织（如世界卫生组织）报告传染病的发生的原因之一是，有些认为国际卫生条例是过时遗物的国家缺乏对《国际卫生条例》重要性的认可。[6]

SARS 在国际卫生方面同样涉及人权问题。国际人权法在公共卫生方面设定两个关键领域：保护公共卫生构成在一定情况下限制人权的合法基础（比如，为了阻止一些疾病等同于隔离的拘留或者软禁被认为是合理的）；以及个人健康权。在这方面，不仅国家有义务通知世界卫生组织传染病的发生，而且有道德以及法律义务的个人也应如此，1975 年，世界卫生组织发布政策归纳其在卫生以及人权方面的理念：

个人有义务通知卫生当局当其罹患一种传染性疾病（包括性病）或者暴露于感染源下而必须接受检查、治疗、监督、隔离或者住院。在此种情况下强制的隔离或者住院构成对其移动自由、自由权以及个人安全的限制。[7]

在评估 SARS 对健康和航空的影响时有必要界定“健康”的概念。世界卫生组织宪章指出该组织的目标是：“达到尽可能高的健康标准，”健康被定义为：“完全的身体、精神和社会健康状态，而不仅是没有疾病或虚弱。”[8]从航空学的角度来看，正如下文所提到的那样，这是很难达到的，因为在运输旅客时，国际责任仅扩张到防止旅客伤害他人、受伤或者死亡的义务，而并不包括体格或者精神完全健康状态。

2.2 SARS 在航空方面的影响

2002 年 11 月 1 日至 2003 年 4 月 22 日，世界卫生组织记录 78 例与 SARS 有关的死亡，以及 2233 起在 18 个国家的疑似 SARS 病例。[9]基于这些统计数据，世界卫生组织宣布有 SARS 症状的或者可能暴露于 SARS 病毒之下的旅客禁止飞行。[10]一些国家立即采取行动，其中之一便是美国，建议旅客推迟到被病毒影

〔6〕 See World Health Organization-Functioning of the International Health Regulations for the period January 1 to December 31 1985, Part 1, 61 Weekly Epidemiological Record, December 12, 1986 p. 303.

〔7〕 The Individual's Duty to the Community and the Limitations on Human Rights and Freedoms Under Article 20 of the Universal Declaration of Human Rights, 100 UN Sales No. E. 82. XIV. 1 (1983).

〔8〕 World Health Organization, Basic Documents, 1 - 2 (37th Ed. 1988).

〔9〕 Fiorino (2003), p. 59.

〔10〕 WHO Urges Screening of Air Pasengers for SARS on Some Flights, Washington Aviation Summary, April 2003 Edition (April 1 2003), Baker and Hostetler, LLP at p. 1.

响区域的不必要旅行。加拿大宣布卫生紧急状态，中国台湾地区建议民众不要飞往中国大陆。[11]据称空客公司在2003年5月初透露一些受SARS疫情打击的航空公司正式要求推迟航空器的交付。[12]依据这些报道，SARS疫情持续存在并且伴随伊拉克战争的暴发已经对航空运输造成不利的影响。国际民航组织回应问题的严重性，于2003年5月2日发布指导材料敦促各缔约国：

在登机口对旅客实施登机前健康检查；给所有旅客提供关于SARS详细信息的手册；对来自或者经过被影响区域的到达旅客实施健康检查；建议驾驶员预先通知如果机上乘客表现出SARS症状；指导机组成员如何处理飞行中疑似SARS患者；并且对有疑似SARS患者乘坐过的航空器进行消毒。[13]

作为国际航空运输协会对SARS回应的一部分，在最受影响的国家之一新加坡设立一个SARS协调中心，以协调在该区域内控制SARS的努力。[14]国际航空运输协会的目的是帮助建立有效以及高效的检查程序，该程序是政府提供的公共卫生专家与机场和航空公司提供的运营专家合作的结果。[15]更进一步，2003年4月国际航空运输协会以及世界卫生组织在曼谷会面协调以及完善计划减少SARS影响航空运输的可能性，国际航空运输协会认SARS是全球问题，要求全球性的解决方案，需要政府联合的支持以及理解，这意味着必须避免施加保守的、低效的对策。[16]

国际航空运输协会关于SARS对航空运输业影响的官方观点是，该疾病是航空公司有史以来面对的最大威胁，并且与SARS有关的航空公司的损失将超过伊拉克战争使得航空公司所受的100亿美元的损失。[17]依据国际航空运输协会，多家与SARS病人有直接或间接接触的航空公司的旅客载运量大幅下降并且中国香

〔11〕 上引注。

〔12〕 Some SARS Hit Airlines Want Deliveries Postponed, Air Letter, Friday, 2 May 2003, No. 15, 232, p. 3.

〔13〕 ICAO Issues Guidelines Regarding SARS, PIO 07/03, Montreal, 02 May 2003.

〔14〕 IATA Sets up Regional SARS Centre, Air Letter, Wednesday 30 April, 2003, No. 15, 230, p. 3.

〔15〕 上引注。

〔16〕 Airlines Refine Battle Plans to Fight SARS, Washington Aviation Summary (1 May 2003) May 2003 Edition, Baker & Hostetler LL., p. 1.

〔17〕 IATA Predicts Tough Six Months head for Aviation Industry, Aviation Daily, Friday, April 25 2003, p. 5.

港承运人如国泰航空以及港龙航空受到差不多70%的损失。[18]

在保险方面，据称伦敦核保人撤回针对SARS影响国家的旅游航空保险。[19]美国航空运输协会宣称：世界的情况在不断地严重影响着航空市场，并且截至2003年4月6号所在的那一周，美国承运人全系统运输量减少了17.4%，并且国内客运与2002年同期相比下降接近15%。[20]

其他地区，因为SARS的影响至少两家航空公司减少定期航班：荷兰皇家航空公司宣布减少飞往亚洲的航班，并打算用容量较小的小型飞机飞往亚洲目的地，从而减少其总运力的3%；[21]澳洲航空公司推迟其航空器订单，并且裁员400人。[22]国泰航空宣布了一家商业航空公司有史以来推出的最全面、最积极的客舱计划，以确保乘客的健康，并使SARS威胁下的机组人员放心客舱安全。[23]

3 禽流感危机

禽流感疫情暴发于2008年。尽管世卫组织将H5N1型禽流感的暴发归于第3阶段[24]（不意味着处于流行病阶段），但是其仍造成世界范围的人们对流感流行的恐慌。航空承运人，特别是亚洲承运人，已经执行一些严格的措施，检查特定的其认为健康危险较高的国家，并且禁止运输活的家禽。[25]尽管如此，亚洲国家并没有产生恐慌。[26]一些人甚至警告，实际上今天禽流感流行的威胁相比于8年前其第一次暴发时不太现实，并且没有理由相信其流行将席卷世界。[27]在本书写

---

〔18〕 上引注。

〔19〕 Travel Insurers Take Fright Over SARS, Air Letter, Monday 28 April 2003, No. 15, 328, p. 1.

〔20〕 Iraq, SARS send Travel to New Low, Air Letter, Friday, 11 April 2003, No. 15, 219, p. 1.

〔21〕 KLM Cuts Flights to Asia due to SARS, Air Letter, Tuesday 29 April 2003, No 15, 229, p. 3.

〔22〕 Qantas May Delay Orders Due to SARS, Air Letter, Friday 25 April 2003, No. 15, 227 p. 2.

〔23〕 Risk of Deadly Respiratory Infection Fuels Fear of Air Travel, Air Safety Week, April 14, 2003: Washington DC, Vol. 17, No. 15 p. 1.

〔24〕 依据世界卫生组织的规定，第3阶段代表人感染一个新的子类型，但是没有人与人之间的传播或者在更为稀少的情况下通过接触传播。在第3阶段，病毒在受影响的国家平息但在其他传播国家仍在继续。See WHO Global Influenza Preparedness Plan, WHO/CD/CSR/GIP/2005.5, World Health Organization, Department of Communicable Disease Surveillance and Response, Global Influenza Programme WHO: Geneva, at 7.

〔25〕 Mathews (2005) at 38.

〔26〕 上引注。

〔27〕 May (2005) at 7.

作时，不管是世界卫生组织还是美国疾病控制中心都没有发布旅游警告敦促公众避免去往受禽流感影响的区域，尽管小布什总统要求美国国会拨款71亿美元资助禽流感预防计划。[28]

对航空运输业不幸的是，尽管国际组织以及政府当局会谨慎克制在第3阶段采取仓促的政治行动，但如果情况恶化公众将会恐慌，导致航空运输的规模在世界范围内急剧缩减。当禽流感暴发处于初始阶段时泰国是一个很好的例子。泰国是世界第四大家禽出口国，2004年1月17日其宣布在人和家禽身上存在高致病的H5N1型禽流感，该国人民因此变得困惑和沮丧，这在经济以及旅游上带来即时以及剧烈的影响，并对国际社会产生巨大影响。[29]

流行病的快速传播将会如同"9·11事件"一样对航空业产生灾难性的影响，在国际民航组织的主持下各国一致应对的行动以及个别国家的行动使得航空运输业能够维持下去。[30]如同在SARS暴发期间，航空保险核保人可能就航空保险的承保范围进行审查，[31]要求国际航空社会给予航空运输业保护。无可争议的是阻止接触性传染病传播的主要责任在于国家以及相关的国际组织。在面对禽流感的全球流行时，他们至少有道义义务守护航空运输业的利益。

禽流感是一种动物的接触性传染病通常由禽类感染而不常影响猪类。这些病毒通常只针对特定物种，但是在极少数情况下会跨物种传染给人类。[32]当禽流感在家禽中传播时，鸟类或者会表现出低致病率的轻微症状（羽毛竖起或者产蛋量下降），这并不容易发现，或表现出高致病的严重症状进而影响所有家禽的运转。

禽流感病毒通常并不影响人类，但是一些人通过不同细菌的菌株被感染的例

〔28〕 上引注。

〔29〕 Outbreak Communication, Best Practices for Communicating With The Public During an Outbreak, Report of the WHO Expert Consultation on Outbreak Communications, Held in Singapore, 21 – 23 September 2004, WHO: Geneva 2004 at 17.

〔30〕 See Abeyratne (2002a) at 84.

〔31〕 Abeyratne (2002b) at 62.

〔32〕 Weekly Epidemiological Record, 4 November 2005, No. 44, 2005, 80: 377 – 388, World Health Organization: Geneva, at 377. 实验室确认人感染的病例发生在5个国家，柬埔寨、印度尼西亚、泰国、越南以及土耳其，Id 379.

子在1997年被发现。[33]主要的担忧是病毒获得在人与人之间轻易传播的能力。由于这些病毒通常并不感染人类，人类中没有或者很少有针对这些病毒的免疫保护。

20世纪的1918年、1957年以及1968年有3次严重的流感流行。尽管无法准确预计下一次流行会发生在什么时间，但因为禽流感的传播非常广泛，而且似乎还在增长，并鉴于过去数年病毒存在的持久性被证明，对大流行的担忧是自1969年以来最高的。在本书写作时有150名确诊感染禽流感的病例，且其中半数是致命的。人感染禽流感的确切途径还不得而知，但是多数病例涉及病患与被感染的禽类直接接触。被感染的鸟类被认为通过粪便污染环境并传播病毒。但是一些禽流感似乎同样可以通过呼吸在鸟类中传播病毒。

禽流感的症状可为从相对较轻并可自愈的发烧以及呼吸系统疾病到急性的呼吸困难以及死亡。现在活跃的病毒似乎对两种抗病毒药物敏感，奥司他韦（Oseltamivir）以及扎那米韦（Zanamavir），尽管这些药物可能不会起效，除非在症状刚一出现时就及早地使用。同样没有多少使用这些药物治疗被禽流感感染的病人的直接经验。疫苗的制造正在努力进行。但是在本书写作时，没有可用于商业的疫苗保护人类免于禽流感的感染。

政府在阻止禽流感的传播上一直存在问题，因为病毒在国内以及国家间以及野生鸟类间传播的途径并不明确。这使得形成完全有效的预防措施非常困难。但可以确定的是，H5N1型禽流感在家禽中的广泛传播给人类带来两个风险：第一，当病毒从家禽传播给人时；第二，如果被给予足够的机会，当病毒变化成为将会在人与人之间传播的菌株时。第二个风险对于航空运输是最大的威胁，因为这样的改变不仅将拉开全球暴发（流行病）的序幕，同样使得航空运输成为病毒在国家间传播的跨国境途径。

---

〔33〕 Highly Pathogenic H5N1 Avian Influenza Outbreaks in Poultry and in Humans：Food Safety Implications，World Health Organization：Geneva，4 November 2005，INFOSAN Information Note No 7/2005 at 3. 1997年禽流感病毒在香港第一次感染人类。在2003年年末以及2004年年初在亚洲8国暴发禽流感（柬埔寨、中国、印度尼西亚、日本、老挝、韩国、泰国以及越南），导致在受影响国家超过100万只鸟类死亡或是死于疾病或者死于扑杀。

3.1 流感流行的结果

最为严重的流感流行发生在 1918 年至 1919 年并在世界范围内估计造成了 4000 万至 5500 万人的死亡。[34]尽管健康护理条件在过去几十年间有显著改善，但是美国亚特兰大疾病控制以及预防中心建立的流行病学模型预计禽流感流行可能导致全球 200 万至 740 万人死亡。[35]。世界卫生组织的估计与这一数字一致。[36]

如果不完全确定大流行的性质和可能的经济损失，任何关于大流行对人类以及经济影响的推测都将在根本上存在缺陷。[37]据估计，反映被感染并成为临床生病人口比例的总罹患率（被感染率）估计将达到典型流感被感率的 20% 至 40% 之间。[38]就西班牙流感而言，致死率在 2.5% 至 5% 之间。[39]

从经济的角度，流感大流行可能与 21 世纪初发生的 SARS 疫情有不同的后果。SARS 的影响是在需求方面，以消费和服务需求收缩的形式体现，[40]大流感将同样影响供应方面，由于劳动力生病并且可能死于疾病。流感流行将同样破坏人力以及物力、减少全球增长潜力以及显著影响全球经济。更进一步，流感流行将使得投资显著下降并且长期不能复苏。来自禽流感的死亡将显著地减少劳动力并且相比于没有大流行，大流行能将 GDP 拉低 3.6 个百分点。

另一个影响全球经济进而影响航空运输业的因素是心理因素。就区域而言，一场致命的全球大流行可能严重影响欧洲、北美和亚洲的信心。这些国家的经济建立在其增长潜力上。由于进口商、出口商和服务业的需求严重下降，从事这些行业的企业将遭受重大损失。该趋势的直接后果是企业倒闭。从而降低未来的投资和就业。

---

〔34〕 WHO Global Influenza Preparedness Plan，R. v. Secretary of State ex parte Factorframe Ltd. ［1990］ 2 A. C. 85 at 13.

〔35〕 Http：//www. who. int/csr/dusease/influenza/pandemic/en/index. html. 该预计同样包括 1.34 亿至 2.33 亿可能的门诊访问量，以及 100 万人次住院。

〔36〕 Bloom et al.（2005），at 2.

〔37〕 上引注。

〔38〕 Taubenberger（2005）at 24.

〔39〕 J. Barry，1918 Revisited：Lessons and Suggestions for Further Inquiry，published in The Threat of Pandemic Influenza：Are We Ready? http：//users. lmi. net/wfanca/pp_annan_on_sov. html，at 33.

〔40〕 Fan（2003）at 5.

3.2 我们能做什么

在与可能的禽流感流行的斗争中，政府以及国际组织通过阻止以及缓解流感流行将扮演主要的角色。这样的努力本质上要求国际社会齐心协力协调与援助以确保对于所有主要领域的支持，同时避免重复努力。一个关键的支持是融资，特别是对贫穷国家的融资并给这些国家提供关键的商品。不用说，航空运输在这一努力中将扮演主要角色，这也是在危机条件下为全球航空运输制定应急计划的正当理由。

禽流感的情况与早先流感暴发的情况不同。第一，全球得到提前警告；第二，这一警告给予我们足够的时间在暴发前做准备。世界卫生组织指出，2003 年后，世界无限接近自 1968 年之后的又一次流行病暴发。2005 年年中世界卫生组织在动物流行病学中观察到不祥的变化。[41] 世界卫生组织警告，作为对流行病威胁的回应，全球应利用病毒自适应逐渐变异过程的好处并通过抗病毒药物以及其他公共卫生措施实施提早干预。[42]

在这方面联合国粮食与农业组织以及世界动物卫生组织[43] 已经提出措施并制定了一个全球性战略草案。[44] 世界卫生组织已经准备了一个完整的禽流感预案，承认航空运输可能加速新病毒的传播并减少可用于提前干预的时间。[45] 2005 年 10 月在渥太华举行的国际卫生部长会议强调，需要采取多部门协同管理办法，目的是加强监督的能力；对于疫苗以及为了研究和发展抗病毒政策形成全球性的措施；并且首要的是为回应流行病的风险，在国家与机构间实现完全透明，同时实施全球计划进行疾病监督。[46]

---

〔41〕 Responding to the Avian Influenza Pandemic Threat: Recommended Strategic Actions, World Health Organization Communicable Disease Surveillance and Response to the Global Influenza Programme: Geneva, 2005, at 3.

〔42〕 上引注。

〔43〕 http://www.fao.org/ag/againfo/subjects/en/health/diseases-cards/27septrecom.pdf.

〔44〕 http://www.fao.org/ag/againfo/resources/documents/empres/AIglobalstrategy.pdf.

〔45〕 WHO Global Influenza Preparedness Plan, WHO/CDS/CSR/GIP/2005.5, Preamble (supra note 5) at 3.

〔46〕 Ottawa 2005: Global Pandemic Influenza Readiness-An International Meeting of Health Ministers, Health Canada News Release, October 25, 2005; at 7.

3.3 航空运输的前景

2005 年 11 月 18 日，在罗湖口岸以及落马洲口岸，开始通过红外热成像技术对抵达中国香港的个人进行体温检查。[47] 该措施充分展示，从航空运输的角度，技术是可用来与流感全球的暴发做斗争的，因为各国将越来越容易实施曾在 SARS 疫情中实行过的措施，特别是当 SARS 病毒暴发时国际民航组织以及国际航空运输协会都实施了详尽的行动计划。这两个组织曾在 SARS 疫情期间与世界卫生组织紧密协作，并将就应对，公众健康的新威胁继续努力。国际航空运输协会医学咨询委员会曾与世界卫生组织合作形成对于登机口工作人员、机组成员、清洁工以及维修人员的指导材料。国际民航组织已经对可能暴发的传染病采取了系统性方法。国际民航组织在 2004 年 9 月到 10 月召开的第 35 届大会通过了第 A35-12 号决议,[48] 宣布保护国际航班上旅客和机组的健康是安全航空旅行的一个不可缺少的组成部分，应该创造条件，确保以及时和具有成本效益地保护健康。通过这项决议，理事会被要求审议有关旅客和机组健康的现行标准和建议措施，并视情况制定新的标准和建议措施，同时要求理事会做出合适的机构安排，协调各缔约国以及国际民用航空界其他成员旨在保护旅客和机组健康的努力。

十分明确的是，国际民航组织以及国际航空运输协会都把重点放在保护旅客以及机组成员的健康上，以避免航空器内部的传染病传播。在这一领域技术方面已经做得足够多以至于现在可以合理地推定几乎没有可能通过航空器的通风系统传播传染病。正如一位评论员所指出的：航空器机舱中没有什么使得易于感染传染病。实际上，反过来说也是正确的。航空器上的通风模式与高效分子空气过滤装置的空气循环减少了航空运输携带的病原体，特别是与其他公共场所相比。[49]

尽管这些是很好的，但问题在于国际社会是否应更关注于疾病的跨国界传播，如在 SARS 疫情期间两名多伦多居民通过航空运输从中国香港地区带来

---

〔47〕 Temperature Screening for Incoming Travellers Activated in Phases, Hong Kong Department of Health Bulletin 05117, 18 November 2005.

〔48〕 Protection of the health of the passengers and crews and prevention of the spread of communicable diseases through international travel, Assembly Resolutions in Force (as of 8 October 2004), ICAO Doc 9848, at 1 –50.

〔49〕 May (2005) at 7.

SARS，这是真正危险的事件，并且不仅在航空器内部。

3.4 与公共卫生相关的国际机制

禽流感在国际卫生方面同样涉及人权问题。国际人权法在公共卫生方面设定了两个关键领域：保护公共卫生构成在一定情况下限制人权的合法基础（比如为了阻止等同于隔离的拘留或者软禁一些疾病被认为是合理的）；个人健康权在这方面，不仅国家有义务通知世界卫生组织传染病的暴发，而且有道德以及法律义务的个人也应如此，1975 年，世界卫生组织发布政策归纳其在卫生以及人权方面的理念：

个人有义务通知卫生当局，当其罹患一种传染性疾病（包括性病）或者暴露于感染源之中而必须接受检查、治疗、监督、隔离或者住院。在此种情况下强制隔离或者住院形成对移动自由、自由权以及个人安全的限制。[50]

在评估 SARS 对健康与航空的影响时有必要界定“健康”的概念。世界卫生组织宪章指出该组织的目标是：“达到尽可能高的健康水平”。健康被定义为：“完全的身体、精神和社会健康状态，而不仅仅是没有疾病或虚弱。”[51]在与航空有关的方面，这很难达到。因为在运输旅客时，国际责任仅扩张到防止旅客伤害、受伤或者死亡的义务，并不包括体格或者精神的完全健康状态。[52]

参考文献：

Abeyratne RIR(1999) Mental injury caused in accidents during international air carriage-a point of view. Aviat Q 4:193 - 205.

Abeyratne R (2002a) Attacks on America-privacy implications of heightened security measures in the United States, Europe, and Canada. J Air Law Commerce 67(1):83 - 115.

Abeyratne RIR (2002b) International responsibility in preventing the spread of communicable diseases through air carriage-the SARS crisis. Transp Law J 30(1):

〔50〕 The Individual's Duty to the Community and the Limitations on Human Rights and Freedoms Under Article 20 of the Universal Declaration of Human Rights, 100 UN Sales No. E. 82. XIV. 1 (1983).

〔51〕 World Health Organization, Basic Documents, 1 - 2 (37th Ed. 1988).

〔52〕 See Abeyratne (1999).

53 – 80.

Bloom E, de Wit V, San-Jose MJC(2005) Potential economic impact of an avian flu pandemic in Asia. ERDP policy brief no 42, Asian Development Bank.

Fan E (2003) SARS: economic impact and implications. ERDP policy brief no 15. Economics and Research Department, Asian Development Bank, Manila.

Fiorino F(2003) SARS: a new blow. Aviat Week Space Technol 59.

Gear HS, Deutschman Z(1981) Disease control and international travel-a review of international sanitary regulations. 10 Chronicle of the World Health Organization, Spec. No. 9 – 10.

Mathews N(2005) No panic, Asian carriers say risk of bird flu has to be kept in perspective. Aviat Week Space Technol 38.

May J(2005) Avian flu: a call for precaution, not panic. Aviation Daily(Tuesday, 22 November 2005).

Schachter O, Joyner CC(eds)(1995) United Nations legal order, vol 2. Cambridge University Press, Cambridge.

Taubenberger J(2005) Chasing the elusive 1918 virus: preparing for the future by examining the past. In: Knobler S, Mack A, Mahmiud A(eds) The threat of pandemic influenza: are we ready? National Academic Press, Washington, DC.

第十五条　机场费用和类似费用

一缔约国对其本国航空器开放的公用机场，在遵守第六十八条规定的情况下，应按统一条件对所有其他缔约国的航空器开放。为航行安全和便利而提供公用的一切航行设施，包括无线电和气象服务，由各缔约国的航空器使用时，应适用同样的统一条件。

一缔约国对任何其他缔约国的航空器使用这些机场及航行设施可以征收或准许征收的任何费用：

一、对不从事定期国际航班飞行的航空器，应不高于从事同样飞行的本国同级航空器所缴纳的费用；

二、对从事定期国际航班飞行的航空器，应不高于从事同样国际航班飞行的本国航空器所缴纳的费用。

所有此类费用应予公布，并通知国际民航组织，但如一有关缔约国提出意见，此项使用机场及其他设施的收费率应由理事会审查。理事会应就此提出报告和建议，供有关的一国或几国考虑。任何缔约国对另一缔约国的任何航空器或航空器上所载人员或财物不得仅因给予通过或进入或离去其领土的权利而征收任何规费、捐税或其他费用。

1　机场经济学

在机场和类似费用方面的全球政策，可作为对国际航空界在征收费用及其用途方面稳步发展之实践的指导材料。1947 年国际民航组织大会第一届会议（蒙特利尔，1947 年 5 月 6 日至 27 日）通过第 A1-66 号决议（理事会在合资联营领域从事研究）要求理事会继续研究“涉及航行设施与服务的国际航空运输经济的费率”。[1]同一决议要求国际民航组织成员向国际民航组织提供所有必要的关于建造成本、航行设施以及服务的运营维护、从中获得收益以及征收的费用的信息，这样的信息有助于理事会的研究。

大会在其第二届会议（日内瓦，1948 年 6 月 1 日至 21 日）通过第 A2-14 号

---

〔1〕 Doc 4026 A1-FA/3 Appendix 1 Part 3.

决议（涉及航行设施与服务的国际航空运输经济费率之研究），决议提醒理事会注意第A1-66号决议，并额外要求确保其在这一问题上的研究适当考虑国际民用航空机场以及航行服务所有方面的经济学问题，服务包括通信、无线电以及其他对航行的帮助、空中交通管制、气象预报以及其他附属服务。

在理事会研究的基础上，其被要求形成针对成员国之指导材料的建议，该指导材料涉及国际民用航空服务提供者从其服务中可能获得的收益以及如何收取这样的收益。

大会第12届会议（圣地亚哥，1959年6月16日至7月9日）通过了第A12-19号决议（对机场以及航行设施收费的研究），要求理事会在审议机场费用会议以及航线设施收费会议的建议后，通过成员国涉及航线航行设施以及服务收费的指导声明。[2]因此，该决议敦促各缔约国遵照《芝加哥公约》第十五条，一缔约国因任何其他缔约国的航空器使用空中航行设施和机场而可能征收或允许征收的任何费用应予以公布并向本组织通报。

大会第14届会议（罗马，1962年8月21日至9月15日）通过了第A14-31号决议（对收费问题的研究以及机场与航行设施经济学），规定理事会应尽快实施关于机场的经济情况以及国际机场航线设施收费问题的事实调查研究（其范围在咨询成员以及国际航空运输协会后确定）。在这方面，政府、机场当局及其国际组织以及国际航空运输协会被要求向理事会提供统计数据以及其他信息。

最近，大会第37届会议（2010年9月至10月）通过的第A37-20号决议（国际民航组织关于航空运输领域持续政策的综合声明）附件F（机场和空中航行服务）规定：

> 鉴于第9082号文件《国际民航组织关于机场和空中航行服务收费的政策》中的国际民航组织政策对收费和税收做了概念上的区分，即“收费是旨在并专门用于收回提供民用航空设施和服务所付成本的一种款项征收，而税收是旨在提高通常不全部用于、也不根据具体成本地用于民用航空的国家或地方政府收入的一种款项征收”；

〔2〕 Doc 7806-C/899 and Doc 7941-C/913.

鉴于有关航空器发动机排放的款项征收和基于市场的措施的事项，已在大会通过的第 A37-18 号决议（国际民航组织关于环境保护的持续政策和做法的综合声明）一般规定、噪声和当地空气质量（附录 H：航空对当地空气质量的影响）和大会通过的第 A37-19 号决议（国际民航组织关于环境保护的持续政策和做法的综合声明——气候变化）中单独提及；

鉴于《芝加哥公约》第十五条确定了实施和公布机场和空中航行服务收费的依据；

鉴于已指示理事会拟订建议，以便在国际民用航空机场和空中航行服务的提供者收取费用以收回提供这些服务所支出成本并从中产生其他收入所依据的原则问题上，以及在就此所采用的方法问题上对缔约国提供指导；和

鉴于理事会已通过并在必要时修订了，且在第 9082 号文件中公布了《国际民航组织关于机场和空中航行服务收费的政策》；

大会：

1. 敦促各缔约国确保《芝加哥公约》第十五条得到充分遵守；

2. 敦促各缔约国依据《芝加哥公约》第十五条的表述和第 9082 号文件《国际民航组织关于机场和空中航行服务收费的政策》中补充表述的原则收回其为国际民用航空提供或共同提供机场和空中航行服务所付的成本，而不论机场和空中航行服务运营的组织结构如何；

3. 敦促各缔约国确保机场和空中航行服务的收费仅用于支付提供民用航空设施和服务所支出的成本；

4. 敦促各缔约国遵照《芝加哥公约》第十五条尽一切努力公布并向本组织通报一缔约国因任何其他缔约国的航空器使用空中航行设施和机场而可能征收或允许征收的任何费用；

5. 鼓励各缔约国在其国家立法、规章或政策中以及航空运输协定中采纳第 9082 号文件中所倡导的非歧视、与成本挂钩、透明度和与用户协商的原则，以确保机场和空中航行服务提供者予以遵守；

6. 要求理事会确保载于第 9082 号文件中的指导原则和咨询意见是最新的并对各缔约国的要求做出反应。

许多国际民航组织会议都讨论了一个棘手的问题，即需要在公平公正的基础上达成关于机场向航空公司征收费用的共识。该问题部分由于机场多年来一直在进行私有化以及商业化，这使得它们在营利化的基础上运行。但是一些核心原则一直存在且并未改变，第一个原则是，在航空运输业中仅有一个产品，即由航空公司提供航空运输。第二个原则是，国家通过国际民航组织依照《芝加哥公约》最终为满足世界人民对安全、正常、有效和经济的航空运输的需要负责。在将这些基本原则融合在一起的过程中出现了模糊不清，使我们有必要批判性评估一个例证了这种模糊不清的领域——向航空公司提供服务的机场所收取的费用。本部分批判性地评价了这个问题，并指出了存在的某些异常现象。

机场因提供的服务向航空公司收费最为根本的原因是《联合国人权宣言》。〔3〕该宣言第七条指出，法律面前人人平等，人人有权享受不受任何歧视的法律的平等保护。该条款指出，人人有权享受平等保护，以免受违反本宣言的任何歧视行为以及煽动这种歧视的任何行为之害。第十七条规定，人人有单独的财产所有权以及同他人合有的所有权。〔4〕任何的财产不得任意剥夺。〔5〕因为财产包括金钱〔6〕并且机场对航空公司的收费包括金钱，该宣言可以从法律上解释为阻止超过与所提供的服务应付数量相一致的任意收费。

需要指出该宣言并不是正式条约，因而并不是具有约束力的正式法律渊源。因此，该宣言并不是一个自执行的文件，并且援用这些原则的人需要依赖实施该宣言且具有可诉性的条约。〔7〕但是，该宣言仍是一份道德原则声明，旨在对国际社会产生影响。有鉴于此，作为收费的道德基准，我们首先要认识到，收取与提供的服务不相称的费用无异于征税，这使得相关机场及有关国家不当得利。在这方面值得注意的是，国际民航组织出于其政策目标，对收费以及税收作出区分，收费是旨在并专门用于收回提供民用航空设施和服务所付成本的一种款项征收，而

---

〔3〕 Adopted and proclaimed by General Assembly Resolution 217 A（III） of 10 December 1948.

〔4〕 第十七条第一款。

〔5〕 第十七条第二款。

〔6〕 See Qureshi（1994） at 295.

〔7〕 比如，1950 年 11 月 4 日欧洲理事会成员签署《保护人权以及基本自由公约》，该公约也被称为《罗马公约》，该公约实施《联合国人权宣言》的原则，在第二十五条授予个人在宣言规定的权利受侵犯时申诉的权利。

税收是旨在提高不全部用于，也不根据具体成本地用于民用航空的国家或地方政府收入的一种款项征收。[8]

应用于机场费用的特别管理条款源于国际民航组织第9082号[9]文件，该文件在序言中有趣地说道："国际民航组织关于机场和空中航行服务收费的政策，包含了理事会的各项建议和结论。"必须指出，该文件上一版本使用措辞"陈述"而非"建议以及结论"。前一种措辞似乎更为合适，因为《芝加哥公约》第五十四条和第五十五条并没有授权理事会达成建议和结论，第五十四条规定了理事会的强制性职能，第五十五条规定了理事会的许可性职能。这两条规定并不要求理事会就任何与航空运输有关的事项向各缔约国发布指导材料。尽管《芝加哥条约》第五十四条第二项使得执行大会指示成为理事会必须履行的职能，但却没有针对指示这一措辞的明确概念。如果这一措辞被解释为包括大会的要求，则能应用大会通过的第A36-15号决议的第五条，[10]该条要求理事会确保载于第9082号文件的指导原则和咨询意见是最新的，并对各缔约国的要求做出反应。在这方面，国际民航组织理事会采取倡议发布其建议以及结论是值得赞许的，尽管大会的决议以及使用在第9082号文件中的措辞并不相同。

措辞的不同并不止于此。第9082号文件第八条第一款指出理事会建议各国仅允许为民用航空运营提供与其直接相关的或使其最终受益的服务和功能收费。反常在于措辞的"功能"一词并没有在该文件中任何地方被定义或者被精心设计。这是否意味着由机场自己定义或者决定功能，或者是否能使用第8632号[11]文件中的措辞"设施"来解释"功能"，并不明确。

对机场费用管理控制的最新趋势表明，应当仔细研究，以评估是否对航空公司在公平公正的基础上征收机场费用。本部分将讨论这一问题并集中于现在使用的管理条款。尽管下面的讨论将仅集中于机场费用，但必须指出应适用的国际民

[8] ICAO's Policies on Taxation in the Field of Air Transport, Doc 8632, Third Edition: 2000, at 3.

[9] ICAO's Policies on Charges for Airports and Air Navigation Services Doc 9082/7 Seventh Edition-2004.

[10] Resolution A36-15, Consolidated Statement of Continuing ICAO Policies in the Air Transport Field, Assembly Resolutions in Force (as of 28 September 2007) Doc. 9902, III-1 at III-13.

[11] 上引注8。

航组织管理政策同样适用于航行服务。

2 现在的管理条款

当前国际民航组织关于机场以及航行服务收费的政策来源于机场以及航行服务经济学会议提出而被理事会采纳的建议。[12]该会议于2000年6月19日至28日在蒙特利尔举行，达成了需要形成成本回收政策基本概要的结论。[13]会议建议应在现有的政策范围内采取措施，现有的政策要求对国际民用航空征收的费用，仅支付提供国际民航的设施以及服务的成本。会议还建议，在确定空中交通费用基础之前，应考虑空中交通费以外的其他来源收入。国际民航组织告知该会议，机场以及航行设施服务能提供足以超过运营成本的收益，并因此能够为资产提供合理的回报，这有助于必要的设备改良。当然，基本的原则是在收费制度或收费水平有重大改变前，应该咨询使用者的意见。[14]

国际民航组织在收费政策上的底线是《芝加哥公约》第十五条，其基本理念是一缔约国对其本国航空器开放的公用机场应按统一条件对所有其他缔约国的航空器开放。该条同样要求为航行安全和便利提供一切公用的航行设施，包括无线电和气象服务，[15]对各缔约国的航空器，应适用同样的统一条件。[16]第十五条内容归纳了三个基本的假定：使用机场设施与航行服务应适用统一的条件；应在不歧视的基础上对航空器运营人收费；以及不得仅因进入或离开一缔约国领空而征

〔12〕 See Report of the conference on the economics of airports and air navigation services: air transport infrastructure for the 21st century. Montreal, 19 – 28 June 2000. Doc 9764, ANSConf 2000. ICAO: Montreal, 2000. For a discussion on ANSConf 2000 see Abeyratne (2001).

〔13〕 ANSConf-WP/4 at para. 5. 1.

〔14〕 上引注 para. 5. 3. 估计民航组织的建议是及时且实际的，考虑到调整机场与航行服务的经济力量的演进。该建议同样刺激一些对于现在应用于机场以及航行服务提供者所提供的服务的财政原则的复杂性的反映。从本质上讲，服务的成本以及价格问题将取决于实践以及经济因素，比如，航空以及非航空回报的聚合以及它们在与机场和航行设施有关的整体价格政策上的影响以及一个重要的从《芝加哥公约》第十五条思考模式的转变。

〔15〕《芝加哥公约》第二十八条规定，“各缔约国承允在它认为可行的情况下：一、根据依本公约随时建议或制定的标准和措施，在其领土内提供机场、无线电服务、气象服务及其他航行设施，以便利国际空中航行。”

〔16〕《芝加哥公约》第十五条同样规定，一缔约国对任何其他缔约国的航空器使用此种机场及航行设施可以征收或准许征收的任何费用：一、对不从事定期国际航班飞行的航空器，应不高于从事同样飞行的本国同级航空器所缴纳的费用；二、对从事定期国际航班飞行的航空器，应不高于从事同样国际航班飞行的本国航空器所缴纳的费用。

收任何规费、捐税或其他费用。

现存的国际民航组织政策同样承认机场的财政情况以及航行设施在不断变化，而且主要用户，即运营定期航班的航空公司的财务状况会随着国家、区域和全球经济的表现而波动。[17]因此，国际民航组织理事会建议各国仅对为民用航空运行提供且与其直接相关或使其最终受益的服务和功能收费；鼓励各国不在差别对待民航与其他运输方式的基础上收费。[18]

国际民航组织的政策最多只在实践领域有权威性，从法律的角度而言，由于国际民航组被普遍认为缺乏强制执行的权力，因而其政策毫无效力。在这种情况下，奇怪的是，国际民航组织成立60年后，仍有人提及其权力以及职能。[19]有些人则暗指国际民航组织的职责。事实是，国际民航组织[20]仅有建立该组织的《芝加哥公约》[21]所认可的目标以及宗旨。从广义上来讲，这些目标和宗旨是为了发展国际航行的原则和技术，并促进国际航空运输的规划和发展。这含蓄地反映出了签署《芝加哥公约》国家的共识，该组织可以在航行技术领域采纳标准，但只能在经济领域提供指导材料。

国际民航组织理事会在其基本文件中指出，随着机场和空中航行服务的自主权迅速增加，许多国家可能希望为机场以及航行设施的经济管理确立一个独立的机制。[22]为此目的，理事会特别建议国家确保机场没有过度收费、从事反竞争做法或者滥用他们可能有的任何优势地位。[23]理事会进一步说明，为了机场以及航行设施提供者成功收费，必须由机场或航行设施提供者与国家制定联合收费政策。[24]在这方面，机场收费的费用基础是一个关键问题，理事会认为可取的原则是，当机场在国际范围使用时，应由使用者承担提供服务与设施的成本。因此，

---

〔17〕 ICAO's Policies on Charges for Airports and Air Navigation Services, at paragraph 7.

〔18〕 上引注第8段、第9段指出，关于这一点，理事会对于空中交通滥收费的情况表示关注，并且注意到，在一个司法管辖区内征收费用可能会导致在另一个司法管辖区内也征收。

〔19〕 MacKenzie (2008), Preface at 1.

〔20〕《芝加哥公约》第四十三条规定，根据本公约成立“国际民航组织”。该组织由大会、理事会和其他必要的各种机构组成。

〔21〕 参见《芝加哥公约》序言。

〔22〕 对比问详参 Milde (2012) at paragraph 15 (ii).

〔23〕 上引注 paragraph 15 (ii).

〔24〕 上引注 paragraph 18.

理事会认为重要的是机场要记好账目，此种账目应提供足以满足机场和用户需要的信息，而且与机场费用相关的设施和服务应尽可能准确列明。[25]有趣的是，这里使用“设施”一词，而不是“功能”。分摊的成本应是提供机场及其主要辅助服务的全部成本，包括适当数额的设备成本和资产折旧，以及维护、运营、管理与行政成本。但需要注意的是，分摊的成本可由非航空收入抵消。[26]理事会同样说明分摊给各类用户包括国家航空器的成本比例，应该在公平的基础上确定，以保证根据健全的会计原则任何用户都不会负担不该分摊给他们的成本。

如果监督者要确保在公平公正的基础上收费，前述规定构成经济监督的基本需求。

3 机场费用的当前趋势

2008年9月15日至20日在蒙特利尔举行的机场和空中航行服务经济会议，[27]同意为国际民航提交给国际民航组织理事会一个关键的建议，从而使得航空运输、机场以及航行服务业间的合作达到更高的层次，并提升世界范围内机场运营以及提供航行服务的效率和成本收益。这些建议旨在为航空业快速应对当前面临的挑战提供帮助。

收费的成本依据：机场费用的成本基础应考虑提供机场及其主要辅助服务的全部成本，包括适当数额的资本成本和资产折旧（多数情况下基于按购置价格计算的价值），以及一个合理的资产收益率。机场和航行服务经济会议处理前述问题的方法是试图就评估“合理”回报率的可行方法达成共识，以及探索将几个机场成本基数合并为一个收费成本基数的可能性。

成本分摊以及收费体系：国际民航组织在机场费用上现存的政策以及指导材料，指导如何处理各种机场设施以及服务的成本应被如何分摊给不同种类的使用者。但是，机场和空中航行服务经济会议认为出现一些新的趋势，比如，按每位乘客分摊费用来收取包括所有或者绝大多数与航行有关的活动的成本。该会议的讨论围绕这样的新措施与国际民航组织的政策是否一致这一问题，并考虑对成本

〔25〕 Doc 9082.

〔26〕 同上引注 paragraph 22（i）.

〔27〕 该会议由来自104个成员国以及9个国际组织的520名代表参加。

分摊政策以及指导材料进行适当的修改。

不歧视：机场和空中航行服务经济会议认为，近年来，机场运营人为吸引并留住新的航空公司形成了差别收费，比如，在旅客服务上的折扣以及对于特定航空公司的激励机制，包括低成本航空。该会议同样指出这些差别收费中一些可能并不透明的、具有歧视性的且属于反竞争的类型，特别是当它们构成国家援助的一种形式时。该会议审议如何处理机场运营人采取的有可能形成不公平对待的措施，以及使用机场设施的问题。

安全措施的资金筹措和成本回收：依据国际民航组织在安全收费上的政策，国家履行的安全职责的成本，比如，警察、情报收集以及国家安全不应该分摊给机场使用者。但是，机场和空中航行服务经济会议指出，区域以及国家间的做法存在差异，对使用者会有财政方面的影响。该会议审查现存的政策并讨论如何实现更为一致的涉及机场安全收费的国际民航组织政策。

4 机场和空中航行服务经济会议的建议

机场和空中航行服务经济会议建议国际民航组织修改第9082号文件，以便在确定机场收费方面赋予灵活性。这要求机场保持足够详细的成本数据，确保透明度并进行经济监督以避免在设定收费上产生歧视。

就机场以及航行服务回报率，会议建议各国在其经济监督责任范围内，明确合理资本回报率的确定方法。呼吁国际民航组织以合理资本回报率为前提，为评估成本回收所涉风险因素和资产价值的可行方法，制定补充指导材料。

对于差别收费，会议建议为履行必要的经济监督职责，国家逐案评估机场实行差别收费的积极和消极影响。此外，呼吁各国确保在不歧视的基础上实施差别收费；差别收费在创建、宗旨和标准方面是透明的；在不影响调节性收费机制的情况下，与差别收费相关的成本，不管是直接还是间接不能分配给未从中受益的其他用户；并且，如果目的是吸引和/或留住新的航空公司，差别收费只是暂时的。国际民航组织被要求修改第9082号文件，以反映在实行差别收费时的透明度原则和实施补助的时限原则。

会议认为，上述建议将使国际民航组织的收费政策在实践中更有权威性。一方面，这些政策管理机场与航行服务提供者的关系，另一方面，管理航空公司与其他机场以及空域使用者的关系。这些建议所指出的加强合作，将巩固国家在经济监督责任方面的政策，加强对所有的机场以及航行服务提供者在性能管理系统方面的要求，并建立所有机场和航行服务者之间明确界定且定期磋商的机制。同时，还建议各国将不歧视、与成本相关、透明度和与用户协商作为主要原则纳入其国家立法、条例或政策以及所有的航行服务协定之中。[28]

会议指出，保护用户不受机场和航行服务提供者可能滥用支配地位的影响是国家的主要责任，可以通过实施经济监督实现。讨论期间有人建议，通过一国对航行服务提供者的商业和运营做法进行认真监测，可以有效地进行这种监督。

在会议期间一些代表建议，为了给民航组织的政策“注入强制力”，第9082号文件应提出一项建议，即各国应将第9082号文件的修正案纳入其国家立法。有人认为，这样的措施无异于踏上未知的危险境地。虽然可以断言，执行国际民航组织政策的唯一途径是各国将这些政策作为国内立法，但并不意味着建议国家如此行事。

作为一个必要的妥协，并为了达成平衡，会议广泛认识到，在机场和航行服务日益商业化和私有化的环境中，需要进行经济监督。会议审议了代表们为改进第9082号文件而拟议的新案文。会议得出了以下结论：

各国应铭记，经济监督是各国的责任，其目标除其他外，包括防止服务提供者滥用其支配地位的风险，确保在收费方面的不歧视和透明度，鼓励与用户协商，确保发展适当的绩效管理系统，并确保能力满足当前和未来的需求，同时兼顾自治/私营实体为获得商业化或私有化的最佳成果所做的努力；

各国应根据其具体情况选择适当的经济监督形式，并将监管干预保持在最低限度并按要求进行。在决定适当的经济监督形式时，需要考虑竞争的程度、替代方案的成本和收益以及监督应运用的规则、体制和框架；

在个别国家缺乏充分履行其经济监督职能之能力的情况下，各国应考虑采取区域办法进行经济监督；

民航组织应修订第9082号文件，参照机场和空中航行服务的不同形式，选择

[28] 会议建议其他关键特征：①商业化的机场以及航行服务提供者在收费政策上更大的灵活性；②支持服务提供者管理职能的剥离；③通过最佳实践来实施更好的治理；④全球空中交通管理概念有效以及划算地实施。

最适当的监督形式，澄清对机场和空中导航服务进行经济监督的目的和范围。[29]

5 国际民航组织政策的法律地位

尽管在机场和空中航行服务经济会议中关于给予国际民航组织政策“强制力”来确保国家对机场以及航行服务的提供者的经济监督被反复讨论，但会议未能在建议中就各国应将国际民航组织第9082号文件阐述的原则并入其国内法的达成共识。而会议最终形成一个相对简化的建议，即国家应依据其自身不同的国情选择适当的监督措施，同时保持必要且最小的介入。多数代表团不愿接受将政策指导方针纳入国内法的义务。此外，会议指出国家在其经济条件上差异巨大，并且需要其领土内的机场以及航行提供服务，因此应自主决定在其国内实施经济监督的最佳路径。

国际民航组织的经济政策源于国家。但是这些政策仅提供政策指导，充其量只能由各国自行决定是否遵循。要求或者建议国家在国内法律法规中加入这些政策，是对国际民航组织赖以建立的国家赋予其的权力的颠覆，国际民航组织只应依据《芝加哥公约》第四十四条实现其目标以及宗旨。[30]

任何国际组织或者机构都不会合理地期待主权国家将这些组织或者机构采纳的政策并入其国内法中。即使政策指令来自国际民航组织理事会，依据《芝加哥公约》第五十四条作出。[31]在必须履行以及可以履行的职责中，理事会都无权作为立法者或者监管人。[32]即便此类职责被抬高到国际民航组织大会的层面，决议不能要求或者甚至不能建议国际民航组织制定的原则被并入成员国的国内法或者规章中。布朗利（Brownlie）表达了这样的观点，国际会议以及国际组织的决定

---

〔29〕 Draft Report on Agenda Item 1. 1. , Economic Oversight, CEANS-WP/73, 16/9/08, Draft Report on Agenda Item 1. 1.

〔30〕 第四十四条包含的国际民航组织的首要的宗旨以及目标是，发展国际航行的原则和技术，并促进国际航空运输的规划和发展，以满足世界人民对安全、正常、有效和经济的航空运输的需要。

〔31〕 理事会在这方面最靠近的是采纳道义上有约束力的标准以及建议措施，第五十四条规定理事会能采纳国际标准及建议措施并为便利起见，将此种标准和措施称为本公约的附件，并将已采取的行动通知所有缔约国。

〔32〕 For a discussion on the role of the Council in this context see Abeyratne (1992). Also by the same author, see The Settlement of Commercial Aviation Disputes Under the General Agreement on Trade in Services and the ICAO Council-A Comparative Analysis. International Trade Law and the GATT/WTO Dispute Settlement System; Kluwer Law International: London, 1997, 395 -412.

原则上只约束接受决定的国家。[33]邵（Shaw）在涉及联合国大会决议的约束力时指出："人们必须意识到赋予大会作出的一切决议以法律价值的危险。决议通常是政治妥协的结果，应该从这个意义上来理解，不要试图赋予约束性。特别应注意的是，不能因大量的国家实践而认定决议的效力。"[34]

关于其他组织的做法，可能需要多一点谨慎，因为一项决议有可能会形成一种习惯。没有约束力的文件构成一个特别的种类，有时被称为"软法"，但从可执行的意义上来说，它不构成法律。[35]

上述讨论揭示了在机场费用领域的一些异常现象。第一个异常现象是，依据国际民航组织的政策，严谨的收费政策有四个要素是关键的：不歧视（如《芝加哥公约》第十五条规定）、成本相关性、透明度和与用户协商。前两个不言自明，但是成本相关性以及与用户协商需要解释。有人可能会说，与成本相关的收费并不一定限于实际的成本，只要这些费用是根据所提供服务的成本计算的，就可以用于计算成本。涉及协商，服务提供者曾与用户以及利益攸关方会面，只是告诉他们某些费用将会增加。

第二个异常现象是，第 9082 号文件中的声明——机场的自治以及私有化是运营机场更为可取的模式，[36]无意中混淆了基本原则，即确定和征收费用的最终责任在于有关国家。尽管总的来说国家遵守国际民航组织在这方面的政策，但今日仍有许多机场自行制定收费标准并加以实施，只向有关国家发出粗略形式的通知，而有关国家总是予以批准。1944 年芝加哥会议通过了《芝加哥公约》，审议第十五条的草案时明确记录：每一个缔约国应确定使用机场以及航行设施的费用的规模并应统一适用于所有其他国家的航空器。[37]

《芝加哥公约》第十五条遵循这一做法并规定："一缔约国对任何其他缔约国的航空器使用此种机场及航行设施可以征收或准许征收的任何费用"，显然意味着只有国家对征收费用负责。"

---

〔33〕 Brownlie（1990），691.

〔34〕 Shaw（2003），110.

〔35〕 上引注，第 111 页，另见 Tammes（1958），265.

〔36〕 Doc 9082，at paragraph 10.

〔37〕 Proceedings of the International Civil Aviation Conference，Chicago：Illinois November 1-December 7，1944，Vol. 1，at 663.

第三个异常现象是，第 9082 号文件在一个广义的层面设定政策，一些关键条款需要进一步解释，这为随意处理涉及国际民航组织收费政策的关键原则提供了可能性。尽管如此，毫无疑问的是，第 9082 号文件总体上是明确的政策说明，多年以来其很好地为国际民航组织缔约国服务并提供指导材料。

最终的结论是，最终责任在于国家。不仅需要国家监督机场费用，并且需要提供必要的经济监督来保证公平、公正并谨慎地收费。确保这一点的有效方法是各国纳入四个要素：透明度、不歧视、成本相关性和与用户协商。

参考文献：

Abeyratne RIR (1992) Law making and decision making powers of the ICAO council-a critical analysis. Zeitschrift Fur Luft-und Weltraumrecht 41(4):387 – 394.

Abeyratne RIR (2001) Revenue and investment management of privatized airports and air navigation services: a regulatory perspective. J Air Transport Manag 7:217 – 230.

Abeyratne RIR (2002) International responsibility in preventing the spread of communicable diseases through air carriage—the SARS crisis. Transp Law J 30(1): 53 – 80.

Brownlie I (1990) Principles of public international law, 4th edn. Clarendon Press, Oxford.

MacKenzie D (2008) ICAO, a history of the international civil aviation organization. University of Toronto Press, Toronto.

Milde M (2012) International air law and ICAO. In: Benko M (ed) Essential air and space law. Eleven International Publishing, The Hague.

Qureshi AH (ed) (1994) The public international law of taxation, text, cases and materials. Graham & Trotman Ltd, London.

Shaw MN (2003) International law, 5th edn. Cambridge University Press, Cambridge.

Tammes AJP (1958) Decisions of international organs as a source of international law. HR 94:265.

第十六条　对航空器的检查

各缔约国的有关当局有权对其他缔约国的航空器在降停或飞离时进行检查，并查验本公约规定的证件和其他文件，但应避免不合理的延误。

1　检查与营救

尚不完全清楚该条款是否仅与检查航空器上应携带的文件有关。有人可能会说，这项规定允许国家实行两种措施：检查航空器、查验规定证件与其他文件。第一个行为意味着可以为安保以及安全原因检查航空器和检查文件。第二个行为显然与查验文件有关。

《芝加哥公约》附件9标准2.1要求缔约国采取适当措施，对从其他其缔约国抵达或者飞往其他缔约国的航空器进行检查，并且以避免不必要延误的方式实施这些措施。标准2.2规定在制定高效地进入或者离开航空器的放行程序时，缔约国应适当考虑航空保安以及麻醉剂管制措施的适用。

《芝加哥公约》第二十九条规定，航空器应携带的文件：①航空器登记证；②航空器适航证；③每一机组成员的适当的执照；④航空器航行记录簿；⑤航空器无线电台许可证，如该航空器装有无线电设备；⑥列有乘客姓名及其登机地与目的地的清单，如该航空器载有乘客；⑦货物舱单及详细的申报单，如该航空器载有货物。

《芝加哥公约》第三十二条规定，从事国际航行的每一航空器驾驶员及飞行组其他成员，应具有该航空器登记国发给或核准的合格证书和执照〔1〕。该条还规定，就在本国领土上空飞行而言，各缔约国对其任何国民持有的由另一缔约国颁发的合格证书和执照，保留拒绝承认的权利。国际民航组织大会在第21届会议通过A21-21号决议，附件A决定由作为航空器登记国的缔约国颁发或核准有效的航空器适航证和合格证书以及飞行机组执照，应当被其他缔约国为在其领土上空飞行的目的，包括降落和起飞，承认为有效，但需遵守《芝加哥公约》第三

〔1〕在附件1中“执照”这一措辞中与在公约中使用的“胜任能力证书和执照”“执照或者证书”以及“执照”具有同样的意思。同样的“飞机机组人员”具有与公约使用的“航空器运行组其他成员”以及“运行人员”同样的意思，而公约中“飞行组以外的成员”包括“机务人员”。

十二条第二款和第三十三条的规定。

《芝加哥公约》第三十三条规定登记航空器的缔约国发给或核准的适航证、合格证书及执照，其他缔约国应承认其有效。但发给或核准此项证书、执照的要求，须高于或等于根据公约随时制定的最低标准。

1948 年 4 月 4 日理事会依据《芝加哥公约》第三十七条第一次通过《关于人员执照颁发的标准以及建议措施》并定为该公约附件 1。该附件于 1948 年 9 月 15 日生效。2007 年 2 月 23 日理事会采纳的第 168 次修改涉及：用接近监督以及监督区域控制等级替换接近雷达以及雷达控制区域等级反映监督系统并不限于雷达。空中交通管制人因知识要求与机组人员人因知识要求的统一；对空中交通管制员执照与等级的训练要求适用对机组人员的训练要求（附件 1，1.2.8 以及附件 2)；以及关于交通运输管制学员在运行条件下接收指示的新的条款。

附件 1 包含国际民航组织就人员执照颁发的最低标准规定的标准以及建议措施。该附件适用于附件规定的所有执照与等级的申请人和执照与等级更新后的持有人。理事会决定，在原则上影响现行颁照规定的修订适用于所有执照申请人和持有人，至于对现有执照持有人的适用问题，必要时通过重新考核个别执照持有人的知识、经历和技术熟练程度对其进行评定事宜，由各缔约国酌情处理。

只要是航空飞行就离不开驾驶员以及其他空中以及地面人员，他们的能力、技巧以及训练仍然是航空运输高效以及安全运营的重要保证。高级人员的培训和执照颁发也增强了国家之间的信任，形成国际认可的人员素质以及大众对航空更多的信任。《芝加哥公约》附件 1 规定对于飞行组成员（驾驶员、飞行机械员、飞行领航员)、空中交通管制员、航空电台报务员、航空器维修人员、飞行签派员颁发执照的标准以及建议措施。

训练手册就培训课程的范围和深度向各国提供指导，以确保按照公约及其附件 1 的意图维持对空中航行的信心。这些训练手册同样为其他航空人员，比如，机场应急人员、飞行运行人员、无线电报务员的培训提供指导意见。

今日航空器的运行多样化并且非常复杂，以至于必须提供保护，防止由于人为或者系统组成部分失灵而导致的整个系统故障，不管发生这种情况的概率有多大。在航空器运行的链条中，人是至关重要的因素，但是人也是最为灵活且多变的。恰当的训练是必要的，因其不仅能够尽量减少人为错误，也能提供有能力、有技巧、熟练和胜任的人员。附件1以及国际民航组织训练手册规定在不同的岗位上需要熟练掌握的各种技能，从而有助于提高职业能力。附件中规定的医学标准要求所有人员须进行定期的健康检查，这有助于机组人员和管制员的总体健康。

《人的因素训练手册》调整人的能力及其局限，并在这一关键领域给国家提供基本信息以及必要材料来设计适宜的训练计划，使国家更加关注民航运行中人的因素的重要性来提升民航安全，这也是国际民航组织的目标。颁发执照是授权从事规定活动的行为。若无执照，这些活动应被禁止，因为不当履行这项活动会导致严重后果。申请执照必须满足与所执行任务的复杂性成比例的某些规定要求。执照考试是对身份机能和表现的定期测试，以确保独立控制。因此，培训和许可对于获得整体能力至关重要。

国际民航组织在颁发执照领域的一个主要任务是统一许可要求，并确保颁发执照的国际标准与现行实践和将来可能的发展保持一致。由于机组成员将面对增大的运输密度、空域拥堵、高度复杂的终端区域模式以及更为复杂的设备，这一任务也越来越重要。为了更好地实现这一任务，附件1被定期修改，以此来反映快速变化的环境。

《芝加哥公约》第十六条显然全面认可了一国为检查而登上飞机的权利，但它在国际公法上有疑问，应谨慎看待。因其使一国对另一国的财产承担责任，并要求一国就此种责任采取行动。国家责任的一条主要原则在于《联合国宪章》第二条第四款，[2]该条要求各成员国在其国际关系上不得使用武力威胁或武力，或使用与联合国宗旨不符的任何其他方法，以侵害任何成员国之领土完整或政治独立。

2 航空器安全

一国明确能检查航空器的场合是，当航空器即将降停时，降落地国家有理由相信航班机组成员以及乘客有可能接触到航空器上携带的有害物质。当发生空气中毒综合征时，如果有投诉，需要航空器降停国为了检查而登上飞机。

说航空运输是最为安全的运输方式是老生常谈。本着这种信念，乘客感到欣慰的是，其是每年22亿名航空运输乘客中的一员，并在飞行期间没有潜在的风

〔2〕 Charter of the United Nations and Statute of the International Court of Justice, United Nations, New York.

险危害其生命。乘飞机的人员，特别是乘客，同样认为现代航空器在设计以及结构上是极端复杂的，并且在获得飞越海洋和大陆的认证前，已经通过了严格的测试。机长以及总体上默默无闻地履行对航空器日常维护以及检查的人员同样向旅客保证，其所乘坐的航空器不会遭遇任何的不幸。很难不这么认为，因为当每年数以亿计的旅客通过航空飞行以每分钟七英里的速度舒适地乘坐飞机旅行时，机舱外面的温度比家庭冰箱的冷冻室还冷两倍。

唯一的小问题似乎在于飞行中呼吸的空气。[3]在通常条件下，航空器机舱环境并不理想。飞行中的航空器机舱是增压的、有空调的、有高人口密度的旅游和商业设施，位于高海拔且伴随类似南极的相对湿度。[4]在航空器内，人们有时会释放“不利的细菌以及病毒、脱落的死皮颗粒、真菌孢子并释放身体气味。”[5]

此外，航空器运行过程中所使用的材料可能包含有害元素，有些是有毒的。航空材料，如喷气燃料、除冰液、机油和液压液体，包含许多构成要素，其中一些是有毒的。[6]航空工业必须使用机油、液压液体以及其他包含有毒成分的材料。尽管这些化学物质通常包含在发动机以及其他装备中，但有时也会进入旅客以及机组人员所在的机舱。泄漏的常见原因在于航油泄漏、液体渗入辅助动力设备和发动机，以及防止泄漏以及渗透通过通风装置的密封件失效。事实上，飞行中航空器上的人吸入的空气是“引气”（通过喷气式发动机从大气中进入的新鲜空气，部分用于给机舱增压，部分用于吸入目的）以及使用后循环利用的空气的混合。[7]如果发动机密封（封闭润滑油泄漏）不良，可能导致航油泄漏污染空气。[8]泄漏不会立即发生，而是需要一定的时间才会将机油泄漏到发动机中。[9]

---

〔3〕 通风系统因此在这方面是关键的部分，决定承运人在航空器上采用通风系统的方式对于航空公司的行为是至关重要的，对进步的科技讽刺的是在航空器上的通风系统是循环利用空气，因此增加细菌存活的可能性并且增加在机舱内有害颗粒。即使由于循环空气是一种普遍做法，为了省油从而这样的行为是不可避免的，一个审慎的航空公司将会采取其他措施，如更换提供通风系统的空气过滤器。

〔4〕 Crawford（1989）12.

〔5〕 Holcomb（1988）at 3.

〔6〕 See Rayman and McNaughten（1983）at pp. 738 – 740，Smith et al.（1997）at pp. 625 – 632.

〔7〕 Captain Susan Michaelis（2007）at iii.

〔8〕 Lorraine（2007）at 19 – 20.

〔9〕 Captain John Hoyte，Aerotoxic Syndrome—Aviation's Best Kept Secret，http：//www. aerotoxic. org/download/docs/news_and_articles/NEXUS-Aerotoxic-Syndrome. pdf.

当发动机比其他阶段负载更重或者航空器下降而发动机负载比其他阶段要小时，会发生这样的事。

研究者通过数年时间实施测试并得出结论，如发生泄漏旅客以及机组人员在飞行结束后，会出现一系列使他们疲惫不堪、虚弱的相似的症状并伴随咳嗽以及呼吸困难。这一系列的症状并不只表现为单一疾病，而是统称为空气中毒综合征。[10]引起空气中毒综合征的毒性源于毒害神经的有机磷酸盐污染了航空器机舱中的循环空气。[11]这种污染的原因已经被确定为喷气式发动机使用的润滑油和液压液体以及进气机构设计有缺陷。[12]

驾驶员同样被这种综合征的不良后果所影响，导致广泛的疾病[13]并迫使他们中的一些人提前退休。[14]从1977年对这种综合征的第一次研究开始，该研究针对一名34岁的飞行员因吸入油烟后出现精神定向障碍以及肌肉神经不适，[15]已有许多研究证实飞行员因在驾驶室吸入污染的空气而产生疾病。比如，2000年澳大利亚议会调查这一问题的报告显示，由于一种类似喝醉的感觉，驾驶员已经迷失方向，无法集中精力驾驶飞机。[16]同年，英国民航局发布四份公告，警告驾驶员由于吸入受污染的机舱空气而失能的危险，并提出了解决问题的办法。[17]2001年

---

〔10〕 航空中毒症候群在1999年第一次被引入。See Winder et al. (2002), at 321 – 338.

〔11〕 Hale and Al-Seffar (2008) at 107.

〔12〕 S. Myhill, Aerotoxic Syndrome, www. aerotoxic. org/articles/20071118.

〔13〕 这种症候群据称表现为疲劳、睡眠不足、突然失去知觉、癫痫、肌肉神经痛以及虚弱。See Winder and Balouet (2001), 471 – 483.

〔14〕 14J. Hoyte, Captain Hoyte's Account, www. aerotoxic. org/articles 20071114. Also, Toxic Free Airlines, (TFA) Poisoned Pilots Launch Campaign at Parliamentary Meeting: The Aerotoxic Association and Toxic Free Airlines to Expose Massive Public Health Scandal and Support Victims, www. toxicfreeairlines. com.

〔15〕 Montgomery et al. (1977), 423 – 426.

〔16〕 Technical Report on Air Safety and Cabin Air Quality in the BAe146 Aircraft, Parliament of the Commonwealth of Australia, Senate Rural and Regional Affairs and Transport Legislation Committee, Senate Printing Unit: Canberra, Australia, 2000 at p. 115 – 128.

〔17〕 CAA (2008) 'Flight Operations Department Communications (FODCOM) 17/2008' UK Civil Aviation Authority, Safety Regulation Group, Aviation House, Gatwick, West Sussex, England; CAA (2002) 'Flight Operations Department Communications (FODCOM) 21/2002' UK Civil Aviation Authority, Safety Regulation Group, Aviation House, Gatwick, West Sussex, England; CAA (2001) 'Flight Operations Department Communication (FODCOM) 14/2001' UK Civil Aviation Authority, Safety Regulation Group, Aviation House, Gatwick, West Sussex, England. CAA (2000) 'Flight Operations Department Communication (FODCOM) 17/2000' UK Civil Aviation Authority, Safety Regulation Group, Aviation House, Gatwick, West Sussex, England.

英国民航局发布对飞行员由于吸入污染的空气而失能的研究报告，认为发动机油烟有可能造成驾驶员失能。[18]同年，瑞典航空安全局得出同样的结论。[19]三年后，美国联邦航空管理局发布指令要求 BAe146 飞机的运营人停用使得油渣集聚在航空器的空气管道系统。[20]

一般认为，上述问题并不限于任何特定类型的航空器，并且所有的喷气式航空器都易受航油从发动机泄漏而导致的引气污染，但据称将在 2010 年投入运行的波音 787 不会有这一问题，因为这一航空器的供气是由独立于喷气式发动机的电动压缩机处理的。[21]这一设计被称为“不引气结构”，依靠电动压缩机提供机舱压力，新鲜空气在登机时被引入专用的机舱空气入口。[22]

《芝加哥公约》附件 8（《航空器适航性》）规定，[23]国际民航组织的所有成员国应就一架航空器签发适航证，以收到航空器遵守设计方面令人满意的证据为条件和基础。[24]该附件继续说明，缔约国不应签发或者提供依据公约第三十三条[25]获得承认的适航证，除非其有令人满意的证据证明航空器通过遵守适当的适航性要求而遵守应适用的附件标准。[26]附件同样要求缔约国为了实现在民航中可接受的安全等级建立安全程序。[27]飞机的设计应考虑机组人员的操作环境

〔18〕 Cabin air quality' CAA Paper 2004/04, Research Management Department, Safety Regulation Group, UK Civil Aviation Authority, Aviation House, Gatwick Airport South, West Sussex, UK. 6. Cabin air quality' CAA Paper 2004/04, Research Management Department, Safety Regulation Group, UK Civil Aviation Authority, Aviation House, Gatwick Airport South, West Sussex, UK.

〔19〕 'Report RL 2001: 41e 'Accident investigation into incident onboard aircraft SE-DRE during flight between Stockholm and Malmo M County, Sweden,' Statens Haverikommission Board of Accident Investigation, Stockholm, Sweden.

〔20〕 Airworthiness Directive 2004 – 12 – 05: BAE Systems (Operations) Limited Model BAe 146 Series Airplanes' Docket No. 2003-NR-94-AD, Federal Aviation Administration, Washington, DC.

〔21〕 Submission by Susan Michaelis (Capt): To accompany all sections of A-NPA comments made by EASA CRT, 8/1/10, RE: A-NPA No. 2009 – 10 'Cabin air quality onboard large aeroplanes' at p. 9.

〔22〕 See Sinnett (2007) at p. 8.

〔23〕 Annex 8 to the Convention on International Civil Aviation—Airworthiness of Aircraft—Tenth Edition, April 2005.

〔24〕 上引注标准 3.2.1。

〔25〕《芝加哥公约》第三十三条规定：“登记航空器的缔约国发给或核准的适航证和合格证书及执照，其他缔约国应承认其有效。但发给或核准此项证书或执照的要求，需等于或高于根据本公约随时制定的最低标准。”

〔26〕 附件 8，标准 3.2.2.

〔27〕 附件 8，标准 5.1.

包括：航空医学要素的影响，如氧气程度、温度、湿度、噪声以及震动；在正常飞行中的物理因素；在高海拔长期工作的影响；物理舒适度。[28]

国际民航组织大会第 A35-12 号决议[29]宣布保护国际航班上旅客和机组的健康是安全航空旅行的一个不可缺少的组成部分，应该创造条件确保以及时和具有成本效益的方式来加以维护。该决议还要求理事会支持进一步研究航空运输对旅客和机组健康的影响。第 A27-13 号决议[30]重申了航空运输经营人所提供服务的公共事业性质，承认这一服务的根本目的是满足各国人民的共同利益，促进这一利益是国家、承运人和使用者的共同愿望。

最后提及的监管要求与最近的一些案件相关，第一个相关的案件是维多利亚·沃恩霍尔斯特德和瓦莱丽·沃恩诉西南航空公司案（Victoria Vaughn Holsted and Valerie Vaughn，vs. Southwest Airlines Co.）。[31]此案案情如下：2009 年 1 月 27 日，原告维多利亚（Victoria）以及瓦莱丽（Valerie）登上西南航空公司 1705 航班，该航班于上午 10 点从洛杉矶国际机场起飞，经停纳什维尔国际机场、伯明翰舒特尔斯沃国际机场最终到达巴尔的摩华盛顿国际机场。起飞后 1 小时，原告与其他乘客一样开始感到缺氧以及其他不适。认识到机舱中的空气存在质量问题，驾驶员使用发动机最大推力并开始急剧地爬升。当这种情况发生时，过热的空气开始从排气系统涌出流向乘客，还出现了雾气。

在该案中原告声称吸入被污染的空气造成严重以及逐步削弱的健康问题包括运动能力不足、失去平衡、视觉障碍以及无法控制的颤抖。诉讼涉及的飞机是波音 737－300 喷气式飞机。原告还声称，尽管一再要求，被告航空公司对于原告提出的问题的回复总是充满矛盾并且含糊不清，这些问题旨在帮助医生知道如何治疗原告。

---

〔28〕 附件 8，Part III B，Sub Part J，J-4（Operating Environmental Factors）.

〔29〕 Resolution A35-12 Protection of the Health of Passengers and Crews and Prevention of the Spread of Communicable Disease through International Travel，Assembly Resolutions in Force（as of 28 September 2007），ICAO Doc 9902，at 1－77.

〔30〕 上引注，1—79.

〔31〕 Case No. BS120400，http：//www. finanznachrichten. de/nachrichten-2009－04/13758467-southwestairlines-flight-1705-passengers-file-petition-against-the-airline-to-preserve-evidence-of-onboardexposure-to-contaminated-air-causing-them-004. htm.

因此，原告要求赔偿，理由是被告的过失或者有意伤害，因其不能遵守有关案涉航空器的安全、运行、维护、维修、服务以及检查程序，并且被告不能提供给其乘客一架机械条件良好且没有缺陷的航空器。原告还要求违反合同的赔偿，理由是被告同意有偿运输，并且运输合同包括明示或者推定的通过没有过错的方式安全运输原告的义务。〔32〕

第二个相关的案件是特纳诉东西航空公司案（Turner v. Eastwest Airlines Limited），〔33〕涉及航空公司的员工起诉航空公司。该员工诉称，在航空器下降时，他吸入了机舱内有浓烟，导致咳嗽、眼痛、咽喉痛并伴有头疼。从此以后，咳嗽一直持续，引起了一段时期内突发性的咳嗽。法院审议该案，寻求以下问题的答案："原告的病情和发病原因是什么？""伤害是否可预见""当问题出现航空公司是否适当的应对""是否有经济损失""原告是否有权要求赔偿"。新南威尔士州粉尘疾病法庭审议该案，判决赔偿原告137 757美元，包括非经济损失、失去收入、收入的将来损失、零星开支以及将来的零星开支。被告上诉，2010年9月高等法院支持原审法院的决定。〔34〕

当存在无可争议的证据表明某人因在飞机上受到污染而感染疾病时，事故引起的航空公司责任与航空私法有关。在1999年5月28日举行的国际民航组织航空私法外交会议之后产生的《蒙特利尔公约》〔35〕规定，对于因旅客死亡或身体伤害而产生的损失，只要造成死亡或者伤害的事故是在航空器上或者在上、下航空器的任何操作过程中发生的，承运人就应当承担责任。《华沙公约》〔36〕规定，对

〔32〕 Case No. CV-09-HGD-2193-s in the District Court of Northern District of Alabama, 28 October 2009. 46 N. W. 677.

〔33〕［2009］NSW DDT 10, 5 May 2009. Also, New South Wales Dust Diseases Tribunal 10 (5 May 2009) Matter Number 428 of 2001, discussed in ZLW, 58 Jg 4/2009, at pp. 705 – 717.

〔34〕 34See, Flight attendant wins toxic cabin air damages, Air Letter, No. 17, 074 Thursday 16 September 2010 at p. 3. 该文提及新南威尔士的一所大学所做的一个调查发现，大概25%的BAe146飞机的飞行员受到长期健康退化并被剥夺驾驶执照，并且澳大利亚议会的一个调查发现BAe Systems（British Aerospace的继承人）支付超过200万美元给东西航空公司以及安捷航空公司来减少关于航空器的投诉。

〔35〕 Convention for the Unification of Certain Rules for International Carriage by Air, signed at Montreal on 28 May 1999, ICAO Doc 9740.

〔36〕 Convention for the Unification of Certain Rules Relating to International Carriage by Air, signed at Warsaw on 12 October 1929.

于旅客因死亡、受伤或身体上的任何其他损害而产生的损失，如果造成这种损失的事故是发生在航空器上或上下航空器过程中，承运人应负责任。两部公约有着类似的措辞，只承认死亡或者身体伤害或者受伤。当然仅从措辞而言，受伤、身体伤害并不必然与传染病联系。更不必说，依据《蒙特利尔公约》，身体伤害必须是因事故造成。依据《华沙公约》，这种受伤或身体上的任何其他损害必须由事故造成，事故通常不是“感染”的同义词。但是最近的以色列航空公司案（El Al Isreal Airlines Limited v. Tseng）[37]给《华沙公约》下“事故”的措辞引入一个新的维度，包括比如航空公司的安全搜身等行为。在这种情况下，“事故”一词失去其偶然性，可以适用于预期或计划的行为。因此，如果航空公司知道或者应该知道其发动机可能会漏油，从而与引气混合并使得乘客生病，这很可能意味着航空公司的行为将被法院在《华沙公约》的范围下解释为事故。

参考文献：

Captain Susan Michaelis (ed) (2007) Aviation contaminated air references manual. Published by Captain Susan Michaelis and printed by CPI Antony Rowe, Eastbourne, England.

Crawford WA (1989) Environmental tobacco smoke and airlines-health issues. Aerospace 12.

Hale M, Al-Seffar J (2008) Preliminary report on Aerotoxic Syndrome (AS) and the need for diagnostic neurophysiological tests. J Assoc Neurophysiol Sci 2:107 – 118.

Holcomb LC (1988) Impact of environmental tobacco smoke on airline cabin air quality. Environ Technol Lett 3.

Lorraine T (2007) Toxic airlines. DFT Enterprises, London.

Montgomery MR, Wier GT, Zieve FJ et al (1977) Human intoxication following inhalation exposure to synthetic jet lubricating oil. Clin Toxicol II (4):423 – 426.

Rayman RB, McNaughten CB (1983) Smoke/fumes in the cockpit. Aviat Space Environ Med 54:738 – 740.

[37] 1999 Westlaw 7724 (January 12, 1999).

Sinnett M (2007) 787 no-bleed systems: saving fuel and enhancing operational efficiencies. AeroQ 8.

Smith LB, Bhattacharya, Lemasters G, Succop P, Puhula E, Medvelovic M, Joyce J (1997) Effect of chronic low level exposure to jet fuel on postural balance of US air force personnel. J Occup Environ Med 39:625 – 632.

Winder C, Balouet J-C (2001) Aircrew exposure to chemicals in aircraft: symptoms of irritation and toxicity. J Occup Health Saf Aust-NZ 17(5):471 – 483.

Winder C, Fonteyn P, Balouet J-C (2002) Aerotoxic syndrome: a descriptive epidemiological survey of aircrew exposed to in-cabin airborne contaminants. J Occup Health Saf Aust-NZ18(4):321 – 338.

第三章　航空器的国籍

第十七条　航空器的国籍

航空器具有其登记国的国籍。

第十八条　双重登记

航空器在一个以上国家登记不能认为有效，但其登记可以由一国转移至另一国。

第十九条　管理登记的国家法律

航空器在任何缔约国登记或转移登记，应按该国的法律和规章办理。

第二十条　标志的展示

从事国际航行的每一架航空器应载有适当的国籍标志和登记标志。

第二十一条 登记的报告

各缔约国承允，如经要求，应将关于在该国登记的某一航空器的登记以及有关所有权的情况提供给任何另一缔约国或国际民航组织。此外，各缔约国应按照国际民航组织制定的规章，向该组织报告有关在该国登记的经常从事国际航行的航空器所有权和控制权的可提供的有关资料。如经要求，国际民航组织应将所得到的资料提供给其他缔约国。

1 国籍和登记

这些阐释了航空器国籍以及对从事国际航行中的航空器认证必要性的条款，将会放在一起讨论。因为这些条款之间相互关联并与航空器的国籍这个主题密切相关，单独讨论将造成重复和冗余，并导致复杂的情况。

1949 年 9 月 8 日，国际民航组织理事会在第 6 届会议的第 6 次会议上通过了关于航空器国籍和登记的一些标准，并将此作为公约附件 7——《航空器国籍和登记标志》。这些标准补充了公约第十七条至第二十一条的规定。[1]此外，1950 年 12 月 5 日，理事会第 15 届会议第 11 次会议批准在附件 6（航空器的运行）中插入一个注释——航空器的运营，该注释表明，公约将国际民航组织成员国对享有其国籍的航空器的基本责任进行了多方面的细化。该附件的这个注释将登记国的责任进一步扩展，该注释指出各国履行责任的措施可能会多样化，但是基本义务不能以任何特殊方式免除。依据这一基本责任，附件排除以下两个责任：

第一，就航空器包租来说，经营者拥有国际民航组织成员国的国籍而不是登记国的国籍，这意味着后者全部或部分授权给前者，执行附件中的规定；

第二，就共同提供航空器进行国际联合经营来说，并不是所有的航空器都在同一国家登记，依据附件条款的规定，共同履行登记职责协议更强调登记国执行附件规定的责任。[2]

---

〔1〕 Doc 6957-C/807 Proc. Of Council, 6th S. pp. 29 – 30.

〔2〕 Doc 7057-C/817 (Minutes) p. 203, at paragraph 4.

2 航空器的登记

就法定条款而言，没有关于航空器登记具体要求的条款。《芝加哥公约》仅规定航空器获得登记国的国籍。〔3〕然而，必须指出的是，1966 年国际法协会在赫尔辛基会议上指出：

根据《芝加哥公约》的有关条款，任何用于国际航行的航空器必须登记，即使公约对登记没有做出具体的规定。〔4〕

《芝加哥公约》第十八条明确规定，一架航空器在一个以上国家登记不得认为有效，〔5〕但其登记可以由一国转移至另一国。尽管从法律条文的规定来看，是禁止航空器联合登记〔6〕的，但实际情况并非如此。国际法协会在赫尔辛基会议上继续指出：

> 根据《芝加哥公约》第十八条的规定，一架航空器在一个以上国家双重或者多重登记是被禁止的。这与联合登记，即两个或者多个国家保持对航空器的联合登记的情况不同。航空器以这样的方式登记将拥有双重或者多重国籍，但维持联合登记的国家无疑会采取措施，以防管辖权冲突。〔7〕

1967 年 12 月 14 日，基于《芝加哥公约》第七十七条的规定，理事会采纳一项决议，此决议规定理事会应决定与航空器的国籍有关的公约条文如何适用于国际经营机构运营的航空器。国际民航组织理事会通过了一项决议。随后，1997 年 9 月 10 日至 14 日，国际民航组织航空运输监管小组在蒙特利尔举行的第九次会

---

〔3〕 上引注，第十七条。

〔4〕 国际法协会 1966 年在赫尔辛基召开会议，报告主题是航空器的国籍和登记，特别提到 1944 年《芝加哥国际民用航空公约》的第七十七条。

〔5〕 航空器登记首次使用是基于 1913 年在伦敦召开的国际无线电报会议上的无线电呼叫信号配置。这个规定修改后的协议在 1913 年 4 月 23 日发布。首次呼叫信号配置并不明确也不是专门为了航空器，而是为每一个无线电的使用人。1919 年《巴黎公约》根据 1913 年的呼叫信号清单，使信号配置具体应用于航空器登记。协议规定国际标志后要紧随一个连字符，然后是 4 个字母，这 4 个字母中有一个必须是元音（在该公约中，Y 被当作元音），1927 年华盛顿国际无线电报公约中的国际标志清单在 1928 年进行了修订，这些配置安排构成了现在航空器登记的基础。这些标志经过多年，已经得到修订和补充，这些配置和标准由国际民航组织进行统一管理。

〔6〕“联合登记”表明航空器登记制度是根据国家组成的国际运营机构设立的登记簿，不同于国家联合飞机登记注册的机构。参见 1967 年 12 月 14 日国际民航组织理事会第 62 届会议第 17 次会议上通过的国际经营机构运营的航空器的国籍和登记的决议，见附录 1 的第 5 页。

〔7〕 上引注 29—30。

议上提出以下建议。

希望在双边或者多边航空服务协议中为航空承运人设定更为宽松的市场准入标准的成员国，同意授权以下指定的航空公司以市场准入：

a）承运人在指定国领土内有主营业所或者有惯常居所；

b）承运人与指定国之间维持着最大程度的关联性。[8]

建议还提到，判断是否存在最大程度的关联性，各国需要考虑以下因素，诸如指定的航空承运人在指定的国家设立，该承运人营业的大部分在该国并在该国投资了硬件设施、缴纳营业税、注册其航空器，以及雇佣大量的登记国的人员从事航空器经营、技术和运营等工作。当一国认为基于国家安全、战略或者商业原因，在使用主营业地以及永久性居所标准时，其需要条件或者例外情形，应在双边和多边的谈判中以适当的方式提出。[9]

建议指出在一国的公共记录中登记航空器的好处。在一个特定国家的公共记录中进行登记有多方面的原因，其中之一是给予一个航空器国籍的意图。因此，登记程序是为了获得国家给予其国航空器一些权利，而在法律方面必备的条件。当一架航空器获得国籍时，其推论是一些默示的权利自然而然的存在，比如，要求登记国的国籍的权利以及要求登记国在国际法下提供保护的权利。

对于航空器所有人来说，在某个特定国家进行登记的一个重要原因是可以有效防止登记国以外的第三人主张航空器的所有权。换句话说，航空器登记为航空器的所有权归属提供了初步证据。[10]同时，登记在航空器抵押中也很重要，抵押船舶是海商法领域的常见做法，海商法要求船舶必须依据船旗国法律进行登记，该法律决定了抵押的次序、抵押对第三人的效力以及实现抵押的所有程序。[11]

以上的讨论反映出，在航空器登记领域，似乎贯穿着一个反复出现的主题。

---

〔8〕 Air Transport Regulation Panel, Ninth Meeting, Montre′al 10 – 14 February 1997, REPORT ATRP/9 –4, 2 –3.

〔9〕 上引注。

〔10〕 Hill (1998), at p. 24. 要指出的是《芝加哥公约》附件7第三条第一款要求国籍和登记标志必须喷涂在航空器上，或者必须通过其他方式粘贴，但要保证具有类似程度的耐久力。该标准也要求标志必须时刻保持干净可视。参见芝加哥公约附件7——《航空器国籍和登记标志》。第5版：2003.7,2。

〔11〕《1993年海上留置权和抵押权国际公约》，第一条第一款和第二条。

这个主题是《芝加哥公约》序言的基本假设，它号召国际民航以安全有序的方式发展。这方面的责任落在了国际民航组织身上，进而落在其理事会身上。国际民航组织安全审计指出，一国登记未达到最低安全标准的航空器是一个安全缺陷，在一些情况下，国际民航组织建议登记国应从登记簿上注销这样的航空器。不遵守该建议可能导致理事会援用《芝加哥公约》第五十四条第十款向各缔约国报告，即向各缔约国报告一缔约国不能实施理事会对该缔约国登记簿上登记的没有适当的安全检查以及颁发执照程序的航空器注销登记的建议。

第35届大会提出将安全审计从有限的附件扩展成全面系统的做法时，指示秘书长向所有缔约国提供最后的安全监督审计报告，同时提供通过国际民航组织保密网站获取审计结果和差异数据库（AFDD）得出的相关资料。[12]更进一步在第36届大会第A36-2号决议（采取统一战略解决与安全有关的缺陷）中，第六条指示理事会制定并审议一项程序，在一个国家就遵守国际民航组织与安全相关的标准和建议措施方面出现较大缺陷时，根据《芝加哥公约》第五十四条第十款向所有缔约国说明情况，以便其他缔约国以适当、及时的方式采取行动。

下面对航空器登记的几个法律议题进行讨论。为展开这些讨论，将在一定程度上依赖于海事实践的类比，海事基本原则，特别是关于登记的基本原则，同样适用于航空。

3 登记原则

3.1 类比海事实践

以海事用语来讲，授予船舶国籍在今天被看作一项主权权利，而不论该国是沿海国还是内陆国。[13]

1905年的马斯喀特船仲裁案（Muscat Dhows）[14]首次确立了主权权利与授予船舶国籍之间的国际法理。在该案中，常设仲裁庭认为，“任何一个主权国家都有权决定何种船舶有资格悬挂其国旗，并有权制定授予船舶国籍的规则”。[15]

---

〔12〕国际民航组织第A35-6号决议，第七条。

〔13〕针对海事实践的对比，参见Sohn and Gustafson（1984），at p. 3.

〔14〕France v. Great Britain，Muscat Dhows Case（1916）Hague Court Reports 93，Permanent Court of Arbitration，1916. See also Coles（2002），at 3 for a detailed discussion on the Muscat Dhows case.

〔15〕上引注。

美国最高法院在1953年的劳里岑诉拉森案（Lauritzen v. Larsen）中重申了马斯喀特船仲裁案确立的原则，美国最高法院认为："每一个国家在国际法的框架下均可自行制定授予商船国籍的条件。"〔16〕

上述两个案件确立了根深蒂固的习惯法国际规则，即任何主权国家均可自行规定授予对象以及授予条件，被编纂进了《日内瓦公海公约》〔17〕《联合国海洋法公约》〔18〕，以及后来的《联合国船舶登记条件公约》〔19〕，所有这些公约的相关规定与比这种编纂早很多年的上述两个案件中阐述的原则是一致。〔20〕

尽管目前给予船舶国籍的主权权利是国际法普遍认可的规则，但决定船舶登记条件的规则却一直为各国国内法所规定，这种规定既早于法典编纂进程，也早于上述提到的司法判决。在这点上，《日内瓦公海公约》第五条仍是一个关键条款，"每个国家应确定对船舶给予其国籍、船舶在其领土内登记以及船舶悬挂本国旗帜的权利的条件"，可以推得公约授予船旗国对船舶管辖的主权权利。〔21〕

《日内瓦公海公约》的这一趋势可以在《联合国海洋法公约》中看到，《联合国海洋法公约》第九十一条规定，授予每个国家设定登记在该国的船舶所必须遵守的要求的灵活性。〔22〕而在《联合国船舶登记条件公约》的序言中重申了这一点，即重申了每个国家自行决定其认为必要的在其国登记船舶的要求。〔23〕船旗国对船舶的排他性管辖权，不仅是船旗国的权利，也包含船旗国应承担的责任和义务。这些义务被认为是习惯国际法，但由于国家间的立法差异，这些义务并不统一。

以上讨论表明一个事实，随着海洋法的发展和法典化，船旗国的义务已经通过一般方式被包含和编纂进了条约，如《日内瓦公海公约》和之后对此进行了更加具体规定的《联合国海洋法公约》。为了促使各个公约之间的协调一致，《联

---

〔16〕 Lauritzen v. Larsen，345 U. S. 571（1953）.

〔17〕 http：//www. intfish. net/treaties/genevahs. htm.

〔18〕《联合国海洋法公约》共320条，有9个附件，规定了海洋活动的各个方面，如海洋划界、海洋环境管控、海上科研、海上经济和商业活动、技术转让和与海事有关的争端解决。

〔19〕 1986年2月7日在日内瓦召开的联合国船舶登记条件会议上通过，尚未生效。

〔20〕 Matlin（1990）. 作者强调Muscat Dhowns案和Lauritzen案是两个典型的先例，因为这两个先例确定了每个国家可以决定是否授予船舶国籍的原则。

〔21〕 参见《日内瓦公约》，见注释〔19〕，第五条第一款。

〔22〕 见注释〔18〕，公约第九十一条。

〔23〕《联合国船舶登记条件公约》序言。

合国船舶登记条件公约》对船旗国的义务做了进一步详细具体的安排，但由于该公约尚未生效，其中的规定并不能得以适用。

必须指出的是，《日内瓦公海公约》中没有关于船旗国义务的具体条款。但在公约第五条第一款中有一般性授权的暗示，要求船旗国承担法定的责任。该条的内容如下：

> 第五条　每个国家应确定对船舶给予其国籍、船舶在其领土内登记以及船舶悬挂本国旗帜的权利的条件。船舶具有被授权悬挂其旗帜的国家的国籍。国家和船舶之间必须具有真正的联系；一国尤其需要对悬挂其国旗的船舶有效地行使行政、技术和社会事宜上的管辖和管制。〔24〕

对船旗国船舶及其所有者的管辖权，使得国家对船舶可以排他地行使国家主权，特别是需要适用国际法时。船旗国不遵守应适用的国际法时，依据国家责任原则，应承担责任。〔25〕

该原则被国际法委员会在1975年起草的《国家对国际不法行为的责任（草案)》正式采纳。该草案第一条规定，一国的每一国际不法行为引起该国的国际责任。第二条规定，国际不法行为包括作为或不作为构成的行为依国际法归于该国，并且该行为构成对该国国际义务的违背。〔26〕这一原则构成了国家国际行为的基石，为加强国际礼让以及规制国家的内部行为——领土范围内——以及针对他国的外部行为，提供了基础。一国为追求自身利益而漠视国际法的行为将会被该原则有效地阻止。

必须指出，国际不法行为是由国际法决定的，而不是由国内法决定的。国际法委员会《国家对国际不法行为的责任（草案)》第十二条规定，一国的行为如不符合国际义务对它的要求，即为违背国际义务。

---

〔24〕见注释19，《日内瓦公海公约》第五条第一款。

〔25〕1949年，国际法委员会在向联合国大会的报告中提出一项草拟的规定，即："在遵守国际法和主权国家服从国际法的原则情况下，每个国家都有义务去处理它和其它国家之间的关系"。Report of the International Law Commission to the General Assembly on the Work of the 1st Session，A/CN. 4/13，June 9 1949，at 21.

〔26〕Yearbook of the International Law Commission，1976，Vol. II at 75 ff and ILC Commentary 2001 at 68. 该原则被法院接受。参见 Re. Chorzow Factory（Jurisdiction）Case（1927）PCIJ，Ser. A，no. 9 at 21. Also，Rainbow Warrior Case，82 ILR at 499.

关于船旗国法定义务的一个基本原则是登记国必须合理行使它的主权，以有效的方式实施其国内法，来追求它的主要目的，即对悬挂其国旗的船舶有关行政的、技术的和社会方面事项的完全控制。必须指出，船旗国对船舶义务的一个重要的方面是技术责任，《日内瓦公海公约》规定了有关船舶适航和相关的其他需要采取的措施。[27]相反，当公约提到有关社会事项时，这被认为是指与船长、大副以及船员有关的船舶配员及其劳动方面的考量。

就船旗国的义务而言，《日内瓦公海公约》第十条同样重要。该条规定，为保障海上安全，各国对悬挂本国旗帜的船舶应采取必要的措施，特别是关于信号的使用，通信的维持和碰撞的防止；船舶的人员配备和船员的劳动条件，考虑所适用的国际劳工文件；船舶的构造、装备和适航。该公约第十条还规定，各国采取上述措施时，需要符合被普遍接受的国际标准，并采取保证这些标准得到遵循所必需的任何措施。《日内瓦公海公约》第十条有效地纳入了船旗国必须遵守的关键性责任。第十条同样要求保障海事活动核心目标和要求的安全措施，应该最大限度由国际法规定。[28]为了追求海上安全的目标，第十条同样强调了船舶的适航、构造、装备以及防止碰撞问题。而且考虑到了船上的人员配置和劳动条件等社会事项。第十条的最后一段要求每一船旗国确保其国内立法与国际标准一致并承允遵守国际规则。

船旗国的义务与船上雇用人员义务的履行有本质上的联系，这些人员包括船长。《日内瓦公海公约》规定了船长应承担的责任。[29]《日内瓦公海公约》也规

---

〔27〕 See Tetley's Glossary of Maritime Law, Abbreviations, Definitions, Terms, Links and Odds'N Ends, which could be accessed at Prof. William Tetley's homepage at http: //tetley. law. mcgill. ca! maritime/glossarymaritime. htm#letter_s（last visit July 24, 2003）. 关于适航，Tetley 教授有一个重要的观点，即船舶的适航对海洋法至关重要，它是构成海商法的一个连续性的主线。因此，船舶适航关系到所有海事问题。

〔28〕《国际海上人命安全公约》涵盖了海上安全的主要问题，1974 年进行修正，1980 年 5 月 25 生效。

〔29〕 见注释 19 的《日内瓦公约》，公约第十二条规定：每个国家应责令悬挂该国国旗航行的船舶的船长，在不严重危及其船舶、船员或旅客安全的情况下，救助在海上发现的任何有生命危险的人；如果获悉有遇难者需要救助，在可以合理地期待其采取救助行动时，尽速前往救助；在碰撞后，对他船、其船员和旅客进行救助，并在可能情况下，将自己船舶的名称、船籍港和将停靠的最近港口通知他船。

定了防止和惩罚贩奴和海盗，并规定了刑事罚则。[30]这些默示地成为船旗国的额外义务。

最后需要说明的是，《日内瓦公海公约》针对防止漏油或倾倒放射性废物导致的海洋污染制定了特别条款。[31]这些规定与民航领域具有特别的类比相关性，尽管《芝加哥公约》附件16对噪声和航空碳排放有细致的管理性规定，但《芝加哥公约》中没有相应的环境条款。保护海洋环境是全世界海洋活动的关键部分，并因此与船舶登记国密切相关。船旗国必须采取措施确保悬挂其国旗的船舶符合保护海洋环境的规定。

《联合国海洋法公约》[32]第九十四条对船旗国的责任有更详尽的规定，该条替代了《日内瓦公海公约》第五条第一款的规定，第九十四条说明：

> 船旗国的义务，每个国家应对悬挂该国旗帜的船舶有效地行使行政、技术及社会事项上的管辖和控制。[33]

第九十四条的一般性说明之后有细节性的解释，覆盖了船舶登记的不同方面。为了保证对悬挂本国国旗船舶的行政管理控制，船旗国必须对该船舶的有关信息进行登记，如船舶的名称和其他详细的登记情况。[34]

可以说，船旗国的主要责任规定在《联合国海洋法公约》第九十四条的第二款b项中，即根据其国内法，就有关每艘悬挂该国旗帜的船舶的行政、技术和社会事项，对该船及其船长、高级船员和船员行使管辖权。[35]前述义务的实现依赖

〔30〕同上，第十三条和第十四条。

〔31〕同上，第二十四条和二十五条。

〔32〕《联合国海洋法公约》也称作《海洋法公约》或者《海洋法条约》，它是国际协议，是联合国海洋法公约会议的重大成果，公约从1973年开始，谈判一直进行到1982年。《联合国海洋法公约》确定了国家在确立海上商业指导原则、海洋环境保护和海洋生物资源等利用海洋活动中的权利和责任。1982年的公约取代了1958年的条约，《联合国海洋法公约》1994年生效，即圭亚那成为第60个标准公约的国家之后的一年。今天已有155个国家批准了公约，欧盟也已加入了公约。美国签署了公约，但是没有批准。

〔33〕参见《联合国海洋法公约》第九十四条第一款。

〔34〕第九十四条第二款规定：每个国家特别应：(a) 保持一本船舶登记册，载列悬挂该国旗帜的船舶的名称和详细情况，但因体积过小而不在一般接受的国际规章规定范围内的船舶除外；(b) 根据其国内法，就有关每艘悬挂该国旗帜的船舶的行政、技术和社会事项，对该船及其船长、高级船员和船员行使管辖权。

〔35〕同上。

于船旗国在其国内立法采纳《联合国海洋法公约》认可的涉及船舶登记、船舶使用，包括如行政、技术和社会事项的全部规章。

《联合国海洋法公约》的第九十四条第三款与《日内瓦公海公约》关于船旗国履行海上安全义务的规定使用了相似的表达，[36]列举了这一重要的海事议题需要解决的问题。《联合国海洋法公约》通过规定船旗国需要采取的确保海上安全的措施明确了船旗国的义务。这些具体的措施规定在公约第九十四条第四款中，包含了对船只进行常规检查，特别是检查船只的适航性，以及船上配备的工作人是否合格，包括船长、高级船员和船员。大量的议题都与海事安全相关，比如防止碰撞和防止海洋污染。[37]第九十四条的第五款规定一国采取第三款和第四款要求的措施时，须遵守普遍接受的国际规章、程序和惯例，并采取措施，尽一切可能地保证这些规章、程序和惯例得到遵守。紧接着，第六款规定，一个国家如有明确理由相信对某一船舶未行使适当的管辖和管制，可将这项事实通知船旗国。船旗国接到通知后，应对这一事项进行调查，并于适当时采取任何必要行动，以补救这种情况。

最后，《联合国海洋法公约》第九十四条第七款规定，每一国家对于涉及悬挂该国旗帜的船舶在公海上因海难或航行事故对另一国国民造成死亡或严重伤害，或对另一国的船舶或设施、海洋环境造成严重损害的每一事件，都应由适当的合格人士一人或数人、在有这种人士在场的情况下进行调查。对于该另一国就任何这种海难或航行事故进行的任何调查，船旗国应与该另一国合作。

《芝加哥公约》关于航空器登记的条款是充足的。公约第十七条和第十八条是关于航空器登记的基础条款，第二十条要求从事国际航行的每一航空器应载有适当的国籍标志和登记标志。这一点在公约附件7中有进一步的规定，即国籍标志或共用标志和登记标志必须涂在航空器上或用任何其他能保证同等耐久的方法

---

〔36〕 第九十四条第三款规定：每个国家对悬挂该国旗帜的船舶，除其他外，应就下列各项采取必要措施以保证海上安全：(a) 船舶的构造、装备和适航条件；(b) 船舶的人员配备、船员的劳动条件和训练，同时考虑到适用的国际文件；(c) 信号的使用、通信的维持和碰撞的防止。

〔37〕 第九十四条第四款规定：这种措施应包括为确保下列事项所必要的措施：(a) 每艘船舶，在登记前及其后适当的间隔期间，受合格的船舶检验人的检查，并在船上备有船舶安全航行所需要的海图、航海出版物以及航行装备和仪器；(b) 每艘船舶都要有具备适当资格船长和高级船员负责。

附在航空器上。标志须保持清洁并随时可见。[38]第二十一条要求各缔约国如经要求，应将关于在该国登记的某一航空器的登记及所有权情况提供给任何另一缔约国或国际民航组织。公约第二十四条是对关税的规定，要求航空器飞抵、飞离或飞越另一缔约国领土时，在遵守该国海关规章的条件下，应准予暂时免纳关税。同时在遵守海关检查的义务下，运入一缔约国领土的零部件和设备，供装配另一缔约国从事国际航行的航空器或在该航空器上使用，应准予免纳关税。

公约第二十九条规定，任何缔约国的每一航空器都要携带相关的登记注册文件。该要求默示地承认在国际法的框架下，航空器的法律地位由登记决定，而为管辖之目的，航空器与登记国相联系。第三十三条规定，登记航空器的缔约国发给或核准的适航证和合格证书及执照，其他缔约国应承认其有效。但发给或核准此项证书或执照的要求，需等于或高于公约规定的最低标准。

《芝加哥公约》中另一个重要的条款是第十二条各缔约国承允使这方面的本国规章，在最大可能范围内，与根据本公约随时制定的规章相一致。各缔约国承允采取措施以保证在其领土上空飞行或在其领土内运转的每一航空器及每一具有其国籍标志的航空器，不论在何地，应遵守当地关于航空器飞行和运转的现行规则和规章。各缔约国承允使这方面的本国规章在最大的可能范围内与根据本公约随时制定的规章相一致。该公约第十二条还规定在公海上空，有效的规则应为根据本公约制定的规则。同时，各缔约国承允对违反适用规章的一切人员起诉。

公约第三十条是与航空器登记相关的另一个条款，即各缔约国航空器在其他缔约国领土内或在其领土上空时，只有在具备该航空器登记国主管当局发给的设置及使用无线电发射设备的许可证时，才可以携带此项设备。在该航空器飞经的缔约国领土内使用无线电发射设备，应遵守该国制定的规章。接下来的第三十一条则要求凡从事国际航行的每一架航空器，应备有该航空器登记国发给或核准的适航证。第三十二条第一款要求从事国际航行的每一架航空器驾驶员及飞行组其他成员，应备有该航空器登记国发给或核准的合格证书和执照。

3.2 方便旗

所有上述条款都反映出登记国是确保空中航行安全的唯一角色。这将促使我

---

〔38〕 参见《芝加哥公约》附件7——《航空器的国籍和登记标志》。

们去讨论民航界关注的与航空器登记有关的一个问题，即“方便旗”。“方便旗”这个术语并未在任何国际文件中给出过真正的定义。[39]然而，它明确地缘起于海事领域并且并被明确用于指称，由一些国家维持的开放登记，[40]这种方式为船舶所有权人提供了真正的便利，使其可以绕开传统的国家登记。然而，在航空领域“方便旗”是一个不当措辞，因为航空器并不悬挂国旗而仅具有其登记国的国籍。[41]

外国登记的航空器以及“方便旗”[42]问题，在航空器登记和民航安全的视野下，确有必要进行考量。当一架航空器很少或者从不返回其登记国，且登记国与运营国之间缺乏安全监督协议的情况下，该航空器的适航性监督就成了问题。从广义上来讲，有两类外国登记的航空器可被认为是在使用“方便旗”，为了财政目的以及为了利用没有或很少的经济与技术监督。第一种情况，可能不会引发严重的问题，如果相关国家之间做出安排确保适当监督，比如通过公约第八十三条分条下的双边协议，[43]即允许缔约国在公约的范围下转移自己全部或者部分安全监督责任。由于很少有实施第八十三条分条的双边协议通知了国际民航组织，并且全世界仍有大量的各种型号的航空器依旧处于分立的监督责任之下，第一种情况实际上仍存在问题。第二种情况造成了巨大的安全问题，需要进一步讨论。[44]

需要讨论的是“方便旗”是否会引发航空安全问题。一些学者认为，“方便旗”并不必然造成航空安全问题。[45]勒利厄（Lelieur）认为，在航空器所有权自

---

〔39〕 Kasoulides（1989）at 551.

〔40〕 联合国贸易和发展会议对登记进行宽泛的定义，即国家授予船舶本国国籍，而不看船舶的所有权人、控制和经营者。见前注 546.

〔41〕 登记簿就是一本正式的、准确的数据记录，是公开的。保管船舶登记簿或者记录条目的工作是海关的职权所在 See Blacks Law Dictionary，Sixth Edition，West Publishing Co：St. Paul Minn：1990 at 1283.

〔42〕 “方便旗”这个术语来自海事领域，它用于一国所有的商用船舶在外国登记的情况，“方便旗”允许该船舶在登记国和所有国之间或者在其他国家之间自由航行。

〔43〕 参见下文注释 49。

〔44〕 这个问题现在受到国际民航组织空中导航委员会和理事会的重视，统一战略解决相关的安全缺陷问题。这需要在公约第五十四条第十款的范围内进行。该条第十款规定向各缔约国报告关于违反本公约及不执行理事会建议或决定的任何情况。参见国际民航组织空中导航委员会工作报告 AN-WP/8015。

〔45〕 Lelieur（2003） at 83. For a contrary view see infra，text attached to notes 47 in Article 1 and 48 in Article 1 infra.

由化和航线控制自由化（这会导致使用方便旗）的情况下，没有必要担忧安全问题，因为通过国际民航组织的普遍安全监督审计计划，将会实现广泛的安全措施和保安措施的协调。[46]必须指出的是，国际航空运输协会的运行安全审计认证（IOSA）[47]也是一个有力的安全监管项目，这是国际公认的用来评估一个航空公司管理和控制的项目。国际航空运输协会的运行安全审计认证使用国际上认可的质量审计原则，并依据标准和一致的方式进行审计。[48]

尽管从理论上说，安全监管系统可以排除方便旗的可能性，这一结论似乎是合理的，但仍有待于实践的检验。国际民航组织监督系统依赖于改善审计过程中发现的缺陷的措施，这些措施针对的是审计过程中发现的缺陷。其中一个缺陷就是一些国家登记航空器的方式随意，这会导致一国的航空器达不到其他国家登记所认可的最低安全标准。《芝加哥公约》的第八十三条分条[49]规定，尽管有第十二条、第三十条、第三十一条和第三十二条第一款的规定，当在一缔约国登记的航空器由在另一缔约国有主营业所或永久居所的经营人根据租用、包用或互换航空器的协议或者任何其他类似协议经营时，如果没有这样的场所，其永久居所在其他缔约国，登记国可以与该国通过协议，将登记国对该航空器的职责和义务的全部或部分转移至该另一国。登记国应被解除对已转移的职责和义务的责任。《芝加哥公约》要求，当具有一缔约国有效适航证书的一架航空器在另一缔约国进行登记时，新登记国可将之前的适航证书作为授予新适航证书的适当证据，证明航空器部分或全部符合国际民航组织的标准。[50]

有观点认为，公约第八十三条分条通过转移监管职责和义务以增强安全的规

---

〔46〕 上引注 108. For information on the ICAO USOAP programme and a discussion thereof, see Abeyratne (2007).

〔47〕 必须指出的是，在 2006 年 3 月，国际民航组织和国际航空运输协会同意共享他们各自审计项目的相关信息。

〔48〕 全球安全审计项目具有一定程度的质量、完整性和安全性，有交互利益的航空公司和监管机构都可以轻松接受普遍安全监督审计计划的审计报告。因此，航空业可以通过减少审计冗余来获得成本效率的收益。

〔49〕 第八十三条分条于 1997 年 6 月 20 日生效。截至 2008 年 4 月，有 153 个成员国向国际民航组织交存了他们对第八十三条分条的批准文件。

〔50〕 附件 8，航空器适航性。第 10 版：2005 年 4 月，标准 3.2.4。

定，可能会受到“方便旗”的不利影响。[51]该观点的主要依据是，国家为了获得财政收入，可能允许其他国家的航空器在本国登记，但是却不能履行监管职能和义务用以确保这些航空器所需保持的最低安全标准。[52]外国机组人员也是影响航班安全的因素。对于外国认证的机组，也存在监管割裂问题。比如，对于航空器登记国来说，干租（租赁航空器不带机组人员）引起的确认外国机组人员证书有效性问题。当航空器登记国授予机组人员证书的规则和条件与之前授予其证书的国家的规则条件不一致时，问题就变得很复杂。前述情况在湿租（租赁航空器附带机组人员）中同样存在。尽管在这种情况下，出租人通常仍是正式的运营人，但承租人已经依据其航空营业证书运营此航空器。这就会造成湿租的航空器由承租人在其航空营业证书下运营，结果是承租人的国籍国就成了运营国。在这种情况下，对机组人员的监管就变得十分困难，特别是当机组人员混合使用时就变得更加复杂。例如，客舱乘务员来自承租方，而机舱驾驶员来自外国出租方。

《芝加哥公约》的第七十七条也与航空器登记有关，该条规定两个或两个以上缔约国可以组成航空运输的联营组织或国际性的经营机构，以及在任何航线或地区合营航班。但此项组织或机构的合营航班，应遵守本公约的一切规定，包括关于将协定向理事会登记的规定。理事会应决定本公约关于航空器国籍的规定以何种方式适合于国际经营机构所用的航空器。1967 年理事会通过了一项决议，该决议的内容是，针对第七十七条规定的运作模式，“联合登记”一词所指称的航空器登记是组成国际性的经营机构的国家共同建立的登记簿，而不是在该机构下运营的航空器在某一国登记。[53]理事会也解决了“国际登记”的表达，即国际经营机构的航空器是在拥有国际法律人格的国际组织登记，而不是在国家的登记机构登记，不论该国际组织是否包含组成国际性的经营机构的国家。[54]

关于“联合登记”，理事会特别指出，组成国际性的经营机构的国家应连带地承担《芝加哥公约》规定的登记国的义务。[55]而且，组成国际性经营机构的国

---

〔51〕 Verhaegen（1997）at 273.

〔52〕 上引注。

〔53〕 见注释6。国际民航组织理事会通过了国际经营机构航空器的国籍和登记决议，附录1。

〔54〕 上引注。

〔55〕 上引注，附录2。

家将为航空器从组成该机构的国家中确定一个合适的国家，该国将要承担接受和回复其他缔约国做出的有关该航空器的陈述义务。[56]该决议只适用于当组成该国际性的经营机构的所有国，同时是《芝加哥公约》的成员国的情况。不适用于航空器虽然由国际性的经营机构运营，但在一国注册登记的情况。

3.3 航空器租赁

另一个受到登记在管理方面影响的重要商业航空实践是航空器租赁。租赁是航空公司商业运营的方式。在20世纪80年代，商业民航开始兴盛，因此航空器制造业快速发展起来。20世纪90年代，民航产业陷入低谷，部分原因是世界经济危机引发局部地区经济危机，如20世纪末的亚洲经济衰退。

20世纪90年代的衰退和随之而来的金融危机突显了民航产业最昂贵的资产——航空器。航空器融资机构迅速为航空公司提供了灵活的投资选择，以免全额购买航空器的巨大负担。除了传统贷款，另外两种最有效的金融工具也开始用于购买航空器，即融资租赁和经营租赁。[57]这些租赁方式对于因资产有限而处在巨大危机中的小型航空公司特别有利。

航空器租赁有效地延长了航空器的运营寿命。这种融资方式的强大体现在航空公司至少25%的飞机都是租赁的。[58]对于出租人和承租人而言有三大好处：一是减少并分散资产的风险；二是增加税收利益；三是便利经营。租赁包括以下两种模式：可以采取湿租的方式，即租赁协议中包括出租人的机组；也可以干租的方式，即出租人只转让飞机的使用权而不提供机组。

简单地说，租赁就是只转移航空器的占有而不转让所有权。从法律意义上讲，租赁的定义就显得很冗长，法律上租赁实质是一种商业安排，即按照租赁协议中约定的时间，出租人（或者设备所有者）将设备转移给承租人，承租人（设备的运营人）按照协议中约定的具体期限缴纳租费，从而获得设备的使用权。[59]

---

〔56〕 上引注。

〔57〕 一项融资租赁伴随着大量的风险和收益的转移，从出租人转向承租人；在经营租赁中，出租人承担一切风险和收益。融资租赁是承租人分期向出租人支付租金，经营租赁在租期内只能回收部分垫付资本，在多个租期结束后方可获得利润。Bunker（1988），at p. 22.

〔58〕 Maria Wagland，A new Lease of Life，Aerospace International，March 1999 at p 22.

〔59〕 Beecham Foods Limited v. North Supplies（Edmonton）Ltd.，［1959］1 WLR 643.

承租人在期满后负有向出租人返还设备的法定义务,[60]该设备应当具有与出租人将该设备交给承租人时相同的良好状态，但设备本身的自然损耗除外。[61]

纳德·邦克（Donald Bunker）在其内容丰富的关于航空金融的论文里,[62]引用了20世纪60年代IBM和XEROX的租赁范式，这些范式代表了现代航空器租赁的重要原则。两家公司，都将租赁航空器作为市场战略，该战略通过摊销设备的成本以及在租赁期间持续获得利润的方式，实现相对于标准化销售的利润最大化。除了这种根本利益，租赁有效地区分新旧设备的市场定价，从而使得转售市场通过从市场中移除老旧的设备而繁荣起来。这种新旧设备混合的价格政策会平衡企业的现金和资产，同时确保利润更加有序地增长。[63]对于消费者或经营者来说，租赁为选择使用产品提供了最大的便利，就像是你走进了一个面包店，为了填饱肚子，只用买一片面包，而不用买下整块面包。在航空器租赁中，这个金融原则十分重要，因为租赁飞机能满足具有季节性规律的额外运力需求，而且经营者不用为直接购买飞机而支付费用。此外，可以租赁航空器以适应航线，对于运营人有航权但无航空器运行的航线，可以租赁航空器满足该航线要求。这特别适合拥有运营特定路线航权却没有合适设备实现运营的小型航空公司。

当航空公司使用租赁的飞机时，登记是航空公司需要解决的重要法律问题。航空器在国际法中最基本的特征就是国籍。1919年《巴黎公约》[64]和《芝加哥公约》都规定航空器通过登记获得一国国籍。1963年《东京公约》[65]，即《关于在航空器内犯罪和其他某些行为的公约》规定，登记国对在航空器内犯罪和其他某些行为具有管辖权。[66]因此，可以说航空器的国籍依赖于登记，这与海事法中关于船舶国籍的概念并无不同。关于船舶国籍最明确和详尽的阐释是在国际法院著名的诺特鲍姆案（Nottebohm）[67]中给出的，国际法院认为：

---

〔60〕 Ballet v. Mingay［1943］1. K. B. 281.

〔61〕 Lang v. Brown（1898）34 N. B. R. 492.

〔62〕 Bunker（1988）, at p. 22.

〔63〕 上引注。

〔64〕 1919年《关于航空管理的公约》第五条至第十条。

〔65〕 1963年9月14日在东京签署的《关于在航空器内犯罪和其他某些行为的公约》，见国际民航组织文件Doc 8364。

〔66〕 上引注，第三条。

〔67〕 ICJ Reports（1955）at 1.

一方面，国际法层面所认可的与国籍有关的特征与国际法上规定每个国家授予国籍的条件毫不冲突。这个区别的原因在于各国人口状况的多样性无法达成关于国籍授予规则的一般协议，尽管国籍从根本上影响了国际关系。基于各国不同的人口状况，采取各国自行确定授予国籍的规则是最好的方式。另一方面，一国不能要求其制定的规则受到他国的承认，除非该国制定该规则时依据形成国籍的法律联系的一般目标，该目标与个人与国家真正的联系相一致，该联系推定国家通过阻止他国侵害本国民实现对本国国民的保护。

根据国家间的实践、仲裁和司法裁决，以及权威学者的意见，国籍是一种法律联系，它的基础是一种关于依附的社会事实，一种真正存在的关系，利益和情感、权利和义务相互交织。构成对于以下事实的法律表达：个人与授予其国籍的国家的联系比其他国家更加紧密，国籍的授予或者由法律直接规定或者由当局的行为体现出来。被授予国籍，意味着国籍国而非其他国家施加保护，这是个人与授予国籍的国家之间存在联系的法律表达。[68]

针对航空器，航空器登记和国籍的观念伴随着民用航空活动条件的变更而演进，这些活动与航空公司使用航空器给航空公司带来经济利益的合同的发展有关。具体的合同，比如租用、包机和互换航空器，帮助承运人避免寻找资金购买一架新的航空器的困难。现在，更多的承运人选择签订短期租赁协议来保证他们的流动性经营，像这样的干租或湿租使得研究《芝加哥公约》中登记和国籍规则更具必要性。

为了应对空中运输业中租用和包机的商业现状，前文已提及，国际民航组织出台了《芝加哥公约》第八十三条分条中，一国可以租赁登记在他国的航空器，并通过双方协议，接管登记国针对航空器的责任。在这种情况下，当一国租赁航空器履行军事性质的职能时，可以做出合理的假设，如果出租国以及承租国之间就承租国家作为登记国达成协议，承租国将被认为是登记国。

公约第八十三条分条的规定是及时的，因为其在贸易壁垒被迅速消解且许多产业逐渐国际化时被制定。一个产业中容纳十家跨国合作伙伴，这在今天的商业领域很常见。特别是在美国和英国进行商业运作的新兴大型航空公司，包含不止

[68] 上引注，第3页。

一个国籍的参与者。

尽管现有双边监管制度要求一国的国民或者企业对航空公司要有实质的所有权和有效控制——其本质是在A国经营商业航班的航空公司必须被A国的国民或者企业实质性拥有和控制——这个要求在多样化的航空商业实践中已经不切实际了。认识到这种情况，国际民航组织大会在第24届会议上通过了A24-12号决议，该决议认识到一个政治事实，即由国家组成的区域经济实体形成了一个利益共同体。大会认识到当这个利益共同体由发展中国家组成时，在涉及航权双边管理中实质所有权和有效控制时，会要求其国的航空公司在共同的基础上被指定。因此，国际民航组织大会通过决议的方式敦促各缔约国在相互可接受的基础上，接受指定并允许由一个或者多个发展中国家或者属于一个区域经济组织的国家或其国民实质所有和有效控制的航空公司行使任何其他发展中国家或统一实体中的其他国家的航权和其他交通权利。

与上述情况类似的例子还有许多，比如，一个航空公司为多国所有［即多个国家对一家航空公司有所有权，如海湾航空公司（Gulf air），非洲航空公司（Air Afrique），北欧航空公司（SAS）以及利亚塔航空公司（LIAT）］；所有权登记在一国，但被认为是其他国家的航空公司［如大不列颠航空公司（Britannia）和君主航空公司（Monarch），它们分别被加拿大和瑞士所有，但却作为英国指定的承运人运营航空运输］；被法人所有，但该法人的主营业地与承运人的主营业地不同［如国泰航空公司（Cathay Pacific Airlines）］。

欧盟的第三轮方案允许欧盟的航空公司被任何成员国的国民或者公司拥有，使得在传统的双边管理体制要求的实质所有权和有效控制原则之外考察指定航空公司更为迫切。

从以上讨论来看，航空器投资融资要求投资者提防由其投资的航空器所有权和控制权引起诉讼的多样性，同时，要求投资者理解在现代背景下航空器融资的法律含义。唐纳德·邦克（Donald Bunker）说道：

> 登记的概念现在已经促使航空器投资者注意登记国国籍对他们的权利产生的影响。十分兴盛的航空器世界市场，使得航空器融资吸引了许多投资者。然而，大多数谨慎的投资者似乎更倾向于确保他们对设备的占有，与违约债务人的权利没有牵连并通过运营国注销登记，以便能够有效地保证投资

者的财产安全。[69]

需要从承租航空器并遭受对航空器及其运载乘客损害的航空公司的角度讨论承租人和出租人之间的财产法律关系。航空器出租人通常通过自身保险或使用他与承租人之间的协议获得赔偿。一个典型的航空器融资租赁协议中，出租人的地位相当于普通法中的贷方，基于此，其可以根据拥有航空器所有权的事实获得保护。然而，这不是一个死板的规则，其他法院在某些情况下会适用严格的责任。[70]过失归责也有可能在某些法院适用，比如，作为受损一方的承租人可以追究出租人的责任。这种主张通常会在出租人财政状况良好的情况下提出。

在发生损失时，承租人一般是由其投保的责任保险来保护。也可以通过承租人与出租人之间签订的补偿契约获得保护，该契约通常约定只有在出租人没有疏忽或者违约的情况下，承租人才承担损害赔偿责任。基于此，承租人将获得保护，针对比如出租人任意收回财产的行为。另一个对承租人可用的法律措施是，承租人在租赁协议中有能力且有合法权利加入一项条款，规定承租人在保证质量的条件下接受租赁财产；以及承租人从制造商那里直接获得保证的能力。

如前所述，航空器登记是一个重要的问题，要求至少满足《芝加哥公约》及其相关附件设定的最低要求。然而，为确保一国登记航空器时遵守国际标准所需的普遍性和透明度，必须以谨慎、严谨的方式协调，因各国不愿该国有关安全的内部标准的信息被任意地共享。这种情形对于管理者就像是在一根紧绷的外交绳上前行，必须非常地小心谨慎。回望过去[71]10年，国际民航服务于国家的政治和经济利益，民航组织也在两个职能之间不停转换，即低调的外交角色以及更为娴熟的管理角色。[72]

一国的航空器登记体现着该国的信息和特点。必须牢记，在很久以前，人们就意识到一国的空中力量是由民用航空和军用航空共同组成的。[73]在《芝加哥公约》中，航空器的国籍和其登记有着内在的联系，它是一种国家荣誉感，因此登记成为一国在国际上的政治象征。登记也必须符合公约附件2中的标准2.1.1，

---

〔69〕 Bunker (1988), at p. 157.

〔70〕 Id. at p. 288.

〔71〕 此处“过去”指自本书2013年完成时回望过去10年，即2003年至2013年——译者注。

〔72〕 Sochor (1991), xvi.

〔73〕 van Zandt (1944) at pp. 28, 93.

标准2.1.1规定凡具有一缔约国国籍和登记标志的航空器，不论其在何地，只要与所飞经领土具有管辖权的国家颁布的规则不相抵触，均适用该空中规则。[74]

国际民航组织的角色变得更重要。在过去[75]为民航界服务的60年中，国际民航组织的大会和理事会通过了多项决议。此外，国际民航组织理事会作出了多项决议，并出版了政策指导说明。一个如国际民航组织这样的组织，其首要义务是为其成员国提供确定的可预期性，通过颁发成员国行为规范。当然，不是所有这些规范都具有约束力，也并不采用相同的程序。然而，这些规范为成员国提供了指导。这一情形与国际民航组织，作为一个国际组织，是否被给予直接的针对个人或国家的权威密切相关。另一个问题是，国际民航组织是不是国家间的合作工具。

当考察国际民航组织的背景和其创始人对国际民航组织的说明时，如前所述，毋庸置疑国际民航组织是这样一个专门机构，即具有修改而非消除国家仅受其所同意的国际规则的约束这一原则。这种方式允许国际民航组织采纳或者修改规则，并给予其成员国一段时间来检验这些规则并决定是否接受。对于国际民航组织建议采纳的规则，个别成员国可以反对或者指出它们在实践中的不同做法。[76]即便一些特定标准以及建议措施已得到普遍认同，反对这些标准以及建议措施的国家仍可以选择，如其不希望采纳这些国际民航组织所建议的标准以及建议措施。没有记录显示任何一个通过上述程序被采纳的国际标准被大多数成员国拒绝，尽管不是所有成员国都认为遵守公约[77]18个附件中所有的标准是可行的。[78]

---

〔74〕 国际民航组织理事会分别在1948年4月和1951年11月决定通过附件2和对其的修正案1，附件2的规定与公约第十二条的空中规则相关，即使在公海上也要遵守这些规定。

〔75〕 此处“过去”指自本书2013年完成时回望过去60年，即1953年至2013年——译者注。

〔76〕《芝加哥公约》第三十七条规定各缔约国承允在关于航空器、人员、航路及各种辅助服务的规章、标准、程序及工作组织方面进行合作，凡采用统一办法而能便利、改进空中航行的事项，尽力求得可行的最高程度的一致。第三十八条给予每个国家通知民航组织的机会，即当不能在一切方面遵行，或在任何国际标准和程序修改后，不能使其本国的规章和措施完全符合此项国际标准和程序，或该国认为有必要采用在某方面不同于国际标准所规定的规章和措施时。

〔77〕 2004年9月28日至10月8日，国际民航组织大会第35届大会在蒙特利尔召开，大会确定了一项标准——对国际民航组织大会通过的各项决议的保留意见，即“任何规范……这些统一的应用规范被认为是国际空中导航安全或者规范所需要的，并且成员国也会遵守《芝加哥公约》；在不可能执行公约规定时，根据第三十八条的规定，通知是必须的。当任一规定……被认为是令人满意的并且所有成员国将会努力去遵守”。See Assembly Resolutions in Force (As of 8 October 2004) ICAO Doc 9848, II-2 Appendix A.

〔78〕 Buergenthal (1969), pp. 98-107.

问题是，《芝加哥公约》成员国是否受公约附件的强制约束，特别是当一国没有出示令人信服的证据来指出该标准不具有可实施性或者其没有按照要求通知理事会时。这是一个争论不休的问题，特别是在两个事实面前：一是公约准备文件包含一个声明"附件不具有强制力"。〔79〕二是公约第五十四条规定理事会应当履行的职能，其中之一就是：

> 按照本公约的规定，通过国际标准及建议措施；并为便利（再次强调）起见，将此种标准和措施作为本公约的附件，并将已采取的行动通知所有缔约国。〔80〕

基于此，有人认为，依据第五十四条，附件不是公约的一个完整的组成部分，因此不具有法律约束力。

更多的法学家谨慎地对上述观点并提出反对意见，指出不能从字面意思去理解公约的文字所表达的含义。其中一位学者的观点是：

> 这个争议绝大部分是学术争议。不管在条约法意义上国际民航组织的标准是否具有约束力，其在实践中具有高度权威性。这反映了标准对民航运行安全和效率的重要性以及标准制定的程序。〔81〕

所有这些都促使我们不得不考虑这样一个问题——国际民航组织理事会是否有足够的影响力来实施《芝加哥公约》第五十四条规定的应当履行的义务，特别是第五十四条的第十项。从法律的视角来看，上述讨论都给出了肯定的回答并伴随一个额外的修饰语，即这确实是国际民航组织理事会的义务之所在。因此，很大程度上留给国际民航组织理事会自己决定采取何种路径来确保标准和建议措施的合法性并在国际民航组织历史进程中的决定性时点，以尽可能外

---

〔79〕 See Whiteman (1968) at p. 404.

〔80〕《芝加哥公约》第五十四条第一款，见注释1。

〔81〕 Kirgis (1995), p. 109 at 126. 世界卫生组织有一个类似的操作程序，通过一定数量的决议赋予世界卫生组织委员会权威，《世界卫生组织公约》第九条a项规定：所有成员国必须尽最大的能力去执行委员会的决定。第九条b项允许任何成员国在通知大会秘书处后选择退出，理由是发现技术要求不可能实施。WMO Convention, reprinted in International Organization and Integration (Kapteyn et al., eds) 2nd Revised Edition, 1981, pt. I. B. 1. 9 a. Also in WMO Basic Documents, No. 1. WMO Doc. No. 15 at 9 1987.

交的方式维护大会和理事会的信誉。

参考文献：

Abeyratne RIR(2007):State responsibility for safety management systems. J Aviat Manag 7 – 13.

Buergenthal T(1969):Law making in the international civil aviation organization. Syracuse University Press, Syracuse.

Bunker DH(1988):The law of aerospace finance in Canada. Institute and Centre of Air and Space Law, McGill.

Coles R(2002):Ship registration: law and practice. LLP, London.

Hill C(1998):Maritime law, 5th edn. LLP, London.

Kasoulides G(1989):The 1986 United Nations Convention on the conditions for registration of vessels and the question of open registry. Ocean Dev Int Law 20:543.

Kirgis FL Jr(1995):Specialized law making processes. In: Schachter O, Joiner C (ed) United Nations legal order, vol 1. The American Society of International Law (Chapter 2).

Lelieur I(2003):Law, policy and substantial ownership and effective control of airlines, prospects for change. Aldershot, Ashgate.

Matlin D (1990): Re-evaluating the status of flags of convenience under international law. Vand J Transnat'l J 23:1017 – 1031.

Sochor E(1991):The politics of international aviation. Macmillan, London.

Sohn LB, Gustafson K(1984):The law of the sea in a nutshell. West Publishing Co., Minnesota van Zandt P(1944):Civil aviation and peace. Brookings Institution, Washington, DC.

Verhaegen BM(1997):The entry into force of Article 83 bis: legal perspectives in terms of safety oversight. Ann Air Space Law XXII(Part II):269 – 283.

Whiteman M(1968):Digest of international law. Kluwer, The Hague.

第四章　便利空中航行的措施

第二十二条　简化手续

各缔约国同意采取一切可行的措施，通过发布特别规章或其他方法，以便利和加速航空器在各缔约国领土间的航行，特别是在执行关于移民、检疫、海关、放行等法律时，防止对航空器、机组、乘客和货物造成不必要的延误。

1　确保航空运输的固有效率

《芝加哥公约》的附件9规定了有关旅客、邮件和货物航空运输手续的便利化。这个附件是对《芝加哥公约》[1]第二十二条、第二十三条和第三十七条的回应。

手续简化经过了很长的历程，可以追溯到1947年国际民航组织大会举行的第一届会议。大会通过了第A1-40号决议（国际航空运输的便利化），该决议回顾了临时国际民航组织1946年5月召开的临时大会关于简化手续的议题，该议题主要涉及标准和建议措施制定问题。1947年大会重申了这一议题。[2]

1949年3月25日，国际民航组织理事会根据《芝加哥公约》第三十七条的规定，首次通过了简化手续的标准和建议措施，并将其列入公约附件9《标准及建议措施——简化手续》中，于1949年9月1日生效。标准和建议措施是根据第一届和第二届简化手续专门会议所提的建议制定的，这两届会议分别于1946年2月在蒙特利尔、1948年6月在日内瓦召开。随后举行的各次专门会议又使其

---

〔1〕 公约的许多其他条款和简化手续附件的规定有特殊的相关性，并且应在附件的准备过程中考虑。特别是实施附件9规定的责任人应当熟悉除第二十二条和第二十三条以外的下列条款：第十条，在设关机场的降落；第十一条，空中规章的适用；第十三条，入境和通关的规定；第十四条，预防疾病传播；第二十四条，关税；第二十九条，航空器应备文件；第三十五条，货物限制。

〔2〕 Doc 2005，FAL/40.

得到全面发展和补充修订，如第三次会议（1951 年 12 月，布宜诺斯艾利斯）、第四次会议（1955 年 10 月，马尼拉）、第五次会议（1959 年 12 月，罗马）、第六次会议（1963 年 3 月至 4 月，墨西哥）、第七次会议（1968 年 5 月，蒙特利尔）、第八次会议（1973 年，杜布罗夫尼克）、第九次会议（1979 年 4 月至 5 月，蒙特利尔）、第十次会议（1988 年 9 月，蒙特利尔）和第十一次会议（1995 年，蒙特利尔），以及简化手续专家组（FAL）第三次会议（2001 年 2 月，蒙特利尔）。

根据专门会议和简化手续专家组（FAL）对附件 9 的修订建议，附件 9 第 2 版于 1953 年 3 月 1 日生效，第 3 版于 1956 年 11 月 1 日生效，第 4 版于 1960 年 11 月 1 日生效，第 5 版于 1964 年 4 月 1 日生效，第 6 版于 1969 年 4 月 1 日生效，第 7 版于 1974 年 4 月 15 日生效，第 8 版于 1980 年 7 月 15 日生效，第 9 版于 1990 年 11 月 15 日生效，第 10 版于 1997 年 4 月 30 日生效，第 11 版于 2002 年 7 月 15 日生效。

有关简化手续的标准和建议措施源于《芝加哥公约》的若干条款。该公约第三十七条责成国际民航组织不时采用和修订国际标准、建议措施以及各项手续，特别是海关和移民手续。公约第二十二条要求各缔约国采取一切可行措施，以便利和加速航空器在各缔约国领土间的航行，特别是在执行移民、检疫、海关和放行等法律时，防止对航空器、机组、旅客和货物造成不必要的延误。公约第二十三条规定缔约国承允在其认为可行的情况下，按照依本公约制定或建议的措施，制定有关国际航行的海关和移民手续。

《芝加哥公约》其他条款对简化手续附件也有特殊针对性，在制定附件时也被考虑在内。主要包括：第十条，要求进入一缔约国领土的所有航空器应在该国指定的机场起降，以便进行海关和其他检查；第十三条，要求旅客、机组或货物或其代表遵守一缔约国关于入境、放行、移民、护照、海关及检疫的法律和规章；第十四条，要求各缔约国采取有效措施防止经由空中航行传播传染疾病；第二十四条（关税）、第二十九条（航空器应备文件）和第三十五条（货物限制）。

《芝加哥公约》的相关规定在附件 9 中得到了详尽诠释，附件 9 的第一版于 1949 年通过。标准和措施建议对海关、移民、公共卫生和农业当局做出要求，来促进航空器和商业运输陆侧清关的便利。《芝加哥公约》附件是一份涵盖广泛的文件，它反映了国际民航组织与国际民用航空同步发展的灵活性。国际民航组织被认为是第一个真正在便利化方面为其缔约国制定有约束力标准的国际组织。

《芝加哥公约》附件 9 为国际机场运营的规划者和管理者提供了参考框架，阐明了航空业最高义务和政府提供设施的最低限度。此外，附件 9 也按照既能满足有效地执行国家法律又可以提高经营人、机场和政府检查部门生产率的双重目标，对执行放行手续的方法和程序作了规定。

最初，附件 9 的主要宗旨包括努力减少书面工作，将国家之间交通运输所需文件国际标准化，以及简化航空器、旅客和货物放行所需要的程序。乃至从之前意识到一直延续到现在需要解决的问题——必须减少由于繁复手续产生的延误，因其不仅令人不愉快，实际上还对社会所有“客户群体”产生较高的成本，亦妨碍了每一个人的成功。

航空业运输量多年来一直在增长，但各国对检查体制的资源投入却跟不上产业发展。简化地面放行程序已成为一个十分复杂的问题，因此附件 9 的重点内容做了转变。附件 9 第十一版（2002 年）保留了其减少书面工作、使文件标准化和简化程序的初期战略，这是自第一版以来所有版本一直遵循的原则。但是，根据风险管理附件已将重点转移到检查技术方面，目标在于提高效率、减少机场拥挤和增强安全，对贩运麻醉品和旅行文件作假等违法行为加以管制，以及支持国际贸易和旅游的增长。此外，还增加了新的标准、建议措施和指导材料，以解决某些与公众利益高度相关的问题，比如，如何对待残疾人员。

20 世纪 90 年代起，甚至更早手续简化已经受到民用航空领域重大发展的深刻影响，这些重大发展事件包括：技术发展、计算机使用的全球普及和数据交换系统的普遍使用；非法移民数量剧增，造成全世界移民和国家安全隐患，同时对航空运输出行方式的选择也使得护照作假现象普遍化；以及政治变革和社会动荡引发恐怖主义在全球蔓延，对民用航空进行非法干扰依旧是实现恐怖主义目的之重要技术手段。

上述议题构成了 2004 年年初在开罗召开的简化手续第十二届专业会议的议程基础，会议的主题是“对保安挑战进行管理以便利航空运输运营”。对简化手续措施如何提高保安等级的讨论，得以使本届专业会议在以下领域提出建议：旅行文件的安全和边境管制程序、对航空货物运输的简化手续和保安规定加以更新、对旅行文件作假和非法移民进行管制，以及国际卫生条例、航空卫生和卫生设施等。

随后的附件 9 第十二版反映了国际民航组织现行的简化手续战略。它提倡和支持缔约国在以下三个重点领域采取行动：旅行文件标准化、边界放行制度和程序合理化，以及通过国际合作方式解决涉及旅客和货物的保安问题。虽然制定附件 9 的主要动机是继续执行《芝加哥公约》第二十二条“……防止对航空器旅客和货物造成不必要的延误”的任务，但仍有大量规定旨在提高控制程序的运行效率，并提升航空运输总体安全水平。

加强旅行文件安全和打击非法移民是附件 9 第十二版内容的两个新变化，其余大部分章节和附录都沿用了第十一版，只有两章内容是为了顺应新的国际现实进行了实质性修订。

附件 9 第十二版的第三章中增加了一条标准，即要求缔约国定期更新旅行文件最新版本的安全特征，以便预防和发现滥用、更改、复制或颁发旅行文件的不法行为。

另一条标准要求缔约国对合法制作和签发的旅行文件加以管制，同时要求成员国对所有人员不论年龄均发放单独的护照，并按照国际民航组织的规范发放机读护照。并要求缔约国和航空公司合作打击旅行文件的欺诈行为。对于机组人员，缔约国有义务对签发的机组人员证件和其他官方性身份文件进行充分的管制。

最后，全新的第五章致力于解决未获准入境和遣返人员日益增长的问题。本章的标准和建议措施以明确的方式规定了缔约国和航空公司在运输非法移民和出现类似“难对付的”潜在的问题时应承担的义务。国际航空运输界每天越来越多地遇到这些问题，缔约国应严格履行其义务，杜绝伪造旅行文件的流通，或以欺骗方式使用的真实文件，将有助于极大地抑制世界上非法移民的流动。

国际民航组织大会在第十届会议（1956 年 6 月 19 日至 7 月 16 日，加拉加斯）通过了第 A10-35 号决议（简化手续领域的通用方案），要求缔约国特别注意《芝加哥公约》第二十二条和第二十三条规定的义务，并审查国内法律法规和实践是否存在背离附件 9 的情形。

附件 9 第十二版包含了源于第十二次简化手续专业会议（开罗、埃及，2004

年3月22日至4月1日）A类建议（FAL/12）的条款，涉及机读旅行证件（MRTDs）、生物识别技术在旅游证件中的应用、航空保安、旅行证件欺诈和非法移民、预报旅客信息、国际健康问题和法规、援助航空器事故受害者及其家属等议题。由于涵盖议题之广，第十二版几乎对附件9进行了全面修订。第十二版于2005年7月11日生效，2005年11月24日开始实施。

关于简化手续的国际标准和建议措施是《芝加哥公约》第三十七条的成果，该条规定：

> 国际民航组织应根据需要就以下项目随时制定并修改国际标准及建议措施和程序：……海关和移民手续……以及随时认为适当的有关空中航行安全、正常及效率的其他事项。

缔约国实施有关简化手续的标准和建议措施的政策被《芝加哥公约》第二十二条所加强，各缔约国同意采取一切可行的措施：

> 通过发布特别规章或其他方法，以便利和加速航空器在各缔约国领土间的航行，特别是在执行关于移民、检疫、海关、放行等法律时，防止对航空器、机组、乘客和货物造成不必要的延误。

《芝加哥公约》第二十三条对此进一步规定各缔约国承允：

> 在其认为可行的情况下，按照本公约随时制定或建议的措施，制定有关国际航行的海关和移民程序，本公约的任何规定不得解释为妨碍设置豁免关税的机场。

简化手续项目是基于大会关于简化手续的决议和简化手续专业会议的B类建议。

国际民航组织大会第十六届会议（布宜诺斯艾利斯，1968年9月3日至26日）通过第A16-27号决议（附件9和国际民航组织的在便利化领域建议的实施）重申了第十届会议通过的决议，并要求理事会至少每三年审查附件9的执行情况。

2　过境和国家责任

简化手续的一个重要方面是快速、高效、安全地过境。此过程的主要工具是有效的旅行证件。本书已在第十三条关于护照和签证部分进行了讨论。但仍有一点需要说明，即国家在保护护照的完整性和防止护照欺诈方面的责任。

护照是国际航空旅客运输的基本文件，因为它不仅反映了国家主权和公民国籍的重要性，而且代表了通过航空运输相互联系的国家之间关系的不可侵犯性。2010 年 1 月 19 日，有人在迪拜使用属于不同国家的伪造护照暗杀了一名哈马斯领导人，造成外交抗议事件，同时也引发国家间对航空运输易被滥用的争议。

上述犯罪活动中涉及护照信息完整性、护照所有权以及护照滥用等问题，这些问题对于航空法至关重要。此外，从法律和外交的角度出发，对于履行国家或国家机构的间谍或暗杀任务而伪造护照的行为，是否可以不予惩罚？更进一步讲，一国是否可以同谋、纵容或被视为纵容（在国家没有采取任何行动惩罚不法分子的情况下）滥用其他国家的旅行证件。为了确定这些问题，需要讨论以下两个问题：一是国家的共谋和纵容行为；二是护照的性质和完整性，以及国家责任、外交和犯罪问题。

2010 年 1 月 19 日，被认为是巴勒斯坦激进团体——哈马斯的高级指挥官穆罕默德·马巴胡赫（Mahmoud al-Mabhouh）在迪拜的一家旅馆被暗杀，暗杀手段通常为受过专业训练的军事和秘密情报机构所使用。这起暗杀最终归咎于以色列情报机构摩萨德。[3]尽管欧盟认为哈马斯是一个恐怖主义组织，但仍谴责暗杀哈马斯领导人的行为，并对凶手使用爱尔兰、法国、德国和英国的护照从世界各地前往迪拜，乘坐不同航班同步抵达迪拜国际机场，并同时登记入住受害者的酒店表示特别关注。欧盟强烈谴责了使用欧盟成员国护照，并窃取成员国公民身份获得信用卡，进而参与暗杀行动这一事实。[4]

澳大利亚同样表示谴责并警告以色列，如果发现以色列纵容涉嫌盗窃三名澳大利亚公民身份从事摩萨德政治暗杀活动的行为，将严重危及澳以两国友好关系。当时居住在以色列的 3 名澳大利亚人的护照被篡改，并被使用在了穆罕默德的暗杀行动中。对此，澳大利亚总理陆克文（Kevin Rudd）表示，澳大利亚蔑视

〔3〕 摩萨德负责情报收集、军事行动等秘密活动，直接对以色列总理负责，这是以色列情报界最不可或缺的组成部分之一。http：//en. wikipedia. org/wiki/Mossad.

〔4〕 Toby Vogel，欧盟谴责在暗杀哈马斯中使用假护照。http：//www. europeanvoice. com/article/2010/02/eu-condemns-use-of-false-passports-in-hamas-killing/67225. aspx.

任何有以下行为的国家：

"……一直是使用或滥用澳大利亚护照系统的同谋，更不用说暗杀，并且蔑视澳大利亚这个国家，那么澳大利亚政府定会采取行动以回应。"[5]

"据报道，迪拜当局也证实有 11 名以色列特工使用了伪造的英国、爱尔兰、法国和德国的护照前往迪拜参与了暗杀行动。"[6]

摩萨德在其行动中使用伪造护照由来已久，据报道，2004 年，在两名摩萨德特工以四肢瘫痪男子的名义试图以欺诈手段获取护照后，新西兰总理实施了外交制裁，限制签证并取消了高层访问。之后，摩萨德刺客又持有带有假名的加拿大护照企图谋杀哈马斯领导人哈立德·梅沙尔（Khaled Meshaal）。[7]

犯罪活动中的护照完整性、所有权和滥用问题是航空法的重要议题，此外，从法律和外交的角度，可归因于国家的伪造护照进而从事间谍、暗杀的行为，是否可以不受惩罚也是需要讨论的重要议题。更为重要的是，一国是否可能同谋或纵容或被视为纵容（在国家没有采取任何行动惩罚不法分子的情况下）滥用属于其他国家的旅行证件。

3 同谋

就本章而言，从国家责任出发应予考虑的基本问题是，一国是否应被视为对其自身未能或不作为防止私人行为负责，在该私人行为违反一国对另一国的国际法义务的情况下，或者国家本身的行为是否可以通过查明肇事者的行为与国家之间的联系而受到指责。一种观点认为，在某些情况下会以国家与肇事者之间存在代理关系为由归责于国家，这可能会混淆问题并阻碍人们对何为国家行为进行有

---

〔5〕 http：//www. theaustralian. com. au/news/world/australians-caught-in-hit-on-hamas/story-e6frg6so-1225834538825. 据报道，1997 年，摩萨德批准了对哈马斯最高领导人 Khalid Mishul 的暗杀，他在约旦被持加拿大旅行证件的以色列特工注射了毒药。袭击者被其保镖抓获。以色列提供了解药使其幸免于难。2004 年两名摩萨德特工试图获得假护照后在新西兰入狱，其中一名以照顾脑瘫患者的名义试图获得假护照。

〔6〕 http：//www. euractiv. com/en/foreign-affairs/eu-unhappy-israel-over-fake-passports-james-bondkillings-news-278602.

〔7〕 David Sapstid and Lovcday Morris，以色列因假护照受审，http：//www. thenational. ae/apps/pbcs. dll/article? AID1/4/20100218/NATIONAL/702179796/1133/spor. 哈马斯赢得了 2006 年在巴基斯坦领土上的选举，但由于拒绝承认以色列和使用暴力而被西方拒绝认可。摩萨德派出的暗杀小组过去曾使用外国护照，特别是在 1997 年特工持加拿大护照。

意义的法律研究。[8]

通过代理关系归责的核心理论是同谋（complicity），可将与私人串通的行为归咎于国家。现代自然法理论的创始人雨果·格劳秀斯（1583—1645 年）首次根据国家责任的非绝对性提出了这一理论。格劳秀斯认为，尽管一个国家对私人犯罪没有绝对的责任，但可以通过无能为力（patienta）或不作为（receptus）概念将其视为同谋。[9] 无能为力指国家无能力阻止违法行为，不作为则涉及拒绝惩罚罪犯。

18 世纪的瑞士哲学家（法学家）瓦达尔（Emerich de Vattel）与格劳秀斯有着相似的观点，认为只有在一种情况下可以将责任归咎于国家，即一个国家拒绝修正其臣民的恶行、惩罚犯罪、将其绳之以法，而不论是在当地进行司法诉讼，还是引渡的方式。[10] 几年后，英国法学家布莱克斯通（Blackstone）爵士遵循并延伸这一观点，认为未能惩罚罪犯的主权者可被视为教唆犯罪或成为犯罪者的帮凶。[11]

1925 年，在一份涉及共谋理论的判决中，法院给出了不同的观点。案件[12] 涉及墨西哥——美国索赔委员会，该委员会审议了索赔，该索赔由美国代表在墨西哥矿业公司工作并遇害的美国国民提出。美国认为，墨西哥当局没有对逮捕和起诉罪犯采取适当的谨慎和勤勉行为。委员会做出的决定区分了同谋和惩罚的责任，委员会认为墨西哥在这种情况下不能被视为共犯。

除非通过司法引渡程序进行检验，否则同谋理论仅是一种假设，特别是从瓦达尔和布莱克斯通的观点来看。

4 宽宥（Condonation）

宽宥理论几乎与上述 1925 年的案件[13] 同时出现。1925 年，一些学者认为国家对私人暴力行为承担责任不是基于共谋行为，而是因为拒绝或未将违法者绳之

---

〔8〕 Caron（1998）109，at153－154，cited in Becker（2006a），at 155.

〔9〕 H Grotius，JBScott（TR），2 *De Jure Belli Ac Pacis*（1646），523－26

〔10〕 De Vattel and Fenwick（1916），72.

〔11〕 Blackstone and Morrison（2001），at 68.

〔12〕 Laura MB Janes（USA） v. United Mexican States（1925） 4 R Intl Arb Awards 82.

〔13〕 上引注。

以法，这相当于批准了该行为或对此予以宽宥。[14]该理论基于这样一个事实，即认为国家必须对未能采取适当措施惩罚给他人造成损失或伤害的人负责，这并非是不合逻辑的或武断的，既然选择宽恕犯罪行为，就必然为此负责。[15]学者们支持这一理论还基于当时的现状，即仲裁庭命令各国向受到私人犯罪者伤害的索赔人给付金钱损害赔偿，因为这些国家被认为对罪行负有责任。[16]

政府在打击私人犯罪行为中的责任，有时可能包含了某种宽恕，如恐怖行为，特别是资助恐怖主义的行为。1999 年 12 月 9 日联合国大会通过了《制止向恐怖主义提供资助的国际公约》,[17]旨在加强各国之间在制定和采取有效措施以防止资助恐怖主义方面的国际合作，以及通过起诉和惩罚肇事者来镇压它。

公约第二条认为其所称犯罪是指任何人以任何手段，直接或间接地、非法地、故意地提供或募集资金，其意图是将全部或部分资金用于，或者明知全部或部分资金将用于实施公约所属附件中所列条约之一的范围并将其定义为犯罪的一项行为。附件所列举的条约之一是 1997 年 12 月 15 日联合国大会通过的《制止恐怖主义爆炸事件的国际公约》。[18]

公约还规定，任何人以任何手段，直接或间接地非法和故意地提供或募集资金，其意图是将全部或部分资金用于，或者明知全部或部分资金将用于实施意图致使平民或在武装冲突情势中未积极参与敌对行动的任何其他人死亡或重伤的任何其他行为，如这些行为因其性质或相关情况旨在恐吓人口，或迫使一国政府或一个国际组织采取或不采取任何行动，也被认为是公约所规定的犯罪。

1970 年《关于各国依联合国宪章建立友好关系及合作之国际法原则宣言》指出：

---

〔14〕《布莱克法律词典》将宽恕定义为“对冒犯者的宽恕，通过将冒犯者视为没有犯错而自愿忽视，这暗示了宽恕。”1987 年，英国向以色列提出抗议，称以色列当局滥用伪造的英国护照，并出示已得到以色列不再犯的保证。2003 年，包括法国、德国和英国在内的几个欧盟成员国在欧盟总部办公室发现被安装了窃听器。尽管欧盟对此事的态度一直不明朗，但多数人认为摩萨德应对此事负责。

〔15〕 前注 12 案件，at 92.

〔16〕 Hyde (1928) at 140 – 142.

〔17〕 International Convention for the Suppression of the Financing of Terrorism, adopted by the General Assembly of the United Nations in resolution 54/109 of 9 December 1999.

〔18〕 A/52/653, 25 November 1997.

每个国家皆有义务避免组织或鼓励组织非正规部队或武装团伙，包括雇佣军在内，以入侵他国领土。当本段所述行为涉及武力或武力威胁时，每个国家皆有义务避免组织、煽动、协助或参与另一国的内乱或恐怖活动，或默许在其领土内从事旨在实施此类行为的组织活动。[19]

在这里，鼓励和默许其境内针对实施此类行为的有组织活动与宽宥的概念有直接关系，且需要讨论各国如何公开或暗中鼓励实施此类行为。一位评论员[20]确定了三类此类支持：第一类支持需要保护、后勤、培训、情报或设备，将恐怖分子作为国家政策或战略的一部分；第二类支持并不是支持恐怖主义作为国家政策的一个要素，而是对恐怖主义的容忍；第三类支持为一些恐怖主义分子提供了一个宽容的环境，从隐私和行动自由的法律保护，内部监督和安全组织的限制，完善的基础设施和社会等方面发展而来。

另一位评论者[21]在国家责任中讨论他所谓单独的不法行为理论，即国家的唯一直接责任是在个人行为背景下对国家自身的不法行为负责，而不是对个人行为负责。他还认为，国家在个人恐怖主义行为方面的不法行为造成间接的国家责任。国家不对恐怖主义行为本身负责，而是对其未能防止或惩罚此类行为，或对其积极支持或默许恐怖主义负责。[22]这种方法的主要特点是借助因果关系理论。他强调：采用因果关系方法的主要好处是它避免了仅因为缺乏代理关系而直接否认国家责任的情形。因此，它可能使不法行为国承担的补救措施的范围和力度更大，并使其参与个人恐怖主义行为的情况受到更大程度的国际注意和谴责。[23]

因果关系原则与国际法委员会阐明的国家责任规则相关联，《联合国宪章》第五十一条规定：

联合国任何会员国受武力攻击时，在安全理事会采取必要办法以维持国

〔19〕 Declaration on Principles of International Law Concerning Friendly Relations and Co-operation Among States in Accordance with the Charter of the United Nations, UN General Assembly Resolution 2625 (XXV) 24 October 1970.

〔20〕 Steven Metz, State Support for Terrorism, Defeating Terrorism, Strategic Issue Analysis, at http://www.911investigations.net/IMG/pdf/doc-140.pdf.

〔21〕 Becker (2006b).

〔22〕 上引注 Chapter 2, 67.

〔23〕 Becker (2006b), Chapter 2 at 335.

际和平及安全以前，本宪章不得认为禁止行使单独或集体自卫之自然权利。会员国因行使此项自卫权而采取的办法，应立即向安全理事会报告，此项办法于任何方面不得影响该会按照本宪章随时采取其所认为必要行动之权责，以维持或恢复国际和平与安全。

国际法委员会已经确定，个人必须对反人类罪行承担个人责任。[24]《国际刑事法院罗马规约》（以下简称《罗马规约》）还将民用航空引入国际和平与安全领域，其中涉及战争罪的某些界定，即故意指令攻击民用物体（非军事目标的物体）；以任何手段攻击或轰击非军事目标的不设防城镇、村庄、住所或建筑物；违反武装冲突国际法规，使用具有造成过分伤害或不必要痛苦的性质，或基本上为滥杀滥伤的武器、射弹、装备和作战方法。[25]《罗马规约》还将故意指令攻击依照国际法使用《日内瓦公约》所定特殊标志的建筑物、装备、医疗单位和运输工具及人员定义为战争罪。[26]

5 知道

确定国家责任的另一种方法在于确定一个国家是否实际知道或应当知道其机构，代理人或私人的行为，这种明知本可以提醒国家采取预防行动。不能仅凭国家主权原则否认国家责任。尽管《芝加哥公约》第一条规定，各缔约国承认每一国家对其领土之上的空气空间具有完全的、排他的主权，但这一规定的效力不能扩大适用到对其国家责任的豁免。胡贝尔（Huber）教授在帕尔马斯岛案[27]中认为，主权意味着国家之间相互独立，作为地球上一个独立的部分，国家有权在其领土之上行使权力且排除其他国家，国家的职能……领土主权……包含国家在其领土内作为的专有权。[28]

胡贝尔教授的定义是对国家权力的简单陈述，斯塔克（Starke）将其定义为

---

〔24〕 Draft Code of Crimes Against the Peace and Security of Mankind, International Law Commission Report, 1996, Chapter II Article 2.

〔25〕 Rome Statute of the International Criminal Court, Article 8.2 (b) (ii), (V) and (XX).

〔26〕 上引注 Article 8.2 (b) (XXIV).

〔27〕 The Island of Palmas Case (1928) 11 UNRIAA at 829.

〔28〕 上引注。

国家在国际法范围内拥有的剩余权力。[29] 如在一国领土内发生非法干扰民用航空器的行为，该国可能承担国际不法行为责任。国际法院（ICJ）在科孚海峡案中认为：

每个国家都有义务不得允许其领土被故意用于违反他国权利的行为。[30]

在著名的科孚海峡案中，国际法院采用了主观测试并适用了过错理论。法院认为：

不能仅从一国对其领土和领水实施控制这一事实就下结论，认为国家必然知道或应该知道在其领土之上发生的任何非法行为，或者国家必然知道或应当知道肇事者。前述事实，如无其他事实支撑，既不会产生初步的国家责任，也不会发生举证责任倒置。[31]

但是，法院也指出，一国对其领土实行排他性控制，就意味着需要承担证明国家是否参与或知晓争议事件的责任。

在一国违反条约规定或侵犯另一国领土主权的情况下，可将某一行为归咎于国家，除此外，仍有其他情形使得国家承担责任。[32]

归责或归因取决于国家与实际对该行为负责的法人或自然人之间存在的联系。在一国官员可能与该国有联系的任何情况下可将官员的行为归咎于国家，这在某种程度上要求国家在控制官员时更加谨慎。在科孚海峡案中，法院将责任归于阿尔巴尼亚，因为阿尔巴尼亚知道埋有水雷的事实，尽管不知道究竟是谁部署的。可以说，鉴于《芝加哥公约》施加给缔约国提供空中航行服务的责任，对于具有官方性的作为抑或不作为，国家都需要承担责任，而不论行为是公共机构做

---

〔29〕 Starke（1989）at 3.

〔30〕（1949）I. C. J. 1，22.

〔31〕 The Corfu Channel Case，ICJ Reports，1949，p. 4

〔32〕 有一些可归责的例子，例如，1955 年属于国家航空公司 El Al 的以色列民用飞机被保加利亚飞机击落的事件，以及苏联因死亡和伤害而导致的责任接受向受害者及其家属支付赔偿金。See 91 ILR 287。另一个例子涉及国际法院的观点，其认为可以将责任归咎于美国，在尼加拉瓜海域埋设地雷，并在尼加拉瓜港口，对石油设施和海军基地进行袭击，行为人被确定为美国的代理人。See Nicaragua v. the United States，ICJ Reports 1986，14. Also，76 ILR 349. 还有一种情况是，联合国秘书长调解下达成协议，当新西兰的一艘新西兰船只在新西兰被法国的特工摧毁时，因侵犯主权新西兰的赔偿金额为 700 万美元。See the Rainbow Warrior case，81 AJIL，1987 at 325. Also in 74 ILR at 241.

出的，还是个人做出的。

在这一点上，联合国所赋予的国际责任已达到令人兴奋的阶段，国际法在人类行为中的作用被认为是主要的，超越了国家的权威。

联合国大会第56/83号决议〔33〕通过了国际法委员会制定的《国家对国际不法行为的责任条款（草案）》（以下简称《国家责任草案》）。《国家责任草案》认为，一国的每一国际不法行为引起该国的国际责任。〔34〕一国的国际不法行为在下列情况下发生：（a）由作为或不作为构成的行为依国际法归于该国；并且（b）该行为构成对该国国际义务的违背。〔35〕《国家责任草案》第五条规定，虽非国家机关但经该国法律授权行使政府权力要素的个人或实体，其行为应视为国际法所指的国家行为，但以该个人或实体在特定情形下系以此种资格行事者为限。

在泛美案中〔36〕，PA103航班在英国边境小镇洛克比上空爆炸解体，英国方面指控利比亚参与了这起恐怖袭击，因为被指控的利比亚公民在这起恐怖活动中服务于利比亚情报部门，英国在联合国安理会上强调利比亚没有对引渡请求做出回应，因此安理会1992年1月21日通过第731号决议，将责任归咎于利比亚政府。〔37〕

5.1 护照的安全

护照和旅行证件的制作包括个人化过程，制作应在安全、受控的环境中进行，并采取适当的安全措施，以保护场所免受未经授权的访问。如果个人化过程是分散的，或者个人化是在与制作空白旅行证件的不同地方分开进行的，则在运输空白文件和任何相关的安全材料时应采取适当的预防措施，以保障其在运输过程中的安全。

生产者应对制作好的和损坏的旅行证件中使用的所有安全材料负全面责任，并在生产过程的每个阶段进行充分核对，保留相关记录以说明所有材料的使用情况。审计跟踪文件记录应足够详细，以说明生产中使用的每个材料单元，并由不

〔33〕 A/RES/56/83 Fifty Sixth Session, 28 January 2002.

〔34〕 上引注 Article 1.

〔35〕 上引注 Article 2.

〔36〕 Infra, note 61 in Article 1.

〔37〕 对此问题的讨论 see Jorgensen (2000) at 249－254.

直接参与生产的人员进行独立审计，应保留所有的安全废料和损坏文件的销毁记录。用于制作旅行证件的材料应为受控品种，并且只能从真正的安全材料供应商处获得。应使用仅限于高安全性应用的材料，并应避免在公开市场上向公众提供这种材料。

应避免仅依赖公开可用的图形设计软件包来制作安全背景。但这些软件包可以与专业安全设计软件结合使用。

旅行证件中应包含安全特征和/或技术，以防止未经授权的复制、更改和其他形式的篡改，包括删除和替换护照簿中的页面，尤其是个人信息页面。除了用于保护空白文件免受篡改和伪造的功能外，还必须特别注意保护个人信息不被删除或更改。旅行证件应包括足够的安全特征和/或技术，以防止任何人想要篡改它的企图。

必须精心选择安全特征、材料和技术的组合，以确保在文档的整个存续期间具有完全的兼容性和受保护性。还有另一类安全特征，包括隐蔽（秘密）特征，旨在通过法医检查或专家验证设备进行身份验证。很明显，基于“需要知道”的原则，对这些特征的精确实质和结构的了解应该仅限于极少数人。这些功能的目的不是为了防止伪造，而是为了证明文件的真实性。所有旅行证件都应至少包含一个隐蔽的安全特征作为基本保障。

5.2 护照安全性的威胁

护照存在许多安全威胁，例如，伪造完整的旅行证件；相片替换；删除/更改机读护照（MRP）数据页面的可视或机读区域中的文本；使用合法文件中的材料构建欺诈性文件或其中的一部分；删除和替换整个页面或签证；删除签证页面和观察页面上的条目；盗窃真正的空白文件；和冒名顶替者（假身份、外观改变）。

为了提供针对这些威胁和其他类型威胁的保护，旅行证件需要在文档中以适当的方式形成一系列安全功能和技术。虽然其具有的某些特征可以提供针对多种威胁的保护，但没有任何一项特征可以提供针对所有威胁的保护。同样，没有任何安全特征可以100%地有效消除任何一类威胁。最佳保护是通过一组平衡的特征和技术获得的，这些特性和技术在文档中提供了多层安全性，可以防止或阻止欺诈性攻击。[38]

《芝加哥公约》附件9[39]标准3.7要求各缔约国必须定期更新其新版旅行证件的保安特征，以防旅行证件被滥用，并便利侦查非法更改、复制或颁发此种证件的情况。建议措施3.9建议各缔约国应该按照第9303号文件《机读旅行证件》的规定，使用非法接触式集成电路芯片，在其机读旅行证件中纳入生物鉴别数据。在集成电路芯片上储存的必需数据与数据页上印就的相同，同时在机读区所载数据加上数字照片影像。指纹影像和/或虹膜影像是备选生物鉴别数据，供愿意在护照上用另一生物鉴别数据补充面部影像的各缔约国使用。在其机读护照中纳入生物鉴别数据的各缔约国，要按照ISO/IEC 14443的规定，将数据储存在非接触集成电路芯片中，并按照国际民航组织规定的逻辑数据结构进行编程处理。

5.3 外交影响

与本条所提问题相关的任何外交行动必须基于国家责任。质言之，正如已经讨论过的，责任问题取决于国家的知情、同谋和宽恕。一国的责任由可证明该国意图或过失的现有证据决定，这又可以反过来证明有关国家的串通或纵容。确定同谋或纵容的一种方法是确定国家在多大程度上遵守国际法对其施加的义务以及是否违反了对他国的义务。为了证明自己无罪，有关国家必须证明它不能容忍罪行或确保对罪犯的惩罚。布朗利认为，违法行为的证据将取决于罪犯与国家之间的因果关系。[40]在这种情况下，国家的作为或不作为是一个关键的决定性因素，特别是在没有具体意图的情况下。[41]一般而言，罪犯的意图不是决定性因素，决定性因素是国家未能履行其在预防犯罪（如果这在国家的权限范围内）方面或采取必要的惩罚措施方面的法律义务或采取补救措施。[42]

在确定国家责任时，必须考虑一些原则。第一，必须要求国家有意采取行为或不作为所引起的同谋或过失；第二，在涉及宽恕的情况下，必须有证据表明国

---

〔38〕 Machine Readable Travel Documents, ICAO Doc 9303 Part 1, Machine Readable Passports, Sixth Edition, 2006, III-4.

〔39〕 Annex 9 to the Convention on International Civil Aviation, 12th Edition, 2006.

〔40〕 Brownlie (1983) at 39.

〔41〕 Report of the International Law Commission to the United Nations General Assembly, UNGOAR 56th Session, Supp. No. 10, UN DOC A/56/10, 2001 at 73.

〔42〕 de Arechaga (1968), 531 at 535.

家在起诉罪犯方面不作为；第三，由于作为抽象实体的国家本身不能执行一项行为，国家对其代理人行为责任的可归责性或归因必须通过因果关系来确定，该因果关系将矛头指向国家应负的责任。例如，国际法委员会在其《国家责任草案》第四条中指出，任何国家机关，不论它行使立法、行政、司法或任何其他职能，不论它在国家的组织中具有何种地位，也不论它作为该国中央政府机关或国土机关的特性，其行为应视为国际法所指的国家行为。国际法院于 1999 年认可了这一原则，国际法院认为，根据得到确认的国际法原则，国家任何机关的行为必须被视为国家行为。[43]

多年来，国家责任法一直在发展，从直接确定国家及其代理人的责任，发展到国家对非国家行为体之作为承担责任。在当今世界，私人实体和个人可以行使类似于国家的权力，使国家与这些的实体之间的代理关系成为归责国家的重要因素，各国必须意识到这一点。

联合国大会于 2002 年通过了关于国家对国际不法行为的责任的第 A 56/8344 号决议。[44]该决议是国际法委员会在国家责任问题上的工作成果，规定了一国的每一国际不法行为引起该国的国际责任，[45]而且，该行为依据国际法可归责于国家，并构成国家对该国国际法义务的违反。决议附件《国家责任草案》第五条指出，虽非国家机关、但经该国法律授权行使政府权力要素的个人或实体，其行为依国际法应视为该国的行为，但以该个人或实体在特定情形下系以政府资格行事者为限。如果穆罕默德·马巴胡赫（Mahmoud al-Mabhouh）被暗杀是由摩萨德进行的，且摩萨德向以色列总理报告，决议附件《国家责任草案》第八条特别重要，因为它规定如果一个人或一群人实际上按照国家的指示或在其指挥或控制下行事，其行为应视为国际法所指的该国的行为。决议附件还规定一国的行为如若不符合国际义务对它的要求，即为违背国际义务，而不论该义务的起源或特性为何。[46]

---

〔43〕 *Differences Relating to Immunity from Legal Process of a Special Rapporteur*, ICJ Reports 1999, 62 at 87.

〔44〕 A/RES/56/83 Fifty sixty Session 28 January 2002.

〔45〕 同前注 Annex, Article 1.

〔46〕 同前注 Article 12.

国家之间的外交关系与国家责任有着内在的联系，并以依赖礼让的国家间的关系为基础。[47]在这方面的基本事实是，国际社会不是一个不变的实体，而是随着政治活动的涨落而变化。[48]类似于国家间的外交关系经常出现在恐怖主义的背景下，如1985年的“彩虹勇士”案。当时法国官方组织秘密的军事行动计划，在新西兰奥克兰港沉没彩虹勇士号，该军事行动旨在阻挠绿色和平组织抗议法国在南太平洋的核试验活动。船舶沉没导致荷兰海员死亡，直接归因于向法国国防部报告的机构，新西兰政府和高等法院认为这违反了国际法原则，侵犯了国家主权。[49]联合国秘书长裁定法国应向新西兰道歉，并赔偿7 000 000美元。彩虹勇士事件作为导致国家责任的国际违法行为载入外交关系史册。

另一个类似的外交事件发生在1981年，美国国务院于5月6日在一次特别新闻发布会上宣布美国政府决定要求阿拉伯利比亚人民社会主义民众国立即关闭其在华盛顿的人民局，并在五个工作日内撤回所有的工作人员。美国的官方声明是，在本届政府执政的最初几天，总统和国务卿表达了对利比亚各种挑衅和不端行为的关注，包括利比亚政府对国际恐怖主义的支持，美国政府表示都特别关注，并明确表示一直关注位于华盛顿的利比亚人民局不可接受的行为模式，这违反了国际公认的外交行为准则。因此，美国要求利比亚关闭其在华盛顿的人民局，并在五个工作日内撤回所有的工作人员。这一行动将美国与利比亚维持的外交关系降至冰点。美方随后发布的旅行建议称，由于美国政府与利比亚政府之间的关系不稳定，国务院警告美国公民不要前往或居住在利比亚境内。旅行者还被告知，美国驻黎波里的大使馆已关闭，美国无法向目前在利比亚的美国人提供领事保护和援助。[50]

1999年，美国克林顿政府警告俄罗斯，要求俄罗斯自主减少在美国经营的大

---

〔47〕 在法律上，礼让专指法律互惠原则，一个司法管辖区会延长某些礼节到其他国家（在同一个国家内或其他司法管辖区），特别是通过承认自己的行政、立法和司法行为的有效性和效果。该术语的含义是，法院不应该采取行动来贬低另一个管辖区的立法或者司法裁决。礼让推定的部分原因是其他司法管辖区回报相同的礼节。

〔48〕 See generally, Jennings and Watts (1992); Lauterpacht (1947); Chen (1951), and Shaw (2003), at 367.

〔49〕 R. v. Mafart and Prieur, New Zealand High Court, Auckland Registry, 22 November 1985, Per Davison CJ reported in 74 ILR 241.

〔50〕 ept. of State File No. P81 0101 - 1084.

量情报机构，否则将限制或减损两国的外交关系，甚至可能对相关人员实施驱逐。据了解此事的政府官员所说，美国驻俄罗斯大使詹姆斯·柯林斯在莫斯科与普京会晤时，传达了这一消息，该警告是在一个月前两次从美国驱逐俄罗斯情报官员和一名美国陆军武官被驱逐出莫斯科之后发出的。[51]

规范外交关系的国际条约是 1961 年《维也纳外交关系公约》（以下简称《外交关系公约》）。[52]《外交关系公约》没有明确规定断绝外交关系的条款。从第二条规定“国与国之间外交关系及常设使馆之建立，以协议为之”，可以认为如果任何一国撤回同意，则意味着断交。因此，断交通常是单方面行为的结果——尽管它经常紧随两国之间的一系列对等或报复行动，或发生在多国针对行为不可接受的一国作出集体政治决定之后。从断交起，外交关系不复存在。[53]另一国在这个问题上没有选择权。一国与另一国断绝外交关系的权利没有法律限制，主要出于政治原因采取行动。维持外交关系是常态，尽管不一定是保留常设使团。鉴于最近发生的一些即使在武装冲突期间外交关系依然存在的案例，这一点变得更为明确，就像 1965 年和 1971 年印度和巴基斯坦之间的情况那样。

两国断交通常会排除派遣国和接受国之间的直接联系，除了协助有序离境和针对其他情况的临时安排。但是，这不排除派遣接受特别使团（可能预示恢复正常的外交关系），两国外交代表在第三国举行会议（例如，多年来美国和中国代表在华沙的定期会议）或两国国际组织代表之间的联系。一国关于外交的国内法规通常会规定可以接受的接触，现代外交的一个主要特征是，那些经常被大肆宣扬的破坏外交关系的情况可能只有部分是真实的。比如，两国外交关系破裂后，尽管指定了第三国保护彼此在另一国领土的利益，但通常由一方主动提供，两国仍继续保持积极但不明显的直接联系。[54]

无论受害国采取何种单方面外交行动，无论是基于主权还是基于侵犯其国家

---

〔51〕 Bill Gertz, The Washington Times, 26 July 1999.

〔52〕 Done at Vienna on 18 April 1961 and entered into force on 24 April 1964. United Nations Treaty Series, Vol. 5000 at p. 95.

〔53〕 对于伊朗和法国之间一系列导致两周断交的事件，See 1987 AFDI 1000. See also do Nascimentoe Silva, Diplomacy in International Law p. 173 – 4.

〔54〕 James (1991).

民财产（护照）以及持有护照的公民的权利，穆罕默德·马巴胡赫（Mahmoud al-Mabhouh）案中都存在某些不容置疑的法律论断。根据大多数国家法律，伪造护照和身份盗窃是严重的刑事犯罪。根据以色列法律，这些行为也是违法的。伪造护照，无论其国家或国籍如何，都会带来比仅违反外交礼节或关系更为严重的问题。根据宽恕理论，任何涉及此事的政府都会受到严重牵连，如果它知道其安全机构使用的是伪造的旅行证件。

因此，国际社会应该谴责以违反国际法为代价对穆罕默德·马巴胡赫采取法外处决行为，相关人员必须明确声明他们是否知道摩萨德在此次行动中使用伪造的旅行文件/或任何其他行为。如果有确凿的证据表明牵涉到以色列政府，国际社会也必须要求前者确认其情报部门是否参与了谋杀穆罕默德·马巴胡赫的行动，并要求以色列政府确认其情报部门是否在这次或任何其他行动中使用了伪造的护照，或者他们是否已经做出不会再犯的保证。此外，国际社会应获得以色列政府的保证，他们的情报人员永远不会伪造用于上述行动的旅行证件并要求以色列政府谴责暗杀穆罕默德·马巴胡赫的行为违反国际法。最后，以色列政府必须保证，他们会将迪拜当局认定的任何参与谋杀的人引渡到迪拜接受审判，并将他们引渡到爱尔兰、英国、法国和德国，以接受这些国家对其滥用护照罪行的审判。

目前，引渡问题可以通过联合国及其安理会〔55〕、国际法院〔56〕等机构解决。与共谋理论具有显著的相关性的是国际法院对1988年12月21日洛克比空难案发表意见〔57〕，特别是关于引渡问题以及一国是否可以要求引渡隐匿在另一国的罪犯。该爆炸是由便携式录音机/收音机中隐藏的塑料炸药的爆炸引起的。国际法院认为，根据国际法的一般原则，任何国家都不能被迫引渡其国民，国家有对其

---

〔55〕 安理会是联合国负责维护国际和平与安全的机构。《联合国宪章》规定其权力包括建立维和行动、建立国际制裁，以及授权采取军事行动。安理会的权力是通过其决议来行使。安理会常任理事国是美国、英国、法国、俄罗斯和中国。

〔56〕 国际法院（ICJ）是联合国的主要司法机关。它根据1945年6月的《联合国宪章》成立，于1946年6月开始工作，作用是解决国际法针对由各国提交的法律争端，并针对联合国大会或安理会或经大会授权的专门机构提出的法律问题提出咨询意见。法院由15名法官组成，由联合国大会和安全理事会选举产生，任期九年。它通过受理机关的书记处协助其工作，官方语言是英语和法语。

〔57〕 I. C. J. Reports 1980, at 6.

领土上审判被控犯罪人的特权。国际法院博学的法官认为私人犯罪者引渡问题，应由各国自行处理。问题在于联合国安全理事会通过第748号决议要求利比亚将其国民引渡到美国或英国，是否会推翻既定的国际法原则。一位法官认为其答案是确定的。

如果一个被认定应受谴责的国家不能或不愿按要求赔偿，没有什么可以阻止另一个国家单方面终止与该国的外交关系。

参考文献：

Becker T(2006a) Terrorism and the state, Hart monographs in transnational and international law. Hart Publishing, Oxford.

Becker T (2006b) Terrorism and the state; rethinking the rules of state responsibility Hart. Publishing, Portland.

Blackstone W, Morrison W(eds)(2001) Commentaries on the laws of England (1765 - 69), vol 4. Cavendish, London.

Brownlie I(1983) System of the law of nations: state responsibility, Part 1. Clarendon, Oxford.

Caron DD(1998) The basis of responsibility: attribution and other trans-substantive rules In.: Lillich RB, Magraw DB(eds) The Iran-United States claims tribunal: its conclusions to state responsibility. Transnational Publishers, Hudson. Hudson Chen TC (1951) The international law of recognition. Stevens and Sons Ltd., London. de Arechaga EJ(1968) International responsibility In:. Sorenson M(ed) Manual of public international law. St. Martin's Press, New York.

De Vattel E, Fenwick CG(tr) 2(1916) The law of nations or, the principles of natural law: applied to the conduct and to the affairs of nations and sovereigns. Legal Classics Library, New York.

Hyde C(1928) Concerning damages arising from neglect to prosecute Am J Int L 22:140.

James D(1991) Diplomatic relations and contacts. BYIL 375.

Jennings RY, Watts AD(eds)(1992) Oppenheim's international law, 9th edn. Longman, London.

Jorgensen NHB(2000) The responsibility of states for international crimes. Oxford University Press, Oxford.

Lauterpacht H (1947) Recognition in international law. Cambridge University Press, Cambridge.

Shaw MN (2003) International law, 5th edn. Cambridge University Press, Cambridge.

Starke JG (1989) Introduction to international law, 10th edn. Butterworths, London.

第二十三条 海关和移民程序

各缔约国承允在其认为可行的情况下，按照依本公约随时制定或建议的措施，制定有关国际航行的海关和移民程序。本公约的任何规定不得被解释为妨碍设置豁免关税的机场。

1 入境和出境控制

就海关和移民而言，这是一项直截了当的规定，因为各国都制定了本国的海关和移民的法律和程序。附件 9 对此提供了相关帮助，例如，标准 3.41 要求为加快检查，缔约国应在机场运营人的配合下，在旅客流量要求采取此种措施的国际机场使用适当的技术，并采用多通道移民检查系统，或者其他疏通旅客的合理方式。标准 3.42 规定，除特殊情况外，缔约国不得要求在旅客或机组人员抵达护照管制点前收集他们的旅行证件或其他身份证件。标准 3.43 要求有关当局迅速接受旅客和机组人员，对其是否可以进入该国进行审查。乘客或机组人员在下机后首次出现在入境控制点时，即需要“接受检查”，以便进入相关国家，届时管制官员将决定他们是否应该被接纳。这并不包括检查旅行证件，检查旅行证件可以在降落后立即实施。标准 3.47 规定，除特殊情况外，各缔约国必须作出安排，使询问者在入境和离境时，其身份证件只需检查一次。

各国面临的一个紧迫问题是，应对无证照人士和难民采取何种政策。建议措施 3.45，建议有关公共当局接受后，应该对乘客和机组人员的监护和照管负责，直到确定他们被允许入境，或被认定为不可接纳为止。标准 3.44 指出，航班运营人对乘客和机组人员的监护和照管的责任从确定允许这些人入境时终止。

免税机场是一个复杂商业体。此类机场商业模式的首要因素是客户，因此确定机场的客户是谁是一个好的起点。无可争辩的是，旅客带来了大量的特许收入，同时运输旅客的航空公司也通常会带来大部分租金或租赁收入。然而其他收入也绝不是无关紧要的，里加斯 · 道格尼斯（Rigas Doganis）分别分析了以法兰克福机场和雅典机场为代表的机场模式：

> 法兰克福机场有空间和商业方面的敏感性，并试图在主要航站楼及其附近满足所有目标群体的需求。对机场特许收入的分析显示，76% 的收入来自

旅客，13%的收入来自机场员工，其余11%的收入来自各种类型的访客包括接待员、迎宾员和当地居民。这不包括办公空间、土地等的租金。基于发展战略，法兰克福机场已经开发了广泛的购物、休闲、商业和服务设施。相比之下，雅典的两个航站楼只针对两类群体——航空公司和乘客，并且只为其提供最基本的设施。

全球范围内机场的运营模式介于以雅典和法兰克福为代表的两个极端之间。遵循传统模式还是商业模式，将部分取决于管理层采取的战略选择，尤其取决于其所确定的目标客户群。但是采取的模式也取决于每个机场所能够处理的客流量的规模、航站楼容量、可用土地面积，以及管理层采取的商业政策。[1]

鉴于当下机场商业模式的发展趋势，机场必须做出战略决策，以便在财政上自给自足并像企业一样运行。因此，应该有一个最大化收入的商业机场运营模式，无论这是通过航空收入（如来自航空公司的机场费用）还是非航空收入（如特许经营等），也应对其目标客户是谁以及最受欢迎的客户是谁有明确的认识。

2 商业方面

就创收和效益而言，机场同时受外部和内部因素的影响。最重要的外部因素是当前和预计的运输量、全球和当地的经济波动和货币汇率、政府当局对机场征收的税费用以及机场对其用户所收的费用。内部因素涉及空域、航空楼容量、时刻分配、税收的性质和作用等方面。许多因素会影响机场最大化其商业收入的能力。首先是某些外部因素，这对于产生收入或是战略选择有至关重要的影响，但这些又大多在机场管理层的控制之外。这些包括机场的运输水平及其国际运输所占比例、汇率和对酒精或烟草征收的税收或费用。还有很多因素会直接受到管理层的影响，包括分配给商业活动的航站楼的面积和位置，与特许经营人达成之合同的性质，和特许经营人本身的品质。

机场提供一系列的商品、服务和设施，其收入来自租金和特许经营费。租金

〔1〕 Doganis（2005）at 32.

收入主要来自出租特定区域，直接用户是航空公司、货代和地勤服务提供者等使用机场的主体。间接用户则是酒店、餐饮企业、制造企业和其他类似的企业。特许权费是来自于提供各种服务的供应商为了有权在机场提供他们的服务而支付给机场的额外费用。这些费用通常是基于特许经销商所进行的业务量产生，而不是基于占用机场的特定空间的大小，虽然包含直接的地租标准的特许协议并不少见。

免税商店可以说是最具吸引力的机场非航空收入。因为对于消费者而言，机场免税店商品的价格比市中心商店的价格更有吸引力，这使得机场免税店准备支付竞争性租金。让特许经营者支付高额租金的又一吸引力是由于特许经销商所获得的边际利润相当高，故可以通过谈判签订有利于机场获得此类商店赚取的大部分利润的合同。

机场也认识到需要在航站楼的等候大厅提供免税商店，因为只有进、出站或中转的乘客才能进入等候大厅的免税商店。许多不同种类的免税商店也应开在航站楼的公共区域，这样的商店可以出售如旅游产品、烟草、图书糖果、药物及化妆品、花、时尚商品纪念品、玻璃器皿、服装、录像和唱片等商品。作为人群聚集的地方，机场也需要食物和饮品店。

这些服务的提供将取决于市场需求，而市场需求根据经常光顾的旅客的类型决定。机场另一个收入的产生来源是登机牌广告和企业可能希望在机场投入的其他类型的促销资源。

参考文献：

Doganis R(2005)The airport business. Routeledge, London.

第二十四条　关税

一、航空器飞抵、飞离或飞越另一缔约国领土时，在遵守该国海关规章的条件下，应准予暂时免纳关税。一缔约国的航空器在到达另一缔约国领土时所载的燃料、润滑油、零备件、正常设备及机上供应品，在航空器离开该国领土时，如仍留置在航空器上，应免纳关税、检验费或类似的国家或地方税款和费用。此种豁免不适用于卸下的任何数量或物品，但按照该国海关规章允许的不在此列，此种规章可以要求上述物品应受海关监督。

二、运入一缔约国领土的零备件和设备，供装配另一缔约国的从事国际航行的航空器或在该航空器上使用，应准予免纳关税，但须遵守有关国家的规章，此种规章可以规定上述物品应受海关的监督和管制。

1　帮助航空运输的豁免

大会在1947年的第一届会议上通过了第A1-42号决议（国际航空运输繁重的经济负担——双重税收和类似的负担），指出双重征税和对不在一国消耗的燃油与设备征税是需要解决的问题，要求理事会对此进行研究。该决议还要求各国向理事会提供有关这两个主题的信息。根据这项决议以及研究成果，理事会从1948年开始通过了多项有关税收的决议。值得特别注意的是，1966年11月14日理事会关于航空运输领域税收的决议。

税收是“纳税人为支持政府而做出的经济贡献”。[1]法院裁定税收是“为支持政府而加在个人或财产上的金钱负担，是立法机关确定的付款”。它也被认定为“向政府支付的年度保护和支持现任政府的年度补偿”。一份早期的美国裁定中写道：

税收是国家行使其主权权利时，按公民个人所拥有的财产和劳动所创造的财富的比例征收的，用于支持政府，实施法律并让国家能继续运转各项正当功能的手段。[2]

根据这些定义，税收是一项一般性的征收，通常被描述为“一劳永逸”的付

---

〔1〕 Black's Law Dictionary, 1951.

〔2〕 New London v. Miller, 1941 Connecticut Reporter at 112.

款。因此，有些税无法被具体命名，例如，命名为“航空燃油税”或“飞机设备税”。为“支持政府”而征税的事实使得税收的一般性更为明确。

在1956年埃尔诉米契尔[3]案中，法院裁定税收是：

> 为支付公共开支，主权国家对其管辖范围内的人员或财产进行评估并依照合理的规则分摊后，进而执行得到的金钱或其他财产贡献。因此，税收被称为“贡献”，并在一般意义上被认为是政府强加给个人的贡献，无论它是以税、地租、关税、消费税、补贴还是其他的名义存在，实质是为国家使用和提供服务。

税收的法律定义是由一项立法法令规定的为了支付公共开支而由公众所做的强制贡献。在司法上，税收被认为是一项“贡献”，以及其他同近义词。其他同近义词指代的范围过于宽广，令人不安[4]。税务专家主张，税收的“效率”测试要求设计税收应尽量减少或破坏社会的整体生产力。应从这个角度理解国际航空运输领域税制的整体情况。在许多情况下，征收国际航空运输“税”已经被贴上了不公正的标签。[5]有人强烈主张，税收是“一项为支持政府而加诸个人、财产或商业上的强制贡献”[6]，使得任何一个人或资源受到压重的压力。而当对国际航空运输征税时，论证了税收定义中的动词“受到严重的压力”。[7]公认税收必须用于公共目的。[8]税额必须依据商业原则，应与使用特定设施或服务的花费相当，而不是和整个政府服务的总体花费相当。

2 收费的定义

“收费”被认为是为改善而施加的负担，且改善应有利于特定的个人或财产，

---

〔3〕 1956 Southern Reporter at 81.

〔4〕 In re Mytinger, D: C: Tex, 31 F. Supp 977 at 979.

〔5〕 See Aviation Daily, 16 November 1990 at 328. 国际航空运输协会总干事将美国提出的对入境美国的外国人征收1美元“便利费”称为“税”。See also, Aviation Daily 11 January 1990 at 71, 他强烈要求美国交通部长等总审查国际运输的税收。美国后来取消了该税，主要原因是国际航空运输协会等组织有效游说反对征收。See Abeyratne (1993), at 450 – 460.

〔6〕 See generally, Hinshaw (1993), at 75 – 94.

〔7〕 同上。

〔8〕 Tell (1931) at 347. See also, Lowell v. Boston III Mass. 454 (1873).

同时负担应该与授予的福利相当。收费是为改善市政设施，而针对紧邻市政设施的财产的负担，应参照财产从前述改善中预期获得的特定利益。

对特定行业的产品征收的费用将用于改善该行业，而征税通常是为了国家利益，并进入国库。在概念上，收费不会引起异议，因为所收取的费用是对该特定行业有利的，但维护国家利益本应是国家的责任，其成本也应由国家负责。然而，这种明确的界限经常被不规范的术语所包含，导致旅客服务费被认定是一种为国家利益所征收的税款。

从更广泛的意义上讲，司法界定的税收，可以包括评估和收费。但实际上，"税收"通常是为政府目的而普遍加诸一国居民或部门的公共负担，与特定个人或财产的特定或特殊利益无关。对税收的主要批评是，税收是为了支持政府而对个人实施的强制性贡献。[9]因此，它是一项对个人或资源的沉重需求。

3 国际民航组织理事会在税收方面的工作

《国际民航组织对航空运输领域的财税政策》（第8632号文件，第三版，2000年）承认对飞机在国际航空运输中使用的燃料、润滑油和技术消耗品征收国家税或地方税可能对国际航空运输业务产生不利的经济和竞争影响。

根据国际民航组织的政策，基于互惠的原则，理事会决定：

> 在一个缔约国注册的或由该国的运营人租赁或包租的航空器从事往返于另一缔约国关税区的国际航空运输业务时，其燃料、润滑油和其他消耗性技术用品应在互惠的基础上免除关税或其他税款，或者，对于燃料、润滑油和其他消耗性技术供应品，满足第（2）或第（3）项，应退还此类关税：
>
> （1）飞机抵达另一国领土时，燃油等可以装在飞机上的油箱或其他容器中，但不得卸下任何数量的燃油等消耗性技术用品，除非暂时受海关管制；
>
> （2）航空器从一国国际机场起飞前往该国另一关税领土或任何其他国家领土时，在飞行过程中将燃料等带上飞机消耗，但该航空器已在离开有关关税领土之前，遵守该领土内现行的所有海关和其他清关规定；

〔9〕 Hinshaw (1939), supra, note 6, loq. Cit.

（3）燃料等是在另一国国际机场的海关被带上航空器，并且该航空器在前往该国另一关税区或其他任何国家的领土的途中在两个或两个以上的国际机场连续停靠。

无论航空器是从事个人飞行还是从事航空服务，也不论该操作是否有偿，均适用上述（1）（2）（3）的规定。

遵守本决议的任何缔约国应以对等为原则授予在另一缔约国注册、租赁或包租的航空器信息待遇。航空器尽管有互惠的基本原则，但鼓励缔约国在最大可能范围内对所有进出他国和离开他国的航空器适用豁免原则。

“关税和其他税”一词包括对燃料、润滑剂和其他消耗性技术用品征收的各种进口、出口、消费、销售、国内关税和税收；并且上述关税和税收还应包括那些在缔约国内所有当局所征收的税款，无论是国家还是地方税收。这些关税和税款不应或继续对购买与国际航空服务有关的飞机使用的燃料、润滑油或消耗性技术用品征收，除非是基于提供机场或空中导航的实际成本，并且是用于支付提供它们的成本。

国际民航组织大会通过的第 A37-20 号决议的附录 E 指出，国际民航组织第 8632 号文件对“收费”〔10〕和“收税”〔11〕做了一个概念性区分，即“收费是旨在并专门用于收回提供民用航空设施和服务所付成本的一种款项征收，而收税则是旨在提高通常不全部用于、也不根据具体成本用于民用航空的国家或地方政府收入的一种款项征收”。

第 A37-20 号决议附录 E 还指出，一些缔约国在国际航空运输某些方面的征税日益增多和对空中交通的收费（其中若干可划分为国际航空运输销售或使用税）事项激增正在引起极大的关注。

---

〔10〕“收费”是指，为特别有利于特定人或财产的改善而征收的费用，是对改善市政工程附近的财产征收的特殊地方费用，参照该财产所得之预期利益收取。

〔11〕税收的法律定义是，一项立法法令规定为了支付公共开支而由公众或部分公众所作的强制贡献。在司法上，税收已被认为是一项“贡献”，包括了与贡献相类似的其他任何措辞。税务专家主张，税收的“效率”测试要求设计对社会整体生产力造成最小影响或破坏的税收。应从这一角度看待国际航空领域税收的整体情况。

参考文献:

Abeyratne RIR(1993):Air transport tax and its consequences on tourism. Ann Tourism Res 20(3):450-460.

Hinshaw H(1939):The protection of aviation from inequitable taxation. J Air Law 9:75-94.

Tell WK(1931):Taxation of aircraft motor fuel. J Air Law 2:342.

第二十五条　航空器遇险

各缔约国承允对在其领土内遇险的航空器，在其认为可行的情况下，采取援助措施，并在本国当局管制下准许该航空器所有人或该航空器登记国的当局采取情况所需的援助措施。各缔约国搜寻失踪的航空器时，应在按照公约随时建议的各种协同措施方面进行合作。

1　航空器救援规则

国际民航组织大会第37届会议（蒙特利尔，2010年9月至10月）通过了第A37-15号决议（国际民航组织具体针对空中航行的持续政策和相关做法的综合声明）附录N规定：

> 鉴于《芝加哥公约》第二十五条，各缔约国承诺对在其领土范围内遇险的航空器提供其认为可行的援助措施，并在遵行根据《芝加哥公约》不时建议的协同措施方面进行合作；
>
> 鉴于《芝加哥公约》附件12包含有关在缔约国领土内以及在公海海域内建立和提供搜寻与援救服务的规范；
>
> 鉴于《芝加哥公约》附件12规定应在地区空中航行协定的基础上确定将提供搜寻与援救服务的公海部分，而这些协定通常是理事会根据地区空中航行会议的建议批准的；
>
> 鉴于《芝加哥公约》附件12建议，搜寻与援救区域应该在实际可行的范围内与相应的飞行情报区相一致，若属于公海地区，则与海上搜寻与援救区域相一致；
>
> 鉴于《芝加哥公约》第六十九条规定，如果理事会认为一缔约国的空中航行服务目前或预期不适合国际空中服务的安全运营时，理事会应当与直接有关的国家和其他受影响的国家进行协商，以期找到能够补救情况的手段，并就此提出建议；和
>
> 鉴于除《芝加哥公约》第六十九条涉及的空中航行服务外，其他服务还包括搜寻与援救服务；

大会决议如下：

(1) 无论在国家领土上，还是根据地区空中航行协议，对超出一个国家主权空域以外的区域，或是在公海上的搜寻与援救区域应当根据技术和运作上的考虑加以划定，其中包括飞行情报区、搜寻与援救区域，若属于公海地区，则与海上搜寻和援救区相一致是否可取，其目的在于确保安全，并以较小的总成本取得较好的效果；

(2) 各国应当保证在同一区域提供服务的海上和航空搜寻与援救服务尽可能地密切合作，若可以的话，建立联合援救协调中心来协调航空和海上的搜寻与援救行动；

(3) 如果任何搜寻与援救区域需要扩大到两个或两个以上国家的领土或其部分领土时，有关国家间应该谈判达成与此有关的协定；

(4) 在委托国的领土上实施搜寻与援救服务的提供国应当按照委托国的要求行事，而委托国则应当建立双方认为必要的提供国使用的设施和服务并保持其运行；

(5) 一国委托给另一国的任何责任或公海上任何责任的转移，应当限于与在有关区域提供搜寻与援救服务有关的技术和运作职能方面；

(6) 对包括在公海上提供高效的搜寻与援救服务方面存在的任何不足进行补救，应通过与在运作上或财政上可能给予搜寻与援救行动的国家谈判获得援助，以便就此缔结协定；

而且，宣布：

(7) 任何缔约国在向另一国家委托在其领土内提供搜寻与援救服务责任并不减损其主权；和

(8) 理事会批准有关一国在公海海域内提供搜寻与援救服务的地区空中航行协定不表示承认该国对有关海域的主权。

该决议还指出，各缔约国应与其他国家和本组织合作，寻求最有效搜寻方式与援救区域，必要时考虑集中现有可利用的资源或联合成立一个搜寻与援救组织，负责在两个或两个以上国家领土或公海上提供搜救服务。理事会应鼓励由于缺乏足够的设施而不能确保对其负责的搜寻与援救区域进行空中覆盖的国家，请求其他国家的援助来补救这一状况，并与有关国家谈判达成关于在搜寻与援救行动期间提供援助的协定。

2001 年“9·11 事件”发生后，很自然地人们对未来飞机被用作毁灭性武器的可能性有了更高的认识。从社会和政治的角度来看，世界必须为航空器的搜寻与援救做准备，并在确定其位置时，毫不迟延地进行救援。关于这个问题，目前已经有两个国际条约，一个是 1938 年的《布鲁塞尔公约》[12]，但该公约由于未能得到足够数量的国家同意而未能生效。《布鲁塞尔公约》只规定了海上援助和救助作业。

另一个是《芝加哥公约》，公约第二十五条规定：各缔约国承允对在其领土内遇险的航空器提供其认为可行的援助措施，并在本国当局管制下准许该航空器所有人或该航空器登记国的当局提供所需的援助措施。各缔约国搜寻失踪的航空器时，应按照本公约，在采取协调措施方面随时合作。《芝加哥公约》附件 12 细化了这一基本要求，要求各缔约国在其领土内确立并提供 24 小时的[13]搜寻与援救（SAR）的服务。各国还被要求在地区航行协议[14]的基础上根据附件确定搜寻与援救程序，并在地区的基础上提供不重叠的搜寻与援救服务[15]。搜救区在附件中被定义为，一个特定的提供搜索与救援服务的区域。

机场和航空公司同样面临与许多国家一样的窘境，与缺乏反应快速、设备充足和训练有素的机组人员有关，这些在飞机发生事故时，对旅客的生存十分关键。尽管大多数国家都特别关注救援航空器的迫切需求，但仍有不幸事件发生。有这样一个例子，1980 年沙特阿拉伯航空公司 L-1011 离开利雅得机场不久后便起火，虽然飞行员紧急返航，迅速迫降，并且飞机完美着陆，但近 30 分钟后消防员才得以进入飞机救援，此时所有旅客和机组人员已经遇难。这本来是一个机

〔12〕 Convention for the Unification of Certain Rules Relating to Assistance and Salvage of Aircraft at Sea, Brussels, September 29, 1938.

〔13〕 Annex 12 to the Convention on International Civil Aviation, Search and Rescue, Sixth Edition March 1975, Standard 2. 1. 1.

〔14〕 同引注 Standard 2. 1. 1. 1.

〔15〕 同引注 Standard 2. 2. 1 搜寻与救援服务的边界应在最大的程度上与相应的飞行情报区的边界一致。See Recommendation 2. 2. 1. 1 of Annex 12.

上人员可以生还的事故。[16]与此相反，1996 年 11 月波音 767 飞机发生劫机事件，由于飞机缺乏燃料，坠毁于科摩罗湖畔，即使是未经训练的人员在救援中的自发反应也会有所帮助。在该事件中，现场游客迅速做出应对确保了 175 名乘客中的 51 人获救。[17]

下文将概述在领土范围内搜救航空器所涉及的国家责任和政治、经济、人道主义对此的影响。[18]

2 政治问题

《芝加哥公约》附件 12 要求各缔约国协调其与邻国之间的搜寻与援救组织[19]，并建议这些国家在必要时应与邻国协调其[20]搜寻与援救行动，并制定共同的搜寻与援救程序以促进与邻国的搜寻与援救协调[21]。这些规定共同呼吁所有缔约国联合起来协调搜寻与援救的组织和行动。

1998 年，国际民航组织大会第 32 届会议通过了第 A32-14 号决议，附录 O 规定搜寻与援救服务的提供。该决议涉及《芝加哥公约》第二十五条，各缔约国承诺对在其领土范围内遇险的航空器提供其认为可行的援助措施，并在遵循根据《芝加哥公约》不时建议的协同措施方面进行合作。

该决议提到《芝加哥公约》附件 12 包含在缔约国领土内以及在公海海域内建立和提供搜寻与援救服务的规范。该决议承认，《芝加哥公约》附件 12 规定应在区域航空协定的基础上，确定对公海上发生的事故提供搜寻与援救服务，而这些协定通常是国际民航组织理事会根据地区空中航行会议的建议批准的。《芝加哥公约》附件 12 建议，搜寻与援救区域应该在实际可行的范围内，与相应的飞行情报区一致，若属于公海地区，则与海上搜寻与援救区域相一致。

《芝加哥公约》第六十九条在附录中也被提及，如果理事会认为缔约国空中航行服务不足以合理地满足现有的或计划中的国际航空服务的安全运行时，理事

---

〔16〕 David Morrow, Preparing for Disaster, Airport Support, April 1995 at p. 29.

〔17〕 Report in FAZ No. 275/1996（25 November 1996） at p. 9.

〔18〕 本部分讨论不涉及搜索与救援航空器和乘客所付费用之追偿问题。对此问题 see Andreas Kadletz, Rescue and Salvage of Aircraft ZLW 46. Jg 2/1997, pp. 209 – 216.

〔19〕 Standard 3. 1. 1

〔20〕 Recommendation 3. 1. 2.

〔21〕 Recommendation 3. 1. 2. 1.

会应与直接有关的国家和其他受影响的国家进行协商，以寻找可以补救这种情况的方法，并就此提出建议；《芝加哥公约》第六十九条除涉及空中航行服务外，还应包括搜寻与援救服务。

考虑到上述事实，第 A32-14 号决议规定，无论搜寻与救援区域的边界是否跨越国界、领土或在公海之上，必须考虑技术和操作层面的因素，包括飞行情报区和搜寻与援救区域重合的可能性，目的在于确保安全，保证最小的成本获得最佳的效率。如果任何搜寻与援救需要跨越两个或两个以上的国家或其部分领土时，应由相关国家协商同意。

上述决议还呼吁在委托国的领土上实施搜寻与援救服务的提供国应当按照委托国的要求行事，而委托国则应当建立双方认为必要的供提供国使用的设施和服务，并维持此类设施和服务。一国委托给另一国的任何责任或公海上任何责任的转移，应当限于与在有关区域提供搜寻与援救服务有关的技术和业务职能。应通过与可能为搜寻与援救行动提供服务或财政资助的国家进行谈判，达成协议，以便寻求对包括在公海上提供高效搜寻与援救服务方面存在的任何不足进行补救。

此外，决议声明，任何缔约国在向另一国家委托在其领土内提供搜寻与援救服务并不减损其主权；理事会批准有关一国在公海海域内提供搜寻与援救服务的区域空中航空协定并不意味着承认该国对有关海域的主权。

该决议还指出，各缔约国应该与其他国家和国际民航组织合作，寻求最高效的划定搜寻与援救区域的方式，并在必要时考虑汇集可用的资源或联合建立一个搜寻与援救组织，负责在跨越两个或两个以上国家领土或公海上的区域内提供搜寻与援救服务。

最后，该决议呼吁理事会该鼓励由于缺乏足够的设施而无法确保覆盖其负责的搜寻与援救区域的国家，可以请求其他国家予以援助，并可就搜寻与救援行动期间的援助与有关国家谈判并达成协议。

第 A32-14 号决议作为国际公法承认的实体规则，对各国具有约束力，如果要确定各国在搜救方面的义务，即涉及该决议。在联合国框架内通过的所有决议都体现了国际法规则和原则。在没有异议的情况下采纳的决议具有说服力。《国际法院规约》第三十八条规定了一般法律原则为各国明文所承认者，作为国际法的渊源，联合国采纳的决议应属于该类。

法律专家们一直认为，决议可以作为有约束力的国际法规范，理由是此类决议或声明可被视为联合国成员国认可的对《联合国宪章》的有权解释（authentic interpretations）。他们还列举许多理由指出，联合国体系内被认可的决议是对公认的习惯国际法的肯定，也是对各国承认的一般法律原则的肯定。多年来，国际法院对这些观点给予了一定的认同，法院在一段时期内承认联合国通过的一些宣言的效力。[22]

然而，在实际应用中，理应受此类决议约束的国家如不遵守这些决议，将使这些决议失去预期的法律效力。如果大会决议附有反对票或保留意见，就是这种情况。然而，第 A32-14 号决议是协商一致通过的，不存在保留的问题。

大会决议的实际效用在于，它主要是通过填补正式立法程序尚未填补的法律空白来补充特定领域的法律缺失。制定条约往往是一个曲折、烦琐的过程。决议提供了一种快速解决方案，在宣言中体现原则，为特定原则或一组原则引入合法性和有效性。鉴此，前文提到的附件 12 所包含的标准和建议措施（SARPs）应具有与决议相同的说服力。总之，决议、标准和建议措施产生了明确且实质性的影响，反映出随着这些文件的发展而进行的细致周到的工作，以及对民用航空安全和效率重要性的认同。[23]

国际民航组织针对非洲和印度洋的地区空中航行计划，[24]在第五部分通过指出《国际民航组织搜救手册》（第 7333 号文件）的规定，特别提到搜寻与援救问题，需要飞机携带特定设备，[25]进行文件和通信演习，[26]更重要的是，需要各国集中资源并在搜寻与援救时提供互助。该计划呼吁各国就实施这些措施达成明确协议。[27]国际民航组织地区空中航行计划还呼吁各国，要确保海上搜救区与航空搜救当局之间的兼容性，以便与国际海事组织（IMO）保持密切联系。

---

〔22〕 Advisory Opinions on Western Sahara, 1975 ICJ Rep 12 (October 16); Legal Consequences for States of the Continued Presence of South Africa in Namibia (South West Africa) notwithstanding Security Council Resolution 276 (1970), 1971 ICJ Rep 16 (June 21).

〔23〕 See Joyner (1997) at p. 84.

〔24〕 Air Navigation Plan Africa-Indian Ocean Region, Doc 7474.

〔25〕 同前注 3.1.

〔26〕 同前注 3.3 (a).

〔27〕 同前注 4.1.

1985 年，国际民航组织与国际海事组织签署了一项谅解备忘录，内容涉及飞机在船舶和其他海上交通工具上起降的安全以及航空和海上搜救活动方面的合作。该备忘录用以确保尽可能最好地协调两组织涉及航空和海上的搜救行动并确保飞机在船舶或其他海上交通工具上的起降安全，在所有可能需要共同努力或密切合作的情况下，为两个组织的秘书处之间就这些问题进行磋商并做出安排，以确保服务和程序的一致性或兼容性，避免任何不必要的重复。

为明确这两个组织的职责分配，以确保航空器安全运营，上述备忘录应用了以下原则：

（1）与一般飞机，特别是直升机的设计、建造、设备和操作直接相关的所有事项，应被视为主要属于国际民航组织的职责范围。

（2）所有与船舶和其他海上交通工具的设计、建造、装备及其运行直接相关的事项，应视为属于国际海事组织的职责范围。

（3）无法明确被划定为第 1 项或第 2 项的事项，应被看作是这两个组织的责任，并应通过两个组织之间适当的协调进行处理。

在确定两个组织在海域搜救方面的职责分配时，应适用以下原则：

（1）所有与航空器搜救，特别是与空中搜救设施和操作程序直接相关的所有事项，应被视为主要属于国际民航组织的职责范围。

（2）所有与船舶搜救，特别是与海上搜救设施和作业程序直接相关的事项，应视为主要属于国际海事组织责任的范围。

（3）无法明确被划定为第 1 项或第 2 项的事项，应被看作是这两个组织的责任，并应通过两个组织之间适当的协调进行处理。

该谅解备忘录还规定，任何国际民航组织针对《芝加哥公约》附件 12《搜寻与援救》的修正案草案，或任何国际海事组织针对 1979 年《国际海上搜寻救助公约》技术附件的任何修订，以及与本备忘录相关的事项，将适时传达给另一组织。同样地，《国际民航组织搜寻与援救手册》或《国际海事组织搜寻与援救手册》的修订，本谅解备忘录所涵盖事项的修订草案将适时传达给另一组织，以便两本手册尽可能地保持一致。上述磋商也应针对主要属于两个组织责任范围内的事项进行，以便每个组织在其认为必要时，可维护其在这些事项上的责任和利益，并借此确保有效的合作行动，不管是由一个组织还是两个组织执行。

在实践中，两个组织的秘书处必须采取一切可用的措施，以确保在任一组织就本谅解备忘录所涉事项采取最终行动之前进行前段所述的磋商。两个秘书处还应相互提供为审议本谅解备忘录所涉事项的会议准备的相关信息和文件。两个组织还同意采取适当步骤，以确保根据各自组织的规章和程序就本谅解备忘录涵盖的事项提供其他组织和机构的相关建议。上述引用的所有文件都迫切需要在文件的法律性质与执行国家的责任之间建立关键联系。如果国家没有责任遵守这些文书，则所有立法和指导材料、声明和决议都将无效。

在讨论搜救领域的国家责任时，不可否认的事实是，《芝加哥公约》作为一项国际公约，其规定对缔约国有约束力并因此构成一般国际法原则。国际法院在北海大陆架案中〔28〕指出，纳入条约的一般国际法原则，如“共同利益”原则，依据1969年《维也纳条约法公约》第三十八条应被视为习惯国际法。〔29〕第三十八条承认，条约中规定的规则如果得到有关国家的普遍承认，则作为习惯国际法对第三国具有约束力。

还需说明的是强行法国际法院在巴塞罗那电车公司案中指出：

> 就外交保护而言，一国对整个国际社会的义务与对另一国的义务之间应存在本质区别。就其本质而言，前者是所有国家的关切。它们是普遍义务鉴于外交保护的重要性，可以认为所有国家都对外交保护具有合法利益。〔30〕

国际法委员会认为国际法院的决定：

> 法院认为，事实上有一些国际义务，尽管有限，但由于它们对整个国际社会的重要性是所有国家的义务，与其他义务不同〔31〕。

国际法院的观点和国际法委员会支持国际法院所采取的做法，得出两个可能的结论，即强行法与由此产生的普遍义务。普遍义务影响所有国家，因此，未经整个国际社会同意，不能通过条约使之不适用于一个国家或国家集团。普遍义务

---

〔28〕 I. C. J. Reports 1970, at 32.

〔29〕 Vienna Convention on the Law of Treaties, United Nations General Assembly Document A/CONF. 39/27, 23 May 1969.

〔30〕 Barcelona Traction, Light and Power Company Limited, ICJ Reports, 1974, 253 at 269 –270.

〔31〕 Yearbook of International Law Commission 1976, Vol II, Part One at 29.

优先于可能与其不相容的其他义务。

国际法院引用普遍义务的一些例子是禁止侵略、种族灭绝、奴役和歧视行为。[32]值得注意的是，所有这些义务都是强行法的衍生物。

违反条约规定以及其他违反义务的行为导致国际法责任。在摩洛哥西班牙区索赔案中，法官胡贝尔（Huber）认为：

> 责任是权利的必然结果。所有具有国际性质的权利都涉及国际责任。如果义务未被履行，则责任包含了相应的赔偿。[33]

这也是目前公认的国际法原则，即违反了义务引起适当和充分赔偿的责任。这种赔偿是违反公约的必然结果，并且不需要在公约中明确提及。[34]国际法院于1949年科孚海峡案[35]肯定了这一原则，认为阿尔巴尼亚有责任根据国际法支付英国赔偿金，因为其没有尽到应有的警告义务。

国家责任原则构成了各国国际行为的基石，为加强国际礼让、规范国家对内（在其领土内）和对其他国家的行为提供了基础。该原则有效地抑制各国没有限制地追求自身利益而无视国际法确立的原则。

3 经济问题

与航空有关的搜寻与援救行动的经济问题，列入国际民航组织议程已有相当长的一段时间。2000年6月19日至28日在蒙特利尔举行了国际民航组织机场和空中航行服务经济学会议，会议认为，1996年国际民航组织空中航行服务经济专家组提出了一项建议，即现有的政策应修改，以允许通过非永久的民用机构（如军队）提供的搜寻与援救的成本包括在空中航行服务收费的成本中。国际民航组织理事会没有立即批准专家组的建议，有待秘书处对相关影响进行研究。国际民航组织秘书处随后进行的一项调查只得到了有限数量的答复，故而无法得出结论。因此，会议认为需要对秘书处的研究采取后续行动，并收集尚未对第一次调

〔32〕 I. C. J. Reports, 1970 at 32.

〔33〕 1925 RIAA ii 615 at 641.

〔34〕 In Re. Chorzow Factory (Jurisdiction) Case, (1927) PCIJ, Ser. A, no. 9 at 21.

〔35〕 ICJ Reports (1949), 4 at 23.

查做出答复的国家的信息。[36]

秘书处提请注意搜寻与援救行动的人道主义方面，在这个问题上，各国并不希望针对自发和应急的服务收费。会议指出，根据《国际海上搜寻救助公约》，各国有义务向任何处于危难的人提供无偿援助，并且在海上救援领域没有相关的成本收回机制。基于以上考量，会议建议国际民航组织开展进一步的研究，探究国家的立场和修改国际民航组织针对由非常设的民事组织实施搜寻与救援服务成本收回政策的可能影响。[37]至于与这个问题相关的进一步工作，会议建议国际民航组织为建立地区搜寻与援救组织制定指导手册，并研究建立区域或次区域搜寻与救援机制以及如何为该机制提供资金。[38]

4 人道主义

无偿进行的以拯救生命和财产为意图的搜寻与援救行动被法律评论家称之为“人道主义干预”，这被认为是一个人对另一个人的基本道德反应，以挽救后者的生命。关于人道主义干涉的一种定义认为：

> 人道主义干预是指政府向其他国家的个人提供相应的跨界帮助，包括强制帮助，针对被剥夺了基本人权并理性地愿意反抗政府苛政的他国个人。[39]

以道德为由提供救助的干预形成了两极化的认识。一种观点是，如果一个人濒临死亡，应不惜一切代价帮助；[40]另一种观点是，将人道主义干预视为一定意义上的法律原则，将削弱《联合国宪章》关于诉诸武力的规定。后一种观点被以下论点证实：

（1）乐善好施者将争取人道主义干预行为的权利，最终可能会造成更多的伤害；

（2）强行和单方面人道主义援助的授权可能被滥用；

---

〔36〕 See Report of the Conference on the Economics of Airports and Air Navigation Services, Montreal, 19 – 28 June 2000, Doc 9764 ANSConf 2000 at p. 37.

〔37〕 同前注 Recommendation 23 at p. 38.

〔38〕 同前注 Recommendation 24 at p. 38.

〔39〕 Teson（1956） at 5.

〔40〕 See letter to the Editor by Professor Leff, Yale Law School, New York Times October 4 1968 at46. Column 3, cited in Lillich（1973） at 151.

(3) 即便是为了真正的人道主义目的而单边诉诸武力，也会增加对国际体系内武力的期望，同时削弱为其他目的使用武力的心理限制。[41]

干预的本质是强迫，强迫可以通过使用武力、攻击或其他方式。关于一国主权的不可侵犯性，法律问题不在于干预是武装的还是非武装的，而在于干预是在干预国强迫或威胁下单方面进行的。[42]

一些国际法专家认为，如果绝对有必要，应在有确凿证据证明人类最低限度保障被破坏时进行干预。[43]可以说，任何以拯救处于危难之中的个人为目的的干预行为，在法律和道德上都将是正当的。费尔南多·泰森（Fernando Teson）认为，[44]既然各国存在的最终合理性是保护和实现公民的自然权利，一个严重侵犯人权的政府背叛了它的存在目的，因此不仅丧失其国内合法性，而且丧失其国际合法性。费尔南多·泰森认为：

> 从道德的角度来看，国际法规定的国家权利源自个人权利。因此，我拒绝接受国家有任何自主道德地位的观点，即国家拥有独立于组成该国的个人人权的国际权利。[45]

施瓦岑贝格（Schwarzenberger）对该概念进行了深入的分析，并得出结论，即在缺乏与国内强行法对应的国际强行法时，国内强行法可以防止最坏的权力不平等，使用武力规则的至高无上性应占上风。[46]

相反的观点认为，人道主义干预通常只在国家严重侵害人权的情况下才会采取。但阿克赫斯特博士认为，如果一个国家为了保护另一国居民免受严重的侵害人类行为而强行干预另一个国家，这种武装干预不可避免地构成对被干涉国领土

---

〔41〕 不干涉原则得到强烈的支持，以便一国保持其神圣不可侵犯。See Vattel, *le driot des geus*, Bk II, Chapter V (Scott ed. 1916) at 135. Also, Hall, *International Law* (Higgins 8th ed. 1924) at 343. Lawrence, *Principles of InternationalLaw* (Winfield 7th ed. 1923) at 126.

〔42〕 de Lima (1971) at 16.

〔43〕 Hall International Law (Higgins 8th ed. 1924) at 343. Lawrence, *Principles of International Law* (Winfield 7th ed. 1923) at 126/*op. Cit.* At 347. Lawrence, *op. cit.* At 132. Hyde, *International Law*, Volume 1. (2nd Review: 1945) at 253. *Stowell's Intervention at International Law 1921 at 126 and 350.* Also, Wehberg, *La Guerre Civil et le Droit International* 63 Hague Recueil, 1938 at 115.

〔44〕 见前注 29。

〔45〕 同前注 At 16.

〔46〕 Schwarzenberger (1971) at 63.

完整以及政治独立的暂时性侵犯。[47]阿克赫斯特博士接着断言：

> 任何人道主义干预，无论多么有限，如果在违反被干涉国意愿的情况下，都违反被干涉国政治独立性和领土完整性。[48]

一些评论家认为，人道主义干预学说是一种战略发明，以规避阿克赫斯特博士提到的国家主权原则和不干涉内政原则。英国议会最近考虑了国务大臣的观点：

> 当联合国会员国采取武力，要么其依据联合国的授权应如此行事，或者由国际法原则授权其如此行事。[49]

显然，该声明指出，干预问题应依国际法解决。英国外交部也支持这一立场：

> 支持人道主义干预最好的情况是，其并非明确非法。但绝大多数当代法律意见反对人道主义干预权的存在。[50]

尽管强烈反对人道主义干预，但据英国立法机构内部的一种思想流派，即准备接受在“极端人道主义需要”的情况下，根据习惯国际法，认为单方面干预是正当的。[51]

笔者认为，不考虑这些不同意见，不干涉内政原则仍然是神圣不可侵犯的，作为国际法的当代假设，偏离该原则，虽然一些学者认为在某些情况下是符合伦理道德，但只有在极端情况下才被证明是合理的。[52]

航空领域搜寻与援救的本质是合作，这一点体现在《芝加哥公约》序言中，其中特别指出，希望避免各国之间和人民之间的摩擦并促进其合作，世界和平有赖于此。国际合作的根源是援助，在这个意义上，允许无偿帮助的海事法是值得

---

〔47〕 Akehurst（1977）3，at 16.

〔48〕 Akehurst（1984）95 at 105.

〔49〕 Hansard HC，Vol 219，col. 784（23 February 1993）.

〔50〕 AKMIL（1986）57 B. Y. I. L. 619.

〔51〕 See Current Developments：International Law，AV Lowe and Colin Warbrick ed，ICLQ，Vol. 42. October 1993 Part 4，938 at 944.

〔52〕 See Vincent（1974），at 313.

称赞的。虽然本书不试图推荐所有的搜寻与救援行动都是无偿的，但国家共同体应当鼓励所有能够免费提供援助的国家这样做。人道主义援助是外交团结与共存的重要组成部分。

参考文献：

Akehurst M(1977)The use of force to protect nationals abroad Int Rel 5(3):16.

Akehurst M (1984) Humanitarian intervention In:. Bull H (ed) Intervention in world politics. Clarendon, Oxford.

Brownlie I (1963) International law and the use of force by States. Clarendon, Oxford.

Christol CQ(1991) Space law past, present and future. Kluwer Law and Taxation Publishers, Deventer.

de Lima FX (1971) Intervention in international law. Uitgeverij Pax Nederland, Den Haag.

Joyner CC (ed) (1997) The United Nations and international law. Cambridge University Press, Cambridge.

Lillich RB (ed) (1973) Humanitarian intervention and the United Nations. University Press of irginia, Charlottesville.

Schwarzenberger G(1971)International law and order. Stevens and Sons, London.

Teson FR (1956) Humanitarian intervention: an inquiry into law and morality Transnational. Publishers Inc. , Dobbs Ferry.

Vincent RJ (1974) Non-intervention and international order. Princeton University Press, New Jersey.

第二十六条　失事调查

一缔约国的航空器如在另一缔约国的领土内发生事故，致有死亡或严重伤害或表明航空器或航行设施有重大技术缺陷时，事故所在地国家应在该国法律许可的范围内，依照国际民用航空器组织建议的程序，着手调查事故情形。航空器登记国应有机会指派观察员在调查时到场，而主持调查的国家，应将关于此事的报告及调查结果通知航空器登记国。

1　事故调查的复杂性

这一规定必须满足以下几个条件：事故必须涉及死亡或严重伤害；航空器或航行设施有重大技术缺陷；事故发生地的国家将调查事故；事故所涉航空器的登记国可以是调查的观察员；国际民航组织可以建议事故调查的程序。

国际民航组织大会在其第四届会议（蒙特利尔，1950 年 5 月 30 日至 6 月 20 日）通过了第 A4-9 号决议（国际民航组织事故调查活动和程序）。该决议规定，统一解释和应用《芝加哥公约》第二十六条规定对于国际民航组织有效履行根据第三十七条（采纳《芝加哥公约》的附件）承担的有关事故调查的义务是必要的。因此，大会要求理事会对第二十六条规定的解释、适用和限制进行研究。

在这方面大会通过重要的 A4-14 号决议（审查第二十六条：非航空器登记国或事故发生地国在调查中拥有的特权或义务），通过此决议，大会认为，除登记国或事故发生国以外，其设施或服务在事故发生前已被航空器使用的缔约国，应在最大限度内向进行调查的国家提交其掌握的任何相关证据，供其询问，这对于提升空中航行安全非常重要。该决议还决定，为调查目的，应给予此类提供信息的国家观察员地位。最后，大会决定当发生事故的航空器不是在事故发生国制造时，应向制造国通报失事调查产生的任何信息，以及可能反映特定类型飞机适航性的任何信息。

大会第 14 届会议（罗马，1962 年 8 月 21 日至 9 月 15 日）通过了第 A14-22 号决议（航空事故调查和咨询的报告）指示理事会研究启动统一程序的可能性，供各国使用以便迅速提供航空器事故调查和咨询报告，特别是与大型现代航空运输相关时，以便所有缔约国对此类报告的传播都可以得到改进。该决议还指示理事会研究制造国所关于事故调查的程序是否切实可行，该程序要求制造国首先应进行机型认证，并在适当的情况下邀请有能力的专家，以便在事故调查中提供咨询。

大会在这方面的一个重要考虑因素是，理事会应确定最切实可行的方法，以确保最大限度地利用这些专家的专业知识，并通知所有缔约国。缔约国被要求与这些专家进行合作，以促进航行安全。

在第15届会议（蒙特利尔，1965年6月22日至7月16日），大会通过第A15-8号决议（关于空中导航持续政策的综合声明——事故调查），附录P指出，事故发生国的失事调查对空中航行安全的普遍改善具有重要意义。发生事故的航空器如果不是在事故发生国制造，则该国应向制造国或对航空器型号进行认证的国家通报可能影响该型号航空器适航性的任何相关信息，以便此类信息可用于提高安全性。

国际民航组织大会第21届会议（蒙特利尔，1974年9月24日至10月15日）通过了第A21-20号决议（缔约国之间在某些航空器事故调查方面的合作），大会认识到，由于现代航空器的先进性和复杂性，事故调查的进行需要许多专业技术领域专家的参与，并需要使用专门配备的测试设施。为此，各缔约国在其他缔约国的请求下，应尽可能提供专家和专业设施，并为寻求调查经验的缔约国提供参与重大航空事故调查的机会，以推进事故调查并培养专家。

2 《芝加哥公约》附件13

为了防止事故重复发生，必须确定飞机事故[1]或严重事故征候[2]的原因，这是一个老生常谈的问题。《芝加哥公约》第二十六条规定，一缔约国的航空器

〔1〕“事故”在附件13定义为“与操作相关的事件发生在任何人以工作目的登机与下机之间的任何时间，包括：(1) 因以下原因造成致命或严重受伤：在飞机内或直接乘坐飞机任何部位，包括飞机局部部分，或由于喷射爆炸，但自然原因、自己造成或他人造成的情况除外，也包括偷渡者隐藏于乘客和机组通常无法到达之区域的情况；(2) 飞机遭受损坏或结构故障，对飞机的结构强度、性能或飞机解体产生不利影响，通常需要大修或更换受损零部件，但下述情况除外，发动机故障，损坏源于发动机，发动机罩或某附件时；或螺旋桨、翼尖、天线、轮胎、刹车、整流罩、飞机表面的小凹痕或穿孔的损坏；(3) 航空器失踪或处于安全无法接近的地方。

〔2〕“事故征候”在附件13被定义为“一个事件，除事故之外，严重事故征候与航空器操作有关，可能影响或影响航空器安全运营。事故/严重事故征候报告手册列出了国际民航组织对预防事故之研究重要的事故类型。

如在另一缔约国的领土内发生事故，造成人员死亡或重伤，或表明航空器或航行设施有重大技术缺陷的，事故所在地国家应在该国法律许可的范围内，依照国际民航组织建议的程序，着手调查事故情况。航空器登记国应有机会指派观察员到场，主持调查的国家应将关于此事的报告及调查结果通知航空器登记国。

查明事故发生原因的最好办法是进行适当的调查，〔3〕为了强调这一点，《芝加哥公约》附件13《事故和事故征候调查》指出，调查的目的在于预防事故再次发生。〔4〕附件13对航空器事故和事件的调查提出了国际要求，它是以调查中所有参与者都能理解的方式编写的，因此，可以作为调查人员的参考文件，这些人通常是在没有任何准备的情况下就被召集来处理航空器事故，或严重事故征候调查所涉及的许多方面。例如，该附件详细说明了哪些国家可以参加调查，如事故发生地国、登记国、航空经营人所在国、航空器设计和制造国，附件同时还规定了这些国家的权利和责任。

《芝加哥公约》第二十六条和附件13的相互关系体现在国际民航组织的一项决议中，1951年4月13日，理事会第12届会议第20次会议通过了以下补充决议：

鉴于《芝加哥公约》第二十六条规定，失事所在地国应在该国法律许可的范围内，依照国际民用航空器组织建议的程序，着手调查失事情况；

鉴于理事会在其1951年4月11日第十二届会议第18次会议通过的附件13——《航空器事故和事故征候调查》。

理事会针对飞机事故调查所建议的标准和建议措施作为缔约国根据《芝加哥公约》第二十六条规定的涉及死亡或重伤事故调查的程序；

理事会认为：

(1) 各国可以根据《芝加哥公约》第三十八条，偏离附件13的任何规定，但不能背离第二十六条的以下规定，"事故所在地国家着手调查事故情形""航

---

〔3〕"调查"已经在附件13被定义为"为预防事故而进行的过程，包括收集和分析信息，得出结论，其中包括确定原因，并在适当的时候，提出安全决策建议。

〔4〕1951年4月11日理事会根据《芝加哥公约》第三十七条的规定首次通过航空器事故调查的标准和建议措施，并将其规定为公约的附件13，以事故调查组的建议为基础，事故调查组第一届会议于1946年2月召开，而在1947年2月召开的第二次会议上进一步修改了附件13。

空器登记国应有机会任命观察员在调查时到场”“主持调查的国家，应将关于此事的报告及调查结果，通知航空器登记国”。

（2）附件建议的程序不适用于不涉及死亡或严重伤害进而“表明航空器或航行设施有重大技术缺陷”的航空器事故，在此情况下，除非国际民航组织为此建立了一个程序，调查应当按照启动调查国家的国内程序进行，但必须遵守第二十六条规定的义务。

经授权的代表和附件 13 中提及的顾问共同构成根据第二十六条有权出席调查的观察员。

附件 13 第九版包括 8 章、1 个附录和 4 个附件。前 3 章为定义、适用范围和总则。第三章包括证据的保护以及事故发生国保护依据以及监护和移动航空器的责任。同时还规定了该国必须怎样处理其他国家参加调查的请求。必须毫不拖延地将出事情况通知调查可能涉及的所有国家。发送这一通知的程序载于第四章。第四章还根据事件发生地的规定进行调查的责任，如处于国际民航组织缔约国领土内、处于非缔约国领土内或处于任何国家领土之外。在向有关当局正式通知调查后，第五章涉及调查过程。

进行调查的责任属于事故或事故征候发生地国。通常由该国进行调查，但是该国可将全部或部分调查工作委托给另一国进行。如果在任何国家的领土之外出事，登记国应有进行调查的责任。参加调查的登记国、航空经营人所在国、航空器设计和制造国有权任命一名授权代表参加调查，还可任命顾问协助被授权的代表。进行调查的国家可从任意渠道寻找最好的专业技术人员协助调查。

调查的过程包括收集、记录和分析所有的相关信息；查明原因；制定适当的安全建议和完成最终报告。第五章还包括关于以下内容的规定：调查负责人、飞行记录员、尸体剖检、与司法部门的协调、通知航空安全当局、公布记录和重新调查。在事故中有公民蒙难的国家也有权任命一名专家参与调查。

第六章包含有关制定和发布最终调查报告的标准和建议措施。最终报告的建议格式载于附件的附录之中。计算机数据库极大地促进了事故和事故征候信息的储存和分析。分享此种安全资料被认为对于事故预防至关重要。国际民航组织运作着一个被称为事故/事故征候资料报告（ADREP）系统的数据库，该系统有助于缔约国之间交换安全信息。附件 13 第七章规定初步报告和事故/事故资料报告的提交，用以满足 ADREP 系统的报告要求。

附件 13 的第八章论及事故预防措施。本章中的规定涵盖了强制性和自愿性两种事故征候报告系统，以及为自愿报告那些可能有害安全的事件创造一个非惩罚性环境。随后本章介绍了数据库系统以及如何分析此类数据库中包含的安全数据以确定所需的任何预防措施的方法。最后，本章建议各国推动建立安全信息共享网络，以促进关于实际和潜在安全缺陷信息的自由交流。本章所概述的流程构成为了旨在减少全球事故和严重事故征候数量的安全管理系统的一部分。

3 事故处理的刑事定罪

附件 13 的一个关键条款是标准的 3.1，该条规定，调查事故或事故征候的唯一目的是防止事故或事故征候。这一活动的目的不是为了分摊罪责或责任。欧洲航行安全组织法律服务部门主管罗德里克·范·达姆（Roderick Van Dam）指出：

> 近年来，航空专业人员和航空业越来越关注公众以及刑事司法机构对飞行安全和航空事故的解释……对法律诉讼和司法介入的恐惧，可能对安全事故的报告水平产生影响。在航空方面，未能收集所有可用的安全数据可能会导致严重的后果。从错误中学习并防止新错误发生的能力是改善航空安全的最有价值的工具之一。[5]

罗德里克·范·达姆指出，应当在以下两个目的中寻求平衡：一个目的是通过调查和起诉可能的犯罪者来维护正义；另一个目的是通过独立调查和报告来加强航空安全。[6]公司担心普通法的发展（特别是在英格兰、威尔士、北爱尔兰和苏格兰）会促使他们不愿透露可能有助于事故或事件调查过程的信息。2007 年《公司过失杀人和谋杀法》（Corporate Manslaughter and Corporate Homicide Act of 2007）规定，[7]如果组织[8]管理或组织其行为的方式导致一个人的死亡，并构

〔5〕 Michaelides-Mateou and Mateou (2010), Foreword at xxi.

〔6〕 同上。

〔7〕 http://www.opsi.gov.uk/acts/acts 2007/ukpga_20070019_en_1 # pb1 - l1g1.

〔8〕 一个组织，是王国政府的雇员或代理人不免予起诉。同上。Section 11.

成严重违反该组织对死者所负的注意义务，则该组织构成犯罪。[9]该法适用于公司。根据英格兰、威尔士或北爱尔兰的法律，该罪行被称为“企业过失杀人”，根据苏格兰法律，该罪行被称为企业杀人罪。犯有企业过失杀人罪或企业杀人罪的组织一经定罪，可处以罚款，且企业杀人罪只能在高等法院起诉。[10]

该法规定，一组织的“相关注意义务”是指：组织对其雇佣或为其工作或为其提供服务的其他人所负的义务；作为经营场所占用人的义务；与本组织提供的商品或服务有关的义务；以及本组织正在进行的任何建造或维护作业，本组织以商业基础开展的其他活动，或者本组织使用或保管的任何工厂，车辆或其他物品所负有的义务。[11]该法第八部分涉及“重大违约”（gross breach）问题，规定如果一个组织对一个人负有相关的注意义务，应由陪审团决定组织是否严重违反该义务，陪审团必须考虑证据是否表明本组织未能遵守任何与所指控的违约行为有关的任何健康和安全立法，如果未遵守，未遵守的程度如何以及带来多大的死亡风险。陪审团还可以考虑证据表明本组织内部的态度、政策、制度或公认做法，有可能鼓励任何此类失败或对其产生容忍的态度，考虑任何与健康和安全有关且涉及违约的指南。该条款并不妨碍陪审团考虑他们认为相关的任何其他事项。就本条款而言，“健康和安全指南”是指与健康和安全事项有关的任何规范、指南、手册或类似出版物。由负责执行任何健康和安全法规的主管部门制定或发布（根据法定条款或其他规定）。

鉴于航空运输产品的性质和航空器的运行，这项立法可以适用于航空运输。在航空职业中，特别是与航空器驾驶有关的，仍然是责任重大的职业之一，特别是在特定时间内将众多生命委托给航空公司飞行员的情况下。商业航班的飞行员在高度复杂的环境下飞行，特别是在单人飞行的情况下，飞行员工作时非常依赖于他们的视觉和听觉，获取信息不足会增加飞行困难，因此在飞行中保障信息的准确性至关重要。最重要的是，飞行员通常被要求无论在任何情况下都要按照给定的飞行计划完成飞行任务，这些情况包括按计划飞行、遵守日程安排、给员工

---

〔9〕 同上 Section 1。
〔10〕 同上 Section 1.5。
〔11〕 同上，第 2.1 节（a）至（c）。

留下深刻印象、使旅客愉悦等。因此，飞行职业行为的疏忽问题构成了高度深奥的法律辩题的关键要素，航空职业人员因飞行事故而受到刑事和民事起诉的记录已有多起。[12]

该法案在英格兰、威尔士、北爱尔兰和苏格兰引入了一个新的罪行，可能与2009年2月26日在塞浦路斯审理的太阳神航空公司（Helios Airways）案有一定的联系。该案件涉及该国最严重的空难，大约4年前一架包机撞上希腊山坡而造成121人丧生。据报道，[13]太阳神航空和4个航空公司官员面临过失杀人和疏忽致险（reckless endangerment）的指控。2005年8月，太阳神航空公司一架波音737-300因氧气耗尽而在雅典郊外坠毁，作为原告的死者亲属要求追究被告的刑事责任。据报道，[14]虽然当局没有点名被起诉的人，但众所周知，被告是在坠机时担任该航空公司的高级管理人员。

纵观当下，作为商业实体的出租人和承租人可能会因疏忽行为而面临侵权和刑事责任。侵权法[15]是对因他人的行为造成人身和财产损害提供赔偿的法律分支，是法律不断发展的新领域，这种演变是技术进步和商业活动日益多样化带来的。例如，在环境法领域的集体诉讼，推动了企业责任制度的发展。[16]还有麦当劳的"热咖啡案"，推动了美国两个州的法律改革。[17]就企业活动定罪而言，可能会对航空运输业旨在确保安全的努力造成威胁。疏忽委托（negligent entrustment）除非在过失犯罪的极端情况下，否则其在传统意义上是一种侵权行为，必须被当作侵权对待，以金钱赔偿计算损害。将该原则项下的任何责任延伸到刑事法会给提供服务的人带来不必要的负担，此类服务的提供者通常包括飞行员、外科医生和他们的雇主。这会导致服务提供者专注于掩饰行为踪迹，而不是

---

〔12〕见Mateou和Mateou（2010年），《芝加哥公约》第二条，本公约所指一国领土，应认为是在该国主权、宗主权、保护或委任统治下的陆地区域及与其邻接的领水。第九章，第163-184页。

〔13〕Kathimerini, Thursday February 2009. http://www.ekathimerini.com/4dcgi/_w_articles_world_1_26/02/2009_105057.

〔14〕同上。

〔15〕侵权是错误的同义词，但侵权中的错误通常与合同中的错误相区别。侵权法不涉及源于合同的过错。See G. E. White, *Tort Law in America* (1980) XI.

〔16〕Cohen et al. (2000) at 22.

〔17〕See *State ex. Rel Ohio Academy of Trial Lawyers v. Sheward*, 86 Ohio St. 3d. 451 (Ohio 1999) and *Best v. Taylor Machine Works* 689 NE 2d. 1057.

保护接受服务的人。

《芝加哥公约》附件 13 中的另一个重要条款是一个标准 5.4，该标准规定事故调查部门在进行调查时必须具有独立性，并且在与本附件规定一致的情况下，对其行动拥有不受限制的权利，该调查包括：

①收集、记录和分析有关该事故或事故征候的所有可用信息；②酌情发布安全建议措施；③如果可能，查明原因；④完成最终报告。尽可能地查看事故现场，检查残骸并听取目击者陈述。标准 5.4.1 指出，分摊过失或责任的任何司法或行政程序应与根据本附件规定进行的任何调查分开。[18]

参考文献：

Cohen A et al (2000) Are lawyers running America? Their lawsuits are setting policy on guns, obacco and now HMOs, who elected them? Time (17 July 2000).

Michaelides-Mateou S, Matou A (2010) Flying in the face of criminalization. Ashgate, Surrey.

〔18〕 附件 13 标准 5.12 规定，对事故或事故征候进行调查的国家不得为了事故或事故征候调查之外的目的公布下列记录，除非该国有关司法部门断定，公布这些记录的意义超过这样做可能对该次或将来的调查产生的不良国内和国际影响：(a) 调查部门在调查过程中从有关人员那里获取的所有陈述；(b) 参加航空器制造的人员之间的所有通信；(c) 事故或事故征候所涉及的人员的医疗或私人资料；(d) 驾驶舱语音记录及此种记录的文本；(e) 空中交通管制单位的记录及此种记录的文本；(f) 在分析资料包括飞行记录仪资料中所表示的意见。

第二十七条　不因专利权的主张而扣押航空器

一、一缔约国从事国际航行的航空器，被准许进入或通过另一缔约国领土时，不论降停与否，另一缔约国不得以该国名义或以该国任何人的名义，其于航空器的构造、机构、零件、附件或操作有侵犯航空器进入国依法发给或登记的任何专利权、设计或模型的情形，而扣押或扣留该航空器，或对该航空器的所有人或经营人提出任何权利主张，或进行任何其他干涉。各缔约国并同意在任何情况下，航空器所进入的国家对航空器免予扣押或扣留时，均不要求缴付保证金。

二、本条第一款的规定，也适用于一缔约国在另一缔约国领土内航空器备用零件和备用设备的存储，以及使用并装置此项零件和设备以修理航空器的权利，但此项存储的任何专利零件或设备，不得在航空器进入国国内出售或转让，也不得作为商品输出该国。

三、本条的利益只适用于本公约的参加国，并且是：（一）国际保护工业产权公约及其任何修正案的参加国；或（二）已经颁布专利法，对本公约其他参加国国民的发明予以承认并给予适当保护的国家。

第二十八条　航行设施和标准制度

各缔约国承允在它认为可行的情况下：

一、根据依本公约随时建议或制定的标准和措施，在其领土内提供机场、无线电服务、气象服务及其他航行设施，以便利国际空中航行。

二、采取和实施根据本公约随时建议或制定的有关通信程序、简码、标志、信号、灯光及其他操作规程和规则的适当的标准制度。

三、在国际措施方面进行合作，以便航空地图和图表能按照本公约随时建议或制定的标准出版。

1　提供协助空中航行之服务的规定

在第14届会议上（罗马，1962年8月21日至9月15日）大会通过了第A14-20号决议（地区空中导航的结构和区域规划过程），大会指示理事会研究当时的空中航行地区结构和地区规划形成过程，以期根据目前和未来的要求对其进行可能的修改，包括改善重叠区域内的协调，并考虑不在国际民航组织区现有域内的地区。在第15届会议上（蒙特利尔，1965年6月22日至7月16日），大会通过了第A15-11号决议（地区结构和规划过程研究），大会指示理事会继续上述项研究。

第21届会议（蒙特利尔，1974年9月24日至10月15日）上大会通过了第A21-21号决议（具体针对空中航行的持续政策和相关做法的综合声明），在附录K中（包括地区补充程序在内的地区计划的制定和实施），大会承认理事会已经制订了地区计划，规定了由各缔约国根据《芝加哥公约》第二十八条提供或采用的设施、服务和地区补充程序，并呼吁当这些计划显然不再符合国际民用航空当前或预期的要求时，对其进行修订。当需要更改此类计划时，将通过国际民航组织和各缔约国之间的通信来实现。附录L（《地区空中航行会议》）认为，地区空中航行会议是确定各缔约国按照《芝加哥公约》第二十八条应予提供的设施和服务的重要工具，并指出由理事会召集的地区空中航行会议应作为对区域规划进行全面审查和修订的主要方式，以便及时了解变化和需求。第A21-21号决议还决定召开地区空中航行会议，同时考虑特定地区计划中存在或预期的具体缺陷。在第37届会议上（2010年9月28日至10月8日）大会通过了第A37-15号决议（国际民航组织具体针对空中航行的持续政策和相关做法的综合声明），附录B还提到：

> 鉴于召开世界范围空中航行会议是国际民航组织的一项重要职能，需要各缔约国和本组织投入大量精力和财力；
>
> 鉴于有必要确保从这些会议中获得最大效益，而不给缔约国或本组织增加任何不应有的负担；
>
> 大会决议如下：
>
> （1）由理事会召集的所有缔约国可以在平等基础上参加的会议是促进解决具有世界意义的问题，其中包括促进对空中航行附件和其他基础文件的修订的重要手段；
>
> （2）此类会议仅在有待解决的问题数量和重要性证明合理时和存在解决这些问题的建设性行动的可能性时召开，在此基础上召开的会议，也可以应要求就尚未成熟、尚不能确定行动的事项进行探索性讨论；
>
> （3）对此类会议的组织应当妥为安排，以便指定的工作得以执行并能在有关技术专业之间进行适当的协调；和
>
> （4）除非特殊情况需要，否则，不得在一个日历年内召开两次以上这类会议，而且涉及同一技术专业的连续会议应至少间隔十二个月。

大会还认识到，在决定将某一事项提交全球性会议之前，理事会应该考虑与各国进行通信联系或利用诸如专家组或空中航行研究小组之类的机制是否可处理这一问题，或是否有利于未来会议就此问题采取行动。议程应充分明确地界定应予完成的任务，并说明会议所需要的专业知识的类型。在包含多个技术专业的议程中，应尽可能保持所需专业知识类型与效率相协调的最低限度。

2 地区方面

与上述决议另一个相关的做法是，为所有缔约国的参与提供便利，理事会应该对会议安排做出计划，以将各国技术官员的时间要求保持在与效率一致的最低

限度。会议持续的时间应为完成议程、研究以会议工作起草的报告和核准报告留出足够的时间。会议结束之后，秘书处应该对会议报告做出任何必要的微小编辑，并更正相应的印刷错误。附录 J、附录 K、附录 L 还包括与第二十八条相关的执行条款。附件 J 指出，鉴于理事会制订的地区计划规定了各缔约国根据《芝加哥公约》第二十八条提供或使用的设施、服务和地区补充程序，且地区计划需要不时修订以反映国际民航不断变化的需求，并且由于国际民航组织已经建立了一种以全球空中交通管理运行概念和全球空中航行计划为中心的设施和服务规划方法，大会决议当地区计划显然不再符合国际民用航空当前和预期的要求时，将对其进行修订。当所需变化的性质允许时，地区计划的相关修订将通过本组织与各缔约国和有关国际组织之间的通信进行，在如下情况，理事会可以授权区一级制定和颁布此类修订：当修订案与各国提供的服务和设施有关，且此类修订案：

a）不代表理事会在地区计划中规定的要求的改变；

b）不与国际民航组织既定政策相冲突；

c）不涉及在地区层面无法解决的问题。

与以上这些要求相关的做法是，理事会应该确保地区计划的结构和格式应当与全球空中航行计划相一致，并支持基于效绩的规划做法；理事会应该考虑在进一步提高现有安全水平的要求下，持续审查不断变化的要求对地区计划的影响，以便及时确定任何需要对其进行的修订；在评估任何地区计划修订的紧迫程度时，理事会应该考虑到缔约国安排提供任何必要的额外设施和服务所需的时间；理事会还应该确保涉及新型设备采购的地区计划的实施日期与合适设备及时提供的有关相关性；此外，理事会应该确保开发地区计划电子数据库以及支持性规划工具，以便提高效率并加速修订周期；理事会应该利用在各地区设立的规划小组，协助更新地区计划和任何补充文件。

附录 K（地区空中航行会议）认识到地区空中航行会议是确定各缔约国按照《芝加哥公约》第二十八条应予提供的设施和服务的重要工具；鉴于这些会议需要各缔约国和本组织投入大量的精力和财力；而且必须确保从这些会议中获取最大利益，而不给缔约国或本组织带来任何不应有的负担；并且考虑到地区空中航行规划通常都是由地区规划和实施小组（PIRGs）完成的。

大会决议如下：

（1）地区空中航行会议应仅用于无法通过地区规划和实施小组充分解决的问题；

（2）此类会议的召开及其议程应基于各地区的地区计划中存在或预期存在的具体缺陷；

（3）应当为每次这类会议，考虑地理区域、考虑到现有的和计划的国际航空运输和国际通用航空业务，以及所涉及的技术领域和拟使用的语言；

（4）每次这类会议均使用最适于处理议程和确保会议各部分之间的有效协调的安排；和

（5）当需要解决特定问题，特别是需要紧急解决的问题时，或当召开这些会议可减少必须召开全面地区空中航行会议的次数时，应当召开限制技术范围和/或地理范围的会议。

附录K的相关做法是，理事会应该尽力选择在有关区域内召开地区空中航行会议，并鼓励这些区域内的缔约国单独或联合担任东道主，并确保会议议程和主要支持性文件能够以电子方式提供；议程至少在会议召开之日十个月前发送；主要支持性文件应该至少在三个月前发送。理事会应确保就与其议程相关的操作和技术问题向地区空中航行会议提供足够的指导。此外，与会的每一缔约国应该在会议之前了解其航空运输经营人及其国际通用航空未来运营的计划，同时，了解在其登记册上的其他航空器的预期运输量以及这些不同类别的航空对设施和服务的总体要求。理事会在考虑进一步提高现有安全等级的要求的同时，应当通过地区空中航行会议促进最新规划标准的制定，旨在确保地区计划满足运营要求，并且具有经济上的合理性。

附录L（地区计划的实施）认为，按照公约第二十八条，各缔约国承诺在其认为可行的情况下，提供促进国际空中航行所必需的空中航行设施和服务；鉴于地区计划提出了对国际民用航空设施和服务的要求。

大会决议如下：

（1）在缔约国的实施方案中，应当优先考虑那些对国际航空运输产生具有主要影响的必不可知的设施和服务；

（2）本组织应在可行的最短时间内，对地区计划实施过程中存在的严重缺陷进行识别、调查和行动；和

（3）地区规划和实施小组应当查明地区计划及其实施中的问题和缺陷，并提出建议的补救措施。

附录 L 的相关做法是，理事会应在考虑进一步提高现有安全等级要求的情况下，应将适用于该国的关于提供空中航行设施和服务的建议充分且迅速地通知每个缔约国，各缔约国应准备好执行最新计划，包括人员要求，以便有序地实施适用于该国的地区计划部分。理事会还应该就监测地区计划实施状况和就定期提交包括地区计划实施中存在的严重缺陷在内的进度报告事宜做出安排。空中航行设施和服务的用户应该报告由于缺乏地区计划所要求的空中航行设施和服务而遇到的任何严重问题。报告应该提交负责实施的缔约国，这些国家应该按此类报告采取行动并解决问题，如果没有采取补救措施时，用户应在适当情况下，通过国际组织媒介通知国际民航组织。

3 标准化

《芝加哥公约》第二十八条要求国家采用并运用适当的通信程序、代码、标志、信号、照明和其他操作惯例和规则的标准化体系，该标准体系可根据公约不断被建议或建立起来。显然，该公约第二十八条要求国家提供具有特定功能的机场服务以及规定中的其他服务。前述服务目前在地区和飞行情报区的基础上提供。现代空中导航系统重点转移的必要性取决于两个因素：①不断增长的空中交通需求和更强、更高效的空中交通服务的需求；②过渡到一个无缝衔接的空中交通管理系统，旨在消除边界引起的不一致。[1]全球无缝空中交通管理系统的目标是通过适应用户偏好的飞行剖面图，提供更大的灵活性和效率；提高目前的安全水平；适应全系列机种和机载能力；改善提供给用户的信息，包括天气状况、交通状况以及设施的可用性；按照空中交通管理的规定和程序安排空域；提高用户对空中交通管理决策的参与性，包括用于飞行计划谈判的空地之间的计算机对

[1] Sudharshan (2003) at 2.

话；尽可能地创建一个单一的、连续性的空间，其边界对用户来说是透明的；并增加容量以满足未来的交通需求。[2]

参考文献：

Sudharshan HV(2003) Seamless sky. Ashgate, Aldershot.

〔2〕 *Global Air Navigation Plan for CNS/ATM Systems*, Second Edition: .2002, ICAO Doc 9750, AN/963, p 1-4-3 at paragraph 4.12.

第五章　航空器应具备的条件

第二十九条　航空器应备文件

缔约国的每一航空器在从事国际航行时，应按照本公约规定的条件携带下列文件：

一、航空器登记证；

二、航空器适航证；

三、每一机组成员的适当的执照；

四、航空器航行记录簿；

五、如航空器配备无线电设备，则需携带航空器无线电台许可证；

六、如航空器载有乘客，则需列有乘客姓名及其登机地与目的地的清单；

七、如航空器载有货物，则需有货物舱单及详细的申报单。

第三十条　航空器无线电设备

一、各缔约国航空器在其他缔约国领土内或在其领土上空时，只有在具备该航空器登记国主管当局发给的设置及使用无线电发射设备的许可证时，才可以携带此项设备。在该航空器飞经的缔约国领土内使用无线电发射设备，应遵守该国制定的规章。

二、无线电发射设备只能由持有航空器登记国主管当局颁发的专门执照的航空器机组成员使用。

第三十一条 适航证

凡从事国际航行的航空器，都应备有该航空器登记国发给或核准的适航证。

1 应备文件

《芝加哥公约》第三十条以及第三十一条提及航空器需按要求携带无线电设备，并由航空器登记国签发适航证。第三十二条第一款规定，从事国际航行的每一航空器驾驶员及飞行机组其他成员，应备有该航空器登记国发给或核准的合格证书和执照。1949 年 2 月 8 日，理事会在第 6 届会议第 6 次会议上通过了《航空器国籍和登记标志》的标准，并将其指定为《芝加哥公约》的附件 7。根据第二十九条，航空器应备文件不断发展的特点之一是旅客姓名及其登机和下机地点的清单。就现代航空保安的紧急情况而言，第二十九条扩展到预先提供旅客信息，以及它所带来的域外管辖，可能使公约第二十九条迈向新的方向。

与航空保安有关的最引人瞩目的事件之一发生在 2005 年 7 月，美国的空中交通管制员拒绝了一架正飞越美国领空的航班，该航班隶属于荷兰皇家航空公司，预计从荷兰阿姆斯特丹飞往墨西哥城。该空中交通管制员拒绝的依据是航班预先提供给美国当局的乘客名单中有两名乘客在美国“禁飞”名单上。因该航空器仅飞越美国，故美国交通管制员的要求引起国际民航界的关注。更为重要的是，在此事件发生时，美国还没有在上述情况下拒绝给予航空器飞越许可的立法。〔1〕但在该事件发生后几天，美国交通运输安全管理局宣布，将依据规定要求所有停降以及飞越美国领土的航班上的乘客都必须接受“禁飞”名单的审查。〔2〕

旅客订座记录一直受国际民航组织理事会的严格审查，理事会制定了《旅客订座记录数据指南》，并已提交缔约国征求意见。〔3〕该行动基于这样的理解，在

---

〔1〕 由于 2001 年的恐怖袭击事件，美国总统小布什于 2002 年 11 月 25 日签署了一个新的美国交通和安全法案，使得预报旅客资料的递交必须履行并且提供所有抵达美国的乘客的旅客订座记录数据。依据该法案第一百一十五条规定，在离开前以及到达时被要求的信息包括每个航班的乘客和机组人员的以下信息：全名；出生日期以及国籍；性别；为旅行所需的护照号以及签发国家；如可能，美国签证号码或者绿卡号码；其他为保证安全必需的信息在秘书长咨询海关委员会后得以通过。

〔2〕 Crossing the Line, *Airline Business*, August 2005, at 9.

〔3〕 See Attachment to State Letter EC 6/2-05/70, Passenger Name Record (PNR) data, 9 June 2005.

目前迫切需要加强航空保安管理的背景下，除了现有的国际航班载运人员信息预报制度[4]和机读旅行证件标准之外，全球航空界对增加旅客订座记录数据作为一项保安措施表现出不断增长的兴趣[5]，尽管其主要是一种提供便利的工具，但也极大地帮助了国家当局确保边境安全。

关于旅客订座记录数据收集的问题之一是域外管辖，另一问题是，一国是否可以在法律上要求其他国家提供该国掌握的在该国始发或终止的航班信息。以加拿大为例，美国可能会出于权宜之计和燃油效率的考量要求加拿大披露在其领土范围内运营且飞越美国领土的航班上的乘客信息。毫无疑问的是，一国安全和保安的要求通常是基于充分的法律理由以期保护一国的领土主权完整和国内安全，但某一特定国家要求航空公司提供未进入该国领土的旅客信息本身可能会引起质疑，即这样做是否会侵犯另一个主权国家公民的隐私权[6]和尊严权。

2 旅客订座记录

2005年3月，国际民航组织理事会通过了一项关于旅客订座记录数据的新建议措施，其已列入《芝加哥公约》附件9。[7]该建议措施是对现有措施的补充，[8]它规定要求查阅旅客订座记录的缔约国应使其数据要求和对此类数据的处理符合国际民航组织制定的准则。值得一提的是，《芝加哥公约》第十三条规定："一缔约国关于航空器的乘客、机组或货物进入或离开其领土的法律和规章，如关于入境、放行、移民、护照、海关及检疫的规章，应由此种乘客、机组或货物在进入、离开或在该国领土内时遵照执行或由其代表遵照执行。"该规定给予国家自

---

[4] See, Abeyratne (2002a). Also by Abeyratne (2001): pp. 153 – 162, and also by Abeyratne (2003).

[5] 2004年3月22日至4月1日于埃及开罗举办的简化手续第20次专业会议上国际航空界第一次讨论旅客订座记录数据的收集对国家的好处。因此，该会议采纳建议B/5："建议国际民航组织为那些可能需要获得旅客订座记录数据来补充从预报旅客资料系统收到的识别信息的国家采纳指导材料，包括对于分配、使用和收集信息以及一个可在运营者以及收到国之间传递的合成的数据单的指导意见。"依据该建议，2004年6月，航空运输委员会要求秘书长设立秘书处研究小组来形成关于旅客订座记录数据的指导材料。理事会赞同该建议，要求这些指导材料在2005年提交。

[6] See Abeyratne, The Exchange of Airline Passenger Information – Issues of Privacy.

[7] Recommended Practice 3.48 规定："要求查阅旅客订座记录的缔约国应使其数据要求和对此类数据的处理符合国际民航组织制定的准则。"

[8] Recommended Practice 3.47 特别规定："缔约国应适当地引入预报旅客资料系统，使得一些护照和签证信息在出发前，通过电子途径提前传送给相关机构。"

由裁量权，以明确要求其所需的与试图进入该国领土的个人有关的信息。因此，一国可以要求运营往返或者过境航班的航空器运营人应过境国家的要求向其公共当局提供乘客信息，如旅客订座记录数据等。

各国对旅客订座记录数据的重要性及其有效利用以提高人员过境便利的理念体现在附件9第一章规定的一般原则中，该原则要求缔约国采取必要措施：把个人完成通关检查所需的时间保持在最低限度；[9]行政和管制要求的适用造成的不便最小化；尽可能促进和推动缔约国、航空器运营人以及机场之间的信息交流最大化；以及实现对法律的遵守和保安的最优等级。缔约国还要开发有效的信息技术，以提高在机场进行的程序的效率和效力。[10]

3 旅客订座记录的定义及适用

航空运输业将旅客订座记录界定为航空器运营人或其授权代理人为任何旅客或其代表预订的每次行程创建的记录的总称。该数据被航空器运营人在提供航空运输服务时用于其自身商业及运营目的。[11]美国关于旅客订座记录的概念指出旅客订座记录是航空承运人需要在现存规则下提供的信息库和航空承运人电子计算机预订系统中包含的预订信息。[12]

上述定义表明，根据旅客或旅客代表提供的关于旅程的所有航程数据，形成并构造旅客订座记录。[13]运营人或其授权代理人可以通过改变所需座位、特殊饮食以及额外服务的要求等形式添加该数据。旅客订座记录数据可通过多种途径获得。例如，通过国际销售组织（全球分销系统“GDS”或者计算机分销系统

---

〔9〕 在航空运输领域，安全与便利之间存在着持久的共生关系。尽管安全是全球航空界永恒的利益之本，但也不能过度干扰或者对航空运输便利性产生任何不利影响。为此，《芝加哥公约》附件9的建议措施2.2建议：“各缔约国应适当地安排安保管制及程序，在不损害这些管制及程序效力的情况下，对航空运输的迟延或者干扰达到最小化。”

〔10〕 需要指出附件9具体规定的条文不应排除涉及航空安全的措施或者其他必要控制的国内法的适用。

〔11〕 与旅客订座记录有关的行业标准，详见国际航空运输协会 *Passenger Services Conference Resolutions* 以及国际航空运输协会以及航空运输协会 *Reservations Interline Message Procedures*（*AIRIMP*）*Manual.*

〔12〕 Passenger Name Record Information Required for Passengers on Flight in Foreign Air Transportationto or from the United States of 2001, 66 Fed. Reg. 67482 (2002).

〔13〕 现在有两种传送旅客订座记录的可行途径：第一，“拉”，国家有关机构提取并复制需要的航空器运营人系统中的数据；第二，“推”，与上述方式相反。

“CRS”）创建的旅客订座记录的相关细节信息可以传递给运营商。当飞机运营人直接进行预订时，完整的旅客订座记录存储在运营商的自动预订系统中。一些运营商可能在自己的自动离港控制系统（DCS）中持有旅客订座记录数据的子集，这些运营商记录中包含的信息，可被供运营商自己参考或传输给地勤服务提供商，旨在支持机场值机功能。必须注意的是，航空器运营商（或其授权代理人）在每种情况下都将有权随时访问并能修改系统中的数据。某些离港控制系统的编程使得在办理登机手续的过程中获得的详细信息（如座位或者行李信息）可以覆盖到每位旅客现存的旅客订座记录。然而，这种能力是有限的，目前只覆盖了不到一半的离港控制系统。

涉及旅客订座记录数据获取的时间因素与这些数据的使用有关。例如，数据能够提前数天或者数周进入预订系统。甚至可能会延长到离港前 345 天。在此情况下，一方面旅客订座记录的提供者和接受者都必须谨记预订系统中的信息是动态的，并且从航班开放预定开始可能随时变化；另一方面，在离港控制系统中的旅客和航班信息仅在航班“开放”办理登机手续时（不早于离开前 48 小时）可用。在此情况下，对于航班的离港控制信息将仅在航班关闭时才完成，并可能在航班到达最终目的地后 12～24 小时内可用。

专门从事包机服务的航空器运营人通常并不持有电子化的旅客订座记录数据，但仍使用一个只有在航班关闭时才能拥有有限的旅客订座记录的离港控制系统，无论他们通过什么程序接收旅客订座记录数据，仍将被要求向提出请求的国家提供任何获得的旅客订座记录数据。各国还会要求提供可能包含在旅客订座记录中的补充信息或者“请求服务”的信息，例如，与特殊饮食和医疗相关的信息、“无监护人陪伴的未成年人”信息、援助要求，等等。

航空器运营人应特别注意避免在旅客订座记录数据中纳入任何对促进旅客出行不必要的信息。这些信息包括但不限于不添加旅客的种族或民族血统、政治观点、宗教或者政治信仰、工会成员身份、婚姻情况或者与旅客性取向有关的数据信息。国际民航组织的准则特别提及缔约国不应要求航空器运营人在旅客订座记录中收集这些信息。

尽管如此，任何有助于旅客运输的合理信息，如饮食喜好和健康问题、自由留言和一般性说明，都可能包含在旅客订座记录数据中。旅客订座记录中所载和依据一国规定提供的敏感数据不能作为评估该名旅客是否对有关国家造成风险的主要来源。

4 旅客订座记录对国家的重要性

从监管的角度而言，旅客订座记录数据主要用于以下两个方面：①机场海关和移民手续办理；②促进客运便利化和保障旅客合法权利。《芝加哥公约》为各国在当前背景下要求旅客订座记录数据提供了坚实的基础。该公约第二十二条明确了简化手续的重要性，规定各缔约国同意采取一切可行的措施，通过发布特别规章或其他方法，以便利和加速航空器在各缔约国领土间的航行，特别是在执行关于移民、检疫、海关、放行等相关法律措施时，防止对航空器、机组成员、乘客和货物造成不必要的延误。

国家要求预先提交旅客订座记录数据的主要原因是这些数据可能为确保航空安全提供宝贵信息。旅客订座记录数据对于通过分析此类数据而得出的威胁评估至关重要，不仅是在可能有非法干扰民用航空的情况下，而且在打击恐怖主义的斗争中也是如此。旅客订座记录数据的这一关键价值促使一些国家颁布立法要求航空器运营人向有关当局提供旅客订座记录数据。

通过对旅客订座记录数据的分析，各国可以识别潜在的高风险旅客，改善航空安全性、提升国境安全指数、预防和打击恐怖主义行为和相关犯罪以及其他严重的跨国犯罪，包括有组织犯罪、执行拘捕令和防止此类犯罪逃离羁押。这些数据同样能保护旅客以及大众包括自身健康在内的切身利益。

各国意识到，如果以统一的方式执行这些准则，将提供一个全球框架，该框架使所有国家从旅客订座记录数据增益分析中受益，以实现共享保安/安全的目标。航空公司也将受益于只需遵守一套有关传输旅客订座记录数据的通用标准。对于航空运输的旅客而言，所有的旅客也将从航空公司和国家当局之间通过进行旅客订座记录数据交换对其提供的基本保护中受益。

尽管如此，接收数据的国家必须履行某些基本义务。第一，这些国家仅能要求那些计划进入、离开或者飞经其领土的航班上的旅客订座记录数据。第二，获得旅客订座记录数据的国家仅能在收集数据的目的范围内使用数据。国家必须限制对这些数据的访问，确保这些数据得到充分保护，并根据数据传输的目的限制数据的存储期。依据国际民航组织的指导材料，国家还必须确保个人可以要求信息持有者披露其所持有的数据以便在必要时请求更正或批注。更为重要的是，国家必须保证由于旅客订座记录数据的收集和使用过程而受到侵害的个人能够获得补偿。

确保有关当局有适当的权限以遵守指导材料的方式处理从航空器运营人处获得之旅客订座记录数据的责任完全由国家承担。国际民航组织已要求成员国将与旅客订座记录数据有关的法律全文转发，以便在网上向其他国家传递信息。有关国家有义务回答关于上述法律的咨询。

5 统一准则的优势

国际民航组织通过《旅客订座记录数据指南》对旅客订座记录数据传输和有关国家随后对数据的处理采取统一的措施。该指南既持久又易于遵守，对有关方面来说是划算的。指南能保证信息的准确性，同时使得数据主体的隐私不受侵犯。该指南要求数据完整、及时提交并有效收集数据，以确保数据管理的有效和高效。从实践层面来看，指南还提供有用的指导来帮助国家设计数据要求和程序，以最大的限度减少过于繁重以及可能损害建议统一执行措施的技术困难。该指南还包含详细的指示，帮助航空公司从其系统中提交旅客订座记录数据给国家并帮助国家管理数据，包括存储和保护。

该指南使各国能够设计符合指南的制度和安排，同时不损害其实施和执行国内法的能力。该指南同样不干涉国家安全和公共安全保障。因此，统一的旅客订座记录数据指南最重要的作用是，如果飞机运营商被要求回应多个单边强加或双边协商的旅客订座记录数据传输要求，而这些要求之间存在很大差异，有效地避免飞机运营商在法律、技术和财务问题上可能面临的复杂问题。

必须指出，国家同样有责任建立明确的关于数据转移的法律规定。这样的规定应该明确说明要求提供旅客订座记录数据的原因，或者酌情提供前述规定的说明材料。因为航空器运营人有义务遵守出发国和目的地国的法律，目的地国制定涉及本国旅客订座记录数据传输的法律时，应认识到他国现存的法律可能影响运营人遵守其制定的法律能力。因此，当上述两国法律存在差异，或者上述两国产生争议，或者运营人提出异议时，国际民航组织的指南建议涉及国应与他国磋商来决定如何使受影响的航空器运营人继续在两国法律要求内继续运营。

6 域外管辖

严格意义上讲，国际法上的域外管辖是指一国试图在其领域外适用其国法律[14]并且这种适用通常意义上是不被允许的。[15]1979 年曼宁顿米尔斯诉刚果公司案（Mannington Mills v. Congoleum Corporation）中，[16]美国最高法院通过引入保证一国为了他国利益着想的平衡准则，扩张了域外管辖的概念。

但上述域外管辖的原则并不能适用于国家对飞越其领土的航班要求旅客订座记录数据的情况，因为没有严格意义上在外国领土上适用飞越国法律的要求。国际公法最为基本的原则是国家主权原则，该原则被《芝加哥公约》第一条引入航空法。该条规定："各缔约国承认每一国家对其领土之上的空气空间具有完全的和排他的主权。"公约所指一国的领土，应认为是在该国主权、宗主权、保护或委任统治下的陆地区域及与其邻接的领水。可以说，这些条款一开始就给予美国对飞越其领土的航空器提出要求的权利。《芝加哥公约》第十二条规定："各缔约国承允采取措施以保证在其领土上空飞行或在其领土内运转的每一航空器及每一具有其国籍标志的航空器，不论在何地，应遵守当地关于航空器飞行和运转的现行规则和规章"。该规则可用于试图飞越任何国家领土的外国航空承运人，如果飞越国的立法规定飞越其国领土的航班必须提交一些数据给该国。同样重要的是《芝加哥公约》第九条："各缔约国由于军事需要或公共安全的理由，可以一律限制或禁止其他国家的航空器在其领土内的某些地区上空飞行。在非常情况下，或在紧急时期内，或为了公共安全，各缔约国也保留暂时限制或禁止航空器在其全部或部分领土上空飞行的权利并立即生效，但此种限制或禁止应不分国籍，适用于所有其他国家的航空器"。[17]

---

〔14〕 Shaw（2003），at 611 – 612.

〔15〕 *Holmes v. Bangladesh Biman Corporation*，［1989］1 AC 1112 at 1126. *Also*，*Air India v. Wiggins*［1980］1 WLR 815 at 819. In the 1991 case of *EEOC v. Arabian American Oil Company and ARAMCO Services* 113 L E 2d 274，美国最高法认为，一国对另一国的域外管辖在国际公法原则下完全不合理。

〔16〕 595 F. 2d 1287；66 ILR at 487. See also Timberlane Lumber Company v. Bank of America，549 F 2d 597（1976）；66 ILR at 270.

〔17〕《芝加哥公约》第九条第二款。

1913 年国际法协会第 28 届大会在马德里召开，该会议草拟文稿指出，每一个国家都有权颁布其认为合适的涉及航空器穿越领空的禁令、限制和规章。[18] 但是该文稿同样提醒，这样的限制不应损害邻国的权利以及每个国家航空器的通行自由权。[19] 国际法协会马德里会议文稿展示出的观点是，即便是在 20 世纪初叶，国家也应允许他国航空器自由穿越领土上方的领空。毫无疑问的是，现在也应如此，特别是通过运用与 1944 年《芝加哥公约》同时缔结的《国际航班过境协定》，该协定已获得超过 122 个国际民航组织批准。[20] 该协定允许外国航空器和平过境（不降停而飞越一国领空）的自由和为了加油和修理等目的做非商业性（非收入）降停的自由。众所周知，缺少这两种自由，航空运输业将不复存在。[21]

上述讨论不可避免地导致两个问题。第一，是否在航空运输中帮助改善简化手续以及保安措施的旅客订座记录是一个可以接受的工具。2004 年 3 月到 4 月简化手续第 12 次专业会议以及随后的国际民航组织理事会[22] 对此问题的答案是肯定的。这一确认意味着有必要考虑是否应严格按照预期使用旅客订座记录，首先是为了简化个人的海关和移民手续，其次是提前告知一国有乘客降停，从而使得国家能够确定适当的安全调查。就第二个的作用而言，更进一步的问题在于，国家是否能够使用包含在旅客订座记录中的信息驳回飞越其领土的航空器穿越的权利，借此剥夺《国际航班过境协定》赋予航空器的基本权利。

第二，域外管辖问题，如前所述，该问题能通过援用《芝加哥公约》第九条和第十二条来回答。这些条款明确规定，如果一国认为飞行构成安全隐患，国家有禁止航空器飞越其领土的权利。最终的问题在于，当航空器在一国领土内两点之间从事国内服务但是需要飞越另一国领空时，如果另一国禁止飞越该国领空，国家在多大程度上能运用其通行权而不有损另一国主权。

---

〔18〕 International Law Association, 28th Report, Madrid, 1913, 533 –545 at 540.

〔19〕 上引报告，第 538 页。

〔20〕 美国于 1945 年批准该协定。加拿大 1945 年 2 月 10 日签署该协定，并在同一天交存接受书给美国政府，1986 年 11 月 12 日，美国政府收到加拿大政府于 1987 年 11 月 12 日生效的废约通知。但该废约通知被 1987 年 11 月 10 日的另一个通知撤回。同一天，加拿大政府发出另一个将于 1988 年 11 月 10 日生效的废约通知。

〔21〕 Honig (1956), at 29.

〔22〕 上引注。

行使其前述通行权的航空器改道问题以及国家驳回航空器行使这种权利的理由，取决于当时的条件。如前所述，国家在其领土内的行为不产生域外管辖的问题。在上述争议中基本的推定是主权已不只是意味着一国在其领土内行使权利，同样还意味着国家有保护国家安全和国民安全以及保护国家完整的权利。

国际公法不断地变化，已与其几十年前不同。可以说国际法是贯穿国际政治的主线，并不断给国际政治提供道德和伦理的属性。没有国际法的原则与实践，外交政策将完全基于本国利益而毫无合作的意味。正如伍德罗·威尔逊总统所言：“仅依现实利益而决定一国的外交政策是十分危险的。我们不能违背这样的原则，即道义而非权宜之计能指引我们，我们决不能放弃公正，不管放弃公正而行事有多方便。”〔23〕

这一声明发表于1950年，在技术和经济发展不断取得进步、各国政策决定在跨界方面产生深远影响的今天依然十分中肯。国家变得更加相互依赖，使得一国依据自身利益做出的决定可能对他国利益有重大的不利影响。因此，外交政策中的伦理在很大程度上成为一种与文化、心理和意识形态相结合的建构。在复杂的利益网络中，必须做出决定，正如近期的历史事件所示，这需要国际社会的某种自发性。比如，1990年伊拉克入侵科威特，联合国成员选择经济制裁伊拉克，声称如果经济制裁不起作用，战争是最后的手段。回想这一事件，人们可能会有不同的观点：一些人认为，像美国那样使用武力将会很快见效，另一些人认为，巴黎、莫斯科、渥太华和华盛顿的许多官员所做的开战决定太过鲁莽，因为没有给予足够的时间实施经济制裁以迫使伊拉克撤兵。可能在一些人看来，采取鲁莽但迅速的行动与伊拉克开战是合理的，类似于20世纪30年代英国对希特勒的绥靖政策而不是对德国暴行采取强硬态度。英国20世纪30年代的行动虽被后世绝大多数的政治学者认为是愚蠢的，但当时却在英国国会得到称赞和认可。

在没有域外管辖的情况下，如果国家依据航空器上的人不可接受而命令飞越其领土的航空器改道的唯一理由在于国家必须有充分的证据以安全和保安的为由如此行为。执行此等行为的国家非常需要从外交的角度评估该行为正反两面是否与其强有力的安全利益一致。

---

〔23〕 Quoted in Morganthau and Thompson (1950) at p. 24.

7 预报旅客资料

预报旅客资料和航空客运数据处理的其他形式在1944年《芝加哥公约》[24]提升国际航行的安全和民用航空所有方面的发展中找到法律依据。该公约在芝加哥签署，创立了国际民航组织。公约第四十四条设定了包括便利化和航空安全方面更为具体的目标："国际民航组织的宗旨和目的在于发展国际航行的原则和技术，并促进国际航空运输的规划和发展，以：一、保证全世界国际民用航空安全、有秩序地发展；二、鼓励为和平用途的航空器的设计和操作艺术；三、鼓励发展国际民用航空应用的航路、机场和航行设施；四、满足世界人民对安全、正常、有效和经济的航空运输的需要；五、防止因不合理的竞争而造成经济上的浪费；六、保证各缔约国的权利受到充分尊重，每一缔约国均有经营国际空运企业的公平机会；七、避免各缔约国之间的差别待遇；八、促进国际航行的飞行安全；九、普遍促进国际民用航空在各方面的发展"。[25]

除了国际民航组织的目标外，现代航空客运需要航空运输不同阶段的快速处理，无论是涉及承运人或是边境管制机构。《芝加哥公约》第二十二条承认简化每个旅客的手续的重要性："各缔约国同意采取一切可行的措施，通过发布特别规章或其他方法，以便利和加速航空器在各缔约国领土间的航行，特别是在执行关于移民、检疫、海关、放行等法律时，防止对航空器、机组、乘客和货物造成不必要的延误。"[26]

为便利客运，国家不仅在国内法通过国际民航组织的建议措施，而且实施一定的域外管辖。比如，美国通过了旨在改良《美国爱国者法案》的《加强边境安全和签证入境改革法》，采用新的数据收集技术，比如生物识别技术。[27]实际上，政府承认在机场使用机读旅行证件技术加快旅客通关的需要。机读旅行证件应在安全的环境中运用，以保证有权的边境管制机构是唯一保有这些数据的机

---

〔24〕 Convention on international Civil Aviation, 7th of December 1944, ICAO Doc. 7300/8 (entered into force 4th April 1947)

〔25〕《芝加哥公约》第四十四条。

〔26〕《芝加哥公约》第二十二条。

〔27〕 *Enhanced Border And Visa Entry Reform Act of 2002*; 107 established by the Congress of the United States of America at the second session, 22nd January 2002.

构。此外，国际民航组织和国际标准化组织倡议形成新的生物识别信息程序。[28]

与现代技术不可分割的讨论是关于隐私权及对隐私权的侵犯。作者赞同四种最为重要的与个人信息存储和使用有关的隐私权，决定哪些个人信息可与他人分享以及控制这些信息的披露；个人信息被披露、收集以及存储时的知情权；修改不完整或者不正确信息的权利；合法拥有个人关于健康以及社会安全信息的权利。[29]

与之相对，航空承运人可能需要承担数据处理新技术带来的经济负担。依据《简化客运手册》，[30]为了遵守附件9关于机读旅行证件的条款，需要在登机口购买硬件并增加额外的人力获得旅客信息。[31]

此外，预报旅客资料不仅被认为是航空便利化措施的一部分，也是航空保安措施的一部分。《芝加哥公约》第四十四条第四款要求航空运输的安全和高效。国际民航组织已经认识到，保安措施和便利措施必须相互配合。

国际民航组织最近进行了一次组织改革，合并了保安项目和便利项目，正式承认在有效的航空保安和客运便利化需要之间建立良好平衡的重要性。[32]

实际上，通过提前给边境管制机构传输数据，可以控制不能获准入境者，如被禁止入境的潜在高危险旅客。[33]正如简化手续专家组第4次会议所指出，共享的信息包括确定可能对国家安全构成潜在威胁的个人。

此外，2001年“9·11事件”及其后续事件表明，旅行证件签发的国内程序

---

〔28〕 Heitmeyer, R., “Biometric ID and Airport Facilitation” Airport World (ACI) 5: 1 (February-March 2000) 18 –20.

〔29〕 Abeyratne (2002b).

〔30〕 依据2002年简化客运手册。为了检查旅客而形成生物识别信息的新技术，简化客运组织与国际航空运输协会联合行动：“简化客运项目是与其他许多组织一起的一个联合行动，代表旅客、航空公司、机场、管制当局、旅行社以及广泛的政府利益的多个组织，旨在通过以下方式改善乘客体验以及加强安全检查，实施生物识别信息和其他新技术；在服务提供者之间共享信息；使管制和服务更为有效地实施。”

〔31〕 承运人的主要成本与系统开发/整合和捕获旅客详细信息以便传递给航班目的地国相联系。其他领域可能也会产生费用，比如，增加值机人员以应对办理登机手续所需的较长时间；增加值机柜台、硬件设备，等等。但应用许多技术能在一定程度上抵消这一成本，比如，澳大利亚与各国政府达成协议采用机读护照以在预定时获得旅客信息等；World Customs Organization, “Advance Passenger Information: Guidelines for Customs and Air Carriers” (2003) WCO Annex I to Doc PW0072E1 11.

〔32〕 McMunn (1996), 7.

〔33〕 简化手续项目已经采取一个前瞻性的立场处理法律执行问题，特别是麻醉品运输以及不能接受的旅客。1997年，国际民航组织简化手续专家组第一次会议将审查附件9中所有与不能接受的旅客有关的条款，并试图设计一些措施使这些条款的实施更加有效。McMunn (1996), at 9.

以及控制走私和非法移民的检查程序的成效对于民航保安有重大影响。[34]

另外，由于附件 9（《简化手续》）第 2.2 条强调了安全性，附件 17（《保安》）同样在建议措施 2.2 中规定了简化手续的重要性。每一缔约国应该尽可能在保安管制和程序的安排上，使其对民用航空活动的干扰或延误保持在最低程度，但条件是这些管制和程序的有效性不受影响。[35] 这与《芝加哥公约》第十三条规定的国家适当管制的义务相一致。[36] 因此，每个国家都能对过境个人实施有效的管制。然而，人类的基本隐私权是基于以下原则被确定的：知道哪些政府机构有权处理个人信息，公众对数据内容的知情权与政府机构以国家安全为由追踪数据的权利之间的博弈。[37]

预报旅客资料概要将介绍预报旅客资料和生物识别程序的概念，对其在公共当局的应用进行比较研究，探讨传输这些数据对航空承运人和边境机构在法律和服务方面的影响，并介绍了一些新的识别方法。

结论表明保安措施和简化手续是相辅相成的概念。实际上，《芝加哥公约》附件 9 和附件 17 明确规定航空保安和简化手续的概念是相互一致和相互补充的关系，在机场简化手续和保安之间的关系不能被认为是在对立的程序中交替使用或者平衡。相反，其中一个的提升会导致另一个的成果扩大。[38] 另外，国际民航组织认为，保安和简化手续的综合目标是“航空器仅从事合法的运输，并且安全、及时地通关。”[39]

8 概念

预报旅客资料是指，承运人在起飞前将获得的旅客护照资料，通过电子途径

[34] ICAO Secretariat, “Facilitation Panel Fourth Meeting Information Paper” (Montreal, 2 – 5 April 2002), ICAO Doc FAL/4-IP/3. This paper was first introduced to the High-Level Ministerial Conference of February 2002 (1P/1).

[35] Abeyratne (1998) at 78.

[36] 《芝加哥公约》第十三条：“一缔约国关于航空器的乘客、机组或货物进入、离开其领土的法律和规章，如关于入境、放行、移民、护照、海关及检疫的规章，应由此种乘客、机组或货物在进入、离开或在该国领土内遵照执行或由其代表遵照执行。”

[37] 预报旅客程序中一个关键问题是信息的收集必须通过机器或者已经存在于航空公司的系统中。在定期航班登机口手动收集浪费时间并且可能出现错误。个人信息的隐私概念使得个人决定何时、如何以及哪些信息可被披露给他人，不可避免地形成个人控制信息的权利，这一概念是隐私的基石。Abeyratne (2001).

[38] McMunn, M. K. for ICAO Secretariat, “Facilitation And Security-Not A Zero-Sum Game” (March 1999) ICAO Doc AFCAC/ATC/4-IP at point 9.

[39] Unofficial statement given by Mary K. McMunn, Chief of the Facilitation Section at ICAO.

传递给目的地国当局。依据这些资料，目的地国政府当局能通过其数据库筛查旅客以识别潜在的高危险性旅客，该数据筛查的积极作用是能够减少在机场的拥堵从而减少旅客通关的时间。[40]

在一些国家，预报旅客资料已开始成为政府当局在航班到达之前管理风险以便简化通关手续的强制措施。[41]因为这一系统涉及信息采集和处理，因而实施这样的系统需要制定大量规章。

9 历史回顾

自1948年以来，国际民航组织简化手续专业会议不断提出减少出境签证的做法和给任何旅客[42]之签证设定时间限制的做法，此举是为了政府当局管理入境人数，并标准化签证所需信息。1959年，在罗马举行的第五次简化手续专业会议期间确定了额外的标准，即不采用使航空公司与其他运输方式承运人相比更为不利的其他程序。[43]

1963年，在墨西哥举行的简化手续专业会议第六次会议通过关于《芝加哥公约》附件9的建议，首次产生预报旅客资料制度。[44]还建议联合国介绍不同成

---

〔40〕 该技术已被边境管制机构应用，并且有潜力减少一些旅客因为边境管制机构而经历的相当的不便以及迟延，Facilitation Division-Eleventh Session，(1995) ICAO Doc FAL/11-IP/2.

〔41〕 附件9建议3.34："适当时缔约国应引入预报旅客资料系统，该系统涉及起飞前获得一些旅客护照或者签证资料、通过电子途径传递给目的地当局，以及为了在到达之前管理风险的目的分析这些数据以便于简化通关。为减少在登机口处理的时间，在机读旅行证件文件阅读装置应被用于获得信息。对于特定和指明的护照上应被传递的信息，缔约国应仅要求依据第9303号文件《机读旅客证件手册》中的要求在护照和签证机读区域能得到的信息。所有需要的信息应依据联合国旅客以及乘务组名单电子数据交换格式。"

〔42〕 建议措施8.1："为促进为非移民消除单边和双边的入境签证，同时提供简化的涉及非移民的移动控制形式，如这些控制被认为是必要的，应采纳统一的系统。"建议措施8.4：每一国家应废除出境签证并尽可能地减少任何其他形式的应急出境手续。" Facilitation Division，"Final Report Of The Second Session"（Geneva，June 1948）ICAO Doc 5464-FAL/535.

〔43〕 标准3.1："适用于航空旅客的政府规章、程序应与适用于其他方式的旅客的规章、程序相一致。"标准3.2："缔约国应制定规则使得航空承运人的通关程序应以保持航空运输内在的速度的方式下应用以及实施。"标准3.3："除本章规定的文件外，缔约国不能要求其他为进入以及离开本国领土所需的文件。" Facilitation Division，"Report of The Fifth Session"（Rome，December 1959）ICAO Doc 8043-FAL/562 Recommendation A-17.

〔44〕 Facilitation Division，"Report Of The Sixth Session"（Mexico，March-April 1963）ICAO Doc 8324-FAL/563.

员国实施附件9的情况。[45]随后于罗马举行的联合国国际旅游以及旅游业会议开始定义访问者、旅行者以及关于附件9规定的简化手续的其他方面。[46]

此外，我们注意到附件9将保安意识纳入便利概念，其中有一个建议说明航空承运人遣返被国家拒绝入境的个人的义务[47]。有了这一新的建议，可以预见航空公司在核实是否搭载一名乘客时将需要更加警惕。[48]

1988年在蒙特利尔举行的简化手续第十次专业会议上讨论了预报旅客资料的概念。该会议还建议在之后的第十一次专业会议引入一项提议，提供预报旅客资料的背景以及成员国的评论。[49]这一对预报旅客资料的建议已在附件9的第十版内予以实施。[50]

---

〔45〕 建议B-6："鉴于联合国国际旅游以及旅游业会议将在1963年随后举行，将审议旅客在进出境时需要遵守的手续。鉴于附件9与旅客移动的条款已被仔细形成并在第六次简化手续专业会议上进行了全面的审议，因此将被提交给联合国秘书处；并且，鉴于联合国大会采取的任何行动不能与《芝加哥公约》附件9中包含的标准以及建议措施相违背，并且应切实鼓励国家实施该附件内所述措施；建议理事会要求联合国会议在序言或者其他部分对其最终采纳的建议以提及国际民航组织缔约国持续履行附件9的义务为开场白。"引用第32。

〔46〕 UN Conference on International Travel and Tourism, online:〈http://www.oas.org/TOURISM/docnet/Iatc2en.htm〉(date accessed: 15 January 2003).

〔47〕 标准3.25："在拒绝进入以及调回任何旅客的情况下，运营人有责任立即送返该人员到其开始乘坐航空器的地方或者允许其入境的地方。"前注，at 40。

〔48〕 附件9第3.58条："当局应毫不迟延地通知运送不获准入境人的运营人，并与其协商除去此等人的可能性。"注释1："不能获准入境者应被送返直接运送此等人到目的地的承运人或者在适当情况下运送此等人到一个经停地之一的几个承运人之中的一个承运人看管。"

〔49〕 Facilitation Division, "report of The Tenth Session" (Montreal, September 1988) ICAO Doc9527, FAL/10 at 54 建议B-11：做出如下建议："在可能的情况下缔约国审查多种预报旅客资料程序（酌情包括多种手动以及电子收集以及传递方式）通过在国际机场的检查程序促进到达旅客通关的效果；当信息通过电子信息交换传递，应遵守国际信息标准以及格式；国际民航组织应从事对缔约国采取第一项措施经验的研究，针对预报旅客资料隐私问题、简化手续、其他好处以及成本。国际民航组织应与海关合作理事会以及其他合适的国际机构来保证在这一领域适当的合作，并保证移民管理部门的利益；国际民航组织应使缔约国了解最新发展；不迟于1992年国际民航组织应向理事会报告其研究，来决定其发现以及建议是否应向缔约国建议。"

〔50〕 ICAO Secretariat, " Informal Facilitation Area Meeting in Consultation with ACI on Advance Passenger Information" ICAO Doc INF/FAL/DJE WP/11 (2 July 1997): 2.1《芝加哥公约》第二十九条规定，"缔约国的每一航空器在从事国际航行时，应按照本公约规定的条件携带下列文件：列有乘客姓名及其登机地与目的地的清单，如该航空器载有乘客。"附件9在标准2.7特别说明："旅客名单通常不需要提交，即便需要提交也仅限于规定的信息，比如，乘客姓名、登机地与目的地以及航班信息。"标准2.2需要指出该标准的观点是，预期旅客名单是被打印或者手写并被手动提交的纸质文件。被广泛承认的是任何涉及信息交换的系统（自动或者非自动）中收集数据是主要的开支。因此要求的数据收集的增加应产生超过开销的好处。在第十次简化手续专业会议，该问题是关于预报旅客资料争议的中心问题，并最终在第十一次会议上解决，将预报旅客资料系统作为建议措施。

国际民航组织秘书处的报告指出，国际民航组织成员国担心使用预报旅客资料系统提供的电子信息可能引发隐私问题。[51]该报道还指出任何电子信息应依据电子数据交换格式进行处理并成为国际惯例，以便在各缔约国之间普遍适用。

世界海关组织的任务之一是通过常设技术委员会制定一项公约以适应不断变化的国际贸易结构和海关技术发展，从而促进各国通过国家立法。1973 年世界海关组织理事会在京都通过了《关于简化和协调海关业务制度的国际公约》（简称《京都公约》）。[52]

世界海关组织的主要目标是简化旅行手续和建立有效的边境管制以实现旅客的快速通关。该目标及与之相关的益处规定在《京都公约》的建议措施中：[53]对海关的好处是在旅客到达前接收有助于风险管理的信息将以更为精确的方式帮助海关确定管制目标。对旅客而言，在到达目的地前通过海关对旅客预报资料的分析以及评估，可以在抵达有关国家之前确定他们的风险状态。海关确定目标的高精确度会使绝大多数旅行者被评估为风险微不足道或没有风险，从而在他们到达时减少或者不受海关管制。[54]

《京都公约》试图利用航空器起飞前办理手续的等待时间预报通关，否则在航空器到达目的地时会耽搁旅客通关。

10 预报旅客资料指南

在 1995 年蒙特利尔举行的简化手续第十一次专业会议中，世界海关组织（前身是 1992 年的海关合作理事会）的目标写入了旅客预报资料指南，主要是：通过信息技术加强国内边境管制机构的合作、加强海关管理机构和其他边境管制机构的国际合作、加强边境管制机构与承运人之间的合作。[55]

---

〔51〕 当时，有大量对 b 类建议的支持，尽管有些代表指出需要考虑许多国家已经采纳的信息保护法中个人隐私的重要性。上引用，第 53 页。

〔52〕 Convention On the Simplification And Harmonization Of Customs Procedures，以下称《东京公约》，online：〈http：//www. unece. org/trade/kyoto/ky-01-e1. htm#Historica〉（date accessed：3 January 2003）.

〔53〕《东京公约》附件 J 第 5. 5 条规定："建议措施 8："海关与其他机构以及行业合作应试图使用可用的国际标准预报旅客资料，为了简化对旅客的海关管制以及对其携带的货物的清关。"

〔54〕 上引用。

〔55〕 Facilitation Division，"Eleventh Session Information Paper on Advance Passenger Information（API）Guidelines adopted by the WCO"（Montreal，April 1995）ICAO Doc FAL/11-IP/2 at point 3.

为了实现海关合作理事会的目标，预报旅客资料系统能通过以下途径促进信息技术的发展：提供给成员国预报旅客资料益处的技术信息；提供一个对预报旅客资料的限制能被讨论和可能被解决的论坛；寻求与航空公司一致同意的标准以便于预报旅客资料不会前后矛盾或以杂乱无章的方式发展和扩散。〔56〕

2002 年 4 月，在蒙特利尔举行的关于预报旅客资料的简化手续专家组会议建议：为移民、检疫以及航空保安而对预报旅客资料的使用适用于海关；网络或者以电脑为基础的系统和无线技术应被为了数据交换而考虑，而不是为了数据交换具体使用联合国电子数据交换计算机语法；预报旅客资料应是边境系统管理、使用电子签证的机读旅行护照、自动出入境记录的一部分而不是登机或者出舱，以及与他国预报旅客资料系统互用性的部分；适用标准和建议措施应在附件 9（第十一版）第 3. 34 条保留生物识别信息；国际民航组织应评估预报旅客资料在运营效率和减少机场拥堵上的成效。〔57〕

1993 至 1995 这三年期间，预报旅客资料越来越成为一个优先事项并且国际航空运输协会在更大程度上理解实行预报旅客资料的必要性。〔58〕国际民航组织秘书处在大会第十一届会议期间提交工作文件后，国际航空运输协会和世界海关组织在 1993 年正式提出国际航空运输协会/世界海关组织指导材料。〔59〕该指导材料的序言指出由于客运量的增长，〔60〕海关疲于应对通关时的额外数据。此外，为了防止延误的增多，需要高效的自动化处理。国际航空运输协会同样支持这一观

---

〔56〕 Facilitation Division, "Eleventh Session Information Paper on Advanced Passenger Information (API) Guidelines adopted by the WCO" (Montreal, April 1995) ICAO Doc FAL/11-IP/2 at point 1. 3.

〔57〕 上引用 point 4. 14.

〔58〕 Facilitation panel presented by the Secretariat, "Advance Passenger Information Further Development of ICAO Doctrine" ICAO Working Paper FALP/4-WP/2 (Montreal, April 2 –5 2002).

〔59〕 标准 4. 2. 4："此外，考虑到数据收集以及传递的实际与开销限制，限制所需的信息能被机读护照以及签证收集，增强航班基本信息是先决条件。为此，国际航空运输协会在认识到与海关合作理事会联合在联合国电子数据交换旅客乘务组名单发展下为预报旅客信息界定数据以及信息特别的好处，以及确立一致同意的能扩展自动的以及整合从始发地到目的地旅客程序所有元素的好处的原则。"上引用。

〔60〕 上引用第四条："海关合作理事会为了预报旅客资料的互动以及为了控制航空公司成本的目标建议一个标准。同样要求联合国或者其专门机构成员国，以及接受该建议的海关或者经济同盟，告知理事会秘书长其适用该建议的日期以及条件。秘书长将传递该信息给联合国或者其专门机构成员国与接受建议的海关以及经济同盟的海关管理机构。"

点。[61]预报旅客资料应通过联合国电子数据交换旅客乘务组名单信息系统提供统一的电子文本。实际上，预报旅客资料允许对入境旅客实施彻底和严格的检查以发现高危险性旅客并允许低危险性旅客快速通关。[62]

国际航空运输协会还指出，有必要制定标准化措施以阻止信息传递的滥用。作为建议，与航班有关的信息包括：航班识别标志；预定出发时间；航空器最后停靠地/港口；航空器最初到达地/港口。

11 缔约国的立场

11.1 美国关于预报旅客资料和旅客订座记录的立法

由于2001年的“9·11”事件，乔治·布什总统于2002年11月25日签署了美国新的《交通安全法案》，使得预报旅客资料的传递以及获取所有到达美国的乘客的旅客订座记录成为法定义务。因此，美国国土安全部门将确保航空承运人和其他政府部门遵守该法案。

依据世界海关组织/国际航空运输协会的指导材料[63]，预报旅客资料应由目的地之前的最后一个停靠地传递给目的地。但是，美国与他国缔结的协议似乎违反上述指导材料。[64]因为在美国法案下，当航空器飞往另一个国家时将预报旅客资料数据传递给美国是航班的法定义务。由于要求他国提交预报旅客资料和旅客

---

〔61〕 上引用附件第五条：“国际航空运输协会不断地试图废止航空运输中不必要的表格以及程序，并且废止旅客名单一直是该组织的重要政策目标。但是，近来自动化政府管制程序的发展已经导致对预报旅客资料的概念以及其简化手续的改善潜力的仔细审查。在起运地收集旅客资料，在一个员工以及设备经常处于满负荷甚至超负荷运转的系统内对航空公司而言是额外的工作量。因此，承运人对预报旅客资料的支持很大程度上依据其对航空乘客到达目的地时可以实现的好处。更进一步，考虑到数据收集以及传递的实际以及开销限制，限制所需的信息能被机读护照以及签证收集、增强航班基本信息是先决条件。为此，国际航空运输协会在认识到与海关合作理事会联合在联合国电子数据交换旅客乘务组名单发展下为预报旅客信息界定数据以及信息特别的好处，以及确立一致同意的能扩展自动的以及整合的从始发地到目的地旅客程序所有元素的好处的原则。”

〔62〕 上引用附件第九条。

〔63〕 上引用附件第8.15条：“需要指出预报旅客资料将仅在旅客从外国的最后停靠地与目的地之间传递数据。预报旅客资料不提供旅客最后一个外国停靠地之前的航程。同样不提供旅客下一个航程。”简单来说，预报旅客资料传递仅包括从最后一个经停地到一国第一个到达地的旅客信息，不考虑旅客初始出发或者最终目的地。

〔64〕 Refer to the “US-Mexico Border Partnership Action Plan”, online: 〈http://www.whitehouse.gov/infocus/usmxborder/22points.html〉 (date accessed: 17 December 2002).

订座记录，美国与他国缔结的协议使得美国立法域外适用。根据美国海关总署的说法，它实施了一项加拿大智能边境/30点行动计划，也就是广为人知的曼利岭协议。根据这项2001年12月通过的计划，美国与加拿大同意从2003年春天起共享预报旅客资料和旅客订座记录。[65]

美国新的《交通安全法案》第一百一十五条规定，在起飞或到达美国之前，每一航班需提供如下信息：每个航班的乘客和机组人员的名单应包含以下信息：全名、出生日期和国籍、性别、为旅行所需的护照号和签发国家；如有可能，还需提供美国签证号码或者绿卡号码；在秘书长咨询海关委员会后，认为为保证安全必需的其他信息。[66]

此外，依据前述法案，海关同样可以规定其预期接收航空公司电子信息的时限，以及获得旅客订座记录的时限和所有必要的相关身份检查的时限。

作为对这一新的预报旅客资料/旅客订座记录数据传递的回应，美国航空公司和美国大陆航空公司已经同意遵守上述新法案，但是也要求美国海关审查其错误传递下的处罚程序。[67]

11.2 加拿大的立场

2002年6月开始生效的加拿大《移民和难民法案》[68]，与加拿大公民和移民部[69]发布的规章第十七部分一同规定航空承运人需要提交的文件。

首先需要指出，法案第一百四十八条要求航空承运人不得运载没有携带所需文件的乘客。在违反此义务的情况下，第二百七十八条规定了对运输公司的不同惩罚。

规章第十七部分第二百六十九条包含有关预报旅客资料的立法，包括加拿大

---

〔65〕 Refer to the "US-Canada Smart Border/30 Point Action Plan", online:〈http://www.whitehouse.gov/news/2002/12/20021206-1.html〉(date accessed: 17 December 2002): "The United States and Canada have agreed to share Advanced Passenger Information.

〔66〕 One Hundred Seventh Congress of the United States, Aviation and Transportation Security Act", HR 5005 EAS, Chapter 1 of title 49 S. 1447 at section 115 sub-section 2.

〔67〕 Unofficial letter by American Airlines dated February 28th, 2002 and unofficial letter by Continental Airlines dated February 28th, 2002.

〔68〕 *Immigration And Refugee Protection Act*, L. c. 2001, c. 27

〔69〕 *Citizenship and Immigration Canada*.

预报旅客资料程序所需的信息：姓名和任何中间名的大写首字母；出生日期；签发护照或者旅行证件的国家，旅客的公民资格或者国籍；性别；护照号或者识别旅行证件的号码（如果不要求护照）；以及旅客预定记录标志或者文件号。该部分同样规定政府能进入第二百六十九条第二款规定的航空公司预订系统，似乎表明政府能获得任何随后形成的记录。[70]

此外，上述规章还要求任何电子信息遵守现存的联合国电子数据交换旅客和乘务组名单格式的安排。

依据加拿大隐私事务专员所说，遵守美国的新规可能损害基本的隐私权，并有可能被用于其他目的，比如，核查所得税和其他犯罪信息。其认为这类似于一个“大而全”数据库。[71]但需要指出的是，当乘客旅行时为了通过不同的边境管制机构，他们会默认放弃一些隐私。

总部设在蒙特利尔的包机承运人加拿大越洋航空公司请求美国海关要求延期至2003年12月15号，以完全遵守新的规则。[72]该航空公司的政府事务代表指出，该航空公司目前并不拥有任何特定的预订系统，因为绝大多数的预订通过包价旅游承办商和其他旅行社完成。改用全电子方式的相关费用将相当于1300万美元的投资。其更进一步批评美国给定的截止日期：我们相信，至今我们所做的最大努力将得到适当的考虑，并且最终规则不会在乘客预订座位和座位库存管理方面不合理地快速生效，不会不适当地惩罚或加重较小或不太成熟的航空公司（如越洋航空公司）的负担。[73]

作为对美国海关关于预报旅客资料指令的回应，国际民航组织法律主管给出意见并确认，尽管目前给予承运人不同的惩罚，但前述指令似乎仍遵守《芝加哥公约》规定的指导材料。预报旅客资料作为一个有效的便利措施的基本特征是所提供信息的准确性。旅客名单中包含信息的准确性是一项基本要求，不管是否是提前传递的（预报旅客资料），该要求应同等实施。基于这一原则，航空公司提

---

〔70〕 *IRPA*, *Part* 17 *Transportation*，见引注55 at section 269.

〔71〕 “Privacy Commissioner of Canada: News Release”, online: 〈http://www.privcom.gc.ca/media/nr-c/02_05_b_020926_2_e.as〉(date accessed: 8 November 2002).

〔72〕 Unofficial letter dated January 24th 2003 [not published].

〔73〕 上引用，第4页。

供的信息必须遵守增长的准确性要求，这一要求仅意味着美国当局试图降低其对错误的容忍度，可能的目标是零误差，这与准确性原则是一致的。对于不能遵守上述准确性要求的航空公司采取惩罚性措施，只要适用的措施在美国领土内，此类措施的严厉程度以及当局是否有权实施此类措施都是国内政策和法律的问题。

依据上述观点，美国海关对于预报旅客资料的指令，虽然加重了航空公司的负担，但与《芝加哥公约》及其附件9的相关条款保持一致，因此并不导致域外管辖的问题。[74]

11.3 英国的立场

英国内政部国务大臣巴巴拉·罗彻（Mrs. Barbara Roche）提出针对《2000年移民法令草案（入境和居留签证）》[75]设立常设委员会。在议会讨论期间，明确的是预报旅客资料系统有两方面的积极影响：它不仅使得在机场快速通关，并且使得官员能发现潜在高危险性旅客。此外，依据罗彻（Roche）的观点，预报旅客资料系统并不会减损海关官员的作用，他们有检查每名旅客及其行李和其他随身携带行李的权利。[76]她同样指出，移民官员仍能在边境管制的任何地点监控客运量并检查旅客。[77]

英国在上述法律下允许许多不同的执法机构收集并建立有关潜在的高危险性旅客的情报并阻止其入境。[78]此外，在这些机构的保证下，承运人和政府机构决

〔74〕 Weber, L., "Inter-Office Memorandum on United States Customs Directive on Advanced Passenger Information"., 7 June 2002 [not published].

〔75〕 House of Commons Standing Committee on Delegated Legislation, Draft Immigration (Leave toEnter and Remain) Order 2000, online:〈http://www.hmso.gov.uk〉(date accessed: 4 March 2003).

〔76〕 上引用第3页："给到达英国的个人授予或者拒绝入境签证有两方面的好处。预报旅客资料系统能预先通关一些低危险的旅客并标出记录良好的旅客，借此加速他们通过移民管制的速度并消除在其到达时细致的个人检查的需要。或者，我们可能向海外派遣移民官员，由接受国同意来解决特定的有压力的问题。预报旅客资料系统同样使我们获得如生物鉴别信息这样将来科技发展有好处的信息。这样的措施会有利于大众、承运人以及移民部门。"

〔77〕 上引用第3页："如我所述，移民官员的角色并不会被减损，由于其仍能检查个人。"

〔78〕 Regulatory Impact Assessment: Introduction to Extended Powers of Information Collection On Passenger and Goods, Schedule 7 to the Terrorism Act 2000 (Information) Order 2002, online:〈http://www.homeoffice.gov.uk/atoz/pax_and_goods.pdf〉(date accessed: 8 November 2002) 第12点：该措施使警察建立起一个他们能锁定以及追踪恐怖分子的情报地图，在"911·事件"后以及随后对抗全球恐怖主义威胁持续的战役使其在某种程度上有必要这样做。

定预报旅客资料立法应通过一个非常严格公平的程序制定[79]，并且在六个月内生效。

我们同样需要研究英国主要的航空承运人，英国航空公司对美国关于预报旅客资料和旅客订座记录新立法的态度。在2002年3月初的一封信函中，[80]英国航空公司告知美国规则和规章办公室，表明支持预报旅客资料系统并遵守1998年与美国海关签署的谅解备忘录。该谅解备忘录包括自愿向美国发送旅客信息。依据美国新的《交通安全法案》，英国航空公司认为只要旅客订座记录信息等数据不是以纳米方式存储且符合机器可读信息，就应该考虑使用自动化传送信息的方式。

英国航空公司同样认为这是将乘客信息从航空公司系统传递到政府的最佳方法。其考虑了旅客订座记录的自动发布，并且认为不会影响《英国信息保护法案》。[81]英国航空公司的要求是承运人不应承担改变任何预订系统的义务，因为该改变可能造成额外的开销或者至少将该改变的成本降低到最低。[82]世界海关组织同样认为这一观点是可行的，因为在其建议中宣布信息应被严格保持在最小范围，否则这样的运营将变得费时费力：标准8.2.1是预报旅客信息最为关键的一面，也即收集到的数据输送给目的地国边境控制机构的方式。数据收集可能费时费力并且可能存在错误。在出发地机场收集出发旅客的信息导致在登机程序时的耽搁，如对此管理不当将抵消高效的预报旅客资料应用提供的潜在优势。如果登机程序被不适当地延长，那么从到达地转移到出发地预报旅客资料将大部分延误。因此，将预报旅客资料对登机程序的影响保持在最低水平非常重要。[83]

但是，世界海关组织还声称由于自动程序能为航空承运人带来某种形式的成本节约，预报旅客资料能同样能降低人力成本。[84]

---

〔79〕 上引用第39点：我们确信执行机构将公平、恰当且合适地适用该要求信息的法案，并且警察部门也会如此利用该法案。警察部门的代表在承运人的会议上确认该措施。

〔80〕 British Airways letter dated March 1rst 2002 [not published].

〔81〕 UK Data Protection Act, online: 〈http://www.legislation.hmso.gov.uk/acts1998/19980029.htm〉(date accessed: 10 January 2003).

〔82〕 上引用 at clause 6.5.1 and 6.5.2.

〔83〕 上引用8.2.1条。

〔84〕 上引用6.9.3条以及6.3条。

此外，不应获取不前往美国的航班旅客信息。[85]

鉴于美国立法不能保证不飞往美国的乘客的其他有关信息被传输，英国航空公司在先前的信件中向美国海关明确表达了其担忧。[86]

由于某些与旅客档案有关的个人信息是私密的，且获取此类个人信息将违反《英国信息保护法案》，英国维珍航空同样表达对旅客订座记录的重点关注。[87]《英国信息保护法案》要求个人信息，除非能给予足够的保护，否则不能离开欧洲经济区。为了实现此要求，美国海关将不得不采纳欧共体在94/46/EC法令[88]下制定的“安全港原则”。依据该法令，欧洲公司只有在符合对信息共享的合理保护的情况下，才能将信息传递给任何非欧共体国家。

11.4 安全港原则

欧共体94/46/EC法令，引入了七个原则，被统称为安全港原则：当个人的资料被收集与使用时，必须告知当事人；当事人必须拥有选择的权利，选择提供或不提供以及如何提供其个人资料给第三方或以与最初告知之目的不同的目的使用个人信息；个人资料只能被传输给遵守这些原则的第三方；必须采取合理的预防措施以确保个人信息的安全；必须确保数据的完整性，个人信息与其使用目的相关，不能以与其收集的目的相矛盾的方式处理并且必须采取措施确保其准确性；必须确保对个人信息的查阅，以便于个人能确保其正确或者删除不正确的信息；必须通过适用独立的追索机制处理投诉、争议和救济措施，并提供足够严格

〔85〕 上引用59附件A：（3）一个通常要求，承运人仅提供行程包括至少一程前往、来自或者在美国内的旅客订座记录信息。在承运人的系统没有如此设计或者配置以至于不能排除提供非此类旅客信息，海关将采纳程序或者采取其他适当措施来保证其官员不获得其他旅客信息。此外，在实施任何在线程序前，海关将同意与承运人签订适当的保安议定书。（4）除非海关以及承运人之间预先同意改变或者修改以及分配这些行为的开销，否则承运人无义务为遵守一般或特殊的要求而改变或者修改其电脑系统（硬件或者软件）。

〔86〕 英国航空公司2002年8月26日的信函（未公布）：在新法中似乎没有提及保护承运人系统的安全与完整。对于英国航空公司而言，必须确信合作将保护其自动离港控制系统的完整以及其乘客的利益。该规则应提供这样的保护并且英国航空公司郑重要求海关在任何直接从系统获得之前同意安全议定书。英国航空公司要求该议定书在旅客进入完成前激活。

〔87〕 Unofficial letter by Virgin Atlantic Airways Ltd. dated August 30th, 2002.

〔88〕 Frashfields Bruckhaus Deringer. “Data Protection”, online: 〈http://www/freshfields.com/practice/ipit/publications/22367.pdf〉 (date accessed: 6 February 2003).

的制裁保证遵守。[89]

包机运输航空公司大不列颠航空公司已经向美国当局提及，因其不具备必要的电脑化预订系统而不能遵守关于旅客订座记录要求的临时规则。[90]此外，在预报旅客资料方面，大不列颠航空公司敦促美国海关放弃对于不飞往美国的航班信息传递的适用性。美国海关还需考虑减少对承运人不及时遵守的惩罚。分配给航空公司改变其预订系统的时间同样是为了预报旅客资料的传递而应被考虑的一个方面。

11.5 澳大利亚的立场

澳大利亚移民部门和海关为了加速程序并提升边境管制已经实施预报旅客资料系统。[91]为此，澳大利亚已经实施预报旅客程序。该程序通过承运人参与，提供快速通关。大体上，在境外登机口，如果旅客的个人信息允许他在抵达澳大利亚时使用“特快专用通道”，那么旅客的护照被读取并给一张磁卡。[92]该国政府为了允许获得预报旅客资料和旅客订座记录信息而不侵犯隐私权已经修改国内立法。该预报旅客程序由电子旅游局实施。当信息被获得后通过电子旅游局系统发送，该系统将为需要特快专用通道的旅客核实签证的有效性，该系统也会核实澳大利亚公民和新西兰公民护照的状况。

预报旅客程序公民由于满足个人的需要而被航空承运人接受。尽管一些承运人已经自愿参与该计划，但政府希望将预报旅客程序设定为强制性程序。[93]依据澳大利亚海关的说法，预报旅客程序可以大量减少无证旅行，并因此降低承运人被其他缔约国罚款的可能。

---

〔89〕 上引用第 1 页。

〔90〕 Unofficial letter by Air 2000 Limited（August 26，2002）.

〔91〕 Manning，J.（Australian Delegate），“Facilitation Panel Fourth Meeting Information Paper”，（Montreal，2 – 5 April 2002）ICAO Doc FAL/4-IP/8.

〔92〕 上引用第 3.2.5 以及 3.2.6 条：“在登机口，航空公司在一个特殊的澳大利亚进入旅客卡上打印旅客的生物信息以及航班号和“EXPRESS” 文字。该卡同样有被能够在到达澳大利亚时找回的标示编码的磁条。在到达澳大利亚时，旅客可以通过动态的电子标识以及在场的海关官员的帮助下直接到适当的通道。使用快速通道的预报旅客程序乘客将仅花费不用此程序的旅客所耗费一半的时间通关。”

〔93〕 Permanent Technical Committee，“Review of the WCO/IATA Guidelines on Advance Passenger Information” WCO Doc PW0045E1（Brussels，August 20th，2001）.

澳大利亚主要的航空公司澳大利亚航空公司表达了与英国航空公司同样的担忧，但要求美国海关进一步准确地说明关于旅客订座记录信息的预防措施。澳大利亚航空公司关心美国新法案允许分享所有有关的信息给不同的联邦机构。[94]此外，澳大利亚航空公司要求澳大利亚当局为了防止美国海关将此类数据发送给数量不详的机构而签署协议。[95]

11.6 德国以及瑞士的立场

依据德国现行隐私法，一些信息受《联邦信息保护法案》[96]保护，在允许其他国家获得该信息前要求获得特殊许可。此外，所有信息在经过一定时间后应从系统删除。作为对美国新法案的回应，德国主要的航空公司，德国汉莎航空公司已经通知美国海关新规导致的法律障碍，并为了遵守美国海关的规定申请协助。依据汉莎航空公司内部法律顾问部门的说法，似乎能在2003年实施。[97]除非明确修改美国新法案，否则违反《联邦信息保护法案》将导致严重的财务和法律后果。[98]

依据瑞士法律，个人信息受《信息保护法案》[99]监管，所有的个人信息传输必须善意并通过安全的方式完成。由于现在使用的预报旅客资料传输与边境检查有关，因此并不违反这些法律条款。

至于瑞士主要的航空公司，瑞士国际航空公司，其认为预报旅客信息并不造成任何对自动离港控制系统的损害，但强制性的旅客订座记录可能对承运人造成法律后果，除非满足某些条件：在没有《信息保护法案》保障的情况下，外国司

---

〔94〕 上引用，第4.2条。

〔95〕 澳大利亚航空公司2002年8月22日的信函：“首先，澳大利亚航空公司并没有指出美国海关旅客订座记录要求与澳大利亚国内的保护法相矛盾。但是，美国联邦法典说明，可用于海关的电子化的预报旅客资料信息可在要求时与其他联邦机构分享需要更进一步的明确。特别是，是否承运人将被指出何时以及和谁分享该信息以及在程序中信息的完整性如何被保持。”

〔96〕 Bundesdatenschutz, online:〈http://www.datenschutz-berlin.de/recht/de/bdsg/bdsg1.htm#absch1〉(date accessed: 17 January 2003).

〔97〕 汉莎航空公司2002年8月30日非官方的信函：如果现存的法律问题被解决，汉莎航空公司在2003年第一季度实施可行的措施。

〔98〕 上引用第2页：对任何故意或者过失在没有获得授权的情况下收集或者处理个人信息是行政违法并将面临最高25万欧元的处罚；此外，违反一些法律同样会形成犯罪，面临最高两年监禁或者/并且每种犯罪行为最高25万欧元的罚款。

〔99〕 Swiss Federal law On Data Protection, online:〈http://www.datenschutz-berlin.de/recht/de/bdsg/bdsg1.htm#absch1〉(Date accessed: 5 March 2003).

法管辖的第三方无限制地获取一家瑞士航空公司完整的旅客订座记录数据会对相关的航空公司带来严重的法律问题。但是，如果数据仅限于出入美国的航班，瑞士国际航空公司在提供旅客订座记录给美国海关时或许能够遵守瑞士数据保护法律。如果航空公司获得瑞士国家数据保护官员的许可并获得美国当局的保证，则最终可以通过适用“安全港原则”实现对数据的法律保护。此外，航空公司还需改变其预订程序，要求乘客提供额外的信息并明确同意将这些数据提供给美国海关和其他指定的美国官方机构。〔100〕

瑞士国际航空公司同样提出为防止信息泄露给美国其他官方机构实施一个过滤系统的问题。德国联邦刑事警察局（Bundeskriminalamt）同样提出对过滤系统的关注，但现在正在通过创建新的生物信息识别程序来解决这一问题，该程序在法兰克福机场逐步引入，以保证过滤信息程序的形成不会违反任何联邦信息保护法案。〔101〕

11.7 墨西哥的措施

墨西哥提交了所有国际航班上旅客和机组成员的预报旅客资料并试图从2002年7月开始向美国提交联合国电子数据交换信息格式中最少95%的信息。与之相对，墨西哥同样计划全面要求预报旅客资料并惩罚迟延提交或者不提交该信息的航空公司。但与美国相反，墨西哥并不打算使用电脑代号以外的任何旅客订座记录。

墨西哥还与美国签署了一项名为智能边界22点的协议，规定墨西哥在自愿的基础上与美国交换一些信息，以防止非法移民并检测高风险旅客。据美国海关称，尽管抵达港不是美国，但目前仍有关于飞往墨西哥的国际航班的信息交换。比如，此时一架从法兰克福飞往墨西哥中途不经停的航班可能需要向美国提交预报旅客资料和旅客订座记录。

墨西哥移民局提议建立一个定时收集旅客信息的电子数据库并与国际民航组织和国际航空运输协会形成数据处理系统，该系统还涉及对生物识别信息的处理程序。〔102〕

---

〔100〕 Unofficial letter by Swiss International Air Lines dated August 26th, 2002 [not published].

〔101〕 Unofficial interview with Dr. Edgar Friedrich, Bundeskriminalamt, Wiesbaden Germany inFebruary of 2003.

〔102〕 Secretaria De Gobernacion, Instituto Nacional De Migracion, “Technical Specifications INM Fast-Track” Confidential INM Presentation [not published].

其他航空公司也对美国新法案〔103〕表达深切关注，该法案要求外国航空运输公司提供往返美国的航班上所需的乘客姓名记录信息。巴西航空公司称，旅客订座记录违反巴西宪法，除非得到主管部门明确授权，否则将不会遵守这一新的法案。〔104〕

代表274个航空公司成员的国际航空运输协会指出，应该继续与美国海关和边境保护局进行大量讨论，以确保航空公司遵守隐私法。国际航空运输协会针对欧共体指令（95/46/EC）〔105〕发表评论，该指令规定了所有属于欧共体的国家对个人数据的处理。据国际航空运输协会称，根据欧共体指令，只有美国所有机构都采用安全港原则的情况下才能给予其他国家及其航空公司提供足够的保护，使其能够遵守美国新法案而不需要承担数据传输责任。此外，美国海关应根据美国商务部的安全港原则进行自我认证，或者制定和实施与这些原则相符合的用于自我管理的数据隐私政策；向所有已经依据上述欧共体令采纳数据隐私法律的国家通报上述自我认证的结果以及形成的政策；提供保证，仅限于在安全港原则下的自我认证或者完全采纳安全港原则的机构共享通过进入航空公司系统获得的信息；限制其对“只读”功能的访问，并在阻止非法外部访问上提供协助；并且，向政府和航空公司做出保证，它将只访问仅与那些飞抵美国领土的航班有关的乘客信息。〔106〕

总之，尽管许多航空公司认为潜在的责任是可预见的，但在《芝加哥公约》规范下，一国有权为了建立适当的边境管制要求信息。〔107〕因此，一国边界管制措施可以贬损试图进入该国领空的另一国关于数据的保护规定。〔108〕

---

〔103〕 Passenger Name Record Information Required For Passengers On Flights In Foreign Air Transportation To Or From The United States，67 Fed. Reg. 42710（June 25，2002）.

〔104〕 来自巴西航空公司法律顾问 Mrs. Constance O'Keefe 2002年9月8号未公开的非官方信函：由于巴西宪法，保密性质的航空运输预订中的信息，仅能通过有关当局、公共管理机构以及适当证明的旅客个人或者被旅客适当授权的法律代表的书面要求而披露。

〔105〕 *EC Data Protection Directive*（*95/46EC*），*Protection of the individuals in relation to the processing of personal data*，online〈http：//wwwdb. europarl. eu. int/oeil/oeil4. Res213〉（date accessed：5 march 2003）.

〔106〕 Unofficial letter by IATA dated August 26th，2002 [not published].

〔107〕《芝加哥公约》第十三条：“一缔约国关于航空器的乘客、机组或货物进入或离开其领土的法律和规章，如关于入境、放行、移民、护照、海关及检疫的规章，应由此种乘客、机组或货物在进入、离开或在该国领土内时遵照执行或由其代表遵照执行。”

〔108〕《芝加哥公约》第一条：“各缔约国承认每一国家对其领土之上的空气空间具有完全的和排他的主权。”

参考文献：

Abeyratne R(1998)Aviation and regulatory issues. Ashgate, London.

Abeyratne R (2001) The exchange of airline passenger information-issues of privacy. Comm Law J 6(5):153.

Abeyratne RIR(2002a)Intellectual property rights and privacy issues: the aviation experience in API and biometric identification. J World Intellect Property 5(4): 631 – 650.

Abeyratne R (2002b) Attacks on America-privacy implications of heightened security measures in the United States, Europe and Canada. J Air Law Comm 67:86.

Abeyratne(2003)Profiling of passengers at airports-imperatives and discretions. Eur Transp Law XXXVIII(3):297 – 311.

Honig JP(1956)The legal status of aircraft. Martinus Nijhoff, The Hague.

McMunn MK(1996)Aviation security and facilitation programmes are distinct but closely intertwined. ICAO J 51:9.

Morganthau H, Thompson KW (1950) Principles and problems of international politics. Knopf, New York.

Shaw MN(2003)International law, 5th edn. Cambridge University Press, London.

第三十二条　人员执照

一、从事国际航行的每一航空器驾驶员及飞行机组其他成员，应备有该航空器登记国发给或核准的合格证书和执照。

二、就在本国领土上空飞行而言，各缔约国对其任何国民持有的由另一缔约国发给的合格证书和执照，保留拒绝承认的权利。

1　确保能力

国际民航组织大会在第21届会议（蒙特利尔，1974年9月24日至10月15日）通过了第A21-21号决议（关于具体与航空有关的持续政策和相关做法的综合声明）。该决议附录G中规定，根据《芝加哥公约》第三十二条第二款和第三十三条的规定，由作为航空器登记国的缔约国颁发或核准有效的航空器的适航证、合格证书和飞行机组执照，应当被其他缔约国为在其领土上空飞行的目的，包括降落和起飞，被认为有效。

第A37-15号决议关于适航证、合格证书和飞行机组人员执照的标准的附录G指出：鉴于《芝加哥公约》第三十三条未明确界定对证书和执照给予承认的目的；

鉴于对在适用于航空器和飞行员的标准和建议措施生效之前，缔约国是否有义务承认其他缔约国颁发或核准有效的证书和执照，存在几种解释；和

鉴于对某些航空器类别或飞行员等级而言，标准和建议措施可能需要多年才能生效，或对一些类别或等级不采用标准和建议措施可能被认为最为可行；

大会决议如下：

（1）由作为航空器登记国的缔约国颁发或核准有效的航空器适航证和合格证书以及飞行机组人员执照，应当被其他缔约国为在其领土上空飞行的目的，包括降落和起飞，而承认为有效，但须遵守《芝加哥公约》第三十二条第二款和第三十三条的规定；和

（2）在关于特定航空器类别、等级或型别或飞行员等级的国际标准生效之前，作为航空器登记国的缔约国依据国家规章颁发或核准有效的证书和执照，应当由其他缔约国为在其领土上空飞行的目的，包括降落和起飞，而给予承认。

人员执照颁发的标准和建议措施是理事会于1948年4月14日依据《芝加哥公约》(1944年于芝加哥)第三十七条的规定首次通过的，并将其定为公约的附件1，于1948年9月15日生效。

2007年9月23日理事会通过第168号修正案修订了附件1(附件1，第十版)。涉及的主要内容是：用进近和区域管制监督等级取代进近和雷达管制监督，以反映监察系统并不限于雷达；使空中交通控制员的因素的知识要求与机组人员的要求相一致；将飞行机组人员的核准培训的现存标准(附件1，1.2.8以及附件2)，适用于空中交通管制员执照颁发和评级所需的经批准的培训；以及对于交通运输管制员学员在工作环境中接受训练的新规定。

附件1包含国际民航组织采用的作为人员执照最低标准的标准和建议措施。该附件适用于所有申请人，并在续期时适用于附件所列执照与评级的所有持有人。国际民航组织理事会决定，原则上影响现行颁照规定的修订适用于所有执照申请人和持有人，但在考虑其适用于现有执照持有人时，必要时可由各缔约国酌情决定是否重新考核个别执照持有人的知识、经验和技术熟练程度，以对其进行评估。

只要航空旅行离不开飞行员和其他空勤及地面人员，这些人员的资格、技能和培训仍然是航空运输高效和安全运行的基本保证。进行适当的人员技能培训和执照颁发也为各国家注入了信心，使人员资历和执照颁发得到国际认可和接受并使旅客对航空有更大的信任。《芝加哥公约》附件1规定了向飞行机组成员(飞行员、飞行工程师和飞行领航员)、空中交通管制员、航空站经营人、维修技术员和飞行签派员颁发执照的标准和建议措施。

相关训练手册就培训课程的范围和深度向各国提供指导，以确保维持《芝加哥公约》和其附件1所预期的对航行安全的信心。这些训练手册还为其他航空人员的培训提供了指导，如机场应急人员、飞行运行官员、无线电话务员和其他相关领域的人员。

当今的航空器运行是如此复杂多样，必须对人的失误或系统组件故障导致的整个系统失效的可能性给出应对措施，而无论这种可能性是多么微小。人是航空器运行环节中的关键一环，而同时由其本性决定，也是最灵活和多变的。有必要进行适当的培训，以把人的失误降至最低，并提供有能力、有技能、熟练和合格的机组人员。附件1和国际民航组织训练手册描述了在各工种中精通业务所需的技能，从而有助于相关人员胜任工作。附件的体检标准，要求定期进行健康检查，对可能造成能力丧失的体格状况提供了早期警报，有助于飞行机组和管制员的总体健康。

人的因素训练计划处理了已知的人的能力局限性，向各国提供了关于这一重大课题的基本信息，以及设计适当的培训方案所需的材料。国际民航组织的目标是通过提高各国对民航运行中人的因素重要性的认识并做出回应，从而提高航空安全。执照颁发是对特定活动予以授权的一种行为，由于不适当地从事此种活动可能会产生严重后果，在未经授权的情况下则应禁止这种活动。执照申请者必须达到所规定的要求。为颁发执照而进行的检查是对身体健康和行为能力的定期测试，以确保独立操控。因此，培训和执照颁发共同成为实现总体合格的关键要素。

国际民航组织在执照颁发方面的主要任务之一是解决颁发执照方面的差异，以确保国际执照颁发标准与现行做法和未来发展相一致。这日渐重要，因为飞行机组将面对越来越大的交通密度和空域拥挤、高度复杂的终端区格局和更精密的设备。为完成这一任务，应对附件1进行定期修订，以反映快速变化的环境。

2 机组人员的文化差异

执照仅表明机组成员的技能，而不能反映机组人员之间以及机组人员与空中交通控制员之间相互交流的能力。一般来说，事故的发生经历三个阶段。第一个阶段是常规的技术故障或者系统故障。当技术发展已经达到合理的复杂程度时，人为失误占据事故主因的第二个阶段便随之而来。第三个阶段被称为社会技术阶段，该阶段涉及人与技术交互作用的结果，这会带领我们进入现在被某些评论员[1]称为“组织文化时期”的阶段。这个阶段中，操作员按照雇佣者灌输给他们的特定安全文化，作为一个协调一致的团队发挥作用。这种演变模式也适用于航空运输业。

伴随着全球化进程不断推进，不同文化背景的飞行员聚集在一起驾驶一架航

〔1〕 Haris Amin, Promoting a Safety Culture in Aviation, http://harisamin.hubpages.com/hub/Safety-Culture-in-Aviation.

空器，航空公司应作为协调一致团队的必要性也不断地提升。不同文化背景的机组成员不仅在行事风格和态度上有差异，而且在工作用语上也有巨大差异。[2]更不要说文化会影响新手与前辈之间关系的处理方式。因此，一个多国、多文化背景的机组之间的交流必须连贯地紧密配合，并且最为重要的是在驾驶舱中超越种族和文化的拘束。

人为失误占到民用和军用航空事故的70% ~80% 。[3]这些失误大多是因为机组工作人员之间或者机组人员与地面控制人员之间交流不当。马克科姆·格拉德威尔（Malcolm Gladwell）在其著作《异类：不一样的成功启示录》[4]一书中有一章题目为：飞机失事的种族理论。[5]格拉德威尔认为航空器的机长和副驾驶员的种族可能会影响飞行安全，并举出1990 年1 月发生的哥伦比亚航空公司052 航班坠毁事故的著名案例。在这次事故中，副驾驶员与空中交通管制员都使用被称作“含蓄地表达（mitigated speech）”的交流方式，即削弱和粉饰了飞行员和空中交通管制人员彼此需要的关键信息。格拉德威尔引用了前波音飞机首席安全工程师厄尔·维纳（Earl Weener）的话：“从驾驶舱的设计来说，它只能容纳两名驾驶员，驾驶飞机时最好是有一名驾驶员监督另一名，或者两名驾驶员共同操作。飞机不会原谅你的操作不当。在很长一段时间里，大家都清楚地认识到，两名飞行员协同操作飞机比在一名飞行员失能的情况下由另一名飞行员接管飞机更能保证飞机的安全运行。”[6]

让我们来分析一下上述哥伦比亚航空公司空难。该航班处于危险的低燃油状态，需要立即着陆。机长指示副驾驶告知空中交通管制人员“我们有紧急情况”。副驾驶传达了以下信息：“航向 180 度，呃，我们会再试一次，我们马上没油了”。[7]这根本没有向地面控制人员传达出航班所处的紧急状态。“我们快没油了（running out of fuel）”一词不能表达出任何严重的紧急情况。驾驶舱里静默了一会儿之后（这在紧急状况下是极不正常的），飞机撞上了纽约长岛镇牡蛎湾的一

〔2〕 Merritt and Helmreich（1996） at 5 – 24.

〔3〕 O'Hare et al. （1994） at 1855 – 1869. See also generally Taneja（2002）.

〔4〕 Gladwell（2008）.

〔5〕 上引注 Chapter Seven，at 177 – 223.

〔6〕 上引注，第 185 页。

〔7〕 上引注，第 193 页。

栋住宅，73 名乘客丧生。

副驾驶委婉地向空中交通管制表达他们的紧急状况，是因为他想礼貌一些，可能他十分尊重空中交通管制员。造成这次空难的另一个原因是这名叫克洛茨（Klotz）的副驾驶员是哥伦比亚人，他希望机长替他做出决定，格拉德威尔（Gladwell）说："克洛茨认为自己是下属，解决危机不在他的职权范围，应该由机长来处理。随后，肯尼迪机场刚愎自用的空中交通控制员指挥飞机在空中盘旋。克洛茨试图告诉这位管制员他们遇上了麻烦。但是他使用的是自己民族的语言交流方式，以一个下属对上级的交流方式沟通。然而空中交通管制员不是哥伦比亚人。他们是低权力距离文化背景中的纽约人。他们看不到他们与空中飞行员间的等级差距。对他们而言，飞行员含蓄的表达并不代表讲话的飞行员对上级表达的一种尊敬，而是说明这位飞行员没有遭遇什么麻烦。"[8]

确保团队协作的第一项措施是创造一个积极的工作环境，在此环境中每一个工作人员都能感觉到自己的存在价值。善于聆听他人的意见并能尊重他人的观点是树立一个团队平等基础的最有效方法。上述哥伦比亚航空公司空难案中的副驾驶由于受自身民族和文化背景的影响，并不指望机长征求其意见。这个驾驶舱的工作环境中不存在尊重彼此的意识。

第二项措施是建立对彼此的信任，因为信任是大家相处的基本原则，其不应是单向的。在上述事故中，克洛茨相信机长会做出决定，从而放弃自己拯救飞机和乘客的责任。信任是做你说过会做的事，并成为你说过将成为的人。信任是向你的同事和团队展示在任何状况下你是值得信赖、有责任心和负责的，并且是他们可以一直信赖的人。这当然不是克洛茨对其机长所为。

对于上述哥伦比亚航空公司航班的机长来说，他没有让副驾驶克洛茨感受到自己的重要作用。这位机长没有鼓励协作的氛围，而是创造了一个竞争的氛围，克洛茨在这种环境中感到自己只是一名微不足道的下属。有作为的领导会让团队中每一个员工感受到自己是团队中有价值的一部分，并且会营造一个大家对彼此独特的贡献互相尊重的环境。这要求领导通过向大家展示自己可以与每一位员工平等交流来创造团队精神。

---

〔8〕 上引注，第 207 页。

哥伦比亚航空公司空难的例子在民用航空领域引起共鸣，直到最近，韩国民用航空也存在这种现象。韩国文化严格的等级制度[9]常常会阻止韩国客机驾驶舱中的副驾驶在其明知机长操作失误时，向机长提供建议。这导致了很高的坠机率，直到韩国航空公司培训他们的机组人员不用在驾驶舱内遵守严格的等级制度为止。[10]

另一个经常被引用的案例是中华航空公司发生的导致561人死亡的空难事故，这是1986年至1998年间有记录的最为严重的空难。[11]据报道，唐纳德·戴维斯（Donald Davis）受美国国家航空航天局的委托对不同风格如何阻碍或以其他方式不利影响驾驶舱沟通和协调进行了长达3年的研究。在讨论中提及中华航空公司："合理的推论是中华航空公司的大多数飞行员是在台湾空军部队接受培训，对其中盛行的专制决策风气在危急时刻产生相反的作用。和其他国家的飞行员相比，台湾飞行员讲求规则、秩序、严格的时间限制，以及偏爱对任何问题找到唯一的正确答案。中国的下属不会去质疑和挑战他们的上级，即使他们发现了危险情况而他们的长官没有发现。"[12]

在讨论一起涉及菲律宾籍机组操作失误导致的航空事故时，一位评论员指出，该次事故的黑匣子记录了飞机失事的最后时刻这位飞行员的重要思维活动，他祈祷的主要内容是有关家人和造物主，而没有对造成飞机坠毁的失误进行纠正。该评论员说道，作为对压力的回应，菲律宾籍机组倾向于精神层面和救世主般的自我牺牲。[13]相反，美国和澳大利亚的飞行员具有独立勇敢的品质，并倾向于靠自己去解决驾驶舱中出现的问题。[14]

另一个导致机长和下属机组人员交流失败的原因之一是机长总被认为是航空

---

〔9〕 文化是一个社会群体所拥有的行为、习惯、价值、语言和信仰。参见 Tam and Duley (2005). www. sjhfes. org/miniconference/PDFs/01-Tam. pdf.

〔10〕 Korean Airline Pilots, Arrogant Physicians, and Life-or-Death Decision Making, December 13, 2008 at http: //physioprof. wordpress. com/2008/12/13/korean-airline-pilots-arrogant-physiciansand-life-or-death-decisionmaking/.

〔11〕 James Schultz, Hear What They Are Saying: the Influence of Culture on Cockpit Communication, http: //www. odu. edu/ao/instadv/quest/CockpitCommun. html.

〔12〕 同上。

〔13〕 Lima (2000) at 86.

〔14〕 同上。

器上杰出的、自信的和拥有专业能力的精英，通常不愿意承认判断错误或者操作失误。机长就像是一个无所不能的、不会犯任何错误的英雄。[15]这引发了有关性别的问题，即是否男性飞行员通常做出与他们的女性同行不一样的行为或履行不同的职能。尽管已有研究表明航空事故的发生概率与飞行员是男性还是女性无关，[16]但据称男性飞行员比女性飞行员更有任务导向性并展现出更多的自信，而女性飞行员本质上会对乘客的需求十分敏感并善于沟通。[17]

在工作场合，良好的沟通和领导力是表现得平易近人，领导应表现出他能够聆听任何观点并相信员工的成绩。最重要的是领导要始终负起责任。例如，在上述哥伦比亚航空公司事故中，机长如果不能确信副驾驶可以与地面控制进行良好的沟通来应对这次严重的紧急状态，机长就要自己去接管和执行这个任务。

总而言之，除了上文已述及的最佳实践外，没有对于有效沟通的万能灵药。然而，如果机组人员想要在执行任务中，特别是面临潜在的灾难时进行最佳操作，那么谨慎的做法是摆脱在相互沟通中起抑制作用的文化差异。

3 驾驶舱内的交流

如果机组成员和空中交通管制人员之间以及机组成员之间的交流不充分，将会导致严重的事故。1977 年，最严重的一起民航事故发生在加那利群岛的特内里费，事故起因于荷兰皇家航空公司机组成员、泛美航空公司机组成员和位于特内里费的西班牙空中交通管制员之间严重的口音和不恰当的专业用语，583 名乘客因此遇难。1980 年，另一个在特内里费的西班牙籍空中交通管制员给予一架丹麦航空公司航班等待航线的飞行指令，他应该向该航班发出的指令是“向左转再转”，而他发出的指令是：“向左转”，导致该航班仅左转而没有转向左边做出盘旋，使这架飞机撞上山峰导致 146 人丧生。上述 1990 年哥伦比亚航空公司航班事故中，副驾驶员本应转达的是“燃油将耗尽”的紧急状况，这种情况会使他们马上获得降落许可。但是，副驾驶员仅告知空中交通管制员他们处于低油量状态，随后飞机因燃油耗尽而坠毁，导致 72 人死亡。3 年后，一些中国籍飞行员驾

---

〔15〕 见注释 1。

〔16〕 Mcfadden (1996) at 443 -450.

〔17〕 Turney (1995) at 262 -268.

驶美国制造的 MD-80 飞机试图在中国西北地区着陆，他们仅因听不懂一个简单的英文指令导致飞机坠毁。这些飞行员对飞机撞地警告系统发出的警报感到困惑，驾驶舱的录音记录下了这位飞行员的最后讲话：“‘pull up’是什么意思?”1995 年，一架美国飞机的机长指令自动驾驶仪转向错误的界标后在哥伦比亚的一座山上坠毁。一位空中交通管制员后来说，他当时从飞行员的对话中猜出飞机可能遇到了麻烦，但是他的英语水平还不能够让他理解和清晰地表达该问题。另一个引以为戒的沟通失败的案例发生在 1996 年 11 月 13 日的印度新德里，一架沙特阿拉伯客机和一架哈萨克斯坦的飞机在空中相撞。所有迹象都表明这是因为哈萨克斯坦的飞行员英语不够流利，因此不能理解印度空中交通管制员的英文指令。

2010 年 5 月 22 日，一架由印度航空快运航空经营的在芒格洛尔和印度之间运行的波音 737－888 飞机失事，机上载有 160 名乘客，其中有 4 名婴儿，飞机在距离跑道入口 200 英尺的时候准备降落，而正常的距离是 50 英尺。飞机撞毁了界碑，坠入树木繁茂的峡谷深处，飞机折成 3 节并起火。8 名乘客从机身的空隙中逃生，其余乘客全部罹难。这架飞机的机长是塞尔维亚人，副驾驶和其他几名机舱乘务员是印度人。这次事故的调查报告显示：“除了机长在接近跑道入口的过程中多次程序性违规，文化差异也是造成此次事故的一个重要原因。机长和副驾驶之间没有充分沟通，当机长在不稳定的状态下继续进场时，副驾驶没有彰显其存在。”〔18〕

上述事故都表明机组人员之间协调或者机组人员资源管理的欠缺〔19〕，是航空事故中最常见的决定和影响因素。〔20〕对此，阿普尔鲍姆（Applebaum）和费斯特（Fewster）持以下观点：“长期研究表明，航空事故和糟糕服务质量的根本原因是人为因素而不是技术本身。次优或者较差的质量管理、决策制定、团队协作、员工激励和沟通方式等，可能造成顾客流失、市场份额减少、公司资产损

〔18〕 Macarthur Job, Falling Off the Mountain, Flightsafety, September-October 2011 Issue 82, 62－65.

〔19〕 机组资源管理是人力资源管理的一个分类。曾被定义为：“是通过对个人招募、训练、动机、评价、奖励和发展以及通过有效的处理劳资关系将战略转化为行动一套程序。”参见 Holloway (1998), cited in Steven H. Applebaum and Brenda M. Fewster, Human Resource Management Strategy in the Global Airline Industry A Focus on Organizational development, *Business Briefing*: *Aviation Strtegies*: *Challenges and Opportunities of Liberalization* at 70.

〔20〕 Yavacone (1993).

失，更严重的是会造成人员伤亡。”[21]

特内里费的空难证实了这一点。这次空难涉及两架波音747飞机，其中一架属于泛美航空公司，该飞机占用了荷兰皇家航空公司下属的一架飞机的跑道，荷兰皇家航空公司的这架飞机在能见度非常低的大雾中起飞。荷兰皇家航空公司飞机的机长是一位拥有1100小时飞行时长的资深飞行员。此次事故报告显示：“这些都可以印证一个事实，荷兰皇家航空公司4805航班的机长在一听到空中交通管制（高度）放行许可后就决定起飞。”

造成这次事故的根本原因在于荷兰皇家航空公司的这位机长：(1) 在没有得到许可（起飞）的情况下起飞。(2) 没有遵守塔台的“待命起飞”的命令。(3) 当泛美航空公司的航班报告他们仍在跑道上时，他没有中止起飞。(4) 当飞机工程师询问泛美航空的飞机是否还停留在跑道上时，得到了明确的肯定回答。

报告中还特别记录了其他原因：“同词不精确。当荷兰皇家航空公司航班的副驾驶重复空中交通管制放行许可时以“我们正在起飞”结束。空中交通管制员并未发出起飞许可，因而空中交通管制员没有理解飞机正在起飞的意思。来自塔台的在“待命起飞”前的“可以”命令同样是错误的，尽管这与该案无关，因为起飞已经在大概6.5秒之前就开始了。”[22]

该报告提出了三点建议：高度强调严格遵从指令和许可的重要性；使用标准、简洁和明确的航空用语；避免在空中交通管制许可中使用“take off”一词，并在空中交通管制许可和起飞许可之间留出足够的时间间隔。[23]

4 语言能力以及与航空有关的交流

一个人使用的语言和他的表达方式是他的文化背景中一个重要的组成部分。特别是在一些把英语作为第二语言的国家。随着时间的推移，这些国家对英语的运用

---

〔21〕 Steven H. Applebaum and Brenda M. Fewster, Human Resource Management Strategy in the Global Airline Industry—A Focus on Organizational development, *Business Briefing*: *Aviation Strtegies*: *Challenges and Opportunities of Liberalization* at 70.

〔22〕 Secretary of Aviation Report On Tenerife Crash: KLM, B-747, PH-BUF and Pan Am B-747 N736 collision at Tenerife Airport Spain on 27 March 1977. Report dated October 1978 released by the Secretary of Civil Aviation, *Aircraft Accident Digest* (ICAO Circular 153-AN/56) page 22 – 68.

〔23〕 同上。

已经发生了细微的改变，并且已经与这些国家自身的文化概念相融合。多年来，在航空通信中使用标准化术语一直是国际航空界需要解决的关键性问题。民航业的迅速发展必然导致大量飞行员来自不同国家，他们的母语和其飞经的国家的语言不同，这就需要统一使用英语来交流，以确保航空运输管理的安全和高效。在全球范围内实施语言能力管理是基本的先决条件，因为全世界教学方法的多样性只会造成在空中交流时的混乱。可以说飞行中最大的危险因素是推定一名飞行员精通国际标准所要求的英语，塔台中指挥飞行员的工作人员在语言方面的熟练程度必须和飞行员一样。

跨越多国的长距离一次飞行可能会造成机组人员极度疲劳，导致飞行员错误理解指令，特别是当他对塔台使用的交流用语不熟悉的时候。

迫切需要形成一种标准化的航空用语，使飞机运行涉及的所有人员能说出并理解以排除交流障碍。航空运输中交流的独特挑战是由于交流的双方来自两个不同国家或地区。在这方面，一位经验丰富的空中交通管制员建议，空中交通管制员应该有每年多达八次进入驾驶舱乘坐以便“熟知”的特权，这种特权使他们了解在航班起飞和降落时驾驶舱内发生的情况。[24]相应地，飞行员也应有机会向空中交通管制员咨询塔台是如何运作的。

讽刺的是，电子通信新的发展和应用可能增加新的问题。在引入取代硬拷贝纸质手册的无纸化驾驶舱、多功能设备[25]和航班管理系统[26]显示器之前，机组人员可以在纸质手册上画出重点或者写上注解，这有助于他们掌握还不熟悉的术语。上述两种电子系统的本质是可视的，但如果没有适当的语言背景，飞行员可能会很难解读显示的信息。

---

〔24〕 事实上，该实践在美国早于2001年9月11日。参见 Richards（2007）at 343.

〔25〕 多功能设备（Multi Function Device）是仪表盘上一个大而多彩的移动 GPS 地图。多功能设备是飞机上的一个被众多按钮包围的小屏幕，用来为飞行员展示众多的配置信息。一个多功能设备通常和一个飞行主显示器（PFD）配合使用。多功能设备是数字时代现代飞机或直升机的组成部分。首个多功能设备是航空公司引进的，多功能设备的优点在于它不会占用机舱太多的空间。

〔26〕 航班管理系统或是大多数商业航班中的计算机航电安装组件，具有帮助飞行员导航、制订飞行计划和进行飞机操作等功能。航班管理系统有三个主要组件：飞机管理计算机（FMC）；自动飞行系统（AFS）；以及导航系统包括内部参考系统（IRS）和全球定位系统（GPS）。

5 监管规则的发展

国际民航组织[27]多年来一直致力于服务民航界，不断努力统一航空通信的用语要求。解决飞行员和空中交通管制员的语言熟练程度的努力耗时长久，并在第32届大会[28]上首次做出规定。在此次会议上，国际民航组织大会通过了第A32-16号决议（掌握英语以利于无线电话通信），通过这个决议的直接诱因是发生了349名人员死亡的重大航空事故以及发生这一事故之前因英语能力欠缺所引发的其他类似事故。该决议指出，最近的重大事故调查结果表明，飞行机组人员和空中交通管制员缺乏对英语的掌握和理解是事故发生的一大因素；为了预防此类事故再次发生，国际民航组织必须想办法确保所有缔约国采取措施，以保证在需要使用英语的空域中参与飞行活动的空中交通管制员和飞行机组熟练地使用英语进行操作并理解无线电话通信。

因此，第A32-16号决议敦促国际民航组织理事会[29]指示其下属机构——空

---

〔27〕 国际民航组织是联合国的一个专门机构，用来处理国际民航的相关事宜。国际民航组织根据1944年的《国际民用航空公约》（《芝加哥公约》）建立，该公约1944年12月7日在芝加哥签署，当时52个国家签署了公约。在第26个批准国向美国政府交存了批准书后的30天，即1947年4月4日，该公约生效。该公约第四十三条规定：根据本公约成立"国际民航组织"。该组织由大会、理事会和其他必要的各种机构组成。大会是国际民航组织的权力机构，并由全体成员国组成，理事会选出自己的主席。大会至少每三年召开一次，由理事会召集。理事会由36个缔约国组成，这36个缔约国是理事会选出的代表，理事国分为三类：（一）在航空运输方面占主要地位的各国；（二）未包括在其他项下的对提供国际民用航空航行设施做最大贡献的各国；（三）未包括在其他项下的其当选可保证世界各主要地理区域在理事会中均有代表的各国。公约第四十七条规定本组织在各缔约国领土内应享有为履行其职能所必需的法律能力。凡与有关国家的宪法和法律不相抵触时，都应承认其完全的法人资格。理事会有两个主要下设机构，空中航行委员会和空中交通委员会，空中航行委员会由航空局提供服务，对国际民航组织在空中航行领域的检测、协调和计划等负责。包括标准以及建议措施的发展和修改，这些规定在国际民航组织的附件中（除了附件9和附件17），以待由国际民航组织理事会采纳。本书写作之时，国际民航组织拥有了191个成员国。

〔28〕 国际民航组织大会由成员国组成，每三年召开一次会议。特别会议可以由理事会在任何时间召集。大会的权利和义务规定在《芝加哥公约》的第四十九条中。

〔29〕 理事会是常设机构并对大会负责，由大会选出的36个成员国组成，大会选举理事时，应给予下列国家以适当代表：（一）在航空运输方面占主要地位的各国；（二）未包括在其他项下的对提供国际民用航空航行设施做最大贡献的各国；及（三）未包括在其他项下的其当选可保证世界各主要地理区域在理事会中均有代表的各国。理事会必须和可以履行的职能规定在公约的第五十四条和第五十五条。理事会起源于临时性的国际民航组织（PICAO）的临时理事会。临时国际民航组织在各缔约国领土内应享有为履行其职能所必需的法律能力。凡与有关国家的宪法和法律不相抵触时，都应承认其完全的法人资格。见《国际民航临时协议》第三条，1944年12月7日在芝加哥公开签署。Also in Hudson, *International Legislation*, Vol 1X, New York: 1942–1945, at 159.

中航行委员会优先审议上述事项。随后，为响应理事会的行动，空中航行委员会在《芝加哥公约》的以下几个附件中形成关于语言要求的规定：附件1——《人员执照的颁发》，附件6——《航空器的运行》，附件10——《航空电信》和附件11——《空中交通服务》。2003年3月5日，理事会通过对附件1第164号修订案。[30] 自2008年3月5日起，对飞行员和空中交通管制员使用无线电通信的口语能力和理解能力，必须依据国际民航组织的整体指标和语言能力评级表（第4级或者以上）来证明。此外，自2003年11月起，《芝加哥公约》附件10要求，为国际航班所用的机场和航线应由可以使用英语的站点提供服务。

从2003年起，国际民航组织采取了一系列措施协助各国执行前述要求。第一版的《国际民航组织语言能力要求实施手册》[31] 和用于培训机构的《国际民航组织语言能力要求实施手册——评价会话的样本》发布。2004年9月和2007年5月分别举行了两场国际民航组织航空语言研讨会。

这些座谈会受到高度关注，参与人数众多。第二届国际民航语言研讨会有来自62个国家和8个国际组织的221名代表参加。尽管一些代表是国家派出的，但大部分参会者来自各大航空公司、空中航行服务者、语言培训和测试机构。在研讨会期间，有与会者表示关切，认为一些缔约国在实施语言能力要求包括建立语言培训测试能力方面有所困难。一些与会者表示支持国际民航组织建立一个语言测试系统实施语言测试，该系统是确认测试是否符合国际民航组织统一标准的一种方式。一些与会者同样要求明确如国家不能在2008年3月5日前实施而应采取的措施。

2007年6月，理事会在其审议期间认识到，单一的、普遍适用的航空语言能力测试尽管是可取的，但确有不妥之处。但是，理事会支持全球统一的语言测试标准的发展。通过建立国际民航组织认可的航空语言测试机制，能够有效地实施这些标准。然而，理事会认识到该机制的建立需要一定的预算。

国际民航组织大会在第36届会议（蒙特利尔，2007年9月18日至28日）告知其成员国，实施语言条款需要大量资源是广泛的共识。自语言条款生效以

---

〔30〕 See C-DEC 168/9.

〔31〕 Doc 9835, AN/453, First Edition 2004.

来，很多国家已经投入大量资源，并努力争取在2008年3月5日前遵守这些规定。尽管仍有些国家在2008年3月5日之前不能遵守，但是这个实施日期确立了一个里程碑，有助于保持对于尽快实施与语言能力有关的标准所需要的关注。

大会同时指出，了解不遵守条款的后果对于采取适当的行动十分重要。给安全造成的负面影响被认为是不遵守规定最为严重的后果。此外，当一国不能达到《芝加哥公约》附件1中要求的最低标准时，同样会冲击该公约第三十三条[32]规定的对飞行员执照的多边承认。成员国之间的透明度和定期交流是减少这种潜在危险的最有效方法。必须指出的是，公约规定了处理这种情况和确保国际民航连续性的方法。就机组人员的执照而言，在适用该公约第三十三、第三十九[33]和第四十条[34]时，不符合第4级业务要求的飞行员将需要获得其他国家的许可才能在其国管辖空域下飞行。

国际民航组织还建议，在所有情况下，包括空中交通管制人员尚未遵守规定的国家，应依据《芝加哥公约》第三十八条[35]向国际民航组织通报这些差异，并确保在其航空信息出版物中注明这些差异。国家还必须根据该公约第三十九条对相关人员的执照进行签注。

在适用日期截止时仍不能遵守语言能力要求的国家也要提供资料，说明其执

---

〔32〕 第三十三条是关于承认证书及执照，它规定："登记航空器的缔约国发给或核准的适航证和合格证书及执照，其他缔约国应承认其有效。但发给或核准此项证书或执照的要求，需高于或等于根据本公约随时制定的最低标准。"

〔33〕 第三十九条是关于证书及执照的签注，规定："（一）任何航空器和航空器的部件，如有适航或性能方面的国际标准，而在发给证书时与此种标准在某个方面有所不符，应在其适航证上签注或加一附件，列举其不符合各条件的详情。（二）任何持有执照的人员如不完全符合所持执照或证书等级的国际标准所规定的条件，应在其执照上签注或加一附件，列举其不符此项条件的详情。"

〔34〕 第四十条是关于签注证书和执照的效力，规定："备有此种经签注的证书或执照的航空器或人员，除非经航空器所进入的领土所属国准许，不得参加国际航行。任何此项航空器或任何此项有证书的航空器部件，如在其原发证国以外的其他国家登记或使用，应由此项航空器或航空器部件所输入的国家自行决定能否予以登记或使用。"

〔35〕 第三十八条是背离国际标准和程序，该条规定："任何国家如认为对任何上述国际标准和程序，不能在一切方面遵行，或在任何国际标准和程序修改后，不能使其本国的规章和措施完全符合此项国际标准和程序，或该国认为有必要采用在某方面不同于国际标准所规定的规章和措施时，应立即将其本国的措施和国际标准所规定的措施之间的差别，通知国际民航组织。任何国家如在国际标准修改以后，对其本国规章或措施不作相应修改，应于国际标准修正案通过后六十天内通知理事会，或表明它拟采取的行动。在上述情况下，理事会应立即将国际标准和该国措施间在一项或几项上存在的差别通知所有其他各国。"

行计划和为降低风险而采取的临时措施。为了确保飞行安全，各国掌握充足的信息进行适当的风险评估十分重要。此评估是必须的，以允许那些不能达到语言能力要求的飞行员驾驶飞机飞越其他国家管辖的领空。各国还需要进行这一评估，以授权其运营商在可能不符合规定的另一国管辖或负责的空域飞行。风险评估的目的是确保语言能力不足成为事故和事故的潜在原因的可能性最小化。该措施将不仅有助于消除或者缓解风险，而且实际上有助于加强可能被他国忽略的标准。

为此，国际民航组织计划在 2007 年 10 月底前制定实施计划的发展指南，并在可行的情况下在国际民航组织各地区尽快举行研讨会。本书写作时，相关指导资料已由国际民航组织敲定。

为了响应国际民航组织理事会的建议，国际民航组织大会在 2007 年 9 月召开的第 36 届会议上通过了第 A36-11 号决议[36]（规定无线电通信中应具备使用英语语言的能力），这个决议取代了之前的第 A32-16 号决议。该决议承认国际民航组织为确保空中交通管制员和飞行员能够熟练使用英语进行和理解无线电通信所做的工作，包括要求为指定机场和国际航空服务使用的航线提供英语服务的所有站点都具有使用英语的能力，承认规定语言能力的条款加强了在任何情况下使用国际民航组织标准的要求。大会认识到国际民航组织成员国已经做出了大量努力以便在 2008 年 3 月 5 日之前符合语言能力要求。然而，一些国家在实施语言能力要求方面仍然遇到很多困难，包括建立语言培训和测试机构。而且，一些国家将会申请宽限实施语言能力条款的时间。

根据第 A36-11 号决议，还必须认识这样一个现实情况，根据《芝加哥公约》第三十八条，任何缔约国发现不能在所有方面实际遵守任何国际标准或程序的，有义务立即通知国际民航组织。该决议提到了公约第三十九条和第四十条的要求，并敦促各缔约国在规定的所有情况下使用国际民航组织的标准化用语。该决议还指示理事会通过制定全球统一的语言测验标准，支持各缔约国实施语言能力要求，并敦促适用日期前尚未达到 A2 语言能力等级要求的缔约国，根据决议所载相关做法和国际民航组织的指导材料，在国际民航组织网站上登载其对参与国

---

〔36〕 该决议已经被国际民航组织秘书处以信件的方式寄给了成员国。*AN 12/44. 6-07/68* dated 26 October 2007.

际运行的驾驶员、空中交通管制员和航空电台报务员的语言能力要求之实施计划，包括必要时缓解风险的临时措施。最终，该决议指示理事会向各国提供制定实施计划的指南，包括有关风险缓解措施的解释，使各缔约国能够按实际可能尽快在2008年3月5日之前公布其计划。

该决议同样要求各缔约国根据《芝加哥公约》第四十条，在其管辖的空域内，对尚未达到国际民航组织语言能力要求的驾驶员，免除准许要求，期限不超过2008年3月5日的适用日期之后三年，但条件是，颁发执照或核准其有效的国家已经将其实施计划提供给了所有其他的缔约国，并已经向国际民航组织通知关于语言规定方面的差异。决议同样要求各缔约国不要限制本国从事商业或通用航空运行的运营人进入那些空中交通管制员或无线电台报务员尚未达到语言能力要求之其他国家所管辖或负责的空域，期限不超过2008年3月5日的适用日期之后三年，但条件是，这些国家已经将其实施计划提供给了所有其他的缔约国，并已经向国际民航组织通知关于语言规定方面的差异。

各缔约国依据第A36-11号决议按国际民航组织的要求提供有关其语言能力要求实施水平的数据。

国际民航组织第37届大会（蒙特利尔，2010年9月18日至10月8日）通过第A37-10号决议（无线电通信中使用英语语言的能力）替代第A36-11号决议，该决议特别承认国际民航组织的语言条款有助于预防事故的发生，并确保空中交通人员和驾驶员具有用英语进行和理解无线电通信的能力，包括要求为国际航班使用指定机场和航线服务的所有地面电台，根据要求使用英语。该决议还认识到，语言的规定强化了在所有规定情况下使用国际民航组织标准化用语的要求，并认识到一些国家在实施语言能力要求，包括建立语言培训和测验能力方面遇到的重大困难，而且认识到一些国家需要超过适用日期的额外时间，才能实施语言能力的规定。第A37-10号决议敦促成员国在规定的所有情况下使用国际民航组织的标准化用语的要求，敦促2011年3月5日尚未完全达到要求的缔约国继续向国际民航组织提供定期更新的实施计划，敦促适用日期前尚未遵守语言能力要求的缔约国，根据附件所载相关做法和国际民航组织的指导材料，在国际民航组织网站上，登载其对参与国际运行的驾驶员、空中交通管制员和航空电台报务员的语言能力要求之实施计划，包括必要时缓解风险的临时措施。该决议指示理事会继续支持各缔约国实施语言能力要求。

该决议同样敦促各缔约国根据《芝加哥公约》第四十条[37]在其管辖的空域内对尚未达到国际民航组织语言能力要求的驾驶员免除准许要求，期限不超过2008年3月5日的适用日期之后三年，但条件是，颁发执照或核准其有效的国家，已经将其实施计划提供给了所有其他的缔约国，并已经向国际民航组织通知关于语言规定方面的差异。而且决议还敦促各缔约国在2011年3月5日以后对尚未达到语言能力要求的各国采取灵活的做法，只要它们按照实施计划所证明的那样正在取得进展。应在不歧视的基础上做出运行决定，而不是为了获取经济效益，应指示理事会监测语言能力要求的实施状况，并采取必要行动，增进国际民用航空安全，维持其正常。

6 机组资源管理

机组资源管理是一种管理制度，[38]包括了广泛的知识、技能和态度，包括交流、态势感知、解决问题、决策和团队协作，以及与前述领域有关的分支学科。[39]良好飞行技术的本质是态势感知和正确的决断，特别是在充满压力的情况下。[40]沟通是上述两点之间不可或缺的纽带。霍洛韦（Holloway）认为："很明显，机组成员之间有效的沟通是良好机组资源管理的基本前提。研究表明，除了最基本

---

〔37〕《芝加哥公约》第四十条规定："没有此种签注证书或者执照的航空器或人员应该遵守国际导航，除非经航空器所进入的领土所属国准许，登记或使用任何这样的航空器或任何认证航空器的部分，如在其原发证国以外的其他国家登记或使用，应由此项航空器或航空器部件所输入的国家自行决定能否予以登记或使用。"

〔38〕机组资源管理是人力资源管理的一个分类。曾被定义为："是通过对个人招募、训练、动机、评价、奖励和发展以及通过有效的处理劳资关系将战略转化为行动一套程序。"见 Holloway (1998), cited in Steven H. Applebaum and Brenda M. Fewster, Human Resource Management Strategy in the Global Airline Industry-A Focus on Organizational development, *Business Briefing*: *Aviation Strategies*: *Challenges and Opportunities of Liberalization* at 70.

〔39〕http://www.raes-hfg.com/reports/crm-now.htm.

〔40〕压力是一种造成事故的因素，压力可以迅速使情绪低落，机组操作面临的压力可以定义为，就像非常不愉快的情绪被激发出来的状态，充满各种负荷、恐惧、焦虑、愤怒的情绪，所有这些不仅影响个人执行任务，也影响团队协作。压力经常发生在个人被要求做某件能力达不到的工作时出现。压力包括认知和评价的过程，它直接产生于个人的认知能力和人际交流能力，二者是良好的机组资源管理的基础。觉醒和警觉性是必要的，让每个人在与机组资源管理有关的技能中获得最佳的表现，但是过多或过少的兴奋会对团队协作产生明显的不利影响。因此，重要的是，机组人员不仅要意识到自己和他人的压力症状，也要清楚压力对机组资源管理的影响，并尽可能地采取措施减轻这些影响。

的传送信息功能，飞机上的通信过程还具有其他几个重要的功能。它不仅帮助机组人员就飞行中需要解决的问题形成共享的思维模式，从而增强态势感知，同样通过使得每个机组成员能够适当并有效地参与决策程序，使机组成员能够共同解决问题。最重要的是，它建立了机组人员之间良好的关系，因此是设定航班管理基调的关键因素。”[41]

机组资源管理的起点无可争辩是《芝加哥公约》附件6，该附件涉及与航空器运行有关的问题。谨慎驾驶是避免事故和事件的关键。简单而言，附件6的实质是，从事国际航空运输的航空器必须尽可能地实现标准化，以确保最高程度的安全与效率。1948年，理事会首次通过了关于从事国际航空运输的航空器的标准和建议措施。这是基于参加1946年举行的第一次运行专业会议的国家所提出的建议，这些建议构成了附件6第一部分的基础。

为了与新兴且充满活力的航空业同步发展，已经并正在不断地对最初的规定进行审议。例如，完全针对国际通用航空的附件6第二部已于1969年9月开始适用。同样地，针对所有从事国际运行的直升机的附件6第三部分于1986年11月开始适用。第三部分最初仅针对直升机的飞行记录仪，但从1990年11月开始，修订后的第三部分涵盖所有从事国际运行的直升机。

对今天种类繁多的航空器仅制定一套国际化的运行规则和规章是不现实的。航空器的认定范围包括商业运输机至单座的滑翔机，它们都可能会跨越国界飞入邻近的国家。远程喷气飞机在一次飞行中就可能飞越许多国家。每种航空器相对于其型号都有独特的操作特点，在变化的环境情况中可能还会有特殊的运行限制。商业航空特有的国际性质和通用航空程度较低的国际特性，都要求驾驶员和经营人遵守多国的规则和规章。

然而为机组资源管理提供一套国际规则肯定是可能的。1994年，国际民航组织空中航行委员会建议在附件6中加入一项新的标准，针对机组成员首次和周期性的人为表现训练。该标准出现在附件6的第21号修正案中，并于1995年11月

---

〔41〕 See Holloway (1998), cited in Steven H. Applebaum and Brenda M. Fewster, Human Resource Management Strategy in the Global Airline Industry-A Focus on Organizational development, *Business Briefing: Aviation Strategies: Challenges and Opportunities of Liberalization* at 70.

开始实行。该标准规定在《芝加哥公约》附件6第一部分标准9.3.1中，规定机组人员的培训应包括与人的表现相关的知识和技能培训，这样的培训将由航空器运营商确定，并将在周期性的基础上进行。航行委员会对附件6进一步审查形成第23号修正案，规定在附件6第一部分第八章标准8.7.5.4中，规定维修机构建立的培训应该包括与人的表现相关的知识和技能〔42〕培训，包括与其他维修人员和机组之间如何协调。该规定确立了明确的要求，即要使机组人员之间的知识和技能统一、匹配。在附件6第十章中，该要求扩展适用于飞行调度员和飞行签派员。

以下是一些更为重要的机组资源管理技能：

第一，沟通和人际交往能力。沟通技巧本质上包括熟悉和运用礼貌的自信、参与、积极倾听和反馈。沟通技巧还要确保语言的清晰和准确应用，并对反馈做出反应。〔43〕模棱两可的交流是良好沟通技巧的对立面。沟通应通过考虑文化影响以及职级、年龄和机组成员职位等因素来改善，所有这些因素都会在驾驶舱内造成沟通障碍。礼貌的自信是沟通训练中经常被忽视的一项技能，但对健康的驾驶舱至关重要。机长可能乐于沟通，但会遇到暂时无法接受和理解的情况。哥伦比亚航空公司事故和特内里费的事故表明，其他机组人员必须意识到自己掌握的信息的重要性，并且具有强烈的使命感，试图交流重要信息和数据时的犹豫就是未能履行个人职责。机长必须不断强调这种责任感在团队建设中的作用。必须在驾驶舱环境中建立异议和分歧的交流方式，以便在机长和其他机组成员间存在一条明确的交流路线。

第二，态势感知。态势感知是个人通过自己的能力来准确觉察机舱内外即将发生的情况，以及对情况和环境的完全了解和理解。其还涉及即时规划和对近期可能发生的任何紧急情况执行一个或多个响应的能力。认识到所处的情况是复杂

〔42〕机组资源管理技能是一种有目的的、组织良好的行为，获得此项技能需要实践与经济支持。见 Proctor and Dutta（1995）at 18.

〔43〕无论如何都要避免口语。有记录显示，美国一个机场的空中交通管制员决定忽视调整联邦民航管理局与驾驶舱无线电通话用词的标准规则，他强烈规劝并催促等待起飞的飞机飞行员在与等待降落的飞机在同一跑道上一个狭窄的间隔上滑行。结果，该机场每小时航班起降比率得到改善。这个交通管制员的“hurry-up”态度导致众所周知的“Pete Rose departure”，引用前辛辛那提红人队棒球明星的绰号“Charlie Hustle.”，Richards（2007）at 136－137.

的，这是由个人对于现实的感知可能与现实本身不同。因此，为保持在现实的范围内，不断地追问、交叉检查以完善个人的感知是必要的，还需要对局势进行持续和自觉的监测。

第三，解决问题、决策和判断。这三个部分是密不可分又相互关联的。发生事故的根本原因是相互联系的一系列失误，解决其中一个错误就会打破这个错误链，从而阻止事故的发生。因此，解决问题从信息收集开始，并以飞行员作出最终判断结果。在解决问题的信息接收阶段存在的危险是，对信息的不同解释和不同观点之间的冲突。因此，处理这些冲突的能力在这个时候就显得特别重要。机长负责综合大家的意见后做出决策。[44]在决策阶段至少在机组成员间必须有明确的认识，即没有机组成员会与机长的观点截然不同。

第四，领导者和“追随者”。行使领导权就是通过使用适当的权威来确保专注于飞行任务和机组成员的关切。因此，机长担负着特殊的责任，其他机组人员履行各自的职责，但机长要负责监督整个飞机的运行。机长的权威和命令任何时候都必须遵守。承认和接受机长的意见不仅因为其的地位。对领导者的信任随着时间的推移而建立，并通过有意识的努力来实现。同样地，每一个非领导层的机组人员应积极参与团队工作、监测情况的变化，并在必要时坚定而保持自信。正如副驾驶在哥伦比亚航空公司空难中对机长的沉默招致事故所展示，坚定并保持自信极端重要。

第五，警惕。机组人员必须时刻保持警惕并自觉避免在飞行中的自满心理。在一些文件中，没有强调对预期风险的准备工作。机组资源管理培训必须给机组成员灌输保持监视并关注环境变化的必要性，以及告知其他机组人员潜在威胁和错误的必要性。

第六，队伍建设。机组人员必须接受培训，能够确立任务的主次并合理使用机舱内的资源。

附件6的目的是通过对安全运行做法制定标准为国际空中航行的安全做出贡

〔44〕在空中规则下机长的责任既关键又重大。《芝加哥公约》附件2（空中规则）中的标准2.4规定：“航空器机长在领导飞行期间，有权对航空器处置作出最后决定。因此，十分明确的是，机长过失带来的不负责的行为将导致事故或者事件。”

献，并通过鼓励（国际民航组织）缔约国为按照这些标准运行的属于其他国家的商业航空器飞越其领土提供便利，以便为国际空中航行的效率和正常做出贡献。国际民航组织的标准并不排除制定比附件中所载的标准更为严格的国家标准。在这种情况下各国必须建立一种安全文化，支持对操作失误做出非惩罚性回应，以便他们查明导致事件或事故的失误。[45]

我们目前所处的是组织文化时期，该时期要求各国和航空公司的安全文化中具有特定的思维架构。全球化的一个共同特性是，我们倾向于通过个人的文化视角或者世界观来解释世界。然而，必须牢记的是，民用航空是一个多元文化领域，机组人员都要严格遵守机组资源管理要求，这将使他们在机舱中摆脱文化背景的束缚，并使其适应自信而清晰沟通的共同理念，同时将他们的观点传达给其他机组人员、空中交通管制员和地面交通管制人员而不需要考虑等级。

对飞行员而言最为重要的是，不考虑其文化背景带来的误判或限制，知道自己在一个非惩罚性的公司文化下工作，除非他们自己玩忽职守，否则不会受到处罚。《芝加哥公约》附件 13（《事故调查》）中的一个关键条款是标准 3.1，该标准规定：调查事故或事故征候的唯一目的是防止事故或事故征候，该活动的目的不是为了分摊过失或责任。

在这方面，附件 13 中的另一个重要条款是标准和建议措施 5.4。标准 5.4 规定，事故调查部门应独立进行调查，并且在符合本附件规定的情况下对其行动有无限制的权力。调查须包括：a）收集、记录和分析所有的相关资料；b）制定适当的安全建议；c）查明原因；和 d）完成最终报告。在可能的情况下，需察看事故现场，检查残骸，记录目击者的陈述。标准 5.4.1 建议任何分摊过失或责任的司法或行政程序应根据本附件规定进行的任何调查区分开。[46]

---

〔45〕 *Human Factors Training Manual*, ICAO Doc 9683-AN/950, ICAO: Montreal First Edition—1998, at 2-2-7.

〔46〕 附件 13 标准 5.12：“对事故或事故征候进行调查的国家不得为事故或事故征候调查以外的目的公布下列记录，除非该国的有关司法部门断定公布这些记录的意义超过这样做可能对现在或将来的调查产生的不良国内和国际影响：a）调查部门在调查过程中从有关人员那里获取的所有陈述；b）参加航空器操作的人员之间的所有通信；c）事故或事故征候所涉及人员的医疗或私人资料；d）驾驶舱语音记录及此种记录的文本；e）空中交通管制单位的记录及此种记录的文本；f）在分析资料（包括飞行记录仪资料中）所表示的意见。”

事故调查中一个严重的问题是，知道导致事故原因的人因为害怕针对他的刑事诉讼而不愿意站出来提交证据。这种反常的现象具有严重的含义，文化差异可能导致机组人员之间或者机组人员与空中交通管制员之间的交流存在误解，进而导致事故发生。如果缺少机组人员提供的明确证据，调查人员就很难发现有价值的信息，特别是当司法程序与安全调查同时启动时。欧洲航行安全组织提出“公正文化”（just culture）的概念：这是一种文化。在此种文化中，一线操作人员或者其他人根据自己的经验和培训做出的行为、疏忽或者采取的决定不受惩罚。但是重大过失、故意违反和蓄意破坏行为是不可容忍的。这在民航中非常重要，因为我们可以从所谓的无心之过中学到很多。[47]

欧洲航行安全组织提出的公正文化在保护公众免受飞行员和交通管制员的错误的影响，以及保护这些专业人员免遭不是因重大过失或疏忽而被任意起诉之间取得了微妙的平衡。公正文化的理念是为了保护个人不因无心之过而受到指责，但是也保留了对他们应受谴责的提起诉讼的可能。这个理念既不是制定一份罪行清单，也不是要将某些行为列为有罪。这个理念是用来确定有关人员的责任程度，并在每个案件中划清界限。司法机构确定这些因素的作用变得至关重要。司法行动作为这一决定性的驱动因素，应在两种基本的社会利益之间求得平衡，这两个利益分别涉及通过安全最大化（通过事件和事故调查和报告）和正义最大化（通过法律的应用）。这两者很可能会相互冲突，因而审慎的解决方法是在两种利益间建立合理的平衡，同时也不损害在业务范围内行事的专业人员的利益。

机组人员和其雇主之间必须有信任的环境。关键的问题是，机组成员通常是否自愿提供涉及他们在飞机上的决定和行动的信息，这些可能被认为是事件或者事故的原因。答案是，只要机组人员怀疑或有理由相信，这样的信息披露会导致惩罚性措施或造成工资损失（甚至可能失去工作），他们通常不会自愿提供信息，即使这样的决定或行动可能危及飞行安全。这是人类的本性。解决这个问题的方

〔47〕 Just Culture Guidance Material for Interfacing with the Judicial System, Edition date: 11.02.2008 Reference nr: 08/02/06 -07.

法之一是管理者、经营者和机组人员三方达成一种紧密的信任关系，这将避免危及飞行员的职业利益，乃至更为重要的安全利益。态度应该改变，从而导致观念改变。监管机构必须确保有适当的规章来保护经营者和机组人员。以下几个因素对这一进程至关重要：责任分担；承认机舱中压力和文化差异的复杂性是永远无法完全消除的风险因素；针对多个问题采取多个解决方案；科技进步；为了改善指导材料持续的评估机组资源管理。

参考文献

Gladwell M(2008)Outliers-the story of success. Little Brown and Company, New York Holloway S (1998) Changing planes: a strategic management perspective on industry in transition.

Volume 1: Situation analysis. Ashgate, Aldershot.

Lima EP(2000)Paradigm shift in the cockpit. Air Transp World 37(11):85 – 89.

Mcfadden KL (1996) Comparing pilot-error accident rate of male and female airline pilots. OmegaInt J Manag Sci 24:443 – 450.

Merritt AC, Helmreich RL(1996)Human factors on the flight deck: the influence of nationalculture. J Cross-Cult Psychol 27:5 – 24.

O'Hare D, Wiggins M, Batt R, Morrison D(1994)Cognitive failure analysis for aircraft accidentinvestigation. Ergonomics 37:1855 – 1869.

Proctor RW, Dutta A (1995) Skill acquisition and human performance. Sage, Thousand Oaks.

Richards B(2007)Secrets from the tower. Ithaca, New York.

Tam L, Duley J(2005)Beyond the west: cultural gaps in aviation human factors research. In: Proceedings of the mini-conference on human factors in complex sociotechnical systems, 1 – 5January 2005.

Taneja N (2002) Human factors in aircraft accidents: a holistic approach to intervention strategies. In: Proceedings of the 46th annual meeting of the human factors and ergonomics society, Santa Monica.

Turney MA(1995)Womens' learning and leasdrship styles: impact on CRM, applications of psychology to the aviation system. In: McDonald N, Johnston N, Fuller R(eds) Proceedings ofthe 21st conference of the European Association for Aviation Psychology(EAAP), vol 1. Ashgate, Aldershot.

Yavacone D(1993) Mishap trends and cause factors in naval aviation: a review of naval safetycentre data, 1986 – 1990. Aviat Space Environ Med 64: 392 – 395.

第三十三条 证书及执照的承认

登记航空器的缔约国发给或核准的适航证和合格证书及执照，其他缔约国应承认其有效。但发给或核准此项证书或执照的要求，需等于或高于根据本公约随时制定的最低标准。

第三十四条　航行记录簿

从事国际航行的每一航空器，应保持一份航行记录簿，以根据本公约随时规定的格式记载航空器、机组及每次航行的详情。

第三十五条　货物限制

一、从事国际航行的航空器，非经一国许可，在该国领土内或在该国领土上空时不得载运军火或作战物资，至于本条所指军火或作战物资的含意，各国应以规章自行确定，但为求得统一起见，应适当考虑国际民航组织随时所作的建议。

二、各缔约国为了公共秩序和安全，除第一款所列物品外，保留管制或禁止在其领土内或领土上空载运其他物品的权利。但在这方面，对从事国际航行的本国航空器和从事同样航行的其他国家的航空器，不得有所区别，也不得对在航空器上为航空器操作或航行所必要的或为机组成员或乘客的安全而必须携带和使用的器械加任何限制。

第三十六条　照相机

各缔约国可以禁止或管制在其领土上空的航空器内使用照相机。

第六章　国际标准及其建议措施

第三十七条　国际标准及程序的采用

各缔约国承允在关于航空器、人员、航路及各种辅助服务的规章、标准、程序及工作组织方面进行合作，凡采用统一办法而能便利、改进空中航行的事项，尽力求得可行的最高程度的一致。

为此，国际民航组织应根据需要就以下项目随时制定并修改国际标准及建议措施和程序：

一、通信系统和助航设备，包括地面标志；

二、机场和降落地区的特征；

三、空中规则和空中交通管制办法；

四、飞行和机务人员证件的颁发；

五、航空器的适航性；

六、航空器的登记和识别；

七、气象资料的收集和交换；

八、航行记录簿；

九、航空地图及图表；

十、海关和移民手续；

十一、航空器遇险和事故调查；

以及随时认为适当的有关空中航行安全、正常及效率的其他事项。

第三十八条　背离国际标准和程序

任何国家如认为对任何上述国际标准和程序不能在一切方面遵行，或在任何国际标准和程序修改后，不能使其本国的规章和措施完全符合此项国际标准和程序，或该国认为有必要采用在某方面不同于国际标准所规定的规章和措施时，应立即将其本国的措施和国际标准所规定的措施之间的差别，通知国际民航组织。任何国家如在国际标准修改后，对其本国规章或措施不做相应修改，应于国际标准修正案通过后六十天内通知理事会，或表明它拟采取的行动。在上述情况下，理事会应立即将国际标准和该国措施间在一项或几项上存在的差别通知所有其他各国。

1　国际民航组织在监管中的作用

理事会按照第三十七条已经制定并根据第五十四条第十二款[1]的授权，采纳了18个附件（本书写作时关于安全管理的附件19正等待理事会的采纳）。在其他著作中[2]，已经全面讨论了与附件相关的法律、法规，本书对此不再赘述众多的大会决议指导标准和建议措施（SARPs）的制定。[3]第A21-21号决议（关于具体针对空中航行的持续政策和相关做法的综合声明），在附录A（标准和建议措施及空中航行服务程序的制定）中，将标准界定为：

> 有关物理特征、形态、材料、性能、人员或程序的任何规范，其统一适用被认为是对国际空中航行的安全和正常所必需的，而且各缔约国将按照《公约》予以遵守；如果不可能遵守，必须依照《公约》第三十八条通知理事会；

---

〔1〕《芝加哥公约》第五十四条包含理事会必须履行的职能。第五十四条第十二款认为应当采用，按照本公约第六章的规定，通过国际标准和建议措施；并为便利起见，将此种标准和措施称为本公约的附件，并将拟采用的行动通知所有缔约国。

〔2〕参见Abeyratne（2012）。同一作者，Aviation Security Law，Springer：Heidelberg，2010.

〔3〕根据决议开始A1-13（标准和推荐做法的执行情况）；A1-25（技术部门的未来工作）；A1-31（国际标准的定义和推荐做法）；A2-42（对建议标准和推荐做法意见的提交）；A4-8（附件相关设施标准的规定）；A7-9（与国际标准差异的通知）；A10-16（标准和地区工作之间分配计划的制订及实施）。

同一决议将建议措施界定为：

有关物理特征、形态、材料、性能、人员或程序的任何规范，其统一适用被认为有利于提高国际空中航行的安全、正常或效率，而且各缔约国将按照《公约》尽力加以遵守。

在第 A37-15 号决议附录 A（标准和建议措施及空中航行服务程序的制定）中，这些定义被逐字地重复。

大会第 A37-15 号决议附录 A 规定：

标准和建议措施及空中航行服务程序应在必要时加以修订，以反映不断变化的要求和技术，从而除其他外，为地区的规划及设施和服务的提供奠定坚实的基础；

在遵守上款规定的前提下，标准和建议措施及空中航行服务程序应当保持高度稳定，以使各缔约国能够保持其国家规章的稳定性。为此目的，修订应限于对安全、正常和效率具有重要意义的修订，编辑性修订则应仅在关系重大时进行；

标准和建议措施及空中航行服务程序应当用简明扼要的语言起草。标准和建议措施由规定功能和性能要求并规定必需的安全水平、效率和可互用性的、广义的、成熟的和稳定的条款组成。由国际民航组织制定的辅助性技术规范应当尽可能置于单独文件中；

在标准和建议措施、程序及指导材料的制定中，国际民航组织应该在适当的最大程度上，并经过适当的核查和确认过程，利用其他得到承认的标准制定组织的工作。这些其他标准制定组织制定的材料，理事会可能认为在符合国际民航组织的要求方面是适宜的；在这种情况下，国际民航组织的文件应该参考此类材料；

在符合安全和正常的要求范围内，规定设施和服务提供的标准应当反映出此类设施和服务的运作要求与提供它们的经济含义之间的适度平衡；

在理事会采取行动之前，应当就修订标准和建议措施及空中航行服务程序的提案与各缔约国进行协商，但理事会认为必须采取紧急行动的除外。此外，经过适当的核查和确认过程，理事会可以不经与各国协商而就技术规范采取行动。然而，此类材料应当根据要求提供给各国；

标准和建议措施及空中航行服务程序修订的适用日期的确定，应当保证各缔约国有足够的时间加以实施；

任一附件或空中航行服务程序（PANS）文件的修订均不得超过一日历年一次。

在相关做法中，决议认为，理事会应该确保标准和建议措施及空中航行服务程序的规定完全一致，而且理事会应尽力改进载有标准和建议措施、空中航行服务程序及其他有关规定之国际民航组织文件的制定、提交和有用性；特别是针对复杂系统及其应用的标准和建议措施、空中航行服务程序及其他规定。为此目的，理事会应促进广泛的系统等级、功能和性能要求的制定和维持。理事会应继续寻求更为恰当的方式来制定、处理技术规范。各缔约国应对标准和建议措施及空中航行服务程序的修订提案发表充分、详细的意见，或至少对其内容表示同意或不同意。为此，应该给各缔约国至少三个月时间。而且各缔约国应该至少提前三十天收到准备核准或通过未与其进行协商的详细材料的通知。应该给各缔约国整三个月时间，用于通知暂且不赞成已通过的对标准和建议措施的修订，在确定通知不赞成的日期时，理事会应考虑发送已通过的修订和接收各国的通知所需要的时间。还要求理事会应该确保在任何可行的情况下，对附件和空中航行服务程序修订的相继共同适用日期之间的间隔至少为六个月。

关于实施标准和建议措施，第 A37-15 号决议附录 D（标准和推荐做法及实现空中服务导航程序）指出：

鉴于《国际民用航空公约》第三十七条，要求每一缔约国进行合作，确保在采取统一办法能便利和改进空中航行的所有事项中，使规章和做法达到尽可能高的一致性；

鉴于按照《公约》第三十八条，任何缔约国如认为在所有方面都遵守任何国际标准或程序不切实际，并认为有必要采用与之不同的规章或做法时，务必立即通知国际民航组织；

鉴于重要的是，要利用本组织一切可利用的手段鼓励和协助各缔约国克服其在执行标准和建议措施及空中航行服务程序中的困难；

大会决议如下：

1. 应通过一切可利用的手段鼓励和协助各缔约国执行标准和建议措施及空中航行服务程序；

2. 理事会应当对各缔约国的规章和做法与标准和建议措施及空中航行服务程序之间的差别加以监测，以鼓励消除对于国际空中航行的安全和正常重要的或不符合国际标准目标的那些差异；

3. 理事会应当对未予以执行的根源进行分析并采取适当行动。

附录有以下相关做法：

1. 在鼓励和协助各缔约国运用标准和建议措施及空中航行服务程序方面，理事会应该利用包括总部、国际民航组织地区办事处和联合国开发计划署的资源在内的一切现有手段。

2. 各缔约国应该继续并在必要时加强其努力，在其运营设施中运用与现行标准和建议措施及空中航行服务程序相符的做法和程序。在这方面，各缔约国应该考虑对使标准和建议措施及空中航行服务程序的规定付诸实施的国内程序进行修改是否切实可行，如果这种修改会加快或简化这种程序或使其更加有效。

3. 理事会应该敦促各缔约国通知本组织其国家规章和做法与标准和建议措施的规定之间存在的任何差异，以及其遵守标准和建议措施的日期。如果缔约国发现自己不能遵守任何标准和建议措施，就应该通知国际民航组织其未遵守的理由，包括在性质上或原则上所不同的任何适用的国家规章和做法。应该将收到的关于与标准和建议措施有差异的通知迅速发布在相关附件的补篇中。还应该要求各缔约国在其航行资料汇编中公布与标准和建议措施及空中航行服务程序的任何重大差异。

4. 在监测与标准和建议措施及空中航行服务程序的差异的过程中，理事会应该要求未曾或未完全向本组织报告标准和建议措施执行情况的缔约国进行报告。

国际民航组织第 4 届大会（蒙特利尔，1950 年 5 月 20 至 6 月 30 日）通过第 A4-7 号决议（关于空中导航服务附件）。该决议指出，理事会应确保一旦空中导航服务程序足够稳定，应将其纳入公约的适当附件，并且理事会应继续敦促缔约国通知国际民航组织该国实施空中导航服务程序的差异，前提是这种差异影响安全或国际航空导航的规律性。在稍后的第七届大会（布莱顿，1953 年 6 月 6 日至 7 月 16 日），第 A7-9 号决议（与国际标准差异的通知）要求理事会根据公约第三十八条，就各国报告差异，启动更有效和更简化的方案，以使得国际民航组织可以更好地了解各缔约国实际的执行情况；为鼓励消除对于航行安全十分重要的差异或者与国际标准的目标不一致的差异，该决议还要求更加重视监测显著分歧的计划。

第 A7-9 号决议的最后声明无疑是当前国际民航组织持续监测做法（CMA）的前身。令人鼓舞的是，后面的大会延续了监督国家遵守标准和建议措施以及空中航行服务程序（PANs）的进取趋势。[4]

2　什么是《芝加哥公约》的附件?

在处理这个问题时遇到了阻碍。如前所述，第五十四条第十二款规定，通过国际标准及建议措施，并为便利起见（作者强调），将此种标准和措施称为本公约的附件。如果附件仅为便利起见，那么它们会成为《芝加哥公约》的一部分吗？奥斯特（Aust）的观点是：

> “当条约具有附件时，通常通过，但不是必然的，单独的条款规定附件是条约的完整组成部分。因为在采用条约的同时，经常会制定其他文件，如备忘录，声明和解释性文件，重要的是知道它们是条约的一部分，还是仅附属于条约。”[5]

因此，在法律实践中，如果条约有附件，将通常在条约的文本中表明附件条约的一部分。这些条约不可或缺的部分可以是附件、修订案、附录或时间表。《芝加哥公约》有 18 个附件，可以说这些附件自成一体，使用与条约不同的术语。比如，如果条约使用“应当”一词，则附件通常不使用这个词。然而，无论是《芝加哥公约》，还是附件的标准和建议措施都使用了“应当”一词，偏离了

---

〔4〕 第 A21-21 号决议附录 D 中，只是重申了第三十七条和第三十八条的意义，鼓励成员国遵守标准和建议措施及空中航行服务程序，成员国遵守第三十七条和第三十八条能力应受到监督。

〔5〕 Aust（2000）at 348.

前述趋势。因此，从严格的法律角度来看，可以认为，《芝加哥公约》的附件并非公约不可或缺的部分。

尽管如此，但从实践的角度来看，除了考虑附件作为公约的一部分，似乎没有别的出路。如果不这样做，国际民航组织以及国际社会无法在空中航行安全和保安方面遵循一种结构性的管理方法，也无法帮助在安全和保安方面存在不足的国家。

然而，公约第三十八条显然并不要求成员国遵守附件中的标准。在这种情况下，一是怀疑附件的地位是什么，二是对国际民航组织在要求缔约国实行附件的标准时所起的作用感到迷惘。前述问题一直存在，直到国际民航组织发起主动的安全和保安审查活动，借此，国际民航组织可以跟踪国家在遵循标准和建议措施（特别是标准）方面的进展，并帮助国家克服在遵循附件标准方面的缺陷。

更进一步的问题是，《芝加哥公约》成员国是否受公约附件的强制约束，特别是当一国没有令人信服的证据指出某项标准不具有可实施性或者其没有按照公约要求通知理事会。这是一个争论不休的问题，特别是考虑到以下两个事实。一是公约准备文件包含一个声明——“附件不具有强制力”。[6]二是公约五十四条第十二款规定理事会应当履行的功能之一是：

> 按照本公约的规定，通过国际标准及建议措施；并为便利（再次强调）起见，将此种标准和措施作为本公约的附件，并将已采取的行动通知所有缔约国。[7]

有人基于此认为，依据第五十四条第十二款，附件不是公约的完整组成部分，因此不具有约束力。

更多的法学家谨慎地对上述观点提出反对意见，指出不能从字面意思上去理解公约的文字表达。一位专家指出：

> 这是个学术争议。不管在条约法意义上国际民航组织的标准是否具有拘束力，其在实践中具有高度权威性。这反映了标准对民航运行安全和效率的

〔6〕 See Whiteman (1968) at p. 404.

〔7〕《芝加哥公约》第五十四条第一款，见注释1。

重要性以及标准的制定程序。[8]

因此，有理由认为国际民航组织附件中的所有标准对缔约国有正式的约束力，除非缔约国根据公约第三十八条选择背离。国际民航组织的国际标准被“缔约国应当”所修饰，因而具有强制性（冠以“应当”）。然而，建议措施被“缔约国可以”所修饰，只有建议和推荐的内涵（冠以“可以”）。有趣的是，至少有一个国际民航组织的文件[9]要求缔约国依据公约第三十八条，向国际民航组织通知所有与标准和建议措施的重要差异，这使得所有的标准和建议措施都应具有强制性。

如果缔约国有意义地实施《芝加哥公约》的附件，国际民航组织附件包含的标准和建议措施的法律效果和强制性质，应得到认可。米尔德认为：

> 和其他法律文书一样，《芝加哥公约》提供了只有在实际执行时才能赋予其真正含义的一般法律框架。例如，公约第三十七条，如果没有所有缔约国、专家组、地区和部门会议的积极参与，没有空中导航委员会的审议和理事会最终采用的标准，这将是一个非常空洞且毫无意义的条款。同样地，公约第十二条有关空中规则在公海的适用，第十七条至第二十条关于航空器的国籍，第二十二条的便利化，第二十六条的事故调查，等等，如果没有在有关附件中被适当地执行，将会毫无意义。同样会毫无意义的是第七十七条的最后一句话，理事会应决定关于航空器国籍的规定以何种方式适合于国际经营机构所用的航空器。[10]

有学者认为，国际民航组织实施空中航行安全管理职能以及便利化国际航空运输的方式，提供了一个令人着迷的形成国际法的例子。他进一步提出国际民航

---

〔8〕 Kirgis（1995），p. 109 at 126. 世界卫生组织有一个类似的操作程序，通过一定数量的决议赋予世界卫生组织委员会权威，《世界卫生组织公约》第九条 a 项规定：所有成员国必须尽最大能力执行委员会的决定。第九条 b 项允许任何成员国在通知大会秘书处后选择退出，理由是发现技术要求不可能实施。WMO Convention, reprinted in International Organization and Integration (Kapteyn et al., eds) 2nd Revised Edition, 1981, pt. I. B. 1. 9 a. Also in WMO Basic Documents, No. 1. WMO Doc. No. 15 at 9 1987.

〔9〕 Aeronautical Information Services Manual, ICAO Doc 8126 – 0 AN/872/3.

〔10〕 Milde（1989） at 208. See also Schenkman（1955）, at p. 163.

组织，也因此没有面对任何战后意识形态的差异，这种差异阻碍了在政治敏感问题上国际法的制定。[11]

通常，国际民航组织的政策决定由理事会采纳并传达，在这方面，理事会在国际民航领域是一个有权力且显眼的实体。[12]此外，理事会的决定依据公约第八十六条的规定具有司法效力，该条规定，除非理事会另有决定，理事会对一国际空运企业的经营是否符合公约规定的任何裁决，未经上诉撤销，应仍保持有效。如理事会的决定未被遵守，理事会拥有公约赋予的制裁权力。[13]申克曼（Schenkman）认为：

在这个领域，赋予一个航空机构制裁的权力是一个全新的现象。在航空领域，没有一个战前文件规定制裁作为执行手段。[14]

国际民航组织理事会最令人注意的方面仍然是其必须履行的职能，其中之一是审议缔约国提交的任何事项[15]或理事会主席或秘书长希望提交给理事会审议的事项。尽管理事会一定会审议缔约国提交的问题，但其可以避免做出决定，因为理事会仅有审议的义务。

3 国际民航组织理事会的立法权

“立法权”一词在法律上被定义为“规定民事行为准则的权力”，[16]同时将法律界定为“民事行为的规则”。“准”本质上用以指出一个术语与另一术语的相似之处。这是类推的暗示：

“准”所修饰的概念和与之对比的概念有强烈的表面类似性。[17]

根据上述定义，严格意义上的问题是，国际民航组织理事会拥有立法权，还是准立法权。由于立法权通常归于国家，应当考察国际民航组织理事会是否有准

〔11〕 Buergenthal（1969），at 9.

〔12〕 Sochor（1991），at 58.

〔13〕《芝加哥公约》第八十七条。

〔14〕 Schenkman（1955），at p. 162.

〔15〕《芝加哥公约》第五十四条第十四款。

〔16〕 Schaake v. Dolly 85 Kan. 590，118 Pac. 80.

〔17〕 People v. Bradley 60 Ill. 402，at 405. Also，Bouviers Law Dictionary and Concise Encyclopedia3 ed. Vol 11，Vernon Law Book Co.，New York 1914.

立法权。因此，以下关于立法权的，只反映理事会是否拥有准立法权。

《芝加哥公约》第五十四条第十二款规定，通过国际标准及建议措施，并为便利起见，将此种标准和措施称为本公约的附件，并将已采取的行动通知所有缔约国。国际民航组织理事会第二届会议（1947 年 9 月 2 日至 12 月 12 日）将采纳标准和建议措施作为优先事项[18]试图消除就采纳国际民航组织第一届大会要求的空中航行方面的标准和建议措施而言的任何迟延。[19]标准和建议措施必然采用两种形式：消极形式，如要求缔约国设定的条件不超过某些最大限度；积极形式，如根据国际民航组织附件的要求采取某些措施。[20]

公约第三十七条规定，获得各缔约国的承允，关于国际民用航空方面进行合作，凡采用统一颁发而能便利改进空中航空行为的事项，尽力求得可行的最高程度的一致。第三十八条要求，缔约国如认为不能遵守任何国际标准或程序，应立即将本国措施和国际民航组织规定之间的差别通知国际民航组织。任何国家如在国际标准修改以后，对其本国规章或措施不做相应修改，应于国际标准修正案通过后 60 日内通知理事会，或表明它拟采取的行动。

根据“立法权”一词严格的法律定义，公约的起草者在上述条款加入的强制性要求是与“规定民事规则的权力”相符的。毫无疑问公约的 18 个附件设定了行为准则。尽管国际民航组织的国际标准被“缔约国应当”所修饰，因而具有强制性（冠以“应当”）。然而，建议措施被“缔约国可以”所修饰，只有建议和推荐的内涵（冠以“可以”）。有趣的是，至少有一个国际民航组织的文件要求缔约国依据公约第三十八条，向国际民航组织通知所有与标准和建议措施的重要差异，这使得所有的标准和建议措施都应具有强制性。[21]

---

〔18〕 1947 年 9 月 2 日至 1947 年 12 月 2 日程序委员会第二次会议，Doc 7248-C/839 at 44 –45.

〔19〕 国际民航组织通过第 A-13 号决议和第 A-33 号决议，有关高效和安全的标准和建议措施的国际航空法规批准的决定。

〔20〕 ICAO Annex 9，Facilitation，Foreword.

〔21〕 Aeronautical Information Services Manual，ICAO Doc 8126 –0 AN/872/3. 国际民航组织第 A1-31 号决议认为标准是有关物理特征、形态、材料、性能、人员或程序的任何规范，其统一适用被认为有利于提高国际空中航行的安全、正常或效率，而且各缔约国将按照公约尽力加以遵守；同样地，决议认为建议措施是有关物理特征、形态、材料、性能、人员或程序的任何规范，其统一适用被认为是对国际空中航行的安全和正常所必需的，而且各缔约国将按照公约予以遵守。

另一个反映理事会立法权的强力要素，在于严格解释公约第二十二条的措辞，“缔约国同意采取一切可行的措施，通过发布特别规章或其他方法，以便利和加速航行”。很明显，这一规定响应公约第五十四条第十二款的规定，是一个无可争议的行为规则。此外，公约第九十条的强制性规定——附件或修正案应当在国际民航组织理事会送交缔约国后三个月内生效，是另一个关于理事会在民航领域拥有制定行为规则的权力的宣言。更不必说，理事会不仅拥有“jurisfaction”一词的属性（规定民事行为的权力），而且还拥有“jurisaction”一词的属性（执行自己行为规定的权力）。后者源于公约第八十七条，缔约国承允，如理事会认为一缔约国的空运企业未遵守理事会关于国际航空公司运营所作的最终裁决时，即不准该空运企业在其领土之上的空气空间飞行。[22]这尤其适用于空运企业未遵守公约附件 2 的规定，而附件 2 的有效性来自公约第十二条。[23]附件 2 也与理事会立法息息相关，依据第五十四条第十二款，公布附件 2 的责任在于理事会，而附件 2 设定了空中航行必须遵守的规则，这使得理事会立法权的存在成为一个明确且无法辩驳的事实。

学术和专业观点也倾向于国际民航组织理事会在实践层面拥有立法权。

米尔德教授认为，在技术领域，国际民航组织拥有监管和准立法的功能，在经济领域，该组织则起到咨询和顾问的作用。[24]伯根索尔（Buergeathal）早就表达了类似的观点：

> 国际民航组织实施空中航行安全管理职能的方式以及便利化国际航空运输的方式，提供了国际法形成的迷人例子。国际民航组织，也因此没有面对任何战后意识形态的差异，这种差异阻碍了在政治敏感问题上国际法的制定。[25]

保罗·斯蒂芬·邓普西（Paul Stephen Dempsey）以有些保守的方式支持国

〔22〕 公约第八十七条。

〔23〕 第十二条规定，在公海上空，有效的规则应为根据本公约制定的规则。各缔约国承允对违反适用规章的一切人员起诉。

〔24〕 Milde（1989），op. cit. 122.

〔25〕 Buergenthal（1969），at 9.

际民航组织有制定规则的能力，他认为：

> 国际民航组织除了《芝加哥公约》第八十四条至第八十八条给予的全面但隐性的执行功能外，该机构根据公约第四十四条以及公约的序言，也有坚实的基础在国际航空经济管理方面加强参与。[26]

国际民航组织理事会立法能力的重要体现还在于其能够采用技术标准作为《芝加哥公约》的附件，而不需要漫长的批准过程。[27]尤金·索科尔（Eugene Sochor）指出在国际民航领域，理事会是一个强大且显眼的实体。[28]然而，需要指出的是，尽管依据定义，由于其他重要问题也在国际民航组织理事会的职权范围内，从而一些学者认为理事会不能够处理严格意义上的法律问题，[29]这并不减损令人信服地反映国际民航组织独特立法能力的事实。如果这不是真的，《芝加哥公约》第四十四条规定国际民航组织的职能（国际民航组织的宗旨和目的在于发展国际航行的原则和技术，并促进国际航空运输的规定和发展）将变得无效。

根据临时协议，[30]临时国际民航组织临时理事会被要求作为一个仲裁机构，裁决成员国之间关于国际民航事项的任何争议，在成员国向临时理事会提交争议的情况下，临时理事会被授权提交咨询报告或如果涉及各方愿意，针对提交事项做出决定。[31]临时理事会是国际民航组织理事会的前身，因此奠定了理事会具有仲裁权力的基础，该权力不属于联合国专门机构中的任何类似机构。[32]更不必说，因为国际民航组织理事会是永久性的，几乎是定期开会，缔约国可以预期理事会不会不合理地拖延处理缔约国之间的纠纷。[33]

大多数缔约国主动在双边航行服务协定中制定争端解决条款，通常依照第十

〔26〕 Dempsey（1987），at 302.

〔27〕 Sochor（1991），at 58.

〔28〕 同上。

〔29〕 Tobolewski（1979） at 359.

〔30〕 见下引 31.

〔31〕 Interim Agreement，Article 111，Section 6（i）.

〔32〕 Schenkman（1955），160.

〔33〕 参见以色列代表负责人 R. Kidron 在 1953 年 6 月 17 日第七次会议第二次全体会议上的声明，1953 年 8 月至 10 月，国际民航组织月度公报报道，第 8 页。

八章的规定，将国家间有关国际民航的争议提交给国际民航组织理事会。在这种背景下，由大会授权，理事会主席任命一名仲裁员，裁判在某些情况下导致上诉的理事会决定。[34]

国际民航组织理事会最令人注意的方面仍然是其必须履行的职能之一，是审议缔约国提交的任何事项[35]或理事会主席或秘书长希望提交给理事会审议的事项。[36]尽管理事会一定会审议缔约国提交的问题，但其可以避免做出决定，因为理事会仅有审议的义务。

4 安全监督

《国际民航组织安全监督手册》2.1.1项定义了安全监督：

> 确保有效实施《芝加哥公约》附件和国际民航组织文件中有关安全的标准和建议措施（SARPs）及相关程序的功能。[37]

国际民航组织大会第29届会议（1992年）通过的第A29-13号决议重申，各国的安全监督责任是《芝加哥公约》的核心原则之一。

大会第37届会议通过第A37-5号决议（普遍安全监督审计计划的持续监测方法）认识到安全监督，确保整个国际民用航空的安全既是缔约国的集体责任也是其各自的责任。

根据《芝加哥公约》，安全监督和国家在这方面的责任可归为两大领域：航空器的国籍与登记以及由此产生的责任；领土管辖。据此，国家有确保安全监督的强制性责任。

《芝加哥公约》第十七条规定，航空器具有其登记国的国籍。第十八条禁止航空器在多个国家注册，有效地排除了双重国籍的航空器和多个国家的责任。

---

〔34〕 第八十五条。

〔35〕 议事规则委员会。Section 1V，Rule 24（e）. 第五十四条第十四项规定理事会的强制功能之一是审议任何缔约国向理事会提出的关于本公约的任何事项。

〔36〕 议事规则委员会。Section 1V Rule 24（f）. 两个多边协议提供交通权利交换，即《空中交通服务协议》和《航空运输协议》，也包括这样的条款，赋予国际民航组织理事会审理纠纷和“适当的调查结果和建议……”。参见《空中交通服务协议》第十一条第一节和《航空运输协定》第四条第二节。

〔37〕 ICAO Doc 9734，AN/959，2nd ed.（2006）Part A.

航空器的登记在一个特定的国家，使得该国承担某些安全相关的义务。例如，《芝加哥公约》第十二条规定：

> 各缔约国承允采取措施以保证在其领土上空飞行或在其领土内运转的每一航空器及每一具有其国籍标志的航空器，不论在何地，应遵守当地关于航空器飞行和运转的现行规则和规章。各缔约国承允使这方面的本国规章，在最大可能范围内，与根据本公约随时制定的规章相一致。在公海上空，有效的规则应为根据本公约制定的规则。各缔约国承允对违反适用规章的一切人员起诉。

《芝加哥公约》第三十一条规定：

> 凡从事国际航行的每一航空器，应备有该航空器登记国发给或核准的适航证。

同时，第三十二条规定：

> 一、从事国际航行的每一航空器驾驶员及飞行组其他成员，应备有该航空器登记国发给或核准的合格证书和执照。
>
> 二、就在本国领土上空飞行而言，各缔约国对其任何国民持有的由另一缔约国发给的合格证书和执照，保留拒绝承认的权利。

就航空器上的设备，《芝加哥公约》第三十条要求各缔约国航空器在其他缔约国领土内或在其领土上空时，只有在具备该航空器登记国主管当局发给的设置及使用无线电发射设备的许可证时，才可以携带此项设备。在该航空器飞经的缔约国领土内使用无线电发射设备，应遵守该国制定的规章。

这些强制性原则的唯一例外规定在第八十三条分条。为了便利，当在一缔约国登记的航空器由在另一缔约国有主营业所或永久居所的经营人根据租用、包用或互换航空器的协议或者任何其他类似协议经营时，登记国可以与另一国通过协议，将第十二条、第三十条、第三十一条和第三十二条第一款赋予登记国对该航空器的职责和义务转移至另一国。登记国则解除对已转移的职责和义务的责任。

为履行上述义务，《芝加哥公约》第三十七条规定各缔约国的义务在关于航空器、人员、航路及各种辅助服务的规章、标准、程序及工作组织方面进行合作，凡采用统一办法而能便利、改进空中航行的事项，尽力求得可行的最高程度的一致。这些标准和建议措施包含在《芝加哥公约》的 18 个附件中，除附件 9（《简化手续》）和 17（《保安》）之外，其他附件都直接或间接地适用于安全监督。

5 地区安全监督

国家责任下的地区安全监督对于确保航空运输的安全具有不可否认的必要性。然而，鉴于国际航空运输跨越边界并到达世界所有地区，严格的全球监督体系仍是必要的。然而，全球监督体系只有在安全监督系统分配到每个地区安全机构的情况下，才能实现尽管航空运输仍被认为是最安全的运输方式，但对于航空安全保持持续的警惕性也是必要的。国际民航组织，提供了这方面的指导和方向，并鼓励各国形成地区民用航空机构，特别是尚无此类机构的地区。由于几乎所有的地区民用航空机构都有自己的宪章，这些宪章应该认识到，与国际民航组织加强合作的必要性，并且民航组织应积极寻求这种合作。合作包括与监督相关的任务分配、事故调查、信息共享以及与国际民航组织的培训合作。

本部分建议的措施包括，国际民航组织在适当情况下启动与地区民用航空机构的定期会议并设立专门委员会，其中包括来自国际民航组织和各地区机构的成员。该委员会可以推荐和监督合作，此种合作也包括各地区组织之间的合作。

也有迫切需要定义地区民用航空机构在与国际民航组织紧密合作中发挥的作用；并制定与地区民用航空机构合作的政策。国际民航组织应确定区域办事处在协调国际民航组织与前述机构时的角色。应考虑必要时给予区域办事处适当的资源。

本部分将深入讨论一些地区安全监督组织（RSOOs），并通过考察世界范围内特定地区的安全监督组织，分析国际民航组织在地区安全监督组织的设立和功能方面的法律作用和监督基础。

国际民航组织，尤其是理事会[38]，已经持续认真地讨论地区安全监督组织（RSOOs）[39]的作用。在2009年6月10日第187届会议上，理事会接受了关于国际民航组织在区域治理中[40]的作用的几条准则，这些原则由多学科小组提出，小组成员包括理事会的代表和国际民航组织秘书处的成员，该小组被理事会责成发表国际民航组织区域治理报告。

在会议上，理事会同意国际民航组织应加强与地区民用航空机构的合作，反之亦然，无论是在技术领域还是在经济领域，并且应该确保不属于地区民用航空机构的国家的利益没有受到损害。理事会还认识到，虽然国际民航组织鼓励国家和地区民航机构开展促进《芝加哥公约》附件包含的标准和建议措施的实施活动，但成员国最终仍对《芝加哥公约》负责，不管国家与地区民用航空机构达成何种协议。还同意国际民航组织应鼓励各国形成地区民用航空机构，特别是在尚无此类机构的地区，并且国际民航组织应该定义地区民航机构与国际民航组织紧密合作时应发挥的作用。

《芝加哥公约》第五十五条第一款规定理事会可以在适当的情况下，根据经验认为需要的时候，在地区或其他基础上设立附属的航空运输委员会，并划分国家或空运企业的组别，以便理事会与其一起或通过其促进实现公约的宗旨。公约第六十六条允许理事会代表本组织同其他国际机构缔结关于合同服务和有关人事的共同安排的协议，并经大会批准后，可以缔结其他为便利本组织工作的协议。

这一规定促使国际民航组织大会在1947年5月6日至27日召开的第一届会议通过第A1-10号决议，确认存在一些活动影响本组织或受本组织活动影响的国

---

〔38〕 国际民航组织理事会是对大会负责的常设机构。它由36个成员国通过大会选举产生。大会选举理事时，应给予下列国家以适当代表：（一）在航空运输方面占主要地位的各国；（二）未包括在其他项下的对提供国际民用航空航行设施做最大贡献的各国；（三）未包括在其他项下的其当选可保证世界各主要地理区域在理事会中均有代表的各国。理事会必须履行以及可以履行的职责分别规定在《公约》的第五十四条和《国际民用航空条例》的五十五条。理事会源于临时国际民航组织（PICAO）理事会。临时国际民航组织在各缔约国领土内应享有为履行其职能所必需的法律能力。凡与有关国家的宪法和法律不相抵触时，都应承认其完全的法人资格。See Interim Agreement on International Civil Aviation, opened for signature at Chicago, December 7 1944, Article 3. Also in Hudson, International Legislation, Vol 1X, New York: 1942 – 1945, at 159. For a detailed discussion on the functions of the Council See Abeyratne (1992).

〔39〕 有时被称为区域安全监管机构（RASAs）。

〔40〕 C-WP/13339, 12/05/09.

际组织，国际民航组织的工作和国际民用航空的进步将通过与此类组织的密切合作来加强。该决议授权理事会与其活动影响国际民用航空的国际组织做出适当的安排，并建议在实际可行的情况下，通过非正式工作协定而不是正式协定来实现前述安排。

在1956年6月19日至7月16日在加拉加斯（Caracas）举行的第十届会议上，国际民航组织大会通过了第A10-5号决议，它为国际民航组织和致力于地区合作的欧洲民航会议（ECAC）建立了一个合作框架。1969年7月12日由国际民航组织和欧洲民航会议签订的协议生效，这项协议允许任命国际民航组织工作人员到欧洲民航会议秘书处任职，并向后者提供合格的专家人员。一个相似的协议是1978年1月1日生效的由国际民航组织和非洲民航委员会（AFCAC）签订的合作协议。该协议规定，国际民航组织将在可能的范围内向非洲民用航空委员会提供秘书处服务。还有一个相似的协议是国际民航组织和拉丁美洲民航委员会（LACAC）之间签署的合作协议，这个协议要求这两个组织之间密切合作，并由国际民航组织向拉丁美洲委员会提供秘书处服务。

在1999年10月1日国际民航组织和拉美民航委员会签订谅解备忘录之后，以及1999年11月11日国际民航组织和欧洲民航会议签订谅解备忘录之后，也开展了一些地区合作。在2007年1月11日国际民航组织与非洲民航委员会签订的管理服务协议生效之后，也开展了一些地区合作。

这些地区机构本身不是地区安全监督组织，尽管它们可以并且应该协助各国履行监督职能，并协助地区安全监督组织工作。在这方面，关键在于认识到地区安全监督是国家不能让渡的责任。地区安全监督组织作为国家的代理人〔41〕(国家是委托人)，拥有国家委托的职能。国际民航组织在其成员国授权范围内，可以协助监督进程、提供专业知识、建议、技术支持，必要时甚至可以管理一个地区安全监督组织。

因此，相对于地区安全监督组织，国际民航组织的地位是与各国在地区安全监督方面全面合作，这不会违背或转移《芝加哥公约》规定的国际民航组织的责

---

〔41〕代理关系是由合同或法律建立的双方同意的关系，代理人根据当事人授予的权限代表或在当事人的控制下处理与第三方的争议。

任。因此，就三者的关系而言，国家是委托人，地区安全监督组织是代理人，国际民航组织由国家授权进行审核，并报告其成果。

6　地区安全监督手册

在地区安全监管方面，为希望形成地区安全监督系统的缔约国提供指导的《地区安全监督手册》[42]反映了国际民航组织的观点。该手册建立了一个汇集缔约国努力、经验和资源的地区战略。根据国际民航组织的观点，建立地区安全监督组织的原因是：通过标准化针对大范围航空活动的管理和执行规定，来消除重复的工作；实现规模经济，带来效率和有效性；汇集人力和财力；通过缔约国的联合行动，建立有效的地区规划；更有效地解决外部因素和限制；制定和实施安全管理系统，[43]该系统将允许实施一致的标准和程序来衡量地区民航组织在安全领域的表现；补充国内和双边干预涉及范围的不足；在地区民航组织根据国家项目做出重要承诺之前，通过检测活动，证明组织能力；满足行业期望；促进区域团结；提高检查人员的客观性和独立性；发展起草、修改规则和程序的能力。[44]

国际民航组织相信，地区安全监督组织应该有目标，该目标反映国家的优先事项，并建议缔约国考虑提供足够和有效的资源，并确保负责航空安全的高级政府官员之间的合作。国际民航组织认为最无争议的原则是，正如前面提到的，缔约国内的安全监督责任仍然归于缔约国，不能委托。[45]手册中提及的一国的关键活动包括：操作人员的许可；航空器、空运企业、机场和维修组织的认证；授权人员的管理和监督，认证产品和批准成立组织；提供空中航行服务[46]；航空器事件和事故调查。[47]

根据手册，国际民航组织的作用是向国家提供援助，如果这些国家希望达成协议建立和管理一个地区安全监督组织，而地区安全监督组织则是建立在国际民航组织和利益相关方之协议的基础上。国际民航组织也可能管理一个地区安全监

〔42〕 ICAO Doc 9734 AN/959 Part B（区域安全监督系统的建立和管理）。

〔43〕 安全管理系统详细讨论，参见 Abeyratne（2002）。

〔44〕 同前注 Para 2. 2. 4 at pp. 2 –3.

〔45〕 同前注 Para. 2. 2. 5 at pp. 2 –4.

〔46〕 包括气象信息、航空通信、搜索和救援服务、图表和信息的分布。

〔47〕 同前注 Para. 2. 4. 5 at pp. 2 –6.

督组织，直到涉及的国家拥有执行任务的能力为止。国际民航组织也可以根据区域安全监督组织的需要以及监督地区安全监督组织有效性的国家的请求，提供技术、后勤支持以及必需的信息和文件。必要且被请求时，国际民航组织可以根据手册，提供建议或提出地区安全监督组织适当运行所需的活动。[48]

7 国际民航组织非洲—印度洋（AFI）全面实施方案（ACIP）

国际民航组织大会第36届会议，于2007年9月至10月举行，通过了第A36-1号决议，该决议指出在国际民航组织领导下为减少非洲—印度洋（AFI）地区损害国际民用航空运行和进一步发展的严重缺陷而加强协调与努力至关重要。决议还指出，国际民航组织理事会已通过制定非洲综合航空安全区域实施计划（AFI计划）[49]，为处理安全问题采取行动，并且认识到非洲—印度洋地区许多缔约国可能没有技术或财务资源来遵守《芝加哥公约》及其各个附件的要求，因而必须有赖于国际民航组织和其他利害攸关方的专业知识和协助。该决议也认识到需要在国际民航组织主持下协调向非洲—印度洋地区国家提供援助的所有利害攸关方的各项活动。因此，第A36-1号决议敦促非洲—印度洋地区各缔约国对实现非洲综合航空安全区域实施计划的目的和目标并在实现进展方面保持透明度做出承诺。决议指示理事会确保国际民航组织发挥更强有力的领导作用，协调旨在具体实现计划的目的和目标方面的各项活动、举措和实施战略，以便实现非洲—印度洋地区飞行安全的持续改善和向有关地区办事处划拨资源；此外，还指示理事会确保不断发展新型工作关系，使总部各局室的能力与地区办事处、各缔约国和业界利害攸关方的资源相互结合。

理事会的基本假设是，非洲—印度洋地区的国家面临的问题与世界其他国家面临的问题没有什么不同。然而，非洲—印度洋地区的一个特点是，非洲—印度洋地区国家面临的经济问题和政治问题是复杂的，因此对地区航空安全构成挑战，这显然需要一种新的方法。非洲—印度洋计划是为了应对这个挑战，该计划的发展理念是，解决航空安全问题并支持非洲国家努力实现《芝加哥公约》相应

---

〔48〕 同前注 Para 3. 5 at pp. 3 – 5.

〔49〕 在非洲综合航空安全区域实施计划（AFI计划）是由国际民航组织制定，国际民航组织理事会为了解决在非洲—印度洋地区航空器操作安全状态的各种问题。

附件规定的安全监督的国际义务。

2007 年 9 月 17 日高级别会议在蒙特利尔召开，对非洲—印度洋计划进行仔细审议，并毫无保留地支持。因此，在 2007 年 9 月 8 日至 28 日举行的国际民航组织大会第 36 届会议中提交了非洲—印度洋计划，大会要求理事会和秘书长在最短的时间内实现非洲—印度洋计划。大会关于非洲—印度洋计划的第 A36-1 号决议，强调国际民航组织的领导力和责任针对计划的有效实施，应由强有力的计划管理及协调行动所支持。因此，在国际民航组织的领导下，非洲—印度洋计划要求最优化的监管机构与行业之间的合作来实施旨在改善安全缺陷的举措。

为此目的已经形成了特定的目标，要求国际民航组织：①增加符合国际民航组织的标准和建议措施，以及行业的最佳实践；②增加专业人才的数量和监管水平；③通过培训提高人员和其他民用航空员工的水平；④确保公正的和无懈可击的严重事故或事件的调查和报告；⑤加强区域合作；⑥提升区域和次区域安全监管系统的效能；⑦提高对最不发达国家的监管援助；⑧通过网络提供专业航空知识。

秘书长建立了非洲—印度洋全面实施方案（ACIP），以确保上述目标的实现。为了这个目的，秘书长指定人员监督非洲—印度洋全面实施方案指导委员会的工作。非洲—印度洋全面实施方案，旨在实施非洲—印度洋计划，认识到安全监管项目的基本要求包括确立一个监管框架；责任和问责制；事故和事件调查；执行政策，这些对国家安全计划是必要的。安全风险管理计划的基本要素是适当的监督组织和训练有素的人员、设备、工具，以及有关键安全信息的指导材料和交换程序。

有效的安全文化的基本要求是管理承诺和安全责任；任命关键安全人员；协调紧急回应计划和系统文档的安全管理。

8 非洲的安全监督

尽管非洲的事故发生率仍然高于世界平均水平，但令人欣喜的是，非洲的安全水平一直在提高。发生在非洲的主要事故大多是在充满冲突的国家，尤其是在刚果民主共和国、安哥拉和苏丹。事故的主要原因是：航空器老化，缺乏机群现代化的资金，缺乏足够的技术人员。在非洲，降低事故发生率可以采用国际航空运输协会运行安全审计,[50]国际民航组织全球安全路线图[51]和关键利益相关人为了安全采取的积极主动的方法。地区安全监督组织将加强安全管理，为此，需要非洲国家拥有自主和地区化的民航局。有必要在培训中汇集稀有资源，协调关于服务条件的标准和地区航空公司运营标准。地区安全监督组织的关键特性之一，是地区安全监督组织有能力为他们的人员提供有吸引力的服务条件，并为基础设施调动资源。

9　班珠尔协议集团（BAG）

班珠尔协议集团成员国（佛得角、冈比亚、加纳、几内亚科纳克里、利比里亚、尼日利亚和塞拉利昂）在领导航空安全监督方面发挥重要作用。班珠尔协议集团成员国第十次全体会议于 2008 年 10 月 30 日至 31 日召开，会议得出结论，必须建立一个地区性安全监管机构和地区事故调查机构。为此，班珠尔协议成员国写信寻求国际民航组织的援助，请求国际民航组织协助制定建立班珠尔协议集团航空安全监督组织（BAGASOO）的框架和建立班珠尔协议集团事故调查机构（BAGAIA）的框架。也要求国际民航组织协助制定班珠尔协议集团航空安全监管组织和班珠尔协议集团事故调查机构的运营规定与指导材料并制定实施区域安全计划的指导手册。

值得注意的是，班珠尔协议集团民航局的负责长于 2008 年 12 月 15 日至 16 日在阿克拉会见了非洲—印度洋全面实施方案的管理部门，制定了行动计划并确定了合作的范围，还形成了一份谅解备忘录。

班珠尔协议集团航空安全监管组织进程中的三个重要事件已经完成：全球航空路线图研讨会（阿布贾，2008 年 4 月）；全球航空安全路线图（GASRs）在所有班珠尔协议集团成员国的差异分析（2008 年 5 月至 6 月）；和班珠尔协议集团

---

〔50〕 国际航空运输协会（IATA）运行安全审计（IOSA）项目是一个国际认可和公认的评价体系，设计评估航空公司的运营管理和控制系统。IOSA 质量审计原则是以标准化的方式进行审核。实现国际认可的 IOSA，航空公司和监管机构获得以下利益：使航空公司和监管机构减少成本和审计资源；连续更新的标准，以反映监管修订和业内最佳实践的演变；在国际航空运输协会（IATA）持续管理下进行质量审核计划；通过正式培训和合格的审计人员，认证审计组织；结构化审计师认证培训机构培训课程；结构化的审计方法，包括标准化清单，通过相互接受审计报告消除审计冗余；和发展航空业审计师的培训课程。

〔51〕 路线图的讨论，see Abeyratne（2009a），pp. 29 –36。

成员国第十次全体会议（班珠尔，2008 年 10 月）。班珠尔协议集团航空安全监管组织的优先行动，已经提交给国际民航组织理事会。包括：加速建立班珠尔协议集团航空安全监管组织的发展框架；建立班珠尔协议集团事故调查机构的框架；实施班珠尔协议集团航空安全监管组织和班珠尔协议集团事故调查机构的操作规定和指导材料，以及实施区域安全计划的指导手册。

2008 年 11 月，国际民航组织理事会已要求缔约国、业界和捐助者协助班珠尔协议集团实施优先事项，同时非洲—印度洋全面实施方案的管理部门应采取必要的措施帮助班珠尔协议集团实施和前述计划。

9.1 中美洲的安全监督

中美洲航空安全机构（ACSA）创建于 2001 年，通过减少官僚主义和避免重复工作，致力于提升地区的安全监管能力。中美洲航空安全机构注重在成员国之间共享专业知识和资源，并使成员国在质量管理方面符合 ISO9001 认证。中美洲航空安全机构是中美洲航行服务组织（COCESNA）的下属机构，中美洲航行服务组织负责实施与中美洲航行服务组织地区航空信息系统（SIAR）有关的安全问题、连续监测和人员的许可与批准。

9.2 加勒比海地区的安全监督

巴巴多斯、伯利兹、圭亚那、海地、牙买加、东加勒比国家组织（OECS）（安圭拉岛、安提瓜和巴布达、多米尼加、格林纳达、蒙特塞拉特、圣卢西亚圣、基茨和尼维斯、圣文森特和格林纳丁斯群岛）、苏里南、特立尼达和多巴哥、加勒比共同体成员国的民航当局，在 2001 年年底签署了一项协议，正式参与和支持航空安全监督的合作方式。协议提出在加勒比共同体（CARICOM）秘书处之下建立“加勒比民航局协会”（ACAAC）并形成其执行方式，即地区航空安全监督系统（RASOS）。地区航空安全监督系统的每个成员被授权实施国际民航组织附件的规定。地区航空安全监督系统被授权援助成员国，特别是针对《芝加哥公约》特定附件 1、附件 6 和附件 8 提供援助。授权也涉及在加勒比海地区的 13 个小国，协助这些国家促进、协调和共享资源来提供航空安全监督服务。尽管所有参与地区航空安全监督系统的国家都是加勒比共同体成员，但加勒比共同体成员并不是成为加勒比民航当局协会成员的先决条件。

地区航空安全监督系统的成员国制定了由成员国元首在2008年签署的正式协议，扩大区域组织的授权，以包括所有国际民航组织附件在内。这标志着提升地区航空安全监督系统地位方面的重大进展，将地区航空安全监督系统作为一个新的实体，重命名为加勒比航空安全与保安监管系统（CASSOS）。加勒比共同体政府首脑会议依照《建设加勒比共同体包括加勒比共同体单一市场和经济的查瓜拉马斯修订条约》的第二十一条，指定加勒比航空安全与保安监管系统作为共同体的机构。该协议把地区航空安全监督系统并入加勒比航空安全与保安监管系统，这使加勒比民航当局协会将不复存在。加勒比航空安全与保安监管系统拥有完整的法人人格，其董事会向加勒比共同体经贸和发展委员会（COTED）的部长报告工作。

最初由加勒比民航当局协会成员执行地区航空安全监督系统，通过分享资源进而降低向个别成员国提供所需适航证和飞行监督服务的成本。地区航空安全监督系统致力于优化使用该地区的技术资源上。其重点是强化民航当局，促进法规、标准、程序指导材料和检查员培训的升级和统一，提高各国履行安全监督责任的能力。次区域合作符合国际民航组织提出的解决缔约国安全监管问题的全球战略。地区航空安全监督系统审核通过民航局年度会费支持，并因其节俭，使得加勒比航空安全监管系统的运行不需要额外花费。

在2003年至2008年，美国联邦航空局的援助为地区航空安全监督系统成员国的民航局（CAA）的检查员和其他技术人员提供了大量的培训课程，国际民航组织在该地区开展了关于机场认证、危险货物处理和人员执照（PEL）的课程。加拿大交通运输部的援助包括合规培训、执法培训以及法医培训。美国联邦航空局通过提供技术专家进行广泛的国内援助，旨在为地区航空安全监督系统成员国提供建议和帮助实现附件1、附件6和附件8以及一级国际航空安全评估（IASA）。援助还包括指导检查员并在航空器操作人员重新发证期间提供的技术建议。依照技术援助协议，其他进行中的美国联邦航空局技术援助计划，旨在全面实施2008年上半年常规培训和符合国际民航组织标准的基于计算机的书面知识测试。区域性的、成熟的、协调一致的通常证书的格式以及生产系统已在所有地区航空安全监督系统成员国当局确立，并对该系统感兴趣的其他当局商业适用。加拿大交通运输部继续协助培训医疗审查员和客舱安全检查人员，提供持续的培训针对安全管理系统维护以及遵行航空法规。已经宣布针对检查人员资格和培训的标准以促进资源共享。核查人员的跨国使用、指定和授权以及请求、执行和部署跨国使用的检查员的程序已被制定并批准。已经形成指导地区航空安全监督系统成员国管理和操作的政策和程序手册，其最新版本将用于指导和管理加勒比航空安全监管系统的活动。检查员指导材料在成员国之间免费共享，且已经相当一致。形成“区域”的民航法规之后，将形成统一的共同指导材料。目前，所有的规章制度都是基于国际民航组织民航规章模型（MCAR），它们几乎是相同的。其他举措包括统一执法程序和检验程序。

加勒比航空安全监管系统的运作方式与欧洲航空安全局的运作方式类似，使用来自该地区经验丰富的检查员和来自国际民航组织普通安全监督审计计划的检查清单审查其成员国。审查针对成员国当局的报告，审查结果用以确定优先事项和如何应对区域需求。审查帮助协调活动，并协助成员为国际航空安全评估和国际民航组织审查做好准备，一些成员国认为这对该国准备执行行动计划有帮助。仍需要对技术人员进行现场指导和培训，并对成员国民航当局进行技术援助，因为加勒比航空安全监管系统的授权已经被显著地扩大，并且附件和技术的变化会导致新的预期出现。

通过使用需求评估方法，地区机构确定需要专业培训和经常性资格培训的机场运营人员。运用地区机构自身的资源并在美国联邦航空局的帮助下，为来自该地区的 33 位机场专家准备 3 天关于机场的研讨会。

地区航空安全监督系统网站包含公共信息和只对成员开放的保密信息。检查员可访问的部分包含可下载的检查方式，一些常见的指导材料、飞行测试形式和地区技术人员所需的其他数据。该网站还拥有安全简报，链接成员国民航当局的网站，链接地区航空安全监督系统，并为董事会和地区航空安全监督系统人员、所有地区航空安全监督系统技术安全检查人员以及其他与地区航空安全监督系统一起工作的特定人员，提供安全的 128 位加密的电子邮件服务。这对交流信息、共享数据、为组织提供公众认同感以及为地区航空安全监督系统虚拟办公服务来说，是一个非常强大的工具。网站正在更新和转变，以反映加勒比航空安全监管系统的运作，应于 2009 年 10 月前完成。

加勒比航空安全监管系统对事件和事故报告，采用欧洲民航中心事件报告系统（ECCAIRS），并在区域项目中，加勒比航空安全监管系统成员使用普遍的、一致的区域检查规划、跟踪和报告系统。该系统尊重国家安全、保密和主权要求，并为分析和跟踪趋势以及形成适当的安全和监管干预措施提供了一个有价值的工具。加勒比航空安全监管系统将分享检查信息，这些检查信息与欧洲外国飞机安全审计（SAFA）系统中的检查信息一致。已经举行关于减少近进和着陆可控飞行接地（ALARCFIT）事故的研讨会，并将在加勒比航空安全监管系统的组织下，伴随着扩大的促进安全的授权继续进行。地区组织协助成员进行事故和事件调查，这最终会成为一个真正的区域服务，因为集中调查的好处是毋庸置疑的。上述内容总结了过去 7 年，在加勒比共同体框架中安全监管协调的主要成果。

所有上述举措都旨在建立一个强大的地区监督和安全管理系统，以此提高成员国和整个地区的民航安全，加勒比航空安全监管系统仍将继续实现这一目标。此刻资金仅限于提供两个技术专家和一个管理人。未来的发展和区域安全监管能力的加强，可能需要增加成员的贡献或寻找新的资金援助来源。

加勒比航空安全监管系统行动的直接受益者是加勒比共同体的成员国，以及在未来几年可能成为该地区航空安全监管机制一部分的该地区的其他国家。加勒比航空安全监管系统行动的其他直接受益者是飞机的所有者、经营者和所有使用加勒比航空安全监管系统成员国航空工业基础设施和服务的人。不能忽视航空运输、航空服务和基础设施的间接受益者，包括旅游和商务部门在内。航空基础设施升级，国际民航组织安全标准执行的增强，提升了航空安全环境，使外部利益流向国内。

加勒比航空安全监管系统从最初很弱小，通过所有人员 7 年的努力工作，已经走向成熟。在协调、合作、一致和自给自足方面已经有 7 年的成功运营经验，旨在为所有参与国以及在该地区运营的其他国家的航空公司就高经济价值的航空运输系统提供安全监管服务。这种高水平的成功将使加勒比航空安全监管系统继续成长为一个真正的区域机构。

国际民航组织成员国安全监督审计记录结果明显得到不断改进，证明了地区合作的直接利益。通过共同的技术合作，共同的技术援助，拥有更多的合格技术人员和有价值的技术专家，以合理的费用来实现和维持符合国际航空安全监管标准，这些也是成员国获得的利益。一个强大的地区安全监管伙伴关系已经形成。未来活动旨在建立一个永久的总部，进行新的地区项目，如高空空域控制系统，引入新的空中交通管理监控技术和空中导航技术，管理安全计划和干预措施，来保持航空系统故障率尽可能降低。

9.3 南亚的安全监管

南亚区域倡议（SARI）由来自南亚（包括孟加拉国、不丹、印度、马尔代夫、尼泊尔、巴基斯坦和斯里兰卡）各国的当局组成。南亚区域倡议成立于2006年欧盟—南亚民航合作计划期间。南亚区域倡议的目标是创建一个论坛，促进南亚各民航局的监管融合。据说，欧洲航空安全局和欧洲航天工业支持南亚区域行动的活动是为了恢复欧洲与南亚国家的合作计划。

创建南亚区域倡议的目标是，修改有缺陷的和过时的有关航空安全的立法、法规和指导，为南亚区域合作提供法律基础并协助航空公司和监管机构解释规则。南亚区域倡议的主要目标之一是确保该地区保留合格的技术人员、消除重复工作和民航局功能的混乱。

9.4 欧洲的安全监管

可以说，最发达的区域安全监管实施系统位于欧洲，通过欧洲航空安全局（EASA）实现。欧洲航空安全局已经形成了循序渐进的监管过程。制度化区域航空安全监管的根源可以追溯到1954年建立的欧洲民航会议（ECAC）。欧洲民航会议是一个咨询机构，其针对欧洲民航的决议和其他建议有待欧共体成员国的批准。欧洲航空安全局的前身是联合适航局（JAA），该局于1970年开始工作，最初由欧共体授权，为大型飞机和发动机颁发通用的认证码。联合适航局与欧洲民航会议进行实质上的结合，随后被更名为联合航空局，保留从前的缩写。新的联合航空局的授权已经扩展到所有类型飞机的操作、维护、授权、认证和设计标准。联合航空局的产物之一是《联合航空条例》（JARs），这是欧盟内部监管的推动力。[52]

欧洲航空安全局成立于2002年7月15日，[53]于2009年取代联合航空局。欧

[52] As per European Regulation 3911/11.

[53] 欧洲民航会议是由欧洲议会和欧盟理事会根据欧盟第1592/2002号决议建立的。

洲航空安全局是欧盟的机构，受欧盟公法约束。它独立于欧盟其他机构（如欧盟理事会、欧洲议会和欧洲委员会），拥有自己独立的法律人格。在确保欧洲内部最高标准方面，其主要关注航空安全和环境保护（从航空角度），并形成欧盟内部规则。欧洲航空安全局雇用检查员来监督欧盟成员国对国际民航组织标准和建议措施的实施情况，并与国家当局在颁发适航证书和技术人员许可方面进行合作。

欧洲航空安全局的职责包括：为欧盟起草新立法提供专家建议；实施和监督安全规则，包括针对成员国的检查；航空器和组件的型号以及批准成立参与设计、制造和维护航空产品的组织；第三国（非欧盟）运营商的授权；安全分析和研究。这些职责不断增多以满足航空业快速发展带来的挑战。设想在几年内，欧洲航空安全局还将负责机场安全法规的制定和空中交通管理体系。

2003 年 9 月 28 日，欧洲航空安全局接管欧盟成员国监管下的个人设计、制造、维护或使用所有航空产品、零件和电器的适航证和环境认证的颁发。

欧洲航空安全局的认证工作还包括所有事后认证活动，如航空产品及组件的更换和维修批准，以及发布适航指令改正任何潜在的不安全状况。据此，欧洲航空安全局发行所有类型的证书，并在整个欧盟都是有效的。

同时，欧洲航空安全局成为批准和监督涉及航空产品、零部件、电器设计实体的专门机构。涉及航空产品、零部件、电器的生产或维修的外国实体，该机构也执行相同的职责。

欧洲航空安全局执行任务，依赖于履行相应职责的国家民用航空局，并为此目的签订合作协议。

如果比较关于中美洲航空安全机构（ACSA）、班珠尔协议集团航空安全监督组织（BAGASOO）、加勒比航空安全监管系统（CASSOS）和欧洲航空安全局（EASA）在颁发适航证方面，国家监督机构和区域监督机构责任的分担，欧洲航空安全局、中美洲航空安全机构和班珠尔协议集团航空安全监督组织与国家当局在功能上（不是可归责性）分担责任，然而加勒比航空安全监管系统没有体现这种分担方式。在持续适航方面，上述所有机构与国家分担责任。在颁布证书、机场运营和空中交通管理方面也是如此。

在监管方面，上述所有机构都有职责去制定规章，但没有一个机构有权制定法律（应该如此，立法权是主权国家特有的权限），加勒比航空安全监管系统和欧洲航空安全局拥有发放证书的权力，其他三个机构无此权力。在司法管制方面，中美洲航空安全机构受到中美洲法院管辖，加勒比航空安全监管系统归入加勒比地区法院，而欧洲航空安全局则属于欧洲法院管辖。

那么，这让国际民航组织处于什么地位？一方面，无可争议的是国际民航组织参与地区安全监督组织是不可避免的。无论地区或一国采取何种行动，由于航空运输涉及外国制造的航空器在别国运营，航空器认证和许可必须执行国际民航组织制定的《芝加哥公约》相关附件中的标准。[54]尤其是考虑到《芝加哥公约》第三十三条的规定，其他缔约国应承认登记航空器缔约国发放的适航证/合格证及执照，提供的证件应符合《芝加哥公约》制定的标准。因此，无论是美国的国际安全评估项目（IASA）或欧盟欧洲航空安全局发放的证件，如果不符合《芝加哥公约》附件的标准，任何谨慎的国家都会拒绝承认。关于不遵守规定的处罚，《芝加哥公约》第八十七条规定，如果航空公司未遵守理事会的最终裁决，国际民航组织理事会可以禁止其在世界范围内运营。因此，就安全监管而言，国际民航组织对于航空器全球运营是必不可少的。[55]

另一方面如上面所讨论的，地区行动可以给国际民航组织的工作提供支持和动力。在这方面，必须声明，国际民航组织可以采取多种措施使其工作更加容易，更加有效。国际民航组织应在技术和经济领域加强与地区组织和地区民航机构的合作，反之亦然。在这种情况下，国际民航组织应确保不属于地区民航机构的国家利益不受威胁或危害。应注意的是，虽然在促进标准和建议措施实施方面，国际民航组织鼓励国家和地区民航机构的行动，但国家都应对《芝加哥公约》规定的义务承担最终责任，而不考虑国家与地区民航团体做出的任何安排。

国际民航组织应鼓励各国在尚无地区民航机构的地区形成地区民航空机构。由于几乎所有的地区民用航空机构都有自己的宪章，这些宪章应该认识到与国际民航组织加强合作的必要性，并且民航组织应该积极寻求这种合作。合作包括与

---

〔54〕 欧盟2111/2005号决议要求，在欧盟成员国发行的证书和执照必须符合《芝加哥公约》及其附件的国际安全标准。

〔55〕 更加深入讨论国际民航组织理事会在安全领域的权力，参见 Abeyratne（2009b）at 196－206.

监督相关的任务分配、事故调查、信息共享以及与国际民航组织的培训合作。

国际民航组织应在适当情况下启动与地区民用航空机构的定期会议，并设立专门委员会，其中包括来自国际民航组织和各地区机构的成员。该委员会可以推荐和监督合作，此种合作也包括各地区组织之间的合作。

国际民航组织需要定义和地区民用航空机构在与国际民航组织紧密合作中发挥的作用；并通过与地区民用航空机构合作的政策。国际民航组织应确定区域办事处在协调国际民航组织与前述机构时的角色。应考虑必要时给予区域办事处适当的资源。

国家责任下的区域治理具有不可否认的必要性，国际民航组织一直无条件地支持。国际民航组织的政策将受其提供协助能力的影响，国际民航组织需要与区域民航组织密切合作并尊重国家的政治意愿来实现前述政策。任何国际民航组织政策，如果没有其他成员国的认可和支持，虽然积极地采用，也无法达到效果。

9.5 国际民航组织安全路线图

在航空安全领域，有三个毋庸置疑的真理：第一，实现航空安全是第一要务；第二，不能解除对安全的管制；第三，安全是一个全球性问题。因此，各国在确保安全方面不能拥有个别计划。最后一个要求带来了制订全球行动计划的迫切要求，该计划应明确安全方面监管者和行业合作伙伴所起到的作用。

2007年取得的重大进展是，将国际民航组织转变成以履行为基础以结果为导向的组织，以符合国际民航组织的商业计划。最重要的改进体现在年度报告中。该报告以更易于理解的格式发布于国际民航组织网站说明了前述商业计划。为回应国际民航组织第36届大会，并为过渡到以结果为导向制定预算和商业计划，2007年11月，理事会评估了未来三年（2008年至2010年）的商业计划，以支持战略目标的实现。任务涉及确认和实施额外的方式进一步提高国际民航组织的效率，并将之作为国际民航组织的持续进程。

国际民航组织的战略目标之一是提升全球航空安全，对此，国际民航组织安全路线图作为一个有效的工具可以协助成员国解决他们的安全问题。本部分讨论国际民航组织安全路线图涉及的问题。

安全路线图（以下简称路线图），是为适应所有与安全有关的状况和需要产生的，是由名为行业安全战略集团（ISSG）的行业伙伴建立的，其灵感来源于2005年5月国际民航组织（ICAO）第七次空中航委会行业会议。虽然将路线图的所有权归于国际民航组织，但路线图是行业安全战略集团所有成员共同努力的结果，该集团包括国际机场协会、空客公司、波音公司、民用空中导航服务组织、飞行安全基金会、国际航空运输协会和国际飞行员协会联合会。

路线图提出了一种分阶段的方法，将通过积极的方式，以国际民航组织为领导者，确保航空安全。路线图第一部分（未来航空安全战略行动计划）为国际民航组织缔约国、地区和航空业提供行动框架，纠正包括国际标准执行、监管、事件和事故调查、安全管理系统（SMS）和足够的合格人员在内的12个重点领域的矛盾和弱点。安全管理系统是积极解决由空中交通活动增多导致的飞机事件和事故激增问题的路径。安全管理系统要求警惕航空运输自由化及其导致的运力增长。在2006年3月20日至22日由国际民航组织在蒙特利尔召开的航空安全全球战略会议上，加拿大认为安全管理系统是商业化的安全方式。对于安全风险管理来说，安全管理系统是一个系统的、明确的和全面的过程，针对航空运营人，其所有活动整合了运营和技术系统以及财政和人力资源管理。

路线图为每个重点领域未来10年设定一个或多个短期和中期目标。第二个部分（实施全球航空安全路线图）描述并重点指出行业应采取的具体协调行动，以减少风险并提升全球安全。第二部分针对第一部分确定的每个目标，路线图提供相关行业的最佳实践和应遵从的指标。第二部件还包括一个附件，该附件包含针对现有的和经过验证的技术（和相关培训项目）的建议，以便在飞行、机场运营和空中交通管制方面进一步提高安全，并通过基于知识的区域评估和部署策略来实施区域战略。

路线图为利益相关者提供了一个共同的参考框架，关注解决：国际标准实行方面不一致问题的国家责任；监管不一致；报告错误以及事件的障碍、无效事件和事故调查报告。行业应关注的重点领域是：报告、分析错误和事件障碍；安全管理系统应用不一致；不符合监管要求；采用行业最佳实践不一致；行业安全策略不统一；人才数量不足；缺乏提高安全性的技术。

国际民航组织在实现路线图包含的计划方面以及确保路线图是可以实施的方面，具有重大的责任和重要的角色。这一责任可以从国际民航组织的目的中得出，《国际民用航空公约》第四十四条规定了国际民航组织的目的，发展国际航行的原则和技术。国际民航组织的空中航行委员会将会保持对路线图的审查，以确保其有助于实施国际民航组织商业计划的战略目标 A，该目标是提高安全性。

9.6　国际民航组织的作用

路线图需要领导力，尤其是作为国际民用航空全球论坛的国际民航组织的领导。行动是领导力的标志。在这方面国际民航组织需要的行动是建立范式的转换，使关键利益相关者由实施安全措施的被动角色，转变为积极减少航空安全事故和事件的主动角色。国际民航组织作为真正的领导必须拥有两大公认的领导能力——给予指导或方向的实际领导能力和潜在的领导能力。因此，国际民航组织的角色应该是影响人们为确保航空安全的集体目标不断努力的领导者。

最简单的衡量领导力有效性的方法是评估领导者可以召集的追随者的规模。更具体地说，衡量领导力可以评估影响追随者的程度，这可能涉及衡量领导者针对目标、愿景或者宗旨的行动的结果。

公平地说，国际民航组织处在重新确定其为实现《芝加哥公约》所定的目标以及宗旨继续发挥作用的十字路口。与快速展开的全球化以及区域化潮流相一致来设定其路径，国际民航组织已经着手实施一个积极的商业计划，该计划需要理念以及想法的转变，从而将国际民航组织从《芝加哥公约》的束缚中解放出来。在该过程中新的领导力以及新的思维已经形成，并且穿过有时指责国际民航组织是一个官僚机构但快速过时的言辞迷雾，一个路径清楚地使国际民航组织驶向一个现在以及将来都更为中肯的角色。路线图是国际民航组织扮演这一角色的关键。

现在，国际民航组织是以结果为导向，以性能和价值为推动，以自己的商业计划为指导的组织。商业计划将其战略目标转化为行动计划，在计划活动、组织成本和性能评估之间建立联系。这种方法的一个重要方面是整合项目以及部门和区域办事处的活动，为优先事项进行资源配置。

商业计划和相关的预算为报告框架提供基础，该报告框架整合策略、活动、资金、人力资源和时间规划，成为监管和评估结果是否连贯而有效的手段。通过各级员工的绩效改进程序，强调责任，并由负责人对他们的绩效以及定期测评负责，监管和评估结果，国际民航组织将加强问责，证明物有所值，改善运营和战略层面的整体性能。从概念到行动再到结果还涉及策略实施支持计划和成功的技术合作项目，技术合作项目是支持缔约国实现国际民航组织的规定、程序和政策的悠久传统。

国际民航组织的成员国大多数已经面临安全监督问题。国际民航组织实施的最初的安全监督审计，涉及《芝加哥公约》的三个附件：附件1《人员执照的颁发》、附件6《航空器的运行》和附件8《航空器的适航性》。结果表明，在1999年3月至2004年7月被审计的181个缔约国中，有相当数量的国家在执行附件方面存在缺陷。此外，后续的审计任务显示，在许多情况下，最初审查出来的重大缺陷依然存在。

国际民航组织的普遍安全监督审计计划（USOAP）要求国家建立安全计划，该计划要求飞机运营商、维护组织和服务提供者实施适当的安全管理系统。

第一个国际民航组织安全审计周期为1999年至2004年，涉及几乎所有的缔约国（除了少数国家因领土上存在不利条件不能进入外）。根据《芝加哥公约》附件1、附件6和附件8进行审计。从2005年11月起，国际民航组织根据18个附件中的16个附件（除了附件9和附件17）开始其为期6年的第二个审计周期，到2008年4月底，共审计了90个国家。

国际民航组织在安全领域的责任是重大且令人关注的。在过去的60年内[56]，国际民航组织一直致力于标准化。近年来，已与实现蓬勃发展的实施角色相混合，后者渐渐淡化前者。在很大程度上，在全球化和区域化的世界，国际民航组织极其关注的不是做什么，而是怎么做。在这种背景下，国际民航组织有双重角色。

第一，作为全球航空论坛，这是在很大程度上能实现自我监管的发达国家所期望的目标。然而，这些国家需要国际民航组织制定可以适用于全部国际民航组织成员国的全球标准。

第二，对于希望国际民航组织给予协助和指导的发展中国家来说，国际民航组织既是全球论坛，也是指导者。为了给成员国提供服务，无论是发达国家还是

---

〔56〕 从本书完成时2013年起算过去60年——译者注。

发展中国家，国际民航组织必须证明它的性能和价值。换言之，国际民航组织需要进行整个系统的调整。

为了实现商业计划和产生结果，首先，国际民航组织的领导者（理事会和秘书处的高级管理者）必须主导从服务到性能的转变进程。他们必须成为组织使命和愿景宣言的大使，并设定价值观和行为。他们必须说到做到。其次，保证任务以及愿景影响所有决定的做出，这需要全面渗透到国际民航组织的秘书处。最后，新的文化及其结果必须通过有因果联系的性能指标来测试。换句话说，国际民航组织新的文化应时常被监督。最终的措施应是保证组织文化的价值观扩散并指导决定作出程序的每个方面并存在于每个系统以及程序中。

在某种程度上，国际民航组织已经从事文化转型。为形成愿景、任务以及被战略目标推动的商业计划经历了很长时间，有致力于此项工作的领导层。同样有迹象表明领导层已经准备好并愿意让整个组织参与确定组织的使命、愿景和价值。但是，为了成功地实现这一目标，应通过一个强有力且充满活力以及不脱离组织的各个局以及办事处的实施计划，设定强力的工具以及进取的目标。

这样一个实施计划中必须有目标以及关键的性能指标，因为评估是一个重要问题。为此必须有既定的策略，不能仅是性能的改善。路线图应是既定策略的一部分。必须指出，这方面国际民航组织的商业计划在正确的轨道上，因其有三种的指标：因果联系指标，与价值观念以及行为有关（核心能力）；输出指标，依据效率以及生产力评估执行；以及成果指标，评估计划对顾客以及利益攸关方产生的结果或者效果。

在这些指标中，国际民航组织的注意力应主要集中在输出指标，测量组织作为一个整体的生产力、效率、质量、革新、创造力，并保证顾客的满意。革新以及创造力是关键的因素，将会提升国际民航组织对其成员的贡献。试举一例，由于许多国家的航空活动的数量和范围不满足基础安全监督系统的要求，国际民航组织必须发挥作用为国家提供安全监督系统的不同模式以及最适合的建议。国际民航组织同样能进一步参与成功的地区安全监督机构；依据所使用的模式，就以参与国向地区安全监督组织转移责任的方式，向参与国提供指导。

领导力是国际民航组织在 21 世纪角色的关键，路线图是证明领导力的实实在在的例子。推动路线图的第一步是对国际民航组织进行哲学上的调整，确保它与世界新秩序齐头并进。该秩序即国家正在不断地被分解成在全球网络各自行动的不同部分，全球趋势通过渗透到国家内部的方式使世界联系到一起。换句话说，国际民航组织应促进国家间以及国家的组成部门间在民航事项上的互动。比如，在许多国家，航行有许多管理部门，比如海关以及移民、药品以及检疫、旅游、警察、机场以及航行服务提供者。在大多数场合下，这些部门并不一致行动，因此导致高效的航空运输产品在最终提供上的混乱。国际民航组织的任务以及愿景劝告国际民航组织做其需要做的，通过成员国之间合作，在民航关键领域发挥全球论坛的作用。

为促进成员国间流畅的对话以及合作，国际民航组织应采取行动在技术方面帮助相关国家。这一帮助并不限于通过技术合作局管理的项目提供技术支持，同样应扩张到提供指导材料，针对将国际民航组织视为全球航空专家论坛的国家。

在路线图中，未解决的关键问题是资金来源。各国似乎没有意识到，安全审计和路线图所提出的缺陷，如果没有资源弥补，那么路线图将一无是处。国际民航组织及其成员国都没有积极地解决这个问题。

在实施路线图的过程中，国际民航组织的领导作用取决于两个关键因素：积极地具有关键绩效指标和目标的运营计划；意识到组织的文化，这是一种无形资产，是新的竞争优势。后者在国际民航组织当前人力资源和专业技能资源短缺的形势下，显得尤为重要。文化转型始于领导力、个人以及领导的价值观。国际民航组织目前的领导结构，毫无疑问，对文化转型并非供不应求。但关键是充分激励员工，使其在转型过程中被驱策跟随他们的领导，并在不同领域的工作中打造国际民航组织的领导力。

所有这些导致国际民航组织的思想需要变化，从其服务的角色转变到实施并帮助的角色。在这一变化中人的因素是一个关键的因素。但是，关键以及出发点是承认国际民航组织改变的必要性。下一步是承认国际民航组织需要员工作出个人和集体的最大努力。外界所认为的国际民航组织的形象和表现是一个高效的组织。外界的看法将在很大程度上取决于组织员工作为国际民航组织事业的管理者的优良表现。因此，他们应共同努力来实现该组织首要的利益。当所有这些因素被一起考量时，国际民航组织不应被认为是走错了方向。然而，迫切需要的是资金。

9.7 保安监督

国际民航组织大会第36届会议于2007年9月召开。会议重要成果之一是，呼吁通过国际民航组织理事会共享由国际民航组织进行的保安审计信息。这完成了从最初的保密审查到有限透明度的转变，也增加了许多令人关注的问题。关于适用什么法律原则赋予理事会公布信息的能力以及执行大会的指示是否有限制。另一个是国际民航组织基于其成员国的授权，公布与其领土内的航空活动有关信息的程度。

10 部长级高级别会议

2001年9月25日至10月5日，国际民航组织第33届大会上通过了第A33-1号决议："关于滥用民用航空器作为杀伤性武器和涉及民用航空的其他恐怖主义行为的宣言"。[57]该决议指出，对2001年9月发生在美国的恐怖活动的思考，尤其还认识到恐怖组织造成的新型威胁需要各国做出新的一致性努力，并采取新的、一致的合作政策，敦促所有缔约国加强努力，以便实现全面实施和执行关于航空保安的多边公约，以及国际民航组织有关保安的标准和建议措施及程序。决议还呼吁各国要监督此类措施，并在其领土内采取与威胁程度相适应的额外保安措施，以便防止和消除涉及民用航空的恐怖主义行为。该决议敦促所有缔约国以财政或人力资源的形式向国际民航组织的航空保安机制进行捐助，以支持和加强对恐怖主义和民用航空非法干扰行为的打击；呼吁各缔约国一致同意对国际民航组织在航空保安方面的紧急行动进行特别资助。同时指示理事会为更加稳定地资助国际民航组织在航空保安方面的行动，包括适当的补救行动编制提案和做出适当决定。

第A33-1号决议还指示，理事会尽早在蒙特利尔召开关于航空保安的部长级高级别会议，目标是防止、打击和消除涉及民用航空的恐怖主义行为；加强国际民航组织在通过保安方面的标准和建议措施及检查其实施情况方面的作用；以及确保必要的财政手段来加强国际民航组织航空保安机制，并在航空安全领域提供

---

〔57〕 Assembly Resolutions in Force (as of 5 October 2001), ICAO Doc 9790, at p. VII－1. 一般关心的是联合国大会第56/88决议，关于消除国际恐怖主义的措施，通过联合国第五十六届会议呼吁国家采取所有消除国际恐怖主义的可能措施。See A/RES/56/88, 24 January 2002.

专项资金用于国际民航组织采取紧急行动。

在2002年2月19日至20日，根据大会第A33-1号决议的要求，在国际民航组织总部——蒙特利尔，召开了航空保安高级别会议。由国际民航组织理事会的主席阿萨德·柯台特（Assad Kotaite）博士主持会议，阿萨德·柯台特博士指出：

> 对于民用航空和整个社会来说是关键时刻，回顾和制定全球策略，无论是在空中还是地面，该策略是加强以保护生命为目标的航空保安，重塑公众对于航空旅行的信心，并且促进航空运输的健康发展，以便恢复其对于世界经济的重要贡献。[58]

柯台特博士指出，这是民用航空发展进程中的历史性时刻。[59]

在这次会议上，来自154个缔约国的714个参加者和来自24个国际民航组织的观察员通过了一项关于加强全世界航空保安的全球性战略措施，并在两天的会议结束后发表公开宣言。

高级别部长级会议形成了若干结论，并通过了许多指导后续行动的指导材料。会议认为，2001年的“9·11事件”对世界经济有极大的负面影响，对航空运输的影响也是历史上无可比拟的，恢复消费者对航空运输业的信心以及保证航空运输业的长期健康发展都至关重要。许多国家为此启动了一系列措施。会议认为，与威胁相称的统一安保措施的有效应用将有助于恢复航空运输业的信心，但是，这些措施应是对旅客和货主友好的，并且是为了运量恢复，这些措施对行业和消费者来说也不能过于昂贵。因此，与第A33-1号决议一致，会议建议各国应加紧努力，全面实施和执行航空保安多边条约，以及有关航空保安的国际民航组织标准和建议措施，并在其领土内采取与威胁程度相称的额外的保安措施，且这些措施应符合成本效益。由于恢复航空运输业的信心是一项集体责任，会议呼吁各缔约国增强在航空保安领域的国际合作，并且尽最大可能帮助发展中国家。

对于加强全球航空保安的迫切需要，会议认为，一个强大可行的航空保安

---

〔58〕 ICAO News Release PIO 02/2002.

〔59〕 同上。

（AVSEC）项目是必不可少的，实施国际航空保安标准的全球统一方法也是必要的，同时也要对操作的灵活性留有空间。建立区域和分区域办法是有效的，这种方法可能会对国际民航组织的航空保安活动有重要贡献。大会指出，航空保安是各缔约国的一项责任，因此，外包航空保安计划的国家应确保有足够的政府控制和到位的监督。会议还指出，在应对民航出现的新威胁方面，国际航空保安文书存在差距和不足之处，所以在这方面的进一步研究是有必要的。为加强航空保安，需要国际民航组织实施全面航空保安行动计划，通过加强航空保安机制、国际民航组织航空保安审计计划、技术合作项目，促进航空保安质量控制功能和适当的业绩指标的形成。

基于上述结论，会议建议各国立即采取行动，锁紧国际运营飞机的驾驶舱门，同时在地面上采取措施以提供最高水平的航空保安。会议也要求国家按照附件 17 的标准，积极共享威胁信息，并采用与他们情况相适应的适当风险评估和风险管理方法，基于国际民航组织制定的模板，并以客观和非歧视的方式实施航空保安措施。

至于国际民航组织在这个过程中的作用，会议建议，作为高度优先事项，国际民航组织应修订相应的附件来保护驾驶舱门免受强行侵入；继续努力识别和分析新出现的对民用航空的威胁，以协助保安措施形成目标，并与其他相关机构积极合作；对现有的航空保安公约和其他与航空保安有关文件进行充分详细的研究，以期提出和制定措施弥合差距并消除不足之处，包括需要时进行修订，以便能有效地处理现在的和新发生的对国际民用航空的威胁；制定并采取行动解决航空战争风险保险的问题；并制定和实施一个全面的航空保安行动计划和理事会批准的任何额外行动，包括明确优先事项。

这次会议的一个重要结论是，为了进一步加强保安，并确保系统地实施国家航空保安系统的关键元素，迫切需要一个全面的国际民航组织航空保安审计计划，即遵守附件 17 和其他附件中与航空保安相关的条款，对所有缔约国进行定期的、强制性的、系统化的和协调一致的航空保安审计，此审计在国家和机场两个层面进行。会议认为，确定机场或国家遵循的能力，需要审计人员有扎实的航空保安背景和足够的训练并经国际民航组织认证，来确保审计是以一致和客观的方式进行的。会议强烈相信，这样一个审计计划应该在国际民航组织的航空保安机制下进行，这个机制可以由经过证明且成功的概念所指导。这些概念已经被用于制定可行的项目，项目由欧洲民航会议（ECAC），美国和其他国家为航空保安审计计划框架的形成而制定。

11 保安监督

国际民航组织保安监督计划又被称为“普遍保安审计计划（USAP）”。国际民航组织普遍保安审计计划，于2002年6月启动，是国际民航组织加强全球航空保安战略的一项重要举措，旨在获得各国合作建立全球航空保安系统的承诺。

作为航空保安行动计划的一部分，普遍保安审计计划为所有的国际民航组织成员国提供了针对航空保安系统普遍的、强制的和定期的审计行为。普遍保安审计计划的目的是促进全球航空保安，通过定期审核各国来帮助其努力履行航空保安责任。审计查明每个国家航空保安系统的缺陷，并提出缓解建议或解决方案。

普遍保安审计计划与第一次航空安全审计计划同时开始，在世界各地每个月进行3~4次审计。2004年9月28日至10月8日召开的第35届大会要求国际民航组织针对从普遍保安审计计划（USAP）获得的国家信息，严格保密。然而，为了促进国家之间在航空保安层面上的相互信任，大会敦促所有缔约国“在别国的要求下，并在与其主权相适宜和一致的情况下，分享国际民航组织的审计结果和被审计国家采取的纠正行动”。[60]

2007年9月18日至28日召开的第36届大会指出，各国之间持续信息交换的重要性，同时大会也承认，理事会和各缔约国提出的针对国际民航组织航空保安审计结果引入有限度的透明度水平的价值。[61]大会指示理事会审议在有关国际民航组织航空保安的审计结果方面推行有限程度的透明度，同时在既需要使各国认识到未解决的保安关切，又需要使敏感的保安信息不公之于众之间保持平衡。为此，大会强调，至关重要的是，为提高透明度的任何方法，都应确保对于国家

〔60〕 A35-9, Appendix E, Resolving Clause 4; and Recommended Practice 2.4.5 of Annex 17—Security).

〔61〕 Resolution A36-20, A36-WP/336 and Plenary Action Sheet No. 3.

安全信息的适当防护，以防止泄露的特定信息被用来利用现有的漏洞。

国际民航组织第36届大会通过了第A36-20号决议，[62]附录E规定了普遍保安审计计划（该决议已被第A37-17号决议所取代）。正如前面所提到的，必须强调的是，决议特别指示理事会审议在有关国际民航组织航空保安的审计结果方面推行有限程度的透明度，同时在既需要使各国认识到未解决的保安关切，又需要使敏感的保安信息不公之于众之间保持平衡，并要求理事会向大会下一届常会报告普遍保安审计计划的总体实施情况。

自2002年启动的普遍保安审计计划，已进行了169个航空保安审计和77个后续的任务。[63]审计已被证明有助于航空保安问题的持续识别和解决。分析表明，附件17中标准的平均执行率，在大多数国家，在初次审核和后续任务之间明显地增加。

审计过程中的一个关键部分是，要求所有被审计的国家提交纠正行动计划，以解决在审核过程中发现的缺陷。理事会将超过60日提交纠正行动计划的国家，通知所有国家（通过信函以及普遍保安审计计划安全网站）。自2007年7月31日起，有7国超过60日提交。超过60日提交的情况下，秘书长和相关的区域办事处会反复提醒未提交国。就准备纠正行动计划而言，当国家要求建议或支持，国际民航组织会提供援助。针对有关纠正行动计划是否足够，有广泛的反馈提供给每个被审计的国家，实施计划中需要提供支持时，会保持持续性的对话。

国际民航组织在持续的基础上全面分析针对附件17的审计结果（全球、区域和特定主体）。统计数据将提供给授权用户，通过普遍保安审计计划安全网站，并与其他相关国际民航组织办事处分享，作为优先培训和补救援助项目的基础。普遍保安审计计划审计是定期的、强制的、系统的和协调一致的。涵盖了国家航空保安监督能力并在选定机场审计保安措施。除此之外，普遍保安审计计划基于

〔62〕 A36-20号决议，国际民航组织关于保护国际民用航空器免遭非法干扰分类持续政策的综合声明，Report of the Executive Committee（Report Folder）Assembly，Thirty-sixth Session，A36-WP/336，p/46，at 16－2.

〔63〕 国际民航组织大会第36届会议被告知在普遍保安审计计划名单上有150位注册审计师，来自国际民航组织59个国家和地区。在国际民航组织组长的指导下，注册国专家参与审计，已经允许这个项目以符合成本效益的方式实现价值交换，同时允许交换有价值的专业知识。

以下九个原则：国家主权；普遍性；透明度；客观性；公平；质量；时效性；全部涵盖；保密性。

审计随访的结果表明，总的来说，国家在遵循附件17方面，已经做了改进。但是，在不同区域有不一样的改善水平，并且在许多情况下，区域内的不同国家之间也有不一样的改善水平。就改善审计过程中发现的缺陷，存在困难的国家，可以通过保安实施支持和发展（ISD）计划和技术合作计划，向国际民航组织申请援助。

认识到普遍保安审计计划有助于识别航空保安问题，并为解决方案提供建议，第36届大会通过第A36-20号决议——国际民航组织关于保护国际民用航空免遭非法干扰行为持续政策的综合声明，该决议被大会第A37-17号决议取代，该决议要求国际民航组织理事会在2007年年初始周期结束后，确保普遍保安审计计划的延续。

正在进行的国际民航组织普遍保安审计计划第二个周期始于2008年1月。第二轮审计的主要目标是：

通过评估航空保安监督系统的关键要素是否得到了有效落实决定国家的航空保安监督能力；

决定国家对于附件17标准和附件9中与保安有关规定的遵守程度；

评估国家对保安程序、指导材料和与保安措施有关的标准和建议措施的遵守；

对被审计国家，提供如何改善航空保安系统和保安监督能力的建议。

这些任务由相应的区域办事处进行，并且与总部有紧密的协调。后续随访的结果表明，大多数国家在实施纠正行动计划方面取得了显著的进展。

一个高级别的属于国际民航组织秘书处的监测和审查委员会（MARB）已被确立，作为与国家之间合作的整体协调战略的一部分，该战略针对的是在遵守国际民航组织标准和建议措施方面有显著不足的国家。监测和审查委员会的目的是继续以前审查委员会（ARRB）的工作，专注于制定和实施广泛的高层次的援助战略。监测和审查委员会也将协调国际民航组织援助和监测活动（监测既包括审计也包括连续监测活动），并关注有重大安全和/或保安问题的国家。

监测和审查委员会作为国际民航组织秘书处的高级管理论坛负责：

协调和评估监督活动的有效性和效率，来确保持续改进的机会被识别并且被利用和识别、协调、验证援助战略和其他行动，以提高各国对国际民航组织监测活动的响应并解决所发现的需求。

监测和审查委员会审查具体国家的安全和保安历史，并为协调国际民航组织安全、保安和援助方案，提供了一个内部咨询论坛。

12 国际民航组织理事会的作用

国际民航组织理事会2007年决定，在国际民航组织审计计划未来的措施中，并不是所有的国家都需要以相同的频率来进行审核，虽然普遍保安审计计划应该始终保持普遍性原则。理事会认为，根据2007年年底各国审计结果建立坚实的基线，为更有效地利用资源，可以通过制定适当的计划/频率以确定今后审计工作的优先事项和访问国家的频率。但普遍性原则的要求仍需要保持，所有国家在6年时间内应至少被审计一次。

理事会的另一个决定是，普遍保安审计计划的未来审计将会扩大，包括附件9——便利化中与保安相关的规定。随着近期普遍安全监督审计运用全面系统做法，涵盖所有与安全相关的附件，附件9是目前不包括在国际民航组织安全审计计划和保安审计计划里的唯一附件。附件9中有一些与保安相关的规定，特别是与旅行文件的完整性和安全性相关的规定，这些条款可以在普通保安审计计划中与附件17中的标准一起被审计。

理事会还决定，只要有可能，国际民航组织的保安审计应集中于国家对航空保安活动的监督能力。通过使用初步审计结果和随访，未来国际民航组织审计活动的范围应该针对被审计国家的现存情况。证明了对于监督保安活动有必要且满足要求的基础设施的国家，可能经历有针对性的监督审计，以验证国家质量控制计划的实施情况。这样的监督审计将包括，通过在机场的抽查验证国际民航组织规定的实施情况。

第36届会议决定——关于国际民航组织航空保安审计结果维持“有限程度的透明度”，确保披露某些信息的需要和维护国家利益之间的平衡。因此，理事会必须在可能冲突的潜在利益之间保持平衡。至于安全方面，大会第35届会议决定，从审计有限的附件向全面的系统方法实施审计过渡，指示秘书长向所有缔约国提供安全监督审计报告，同时通过国际民航组织保密网站获取审计结果和差异数据库（AFDD）得出的相关资料。[64]此外，在第 A36-2 号决议（采取统一战略解决与安全有关的缺陷）执行条款 6 中，大会指示理事会制定并审议一项程序，在一个国家就遵守国际民航组织与安全相关的标准和建议措施方面出现较大缺陷时，根据《芝加哥公约》第五十四条第十款向所有缔约国说明情况，以便其他缔约国以适当与及时的方式采取行动。

第五十四条第十款使得向各缔约国报告关于违反本公约及不执行理事会建议或决定的任何情况成为理事会必须履行的职责之一。决议 A36-2 中有许多与该款有关且需要探讨的问题。

第一，大会的决议令人惊讶地没有要求理事会履行第五十四条第十一款的职责——向大会报告关于一缔约国违反本公约而经通告后在一合理的期限内仍未采取适当行动的任何情况。该条与第十款相比，可被认为是一个更有强制力以及更为有效的工具，因为国家将会非常担忧如果他们的缺点在国际民航组织的大会上于缔约国面前被通报。

第二，使用决议 A36-2 第六条明确的用语，理事会在此场合下的职责是：

> 制定并审议一项程序，在一个国家就遵守国际民航组织与安全相关的标准和建议措施方面出现较大缺陷时，根据《芝加哥公约》第五十四条第十款向所有缔约国说明情况，以便其他缔约国以适当与及时的方式采取行动。

令人惊讶的是，理事会被大会限制仅来决定缔约国是否遵守标准以及建议措施，并报告其对此的发现，这已经是《芝加哥公约》第三十八条确定的职责。[65]并不清楚在决议中为什么大会限制适用第五十四条第十款剩下的部分，即理事会有义务报告不执行理事会建议或决定的任何情况。这种方式将比报告仅局限于附件中的标准以及建议措施能更好地为大会目的服务。

第三，在公约下，理事会仅有职责（本质上是义务）而没有权力。[66]另外，

---

〔64〕 Resolution A35-6，Operative Clause 7.

〔65〕《芝加哥公约》第三十八条特别规定："理事会应立即将国际标准和该国措施间在一项或几项上存在的差别通知所有其他各国。"

〔66〕 尽管 Jacob Schenkman 在其有力证明逻辑严谨的关于国际民航组织的专著中认为"理事会被授予义务，权力以及职责"，但其没有给出一个关于权力的例子。Capt. Schenkman（1955）at 158.

大会有《芝加哥公约》赋予的权力以及职责,〔67〕其中之一就是赋予理事会为行使本组织职责所必需的或适宜的权力和职权，并随时撤销或变更所赋予的职权。〔68〕没有迹象表明大会行使其权力赋予理事会权力或职权来制定并审议第五十四条第十款中的程序。因为如此一来，理事会将拥有与大会同样的权力以及职权来采取必要且合适的行动传播并报告给其他国家来自安全审计和保安审计的信息。

权力是指导他人的决定及行动的能力。职责是执行、实施或者管理。〔69〕权力同样被定义为一个人在给定的法律关系中通过做或者不做特定的行为来产生变化的能力。〔70〕在这方面理事会唯一的职责是，向成员国报告其他成员国在涉及是否遵守标准以及建议措施的安全和保安检查中被发现的缺点。因此，不可争议的是，大会决议 A36-2 仅交给理事会职责，报告违反《芝加哥公约》以及实施标准和建议措施的缺点和理事会在这方面的建议以及决定。

《芝加哥公约》既没有授予理事会自发地调查并且决定是否有违反公约的情况的权力，也没有授予其从事这些行为的能力，也没有特别的条款授权理事会通知相关国家违反公约的行为已经存在。但第五十四条第十四款规定，理事会基于理事会对提交给它的事项做出自己的决定以及建议的能力能审议任何缔约国向理事会提出的关于本公约的任何事项。同样值得关注的是，公约第十五条允许理事会提出源自理事会关于机场费用和类似费用的审查的报告和建议，第六十九条允许理事会有能力就航行设施的改进对一成员国做出建议，这是公约中特别的两个例子，即理事会能为了国际民航组织成员国审议而做出建议。

明确的是，不遵守标准和建议措施以及在安全、保安方面的缺点或者不足不能被认为是违反公约。违约可被认为是对公约本身的违背而不是对仅包含并不具有严格的法律约束力的标准以及建议措施的附件的违背。因此，第 A36-2 号决议，十分明确地指向不能执行理事会涉及标准和建议措施的建议以及决定。这明显是一个管理而不是司法职责，因为管理行为通常被认为是涉及处理以及加工信息的相似或者关联行为。

---

〔67〕《芝加哥公约》第四十九条。

〔68〕《芝加哥公约》第四十九条第八款。

〔69〕 Deluxe Black's Law Dictionary, Sixth Edition, St. Paul. Minn: 1990, at 673.

〔70〕 上引, at 1189.

针对第A36-2号决议中理事会在披露安全信息方面的角色，另一个重要问题在于国际民航组织已经与被审计的国家达成谅解备忘录，审计报告将是保密的，只对被审计国以及其他相关的国际民航组织员工在需要知道的基础上开放。这些协议同样要求，在报告准备时，将形成一个限于被审计的国家、在审计过程中涉及的机场名称以及审计完成时间的公开审计行为报告，并对所有成员国开放。提交给理事会的报告也要求不公开。因此，国际民航组织为了保密的需要而自我限制，仅给予其成员国以有限且不是特别细节的审计报告。这导致一个法律问题，国际民航组织是否有权力依据大会决议违反与成员国的协议。该问题同样触及了成员国对国际民航组织的授权。

国际组织通常仅能行使成员国赋予的权力。这些权力来自组成该组织的成员国的主权让渡。[71]因此，一个逻辑的结论是，如果国际组织超越赋予其的权力行动，将被认为是越权行动。[72]需要指出，国际民航组织不仅从其缔约国获得授权，也能根据固有权力原则行使特定的权力。授权原则，直接源于建立者的意愿，权力被授予国际民航组织，当其被建立作为一个国际技术机构以及一个常设的民航机构来管理《芝加哥公约》的条款。此外，国际民航组织还能够援用“固有权力”，即给予国际民航组织权力实施实现其目标的行动，不因为任何组织权力的特殊来源，仅因为国际民航组织固有的组织性。因此，只要行动不被国际民航组织的宪法性文件（《芝加哥公约》）所阻止，在法律上都应被认为是有效的。[73]

固有权力原则被用于联合国以及其专门机构之基础在于，如果在行使职责时陷入法律解释与约定的泥潭，这样的组织会变得无效。固有权力原则的好处有两方面。第一，固有权力是有用的并且有助于有关的组织去实现其目标而不会为法律的细节所限。第二，从可能有效地阻止组织实现其目标和目的法律控制中释放组织。行使固有权力，已经使国际民航组织能够解决航空保险问题并建立一个保险机制；在航空安全和保安领域对国家进行强制审计；并且能为航空安全项目建

〔71〕 de Witte（1998）at pp. 277－304.

〔72〕 Klabbers（2002）at p. 60.

〔73〕 Seyersted（1963），at p. 28.

立融资机构，以上这些并未在《芝加哥公约》中有所规定，但也未被明确禁止。

成员国通过条约赋予国际民航组织能力。然而，除阐述了国际民航组织宗旨和目标之外，《芝加哥公约》没有明确提到对于国际民航组织的授权，也没有任何关于国际民航组织权力的描述。国际民航组织理事具有应当履行和可以行使的职能，当公约规定未被遵守时，理事会可以采取一定的措施。国家并没有按照通常的方式授予国际民航组织权力，这种方式是国际法院在1996年世界卫生组织咨询意见中〔74〕说明的，即对于国际组织权力的授予通常是在其宪章中明确说明。〔75〕尽管如此，不可否认的是，国际民航组织成员国赋予其一定的权力来独立履行职责。比如，国际民航组织就行使职责而言，有权与其他法律实体达成协议，其他法律实体包括其他国际组织。

相反，一个国际组织必须依据《维也纳条约法公约》第三十四条的规定行使授予的权力，该条规定未经第三国同意，条约不对该国产生权利或义务。这个原则可以比照适用于国际组织，如国际民航组织。对国际组织的授权，事实上并不限制国家在组织之外活动的权力，除非国家有意地限制其在这方面的权力。这一原则为荷花号（Lotus）案件〔76〕认可，临时国际法院认为，一个国家可以在单边基础上行使权力，即使其授予国际组织的权力仍然存在，这不能推定为对国家独立的限制。〔77〕

国际民航组织被授予的权力使得该组织能通过多数决定（通常不必要，因为主要的国际民航组织政策通过合意被采纳）采纳有约束力的决议。但是，在政策生效前国家能够选择退出或者保留。这是因为国家授予国际民航组织权力做出决定，但应他们接受这样决定的基础上。在国际民航组织之外，即便是在国际民航组织采纳政策的领域，国家仍能够退出该政策并参加有约束力的协议。该规则唯一的例外在于在附件2中规定的标准，特别是在飞越公海以及其他有自由飞行权的区域，所有的缔约国都需要为了保持国际的安全而遵守附件2的规定。

大会第35届会议决定，从审计有限的附件向用全面的系统方法实施审计过

〔74〕 Legality of the Threat or Use of Nuclear Weapons, Advisory Opinion, ICJ Reports, 1996, p. 64.

〔75〕 同前注 p. 79.

〔76〕 PCIJ Reports Series A, No. 10, p. 4.

〔77〕 同前注 p. 18.

渡，指示秘书长向所有缔约国提供的安全监督审计报告，同时通过国际民航组织保密网站获取审计结果和差异数据库（AFDD）得出的相关资料。[78]此外，在第A36-2号决议（采取统一战略解决与安全有关的缺陷）执行条款6中，大会指示理事会制定并审议一项程序，在一个国家就遵守国际民航组织与安全相关的标准和建议措施方面出现较大缺陷时，根据《芝加哥公约》第五十四条第十款向所有缔约国说明情况，以便其他缔约国以适当与及时的方式采取行动。

从上述讨论中变得明确的是，一方面，国际民航组织大会，本质上是国际民航组织成员国的发言人，要求理事会制定并审议依据第五十四条第十款用来通知成员国缺陷的程序，另一方面，国际民航组织与其成员之间签署的应当优先适当的保密备忘录，将必须被修订。此外，理事会应与国家形成关于信息的内容以及其公布方式的谅解以及合适的相互同意的指导意见。

国家保有单边行动的权力并且其不受来自国际组织行使被授予权力所产生的义务的拘束。在国际公法上，授予国际民航组织权力的国家有法律上的权利采取措施针对国际民航组织运用被授予的权力的行为，如果此种运用被认为是侵权、超越权限或构成国际的不法行为，且反对国并不想与该行为产生联系。对于在理事会中其他缔约国形成的惯例，如果这样的惯例构成习惯国际法，会反过来约束不再坚持其反对的反对国，但国家仍能疏远此等行为。[79]

尽管如此，在决定国际民航组织作为一个国际组织的有效性上一个重要的问题是，所有成员国在实施国际民航组织政策上的普遍性以及全球参与的超越原则。该原则源于1944年芝加哥会议，不断被发展并在法学家中获得明确的认同。这使得作为联合国的专门机构的国际民航组织与其他机构有不同之处以及毫无疑问地确立国际民航组织不只是一个国家间合作的工具。

普遍保安审计计划（USAP）的第二个周期始于2008年1月，正常情况下将有望在2013年年底完成。国际民航组织理事会因认识到确定普遍保安审计计划的未来性质和方向，在其第187届会议上，指示秘书长在2013年的审计周期结束之后，评估使用持续监测做法（CMA）的可行性。在保安审计中适用持续监

〔78〕 Resolution A35-6, Operative Clause 7.

〔79〕 Sarooshi (2005) at p. 110.

测做法，需要针对普通保安审计计划收集的数据和形成的报告考虑保密原则和适当程度的透明度。

13 持续监测做法（CMA）

1999 年 1 月，通过国际民航组织大会的决议，国际民航组织普遍安全监督审计计划（USOAP）首次实施。普遍安全监督审计计划的目的是通过定期审计国际民航组织成员国，决定其安全监管的能力，以促进全球航空安全。普遍安全监督审计计划由空中航行局来进行持续监督。

当前的普遍安全监督审计计划使用全面系统方法（CSA）审计，评估国家有效实施安全监督系统关键要素的水平，始于 2005 年，完成于 2010 年年底。现在国际民航组织正在计划采取持续监测做法，该方法由理事会采纳作为更积极的方法，包含对于安全风险因素的分析。

自 2011 年开始，普遍安全监督审计计划将于两年内过渡到持续监测做法，并计划于 2013 年启动持续监测做法。

持续监测做法的目的是获得长期的、具有成本效益的、灵活以及可持续的且有价值的数据，并引起全球航空安全的改进。这将通过适用一致且持续的做法监测成员国持续的安全监督能力。

持续监测做法将鉴定安全缺陷、评估安全风险、发展援助战略、给予援助优先考量。持续监测做法审计将继续由国际民航组织持续执行，并将根据国家航空活动的级别和复杂性进行调整，可以全面审计或有限范围审计；其中包括但不仅限于安全审计（持续监测做法审计须基于收回成本的考量和缔约国要求）和国际民航组织协调验证任务（ICVM）。

普遍安全监督审计计划的目的是通过持续监测成员国的安全监管能力，以促进全球航空安全。持续监测做法使国际民航组织收集到大量的安全信息，这些数据主要是由国家提供。也来自外部利益其他相关者和审计。国际民航组织使用持续监测做法，能够通过以下方式，增强国家安全监督能力和安全管理功能：

识别安全缺陷；

评估有关安全风险；

为持续监测做法活动和援助制定战略；

给予援助事项优先考量。

因为持续监测做法涉及多个方面，其中许多可同时进行，因此，使用这种新方法，需要首先观察整体情况再将它分解为特定步骤。虽然规律的持续监测做法将会提供重要的数据和信息，但大量的额外安全数据也将被其他利益相关者收集，并根据持续监测做法提供给普遍安全监督审计计划。

参考文献：

Abeyratne RIR(1992):Law making and decision making powers of the ICAO council-a criticalanalysis. Z Luft-und Weltraumrecht 41(4):387 – 394.

Abeyratne RIR(2007):State responsibility for safety management systems. J Aviat Manag II:7 – 13.

Abeyratne R(2009a):The role of ICAO in implementing the safety roadmap. Eur Transp Law XLIV(1):29 – 36.

Abeyratne R(2009b):Aircraft registration, legal and regulatory issues. Ann Air Space Law XXXIV:173.

Abeyratne R(2012):Air navigation law. Springer, Heidelberg.

Aust A(2000):Modern treaty law and practice. Cambridge University Press, New York.

Buergenthal T(1969):Law making in the international civil aviation organization. Syracuse University Press, Syracuse.

de Witte B(1998):Sovereignty and European integration:the weight of tradition. In:Slaughter.

A-M et al(eds)The European court and national courts:doctrine and jurisprudence. Hart Publishing, Oxford.

Dempsey PS(1987):Law and foreign policy in international aviation. Transnational Publishers Inc., Dobbs Ferry.

Kirgis FL Jr(1995):Specialized law making processes. In:Schachter O, Joiner C (eds)United.

Nations legal order, vol 1. The American Society of International Law.

Klabbers J(2002):An introduction to international institutional law. Cambridge University Press, Cambridge.

Milde M(1989):The Chicago Convention-after forty years, IX. Ann Air Space Law IX:203.

Sarooshi D(2005):International organizations and their exercise of sovereign powers. OxfordUniversity Press, Oxford.

Schenkman J(1955):International civil aviation organization. Librairie E. Droz, Geneve.

Seyersted F(1963):Objective international personality of intergovernmental organizations:dotheir capacities really depend upon the conventions establishing them? Krohns Bogtnykker, Copenhagen.

Sochor E(1991):The politics of international aviation. McMillan, London.

Tobolewski A(1979):ICAO's legal syndrome. Ann Air Space Law 1V:349.

Whiteman M(1968):Digest of international law. Kluwer, The Hague.

第三十九条　证书及执照的签注

一、任何航空器和航空器的部件，如有适航或性能方面的国际标准，而在发给证书时与此种标准在某个方面有所不符，应在其适航证上签注或加一附件，列举其不符合各条件的详情。

二、任何持有执照的人员如不完全符合所持执照或证书等级的国际标准所规定的条件，应在其执照上签注或加一附件，列举其不符此项条件的详情。

第四十条　签注证书和执照的效力

备有此项经签注的证书或执照的航空器或人员，除非经航空器所进入的领土所属国准许，不得参加国际航行。任何此项航空器或任何此项有证书的航空器部件，如在其原发证国以外的其他国家登记或使用，应由此项航空器或航空器部件所输入的国家自行决定能否予以登记或使用。

第四十一条　现行适航标准的承认

对于航空器或航空器设备，如其原型是在其国际适航标准采用之日起三年以内送交国家有关机关申请发给证书的，不适用本章的规定。

第四十二条 合格人员现行标准的承认

对于人员，如其执照最初是在此项人员资格的国际标准通过之日起一年以内发给的，不适用本章的规定；但对于从此项国际标准通过之日起，其执照继续有效五年的人员，本章的规定都应适用。

第二部分

国际民航组织

第七章　组　织

第四十三条　名称和组成

根据本公约成立“国际民航组织”。该组织由大会、理事会和其他必要的各种机构组成。

1　联合国为民航设立的专门机构

国际民航会议（芝加哥，伊利诺伊，1949 年 11 月 1 日至 12 月 7 日）会议记录记载的国际民航组织之成立和宗旨如下：1944 年 11 月 1 日至 12 月 7 日，52 个国家的代表齐聚芝加哥伊利诺伊州，为世界民航的预期增长建立了一个框架。依据《国际民用航空公约》也被称为《芝加哥公约》，成立了国际民航组织，旨在对国际民用航空事业发展做出指导和规范。在 26 个国家批准公约后，国际民航组织于 1947 年 4 月 4 日正式成立。在 1944 年至 1947 年，只成立了具有技术和咨询服务功能的临时组织（临时国际民航组织），该临时组织为加强国际民航领域国家间合作，以及建立以加拿大蒙特利尔为总部的国际民航组织打下了基础。

国际民航组织是联合国处理国际民航事宜的专门机构。国际民航组织依据 1944 年 12 月 7 日签署的《芝加哥公约》建立。1944 年 9 月 11 日，美国政府向 53 个国家以及两个流亡政府的高官发出邀请函，邀请他们参加引领战后国际航空运输发展的会议。美国政府建议国际会议特别考虑，通过国际协议确立临时国际航线安排，这将成为相关国家迅速建立国际航空运输服务的基础。同样建议设立一个与国际航空相关的常设机构，以及一个多边航空协议调整包括航空技术事宜在内的航空运输业和航行服务。

52 个国家在 1944 年 12 月 7 日签署《芝加哥公约》，公约在第 26 份批准书交存给美国政府 30 天后于 1947 年 4 月 4 日生效。在其序言中，《芝加哥公约》记录了签署国议定的若干原则和办法，使国际民用航空发展安全有序，并使国际航空运输业务得建立在机会均等的基础上，健康、经济地经营。显然，这一公约混合了民航秩序需要和机会均等以及航空服务经济运营之需要。

该公约第四十三条规定，根据本公约成立“国际民航组织”。大会是国际民航组织的最高权力机构，由全体成员国组成。理事会是为大会负责的常设的机构，大会由理事会召集，一般情况下每三年举行一次，遇有特别情况时或经五分之一以上成员国向秘书长提出要求，可以召开特别会议。理事会由 36 个成员国组成。从以下三组选举理事会的 36 个成员国：在航空运输方面占主要地位的国家；未包括在其他项下的对提供国际民用航空航行设施做最大贡献的国家；及未包括在其他项下的其当选可保证世界各主要地理区域在理事会中均有代表的国家。

1944 年 11 月 1 日至 12 月 7 日在芝加哥伊利诺伊州召开的国际民航会议缔造国际民航组织，达成设立国际民航组织[1]的临时协议，这个组织随后被称为临时国际民航组织，直到《芝加哥公约》在 1947 年 4 月 4 日生效，才正式建立国际民航组织。临时国际民航组织大会第四届会议决定，依据《芝加哥公约》第四十五条，将该组织的总部设立于加拿大蒙特利尔。

该组织的目的来源于《芝加哥公约》的序言，该序言特别说明国际民用航空应按照安全和有序的方式发展，并使国际航空运输业务得建立在机会均等的基础上，健康、经济地经营。为了这个目的，国际民航组织的目标和宗旨被设定在公约第四十四条，在于发展国际航行的原则和技术，并促进国际航空运输的规划和发展。这些目的和宗旨是多重的，并包含技术、监督、立法以及司法方面的权力和职责。为了防止与类似的政府职责相冲突监督与司法职责被称为准立法以及准司法职责。[2]

该公约第四十七条规定国际民航组织“享有为履行其职能所必需的法律能力”。并且“只要与有关国家的宪法和法律不抵触，都应承认其完全法人资格”。

国际民航组织秘书长由理事会任命，其领导秘书处并管理五个独立的分局，

---

〔1〕 Proceedings of the International Civil Aviation Conference, Chicago, Illinois, November 1 – December 7, 1944, Vol. 1, The Department of State, at p. 111.

〔2〕 Schenkman (1955), at p. 121.

每一个分局都有其各自的主管。处理技术问题的空中航行局以及处理经济问题的航空运输局是秘书处的两个主要分局，负责制定国家应当遵守的包括在《芝加哥公约》18个附件中的标准和建议措施。法律局负责处理国际民航组织主办的条约以及其他与航空有关的法律问题。另外两个分局是负责国际民航组织技术帮助方案的技术合作局，以及帮助秘书长进行管理的行政服务局。秘书长履行《芝加哥公约》规定、大会指示以及理事会决定的职责。

理事会有两个主要的下属管理机构，航行委员会〔3〕以及航空运输委员会。〔4〕航行委员会由航行局提供服务并且负责检查、协调以及规划国际民航组织在航行方面的所有工作，包括发展和修改附件（除了附件9与附件17）中的标准以及建议措施，以待国际民航组织理事会采纳。航空运输委员会由航空运输局提供服务并为所有航行外的事项负责。航空运输委员会也为经济和商业事项以及有关的财政事项负责。负责发展在附件9（《简化手续》）附件17（《安全保卫》）中的标准以及建议措施并提交理事会以待采纳。此外，这些机构依据秘书处的工作提交其他政策（比如，关于国际民航的指导材料包括但不限于航空运输税以及航行服务经济学）以待理事会的同意。

在理事会中还有其他委员会，如法律委员会，〔5〕一个常设机构就理事会供其

〔3〕 航行委员会审议并且建议为了国际民航的安全以及效率的航行服务的标准以及建议措施和程序，以待国际民航组织理事会同意。《芝加哥公约》规定，航行委员会由19人组成，对航空的科学知识和实践应具有合适的资格和经验。委员会成员以其个人的专家能力行动，各成员由缔约国提名理事会任命。《芝加哥公约》第五十七条规定：航行委员会应：一、对本公约附件的修改进行审议并建议理事会予以通过；二、成立技术小组委员会，任何缔约国如愿意参加，都可指派代表；三、在向各缔约国收集和传递其认为对改进空中航行有必要和有用的一切资料方面，向理事会提供意见。

〔4〕 新的航空运输委员会的第一次会议在1949年1月19日召开。临时国际民航组织的航空运输委员会在1945年终结；原始的航空运输委员会的职能移交给新的航空运输委员会，除了主席外成员没有改变。国际航空简化手续部门的工作继续并且该部门的第二届会议在1948年5月至6月在瑞士日内瓦举行。

〔5〕 大会在其第七届会议（布莱顿，1953年6月16日至7月6日）采纳决议A7－5（经过修订的法律委员会组织章程），规定法律委员会系本组织中由大会设立的一个常设委员会，除本组织章程另有规定者外，它对理事会负责。法律委员会的职责如下：就理事会向其提出的有关《芝加哥公约》的解释和修正事项向理事会提供咨询意见；就理事会或大会可能向其提出的有关国际航空公法的其他事项进行研究并提出建议；根据大会或理事会的指示，或委员会采取的主动行动并经理事会事先批准，研究影响国际民用航空的航空私法问题，编制国际航空法公约草案，并就此提交报告和建议；就非缔约国和其他国际组织在委员会届会上的代表权问题、委员会工作与本组织和秘书处其他代表机构工作的协调问题，以及有助于本组织有效开展工作的其他事项向理事会提出建议。

提出的有关《芝加哥公约》的解释和修正事项向理事会提供咨询意见并从事国际公法方面的研究；联合融资空中航行服务委员会，[6]为管理北大西洋航班飞越费用负责；以及常设非法干扰委员会就航空保安问题向理事会报告；技术合作委员会协助理事会监督在国际民航组织技术援助方案下开展的工作，这些方案协助成员国开展各种与航空有关的项目。还有人事委员会以及财务委员会向理事会报告与该组织有关的管理以及财务问题。

国际民航组织理事会从20世纪90年代至今[7]的20年间一直在争议解决方面发挥重要作用。国际民航组织在国际社会发挥作用最好的例子之一是伊朗航空事件IR655（伊朗，美国1998）。该事件涉及伊朗航空一架载有商业旅客的空客300（IR655）被击落。该飞机原定从班达尔飞往阿巴斯，但在波斯湾上空被美国文森号军舰击落，导致290人全部遇难。

理事会决心在其审议中只讨论与事件有关的技术问题，严格避免政治问题和外交陷阱。上述事件即为此例，在针对上述事件的讨论中，理事会将其讨论范围严格限制在适用《芝加哥公约》所规定之原则的技术问题。

国际民航组织在世界上七个区域设立了地区办事处：在泰国曼谷的亚洲太平洋办事处，在肯尼亚内罗毕的东非以及南非办事处；在法国巴黎的欧洲以及北大西洋办事处；在埃及开罗的中东办事处；在墨西哥墨西哥城的北美、中美以加勒比地区办事处；在塞内加尔达喀尔的西非以及中非办事处以及在秘鲁利马的南美洲办事处。

《芝加哥公约》中没有明确规定国际民航组织的地位。国际民航组织主要受国际法调整，依据《联合国宪章》规定成为联合国的专门机构。该组织同样被两个主要的协议所调整，一个是与联合国的协议，另一个是与加拿大政府的协议。加拿大与国际民航组织之间《总部协议》[8]第二条，明确规定国际民航组织应具

---

〔6〕 该委员会负责组织以及监督国际民航组织成员的小组间的协议，该协议为联合融资或者联合运营基本的航行援助以及设施，在世界上除此种形式外不能提供此等援助以及设施的区域。委员会负责的协议包括《北大西洋气候站协议》以及《在格陵兰岛以及法罗群岛维持远程无线电以及其他航行设施的协议》。

〔7〕 此处“至今”指2013年——译者注。

〔8〕 Headquarters Agreement Between the International Civil Aviation Organization and the Government of Canada，ICAO Doc 9591. 关于该协议进一步的讨论见Milde（1992）.

有法人资格并且应具有作为一个机构的法律能力，包括能够缔结合同；支配动产以及不动产；并且在加拿大提起诉讼。

国际民航组织由其任务以及愿景所驱动。国际民航组织作为联合国的专门机构是民航的全球论坛，国际民航组织通过成员国之间的合作实现民航的安全、保安以及可持续的发展。

为实现这一目标，国际民航组织设定了6个战略目标：加强全球民用航空安全；加强全球航空安保；将全球民用航空的不利环境影响减至最小；提升航空运行的效率；保持航空运行的持续性；以及加强对国际民航的法律管理。这些战略目标推动国际民航组织的商业计划，该计划由关键行动以及重点任务推动，而关键行动以及重点任务通过严格的实施管理计划保证战略目标的实现。

国际民航组织的成员资格对所有递交《芝加哥公约》批准书的联合国的成员开放。该组织有191个[9]成员，6种官方语言，英语、法语、西班牙语、阿拉伯语、汉语以及俄语。

对于法院来说，在决定国际民航组织作为一个国际组织的地位时最为关键的问题是“什么是国际组织?”不幸的是，对于这一问题没有特定的答案，因为没有关于什么是国际组织的精确概念。一位评论员指出，最好我们发现一个承认、一个达成精确的定义，或者指出国际组织所包含的所有特征。主要困难在于，国际组织是一个社会产物。更进一步，国际组织的缔造者在创建国际组织时没有形成预先同意的蓝图，而是依据需要刻画。国际民航组织由国际民航会议设立，并由《芝加哥公约》创造，该公约第四十四条规定其组织目标以及宗旨，仅此而已。法院在一定程度上只能依据这些目标以及宗旨决定国际民航组织的能力。

国际民航组织有两个主要特征。一是被国家创造，更精确地讲，因为国家只是一个概念，被适当授权的国家代表创造；二是被条约创造，条约是当事国签署并由国际法调整的书面协议。国家仅能通过国家代表行动，不同的政府部门或者机构对应不同的国际机构。针对国际民航组织，最可能与之对应的政府机构是交通运输部或者航空部，视情况而定。国际组织有自己的意图，这使得国际组织成为国家的俱乐部而不仅是国家的发言人或者喉舌。本书在后面会指出，国际民航

---

〔9〕 此处数据统计截至2013年——译者注。

组织由加拿大政府为了该组织在加拿大国内行动的目的而承认的独立意志被概述为一个条款，即国际民航组织有能力缔结合同。但国际民航组织没有主权，虽然有时法院提及一个组织的主权，但仅是为了折中对一个国家和一个组织完全平等的绝对接受以及对一个国际组织行使政府行为之能力的绝对拒绝。

有趣的是，国际民航组织成立60年后，仍有人提及其权力以及职责。有些人则暗指国际民航组织的授权。事实是，国际民航组织仅有被建立该组织的《国际民用航空公约》(《芝加哥公约》) 认可的目标以及宗旨。从广义上讲，这些目标和宗旨是为了发展国际航行的原则和技术，并促进国际航空运输的发展。实际上，这些分歧点含蓄地反映出签署《芝加哥公约》国家的共识，该组织能在航行技术领域采纳标准，但只能在经济领域提供指导材料。授予国际民航组织在技术领域排他的权利在最初几年（1947—1949）给予国际民航组织职权为国际航路上使用的装备以及程序制定标准。为标准化航行方面技术必须认识到，仍有许多国家由于缺少资源以及不知道如何实施，没有能力实施但是愿意实施国际标准。这导致国际民航组织对许多成员国提供的帮助，并且导致国际民航组织技术援助分支的诞生。

但是，国际民航组织初始管理人的位置与现在[10]十分不同。在1949年，国际民航组织感到民航世界的律动并形成规章。同年，国际民航组织从事关于政府运行以及提供地面设备的全面研究。1949年，在北美以及欧洲间搭载乘客以及货物的运输仅由11个承运人慢慢起步。另一些地方，在南美东西向直达的服务才第一次开始。

此后发生了许多，国际民航组织现在站在因航空运输技术的进步和对运力以及服务的大量需要而不知所措的国际民航世界。

2 今日国际民航组织

今日的国际民航组织是一个结果导向、以效能以及价值驱动并由其商业计划指导的组织。商业计划将组织的六个战略目标转化为行动计划并在行动、成本以及效能评估间建立联系。该措施一个重要的方面是为了优先事项最优化分配资

〔10〕 此外“现在”是原文直译，特指该书英文原版的出版年，即2013年——译者注。

源，来整合各局以及地区办事处的项目以及行动。

商业计划为统筹战略、行动、资金、人力资源以及时间规划到一个连贯以及能有效地监督以及评价成果的报告体系奠定基础。通过使所有层级的员工参与业绩改善程序，强调责任并让主管为员工表现负责以及有规律地测试、监督和评价结果，国际民航组织将加强责任、为投资展示价值并在行动与策略层面改善整体表现。从概念到行动再到结果同样涉及一系列的支持实施战略以及成功的技术合作方案，该方案长期支持缔约国实施国际民航组织规章、程序以及政策。

商业计划解决国际民航组织行动的所有方面，其中一个是经济政策以及基础设施管理。国际民航组织在经济管理领域非常活跃并且在经济政策和机场以及航行服务经济学领域给各国提供指导材料。国际民航组织的《国际航空运输管理手册》旨在满足日益增长的需求，即关于航空运输方面和客观信息的需求。该手册用来满足所有国际民航组织成员国的需要。《机场经济学手册》提供给国家、机场管理与运营机构以及被指定的收费机构可行的指导材料帮助提升机场管理效率、执行国际民航组织政策和收取机场费用与航行服务费。此外，国际民航组织发布《航行服务经济学手册》（文件 9.61）为航行服务提供了经济方面的指导。

国际民航组织另一个重要的职责是提供标准数据，用于形成符合标准定义分类法的安全风险数据以及安全指数。提供给地区规划以及行动小组和国家、乘客与货物运输量、航空器运行预报以及其他规划参数以便做出最优化的决定，依据国际民航组织全球空中航行计划的规定。

国际民航组织在技术以及经济方面有众多的工作规划。国际民航组织现在和将来的角色不需要彻底改变。在过去的近 60 年中[11]，国际民航组织一直致力于标准化角色，但是在近年与一个迅速增长的逐渐使标准化角色模糊的实施角色混合。在一个更广泛的全球化以及区域化的世界中，国际民航组织工作重心不在于它做什么而是它如何做。在这方面，国际民航组织有双重的角色。第一个是作为民航的全球论坛，这很大程度上是发达国家所期待的角色。但发达国家需要国际民航组织设定用于所有成员国的全球标准。另一个是，发展中国家所期待的角色，即国际民航组织必须作为民航的国际论坛以及国际航空业的指导者。

---

〔11〕 特指从 2013 年向前推算的过去 60 年——译者注。

为了服务其成员国，不管是发展中国家还是发达国家，国际民航组织必须证明其性能及名望与其身份是相配的。换句话说，国际民航组织需要一个系统的变化。为了商业计划的实施以及结果的产生，第一步是国际民航组织的领导人（理事会以及秘书处的主要管理人）必须推动从服务到执行的转变。他们需要成为组织任务以及愿景的大使并设定价值并指导行为。

第二步是保证任务以及愿景影响所有决定的作出。这需要任务和愿景全面渗透到国际民航组织的秘书处。第三步是新的文化及其结果必须通过有因果联系的性能指标来测试。换句话说，国际民航组织的新文化应时常被监督。最终的措施应是保证组织文化的价值观指导决策作出程序的每个方面，并存在于每个系统和程序中。

在某种程度上，国际民航组织正在经历文化转型。为形成愿景、任务以及战略目标推动下的商业计划准备了很长时间，有一位领导人致力于其工作。同样有迹象表明领导层已准备好并愿意让整个组织参与确定本组织的使命、愿景和价值。为成功地实现这一目标，必须通过一项充满活力的执行计划，配备强有力的工具并设定积极的目标。同时此项计划不能使国际民航组织各局和各办处室相互分离。

这样一个执行计划必须有目标以及关键性能指标。同时，评估是必要的，必须有策略设定。必须指出这方面国际民航组织的商业计划在正确的轨道上，因其有三个指标：①因果联系指标，与价值观念以及行为有关，即核心能力；②输出指标，依据效率以及生产力评估执行；③成果指标，对顾客或者利益攸关方产生的结果或者效果。

在这些指标中，国际民航组织的注意力应集中在输出指标，测量组织作为一个整体的生产力、效率、质量、革新、创造力并保证顾客的满意。革新以及创造力是关键的因素，将会提升国际民航组织对其成员的贡献。例如，因为在技术领域，许多国家没有足够的航空活动数量和范围，无法产生支持可行的安全监督系统所需的资源和行动基准，国际民航组织必须为国家提供安全监督的不同模式并建议什么是最适合的。国际民航组织还可以推动成功的地区安全监督组织更进一步地参与安全监督，并根据不同地区所采用的模式，就如何从缔约国向地区安全监督组织转移责任向各国提供指导。

领导力是国际民航组织在21世纪角色的关键，并且没有任何地方比经济领域更需要领导力。《芝加哥公约》第四十四条只规定国际民航组织弱化的作用，仅“促进国际航空运输的规划和发展”，这将阻碍文化转型，这种转型需要国际民航发挥更大的领导作用。古旧的、毫无希望的、过时的观点，即国际民航组织的宗旨应是“满足世界人民安全、规律高效以及经济的航空运输的需求”与国际民航组织领导层的新想法是截然相反的。国际民航组织领导层认为，在一个充满竞争的世界，国际民航组织需要在安全以及保安方面百分之百地发挥作用帮助形成一个可持续的以及高效的航空运输系统。

国际民航组织应摆脱《芝加哥公约》桎梏的一个方面是航空运输自由化。国际民航组织理事会以及秘书处的专家足够用于提倡一个政策而并不仅是设定指导材料和从事在这一领域的研究。因为理事会，多年来毫不犹豫地采纳决议、建议以及政策在诸如航空运输税等航空运输自由化领域，因此，令人费解的是理事会为何至今仍没有尝试在航空运输自由化领域出台政策。

国际民航组织应在自由化的进程中提供帮助，通过研究以及分析全球的航空运输情况，并为各国提供必要的指导材料、手册和程序以及如何在该国实现航空运输自由化的建议。为实现上述目标，国际民航组织应尽力提供不同的自由化模式并鼓励各国适当地在区域或者多边的基础上使用。国际民航组织应同样告知各国自由化的好处。

在自由化的过程中区域自由化是一个很好的进路并且有助于实施更灵活的市场准入措施。为在航空运输自由化方面促进国家间的区域合作，国际民航组织应研究促成不同区域自由化政策一致性的可能。国际民航组织对于区域自由化行动应提供更为积极的支持，以此来推进航空运输的可持续发展。国际民航组织应同样鼓励国家采取全面的方法，借此明确不同规则的共同体，并在区域层面消除市场准入限制。

另一个国际民航组织应作出价值观念调整的方面是，及时了解新的世界秩序，该秩序是国家正在不断地被分解成在全球网络中各自行动的不同部分，并通过全球化的趋势使世界联系到一起。换句话说，国际民航组织应促进国家间以及国家的组成部门间在民航事项上的互动。比如，在许多国家，民航涉及多方主体，如海关以及移民、药品以及检疫、旅游、警察、机场以及航行服务提供者。

在大多数的场合，这些主体并不会一致行动，因此导致高效的航空运输产品在最终供应方面发生混乱。国际民航组织的任务以及未来愿景是通过成员国之间合作，使该组成为一个涉及民航关键领域的全球论坛。

为促进成员国间流畅的对话以及合作，国际民航组织应采取行动在技术以及经济两方面帮助有需要的国家。这一帮助并不限于通过技术合作局管理的项目所提供技术支持，同样应扩张到提供指导材料，主要用于将国际民航组织视为全球航空专家论坛的国家。

国际民航组织在民航经济和技术领域的领导角色完全取决于两个关键因素：由关键性能指标以及策略构成的进取的执行计划；以及组织观念的实现。这是看不到的财富，也是新的竞争优势。后者在目前国际民航组织人力资源以及专家紧缺的条件下特别重要。文化转型应从领导者和员工的价值观念转变开始。从国际民航组织现在的领导结构看，毫无疑问的是价值观念的转变已经开始。但是，更关键的在于激发员工的积极性以便于他们追随他们的领导人，在工作的许多方面实现价值观念转变并形成国际民航组织的领导地位。

所有这些都指向一点，即国际民航组织的理念需要变化，从其服务的角色到帮助实施的角色。在这一变化中人的因素是一个关键的因素。但是，关键以及出发点是承认改变的必要，这一点国际民航组织已经实现。下一步是承认国际民航组织需要其员工个人的以及联合的最大努力。国际民航组织的形象以及国际民航组织作为一个高效机构的外观将很大程度上取决于组织员工作为国际民航组织事业管理者的良好表现。因此，他们应共同努力实现该组织首要的利益。当考虑到所有因素时，国际民航组织不应被认为是走错了方向。

3 技术援助

国际民航组织除了在安全、保安、环境和经济方面的工作，还有重要以及充满活力的技术援助方案。

考虑国家的优先事项以及国际民航组织实施战略目标[12]的政策，国际民航组织将与国家以及其他有关组织合作来提供技术援助。对这一合作主要通过项目

---

〔12〕 国际民航组织的战略目标涉及提升航空的安全以及保安；减少航空对环境的不利影响以及形成航空运输的可持续性。

实现，特别是为了提供至关重要的航空运输基础设施的项目或者一国经济发展必需的项目。在实施该政策时，国际民航组织最大化地利用其在总部以及地区办事处的资源并且应用规定在国际民航组织大会决议、指导材料以及政策中的原则。

实施以及继续发展这一政策的整体责任下放给国际民航组织秘书长，由技术合作局的主任提供协助。如有必要，该政策将通过国际民航组织的商业计划并入国际民航组织的日常工作中。

有趣的是，赋予国际民航组织合法性的《芝加哥公约》并没有提及国际民航组织提供的技术援助。然而，由 1952 年设立的技术合作局执行的国际民航组织技术合作方案〔13〕，一直给国家提供技术援助。为实现组织的技术合作任务目标，技术合作方案是主要的执行工具。包括提升发展中国家实施国际民航组织标准以及建议措施的能力。其重要性在大会在几项决议中重申，特别是国际民航组织技术合作政策综合声明（第 A36－17 号决议），规定技术合作方案是国际民航组织一项长期的重要活动，用以补充常用方案在资助各国有效执行标准、建议措施和空中航行规划，以及发展其民用航空管理基础设施和人力资源方面的作用。此外，技术合作方案也是国际民航组织帮助一国修补在国际民航组织审计计划中发现的安全和保安方面缺陷的一个主要工具。

从其建立技术合作局以来，已经执行的计划累计价值超过 20 亿美元。伴随年度计划规模超过 1200 万美元，每年涉及大概 250 个计划，每一个计划的预算从少于 2 万美元到超过 1200 万美元。至今，技术合作局已经为超过 115 个国家提供援助，每年部署大概 1200 名国内外专家。〔14〕

技术援助始于 1948 年，当联合国大会决定在其常规预算下拨款给联合国秘书长，在政府请求时，通过提供专家团队、研究员以及组织座谈会援助国家的发

---

〔13〕 国际民航组织的技术合作方案提供民航所有领域为了发展的建议以及实施计划的援助，目的在于国内民航以及国际民航的安全、保安、环境保护以及可持续发展。该方案在国际民航组织大会以及理事会广泛的政策指导下运行。依据秘书长的一般指导意见，技术合作方案由技术合作局执行。

〔14〕 技术合作局已经形成了重要的由发展中国家的政府以及服务提供者资助的系列计划，主要致力于航空安全的提升以及全世界民航基础设施的建设，特别是在拉丁美洲区域。不考虑在其他区域可用的资源是有限的，进展稳步持续并伴随技术合作局更新对在亚太、非洲、欧洲以及中东地区的区域合作的关注，作为一个利用南南合作的效率以及成果的手段。至今，技术合作局已经为超过 100 个国家提供技术援助，通过每年实施平均 300 个计划，每年部署接近 4000 名国际以及国内的某领域的专家。

展计划。同时，许多专门机构在自己的技术合作方案下，开始从事同样的计划。然而，在当时被称为技术援助经常方案的项目刚开始运作时，明显的事实是从常规预算中分配用于技术援助的资金不足以满足国家对于援助的需求。因此，1949年联合国大会针对技术援助的自愿捐助设立了一个独立的账户，并将该账户作为资助联合国及其专门机构行动的资金来源。为了分配财政资源以及协调项目，建立“技术援助扩大计划”，以区别联合国在常规预算资助下的技术援助。该项事业被证明非常成功。十年后，1959年技术援助扩大计划在140个国家以及地区资助技术援助。1950年至1960年，捐助资金的国家从54个增至85个，并且每年的捐助总数从1000万美元增至3380万美元。

十几年后，联合国开发计划署作为联合国体系内技术合作的中心资助机构以及作为专门机构的国际民航组织，是该计划天然的受益人。〔15〕但随后的几年，尽管仍保持资助功能，成为一个实质性机构直接向国家实施资助，而绕开涉及的专门机构。目前国际民航组织在很大程度上自己筹集资金，特别是通过为了技术援助从国家征收的管理经费筹集资金。

国际民航组织在技术援助上的计划与技术合作局的目标紧密配合，使得发展中国家在民航领域达到可比发达国家的水平并且借此来分享航空运输以及相关的民航工业在区域和全世界产生的经济以及社会利益。该目标使国家持续地改进与航空有关的基础设施以及服务，在航空领域能够自足，这带来更好的人、社会以及经济条件。技术合作局的目标还指出，技术合作局理解发展中国家的期望也认识到发展中国家面对的问题，并从其经验了解如何实现这些希望并克服这些问题。

为实现其目标，技术合作局的优先事项是改善国际民航的运营安全、保安、效率以及正常并且为全球统一实施国际民航组织标准以及建议措施做出贡献。伴随超过60年的经验，并利用所有在国际民航组织内可用的技术专家以及专业知识，该局的任务是提供前所未有的深度技术援助给国家，针对该国的航空计划。〔16〕

---

〔15〕 1973年，接近85%的国际民航组织的技术援助被联合国技术开发署资助涉及47个国家以及175个国际民航组织某领域的专家。see Vivian (1973) at 10.

〔16〕 See http://www.icao.int/Secretariat/TechnicalCooperation/Pages/Whoweare.aspx.

4 历史回顾

1949 年 3 月，国际民航组织理事会注意到在专家咨询性援助（后被称为技术援助）领域国际民航组织的行动与联合国粮农组织、世界卫生组织这样的行动类似并且需要通过联合国体系进行技术知识的国际交换。理事会意识到成员国想要利用国际民航组织直接的建议，该建议针对如何改善设施的运行以及提升地面装备的效率。理事会特别关注在航行、航空运输安全以及效率方面的援助。[17] 在那时，国际民航组织某领域的专家访问需要援助的国家被认为是最好的援助形式。

理事会认为最好的原则是，通过国际民航组织的常任官员给予第一阶段的援助，作为该组织常规工作的一部分，但是任何超出第一阶段援助范围的部分，花费将被受益国家通过《芝加哥公约》第十五章规定的联合融资安排承担。理事会认为，援助最重要的方面是提供如何设立训练计划的建议或者直接在训练中给予援助。[18]

1949 年 8 月 15 日，联合国经社理事会通过第 222 号决议（IX），随后被联合国大会采纳并被国际民航组织第 A4 – 20 号决议认可。第 222 号决议（IX）委托所有联合国体系下的组织完全地参与联合国经济发展技术援助扩大计划，而国际民航组织作为一个联合国针对民航产业的专门机构，从 1951 年开始执行技术合作计划，从联合国为了技术援助第 222 号建立的特设账户获得资金。一些专门机构认为最好通过分散的计划提供援助，每一个机构各自筹集资助金。[19]

1953 年 10 月 23 日联合国大会通过第 723/VIII 号决议，同意修改联合国在公共管理方面的计划，在一国政府请求时，提供与公共管理有关的技术援助，包括通过专家的咨询性建议提供公共服务；研究员以及学者；训练机构、研讨会、会议、讲习班及其他形式的培训机构；提供相关技术出版物。

在很长一段时间内，为了支持发展中国家弥补与发达国家之间差距的努力，联合国与其专门机构采取的做法是提供以资本为导向的援助。直到 20 世纪 90 年

〔17〕 C – WP/212，11/3/49.

〔18〕 See DOC 6684，C/766，5/4/49.

〔19〕 C – WP/330，31/5/49.

代，该政策明显没有带来预期的影响与可持续性。因此，重点从使用外国的技术合作人员转变为发展本国的专家。这些提供技能和知识的尝试，最初被称为技术援助，后被称为技术合作，这一称谓是为了明确联合国与发展中国家互动的双向道路，以及项目的国家所有权。国际民航组织采取这一新措施并随即将技术援助局更名为技术合作局。援助以及合作两者都将在技术合作方案下提供，取决于赞助技术合作局行动的捐助者、金融机构、私人机构以及接受国的不同需求。

国际民航组织第37届会议（蒙特利尔，2010年9月28日至10月8日）指出，针对《芝加哥公约》第四十四条第三款以及第四款，技术合作方案被赋予两个有区别但值得赞赏的角色。这些角色是：

传统的"技术合作"角色，基于联合国的授权，向民用航空项目提供援助，特别是当这些项目对于国家关键的航空运输基础设施的提供和/或经济发展必不可少时（A36-17，附录B，第4条决议）。国际民航组织遵循联合国大会的决议，这些决议不断强调开展技术合作应有利于各国，并符合各国的发展政策和优秀事项。该原则从技术合作方案形成伊始便被理事会不断重申；以及被大会委托的"技术援助角色"协助各国弥补其民用航空领域缺陷（A36-17，附录A，第4条决议）。大会认识到技术合作方案对促进实现本组织战略目标的重要性；并提到国际民航组织能够援助各国发展其民用航空，同时促进本组织战略目标的实现。

大会还在第A36－17号决议中重申技术合作方案是国际民航组织一项长期的重点活动，用以补充经常方案在资助各国有效执行标准和建议措施及空中航行规划以及发展其民用航空管理基础设施和人力资源方面的作用。更为重要的是，第A36－17号决议确认应通过明确划分每个局的任务和活动、加强合作以及更密切地协调技术合作方案和国际民航组织其他援助方案，以避免重复和冗余，从而增强国际民航组织技术合作活动的协调。

基于上述观点，可以说在国际民航组织的技术合作方案内技术援助以及技术合作并不互相排斥并且两者都在方案涉及的范围内进行。

5 国际民航组织地区办事处的技术援助

国际民航组织的地区办事处与国际民航组织几乎同时成立。为了保证航空在地区的安全而设立，包括但不限于在国家执行任务与国家在地区计划上保持联络、为该地区国家的利益从事研究；指出并解决问题，且与国家保持外交联系。

在过去几年，尽管地区办事处手册规定的基本准则，承认总部应在特定领域参与地区办事处的工作，特别是在航行与航空运输领域，但实际上地区办事处及其职责对于总部有一些排他性。

与一些地区办事处最近的会谈表明（被技术合作局证实）在过去两三年，地区办事处以及技术合作局之间几乎没有联络或者联系，导致在技术合作领域相互交流的总体中断。

5.1　欧洲以及中东

在欧洲以及中东区域（方案），地区办事处参与有限的技术合作方案。考虑到在欧洲仅有少量的技术合作方案，巴黎办事处的少量参与可以理解。但在有大量重要的技术合作方案的中东，开罗办事处的参与是非常重要的。但是，现在没有在开罗设立技术合作办事处，这阻碍地区办事处以及技术合作局之间完全可能的合作。但是需要指出，对于在该区域的技术合作方案开罗区域办事处消息灵通，特别是该方案与地区计划有关时。事实上，开罗办事处积极地参与欧洲以及中东地区计划的制定。

5.2　中南美洲

中南美区域地区办事处积极地参与一系列的技术合作方案。区域办事处总是被邀请参加涉及技术合作的地区计划会议、研讨会或者大会，并且在许多场合处于领导地位。比如，墨西哥地区办事处与技术合作局紧密合作管理地区计划，比如防止通过航空旅行传播传染病的合作性安排；共同举办重要的会议。中南美洲的地区办事处都还没从技术合作办事处的支持中获利，该支持能够推动国际民航组织在这一区域的任务，特别是涉及技术合作计划的发展。

5.3　非洲

在非洲地区办事处参与技术合作行动是不连续的，特别是在达喀尔没有技术合作办事处。但是为提升并管理技术合作方案，在内罗毕设立了技术合作办事处。这增强了地区办事处以及技术合作局的交流，并改善了技术合作项目的跟踪管理。但是，地区办事处参与技术合作方案必须被清楚界定，避免在地区办事处以及总部形成双重任务。

5.4 亚洲及太平洋

在亚洲以及太平洋区域，曼谷地区办事处在技术合作项目中高度参与。一位技术合作助理管理在这一地区的许多项目。更进一步，地区主管被通知并被邀请参与所有的专题会议、研讨会以及大会，特别是涉及地区合作方案的会议，如许多在亚洲的合作制定运营安全和持续适航性方案。但是，地区办事处的角色仍是不完整的，因为目前没有技术合作办事处可用来进一步指导、管理地区计划。

6 前路

认识到需要加强地区办事处在指导、促进以及参与技术合作方案方面的作用，以便进一步支持国际民航组织战略目标的实现，秘书长在2010年1月29日决定通过在每个地区办事处任命技术合作官员来提升地区办事处在技术合作方案中的作用。增加技术合作官员能帮助技术合作局指出新的计划并管理地区计划。但是为完成这一目标，必须适当考虑实现这一目标所需的某些标准。应逐步完成上述提议，以保证技术合作方案的连续性。建议以分阶段的措施来避免对任何现存技术合作方案的干预。

第一，应在地区办事处为技术合作官员确立明确的目标以及职责描述。否则，冗余的风险伴随相应的成本增加将会发生。在地区办事处的技术合作官员的优势是接近国家，借此减少任务成本并有助于其认识到国家的需要，因此使得其能够指出新的技术合作方案。重要的是通过精心设计的职位任务以及选择适当的候选人发挥最大优势。

第二，向地区办事处移交地区合作方案的管理权，需要谨慎从事。至关重要的是地区办事处应准备好接受与其工作相关的增加的责任。

2011年国际民航组织的秘书长雷蒙·邦雅曼（Raymond Benjamin）对国际民航组织的技术合作方案采取具有前瞻性的措施，该措施将技术合作局的行动整合到地区办事处的行动中。为了澄清相关问题，秘书长在其备忘录上指出，实施前述措施的程序应该被精心设计。

秘书长的备忘录（以及备忘录规定的程序）明确指出“整合”，是指“使得人、行动以及问题成为一体以便有效履行程序”。因此，没有疑问的是，秘书长并不是试图将技术合作局全部的职责转移给地区办事处，而是试图在所有参与方之间建立紧密的合作并通过地区办事处使得技术合作局紧密地联系国家。

可以认为对于在总部执行的计划，技术合作局保持整体上关键的管理角色。但是地区主管，将在其被委派的地区代表国际民航组织管理方案，同时接受来自技术合作局必要的技术建议。在地区办事处主管的监督下地区办事处将履行其职责。

上述措施的愿景是通过分派技术合作局官员，实现技术合作局与地区办事处的整合，这将增强国际民航组织对地区办事处被委派地区的帮助并促进国际民航组织商业计划的实施。目标是解决国家面对的与民航有关的挑战并针对国家的需要提供迅速且合适的帮助。在执行其责任时，地区办事处应分配其最好的专业人员指出国家的技术需要，同时培育合作伙伴，并与国家定期交换观点来设定、实施并且严肃地回顾通过技术合作方案实施的战略援助。为促进这一平台的建设，技术合作局官员在地区办事处主管的最终监督下，而动员资金快速扩大来自国际民航组织通过技术合作局提供的援助。技术合作局与地区办事处的相互协作能有效解决关键的技术问题以及执行中的挑战来进一步实现国际民航组织商业计划所设定的宏大目标。

通过在每一个地区办事处分派技术合作局官员，秘书长保证能获得下列的便利：①国际民航组织与国家间将会有更好的联系；②国家的利益将被更好地维护；③地区办事处能够指出潜在的方案；④因总部迟延回应导致的机会丧失将被大大减少但并不能消除；⑤每一个地区将由一个熟悉该区域的技术合作局官员提供服务；⑥在地区办事处的技术合作局官员将更好地理解和认识国家的需要；⑦在该地区技术合作的存在以及能见度将会有更好的提升；⑧选择区域专家程序的质量将被改善；⑨简化专家的任务报告；⑩报告将在地区办事处审查；⑪地区办事处可以管理行动、计划以及项目；⑫在该区域的资金管理将变得容易；⑬完善计划；⑭更好地管理技术合作局的预算；⑮官员就地改造计划将提升效率；⑯由地区办事处管理地区计划将形成更有效率的程序；⑰技术合作局的计划将更为可视；⑱书面工作将减少；⑲减少地区办事处以及总部间文书往来；⑳技术合作局的官员将与每个国家的民航局的员工成为莫逆之交；㉑就地区办事处以及总部的技术合作局的通讯而言时区差异将被消除；㉒权责清楚；㉓为地区内有更多需求的国家提供更多技术合作方案；㉔从总部派遣员工的花费将减少。

《联合国宪章》第五十七条确认了国际民航组织作为联合国专门机构的合法性。[20]联合国确立应适用于联合国技术合作领域的四个关键原则，第一，针对某一问题或行为的责任应由最能胜任的机构承担；第二，在一个给定的问题或者行动中的领导机构应与联合国其他机构紧密合作而不是试图重复在不同机构中随处可用的专门知识；第三，更为系统的努力应被用来吸引在联合国外存在的大量知识以及专业技能；第四，技术合作应通过在一个领域内已经存在以及有相关经验的机构最大程度地实现。秘书处应提供恰当的政策指导意见以及专业知识。[21]

由理事会落实这四个原则，理事会指导组织（伴随大会最终的同意）处理特别关切的问题，比如，安全、保安、环境保护以及民航可持续发展。国际民航组织与联合国机构有关的技术援助可追溯到1949年理事会第6届会议承认的联合国经社理事会在1948年3月通过的决议，这一个决议要求联合国秘书长，在咨询有关专门机构的执行首脑后，制定全面的计划，为了经济的发展通过联合国及其专门机构扩展合作方案，关注直接影响经济发展的社会问题，并探索财政支持这项计划的方式，包括特别预算。[22]

国际民航组织理事会援引联合国经社理事会的决议指出，就民航利益而言，国际民航组织有义务扩展援助到不发达国家。任何航行服务方面的改善将提升国际航班的安全以及效率。对各国请求的恰当回应不能仅是通信，需要来自地区办事处的官员代表尽早访问请求国并与请求国的官员讨论需要，并且做出可行性调查。[23]

上述意见与最近国际民航组织秘书长在每一个地区办事处任命一个专门的技术合作局官员的决定产生了很好的共鸣。

---

〔20〕《联合国宪章》第五十七条：“由各国政府间协定所成立的各种专门机关，依其组织约章之规定，于经济、社会、文化、教育、卫生及其他有关部门负有广大国际责任者，应依第六十三条之规定使其与联合国发生关系。上述与联合国发生关系的各专门机关，以下简称专门机关。”该宪章第六十三条：“经济及社会理事会得与第五十七条所指之任何专门机关订立协定，订明关系专门机关与联合国发生关系之条件。该项协定须经大会之核准。二、本理事会，为调整各种专门机关之工作，得与此种机关会商并得向其提出建议，并得向大会及联合国会员国建议。”

〔21〕 Review of technical cooperation in the United Nations Report of the Secretary – General, Fifty – eighth session Agenda item 59, Strengthening of the United Nations system, A/58/382, 19 September 2003.

〔22〕 C – WP/212, 42 tit. 24, pr 22 S 4 at Appendix B. 国际民航组织理事会认识到其他专门机构，比如，联合国粮农组织、国际劳工组织、世界卫生组织和国际复兴开发银行已经为其成员国从事技术援助。

〔23〕 C – WP/212 (1949) id. at 2.

在国际民航组织内提供技术援助以及技术合作的互通性导致资金分配问题。哪个行动将由定期方案资助，哪个行动将由外部获得的资源来资助。国际民航组织理事会主席在第14届理事会会议上指出，原则是第一阶段的调查及小规模的援助能在短时间内由国际民航组织的常任官作为该组织常规工作的一部分员提供，但是任何超过第一阶段援助的花费将由得益国家负担或者通过《芝加哥公约》第十五章规定的联合融资安排分担。〔24〕理事会指出：寻求国际民航组织援助的国家请求，可以采用不同形式。比如，国家可以在编制民航总规划方面寻求援助；发展航行设施以及服务的请求；寻求关于特定设施的计划以及选址，比如机场的专门建议；可以寻求援助为特定计划的开发和建设准备详细的计划；可以寻求关于保持航空数据以及其他与国际民航组织经济行动有关事项的建议，或者起草民用航空法的建议。最为重要的是，国家能够寻求建立人事训练计划的建议或者要求在训练上给予直接的援助。〔25〕

7 技术合作局

技术合作局自负盈亏，因此必须收回所有的管理成本来保持在收入与支出间的平衡，同时保证项目的管理费用维持在最低。2009年3月，外部审计员对技术合作局进行的执行审计导致一系列目的在于提高管理层效率以及有效性的建议。这些建议被理事会同意，通过秘书长在理事会监督下实施的行动计划予以实现，并确保及时采取后续行动。

非常需要一个平衡策略以便技术合作方案既能处理国家依其主权决定的优先发展事项又能实现国际民航组织促成其战略目标的责任。但是，考虑到技术合作方案几乎完全依据申请援助的国家根据其优先事项和援助请求而提供，因此，在国家对国际民航组织合法的援助请求以及促成组织依其自身战略目标确定的优先事项间需要严格的平衡。换句话说，促进技术合作以回应国家的特殊要求是必要的，但同时也应鼓励国家集中其实际行动于国际民航组织的优先事项上，并且也应鼓励组织提供技术援助解决审计中发现的缺陷，特别是缺乏财政和技术资源的国家在民航领域的缺陷。更进一步，必须考虑形成紧急情况应对策略来协调国际

---

〔24〕 Doc 6684, C/766, 5/4/49 at 19.

〔25〕 同前注 Appendix B at 32.

民航组织对于自然灾害或者国家灾害事件的回应，谨记技术合作局以及地区办事处在被影响区域的帮助角色。

在新的技术援助政策下，国际民航组织需要实现下列目标：加强技术合作局在地区的管理；提升接受国政府的能力来取得、使用并且发布关于缺陷的信息并回应这些问题；支持各国制定全面解决缺陷的国家战略政策；帮助国家取得并且保持外部资金；与地区民航机构讨论在该区域援助国家的方式方法；创造、维护并且宣传最佳实践以及指导资料；评估国家现有的实践；实施数据驱动的方案和工作计划；考虑新的挑战以及已被删除的目标，以便更新以及审议现存训练课程的内容和组织讲习班/课程鼓励、交换并讲授最佳的实践并评估训练课程。

8　国际民航组织的法律工作

8.1　关于航空运输的条约以及安排

在法律领域，国际民航组织的一个关键角色是作为航空法条约的保管机关并登记国家间在航空领域达成的安排和协议。国际民航组织是其成员国间35个双边以及多边国际条约以及相关文件的保管机关。此外，国际民航组织履行国家与国际组织间与航空有关协议的登记职责。法律事务以及外部关系局履行该职责。[26]许多与航空有关的条约来自国际民航组织法律委员的倡议。[27]国际民航组织在条约工作的程序方面有重要角色，使得讨论与航空有关的条约和协议的重要法律原则与实践成为必要。为理解现存的与航空保安、安全有关的条约以及涉及航空和环境保护的未来条约，这样的讨论是必要的。

无可争议的是每一个被采纳的国际民航组织参与的与航空有关的条约以及协议对全世界都有益处，是为了满足全世界人民对安全、效率、合规以及经济的航空运输的需要。但不是每一个条约都能够获得批准。国际民航组织鼓励没有批准与航空有关的条约的成员国递交批准书以便完成条约制定工作并使得整个世界形

〔26〕 该局同样为秘书长并通过秘书长对理事会、组织其他机构、组织成员国关于国际法、航空法、商法、劳动法以及相关事项的宪法性、管理性以及程序性问题提供建议以及帮助。此外，该局从事国际航空私法以及公法的调查研究并且作为法律委员会的秘书处为大会相关机构以及采纳关于国际航空法多边条约的外交会议准备文件。

〔27〕 法律委员会由临时理事会于1946年6月24日设立并被国际民航组织第一次大会于1947年5月23日同意。

成全球通用的规则。

以下讨论界定条约、协议的概念以及协议的种类，同时讨论它们在航空领域设定的基本原则。同样讨论与现代条约法与实践有关的许多细微差别以及复杂的原则，探索国家立法以及司法机构将条约并入或转化国内法的方法。同样有关于国际民航组织如何履行其保管机关职责和登记职责的方式的讨论。

与航空有关的条约和关于民用航空的其他协议遵守适用于条约的一般法律原则和实践，并在国际民航组织的范围内遵守涉及这些文件登记的法律规则以及实践。此外，如果条约规定国际民航组织作为保管机关，国际民航组织同样履行作为保管机关的职责。一个条约保管机关的指定，可以由缔约国在条约中或通过其他方式决定。保管机关可能是一个或更多国家、一个国际组织或者国际组织的首席执行官。条约保管机关的职责本质上是国际性的并且保管机关必须公正地履行其职责。即便条约在特定当事国之间没有生效或者一国与保管机关对于后者职责的履行存在分歧都不能影响上述职责。条约当事国同样还有在联合国登记国际条约的附随义务。在这方面，本部分试图明确与航空有关的条约以及协议的法律实践。

8.2 条约

称条约者，为国家〔28〕间所缔结而以国际法为准之国际书面协定，不论其载于一项单独文书或两项以上相互有关之文书内，亦不论其特定名称如何。〔29〕国家也能与其他国际法主体如国际组织缔结条约。比如，国际民航组织与加拿大政府缔结的《总部协议》。〔30〕国家签署一个条约仅仅意味着同意条约的文本。国际条

---

〔28〕 如《蒙特维多公约》第一条规定国家具有以下特征：常住居民；确定的领土；政府以及与他国交往的法律能力。参阅：Montevideo Convention on the Rights and Duties of States, Signed at Montevideo, 26 December 1933. The Convention enteredinto Force, 26 December 1934. At http://www.taiwandocuments.org/montevideo01.htm.

〔29〕 Vienna Convention on the Lawof Treaties, 1969, Done at Vienna on 23cMay 1969, United Nations General Assembly Document A/CONF. 39/27, 23 May 1969, Article 2 (a). The Convention enteredinto force on 27 January 1980. UNTS Vol. 1155, p. 331.

〔30〕 1951 年 4 月 14 日《国际民航组织与加拿大总部协议》阐述了 1947 专门机构特权以及豁免公约。1992 年 2 月 20 日将 1951 年协议终止并被一个在当日生效的新协议取代。1999 年 5 月 28 日一个新的补充协议取代签署于 1980 年的补充协议为了反映组织总部地址于 1996 年 11 月 1 日的搬迁到 999 University Street。参阅：SupplementaryAgreement Between the International Civil Aviation Organization and the Government of CanadaRegarding the Headquarters of the International Civil Aviation Organization, Doc 9591.

约被批准时[31]对该国生效，批准时能够提出对条约的保留。[32]这些通常的以及下面将讨论的原则同样适用于航空领域的条约和协议。

必须指出，国家能以两种方式签署一个条约。第一种被称为“草签”与上述说明一致，这样的签署仅表明国家同意条约的文本并且草签有待于批准、接受或者同意。但是，如果国家通过“签署”表明国家接受条约的约束，则签署避免国家随后批准的必要，因其与批准有同样效力。

批准程序通常包含两步。第一步是国内程序，必须依据一国宪法中的有关条款，向国家的立法机构递交一国签署的条约文本。一旦议会采纳文本成为国内法，国家随后开始第二步的国际程序，即交存其批准书予保管机关。前述国内程序被称为——转化，借此在国家签署的条约中规定的习惯国际法在普通法国家视同国内法，依据这样的推定，即立法机构应当遵守国际法。[33]

如《维也纳条约法公约》[34]规定，条约并不需要签署。依据《维也纳条约法公约》第十二条以签署表示承受条约拘束之同意须要满足特定条件。[35]《维也纳条约法公约》第十三条规定遇有下列情形之一，国家同意承受由彼此间交换之文书表示承受条约拘束之同意：（甲）文书规定此种交换有此效果；或（乙）另经确定此等国家协议文书之交换有此效果。

当保管机构收到条约规定数量的批准书时，条约生效。当条约生效时，仅对

---

〔31〕“称‘批准’‘接受’‘赞同’‘加入’者，各依本义指一国据以在国际上确定其同意受条约拘束之国际行为”，《维也纳条约法公约》第一条乙款。

〔32〕“称‘保留’者，谓一国于签署，批准、接受、赞同或加入条约时所做之片面声明，不论措辞或名称如何，其目的在摒除或更改条约中若干规定对该国适用时之法律效果。”《维也纳条约法公约》第一条丁款。

〔33〕参阅 *West Rand Central Gold Mining Company v. R.* ［1905］2. K. B. 391，大法官 Alverstone 指出：“任何被文明国家所共同认同的必须被我们的国家认同，并且我们与其他国家一道同意的在通常意义上能被合适称谓国际法，并且这样的将被承认并被用于我们的法庭来决定与国际法可能相关的问题。”

〔34〕参见引用30。

〔35〕《维也纳条约法公约》第十二条第一款规定：“以签署表示承受条约拘束之同意。一、遇有下列情形之一，一国承受条约拘束之同意，以该国代表之签署表示之：（甲）条约规定签署有此效果；（乙）另经确定谈判国协议签署有此效果；或（丙）该国使签署有此效果之意思可见诸其代表所奉全权证书或已于谈判时有些表示。”第二款规定：“二、就适用第一项而言：（甲）倘经确定谈判国有此协议，约文之草签构成条约之签署；（乙）代表对条约作待核准之签署，倘经其本国确认，即构成条约之正式签署。”

同意承受条约拘束的当事国[36]有效。但是一个国家明确表示同意被条约拘束并不意味着依据这一事实本身条约生效。条约生效需依据专门的规定。《维也纳条约法公约》的规定更为具体，条约生效之方式及日期，依条约之规定或依谈判国之协议。[37]条约生效可以通过三种方式，在条约规定的日期生效；仅当谈判国同意时于签署时生效；或者满足条约规定数量的国家批准。条约或条约之一部分于条约生效前在下列情形下暂时适用：条约本身如此规定；或谈判国以其他方式协议如此办理。除条约另有规定或谈判国另有协议外，条约或条约一部分对一国暂时适用，于该国将其不予成为条约当事国之意思通知已暂时适用条约之其他各国时终止。[38]

条约、公约、协议、议定书、换文以及其他同义词在国际法上都意味着同一事情，即它们是国际协议且具有法律特性。称‘条约’者，谓国家间所缔结而以国际法为准之国际书面协定，不论其载于一项单独文书或两项以上相互有关的文书内，亦不论其特定名称如何。[39]每个条约都有四个构成元素：条约当事方在国际法下达成条约约文的能力；当事方在达成条约时适用国际法原则的意图；意思一致；[40]以及试图在当事方间创造权利与义务。这四个要素组成一个合成的强制程序，借此条约在国际法上足够强硬使得当事方在条约的范围内解决他们的争议，并使得无序的国际社会在统一的规则下变得有序。条约依据三个基本的国际法原则：善意、同意以及国家责任。[41]因为习惯国际法并没有针对条约规定任何特定的形式以及使得其具有约束力的要求，因此条约的当事方可以协商条约的形式以及使其具有约束力的形式。法律关系因条约而建立在国家间，因为国家试图创造之，并且如同《芝加哥公约》序言所表明，体现这样效果的声明规定在条约

〔36〕《维也纳条约法公约》第二条第一款庚。需要指出的是，这样的国家不应被错误的称为签署国。

〔37〕《维也纳条约法公约》第二十四条第一款。

〔38〕《维也纳条约法公约》第二十五条。

〔39〕《维也纳条约法公约》第二条第一款甲。

〔40〕国家可以只对公约的部分条款保留但批准整个公约。国际法院在其对《惩治种族屠杀行为公约》的审议中规定，这一公约的目标和目的限制保留以及反对保留的自由。保留与公约目标与目的的兼容性提供一国反对保留的态度的标准。1 I. C. J Rep. 1951, at 15.

〔41〕Schwarzenberger and Brown (1976), at 118.

中。[42]多边条约的主要特征在于，在这种条约生效前，各国对内部事务存在的绝对权将在条约生效后转变为相对权，在这个过程中，善意和理性将发挥重要作用。但是条约条文必须以最符合习惯国际法的形式达成并解释。[43]

条约是国际法的主要渊源。国际法院应依确立诉讼当事国明确承认之规条，即条约，裁判当事国之间的争议。[44]在一国请求时国际法院同样有管辖权解释条约。[45]

《维也纳条约法公约》[46]承认条约是国际法渊源之一，鉴悉自由同意与善意之原则以及条约必须遵守规则及举世所承认。[47]《维也纳条约法公约》第十一条规定，一国承受条约拘束之同意得以签署、交换构成条约之文书、批准、接受、赞同或加入，或任何其他同意之方式表示之。批准、接受、赞同以及加入通常意味着一个事情，即国家在国际层面上同意被条约拘束。根据条约必须遵守规则国家应遵守条约，《维也纳条约法公约》第二十六条反映这一事实，凡有效之条约对其各当事国有拘束力，必须由各国善意履行。条约之效力或一国承受条约拘束之同意之效力仅经由《维也纳条约法公约》之适用始得加以非议。[48]根据《维也纳条约法公约》前述情形包括条约仅能依照条约之规定减损；[49]后约减损前约；[50]违约；[51]发生意外不可履行；[52]国家援引情况之基本改变[53]；一国不得援引其同意承受条约拘束之表示为违反该国国内法关于缔约权限之规定之事实以撤销其同意，但违反之情势明显且涉及其具有基本重要性之国内法之一项规则

---

〔42〕《芝加哥公约》序言："下列各签署国政府议定了若干原则和办法，使国际民用航空得按照安全和有秩序的方式发展，并使国际航空运输业务得建立在机会均等的基础上，健康、经济地经营；为此目的缔结本公约。"

〔43〕Greig (1976), at 8.

〔44〕*Statute of the International Court of Justice*, *Charter of the United Nations and Statute of the International Court of Justice*, United Nations: New York, Article 38.1 (a).

〔45〕上引用第三十六条第一款甲。

〔46〕《维也纳条约法公约》上引30。

〔47〕《维也纳条约法公约》序言。

〔48〕《维也纳条约法公约》第四十二条第一款。

〔49〕《维也纳条约法公约》第五十七条。

〔50〕《维也纳条约法公约》第五十九条。

〔51〕《维也纳条约法公约》第六十条。

〔52〕《维也纳条约法公约》第六十一条。

〔53〕《维也纳条约法公约》第六十二条。

者，不在此限。[54]

作为条约当事方的国家或者国际组织必须适用对其生效的条约，因此必须解释条约。尽管缔结条约通常由习惯国际法与签署国宪法调整，但条约的适用由国际法原则调整。如果适用国际条约对国家构成问题，该国法院将应用该国的宪法来解决这一问题。尽管《维也纳条约法公约》第二十七条规定，一当事国不得援引其国内法规定为理由而不履行条约，但是国家有依据其传统以及政治组织选择他们认为合适的实施条约之途径的自由。[55]根本的规则是条约是，法律并且必须被履行。

国际条约都面临一个基本矛盾，一方面，条约的条文是否具有法律上的执行力，另一方面，作为一般国际法强制规律的国家主权原则是否将阻止条约的条文在法律上的执行力。《维也纳条约法公约》第五十三条解决这一问题，该条规定，条约在缔结时与一般国际法强制规律抵触者无效。一般国际法强制规律指国家之国际社会全体接受并公认为不许损益且仅有以后具有同等性质之一般国际法规律始得更改之规律。第五十三条的“全体”措辞有效排除个别国家的主观考虑，针对一些为国际社会所接受规律。[56]依据该条，条约不能在其缔结时与一般国际法强制规律抵触。《维也纳条约法公约》通过该条暗示国际条约的合法性，以及条约实际上是一般国际法强制规律并且因此遵守条约是必须的。

一旦一国批准条约，其必须在联合国或者条约规定的联合国专门机构交存批准书。批准书必须由国家元首、政府首脑、外交部长或者一个临时履行这些权力的人签署。明确条约的名称以及条约的条文规定行为，也就是批准、接受、同意、加入、同意被约束等。代表国家的意愿应清楚地表达，承认其接受条约约束并忠实地遵守以及实施条约条款（仅提及相关的国内法条文是不足够的）。签署者头衔。在个人临时作为，比如国家元首、政府首脑、外交部长时，头衔必须指出该人临时履行这些权力。在这方面，保管机关接受以下头衔：代总统等类似的、代首相等类似的、代外交部长、临时总统、临时首相以及临时外交部长。该文件形成的日期以及地点必须明确。如若必须，该文件还需明确指出符合条约条

---

〔54〕《维也纳条约法公约》第四十六条。

〔55〕 Reuter（1989），at 16.

〔56〕 Frans G. von der Dunk，Jus Cogens Sive Lex Ferenda：Jus Cogendum，Masson – Zwaan andDe Leon（1992），219，at 223 – 224.

文规定的条约适用范围。以及依据条约条文作出的所有强制性的声明以及通告。涉及保留时，保留必须由国家元首、政府首脑、外交部长或者临时履行这些权力的签署。

8.3 其他协议

条约法一个重要的方面是条约与谅解备忘录的不同。两者最根本的区别在于条约有法律约束力，然而谅解备忘录或者其他任何协议，比如合作备忘录、安排或者换文在严格意义上并不具有这样的拘束力。条约可以包含这样的措辞，比如，“应”“承担”和“权利”，然而合作备忘录或者其他协议会使用“将”这样的措辞而避免使用“应”以及“承担”这样的措辞。条约需要生效（通常得到所需批准），然而其他文件，比如谅解备忘录以及合作备忘录，仅需实施。但是在条约法的实践中一个微妙的细微差别在于不能仅因为一个特定的文件包含使用在条约中的典型措辞，就必然是条约。与之相反，“将”这类措辞的使用并不意味着条约的当事国不试图创造法律上的义务。

条约与其他文件的区别在实践中被混淆。在 1994 年的卡塔尔诉巴林案（Qatar v. Bahrain）中，国际法院将一个双重换文认定为条约，即巴林以及沙特阿拉伯为一方，卡塔尔以及沙特阿拉伯为另一方，伴随一个三国代表间并由各国外长签署的会议记录（在 1990 年形成）。

在联合国登记（不管是联合国纽约总部还是专门机构，如国际民航组织）产生这样的推定，这样的文件是一个条约，[57]尽管国家间与航空有关的不是条约的协议在严格意义上同样在国际民航组织登记。谅解备忘录不在联合国（也不在国际民航组织）登记，因此不是条约。[58]在航空领域，尽管国家的航空运输双边服务协议在国际民航组织登记，但是与该协议有关的机密谅解备忘录不被登记。原因在于这些机密文件不能通过任何机构披露给第三人，不同于包含一般原则并被国际民航组织披露给成员国的航空运输双边服务协议。机密谅解备忘录包含两国间协议的机密细节，涉及哪些航线能被以怎样的设备使用以及每个承运人被许可的运力和班次。

---

〔57〕 Aust（2000），at 42.

〔58〕 上引用。

8.4　与航空有关的条约以及协议

《芝加哥公约》规定，本公约生效时一缔约国和任何其他国家间，或一缔约国空运企业和任何其他国家或其他国家空运企业间的一切现行航空协定，应立即向理事会[59]登记。[60]相应的在《联合国宪章》[61]第一百零二条第一款规定，本宪章发生效力后，联合国任何会员国所缔结之一切条约及国际协定应尽快在秘书处登记，并由秘书处公布之。[62]该条第二款规定，当事国对于未经依本条第一项规定登记之条约或国际协定，不得向联合国任何机关援引之。

与上述《芝加哥公约》规定类似的《联合国宪章》关于登记的一般规定带来一个有趣的问题，仅能通过以下事实解决，即《联合国宪章》签署于1945年6月26日并且于1945年10月24日生效（早于《芝加哥公约》）。依据《维也纳条约法公约》第三十条，作为一个先订之条约，宪章优先适用。此外，《联合国宪章》在第一百零三条以命令式的规定明确，联合国会员国在本宪章下之义务与其依任何其他国际协定所负之义务有冲突时，其在本宪章下之义务应居优先。更进一步，《维也纳条约法公约》第八十条第一款规定，条约应于生效后送请联合国秘书处登记或存案及记录，并公布之。

从技术上说，上述三个条约规定了不同的情况，这产生了冲突，表面上要求任何与航空有关的条约或者协议不仅要提交至国际民航组织理事会，还要在联合

---

〔59〕 国际民航组织理事会是对大会负责的常设机构。由大会选举的36个成员国构成。大会选举理事时，应给予下列国家以适当代表：（一）在航空运输方面占主要地位的各国；（二）未包括在其他项下对提供国际民用航空航行设施作最大贡献的各国；及（三）未包括在其他项下的其当选可保证世界各主要地理区域在理事会中均有代表的各国。《芝加哥公约》第五十四条以及第五十五条理事会必须履行的职能以及可以行使的职能。理事会源于临时国际民航组织临时理事会。临时国际民航组织在各缔约国领土内应享有为履行其职能所需的法律能力。凡与有关国家的宪法和法律不相抵触时，都应承认其完全的法人资格。参阅，Interim Agreement on International Civil Aviation，opened for signature at Chicago，December 7 1944，Article 3. Also in Hudson，*International Legislation*，Vol. 1X，New York：1942 – 1945，at 159。

〔60〕《芝加哥公约》第八十一条。

〔61〕《联合国宪章》是联合国的宪法性文件，设定成员国的权利与义务，确立联合国的机构与程序。作为主权国家间的国际条约，《联合国宪章》编纂国际关系的主要原则，禁止在国际关系中使用武力。

〔62〕《联合国宪章》第十二条的目标可以追溯到《国联盟约》第十八条，该条规定："任何在联盟成员间生效条约或者国际协定都需要在秘书处登记，任何不如此登记的条约或者协议不具有法律上的约束力，为了保证所有的条约以及国际协议公开借此消除秘密外交。"《联合国宪章》起草于第二次世界大战后。那时，秘密外交被认为是国际动荡的主要原因。

国秘书处登记。但《维也纳条约法公约》第八十条第二款的规定能缓和这一冲突，该款规定保管机关之指定，即为授权该机关实施前项所称之行为。可以说，对于指定国际民航组织为保管机关的条约以及协议，国际民航组织能自己履行在联合国登记这些条约的责任。

《芝加哥公约》同样规定，任何缔约国在不违反第八十二条的规定下，可以订立与公约各规定不相抵触的协议。任何此种协议，应立即向理事会登记，理事会应尽快予以公布。[63]《芝加哥公约》第八十二条要求，各缔约国承认本公约废除了彼此间所有与公约条款相抵触的义务和谅解，并承诺不再承担任何此类义务和达成任何此类谅解。一缔约国如在成为本组织的成员国以前，曾对某一非缔约国或某一缔约国的国民或非缔约国的国民，承担了与公约的条款相抵触的任何义务，应立即采取步骤，解除其义务。任何缔约国的空运企业如已经承担了任何此类与公约相抵触的义务，该空运企业所属国应以最大努力立即终止该项义务，无论如何，应在公约生效后可以合法地采取这种行动时，终止此种义务。[64]

根据《联合国宪章》以及《芝加哥公约》条款的暗示，1947 年国际民航组织大会[65]在其第一届会议上规定，关于登记和公布与航空有关的条约以及协议的统一规则应依据《芝加哥公约》第八十一条、第八十二条以及第七十七条的内容来制定，[66]以便于为缔约国在这方面提供明确的指导材料。[67]大会决议的结果形成在国际民航组织《登记与航空有关的协议以及安排的规则》。[68]

8.5　国际民航组织的保管机关职责

国际民航组织的保管职责以及登记程序与联合国相关的保管职责以及登记程

---

〔63〕《芝加哥公约》第八十三条。

〔64〕《芝加哥公约》第八十二条。

〔65〕国际民航组织大会三年召开一次大会。经理事会召集可以随时举行大会特别会议。芝加哥公约第四十九条规定大会的权力和职责。

〔66〕《芝加哥公约》第八十一条与第八十二条。第七十七条规定："本公约不妨碍两个或两个以上缔约国组成航空运输的联营组织或国际性的经营机构，以及在任何航线或地区合营航班。但此项组织或机构的合营航班，应遵守本公约的一切规定，包括关于将协定向理事会登记的规定。理事会应决定本公约关于航空器国籍的规定以何种方式适合于国际经营机构所用的航空器。"

〔67〕Assembly Resolution A1 –45，ICAO Doc. 7670（1947）.

〔68〕Doc 6685 – C/676. 1949 年该规则被理事会采纳并在 1965 年 11 月 22 日、1974 年 5 月 16 日、1977 年 3 月 16 日、1985 年 11 月 25 日以及 2003 年 11 月 19 日被修改。现在的版本是第二版，出版于 2004 年。

序相似。在国际民航组织保管的条约是规定国际民航组织为保管机关的条约。秘书处是此类条约的保管机关，负责条约的执行。保管机关的职责是国际性的，保管机关有义务公正地履行职责。《维也纳条约法公约》第七十七条第一款规定保管机关的职责包括：（甲）保管条约约文之正本及任何送交保管机关之全权证书；（乙）备就约文正本之正式副本及条约所规定之条约其他语文本，并将其分送当事国及有权成为条约当事国之国家；（丙）接收条约之签署及接收并保管有关条约之文书，通知及公文；（丁）审查条约之签署及有关条约之任何文书、通知或公文是否妥善，如有必要并将此事提请关系国家注意；（戊）将有关条约之行为，通知及公文转告条约当事国及有权成为条约当事国之国家；（己）于条约生效所需数目之签署或批准书，接受书，赞同书或加入书已收到或交存时，转告有权成为条约当事国之国家；（庚）向联合国秘书处登记条约；（辛）担任本公约其他规定所订明之职务。

提交给国际民航组织用于登记的文件必须包括：条约的名称以及条约条文规定的行为，也就是批准、接受、同意、加入、同意被约束等。签署者头衔，在个人临时作为如国家元首、政府首脑、外加部长时，头衔必须指出该人临时具有这些权力。在这方面，保管机关接受以下头衔：代总统等与之类似的、代首相等与之类似的、代外交部长、临时总统、临时首相以及临时外交部长。国家意愿应清楚地表达，承认其接受条约约束并忠实地遵守以及实施条约条款（仅提及相关的国内法律条文是不足够的）。如必须，明确指出依照条约条文的条约的范围。如必须，依据条约条文作出的所有强制性的声明以及通告。该文件形成的日期以及地点必须明确。国家元首、政府首脑或者外交部长或者临时代替上述职位人的签署必须在文件中指出；可选择公章但不能被替代国家机构的签署。涉及保留时，国家元首、政府首脑或者外交部长或者临时履行这些权力的人签署。保留可以包括在文件中或者当不在文件中则单独被有权签署的主体签署。

批准、接受、同意、加入文件仅当交存秘书长时生效。此类文件直接送交条约管理部门确保立即处理。如果正本马上送达，前述文件可以被传真到条约管理部门。保管机关同样接收电子邮件传递的扫描复印件。

一旦接到批准书，国际民航组织秘书长会书面告知交存国家，有关政府提交的批准书、相关条约的名称以及当事国签署的日期。秘书长信函的目的在于官方承认在交存日交存批准书并且告知交存国条约对该国生效的日期，该日期通常是交存后根据条约规定的一定日期后。秘书长同样附上一个最新的条约当事国名单以及指出对于该国际航空法文件，交存国现在的地位。

8.6 遵守条约的期待

传统意义上，普通法国家对于条约采用二元论，因其认为条约是习惯国际法，与国内法相区别。〔69〕关于条约，在英国适用的一个基本法律原则是，除非国际条约被转化为议会法案，其在国内法下并没有法律地位。这一原则的合法性被阿特金大法官在 1937 年加拿大司法部部长诉安大略省总检察长案（Attorney General of Canada v. Attorney General of Ontario）〔70〕案中阐明，他认为缔结条约是政府的行动，但是涉及适用时，如果条约原则与现存的国内法不合，则需要立法的行动以便现存的国内法与条约保持一致。〔71〕随后，丹宁（Denning）大法官在审议《欧洲经济共同体条约》是否能作为英国法律的一部分时，说道："除非条约被转化为议会法案，否则我们不会关注条约。"〔72〕

英国司法机构严格的二元论确立根深蒂固但未曾言明的原则，即法院将不会适用英国是当事国的国际条约，除非被转化为议会法案并且条约的措辞也不会被用来解释转化条约的法案的措辞，特别是在法案措辞不明时。〔73〕同样地，依据 1950 年的一个决定，〔74〕当诠释一个被转化为英国法律的条约时，法院不能自由援用准备工作文件（制定条约的会议有关条约的准备性工作）。这一司法措施从根本上消除了一个未曾转化的条约在英国国内的适用性以及相关性，使得条约与为个人创设诉因不相关并且不可适用。

---

〔69〕 *Cook v. Sprigg* [1899] AC 572. Also Secretary of State in Council of *India v. Kamachee Boye Sahaba* [1859] 13 Moo PCC 22 (Privy Council).

〔70〕 (1937) AC 326.

〔71〕 上引用，327 页。

〔72〕 (1971) 1 WLR 1087 at 1092.

〔73〕 *Ellerman Lames Ltd. v. Murray* (1931) AC 126.

〔74〕 *Porter v. Freudenbvurg* (1950) 1 KB 876.

但在人权领域有明显的例外，涉及移民权利时英国法院依据《欧盟保护人权及基本自由公约》诠释英国《移民法案》的含义。[75]这一趋势似乎承认个人的人权应基于世界准则而不需考虑国内法，这一趋势得到英国司法的持续承认。斯卡曼（Scarman）大法官在1975年将该原则适用于英国所有的法院，强调英国法院裁决个人权利时，考虑欧洲人权公约的义务。[76]

可以认为，通常意义上，条约不产生个人权利[77]，除非有强有力的因素使得英国司法机构适用例外。比如，1979年在一个原告援用并未被英国批准的欧盟公约第八条诉称违反保密以及隐私的案件中，梅加里（Megary）法官认为，条约因为未被批准不能在英国适用。[78]在1991年的一个决定中上议院重申这一原则。[79]

其他普通法国家大都采用英国法院确立的二元论。在澳大利亚，法院认为个人不能援用源于国际条约的个人权利，除非这样的条约被转化成为澳大利亚法律的一部分。[80]同样在普通法国家，在基本的人权领域存在例外，在1994年塔维塔诉移民部长案（Tavita v. Minister of Immigration[81]）中，新西兰上诉法院适用《1966年公民权利以及政治权利国际公约》保证儿童获得国籍权利的条款，尽管该国移民法案（1987）没有给拥有该国临时居留证的公民的儿童，在儿童出生时，授予国籍。

不考虑一元论以及二元论的争论，一国签署的并且随后批准的条约拘束该国，依据《维也纳条约法公约》第二十六条规定的法律格言，条约必须遵守原则，即凡有效之条约对其各当事国有拘束力必须由该国善意履行。但条约的当事国能在以下两种情况下不遵守这一义务，第一，在讨论多边条约文本的外交会议

---

〔75〕 See *Aliamed v. Inner London Educational Authority*（1878）1 Al E. R. 574 and R. v. Secretary ofState for Home Affairs Ex Parte Bajan Singh（1975）2 All. E. R. 1081.

〔76〕 *R. v. Secretary of State for Home Affairs* Ex Parte Phanse Fkar（1975）2 All. E. R. 497 at 511.

〔77〕 *British Airways v. Laker Airways*（1983）3 All. E. R. 375.

〔78〕 *Malone v. Commissioner of Police*（1979）2 All. E. R. 620.

〔79〕 *R. v. Secretary for the Home Department* Ex Parte Brind（1991）2 WLR 588.

〔80〕 *Tasmania Wilderness Society* v. Fraser（1982）153 CLR 270 at 274. Also, Ditrich v. The Queen1992 67 ALGR 1 at 6. See also, *Minister of State for Immigration and Ethnic Affairs v. Ah HinTeoh* 183 CLR 273, *Chow Hung Ching v. the King*（1948）77 CLR 449, *Bradly v. The Commonwealth*（1973）128 CLR 557, *Simsek v. Macphee*（1982）148 CLR 636, *Koowarta v. Bjelke – Petersen*（1982）153 CLR.

〔81〕（1994）2 NZLR 257.

上或者在与他国谈判双边条约的双边讨论中记录的解释性声明。[82]这种声明被广泛应用并可追溯到1815年。[83]通常当一国对于特定条文的意义有不同的观点时做出这样的声明。此时，该国做出一个正式的声明表达其所接受的解释并且这样的声明通常反映在准备工作文件或者谈判历史（程序记录）中。甚至在条约完成后一国提出解释性声明也十分常见，并且这样的情形通常由于国家随后认识到其所签署的或者/以及批准的条约的条文与其国内法在整体上或者部分有所冲突或者相反。解释性声明的缓和的方式是政治声明，政治声明本身并不提供国家对条约条文的认识，仅澄清国家对于该条文的政策。通过政治声明国家可以保有批准时做出保留的机会。

第二，对任何条约的条文在批准或者签署时提出保留。《维也纳条约法公约》第十九条规定，一国得于签署、批准、接受、赞同或加入条约时，[84]提出保留，但有下列情形之一者不在此限：（甲）该项保留为条约所禁止者；（乙）条约仅准许特定之保留而有关之保留不在其内者；或；（丙）凡不属（甲）及（乙）两款所称之情形，该项保留与条约目的及宗旨不合者。称‘保留’者，谓一国于签署，批准、接受、赞同或加入条约时所做之片面声明，不论措辞或名称如何，其目的在摒除或更改条约中若干规定对该国适用时之法律效果。[85]

保留、明示接受保留及反对保留，均必须以书面提出并致送缔约国及有权成为条约当事国之其他国家。保留系在签署须经批准、接受或赞同之条约时提出者，必须由保留国在表示同意承受条约拘束时正式确认。遇此情形，此项保留应视为在其确认之日提出。明示接受保留或反对保留系在确认保留前提出者，其本

---

〔82〕 一个解释性声明是，“一个单边的声明，不管其措辞或者名称，由一国或者一个国际组织做出，借此声明人试图澄清条约或者条约的某些条款的意义或者范围”。参见 UN Doc，A/CN. 4/491/Add4，para. 361.

〔83〕 在1815年维也纳会议期间，英国对于一个采纳的文件做出了解释性声明，参见64 CTS 454。

〔84〕《维也纳条约法公约》没有包含允许当事国在批准后提出保留的条款。但是，联合国秘书长可以在条约当事国之间转播伴随自批准后保留的声明，该声明称，除非其他当事国90天内提出反对，该保留将被认为被接受。同样的实践也可用于一国试图修改其以前做出的保留。参阅，Aust (2000)，at 129。

〔85〕《维也纳条约法公约》第二条第一款丁。

身无须经过确认。[86]

实际上保留不需要一定是单边的，两个或多个国家同样可以提出保留。[87]保留需要与减损相区别，减损是条约特许的让步，通过减损条约的一个或者多个条文来适应特殊情况，如紧急状态。

对另一当事国成立之保留对保留国而言，其与该另一当事国之关系依照保留之范围修改保留所关涉之条约规定；对该另一当事国而言，其与保留国之关系依照同一范围修改此等规定。此项保留在条约其他当事国相互间不修改条约之规定。倘若反对保留之国家未反对条约在其本国与保留国间生效，此项保留所关涉之规定在保留之范围内于该两国间不适用之。[88]

保留可以在任何阶段撤回，这样的情况通常发生在国家提出保留所针对的情况已不复存在之时。《维也纳条约法公约》明确规定除条约另有规定外，保留得随时撤回，无须经业已接受保留之国家的同意。[89]撤回保留或撤回对保留提出之反对，必须以书面为之。[90]

条约（同意被约束的）必须遵守规则可能在国家继承的场合受到不利影响，当一国完全或者部分继承另一国的法律人格，而两国都是同一条约的当事方时。战争或者武装冲突，尽管不能自动地割裂，但能影响国家间的条约关系。如果条约是通过威胁或者使用武力的方式缔结的，则条约是无效的。[91]遵循《联合国宪章》的基本的原则使条约在战争时仍然有约束力。但是，条约能通过当事方明示或者暗示的同意而终止。《维也纳条约法公约》第五十四条规定，在下列情形下，需终止条约或一当事国得退出条约：（甲）依照条约之规定；或（乙）无论何时经全体当事国于咨商其他各缔约国后表示同意。条约并不仅因为当事国的数量低于条约生效所需的数量而终止。条约依其规定或依照公约终止时，解除当事国继续履行条约之义务但不影响当事国在条约终止前经由实施条约而产生之任何权

〔86〕《维也纳条约法公约》第二十三条。

〔87〕Aust（2000），at 105.

〔88〕《维也纳条约法公约》第二十一条。

〔89〕《维也纳条约法公约》第二十二条。

〔90〕《维也纳条约法公约》第二十三条第四款。

〔91〕《维也纳条约法公约》第五十二条。

利、义务或法律情势。[92]

毫无疑问，普通法国家采用二元论主要因为他们遵守分权原则。[93]这一原则的必然结论是公民的权利主要来自国内法，而如果一个条约要在国内适用，必须被正式地转化为国内法。在一国签署并随后批准条约的情况下存在一个长期的争议，即国际法与国内法的优先地位问题。

国际法优先还是国内法优先有许多不同的理论。在二元论（或者多元论）以及一元论之间存在艰难选择。二元论认为，国际法是主权国家间的法律而国内法是公民间以及公民和政府间的法律，因此国内法与国际法是相互独立的并且不能互相修改。因此，在二元论看来转化创立规则，即如果国际法被正式采纳并允许其在国内适用。一元论支持国际法至高原则。一元论认为国家仅是观念的抽象，没有权利推翻保护基本法律权利（如人权）的国际法准则，特别是当规定这种权利的条约被国家批准时。

不管各国法院认为国际法优先或是国内法优先，从一个广义的角度我们会质疑为何国家由于其国内法规定与国际规则相反或者不同，就能托庇其国内规则来忽视其所批准的国际条约。在这方面的法律是清楚的。《维也纳条约法公约》规定一当事国不得援引其国内法规定为理由而不履行条约。[94]更进一步，一国不得援引其同意承受条约拘束之表示为违反该国国内法关于缔约权限之一项规定之事实以撤销其同意，但违反之情势明显且涉及其具有基本重要性之国内法之一项规则者，不在此限。违反情事倘由对此事依通常惯例并秉善意处理之任何国家客观视之为显然可见者，系明显违反。[95]

从逻辑的层面，一元论胜出。对于全权代表[96]在外交会议签署并随后批准

---

〔92〕《维也纳条约法公约》第七十条。

〔93〕 分权原则给国家的不同分支，立法、司法以及行政，分配不同的权力。司法机构主持正义，依据可适用的国内法以及被并入国内法的国际条约。

〔94〕《维也纳条约法公约》第二十七条。

〔95〕《维也纳条约法公约》第四十六条。

〔96〕《维也纳条约法公约》规定：“称‘全权证书’者，谓一国主管当局所颁发，指派一人或数人代表该国谈判，议定或认证条约约文，表示该国同意受条约拘束，或完成有关条约之任何其他行为之文件。授予全权并不意味着被授权人可以为所欲为。他需要得到其国政府的特定指示在答应被协商的原则或者履行与条约有关的任何行动。全权通常给予召集谈论条约的文本的外交会议的组织的秘书处。”

的全球准则，国家如何证明以下观点的合法性，“当我接受条约的原则时我不意味着我所做的”；或者“我不是真的想被条约约束”；或者，更为重要的，“我意味着条约中规定的原则应被适用于除我的公民外的任何其他人”。在与航空有关的领域，这一符合逻辑的结果更为重要，若非如此国际民航组织成员国批准的条约将变得没有意义以及目的，比如，条约使国家承担标示塑性炸药或者指控劫机者的义务，但该国依其国内法不履行此种义务时，条约是无意义的。应由国家运用立法权决定国际法与国内法何者优先；而不应由司法机构决定，司法机构的唯一职责是依据国内法主持正义。

参考文献

Aust A(2000)Modern treaty law and practice. Cambridge University Press, New York.

Greig DW(1976)International law, 2nd edn. Butterworths, London.

Hymens M(1948)Results of a meeting. Interavia 3(8):422.

MacKenzie D (2008) ICAO, a history of the international civil aviation organization. University ofToronto Press, Toronto.

Masson - Zwaan TL, De Leon PMJM(eds)(1992) Air and space law: De Lege Ferenda. Essays inHonour of Henri A Wassenbergh. Martinus Nijhoff, Dordrecht.

Milde M(1992)New headquarters agreement between ICAO and Canada. Ann Air Space Law(Part II):305 - 322.

Reuter P(1989)Introduction to the law of treaties. Pinter Publishers, London.

Schenkman J (1955) International civil aviationorganization. Librairie E. Droz, Geneve, p 121.

Schwarzenberger G, Brown ED (1976) A manual ofinternational law, 6th edn. Professional BooksLimited, Oxon.

Vivian J (1973) ICAO assists developing nations in $ million annual programme. ICAO Bull3:10 - 12.

第四十四条　目的

国际民航组织的宗旨和目的在于发展国际航行的原则和技术，并促进国际航空运输的规划和发展，以：

一、保证全世界国际民用航空安全地和有秩序地发展；

二、鼓励为和平用途的航空器的设计和操作艺术；

三、鼓励发展国际民用航空应用的航路、机场和航行设施；

四、满足世界人民对安全、正常、有效和经济的航空运输的需要；

五、防止因不合理的竞争而造成经济上的浪费；

六、保证各缔约国的权利充分受到尊重，每一缔约国均有经营国际空运企业的公平的机会；

七、避免各缔约国之间的差别待遇；

八、促进国际航行的飞行安全；

九、普遍促进国际民用航空在各方面的发展。

1　国际民航组织的宗旨与目标

有趣的是国际民航组织有宗旨与目标，并无授权。另一个有趣的特征是，尽管国际民航组织发展航空运输的原则以及技术（通过采纳《芝加哥公约》的附件），其仅能促进航空运输的发展（在航空运输经济方面发布指导材料）。2012年6月理事会在其第196届会议第8次会议上，批准国际民航组织2014—2016年修订的愿景和使命以及新的五个战略目标。[1]国际民航组织新的愿景是“实现一个可持续的全球民用航空体系”。其使命是：国际民航组织是国家关于国际民用航空的全球论坛。国际民航组织通过会员国及利害攸关方的合作，制定政策、标准，开展循规审计，进行研究和分析，提供援助和建设航空能力。

在愿景以及使命下，国际民航组织新的战略目标是，安全：加强全球民用航空安全；空中航行的能力以及效率：增强全球民用航空体系的能力并提高效率；

〔1〕 国际民航组织以前有四个战略目标：安全——促进全球民航安全；保安——促进全球民航保安；环境保护——最小化全球民航对环境的不利影响；以及航空运输的持续发展。

保安以及简化手续：加强全球民用航空保安与简化手续；航空运输的经济发展：促进发展一个健全的、有经济活力的民用航空体系；环境保护：将民航活动的不利环境影响减至最小。

对于国际民航组织针对航空发动机排放制订的全球计划，战略目标——航空运输的经济发展和环境保护是有联系的并且在这方面的优先事项是通过发展一个健全的、有经济活力的民用航空体系减小民航行为的不利环境影响。换句话说，国际民航组织提出的并被其成员国接受的全球计划应致力于发展一个健全的、有经济活力的民用航空体系并且同时减少民航行为不利的环境影响。

扩展国际民航组织在航空运输方面的战略目标从《芝加哥公约》第四十四条规定的“促进国际航空运输的发展”到“发展一个健全的、有经济活力的民用航空体系”这是理事会值得赞许的成就。伴随这一重大突破，理事会使得国际民航组织有责任促进整个民用航空体系的发展。未被在任何已知的航空法律文书或者文件中定义的民用航空体系包含民航所有的要素，从航空器的制造以及运行（至少涉及多少航空器应服务于人们的需求以及对运行依据特定社会的地理以及经济状况予以描述）到部分地面服务，地面服务在这个新的授权前不属于国际民航组织的目的。理事会同样巧妙地避开修改《芝加哥公约》的需要，通过广义地解释公约的主旨以及目标。第 38 届大会怎样看待这一积极但可能会有争议的理事会决定以及会否认可两个区别明显且在两个不同文件中并存的目标，值得期待。

如上所述，国际民航组织在技术方面的职责是直接并明确的。但是，由于措辞是“促进国际航空运输的发展”，国际民航组织在经济方面的职责在一定程度上是模糊的，国际民航组织似乎被授权通过有限的途径来实施经济的监督。

在对第十五条的讨论中提及的国际民航组织机场经济学以及航行服务会议同意为了国际民航提交给理事会一份重要建议，将在高水平上与航空运输业、机场以及航行服务业合作并增加世界范围内机场以及航空运输服务的效率以及经济效益。这些建议是为了迅速地为航空业服务，以便应对航空运输面临的现存挑战。

更进一步，国际民航组织机场经济学以及航行服务会议认为，建议将使得国际民航组织的收费政策在实践中更有权威，该政策既管理机场与航行服务提供者的关系，又管理航空公司以及其他机场以及空域使用者的关系。被这些建议所推荐的合作将增强针对国家经济监督责任的政策，加强对所有机场以及航空运输服务提供者在执行性能管理系统方面的要求，并且通过所有机场以及航空运输服务提供者建立一个明确界定的定期咨询程序。同时，还建议国家在其国的法律、规则或者政策以及国家间航空服务协议范围内规定不歧视、成本关联性、透明性以及与使用者咨询等主要原则。〔2〕

国际民航组织机场经济学以及航行服务会议明确的一个基本的前提是，保护使用者免于机场以及航行服务提供者可能的滥用支配地位行为，是国家的主要责任并能通过实施经济监督完成。这种经济监督可以通过国家勤勉地监测服务提供者的运营来有效地进行。

2 国际民航组织的愿景

国际民航组织秘书长提交关于经济监督的观点给上述会议，该观点认为，国家最终有责任通过经济监督保护使用者的利益。〔3〕建议经济监督采取不同方式，比如，从温和政策（如依靠竞争法）到直接干预服务提供者的决定。有趣的是，秘书长有一个直接且明确的观点，国家可以通过经济管理履行其经济监督职责，经济管理可以通过立法或者制定规则，和/或建一个管理机制。〔4〕

同样需要指出，经济监督的目标包括：保证服务提供者不滥用支配地位；保证在实施收费时不歧视且透明；为服务提供者以及使用者达成收费协议提供动力；保证服务提供者建立并且实施适当的性能管理系统并保证投资能满足将来的需要。每个目标的优先事项依据不同国家的不同情况而变化，但应在公共政策目标以及自治或者私人团体实现商业化或者自由化最佳效果的努力间保持平衡。

秘书长要求会议注意在第 9082 号文件中已经存在的方法，〔5〕该文件第 15 段

---

〔2〕 会议建议的一个关键特征是：商业化的机场以及航行服务提供者在收费政策上更大的灵活性；支持服务提供者管理职能的剥离；通过最佳实践来实施更好的治理；全球空中交通管理概念的有效且划算地实施。

〔3〕 Economic Oversight, CEANS – WP/4, 16/4/08.

〔4〕 上引用，第 1 页。

〔5〕 ICAO's Policies on Charges for Airports and Air Navigation Services Doc 9082/7 SeventhEdition – 2004.

建议为了管理机场以及航行服务，国家应建立一个独立的机制。该条建议该机制将监督经济、商业以及金融实践及其目标，但不需要限于特定的原则。[6]秘书长同样要求会议关注《航行服务经济学手册》[7]与《机场经济学手册》[8]中所建议的如下经济监督方法：适用竞争法；后备监督，借此管理的干预被限定在当被管理的机构的行为违反公认的可以接受的限度；体制要求，如要求与使用者磋商（通常附加仲裁或者争议解决程序）、信息披露，以及一个特定的所有权、控制权以及服务结构；第三方咨询委员会，借此利益相关方审查定价、投资以及服务水平的提议；合同管理，借此国家在某些条件下授予合同或者特权来提供机场或者航行服务；激励基础或者价格封顶管理；以及成本或者回报率管理。

国际民航组织被授予的权力使得该组织能通过多数表决（通常不必要，因为主要的国际民航组织政策通过合意被采纳）通过有约束力的决议。但是，在政策生效前国家能够选择退出或者保留。这是因为国家授予国际民航组织权力来做出决定但仅在国家接受这些决定的基础上。在国际民航组织之外，即便是在国际民航组织采纳政策的领域国家仍能退出该政策并参加有约束力的协议。该规则唯一的例外是附件 2 中采纳的标准，特别是在飞越公海以及其他有自由飞行特权的区域，所有的缔约国都需要为了国际安全而遵守。

公认的是国家有权力保持单边行动并且不受国际组织行使其授予的权力所产生的义务的约束。对于在理事会中其他缔约国的国家惯例，如果这样的行为被认为构成习惯国际法会反过来约束反对国，如果其不再坚持反对，但国家仍能疏远此等行为。[9]但是，被国际社会不言自明地承认，国家都有义务善意履行其来自条约或者其他国际法渊源的义务，不能引用宪法或者本国法律作为不履行其义务的理由。同样地，与他国进行国际交往时，每一个国家都有义务遵照国际法以及

---

〔6〕 第十五段暗指的原则是，保证在实施收费时不歧视；保证不过高收费或者其他限制竞争的措施或者滥用支配地位；保证所有被要求来决定收费基础的财政数据的透明、可用和提交；评估以及鼓励在提供者运营中的效率以及功效；确立以及审查提供的服务的标准、质量以及层次；监督以及鼓励将来所需的投资；以及保证使用者的观点被充分考虑。

〔7〕 *Manual on Air Navigation Services Economics*, Doc 9161/3, Third Edition, 1997.

〔8〕 *Airport Economics Manual*, Doc 9562, Second Edition: 2006.

〔9〕 Sarooshi (2005) at p. 110.

国际法属于各国主权的原则。[10]在这方面，国际民航组织是成员国间唯一有约束力的关系，借此该组织将促进多边协议的形成并继续给成员国提供一个三年度的全球论坛。

3 并入原则

习惯国际法通过并入的方式成为国内法的一部分。但是，这样的习惯必须与已经存在的法律或者案例一致。[11]长期的法院实践支持这一原则。[12]

大法官阿尔弗斯通（Alerstone）在西兰德中央黄金矿业公司案（West Rand Central GoldMining Company v. R[13]）中的法律意见也许是通过并入使习惯国际法最终成为国内法最为有力的推动，其指出："任何被文明国家所共同认同的必然被我国认同，我们与其他国家一道同意的在通常意义上称为国际法，并且将被法庭用来处理与国际法可能相关的问题。"[14]

因此，来自习惯国际法的权利与义务将自证其身并不需要任何正式的转化来成为一国法律。并入的优势在于授权司法发展法律，考虑到同时代的国际法规范以及法学原理。但必须强调，国际条约规定的原则也可通过并入的方式成为国内法，因此已被提及的并且被国家以及实践广泛承认的《芝加哥公约》第十五条与第二十八条能在普通法系国家被认为是法律。

在澳大利亚、南非以及英国都能发现并入方式的应用。在澳大利亚，并入方式基于在公民间形成的合理期待，该期待基于国家将依据其在国际领域的承诺行动。1995年移民和民族事务部长案（Minister forImmigration and Ethnic Affairs

---

〔10〕 Draft Declaration of Rights and Duties of States of the International Law Commission（1949），Articles 13 and 14. See http：//untreaty. un. org/ilc/texts/instruments/english/draft% 20articles/2 _ 1 _ 1949. pdf.

〔11〕 Blackstone，*Commentaries*，iv，ch 5；Oppenheim，i. 39 –40；See also the dictum of Lord Finley inthe Lotus（1927）PCIJ Ser. A，no. 10，p. 54.

〔12〕 *Triquet v. Bath*，（1764），3 Burr. 1478；per Mansfield LJ；*Buvot v. Barbuit* 91737）Cases t. Talb. 281. *Dolder v. Lord Huntingfield*（1805），11 Ves. 283；*Vivesh v. Becker*（1814），3 M&S. 284；*Wolffv. Oxholm*（1817），6 M. &S 92，100 – 106；*Novello v. Toogood*（183），1，I. B. & C，554；*De Wutz v. Hendricks*（1984），2 Bing. 314，315；*Emperor of Austria v. Day*，（1861），30 LJ，Ch. 690，70；*Trendtex Trading Corporation v. Central Bank of Nigeria*［1977］1 QB 529 CA，Cf. ；*R. V. Secretary of State*，*ex parte Thakrar*［1974］1 QB 694，CA；*International Tin Council Appeals*［1989］3 WLR 969，HL.

〔13〕［1905］2 KB. 391.

〔14〕上引，第396页。

v. Ah Hin Teoh）中,[15]法院同意并接受前述观点。前述期待与国家有责任在国内兑现其国际义务相联系。[16]

英国已经通过法律条文将并入方式纳入其国内立法中。1998 年人权法案第三部分明确规定习惯国际法能被认为是英国法律的一部分。南非采取一个不同的途径，通过宪法第三十九条第一款引入宪法解释条款采纳并入方式。

4 国际民航组织在地区合作上的政策

2009 年 11 月，国际民航组织理事会第 188 届会议采纳地区合作政策以及框架，用于提升国际民航组织与地区民航组织的互动与合作。

该政策在国际民航组织历史中尚属首次提出，既是及时且必要的，也要求领导与合作和谐地融合。政策主要集中于国际民航组织在技术以及国际民航政策方面对成员国提供可能的帮助、建议以及任何其他形式的支持并且基于地区合作应涉及国际民航组织、缔约国以及地区民航组织三位一体的事实。该政策确认国际民航组织应通过紧密的伙伴关系提升与其他组织以及机构的区域合作，并且在执行该政策时，国际民航组织将最大化地使用总部以及地区机构的资源并应用规定在国际民航组织的决议、指导材料以及政策中的原则。

在发展这个符合国际民航组织愿景以及使命并且将通过秘书长实施的政策时，理事会注意到全球化进程使得小国与不发达国家面临很多问题，这些问题能通过与其他国家更为有效的合作予以解决，并且这暗示了世界经济可能由多种形式的区域合作的网络所组成。理事会还指出区域化的发展，特别是在欧洲以及美洲，清楚地使其他区域的国家可能需要加速其在提升安全、保安、可持续以及效率方面的航空活动或者冒着在全球增长的竞争中被边缘化的风险。

该政策通过扩展最佳实践的应用以及更好地利用区域内现存的能力以及资源促进合作；改善服务以及更好地利用资源，以国家不同层次的能力为出发点。同样考虑《芝加哥公约》相关条文以及国际民航组织大会相关的决议。该政策目的在于使得国家理解国际民航组织的政策并且实施包含在《芝加哥公约》18 个附

〔15〕［1995］183 CLR 273.

〔16〕 JanArnoHessbruegge, The Historical Development of theDoctrine of Atribution andDue Diligencein International law, http://www1. law. nyu. edu/journals/jilp/issues/36/36_2_3_Hessbruegge. pdf.

件中的标准与建议措施；指出次地区组织合作现存的机会次以及为了新的伙伴关系推动形成新的机构；提出在能力建设上的建议；评估在实现需要方面知识以及能力上的差距；并且改进现存的实践。

在实践层面，该政策将同样视情况应用于在技术以及/或者政策方面的合作，包括技术机构（如欧洲民航会议、非洲民航委员会和拉丁美洲民航委员会以及地区安全监督组织）与国际民航组织的合作以及区域组织之间（如非洲联盟以及欧盟）的合作。

实施这一政策的重要工具是国际民航组织的地区办事处。为帮助国家确保一致地遵守国际民航组织的政策，这些办事处将在他们对战略计划的投入内考虑区域需要以及与地区民航机构、区域组织以及其他利益相关方合作的机会。

该政策潜在含义是，尽管国际民航组织鼓励国家、区域民航机构以及地区组织发展民航设施、实施标准以及建议措施和国际民航组织政策，但国家对于其在《芝加哥公约》下的义务有最终责任，不考虑国家可能与地区组织以及地区民航组织达成的任何安排。

该政策的目标是通过加强地区民航机构与国际民航组织的合作在所有区域内促进技术以及/或者政策，防止重复并实现一致。同样为了民航设施的发展，为了实施监督职责保证足够的专家以及资源。分享信息和数据、保证专业的训练与专家参与发展国家/区域计划以及颁布必要的民航法律，是同样是显著的目标。

在实施该政策中，国际民航组织将提升其与地区民航机构的合作并且保证不属于这些机构的国家不被合作危及或者连累。同样鼓励国家指导他们各自的地区民航机构，紧密地与国际民航组织合作并分配给地区民航机构在合作方面的任务并且邀请地区民航机构，在不违反其组织程序规则的前提下，考察邀请不是该地区民航机构成员的国际民航组织缔约国作为观察员参加会议的可能性。国际民航组织将会定期与地区民航组织会谈，包括与这样的机构年度的高层会晤，并定义在协调国际民航组织与地区民航机构合作方面，国际民航组织区域办事处必要的角色。

合作框架

政策的驱动者区域合作框架本质上是一个战略行动计划，依据国际民航组织的地区合作政策以及组织的商业计划。该计划的目标是规划并实施地区合作行动来提升国际民航组织作为国际民航全球论坛的角色以及进一步增强国际民航组织与地区民航机构的区域行动。该框架使得国际民航组织准备形成一个双边的区域合作机制，国际民航组织作为一方，地区民航机构和/或地区组织作为另一方（如与欧共体的协议）。

在地区合作上的行动战略计划将通过秘书长咨询理事会的方式形成，并将通过与组织商业计划相一致的地区实施行动来实施。将会建立任务、责任、时间限制并将通过性能指标测量。

地区合作计划将依据不同地区的需要以及优先事项实现，任务将被明确地指出并且分配给总部以及地区办事处。战略行动计划的目标是：共同努力在国家间协调基于国际民航组织的标准以及建议措施的规章、要求以及程序的实施；理解他人的角色以及责任；为了磋商与合作建立改善机制，包括共享电子信息；国际民航组织以及地区民航机构间协调与合作方案规划以及实施；定期审查地区问题；最大化国际民航组织资源的有效利用；并从各自的专家中获利以及联合训练和能力建设。

国际民航组织成员间保安以及安全理念的创新，认识到民航对环境的不利影响不是现在最为迫切的需要。在这方面，在国际民航组织与地区民航组织间合作的提升是关键因素。地区合作政策以及框架作为一个重要工具能保证，面对现在的问题，全球以及区域的一致、巩固合作以及互相帮助。当国际民航组织转换其关注的焦点从纯粹的标准化到帮助以及实施标准，这样的转变所必需的基本原则应包括巩固责任、保证义务以及国际民航组织与地区民航机构的伙伴关系。

国际民航组织处在朝着继续实现《芝加哥公约》所规定的目标与宗旨的关键十字路口。与快速展开的全球化以及区域化的潮流相一致来设定其路径，国际民航组织已经着手实施一个积极的商业计划，该计划需要一个与不断变化发展的民航业相一致的理念。在该过程中新的领导力以及新的思维已经形成，并且透过在过去混淆国际民航组织角色的不清楚用词，形成了一个清楚路径，使得国际民航组织驶向一个在现在以及将来更为中肯的角色。在这方面，国际民航组织地区合作政策以及框架是一个必要的工具并将使得国际民航组织具备实现其愿景与使命的能力。

参考文献：

Sarooshi D (2005) International organizations and their exercise of sovereign powers. Oxford University Press, Oxford.

第四十五条　永久地址

本组织的永久地址应由一九四四年十二月七日在芝加哥签订的国际民用航空临时协定所设立的临时国际民航组织临时大会最后一次会议确定。本组织的地址经理事会决议可以暂迁他处。

本组织的永久地址应由一九四四年十二月七日在芝加哥签订的国际民用航空临时协定所设立的临时国际民航组织临时大会最后一次会议确定。本组织的地址经理事会决议可以暂迁他处。如非暂迁，则应经大会决议，通过这一决议所需票数由大会规定。此项规定的票数不得少于缔约国总数的五分之三。

第四十六条　大会第一届会议

大会第一届会议应由上述临时组织的临时理事会在本公约生效后立即召集。会议的时间和地点由临时理事会决定。

第四十七条 法律能力

本组织在各缔约国领土内应享有为履行其职能所必需的法律能力。凡与有关国家的宪法和法律不相抵触时，都应承认其完全的法人资格。

1 国际民航组织的法律地位

国际民航组织主要被国际法调整，依据《联合国宪章》规定作为一个联合国的专门机构。该组织同样被两个协议所调整，一个是与联合国的协议，另一个是与加拿大政府的协议。加拿大与国际民航组织之间《总部协议》第二条，[1]明确规定国际民航组织应具有法人资格并应具有作为一个机构的法律能力包括，能够缔结合同；获得并支配动产以及不动产；并能在加拿大提起诉讼。该协议第三条规定国际民航组织的财产及资产，不论在哪、不论何人持有，应享有司法豁免(资产包括由国际民航组织管理的为促进其职责的资金)。

国际民航组织的办公地点是不可侵犯的，并且被加拿大政府给予同使馆一样的保护。[2]在加拿大的国际民航组织拥有或者占有的资产，收入与财产以及从依据《税率协议》[3]被认可的制造商或者经销商购买的货物免于纳税。[4]

在一个关于国际劳工组织（建立以管理国际劳动关系）是否有能力管理农业部门劳动关系的案件中，[5]国际常设法院在 1922 年做出关于国际组织权力的重大司法决定。该法院认为，涉及一个国际组织履行特定职责的能力，取决于条约中可用于该组织职责的条文而关于这种能力的决定应基于条约解释。但是，默示原则应被谨慎使用，依据法官格林·哈克沃斯（Green Hackworth）在损害赔偿案[6]中阐明的基本原则，默示权力不能够被自由地推定，并且默示权力应来自

---

〔1〕 Headquarters Agreement Between the International Civil Aviation Organization and the Governmentof Canada, ICAO Doc 9591. 进一步信息参阅：Milde（1992）.

〔2〕 上引协议第四条第一款第二款。

〔3〕 上引协议第七条。

〔4〕 上引协议第六条。

〔5〕 *Competence of the ILO to regulate the Conditions of Labour of Persons Employed in Agriculture*, Advisory Opinion [1922] Publ. PCIJ Series B, nos. 2&3.

〔6〕 *Reparation for Injuries Suffered in the Service of the United Nations*, advisory opinion, [1949] ICJ Reports 174.

明确权力的授权，被限制在执行明确权力所必要的场合。[7]

芝加哥会议一开始就承认的国际民航组织成员国的全世界联合，带来国家一致承认国际民航组织政策以及决定的效力。1971 年，欧盟法院在欧洲道路运输协定案中[8]认为欧共体达成一个在道路交通上的协议能力不能被质疑，因为成员国已经承认欧共体的整体性并且调整欧共体的《罗马条约》容许欧共体就道路交通问题制定共同政策。

需要指出，国际民航组织不仅从其缔约国的联合获得默示权力，同样有来自缔约国的授权来行使特定的权力。授权原则，直接源于建立者的意愿，权力被授予国际民航组织，当其被建立作为一个国际技术机构以及一个常设的民航机构来管理《芝加哥公约》的条款。此外，国际民航组织还能够援用“固有权力”，即给予国际民航组织权力来实施所有的该组织需要来实施以实现其目标的行动，不因任何组织的权力的特殊来源，仅因为国际民航组织固有的组织性。因此，只要行动不被国际民航组织的宪法性文件（《芝加哥公约》）所阻止，都应被认为在法律上是有效的。[9]

国家保有单边行动的权力并且不受来自国际组织行使授予的权力所产生的义务的拘束。在国际公法上，授予国际民航组织权力的国家有在法律上的权利来采取措施针对国际民航组织对授予的权力的特定运用，如果此种运用被认为是侵犯权利、超越权限或者构成国际不法行为，而反对国并不想与该行为产生联系时。对于在理事会中其他缔约国的国家惯例，如果这样的行为被认为构成习惯，国际法会反过来约束反对国如果其不再坚持其反对，但国家仍能疏远此等行为。[10]

国际民航组织在国内司法程序中的身份将由组织的本质及其所为的工作决定。因此，任何通过协议或者条约授予国际民航组织的特权仅应被用于国际民航组织的工作范围。[11]从概念上讲，在涉及一个国际组织的国内诉讼中，针对涉诉组织工作的法律争议，法院可以适用商业行为中的“职能理论”（functional theory），这

〔7〕 上引第 174 页。

〔8〕 Case 22/70, *Commission v. Council*（European Road Transport Agreement）［1971］ECR 273.

〔9〕 Seyersted（1963）, at p. 28.

〔10〕 Sarooshi（2005） at p. 110.

〔11〕 *In United States v. Malekh et al.*, 32 ILR 308 – 334（1960），该案中，被告联合国的员工被指控间谍行为，美国纽约南区法院认为联合国以及该员工都不能援用豁免，因为间谍行为不是联合国的职责。

意味着涉诉组织将不被认为具有豁免或特权。在1953年的世界银行以及国际基金组织诉有限广播公司案（Re International Bank for Reconstruction and Development and International Monetary Fund v. All America Cables and Radio Inc. , and other cable companies）中,[12]美国联邦通讯委员，面对原告（世界银行以及国际基金组织）的观点，给予一个在美国管辖范围内从而美国法律应适用于其所缔结的合同的组织特权以及豁免的目的在于，保护这样的组织免于不公平以及不合适的干预，包括过高的税率。被告公司（有线广播）认为，没有证据或者原因表明应对被告适用低的商业税率。能从该案中得到的原则是，如果法院被要求决定一个组织工作的合法性，而这样的调查阻碍了组织的工作，豁免的目的将被认为无效。

问题在于，对于一个国际组织的商业行为法院在什么程度或者什么范围内必须应用职能豁免的原则。法院从一个极端转变方向，十分接近承认如在布罗德本特诉美洲国家组织案（Broadbent v. Organization of American States）中[13]与组织关键活动有联系的行为的完全豁免，如对于主权行为的解释，如果语言服务是组织主要职能的组成部分。[14]

2 国际民航组织工作人员的地位

国际公法关于国际公务员的一个基本的原则是，授予国际公务员（在联合国体系下提供服务）一定程度的豁免以及一些特权。因此，对一个国际公务员过失判断不能依据判断政府公务员过失的标准，特别是在履行职责时。原因在于，国际公务员被授予对其工作过程中所为行为以及所提观点的豁免，如果这些行动或观点与其职责的履行有关。在一国法院，国际组织及其国际公务员具有的特殊地位源于对“无归属性”明确的承认，以及国际组织及其公务员的国际特征，这一特征决定如果受到一国法院及法律的约束，其为了国际社会的工作将变得没有独立性。本部分讨论国际组织及其成员的本质，他们享有的豁免类型以及程度，授予豁免面对的困难以及放弃豁免的场合。

国际组织自身及其员工不时地被国内法院要求作为诉讼的一方。在这方面，除

---

〔12〕 22 ILR 705 – 712.

〔13〕 63 ILR 162 – 163；US District Court for the District of Columbia，28 March 1978.

〔14〕 *Iran – United States Claims Tribunal v. A. S.* , 94 ILR 321 – 330.

了国际组织固有的法律人格，组织秘书处的员工同样是“本质上新奇的事物”，[15]他们来自不同国家大多数作为国际招募的员工形成该组织的国际公务员。这样被招募的国际公务员，在一定程度上对任何与其工作范围内职责履行有关的问题在国内法院有不同立场。《联合国宪章》第一百条规定，秘书长及办事人员于执行职务时，不得请求或接受本组织以外任何政府或其他当局之训示，并应避免足以妨碍其国际官员地位之行动，专对本组织负责。《联合国宪章》第一百零一条第三款规定，在招募时应以求达效率、才干及忠诚之最高标准为首要考虑。

国际公务员因为他们优越的技巧与知识被招募，并通常从事超过了常人能力的任务。这就赋予国际公务员一个更高的注意标准如同特别的专家，比如医生、律师以及会计。但此处有明显区别，与上述其他种类的专家不同，在履行职责时，国际公务员在司法程序中被授予豁免。但同样有一个界限阻止这类员工完全免于法律约束。1976 年纽约刑事法庭在马克·韦纳案（People v. MarkS. Weiner）中[16]形成豁免以及责任间微妙的平衡，法院认为当一个联合国的安全人员施加不当的影响给原告，从诉讼中豁免就会如此不合理地明显地违背法律面前人人平等的概念。[17]在早期的法国阿韦诺诉阿韦诺案（Avenol v. Avenol）中，[18]涉及国际联盟的秘书长在有关前妻生活费的诉讼中援用外交豁免，法院认为国际联盟官员的豁免在地域上以及职能上被限制在为国际联盟履行职责并在履行该职责的国家领土内。

《维也纳外交关系公约》第二十七条第二款规定，使馆之来往公文不得侵犯。来往公文指有关使馆及其职务之一切来往文件。该公约第三十一条规定，外交代表对接受国之刑事管辖享有豁免。除下列案件外，外交代表对接受国之民事及行政管辖亦享有豁免：关于接受国境内私有不动产之物权诉讼，但其代表派遣国为使馆用途持有之不动产不在此列；关于外交代表以私人身份并不代表派遣国而为遗嘱执行人、遗产管理人、继承人或受遗赠人之继承事件之诉讼；关于外交代表欲接受国内在公务范围以外所从事之专业或商务活动之诉讼。实际问题在于，一

---

〔15〕 James (1970), 53.

〔16〕 378 NYS 2d 966.

〔17〕 上引案件，975.

〔18〕 *Juge de Paix Paris* 8 March 1935.

个国际组织或其国际公务员是否必须完全处于一国法院的控制之下。有观点认为，对于国际组织，一国法院不应有完全的管辖权，因为行使管辖权可能对于组织的独立性造成损失或不利影响。[19]该观点的基本原理在2003年加拿大魁北克高级法院的一个案件中被接受，[20]一个国际民航组织的前员工为了对其错误地开除起诉该组织及他人，法院承认授予国际组织豁免的必要，以便他们能保持独立性与自主性。

法院对国际组织豁免与国家豁免进行比较，承认不管是国际组织或者某一国家不应该受到他国法律以及他国法院管辖。法院承认完全豁免以及限制豁免的分歧，并总结道，国际民航组织在这个案件中有类似的完全豁免。[21]法院认为，限制豁免将被给予国际组织员工在其受雇范围内履行职责过程的相关行动。

《维也纳外交关系公约》第二十九条规定外交代表人身不可侵犯。1999年1月，联合国第53/97决议引用这一原则，强烈谴责针对外交任使馆以及人员的罪行。在理事会谴责阿富汗杀害九名伊朗外交官后，大会作出前述决议。[22]在1988年的布斯诉巴里案（Boos v. Barry）中，[23]美国最高法院认为，外交豁免在国家间是相互的，基于职能需要以及互惠的共同利益。[24]这在通常意义上有效排除了对一个国际公务员的惩罚，对于接受国唯一可以获得的救济途径是宣布外交人员或者国际公务员为不受欢迎的人。[25]

---

〔19〕 August Reinisch, *International Organizations Before National Courts*, Cambridge Studies inInternational and Comparative Law: 2000 at 388.

〔20〕 *Trempe c. Association du personel de l" OACI et Wayne Dixon* C. S. 500 – 05 – 061028 – 005, Trempec. OACI et Dirk Jan Goosen, C. S. 500 – 05 063492 – 019.

〔21〕 该案中，法院援用一系列的案件证明一个国际组织的类似的完全豁免。*Miller v. Canada* [2001] 1. S. C. R. 407; *Re Canadian Labour Code* [1992] 2. S. C. R. 50 *Canada v. Lavigne* [1997] R. J. Q. 405 (CA).

〔22〕 SC/6573 (15 September 1998). 同样参见联合国秘书长说明，SG/SM/6704 (14 September 1998).

〔23〕 99 LEd 2d 333, 346 (1988); 121 ILR at 678.

〔24〕 1973 United Nations Convention on the Prevention and Punishment of Crimes Against Internationally ProtectedPersons 对于该原则的官方的承认。

〔25〕《维也纳外交关系公约》第九条："接受国得随时不具解释通知派遣国宣告使馆馆长或使馆任何外交职员为不受欢迎人员。"此时，此人通常被召回国内。否则，"接受国得拒绝承认该员为使馆人员"。第四十一条规定，"在不妨碍外交特权与豁免之情形下，凡享有此项特权与豁免之人员，均负有尊重接受国法律规章之义务。"违反该条，外交人员被宣布为不受欢迎的人。See 94 AJIL 2000 第534页，报道俄罗斯大使的随员因被怀疑窃听美国国务院被宣布为不受欢迎的人。

考虑到由国际公务员提供的服务和国家的干预对于提供这样的服务的不利影响，这一原则似乎十分合理，但该原则的完全应用也会给大众带来不利影响。需要特别说明的是，国际公务员行为导致犯罪，比如一个外交官或者一个国际公务员对第三方因其过失造成汽车事故以及伤害。[26]在接受国民事与行政上完全的豁免对于国际公务员能够造成司法上的不一致。《维也纳外交关系公约》第三十一条第一款有效地解决了这一问题，有三个例外责任能被追究：关于接受国境内私有不动产之物权诉讼；关于外交代表以私人身份并不代表派遣国之继承事件之诉讼；关于外交代表欲接受国内在公务范围以外所从事之专业或商务活动之诉讼。关于这些例外，在英国有一个有力的例子。英国1987年关于外交特权以及豁免的备忘录，对逃避法律责任的行为依赖外交豁免采用严格的立场。

同样必须指出，给予国际公务员的外交豁免，比如，免适用接受国施行之社会保险办法（《维也纳外交关系公约》第三十三条），免纳一切对人或对物课征之国家、区域、地方性捐税（除了间接税收），免除一切个人劳务及所有各种公共服务（《维也纳外交关系公约》第三十五条），免除一切关税以及检查（《维也纳外交关系公约》第三十六条）个人物品以及行李，同样给予外交代表之与其构成同一户口之家属（《维也纳外交关系公约》第三十七条）。[27]

这样的豁免从外交人员（或者国际公务员）及其家庭进入接受国领土[28]直到离开接受国为止。

但这些豁免不能约束第三国。在一个涉及前叙利亚驻德意志民主共和国大使的案件中，德国联邦法庭认为不受欢迎的规则仅适用于接受国而不适用于其他国家，如德意志联邦共和国。[29]

另一个有争议的问题是雇佣协议的外交豁免。尽管在通常意义上，国家以及国家机构在其国法律框架内能够雇佣以及解雇职员，但该原则不适用于外交机

〔26〕依据《维也纳外交关系公约》第三十八条："外交代表或国际公务员为接受国国民或在该国永久居留者，仅就其执行职务之公务行为，享有管辖之豁免及不得侵犯权。"

〔27〕外交机构的技术以及行政官员也能享受这些特权。

〔28〕*R. v. Secretary of State for the Home Department ex parte Bagga*,［1991］1 QB 485; 88 ILR at404.

〔29〕121 ILR 352.

关。[30]问题在于，这样一个原则可能导致授予外交机关一个完全的自由裁量权，不考虑已确立的社会权利，如种族、宗教、性别以及社会平等。

3 放弃豁免

对于外交机关以及国际公务员不适当的豁免问题的答案可能在于放弃豁免的实践。法院有时会认为通过条约或者其他协议给予的豁免在有些场合被放弃了。放弃豁免可能源于在合同当事人之间明确的协议或者通过默示的默许。在这一领域一个关键案件涉及 1967 年哥伦比亚地区法院的决定,[31]即美洲新开发银行不享有任何豁免，因为对于银行的豁免，依据与诉讼另一方巴西公司的协议第十一条第三款已被放弃。在一个商业协议中预先放弃豁免，尽管被认为只适用于一些特定场合，但不是无用的，并且可以依据案件的事实通过解释方法予以适用。在渣打银行诉国际锡业协会案（Standard Chartered Bank v. International Tin Counciland others.）中,[32]英国王座法院拒绝这样的观点，预先的放弃不能被用于该争议，如果预先的放弃在合同中特指“一个特定的案件”，这样的措辞被法院解释为特别的交易而不是专指特定案件。一个特别协议中的选择法院条款同样被解释为提前放弃豁免。[33]

通常只有派遣国能够放弃外交人员以及国际公务员的豁免。[34]对于国际公务员而言，豁免被接受国给予并且仅能够通过公务员提供服务的国际组织的秘书长或者首席执行官放弃。1946 年《联合国特权以及豁免公约》设立联合国及其人员的豁免并强调其场所、档案以及文件的不可侵犯。特权以及豁免混合国际组织的有责性，该概念宽于国际不法行为责任。[35]国际组织有责性是国际公务员豁免以及有责之间和谐平衡。

---

〔30〕 *Sengupta v. Republic of India*, 64 ILR 372.

〔31〕 *Lutcher SA Celulose e Papel v. Inter – American Development Bank*, 382 F. 2d. 454 (DC Cir. 1967).

〔32〕 [1986] 2 All ER 257; [1987] 1 WLR 641 (1988) 77 ILR 16.

〔33〕 *Arab Banking Corporation v. International Tin Council and Algemene Bank Nederland and Others (Interveners) and Holo Trading Company Ltd.* (Interveners) (1988) 77 ILR 1 – 8.

〔34〕 *Fayed v. Al – Tajir* [1987] All. E. R. 396. 依据《维也纳外交关系公约》第三十二条：“外交代表及他人的管辖之豁免得由派遣国抛弃之。”

〔35〕 Recommended Rules and Practices Drafted by the International Law Association's Committee on the Accountability of International Organizations. Report of the Seventeenth Conference, New Delhi 2002 at 774.

《联合国宪章》第一百零五条保证特权以及豁免，规定本组织于每一会员国之领土内，应享受于达成其宗旨所必需之特权及豁免，并且联合国会员国之代表及本组织之职员亦应同样享受于其独立行使关于本组织之职务所必需之特权及豁免。[36]这一基本原则通常在接受国与联合国专门机构达成的《总部协议》中规定。1988年国际法院认为，美国有义务遵守包含在联合国与美国《总部协议》第二十二节中的义务，在国内立法中承认结束巴勒斯坦解放组织观察团的仲裁结果。[37]在一个早先的案件中，1983年美国上诉法院认为，通过接受国授予联合国的豁免与特权，特别排除在其国管辖范围内对联合国执行其职责的干涉。[38]

外交豁免以及特权对于国家间和谐的国际关系是十分关键的。除了其滥用的内在缺陷，有时导致对公众或者商业组织的损害，必须指出的是外交可以追溯的历史开端前的黑暗时代。[39]居住在洞穴中的类人猿实施某种形式的外交来实现与其邻居有关狩猎领域边界的谅解。十分有必要保持使者的生命安全，不管使者多么不受欢迎，因为如果使者一到达便被杀害，没有协商能够发生。这导致了外交豁免的实践，在澳大利亚类人猿中被发现，并在荷马史诗中提到。[40]在现代，常驻的外交使团是国际外交、国际礼让的基石，而外交官[41]所履行的外交职能通常被称为“外交实践”。[42]如果外交想要有效，特权极为重要。外交的整体的目标和宗旨是保证国家间的和平以及正义，并且为此目的，外交是现代文明发展的杰出典范。因为这些原因，外交豁免与特权的好处超过其不利之处。

参考文献：

James R(1970) The concept of the international civil servant. In: Jordan R(ed)

---

〔36〕 the General Convention on the Privileges and Immunities ofthe United Nations, 1946 and the Convention on Privileges and Immunities of the United Nations.

〔37〕 ICJ Reports 1988 at 12. Also at 82 ILR at 225.

〔38〕 *Mendaro v. World Bank*, US Court of Appeals, 27 September 1983, 717 F. 2d. 610 (DC Cir. 1983). 同见 Iran – US Claims Tribunal v. AS 94 ILR 321 at 329，该案中荷兰法院认为特权以及豁免保证国际组织毫无障碍地实施其职责。

〔39〕 Nicolson (1953), at p. 2.

〔40〕 上引注，第3页。

〔41〕 外交官以及外交是现代词语来自于拉丁文“diplomas”，意指来自君主的文书。Sen (1950). Introduction. 以及《维也纳外交关系公约》第一条对多种用语的定义。

〔42〕 上引注。

Internationaladministration: its evolution and contemporary applications. Oxford University Press, Oxford.

Milde M(1992) New headquarters agreement between ICAO and Canada. Ann Air Space Law(Part II):305 - 322.

Nicolson H(1953) The evolution of diplomatic method. Constable & Co, London.

Sarooshi D (2005) International organizations and their exercise of sovereign powers. OxfordUniversity Press, Oxford.

Sen B(1950) International law relating to diplomatic practice. Metropolitan Book Co. Ltd. , Delhi.

Seyersted F (1963) Objective international personality of intergovernmental organizations: dotheir capacities really depend upon the conventions establishing them? Krohns Bogtnykker, Copenhagen.

第八章　大　会

第四十八条　大会会议和表决

一、大会由理事会在适当的时间和地点每三年至少召开一次。经理事会召集或经五分之一以上的缔约国向秘书长提出要求，可以随时举行大会特别会议。[1]

二、所有缔约国在大会会议上都有同等的代表权，每一缔约国应有一票的表决权，各缔约国代表可以由技术顾问协助，顾问可以参加会议，但无表决权。

三、大会会议必须有过半数的缔约国构成法定人数。除本公约另有规定外，大会决议应由所投票数的过半数票通过。

1　国际民航组织的最高机构

大会在其第 14 届会议（罗马，1962 年 8 月 21 日至 9 月 15 日）通过了第 A14 - 5 号决议（关于修正《国际民用航空公约》第四十八条第一款的议定书）借此大会同意于 1962 年 9 月 14 日，按照公约第九十四条第一款的规定，[2]批准在公约第四十八条第一款中删除第二句，并以“经理事会召集或经不少于五分之一的缔约国向秘书长提出要求，可以随时举行大会特别会议”代替。

---

〔1〕 这是 1962 年 9 月 14 日大会第十四届会议修正的该条条文；1975 年 9 月 11 日起生效。根据公约第九十四条第一款的规定，修正的条文对批准该修正案的国家生效。1954 年 6 月 14 日大会第八届会议修正并于 1956 年 12 月 12 日生效的该条条文内容如下：

“一、大会由理事会在适当的时间和地点每三年至少召开一次。经理事会召集或经任何十个缔约国向秘书长提出要求，可以随时举行大会特别会议。”

该条的最初未经修正的条文如下：

“一、大会由理事会在适当的时间和地点每年召开一次。经理事会召集或经任何十个缔约国向秘书长提出要求，可以随时举行大会特别会议。”

〔2〕 公约第九十四条规定：“一、对本公约所建议的任何修正案，必须经大会三分之二票数通过，并在大会规定数目的缔约国批准后，对已经批准的国家开始生效。规定的国家数目应不少于缔约国总数的三分之二。二、如大会认为由于修正案的性质而有必要时，可以在其建议通过该修正案的决议中规定，任何国家在该修正案生效后规定的时期内未予批准，即丧失其为本组织成员国及公约参加国的资格。”

大会在其第 16 届会议（布宜诺斯艾利斯，1968 年 9 月 3 日至 26 日）通过第 A16－13 号决议（召开大会常会的间隔周期和地点）决定三年一次的大会常会安排应被视为本组织的正常活动，但有一项谅解，即大会或理事会可以决定召开闭会期间的常会。该决议同时规定，为了本组织和缔约国的可得利益，可以在本组织总部以外召开大会三年一次的常会。

大会在其第 21 届大会（蒙特利尔，1974 年 9 月 24 日至 10 月 15 日）通过第 A21－15 号决议（对大会会议场地轮换制度的研究）要求理事会基于特定区域的可用设施，研究在这些区域建立一个大会会议场地轮换制度的可行性。

大会被大会议事规则所约束，该规则第二十八条规定大会全体会议的法定人数必须达到缔约国的多数。

2　第四十九条：大会的权力与职责

公约第四十九条规定大会的权力与职责为："一、在每次会议上选举主席和其他职员；二、按照第九章的规定，选举参加理事会的缔约国；三、审查理事会各项报告，对报告采取适当行为，并就理事会向大会提出的任何事项作出决定。四、决定大会本身的议事规则，并设置其认为必要的或适宜的各种附属委员会；五、按照第十二章的规定，表决本组织的各年度预算，并决定本组织的财务安排；六、审查本组织的支出费用，并批准本组织的账目；七、根据自己的决定，将其职权范围内的任何事项交给理事会、附属委员会或任何其他机构处理；八、赋予理事会为行使本组织职责所必需的或适宜的权力和职权，并随时撤销或变更所赋予的职权；九、执行第十三章的各项有关规定；十、审议有关变更或修正本公约条款的提案。如大会通过此项提案，则按照第二十一章的规定，将此项提案向各缔约国提议；十一、处理在本组织职权范围内未经明确指定归理事会处理的任何事项。"

3　第 37 届大会

谈论大会第 37 届会议（蒙特利尔，2010 年 9 月 18 日至 10 月 8 日）有助于熟悉大会如何运作。

国际民航组织第 37 届大会于 2010 年 9 月 18 日至 10 月 8 日在国际民航组织总部蒙特利尔召开。来自 176 个缔约国以及 40 个与民航有关的国际组织的 1588

名代表通过了许多重要的决议。这些决议主要涉及安全、保安以及环境保护，重点在于安全以及保安，目的在于为世界性大型运输中已经最为安全的模式，确立一个更高的安全水平。

大会通过一个全面的决议减少航空排放对气候变化的影响，达成了一个协议，规定成员国直到2050年的行动线路蓝图。大会重申国际民航组织在环境保护方面的领导地位，而国际民航组织则通过签署国际协议加强其全球影响，这些协议包括与区域民航组织以及来自全世界的其他机构的合作协议。

大会支持一个前瞻性的安全策略，该策略的基础是在国家以及产业利益攸关方之间分享关键的安全信息。同时，大会支持国际民航组织建立一个包括监管方、航空器运营人、空中航行服务提供者以及机场运营人代表的多部门方案，用以解决跑道安全问题。基于2010年9月召开的北京外交会议的成就，大会承认增强世界范围内民航保安的需要。在关于航空保安的宣言中，成员国重申主动及联合地通过检查技术发现违禁品、加强国际标准、改进保安信息共享以及提供给需要的国家形成相关能力的帮助以增强航空保安合作的国际承诺。大会同样全力支持国际民航组织新的全面保安策略。

鉴于大会在气候变化方面通过的决议，国际民航组织是第一个为了解决二氧化碳排放而引领一个产业达成国际条约的联合国专门机构。一些国家对大会在气候变化方面通过的决议提出保留意见，并要求理事会继续研究某些议题。这一显著成就达成的时间仅比计划于2010年12月在墨西哥召开的由几乎相同的国家再次协商的第16届联合国气候变化框架协议成员国会议早两个月。

国际民航组织在2010年上半年增长的势头反映了国际民航组织在过去三年时间（2008—2010年）内有力以及积极的行动的结果，这些行动致力于达成全球共识，即国际民航组织是一个重要性不断增长且由行动和结果驱动并具有价值基础的机构。在这三年内，国际民航组织也发生了变化，从过去几十年作为一个整体上行政性的国际机构，变为一个同样实施政策并在航空运输的安全、保安、环境保护以及可持续发展这几个优先事项上帮助其成员国[3]的国际机构。国际民航组织在航空运输的安全、保安、环境保护以及法律领域于2010年上半年采

〔3〕 See Abeyratne（2009），529－544.

取的行动，为第37届大会的成功举办做出了巨大的贡献。

4　背景以及大会的成果：安全

2010年3月29日至4月1日，国际民航组织召开一个由551人参加的高级别安全会议，与会人员来自117个组织成员国民航部门的负责人，并包括32个国际组织的代表。该会议呼吁国际民航组织加速收集、分析以及传播由国家以及产业合作伙伴提供的有关安全的信息并且赋予该组织一个必须完成的任务，即制定一个通过在成员国以及航空运输业中分享与安全有关的信息，且能进一步减少全球事故发生率的策略。

普遍安全监督审计计划（USOAP）继续采纳全面的系统方法（CSA）。在2010年上半年，14个国家接受基于全面的系统方法的审计，使得完成安全监督审计的国家总数达到159个。在大会以及理事会的指导下对2010年以后的国际民航组织普遍安全监督审计计划将应用持续监测做法。在2010年，与安全管理原则相一致，国际民航组织的完整安全趋势分析以及报告系统将进一步发展，该系统通过对众多指标的分析，为全球安全目标的实验提供分析能力。

依据《芝加哥公约》第二十一条建立了国际民航组织在线航空器安全信息系统（OASIS）。该系统包括日常从事国际民用航空的所有航空器的相关信息，包括登记国、所有权以及控制权，并通过两个方面的数据建立标识航空器的能力，因为当这两个方面的数据被统一时，能够指出所有进入该数据库的航空器，不管它们现在是哪个登记国。储存的该信息将同样包含航空器所有权的历史，这使得严格控制变为可能。

国际民航组织已经启动航空运营人证书的国际登记以促进对外国运营人的监督。该计划在2010年开始并且将在两个发展阶段后完成。国际民航组织继续保持与国际航空运输协会在训练以及与资质有关的行动方面的密切合作，为《空中航行服务训练程序》[4]形成指导材料。这些训练程序包括基于能力的训练以及评估维修人员、基于证据的空乘人员训练以及指导员和主考人资格。2010年3月举行的下一代航空专业从业人员讨论会的主题是："在经济危机后：动员航空业重

---

〔4〕 *PANS-TRG*, Doc 9868.

新招募、训练以及保持下一代航空专业从业人员。”[5]

2010年启动危险品运输训练计划，该计划包括训练手册以及课程。这将帮助国家遵循规定在《芝加哥公约》附件18中调整危险物品运输的宽泛原则以及规定在《航空运输危险物品安全技术指标》[6]中的细节。为促进基于性能导航（PBN）并帮助国家实施基于性能导航，国际民航组织开办基于性能导航空域设计讲习班、操作方法课程以及后续行动讲习班。

第37届大会审议安全管理体系（SMS）和安全数据，以及国际民航组织前瞻安全管理措施的进展报告，该措施提供了国际民航组织安全分析战略的概要。该战略包括通过未来实施国家安全方案（SSP）和安全管理体系产生的操作数据的最终整合。确定了国际民航组织在安全管理体系的领导地位，并通过形成共同安全标准、分析措施以及彼此协作的数据库系统支持安全性能措施并保证在国家间有效地分享安全信息。进一步的讨论集中在与安全管理体系实施、接受、性能评估以及监督有关的共同措施以及程序中，并需要：指导高级管理人员理解其在支持安全管理体系实施中的角色，在国家和航空组织内形成支持安全风险管理行动的技能，特别是调查与安全有关的低概率事件的能力，确定全球安全标准以支持安全分析的统一方法，提请民用空中航行服务组织（CANSO）形成起飞或降落安全指标，为安全管理体系的名词释义形成国际的标准，支持前瞻性安全分析的风险预报技术以及电脑系统，形成一个新的公约附件解决安全管理。

大会通过关于安全的全球规划的决议，大会认识到一个全球框架对于支持国际民航组织战略目标的重要性以及基于该全球框架的地区和国家计划和举措对于有效实施的重要性；以及通过在国际民航组织领导之下，与所有利害相关方的伙伴关系，采取合作性、协作性和协调的做法，才能最好地实现在改进全球民用航空安全和效率方面的进一步的进展。该决议决定国际民航组织应当执行全球航空安全计划和全球空中航行计划并保持其常新，用以支持本组织的相关战略目标；

---

〔5〕 该讨论会吸引来自71个成员国以及14个国际组织的403个代表。特别值得注意的是，来自与航空有关的学校以及学院计划的超过80名学员参与者。该研讨会后，下一代航空专业从业人员工作组致力于机组人员、航空运输管理专业人员以及维修人员能力的发展。

〔6〕 Doc 9284.

要求各国并请其他利害相关方合作，根据全球计划框架制订并实施地区、次地区和国家计划；指示理事会向今后的大会常会提供关于全球计划的实施和演变情况的报告；指示秘书长宣扬、提供和有效传播全球空中航行计划、全球航空安全计划及其相关的全球航空安全路线图。

关于安全的全球规则决议的附录，重申本组织的首要目标仍然是提高国际民用航空系统的安全性和相应的减少事故和相关的死亡数目。该决议认识到，安全是国际民航组织、各缔约国和所有其他利害相关方所共同分担的责任，并敦促缔约国通过下列方式支持全球航空安全计划的目标：实施国家安全方案；在整个航空业内迅速建立安全管理体系，以补充现行的管理框架；在各国和有关航空利害相关方之间共享运行安全情报；确保旅行公众获得易于理解的与安全有关的信息，以便在知情情况下做出决定；创造这样一种环境，鼓励和促进报告和分享信息并在报告缺陷之后及时采取补救措施；根据要求向国际民航组织报告事故和事故征候数据。

此外，该决议敦促各缔约国、地区安全监督组织和有关国际组织与所有利害相关方共同努力，实施全球航空安全计划和全球航空安全路线图的方法论目标以便于减少航空器事故数量和比率。敦促各缔约国显示出采取补救措施所必要的政治意愿来处理包括普遍安全监督审计计划以及国际民航组织地区规划进程所查明的缺陷在内的那些缺陷；敦促各国完全遵照适用的标准和建议措施；要保证在其领土飞行的外国运营人受到其各自国家的适当监督，并在必要情况下采取适当行动以维护安全。为此目的，各国应制定可持续的安全解决办法，以充分履行其安全监督责任。可以通过资源共享、使用内部和/或外部资源，如地区和次地区安全监督机构以及其他国家的专长。

大会讨论了国际民航组织跑道安全计划并采纳相应决议，认识到跑道事故构成了所有事故中的一个较大部分，并造成了大量的伤亡，并认识到跑道偏离是近十年来最大审定起飞重量大于 5700 千克的全部商业和通用航空运行的所有定翼航空器事故当中的最高发生类别；认识到航空业的一些方面正在进行技术开发，表明了预防和减缓跑道事故和其他严重事故征候的前景。该决议声明国际民航组织须使用多学科的做法，积极推行跑道安全，并且敦促各国采取各种措施，加强跑道安全，包括制订使用多学科做法的跑道安全方案，其中至少包括监管方、航空器运营人、空中航行服务提供者、机场运营人和航空器制造商，以便预防和减缓跑道偏离、跑道侵入及与跑道安全有关的其他事件的发生。请各国通过根据国家安全方案设立的安全数据收集和处理系统监控跑道安全事件及相关前兆。

另一个被大会通过的决议是国际民航组织关于全球空中交通管理（ATM）系统以及通信、导航和监视/空中交通管理（CNS/ATM）系统的持续政策和做法综合声明。该决议要求各国和地区安全监督组织确立次区域一级的共同规划和合作框架，以便共同开发通信、导航和监视/空中交通管理系统。大会还采纳国际民航组织具体针对空中航行的持续政策和相关做法的综合声明，包括以下附件：提供足够的飞机，在调查空难上缔约国之间合作以及民航与军用航空运输间的协调以及合作。〔7〕就民航与军用航空运输间的协调以及合作而言，该决议要求应当安排民用和军用航空共同使用空域及某些设施和服务，以确保民用航空的安全、正常和效率并确保满足军用空中交通的要求，各缔约国制定的管理其国家航空器在公海上运行的条例和程序应当确保这种运行不损害国际民用空中交通的安全、正常和效率，而且在实际可行的范围内遵守附件2中的空中规则。秘书长应当提供关于军民协调与合作的最佳做法的指南，缔约国可以在其出席国际民航组织会议的代表团中酌情包括军方当局的代表。该决议的一个重要的声明是国际民航组织作为一个国际论坛，可以发挥作用，促进改善军民合作、协作和共享最佳做法，在军民伙伴的支持下，提供必要的后续活动，巩固关于军民合作的全球空中交通管理论坛（2009年）的成果。

基于性能导航的全球目标的决议敦促所有国家根据《基于性能导航手册》(PBN)〔8〕规定的国际民航组织基于性能导航的概念，来实施区域导航（RNAV)〔9〕

---

〔7〕 对此问题更详细的讨论见：Abeyratne（2010a），129－144.

〔8〕 Doc 9613.

〔9〕 区域导航被认定为一种导航方法，即允许飞机在相关导航设施的信号覆盖范围内，或在机载自主导航设备能力限度内，或在两者配合下沿所需的航路飞行。发展区域导航是为了提供更多的侧向自由度，从而有更多的能完全使用的可用空域。该导航方式允许航空器不经某些导航设施，有以下三种基本应用：在任何给定的起降点之间自主选择航线，以减少飞行距离、提高空间利用率；航空器在各种预排的起降航径上飞入终端区范围内，以加速空中交通流量；能在一些机场形成以及应用仪表导航措施，而无须机场仪表导航的协助。

和所需导航性能（RNP）[10]的空中交通服务（ATS）航路和进近程序。关于国际民航组织安全以及可持续性的全球规划的决议，指示理事会修改全球空中航行计划，以便形成一个框架，能够使国际民航组织易于就各国空中航行现代化计划对全球系统的影响进行分析，然后根据需要采取适当行动，以确保全球和谐统一。同样要求各国、地区规划和实施小组和航空业界使用全球空中航行计划所提供的指导进行规划和实施活动，敦促各缔约国、业界和供资机构为协调地实施全球空中航行计划提供必要的支持，避免重复努力。该决议敦促正在为各自的空中航行现代化制订新一代计划的国家，要及时与国际民航组织分享其计划，以供审查与评估，以确保全球兼容与和谐统一。指示理事会确保根据运行和技术方面的进一步发展情况，与各国和其他利害相关方紧密协作，持续保持全球空中航行计划处于最新状态。指示理事会在2012年举办第12届空中航行会议中，根据全球空中航行计划的最新资料为国际民航组织制订较长期规划。

大会讨论的另一个关键的问题是防止通过航空旅行传播传染病，并采纳与《芝加哥公约》第十四条[11]相联系的一个决议，敦促各缔约国和各地区安全监督组织确保公共卫生部门与航空业开展协作，为航空制订处理国际关注的紧急公共卫生事件，并纳入国家总防备计划的国家防备计划。决议同样敦促各缔约国制订符合世界卫生组织《国际卫生条例（2005年）》，并以各种科学原理和国际民航组织及世界卫生组织的指南为基础的国家航空防备计划。敦促各缔约国和酌情敦促各地区安全监督组织设定条件，使诸如机场运营人、航空器运营人和空中航行服务提供者等利害相关方参与制订国家航空防备计划。敦促各缔约国在适用情况下，加入并参与防止通过航空旅行传播传染病的合作性安排（CAPSCA）项目，确保实现其各项目标，除非已经有了等同的措施。

---

〔10〕 所需导航性能是一种基于性能导航允许飞机飞越特定的路径在空中两个三维的确定的点之间。区域导航以及所需导航性能系统基本上一致，但关键的区别在于所需导航性能规范包括一个对于登机航行性能监控以及警告的要求，这是在区域导航规范中没有包含的一个航行规范。

〔11〕 第十四条规定：“各缔约国同意采取有效措施防止经由空中航行传播霍乱、斑疹伤寒（流行性）、天花、黄热病、鼠疫，以及各缔约国随时确定的其他传染病。为此，各缔约国将与负责关于航空器卫生措施的国际规章的机构保持密切的磋商。此种磋商应不妨碍各缔约国所参加的有关此事的任何现行国际公约的适用。”

大会采纳两个针对特定区域的决议，一个关于非洲航空安全全面的地区实施计划，另一个关于地区安全监督组织。前者敦促非印地区各缔约国要致力于并加快建立地区安全监督组织和地区事故调查机构，并加强整个地区的合作，以使现有资源得到最有效率的使用。指示理事会向各国、业界和捐助方通报，根据全球航空安全计划进行的差距分析确定的优先项目。该决议的其他要求包括：各国、业界和捐助方实施差距分析确定的优先项目并各自提供现金和实物捐助，且指示理事会认定所有此类捐助；非洲各国、国际民航组织和非洲民用航空委员会，携手解决通过安全监督审计查明的各种缺陷，并实施国际民航组织/非洲民用航空委员会关于非洲航空安全的联席会议之各项建议，理事会监测实施联席会议之各项建议的执行情况；理事会确保国际民航组织发挥更强的领导作用，协调旨在具体实施优先项目的各项活动、举措和实施战略，以便实现非印地区飞行安全的持续改善，并向有关地区办事处相应地划拨资源；理事会在整个三年期过程中，监测和衡量非印地区的实施情况，向大会的下一届常会报告所取得的进展。

有关地区安全监督组织的决议指示理事会为加强安全和安全监督之目的推动地区合作的概念，包括建立地区安全监督组织。理事会同样被指示继续与缔约国、业界和其他利害相关方建立伙伴关系，协调和便利向国家、次地区和地区的安全及安全监督机构，包括地区安全监督组织提供财务和技术援助，借以提高安全并加强安全监督能力。决议指示理事会继续实施资助和发展——安全（ISD－Safety）方案以及指示理事会继续分析有关的关键安全信息，以确定向国家和次地区、地区的安全及安全监督机构，包括地区安全监督组织提供援助的有效手段。敦促各缔约国进一步开展并进一步加强地区和次地区合作，以便促进最高程度的航空安全，鼓励各缔约国促进建立地区或次地区伙伴关系，协作制定解决共同问题的办法，以培养其各自国家的安全监督能力，并且参与加强和推动地区航空安全和安全监督机构，包括地区安全监督组织或为其提供切实的资助。

大会最后通过的一个关于安全的决议是关于在无线电话通信中使用英语语言的能力，特别敦促适用日期前尚未遵守语言能力要求的缔约国，根据相关做法和国际民航组织的指导材料，在国际民航组织网站上，登载其对参与国际运行的驾驶员、空中交通管制员和航空电台报务员的语言能力要求之实施计划，包括必要时其缓解风险的临时措施。

背景以及大会成果：保安

为了回应2009年12月25日对西北航空公司253号航班的破坏未遂事件[12]，国际民航组织使用航空保安联络点（PoC）网络与总共134个成员国交流信息并提出建议。国际民航组织鼓励国家在事故后从事风险评估并实施合适的检查措施，并且要求成员国在所有与航空保安有关事项上保持合作。2010年3月22日至26日在国际民航组织的总部举行第21届航空保安专家组会议。专家组以2009年12月25日破坏未遂事件为例，审议威胁以及风险因素并且提出了一系列建议。在正式的咨询成员国并被理事会批准后，更新并加强了的《芝加哥公约》附件17（《保安》）中的条款有望于2011年实施。

2010年5月10日至14日在国际民航组织总部召开的简化手续专家组第6次会议，建议在附件9（《简化手续》）中引入一个新的标准，要求所有国家在传播预报旅客资料（API）时遵守国际标准。简化手续专家组同样为交换旅客订座记录（PNR）达成新的指导材料，该交换将为国家实施其国内旅客订座记录计划提供帮助。专家组还同意加紧与世界海关组织以及国际航空运输协会为预先数据交换计划合作提供新的指导材料。

在审议国际民航组织的保安政策时，大会采纳决议A37-17（国际民航组织关于保护国际民用航空免遭非法干扰行为持续政策的综合声明），强烈谴责无论何处、无论何人和无论出于何种原因针对民用航空的一切非法干扰行为。该决议憎恶地注意到包括任何错误地将民用航空器作为杀伤性武器的行为在内的，旨在破坏从事商业服务的民用航空器的非法干扰行为和未遂行为，以及导致的机上和地面人员的丧生，并且重申航空保安必须继续作为国际民航组织及其成员国的最高优先事项来对待，并应提供充分的资源。要求所有缔约国确认其对于国际民航组织既定政策的坚决支持，单独地和相互合作地运用最有效的保安措施，以防范非法干扰行为和惩罚任何此类行为的罪犯、策划者、赞助者、同谋者的供资人。

---

〔12〕 对此事件的讨论参见Abeyratne（2010b），pp. 167-181.

大会在决议中提及关于航空保安的法律文件[13]并且要求各缔约国特别注意对犯有策划、赞助、供资或便利非法劫持航空器的行为，破坏或破坏未遂行为，或其他非法干扰民用航空的行为或未遂行为的人员采取有力措施；特别是要在其立法中纳入严厉惩罚此类人员的规定。决议同样要求各缔约国采取引渡或起诉犯有非法劫持航空器的行为，破坏或破坏未遂行为，或其他非法干扰民用航空的行为或未遂行为的人员的适当措施，如在法律或条约中采纳可达此目的之有关条款或加强现行安排，和缔结制止此类行为的有关协定，在其中规定引渡对国际民用航空犯有暴力攻击的人员。

在技术保安措施方面，决议敦促所有国家以单独与合作的方式，为防止非法干扰行为采取一切可能的措施，特别是附件 17 所要求或建议的以及理事会所建议的措施。该决议同样敦促各缔约国加强努力，实施关于航空保安的现行标准和建议措施以及有关航空保安的程序，监督其实施情况，采取一切必要步骤预防非法干扰国际民用航空的行为，并适当注意国际民航组织《保护国际民用航空免遭非法干扰行为保安手册》[14]中所载的，以及国际民航组织受限制访问网站上所提供的指导材料。最后，该决议鼓励各缔约国推动民航保安作为国家、社会和经济的优先事项、规划与运行的一个基本组成部分。

在针对非法干扰行为的国家作为方面，决议认识到非法干扰行为继续危害国际民用航空的安全、正常和效率，大会敦促各缔约国进行合作，以便对非法干扰行为共同做出反应，并在必要时动用遭受非法干扰行为的经营人所属国、制造国和航空器登记国的经验和能力，同时在各自领土上采取措施，解救该航空器上的乘客和机组成员。该决议谴责缔约国不履行其毫不拖延地归还被非法扣押的航空器和毫不拖延地向主管当局移交或引渡被指控犯有非法干扰民用航空行为的任何人员的案件的义务，以及谴责谎报对民用航空的威胁和要求缔约国起诉这种行为

〔13〕《关于在航空器内所犯违法行为和某些其他行为的公约》（东京，1963 年）、《关于制止非法劫持航空器的公约》（海牙，1970 年）、《关于制止危害民用航空安全的非法行为的公约》（蒙特利尔，1971 年）、《制止在用于国际民用航空的机场发生的非法暴力行为以补充制止危害民用航空安全的非法行为的公约的议定书》（蒙特利尔，1988 年）、《关于在可塑炸药中添加识别剂以便侦测的公约》（蒙特利尔，1991 年）、《制止与国际民用航空有关的非法行为的公约》（北京，2010 年）、《制止非法劫持航空器公约的补充议定书》（北京，2010 年）。

〔14〕 Doc 8973.

的肇事者以便防止危害民用航空运行。最后，要求各缔约国继续协助对此类行为的调查及对责任人进行拘捕和起诉。

在关于普遍保安审计计划（USAP）的部分，决议敦促所有的成员国通过以下方式，全力支持国际民航组织：按照本组织与有关国家协调后安排的计划，接受审计任务；便利审计组的工作；拟定并向国际民航组织提交所要求的审计前的文件；拟定并提交一份用以处理审计中查明之缺陷的适当的纠正行动计划，以及其他审计后的文件。该决议同样敦促所有成员国在其他国家的要求下，在与其主权一致的情况下，酌情共享国际民航组织进行审计的结果，以及被审计国家采取的纠正行动。该决议要求理事会向大会下一届常会报告普遍保安审计计划的总体实施情况，包括其关于评估在现行审计周期于 2013 年完成后，将持续监测做法扩展到普遍保安审计计划的可行性研究的决定。

决议采纳一个关于航空保安的宣言，敦促各成员国加强并促进国际民航组织的标准和建议措施的有效适用，尤其注重于附件 17，并制定各项战略以解决当前和新出现的威胁；加强保安检查程序，加强人的因素和利用现代化技术来探测违禁物品和支持对探测爆炸物、武器和违禁物品技术的研究和开发，以便预防非法干扰行为；制定加强的保安措施以保护机场设施及提高飞行中的保安，并适当加强技术与培训；并且为航空货运的保安制定并执行强化和统一的措施及最佳做法，并考虑到需要保护整个航空货运的供应链。

5　背景以及大会成果：环境保护

在国际民航组织的总部举行由 22 个成员国以及 13 个国际组织提名的 184 代表参加的航空环境保护委员会第 8 次会议。审议减少以及限制航空对环境影响的替代措施，并为解决航空器噪声以及发动机排放问题制定标准、政策以及指导材料，包括技术改进、运营程序、合适的航空运输组织、适当的机场以及陆地使用计划以及采取基于市场的措施。

2010 年 5 月 11 日至 14 日国际民航组织在总部蒙特利尔召开由国际民航组织成员、国际组织、航空工业、学界以及研究界的代表广泛参与的国际民航组织第 3 次环境问题研讨会。该研讨会的目的是为第 37 届大会上的高级别讨论以及决定提供作为基础的最新信息。该研讨会第一天首先为参与者普及用于描述、评估、规范以及管理航空温室气体排放的名词以及概念。研讨会评估航空排放方面的最新发展并强调针对相关环境影响的多种解决途径。研讨会同样考虑了来自以下会议的重要发展：2009 年 9 月国际民航组织关于国际航空以及气候变化的高级别会议；2009 年 11 月在里约热内卢召开的国际民航组织航空以及替代能源会议；2009 年 12 月在哥本哈根举行的联合国气候变化框架公约第 15 届成员国会议以及航空环境保护委员会第 8 次会议。

气候变化是第 37 届大会最热门且最具争议的问题，而本届大会的一个重要成就是在这一问题上通过了一个决议，尽管有些国家提出保留意见。大会指出，如果国际社会试图稳定在大气层中的温室气体排放量并在能够阻止人为干预对地球环境危害的水平上保持温室气体排放，全球温度升高必须低于 2℃。为了实现这一目标，必须大量地减少全球排放，而且所有经济部门都要做出自己的贡献，包括被认为代表了重要以及增长的排放源的国际航空运输。

大会考虑来自国际民航组织秘书长的提议[15]，这是一个不同寻常的步骤，来自国际民航组织的秘书长而不是理事会的提议，如其所清楚地反映理事会史无前例地不能针对航空与气候变化的全面措施达成妥协。僵局的原因在于，发展中国家不能同意发达国家雄心勃勃的消减计划。该计划建议大会通过一个决议：要求国际民航组织继续发挥领导作用，处理与国际民用航空有关的环境问题，包括温室气体排放；继续研究可行政策以限制或减少航空器发动机排放对环境的影响，并尽快向《联合国气候变化框架公约》缔约方会议拟订具体方案并提出建议，包括技术解决方案和基于市场的措施，该措施需要考虑对发展中国家和发达国家的潜在影响，以及继续同参与这一领域决策的组织，尤其是同《联合国气候变化框架公约》缔约方会谈合作。

该提议随后被大会通过，还建议各国和有关组织将通过国际民航组织开展工作，按完成的每吨/公里收费所使用的燃油体积计算，在 2020 年之前，实现全球年平均燃油效率改进 2%，并从 2021 年至 2050 年，实现全球年平均燃油效率改进 2% 的目标。国际民航组织及其成员国将与有关组织携手努力，力求实现集体中期全球理想目标，即自 2020 年起，将国际航空产生的全球净二氧化碳排放保

〔15〕 A37 – WP/262 EX/53.

持在相同水平，同时虑及：各国特别是发展中国家的特殊情况和各自能力；航空市场的成熟程度；国际航空业的可持续增长。在这方面，决议建议理事会考虑对于没有大量国际航空行为的国家实施微量豁免，在该国向国际民航组织提交航空二氧化碳排放行动计划以及管理报告时。该决议还认识到，就短期而言，自愿碳抵消计划是一个抵消二氧化碳排放量的实用办法，并请各国鼓励愿意及早采取措施的运营人使用碳抵消，尤其是通过使用清洁发展机制〔16〕等国际公认的计划所产生的信用额。

除了上述每年平均燃油效率提高 2%，第 37 届大会同样审议一个提议，进一步扩展更为雄心勃勃的中期以及长期目标的可行性，包括碳中和以及减排。三个缔约国提议一个更为雄心勃勃的碳中和增长目标，即与 2005 年的水平相比截至 2020 年实现碳中和。作为回应，一个发展中国家认为，国际民航组织应受《联合国气候变化框架公约》规定的共同但有区别的原则所指导，国际民航组织的下一个任务是帮助国家实现每年平均燃油效率提高 2% 的目标，碳中和增长的目标对于发展中国家是不切实际的也是不公平的，并且没有国家应被允许在基于市场的措施中采取单边措施。该建议得到其他发展中国家的赞同。

在大会上发展中国家提出的主要论据是，大量的温室气体排放是发达国家造成的，发展中国家不应被要求与发达国家实现一样的雄心勃勃的减排目标。同时，发展中国家声称稳定气候应基于公平原则、共同但有区别责任和《联合国气候变化框架公约》所确定的责任。任何措施都不应过度地限制发展中国家航空业的发展。

大会在其讨论中面临的挑战一是在确定指导原则上实现共识，该指导原则是为了国际民航设计新的以及执行现在的基于市场的措施；二是着手从事有建设性的双边以及（或者）多边磋商达成针对诸如碳中和增长、基于市场的措施以及国际民航活动最低门槛等问题的协议。决议决定符合总吨公里收益的 1% 的国际航空活动的最低门槛值应用于基于市场措施如下：低于门槛值以下的国家的商业航空器运营人应有资格免除适用在国家、地区和全球各级设立的基于市场措施；以及实施基于市

---

〔16〕 清洁发展机制允许在《京都议定书》下有减排或者限排承诺的发达国家在发展中国家实施一个减排计划。这样的计划构成能出售认证的减排额度，相当于一吨二氧化碳，能被用来计算实现《京都议定书》目标，http：//www. icao. int/icao/fr/env2010/ClimateChange/Finance_ f. htm.

场措施的国家和地区也可能愿意考虑豁免其他非常小的航空器运营人。

重要的是，尽管在上述问题上国家之间的观点仍有分歧，并且一些发展中国家提出了保留，但大会成功地通过了一个决议，为在将来达成更多的理解以及进展设定了前路。

6 背景以及大会成果：法律

2010 年 8 月 30 日至 9 月 10 日，国际民航组织在北京召开关于民航保安的外交会议，76 个国家以及 4 个国际组织的代表参加该会议。会议制定《制止与国际民用航空有关的非法行为的公约》（2010 年《北京公约》）和《制止非法劫持航空器公约的补充议定书》（2010 年《北京议定书》）。这两个条约将使用民用航空器作为武器以及使用危险物品袭击航空器或者其他地面目标的行为定义为犯罪，还规定了被指控的罪犯以及组织者的罪责。同时，依据这两个条约，当情况显示威胁可信时，威胁实施公约规定的罪行同样会引发刑事责任。这两个条约需要 22 个国家的批准才能生效，但直至 2010 年 11 月 1 日仅有 20 个国家签署公约，21 个国家签署议定书。

大会通过了一个关于上述两个条约的决议，忆及第 A36－26 号决议附录 C，认识到为应对新的和正在出现的威胁而扩大和加强全球航空保安体系的重要性。在此基础上，该决议敦促所有国家支持并鼓励普遍采用 2010 年《北京公约》和 2010 年《北京议定书》。敦促所有国家尽快签署和对标 2010 年《北京公约》和《北京议定书》；指示秘书长，如成员国有此要求，对其批准过程酌情提供协助。

大会第 37 届会议是一个彰显了国际民航组织在国际民用航空中领导地位的论坛，是唯一能够帮助国家在安全、保安以及环境保护等关键领域合作的国际论坛。大会隐晦地指出国际民航组织正在形成新的愿景，该愿景源自革新的想法所引起的新的领导地位，并且该组织处于为了继续实现《芝加哥公约》设定的目标和宗旨的关键十字路口。过去使得国际民航组织角色模糊的措辞现在变得清晰，这使得国际民航组织在 21 世纪更能够驶向一个更为恰当的角色。

从法律方面来看，关于气候变化的决议，国际民航组织的成员国似乎给予大会决议约束力，这本不该是大会决议所应拥有的。作为一个联合国的专门机构，国际民航组织大会制定的决议由适用于联合国的法律所调整。[17] 联合国超过六十年的历史表明，成员国有时但一贯地拒绝自动遵守联合国的共同意志。[18] 布朗利认为，国际会议以及国际组织的决定原则上只约束接受决议的国家。[19] 邵讨论联合国大会决议的约束力时指出："必须清醒地认识到给予大会作出的任何事情以法律意义的危险。决议通常是政治妥协以及协商的结果，也应该在这样的基础上理解决议，不要试图赋予决议约束性。从大量的实践推导出法律效力必须慎之又慎。"[20]

就国际组织的实践而言，发布决议可能创造一个惯例，而没有约束力的文件能构成所谓"软法"，从强制执行力的角度看，软法不构成法律。[21]

国际民航组织被授予的权力使得该组织能通过多数决（通常不必要，国际民航组织的大部分政策通常被成员国合意采纳）采纳有约束力的决议。但是，在政策生效前国家能够选择退出或者保留。这是因为国家授予国际民航组织做决定的权力，但仅在该国接受这样决定的基础上。在国际民航组织之外，即便是在国际民航组织采纳政策的领域，国家仍能够退出该政策或参加有约束力的协议。该规则唯一的例外在于附件 2 包含的标准，特别是在飞越公海或其他有权飞越的区域，所有缔约国都需要遵守附件 2 包含的标准以保证飞行安全。

7　大会和条约

大会在其第 7 届会议上（布莱顿，1953 年 6 月 16 日至 7 月 6 日）通过了第 A7 –6 号决议（国际航空法公约草案的核准程序）。大会规定，如果法律委员会认为公约草案可以作为定稿发送给各国，则该公约草案应当连同该草案的报告一并提交给理事会。理事会可以采取其认为适当的行动，包括向缔约国及其确定的

---

〔17〕《联合国宪章》五十七条规定，"由各国政府间协定所成立之各种专门机关，依其组织约章之规定，于经济、社会、文化、教育、卫生及其他有关部门负有广大国际责任者，应依第六十三条之规定使与联合国发生关系。经济及社会理事会得与第五十七条所指之任何专门机关订立协定，订明关系专门机关与联合国发生关系之条件。该项协定须经大会之核准。本理事会为调整各种专门机关之工作，得与此种机关会商并得向其提出建议，并得向大会及联合国会员国建议。"

〔18〕 Zoller (1987), at 32.

〔19〕 Brownlie (1990), 691.

〔20〕 Shaw (2003), 110.

〔21〕 上引用，第 111 页，另见 Tammes (1958), 265.

其他国家和国际组织发送该草案。

该决议还规定，在大会某一届会议召开的同时，可以召开审议公约草案，以便核准的会议。向成员国发送草案之后六个月才能召开前述审议公约草案的会议。

参考文献：

Abeyratne R(2009)The role of ICAO in the twenty – first century. Ann Air Space LawXXXIV:529 – 544.

Abeyratne R(2010a)Compromises in the use of airspace in civil and military aviation,Eur TranspLaw XLV(2):129 – 144.

Abeyratne R(2010b)The NW 253 flight and the global framework of aviation security. Air SpaceLaw35(2):167 – 181.

Brownlie I(1990)Principles of public international law,4th edn. Clarendon Press, Oxford.

Shaw MN(2003)International law, 5th edn. Cambridge University Press, Cambridge.

Tammes AJP(1958)Decisions of international organs as a source of international law. HR 94:265.

Zoller E(1987)The corporate will of the United Nations and the rights of the minority contributors. Am J Int Law 81(3):32.

第四十九条　大会的权力和职责

大会的权力和职责为：

一、在每次会议上选举主席和其他职员；

二、按照第九章的规定，选举参加理事会的缔约国；

三、审查理事会各项报告，对报告采取适当行为，并就理事会向大会提出的任何事项作出决定；

四、决定大会本身的议事规则，并设置其认为必要的或适宜的各种附属委员会；

五、按照第十二章的规定，表决本组织的各年度预算，并决定本组织的财务安排；

六、审查本组织的支出费用，并批准本组织的账目；

七、根据自己的决定，将其职权范围内的任何事项交给理事会、附属委员会或任何其他机构处理；

八、赋予理事会为行使本组织职责所必需的或适宜的权力和职权，并随时撤销或变更所赋予的职权；

九、执行第十三章的各项有关规定；

十、审议有关变更或修改本公约条款的提案。如大会通过此项提案，则按照第二十一章的规定，将此项提案向各缔约国提议；

十一、处理在本组织职权范围内未经明确指定归理事会处理的任何事项。

第九章　理事会

第五十条　理事会的组成和选举

一、理事会是向大会负责的常设机构，由大会选出的三十六个缔约国组成。大会第一次会议应进行此项选举，此后每三年选举一次；当选的理事任职至下届选举时为止。

二、大会选举理事时，应给予下列国家以适当代表：（一）在航空运输方面占主要地位的各国；（二）未包括在其他项下的对提供国际民用航空航行设施做最大贡献的各国；（三）未包括在其他项下的其当选可保证世界各主要地理区域在理事会中均有代表的各国。理事会中一有出缺，应由大会尽速补充。如此当选理事的缔约国，其任期应为其前任所未届满的任期。

三、缔约国担任理事的代表不得同时参与国际航班的经营，或与此项航班有财务上的利害关系。

1　常设管理机构

理事会现在有36个成员，由按照第二款第一部分选举的13国，按照第二款第二部分选举的12国，按照第二款第三部分选举的11国构成。理事会的成员逐年增长。[1]36个成员的理事会是国际民航组织的管理机构，三年一选。2010年选举以下国家组成理事会：

第一部分（在航空运输方面占主要地位的各国）：澳大利亚、巴西、加拿大、中国、法国、德国、意大利、日本、俄罗斯、英国以及美国。

第二部分（对提供国际民用航空航行设施做最大贡献的各国）：阿根廷、比

〔1〕大会在第13届大会上，通过第A13-1号决议，增加理事会成员为27个。第17届会议上，通过第A17-1号决议，增加理事会成员到30个。第21届会议上，通过第A21-2号决议，增加理事会成员到33个。1990年第28届会议上，增加理事会成员到36个。

利时、哥伦比亚、丹麦、埃及、印度、墨西哥、尼日利亚、沙特阿拉伯、新加坡、南非以及西班牙。

第三部分（可保证世界各主要地理区域在理事会中均有代表的各国）：布基纳法索、喀麦隆、古巴、危地马拉、马来西亚、摩洛哥、秘鲁、韩国、斯洛文尼亚、斯威士兰、乌干达、阿拉伯联合酋长国。

投票程序由大会议事规则[2]所调整。

大会议事规则第五十四条："每个有意竞选理事国的缔约国可在任何时候以书面形式通知秘书长。会议开幕时，秘书长应公布一个将此意图已通知其他所有国家的名单。此名单仅用于通报信息目的。有关候选国的正式通告只可在第五十六条和第五十八条规定的时间公布，候选国的正式名单应仅限于第五十六条 b）款和第五十八条 b）款规定的那些国家。"

大会议事规则第五十五条："a）理事会的选举应使《芝加哥公约》第五十条第二款中所述的缔约国在理事会能拥有适当代表权并应分如下三部分进行：i）第一部分——选举在航空运输方面占主要地位的国家——应在会议开幕后的四天内举行。ii）第二部分——选举未在第一部分中当选但在为国际民用航空的空中航行提供设施方面贡献最大的国家——应在第一部分选举完成后立即举行。iii）第三部分——选举未在第一部分或第二部分中当选的但其当选可确保世界上各主要地域在理事会中均有代表的国家，不论这些国家是否为前两部分选举的候选国——应在公布第五十八条 b）款所提候选国名单 24 小时后尽快举行。b）大会应在会议开幕后尽早确定在每一部分选举中最多能选多少缔约国，并确定前两部分选举何时举行。"

2 通知以及公布第一以及第二部分的候选国

大会议事规则五十六条："a）每一想要参加第一部分或第二部分竞选的缔约国应在会议开幕后 48 小时内书面通知秘书长这一意图。b）在上文所提 48 小时结束时，秘书长应公布一个已遵照上文 a）款通知他要求成为第一部分或第二部分选举候选国的国家名单。c）所有列入上述名单的国家应被认为可在第一部分

〔2〕 大会议事规则，Doc 7600，第四节。

选举，如有必要也在第二部分选举中得到考虑，除非某一缔约国通知秘书长不想在第一部分或第二部分选举中得到考虑。因此，在不违反上述规定的情况下，列入该名单但在第一部分选举中未当选的任何缔约国将自动地被列入第二部分选举中将得到考虑的候选国。”

候选国代表应当签署书面通知。能签署该书面通知的官员包括：部长，民航部长，该国在大会的首席代表，或者在理事会成员国提交其重选申请时，通过该国在理事会的代表。

3 通知以及公布第三部分候选国

大会议事规则第五十七条以及第五十八条规定第三部分候选国的选举程序。

大会议事规则第五十七条：“第二部分选举完成后，大会主席应宣布选举间歇约48小时，并说明间歇的终止时刻，以便让候选国报名参加第三部分选举。”

大会议事规则第五十八条：“a）任何在第一部分或第二部分选举中未当选的缔约国，不论是否为这两部分的候选国，如有意成为第三部分选举的候选国，应在第五十七条所提到的间歇开始后但在未终止前，书面通知秘书长这一意图。b）按照本条规定参加第三部分选举的候选国名单将在上述间歇结束时予以公布。”

候选国代表应当签署书面通知。能签署该书面通知的官员包括：部长，民航部长，该国在大会的首席代表，或者在理事会成员国提交其重选申请时，通过该国在理事会的代表。

4 电子选举程序

为了选举新的理事会，理事会决定在第37届大会上使用国际劳工组织采用的三种工作语言（英语、法语、西班牙语）选举系统，通过选票以及投票箱的手动选举是备选方案。如果引入使用三种工作语言的电子选举系统是成功的，国际民航组织可能会在2013年的下一届大会上，使用包括六种语言的电子选举系统。

使用无线技术的电子选举系统在2010年被国际劳工组织以及世界气象组织为了同一目的而采用，这将使得代表在其座位上使用按钮投票并确保其匿名性。

在选举程序的分配阶段，如果长时间拖延，成员国代表将不能得到激活投票按钮的进入信息，这会使得该代表的投票权被暂停。

5 理事会主席

理事会由其主席主持，依据公约第五十一条的规定，主席三年一选，最多只能连任两届。公约第五十一条规定，理事会应从其理事中选举副主席一人或数人。副主席代理主席时，仍保留其表决权。主席不一定由理事会成员国代表中选出，但如有一名代表当选，即认为其理事席位出缺，应由其代表的国家另派代表。主席的职责如下：一、召集理事会，航空运输委员会及航行委员会的会议；二、充任理事会的代表；三、以理事会的名义执行理事会委派给他的任务。

米尔德指出："国际民航组织有两位领导官员，理事会主席以及秘书长，这是一个有历史意义的反常，未曾在联合国体系下的任何其他机构出现过，没有关于主席与秘书长职权的明确界定能够有说服力地说明这种二元性。通常一个机构只有一个执行官，被称为秘书长、主管或者总干事。"〔3〕

理事会主席处于国际民航组织员工薪金的最高序列。截至 2013 年仅有四人被选为理事会的主席。米尔德还指出："这四个人在主席的位置上都展现出鲜明的个性与特征，并且使得主席的职位成为现任主席想要其成为的样子。"〔4〕

值得注意的是，第五十一条没有明确提及的主席的职责是协调。理事会主席成功地在国际民航组织第 28 届会议上就噪声问题在两个极端化的观点之间形成妥协，是通过主席的干预形成共识的经典案例。在 1990 年 10 月举行的第 28 届会议上，大会认识到，尽管附件 16 第一卷的第二章以及第三章规定了亚音速喷气航空器噪声合格审定标准，并且由于飞行器噪声带来的环境问题持续存在于许多国际机场周围，一些国家因此考虑限制超过在附件 16 第一卷第三章中噪声标准的航空器的运营。大会同样认识到，附件 16 的噪声标准并非旨在对航空器实施运行限制并且对现有航空器的运行限制可能会提高航空公司的成本并增加沉重的经济负担，特别是对于那些没有财政资源重新装备其机队的航空器经营人。因此，考虑到航空器噪声问题的解决必须建立在各国相互承认所遇到的困难及其不

〔3〕 Milde（2008） at 146. 联合国以及国际海事组织秘书长；联合国粮农组织、世界劳工组织联合国教科文组织以及世界卫生组织总干事。

〔4〕 Milde（2008），第一任主席 1947 年至 1957 年，是美国的爱德华·皮尔森，第二任主席 1947 年至 1976 年，为阿根廷的沃尔特·比纳吉，第三任主席，1976 年至 2006 年，为黎巴嫩的阿萨德·柯台特，第四任主席，2006 年至 2013 年，为墨西哥的罗伯特·高贝·冈萨雷斯。

同的关注事项之间平衡的基础上，大会通过第 A28－3 号决议敦促各国在考虑下列事项之前，不要开始淘汰超出附件 16 第一卷第三章噪声等级的航空器：a）此类航空器的现有机队的正常缩减是否将对其机场周围的噪声环境提供必要的保护；b）是否能够通过制定规章防止经营者以购买或租用/包用/互换方式增加其机队中的此类航空器，或通过对加速机队现代化进程实行奖励来实现必要的保护；c）是否能够通过只对国家已确定和宣布其使用会产生噪声问题的机场和跑道和只对造成更大噪声干扰的时段实施限制来实现必要的保护；d）任何限制措施对其他有关国家的影响，应与这些国家进行协商并向其发出合理的意向通知。

大会进一步敦促缔约国：a）在拟定任何限制时，允许各经营人目前在其领土上运营的符合第二章规定的航空器可在不少于 7 年的时期内逐渐从这些运营中退役；b）不在 1995 年 4 月 1 日前开始上述淘汰的期间；c）在上述时期结束之前，不限制任何自其单机适航证首发之日起不足 25 年的航空器的运营；d）在该时期结束之前，不限制任何目前现有的宽体航空器或任何装有高涵道比发动机的飞行器的运营；e）依据《芝加哥公约》第十五条不歧视地实施任何限制以便给予外国运营者在同样的机场至少国民待遇；f）将所实施的一切限制措施通知国际民航组织以及其他有关国家。

大会大力鼓励各国继续加深双边、地区内和地区间的合作，以期：a）在不增加航空器经营人重大经济负担的情况下，减轻机场周围社区的噪声负担；b）考虑到发展中国家经营人就目前在其登记册上的，在逐步淘汰期结束前不可能被取代的第二章所指航空器存在的问题，但前提是要具备用于替代的符合第三章规定的航空器的订单或租赁合同的证明，而且航空器交货的首日已被接受。

大会敦促各国不要对符合第三章规定的航空器实行任何运行限制，如果当新的附件 16 第一卷第三章更为严格的噪声合格审定标准被引入。对航空器噪声问题，敦促理事会促进各国形成平衡的方式，包括使用国际机场周边陆地使用计划，以使航空器噪声对任何居住、工业或其他陆地使用者的影响降至最低。大会进一步敦促各国协助航空器经营人加速机队现代化进程的努力，从而排除障碍并使所有国家得以租赁或购买符合附件 16 第一卷第三章规定的航空器，包括酌情提供多边技术援助。该决议取代第 A23－10 号决议。

第 A28－3 号决议是针对航空器制造商、航空公司和发展中国家的考虑达成一个十分小心的平衡。发展中国家并不希望在不远的将来失去正在被使用的第二章所规定的航空器。制造于1977年10月之前的航空器被包括在附件16第二章之内，因而被称为“第二章航空器”，这些航空器被要求淘汰。第A28－3号决议所达成的妥协，要求存在机场噪声问题的国家从1995年开始淘汰第二章规定包含的飞行器的运营并在2002年前完成，并规定一些例外。该决议预计截至2002年仅有被规定在附件16第三章，且在1977年9月以后制造的航空器（“第三章航空器”）将继续运营。在该决议后，一些发达国家已经着手从事淘汰第二章中包含的航空器，给予第A28－3号决议中所含妥协应有的承认。

1998年9月第32届大会通过第A32－8号决议[5]包含一个国际民航组织关于环境保护的持续政策和做法的综合声明，该决议还制定最新的航空与环境管理政策。该决议的附件B引用附件16第一卷包括将来亚音速航空器的噪声合格审定标准并且提及未来航空器的设计必须使之能够在供当代航空器运行使用的机场上高效运行，并尽可能最小地对环境造成干扰。附件C要求国际民航组织各成员国和国际组织承认国际民航组织在处理航空器噪声问题中的主导作用并要求缔约国紧密合作在与航空运输有关的环境保护问题上实现最大的一致。附件G与音爆有关的问题，大会重申解决超音速飞行所致音爆带给大众的问题的重要性，请参与制造超音速航空器的国家适时向国际民航组织提交关于以何种方式达到国际民航组织所确定的规范的建议。

第A32－8号决议最为重要的部分在其附件D中，重申淘汰第二章航空器的时间限制以及相关的日期，大力鼓励各国在考虑运营人在规定的时限前淘汰第二章飞行器的困难以及减轻机场周围社区噪声负担的情况下，继续进行双边、地区内和地区间的合作。该决议同样敦促各国，如果比规定在附件16第一卷第三章更为严格的新的噪声合格审定标准被引入，不要对符合第三章规定的航空器实行任何运行限制。更为重要的是，各国被敦促协助航空器经营人加速机队现代化进程的努力，从而排除障碍并使所有国家得以租赁或购买符合第三章规定的航空器。

在第A32－8号决议中的限制似乎承认，如果第二章航空器经过转化满足第

[5] Doc 9730.

三章规定的噪声标准，则能继续运行直到2002年4月1日。该决议敦促各国考虑第二章航空器经营人面临的不能在指定日期将第二章航空器变为第三章航空器的困难，暗示为这些经营人的经济利益考虑，其应被给予额外的时间做出必要的替换。通过重装引擎或者消音装置，第二章航空器能被变为第三章航空器，从而在第三章规定下被重新给予证书。更可能通过重装引擎或消音装置的第二章航空器是波音727s与737s，DC－9s，BAC1－11，以及一些需要加装消音装置的波音747－100s。

欧盟方面试图限制并最终取消第三章航空器在欧盟范围内的运营。该限制将同样适用于在欧盟区域内进口这些航空器。1999年4月欧盟立法，试图从2002年5月4日起限制第三章航空器在欧盟注册［最初是准备是从1999年4月1日，比第A28－3号决议规定的时间（2002年4月1日）早三年］并且准备在2002年4月1日后阻止第三章航空器进入欧盟国家运行。该行动被航空运输协会书面批评，声称这种没有余地的时限"即便没有彻底摧毁，也会严重破坏国际民航组织在国际层面上统一解决环境问题的努力"。〔6〕

欧盟行动的合理性在于，在欧洲地区快速增长的航空运输将会加剧欧洲机场附近的噪声问题，因此需要严格的噪声标准。一个相关的担忧是，在欧洲少见的消音器飞机将在美国发现新的生存空间。与欧洲不同，美国航空公司在某种程度上广泛地应用消音器飞机〔7〕，并且许多美国承运人运行第二阶段消音器飞机到欧洲，甚至在欧洲有基础装备。尽管美国国务院对于欧盟的消音器飞机禁令反应强烈，该禁令还是被欧盟扩展适用直到2000年5月，据称欧盟以及美国正在共同努力来形成新的国际民航组织标准（可能被称为第四章）。〔8〕

航空器噪声污染难题已经进入一个新阶段，在该阶段贸易以及环境问题处于一个微妙的平衡。一方面，从国际贸易的角度，销售消音器以及其他装备的国际

---

〔6〕 Flint（1999），at p. 29.

〔7〕 据称，美国航空公司安装Raisbeck System在52架波音727飞机以及在20多架波音727飞机上装设消音装置。美国联合航空在75架波音727飞机以及24架波音737－200S飞机装设消音器。达美航空公司在104架727S飞机以及54架737－200S飞机装设消音装置。西南、环球航空、阿拉斯加航空以及全美航空公司以及其他飞行承运人准备给其第二章飞行器装设消音装置。参见Flint（1999），Id. at p. 34.

〔8〕 Esler（1999）at p. 53.

贸易十分显著，此类设备用以减少航空发动机噪声以符合国际民航组织标准；另一方面，国际民航组织理事会通过航空环境保护委员会以及大会确认环境问题应被审慎对待。如上文所述，第 A32 - 8 号决议敦促各国考虑一些国家在 2002 年前淘汰第二章航空器的经济困难。但是，该决议没有允许国家以纯粹的经济原因阻止在决议规定的时间内淘汰第二章所包含的航空器。

噪声问题涉及两个明显区别的态度。如上所述，欧盟认为，噪声污染严格来讲是法律问题并且暗示运营人可能构成侵扰侵权，如其飞机不是欧盟认可的第三章航空器。而反对者声称欧盟的禁令是过早地实施第 A32 - 8 号决议，并且欧洲消音器规则将导致制造业巨大的损失。据称相关的美国产业将会损失 20 亿美元，如果禁令在欧洲如期地执行。而在理事会主席作为调停人的干预下妥协已被达成。[9]

参考文献：

Esler D(1999)The latest noise about noise. Bus Commercial Aviat 52.

Flint P(1999)Breaking the sound barrier. Air Transp World 3:29.

Milde M (2008) In: Benkoe M (ed) International air law and ICAO. Eleven InternationalPublishing, The Hague.

[9] 欧共体考虑推迟消音器禁令，Aviation Daily, Thursday October 7 1999 at p. 1.

第五十一条　理事会主席

理事会应选举主席一人，任期三年，连选可以连任。理事会主席无表决权。理事会应从其理事中选举副主席一人或数人。副主席代理主席时，仍保留其表决权。主席不一定由理事会成员国代表中选出，但如有一名代表当选，即认为其理事席位出缺，应由其代表的国家另派代表。主席的职责如下：

一、召集理事会，航空运输委员会及航行委员会的会议；

二、充任理事会的代表；

三、以理事会的名义执行理事会委派给他的任务。

第五十二条　理事会的表决

理事会的决议需经过半数理事同意。理事会对任一特定事项可以授权由其理事组成的委员会处理。对理事会任何委员会的决议，有关缔约国可以向理事会申诉。

第五十三条　无表决权参加会议

任何缔约国在理事会及其委员会和专门委员会审议特别影响该国利益的任何问题时，可以参加会议，但无表决权。理事会成员国在理事会审议一项争端时，如其本身为争端的一方，则不得参加表决。

第五十四条　理事会必须履行的职能

理事会应：

一、向大会提出年度报告；

二、执行大会的指示和履行本公约为其规定的职责和义务；

三、决定其组织和议事规则；

四、在理事会各成员国代表中选择任命对理事会负责的航空运输委员会，并规定其职责；

五、按照第十章的规定设立航行委员会；

六、按照第十二章和第十五章的规定管理本组织的财务；

七、决定理事会主席的酬金；

八、按照第十一章的规定，任命一主要行政官员，称为秘书长，并规定对其他必要工作人员的任用办法；

九、征求、搜集、审查并出版关于空中航行的发展和国际航班经营的资料，包括经营的成本，以及公共资金给予空运企业补贴等详细情形的资料；

十、向各缔约国报告关于违反本公约及不执行理事会建议或决定的任何情况；

十一、向大会报告关于一缔约国违反本公约而经通告后在一合理的期限内仍未采取适当行动的任何情况；

十二、按照本公约第六章的规定，通过国际标准及建议措施；并为便利起见，将此种标准和措施称为本公约的附件，并将已采取的行动通知所有缔约国；

十三、审议航行委员会有关修改附件的建议，并按照第二十章的规定采取行动；

十四、审议任何缔约国向理事会提出的关于本公约的任何事项。

1　理事会的权力

关于理事会有一些逆耳忠言。首先，理事会的 36 个成员国由国际民航组织成员国选举而来，因此理事会成员不是被他们的国家选派来代表国家的利益，其有义务为其选民的最大利益而行动，而其选民是所有组成国际民航组织的成员国。因此，理事会成员为其本国利益的行动在道德上应被斥责。理事会代表全体成员国利益的典型例子是形成《芝加哥公约》的附件，特别是与安全以及保安有关的附件。关于环境保护问题，在提交前需要通过一个独立并被授权的调查员证实。

2011年11月2日，国际民航组织理事会作出一个声明一致敦促欧盟不要对非欧盟承运人适用欧盟碳排放交易体系。印度以及其他25个理事会成员支持该声明。整个航空界，包括欧盟（声明愿意修改其体系，如果国际民航组织支持的替代方案能够完成）支持基于市场的措施应由国际民航组织形成并在世界范围内实施。

理事会必须履行的职责多数是直接且不需多言的。但是有一些职责却需要讨论。比如，《芝加哥公约》第五十六条第十款，要求理事会向各缔约国报告关于违反公约与不执行理事会建议或决定的任何情况。如前所述，理事会依据该款应向各缔约国报告不执行理事会建议或决定的任何情况。根据国际民航组织实施的审计结果向有着严重安全以及保安关切的国家提出矫正性建议时，第五十四条第十款的要求变得重要。

2 第五十四条第十款

根据公约第五十四条第十款，理事会必须履行的职责之一是，向缔约国报告关于违反本公约及不执行理事会建议或决定的任何情况。在第A36－2号决议中有许多与该款相关的问题值得探讨。

第一，大会的决议令人惊讶地没有要求理事会履行第五十四条第十一款的职责，该款要求理事会向大会报告关于一缔约国违反公约而经通告后在一合理的期限内仍未采取适当行动的任何情况。该款与第十款相比，是一个更有强制力以及更为有效的条款，因为国家将会非常担忧如果该国的问题在国际民航组织的大会上向其他缔约国通报。

《芝加哥公约》既没有授予理事会自发调查并决定是否违反公约的权力，也没有授予理事会从事这些行为的能力，更没有特别条款授权理事会通知有关国家，其违反公约的行为已经存在。但理事会对提交给它的事项有作出决定以及建议的能力，因为依据公约第五十四条第十四款规定，理事会能审议任何缔约国向理事会提出的关于公约的任何事项。同样值得关注的是《芝加哥公约》第十五条，允许理事会根据其关于机场费用和类似费用的审查提出报告和建议，以及第六十九条，理事会可以就航行设施的改进对一成员国提出建议，这是公约中两个特殊的条款，允许理事会针对国际民航组织成员提出建议。

缔约国不遵守标准与建议措施以及在安全和保安方面的缺点或者不足不能被认为是违反公约。违约是对公约本身的违背，而不是对并不具法律约束力的标准以及建议措施的违背。因此，第 A36 - 2 号决议十分明确地指出，报告不能执行理事会针对标准与建议措施提出的建议。这是一种管理行为而不是司法职责，因为管理行为通常被认为是处理以及加工信息的行为。

第二，第 A36 - 2 号决议指出，理事会的职责是，制定并审议一项程序，在一个国家就遵守国际民航组织与安全相关的标准和建议措施方面出现较大缺陷时，根据《芝加哥公约》第五十四条第十款向所有缔约国说明情况，以便其他缔约国以适当且及时的方式采取行动。

令人惊讶的是，大会要求理事会仅决定缔约国是否遵守标准以及建议措施，并报告其对此的发现，这已经是《芝加哥公约》第三十八条确定的职责。[1]并不清楚在决议中，为什么大会限制适用第五十四条第十款剩下的部分，即理事会有义务报告不执行理事会建议或决定的任何情况。相比于仅局限于报告不遵守附件中的标准以及建议措施，这种方式能更好地为大会的目的服务。

第三，理事会在公约下仅有职责（本质上是义务）而没有权力。[2]而大会有《芝加哥公约》赋予的权力以及职责，[3]其中之一就是赋予理事会为行使本组织职责所必需的或适宜的权力和职权，并随时撤销或变更所赋予的职权。[4]但在这种场合，没有迹象表明大会行使其权力赋予理事会权力或职权制定并审议根据第五十四条第十款拟定的程序。因为如此一来，理事会将拥有与大会同样的权力以

---

〔1〕《芝加哥公约》第三十八条特别规定："理事会应立即将国际标准和该国措施间在一项或几项上存在的差别通知所有其他各国。"

〔2〕尽管 Jacob Schenkman 在其有力证明逻辑严谨的关于国际民航组织的专著中认为，"理事会被授予义务，权力以及职责"，但其没有给出一个关于权力的例子，Capt. Schenkman (1955) at 158.

〔3〕《芝加哥公约》第四十九条。

〔4〕《芝加哥公约》第四十九条第八款。

及职权采取其认为必要的合适行动，传播并报告给其他国家来自安全审计的信息。

从上述讨论中可以明确的是，一方面，尽管国际民航组织大会本质上是成员国的发言人，可以要求理事会制定并审议根据《芝加哥公约》五十四条第十款用以通知成员国相关问题的程序；另一方面，国际民航组织与其成员之间签署的应当优先适用的安全备忘录中的保密条款，将必须被修订。此外，理事会应与成员国就相关信息的内容及其公布的方式，形成适当的谅解以及相互同意的指导意见。

《芝加哥公约》第五十四条第十款引起一个不可避免的问题是，理事会是否愿意履行《芝加哥公约》规定的其必须履行的职责。如果理事会不承担该职责，国际航空界是否认为理事会玩忽职守？能否认为，如果理事会执行《芝加哥公约》第五十四条规定的其他必须履行的职责，其能推卸或者忽视其中一个职责？

国际民航组织的审计程序是一个结构性措施，通过理事会的干预，被发现问题的国家需要改正在审计过程中发现的缺陷。如果该国不改正，对于国际民航组织而言，唯一可用的机制就是援用《芝加哥公约》第五十四条第十款要求理事会向各缔约国报告关于违反公约及不执行理事会建议或决定的任何情况。

上述问题的答案从表面上看是显而易见的。因为《芝加哥公约》明确要求理事会向缔约国报告其建议以及决定，如果理事会针对在安全审计过程中发现的缺点的建议，没有被发现问题的国家遵守且执行，理事会应向缔约国报告。这是该公约第五十四条第十款规定的理事会必须履行的职责，同时也可以认为国际民航组织的成员国已授权该组织实施《芝加哥公约》规定的该组织的职责以及责任。

3 理事会在保证安全方面的职责

《芝加哥公约》第五十四条第十款是国际民航组织理事会必须履行的职责。职责与权力的区别在于，权力是影响他人决定及行动的能力，职责是执行、实施或者管理。[5]权力同样被定义为特定主体在特定法律关系中通过做或者不做特定行为产生变化的能力。[6]理事会有职责向缔约国报告在安全审计过程中发现的其

〔5〕 Deluxe Black's Law Dictionary, Sixth Edition, St. Paul. Minn: 1990, at 673.

〔6〕 上引, at 1189.

他成员国不遵守标准与建议措施的情况。因此，无可争议的是，大会通过的第A36－2号决议仅要求理事会报告违反《芝加哥公约》规定的情况、遵守标准与建议措施方面的缺点以及理事会就此问题作出的建议与决定。

需要指出的是，国际民航组织已经与被审计的国家达成谅解备忘录规定审计报告是保密的，且只对被审计国以及相关的国际民航组织员工在其需要了解的基础上开放。这些备忘录同样要求，在准备审计报告时，还要形成一个包含被审计的国家、审计涉及的机场的名称以及审计完成的时间的公开审计行为报告，这份公开报告对所有成员国开放。提交给理事会的报告也是不公开的。因此，为了保密的需要国际民航组织仅给予其成员国有限而笼统的审计报告的内容。这导致一个法律问题，国际民航组织是否有权利依据大会决议违反其与成员国的协议。该问题触及了成员国对国际民航组织的授权。

国际组织行使成员国赋予的权力，这些权力源自组成该组织成员国的主权让渡。[7]因此，一个必然的结论是，如果国际组织超越其权力行动，将被认为是越权行动。[8]需要指出的是，国际民航组织不仅从其成员国获得明示授权，同样具有国有权利从事特定行为。当国际民航组织作为一个国际技术机构以及一个常设的民航机构管理《芝加哥公约》的规定时，根据授权原则，源于建立者意愿的权力被授予该组织。此外，国际民航组织还能够援用“固有权力”，即国际民航组织有实施所有该组织需要实施以实现其目标之行动的权力，这些权力不源于特别授权，而源于国际民航组织固有的组织性。因此，只要行动不被国际民航组织的宪法性文件（即《芝加哥公约》）所禁止，都在法律意义上是有效的。[9]

关于国际劳工组织（该组织管理国际劳动关系）能否管理农业部门中劳动关系的问题，[10]国际常设法院在1922年做出有重大影响的关于国际组织权力的裁判。法院认为，国际组织是否具有特定能力，取决于设定该组织的宪章，并通过对宪章条款的法律解释判断。应依据格林·哈科沃斯法官在1949年损害赔偿

〔7〕 de Witte（1998）at pp. 277－304.

〔8〕 Klabbers（2002）at p. 60.

〔9〕 Seyersted（1963），at p. 28.

〔10〕 *Competence of the ILO to regulate the Conditions of Labour of Persons Employed in Agriculture*, Advisory Opinion［1922］Publ. PCIJ Series B, nos. 2&3.

案[11]中指出，应谨慎适用默示权力原则，质言之不能够自由地推定默示权力，并且默示权力应来自明示的权力，并被限制在执行明示授权所必需的范围内。[12]

芝加哥会议一开始就指出国际民航组织是成员国的联合，这使得国际民航组织政策以及决定的效力需要国家的一致承认。1971 年，欧盟法院在欧洲道路运输协定案（ERTA）[13]中给予该原则合法性。法院认为，欧盟制定有关道路交通条例的能力不能被质疑，因为成员国已经承认欧盟的整体性并且调整欧共体的《罗马条约》，容许欧共体在管理道路交通方面制定共同政策。

国家保有单边行动的权力且不受国际组织行使其权力所产生之义务的拘束。在国际公法上，授予国际民航组织权力的国家有权采取措施针对国际民航组织行使权力的行为，如果此种行为被认为是侵犯权利、超越权限或者构成国际不法行为。当缔约国并不想与前述行为产生联系时，一国家可以疏远理事会中其他缔约国的国家行为，但如果这些国家行为构成习惯国际法，则会反过来约束反对国，除非符合一贯反对者规则。[14]

尽管如此，在确定国际民航组织的权力时，一个重要的出发点是成员国实施国际民航组织政策的普遍性以及成员国联合这一优先原则。该原则源于 1944 年芝加哥会议，不断被发展并在法学家中获得明确的认可。这形成了作为联合国专门机构的国际民航组织的不同之处，并毫无疑问地确立了共识，即国际民航组织不只是国家间合作的工具。

4 采纳附件 19：安全管理

《芝加哥公约》第五十四条第十二款规定，理事会应按照公约第六章的规定，通过国际标准及建议措施，并为便利起见，将此种标准和措施称为公约的附件，并将已采取的行动通知所有缔约国。如上所述，理事会已形成 18 个附件，在本书写作时，一个新的附件正在提交理事会审议，即关于安全管理的附件 19。

安全管理体系（SMS）用于管理由运输量增长而增加的航空器事故和意外。

---

〔11〕 *Reparation for Injuries Suffered in the Service of the United Nations*, advisory opinion, ［1949］ ICJ Reports 174.

〔12〕 上引 at 174.

〔13〕 Case 22/70, *Commission v. Council*（European Road Transport Agreement）［1971］ ECR 273.

〔14〕 Sarooshi（2005） at p. 110.

安全管理体系要求警觉航空运输自由化及其在载运量方面导致的增长。2006 年 3 月 20 日至 22 日，由国际民航组织在蒙特利尔召开的民航航空安全全球策略干事长会议上，加拿大将安全管理体系定义为商业化的安全体系。安全管理体系，是一个系统的、明确的、全面的管理安全风险的流程，该体系结合运营和技术系统以及财政与人力资源管理，针对持有证书的航空从业人员的所有行为。[15]

任何管理系统，包括涉及民航安全的，必然包含计划、目标设定、性能评估以及责任管理。这一过程是系统的，因为完成整个安全管理体系需要所有因素环环相扣。这同样要求执行者与管理者之间密切的合作关系，因为他们共同决定规则和意图的边界。管理者的角色是向执行者给出一系列反应管理者意图的指示，执行者必须保证他们遵从这些指示，并保持与管理者紧密的合作。

参考文献：

de Witte B(1998)Sovereignty and European integration:the weight of tradition. In: Slaughter A – Met al (eds) The European court and national courts: doctrine and jurisprudence. Oxford UniversityPress, Oxford.

Klabbers J (2002) An introduction to international institutional law. Cambridge University Press, Cambridge.

Sarooshi D (2005) International organizations and their exercise of sovereign powers. Oxford University Press, Oxford.

Schenkman J (1955) International civil aviation organization. Librairie E. Droz, Geneve.

Seyersted F (1963) Objective international personality of intergovernmental organizations: dotheir capacities really depend upon the conventions establishing them? Krohns Bogtnykker, Copenhagen.

[15] Management of Aviation Safety, Presented by Canada, DGCA/06 – WP/15, 4/2/06, at 2.

第五十五条　理事会可以行使的职能

理事会可以：

一、在适当的情况下且根据经验认为需要的时候，在地区或其他基础上，设立附属的航空运输委员会，并划分国家或空运企业的组别，以便理事会与其一起或通过其促进实现本公约的宗旨；

二、委托航行委员会行使本公约规定以外的职责，并随时撤销或变更此种职责；

三、对具有国际意义的航空运输和空中航行的一切方面进行研究，将研究结果通知各缔约国，并促进缔约国之间交换有关航空运输和空中航行的资料；

四、研究有关国际航空运输的组织和经营的任何问题，包括干线上国际航班的国际所有和国际经营的问题，并将有关计划提交大会；

五、根据任何一个缔约国的要求，调查对国际空中航行的发展可能出现本可避免的障碍的任何情况，并在调查后发布其认为适宜的报告。

该条第三款有些争议，该条依附于国际民航组织的目标——满足世界人民对安全、正常、有效和经济的航空运输的需要。为此，理事会应发起对具有国际意义的航空运输一切方面的研究，这是《芝加哥公约》的规定。此类研究需要考虑国际、区域以及国家经济的趋势，分析这些趋势对于国际航空运输需要的影响以及这些需要应被如何实现。这一研究能够为成员国、航空器与零件制造商、航空服务提供者以及环保人士提供一个规划概要。

在航空运输中一个被遗忘的问题是消费者的权利（特别是旅客权利），这应该成为上述研究的一个关键议题。2011 年 11 月澳大利亚航空工作人员罢工以及 2012 年 8 月以及 9 月德国汉莎航空工作人员罢工使得成千上万的旅客被滞留在机场。尽管这是航空公司行为的后果，但国家必须承担责任提供有规律的以及不间断的航空运输，而不是被不满足的服务提供者阻止的间断的航空运输服务。《芝加哥公约》同样强调这一点。对于国家而言，核心的指导方针是保证服务的规律性。这会实现满足人们航空运输需要这一目标。

理事会在审议国家在航空安全与保安方面的关切时，应该讨论在航空业中，针对自由贸易的正反意见；也应讨论飞机制造和与之相关的商业问题，包括政府补贴和民用航空影响贸易顺差以及逆差的方式等。另一个值得深入研究的问题是，在全球以及国家经济方面开放天空政策的影响。

另一个关键问题被规定在该条第四款中。研究航空运输的运营、所有权以及控制权问题以及更为关键的干线上航班的重要性对于发展航空运输至关重要。由于理事会新的策略性目标致力于航空运输经济，研究这些问题的需求现在甚至更为迫切。在这方面，理事会应该形成一个关于全球趋势及其在航空运输上影响的年度或者三年一次的报告，并就如何提供满足消费者需要的航空服务并保证航空运输的可持续发展给利益相关方提供指导意见。这能够整理现行的程序，借此每一个利益攸关方都会有其自己的预期，这一预期依据可预测以及可提供的模型而不是一个战略性的管理模型。

有关这方面的一个早期倡议是第 A16－32 号决议（协议以及安排的登记），借此大会规定依据公约第五十四条、第五十五条第三款以及第四款，理事会要求缔约国提交给国际民航组织提供有助于推动国际民航组织根据公约规定而承担的研究所必要的协议以及安排。该决议同样鼓励缔约国给国际民航组织提供尽可能多的信息以便促进并提升此类研究的价值。

第十章　航行委员会

第五十六条　委员会的提名和任命

航行委员会由理事会在缔约国提名的人员中任命委员十五人组成。此等人员对航空的科学知识和实践应具有合适的资格和经验。理事会应要求所有缔约国提名。航行委员会的主席由理事会任命。

第五十七条　委员会的职责

航行委员会应：

一、对本公约附件的修改进行审议并建议理事会予以通过；

二、成立技术小组委员会，任何缔约国如愿意参加，都可指派代表；

三、在向各缔约国收集和传递其认为对改进空中航行有必要和有用的一切资料方面，向理事会提供意见。

第十一章　人　事

第五十八条　人员的任命

在符合大会制定的一切规则和本公约条款的情况下，理事会确定秘书长及本组织其他人员的任命及任用终止的办法、训练、薪金、津贴及服务条件，并可雇用任一缔约国国民或使用其服务。

第五十九条　人员的国际性

理事会主席、秘书长以及其他人员对于执行自己的职务，不得征求或接受本组织以外任何当局的指示。各缔约国承允充分尊重此等人员职务的国际性，并不谋求对其任一国民在执行此项职务时施加影响。

第六十条　人员的豁免和特权

各缔约国承允在其宪法程序允许的范围内，对本组织理事会主席、秘书长和其他人员，给以其他国际公共组织相当人员所享受的豁免和特权。如对国际公务人员的豁免和特权达成普遍性国际协定时，则给予本组织理事会主席、秘书长及其他人员的豁免和特权，应为该项普遍性国际协定所给予的豁免和特权。

第十二章　财　政

第六十一条　预算和开支分摊[①]

注①：这是一九五四年六月十四日大会第八届会议修正的该条条文；一九五六年十二月十二日起生效。根据公约第九十四条第一款的规定，修正的条文对批准该修正案的国家生效。对未批准该修正案的国家，原有的条文依然有效。因此将原条文复述如下：

“理事会应将年度预算、年度决算和全部收支的概算提交大会。大会应对预算连同其认为应作的修改进行表决，并除按第十五章规定向各国分摊其同意缴纳的款项外，应将本组织的开支按照随时确定的办法在各缔约国间分摊。”

理事会应将各年度预算、年度决算和全部收支的概算提交大会。大会应对各该预算连同其认为应作的修改进行表决，并除按第十五章规章向各国分摊其同意缴纳的款项外，应将本组织的开支按照随时确定的办法在各缔约国之间分摊。

第六十二条　中止表决权

任何缔约国如在合理期限内不向本组织履行其财务上的义务时，大会可以中止其在大会和理事会的表决权。

第六十三条　代表团及其他代表的费用

各缔约国应负担其出席大会的本国代表团的开支，以及由其任命在理事会工作的任何人员与其出席本组织附属的任何委员会或专门委员会指派人员或代表的报酬、旅费及其他费用。

第十三章　其他国际协议

第六十四条　有关安全的协议

本组织对于在其权限范围之内直接影响世界安全的航空事宜，经由大会表决后，可以与世界各国为保持和平而成立的任何普遍性组织缔结适当的协议。

1　国际民航组织及其联合国任务

大会在第1届会议（蒙特利尔，1947年5月6日至27日），鉴于临时国际民航组织临时理事会已经拟定了国际民航组织与联合国之间关系的协定草案，采纳决议A1-1（与联合国间协定的批准）借此大会决定授权理事会按照协定第十九条，与联合国秘书长一道作出根据两组织的运作经验认为适宜的执行该协定的补充安排。

该决议同样授权理事会按该协定第二十条的规定开始与联合国进行谈判，就国际民航组织权限内的航空事务在国际民航组织与联合国之间达成进一步的适当安排。为此目的，大会授权理事会主席与联合国主管官员签署一份使联合国与国际民航组织之间关系协定生效的议定书。该议定书于1947年5月13日生效。

大会在其第5届会议上（蒙特利尔，1951年6月5日至6月18日）采纳决议（联合国和国际民航组织之间为协助维护国际和平与安全在有关应急行动活动方面的协调），宣布国际民航组织同意如《芝加哥公约》所预期的那样，就本组织权限内直接影响国际和平与安全的事务与联合国主要机构合作，并向其提供一切可能的协助，同时对非联合国会员国的国际民航组织成员国的特殊地位给予应有的考虑。

安理会在1999年11月19日采纳的决议,[1]反映了国际社会对于增长的国际

〔1〕 S/RES/1269 (1999), 19 October 1999.

恐怖主义威胁到全世界人民的生命与福祉以及所有国家的和平与安全的关切。该决议谴责恐怖主义，特别是威胁国际安全以及和平的所有行动、方法以及实践，不管其动机如何、不管在何处、不管通过谁实施并且其所有的形式与表现，是严重错误以及毫无根据的。依据该决议，安理会扩大了打击恐怖主义的范围，特别是包括类似“9·11事件”的其他通过袭击民航业而使全球商业经济行动停摆的恐怖主义行为。

《联合国宪章》第二条第四款体现针对世界和平以及安全的国家责任，[2]要求各会员国在其国际关系上不得使用威胁或武力，或以与联合国宗旨不符之任何其他方法，侵害任何会员国或国家之领土完整或政治独立。更进一步，宪章在第五十一条保留联合国任何会员国受武力攻击时，行使单独或集体自卫权，但是宪章阻止任何成员干涉他国事务，特别是有关主权的事项。

尽管《联合国宪章》只涉及国家间的行为，但仍然正确的是由个人实施的国际恐怖主义能够被《联合国宪章》上述提及的条款所包含，特别是依据关于联合行动的新后现代主义理论。该推定被局限在国际法委员会的工作中，通过关于《国家对于国际不法行为的责任的（草案）》[3]第二条规定一国在第一条中提及的国际责任被归于国家，如果国家的行为构成违反国家的国际责任的行为。如果该行为符合《联合国宪章》规定的合法行使自卫之条件，该文件同样规定一国行为的不法性被排除。[4]对于国际不法行为的国家责任形式是赔偿造成的损失，包括可得利益的损失。[5]

除了对于可归因于国家的行为的国家责任，国际法委员会还确立了反人类罪与侵略罪的个人责任。[6]民用航空与国际安全以及和平的更进一步的联系体现在《国际刑事法院罗马规约》中，该规约特别定义战争罪行，作为有意的直接袭击

〔2〕 Charter of the United Nations and Statute of the International Court of Justice, United Nations, New York.

〔3〕 Draft Articles on Responsibility of States for Internationally Wrongful Acts, Adopted by the International Law Commission (53rd Session, 2001).

〔4〕 上引草案，第二十一条。

〔5〕 上引草案，第三十六条

〔6〕 Draft Code of Crimes Against the Peace and Security of Mankind, International Law Commission Report, 1996, Chapter II Article 2.

民用目标；袭击或者轰炸，通过以任何手段攻击或轰击非军事目标的不设防城镇、村庄、住所或建筑物；使用滥杀滥伤的武器、射弹、装备和作战方法。[7]此外，战争罪行还包括，故意指令攻击依照国际法使用《日内瓦公约》所定特殊标志的建筑物、装备、医疗单位和运输工具及人员。[8]

当恐怖分子定居于被武力威胁而可能使用自卫权的国家时，民用航空对于恐怖主义行为的易受攻击性可能被进一步地加强。1986年，美国国务卿对《联合国宪章》在这方面的角色作出一个明确的政治解释。

乔治·舒尔茨（George Shultz）认为，“宪章关于在国际关系中使用或者威胁使用武力的限制包括一个特别的例外——自卫权。但国际法阻止我们在公海或者国际空域逮捕恐怖分子是荒谬的。”[9]

民航的内在性质在于其依赖国家管理与国际管理，该性质不可避免地要求国家参与并承担国家责任确保与民航有关事宜的国际和平与安全。换句话说，如果国家在民航领域采取自卫行动，则必须证明任何对于民航的威胁能被归因于或者归咎于与实际或者可能的罪犯有关系的国家。国际法院在1986年尼加拉瓜案中接受这样的假设，[10]即自卫可被用来回应对立团体的个人，但这些个人要么是因为被国家指派，要么是因为在国家授权或者默许下代表国家行为。因此，“武装攻击”在《联合国宪章》仅指国家攻击，仅当国家以及非国家团体的联系非常紧密，以至于非国家团体的攻击相当于国家攻击时，才能包括非国家团体攻击。

必须指出，任何国际民航组织与联合国之间的协议或者安排，依据公约第六十四条必须与两个特别的方面联系：民航、安全。公约第八十九条使得受战争影响的任一缔约国能自由行动，无论其为交战国或中立国。同样允许一缔约国宣布其处于紧急状态（并将此事通知理事会），则上述原则同样适用。因此，除非一国处于战争（公约并没有定义）或者宣布紧急状态，都将会被公约约束。战争通常被定义为有组织的暴力冲突，以侵略、社会混乱及高死亡率为代表。这一行为

---

〔7〕 Rome Statute of the International Criminal Court, Article 8. 2 (b) (ii), (v) and (xx).

〔8〕 上引规约，第八条第二款第二项第二十四条。

〔9〕 Shultz, Low-Intensity Warfare: The Challenge of Ambiguity, Address to the National Defence University, Washington D. C., 15 Jan 1986 reproduced in (1986) 25 International Legal Materials 204 at 206.

〔10〕 (1986) ICJ Reports 14.

模式涉及两个或者更多有组织的团体。

国际民航组织同样需要留心这一事实，《联合国宪章》列举促成国际合作，以解决国家间属于经济、社会、文化及人类福利性质之国际问题作为联合国的目标之一。依宪章要求，联合国仅解决具有国际性质的问题。宪章第二条第七款进一步扩展该原则的适用领域，要求本宪章不得认为授权联合国干涉在本质上属于任何国家国内管辖之事件；但此项原则不妨碍联合国针对属于内政但构成对和平之威胁、和平之破坏及侵略行为之应对办法。因此，在严格意义上联合国不能在这样的场合进行干涉，比如使得该国人民无家可归、赤贫以及死于饥荒、干旱或地震等自然灾害，除非该国要求联合国行动。但该原则并不能如此严格地解释，因为自然灾害可能通常导致违反和平。在这样的场合联合国安理会可能通过采取必要的行动来维持或恢复国际和平与安全。

和平通过全世界的友谊以及理解来实现，而全世界的友谊以及理解则通过全世界的联系来实现。相比于其他任何运输方式航空能联系更多的城市，但是需要和平来实现这一目标。对民航的袭击能造成国际的冲突。一个这样的例子是在1988年，泛美航空航班103在洛克比上空坠毁。多国报复利比亚，因认为其国民造成了此次恐怖袭击。该联合报复通过联合国安理会1992年第731号决议实现，谴责摧毁泛美航空航班103以及联合航空运输公司航班772导致几百人丧生的结果；强烈谴责利比亚政府没能有效回应对于确立上述恐怖主义行为责任上充分合作的要求；该决议敦促利比亚政府立即提供完全的以及有效的回应应对这些要求，以便于对消除国际恐怖主义做出贡献，并要求联合国秘书长与利比亚政府试图合作来提供一个全面以及有效的回应应对这些要求。同样敦促所有国家单独或者联合来促使利比亚政府全面且有效的回应应对这些要求。

更早之前，在1970年9月8日联合国安理会采纳第286号决议表达强烈的关切，对于劫机以及其他任何干预飞行的行动对无辜平民生命的威胁，并且呼吁所有有关的成员立即无条件释放所有的作为劫机或者其他任何干预飞行行动后果的乘客以及机组人员。同样要求国家采取一切可能的法律措施来阻止可能的劫机或者其他任何干预飞行的行动。

2 洛克比空难

1992年3月3日，国际法院登记处收到利比亚提出的对美国的诉讼申请。该申请涉及在利比亚以及美国之间源于1988年12月泛美航空航班103在苏格兰上空洛克比坠机的争议。1991年11月4日，美国哥伦比亚地区法院大陪审团指控两个利比亚国民在泛美航空航班103上放置一个炸弹，炸弹爆炸造成飞机坠毁。随即，英国以及美国政府作出声明，利比亚必须：交出两名被指控犯罪之人以便审判；承担利比亚官员行为的责任；公布其所知道的该犯罪的所有内容，包括所有责任人员的姓名，以及允许接触所有的证人、文件和其他关键证据，包括所有剩余的定时器；支付适当的赔偿。〔11〕

需要指出的是，英国以及美国要求利比亚支付赔偿，甚至在两个被指控的利比亚国民还未受审或者被认定有罪之前。

联合国安理会审议该声明，并在1992年1月21号采纳第731号决议，强烈谴责利比亚政府没有有效回应包含在英美声明中的要求并敦促利比亚政府对于这些要求提供完全且有效的回应以便于为消除国际恐怖主义做出贡献。〔12〕

在国际法院的口头审理过程中，英美两国都提及为了要求利比亚引渡被指控的人给美国或者英国，通过安理会在利比亚立即施加国际制裁的可能。因此，利比亚提交给国际法院的申请引用法院对于临时措施的管辖权，该措施将阻止英美在安理会内采取可能损害利比亚在引渡问题上行使自己管辖权的任何行动。

安理会采纳一个更进一步的决议（即1992年第748号决议）表达其深度的关切利比亚政府没有提供一个全面且有效的回应对于其前述决议（1992年第731号决议）的要求，并且决定利比亚政府必须停止所有形式的恐怖主义行动并通过切实行动表明其放弃恐怖主义。安理会在《联合国宪章》第七章的授权下行动，该章第三十九条授予安全理事会断定任何和平之威胁是否存在的权力，第748号决议同样决定所有国家对于利比亚采取适当的措施，安理会决议同样要求所有国家，包括非联合国成员国以及所有的国际组织，严格按照决议行动，不考虑通过任何国际协议或者任何合同或者任何证书或许可在1992年4月15号之前被授予或者强加的任何权利以及义务。

---

〔11〕 Questions of Interpretation and Application of the 1971 Montreal Convention Arising From the Aerial Incident at Lockerbie（Libyan Arab Jamahiriya v. The United States of America）ProvisionalMeasures，Order of 14 April 1992，I. C. J. Reports，1992，114 at 122.

〔12〕 上引报告，第123—124页。

1992年4月2日，美国代表致函国际法院提请其注意1992年安理会第748号决议。在该函中，美国代表说：遵循《联合国宪章》第七章而被采纳的决议，决定利比亚政府必须毫不迟延地遵守1992年1月21日第731号决议第三段，涉及包含在文件S/23306、S/23308和S/23309中要求。所提及的要求包括，要求利比亚向美国或者英国交出两名泛美航空航班103爆炸中的利比亚犯罪嫌疑人。鉴此，美国坚持其1992年3月28日的申请，利比亚政府援用临时性的保护措施的要求应被拒绝并且这样的措施不能被援用。〔13〕

利比亚回应称，1992年第748号决议与利比亚请求国际法院作出临时措施的矛盾并不使得利比亚的请求不应被采纳，因为在法律上，国际法院以及安理会间不存在竞争或者等级，两者都是联合国平等的机构，行使各自的职权。〔14〕利比亚同样声明，其认为安理会决议与国际法相违背，并且是以《联合国宪章》第七章规定的安理会权力为幌子，避免应适用的法律。利比亚声称国际法院的管辖权基础在于签署于1971年9月23日蒙特利尔的《制止危害民用航空安全的非法行为公约》（以下称《蒙特利尔公约》）。〔15〕《蒙特利尔公约》第十四条第一款规定："如两个或几个缔约国之间对本公约的解释或应用发生争端而不能以谈判解决时，经其中一方的要求，应交付仲裁。如果在要求仲裁之日起六个月内，当事国对仲裁庭的组成不能达成协议，任何一方可按照国际法院规约，要求将争端提交国际法院。"

该条使用命令的措辞，并且任何要求解释或应用公约条文的争议应被提交给国际法院裁决。因此，关于利比亚国民引渡的问题，明确的是国际法院管辖范围内的事项，因为公约第七条规定："在其境内发现被指称的罪犯的缔约国，如不将此人引渡，则不论罪行是否在其境内发生，应无一例外地将此案件提交其主管当局以便起诉。"

利比亚声称依据该条，其有权审判其本国国民并且无义务依据联合国安理会决议的要求引渡给美国或者英国。利比亚同样认为国际法院凭借《蒙特利尔公

〔13〕 上引报告，第126页。

〔14〕 上引报告，第125页。

〔15〕 上引报告。

约》第十四条第一款有明确的管辖权来解释第七条。

美国指出，尽管存在《蒙特利尔公约》，但作为联合国会员的利比亚须遵守《联合国宪章》，该宪章在第七章（第三十九条）授予安理会绝对的权力来决定为恢复国际和平以及安全应采取的措施。美国同样援用《联合国宪章》第二十五条："联合国会员国同意依宪章之规定接受并履行安全理事会之决议。"

国际法院在其决定中同意美国的观点，依据《联合国宪章》第二十五条，利比亚以及美国作为联合国的成员都有义务接受并履行安全理事会之决议。国际法院认为，该义务包括1992年第748号决议。法院还援用《联合国宪章》第一百零三条："联合国会员国在本宪章下之义务与其依任何其他国际协定所负之义务有冲突时，其在本宪章下之义务应居优先。"

国际法院因此认为利比亚援用的《蒙特利尔公约》的条款效力低于安理会的决议并据此否决了利比亚的申请。

国际民航组织与联合国相互合作的其中一个领域是执行救援飞行。2011年6月27号，一架飞机在摩加迪休降落，给受饥荒侵袭的索马里带来首批援助物资。携带10吨颗粒饱满的坚果足够帮助3500名儿童免于因饥饿而死亡。依据《经济学人》杂志，30%的儿童营养不良，或20%的人口没有食物，或每天一万成人死亡，或每一万人中有四名儿童死亡意味着饥荒存在。这是航空在和平方面的贡献。

1969年红十字国际委员会第21次国际大会采纳决议，指出当灾难危及这些人的生存以及福祉时，为了灾难中人民的利益，国家被要求行使其主权以及法律权利以便于促进运输、进入以及分发公平的国际人道主义组织提供的救援物资。联合国随即宣布该决议同样适用于武装冲突地区。

上述讨论不是为了混淆《日内瓦公约》以及《联合国宪章》的条款，并不承认在没有接受国许可的情况下，依据捐助人的意愿以及愿望实施的救援飞行。同样不是有意回避国际组织救援的首要的责任。救援组织，如红十字与红新月，在帮助危难中的国家时仅被要求扮演一个补充性角色。

确定的是联合国安理会仅能在对国际和平以及安全有威胁、在一国内存在违反和平的情势或者存在侵略行为的场合有理由干预在国家主权范围内的事项，因此问题在于，当作为人道主义计划一部分的救援飞行被实施时，是否执行这样的飞行能被认为是合法的国家单边行动。这一问题必须以对人道主义法原则以及国家主权原则的法律分析为依据。[16]

一方面，每个人都拥有生存的权利、个人的自由以及安全的权利以及对于个人及其家庭的健康以及福祉，包括实物、衣服住房以及医疗，足够生存标准的权利。

另一方面，每个国家都在其领陆上的领空拥有完全的以及排他的主权。除了1956年《巴黎公约》规定，登记于一个欧洲民航会议的成员国（ECAC）的民用航空器，为了实现人道主义或者紧急需要的目的从事非定期航班，能为了运输的目的自由地飞入成员国。没有双边或者多边协议允许一个国家为了人道主义目的单边干预另一国。实际上，决议46/182在附件中明确指出，依据《联合国宪章》，主权完整以及国家统一必须被完全尊重，在此条件下人道主义援助应依据被影响国的同意而提供并且原则上依据被影响国请求。尽管没有授予联合国法律上的权力为实施救援飞行而干预一个国家，但联合国的努力应被给予一定程度的正当性，这些努力涉及两个方面，其一协调有关国家推进救援行动；其二，在征得受影响国家的同意时，寻求其他国家的支持。

如果人们面临死亡，我们必须不惜一切代价救助。

如我们在2010年1月地震以及在2011年底自非洲之角饥荒所致严重的人道主义危机中所见，在灾难的第一阶段，空运人员以及救援物资是第一道反应。必须快速、灵活、机动地提供人道主义援助。联合国世界粮食计划署（WFP）是这些努力中的先驱，但是如我们在海地灾难后所见，激增的救援飞行导致瓶颈，因而需要对领空进行管理以及规划，航空标准由国际民航组织、美国联邦航空局（FAA）以及欧洲联合航空局（JAA）共同制定并由国家采纳。依赖于这些标准，世界粮食计划署在2011年4月与6月实施数次空运到科特迪瓦、利比里亚以及索马里。

《国际民用航空公约》附件9“简化手续”，规定缔约国应便利进入、离开以及通过其领土的从事救援飞行的航空器，并采取措施确保其安全飞行，如前述飞行是通过或者代表被联合国认可的国家间组织，或者代表国家本身实施的。这样

---

〔16〕 参阅 Ruwantissa Abeyratne, Legal and Aeronautical Issues Concerning the Earthquake in Haiti, Air & Space Law Vol 35 (2), 183-193.

的救援飞行是为回应严重的危及人类健康或者环境的自然或者人为的灾难，以及同样需要联合国帮助的紧急的情况。这样的飞行应在取得接受国同意后尽快开始。

联合国人道主义事务部认为紧急情况是“一个突然且通常不能预见的事件，需要立即的措施来最小化其负面影响”，灾难被认为是“一个严重的社会功能的扰乱，造成广泛的人员、财产或者环境损失，超过了受影响国家仅用其本国资源的处理能力”。

附件9同样规定国际民航组织的成员应保证人员以及物资毫不迟延地到达救援飞机上。因此，通过国家或者如联合国这样的机构执行的救援飞机，能减轻人们所受的来自战争、自然或者人为灾难的痛苦，是民用航空保证和平以及安全的重要领域。

第六十五条　与其他国际机构订立协议

理事会可以代表本组织同其他国际机构缔结关于合用服务和有关人事的共同安排的协议，并经大会批准后，可以缔结其他为便利本组织工作的协议。

第六十六条　关于其他协定的职能

一、本组织并应根据一九四四年十二月七日在芝加哥订立的国际航班过境协定和国际航空运输协定所规定的条款和条件，履行该两项协定为本组织规定的职能。

二、凡大会和理事会成员国未接受一九四四年十二月七日在芝加哥订立的国际航班过境协定或国际航空运输协定的，对根据此项有关协定的条款而提交大会或理事会的任何问题，没有表决权。

第三部分

国际航空运输

第十四章　资料和报告

第六十七条　向理事会送交报告

各缔约国承允，各国的国际空运企业按照理事会规定的要求，向理事会送交运输报告、成本统计，以及包括说明一切收入及其来源的财务报告。

第十五章　机场及其他航行设施

第六十八条　航路和机场的指定

各缔约国在不违反本公约的规定下，可以指定任何国际航班在其领土内应遵循的航路和可以使用的机场。

第六十九条　航行设施的改进

理事会如认为某一缔约国的机场或其他航行设施，包括无线电及气象服务，对现有的或筹划中的国际航班的安全、正常、有效和经济的经营尚不够完善时，应与直接有关的国家和影响所及的其他国家磋商，以寻求补救办法，并可对此提出建议。缔约国如不履行此项建议时，不应作违反本公约论。

第七十条　提供航行设施费用

一缔约国在第六十九条规定所引起的情况下，可以与理事会达成协议，以实施该项建议。该国可以自愿担负任何此项协议所必需的一切费用。该国如不愿担负时，理事会可应该国请求，同意提供全部或一部分费用。

第七十一条　理事会对设施的提供和维护

如一缔约国请求，理事会可以同意全部或部分地提供、维护和管理在该国领土内为其他缔约国国际航班安全、正常、有效和经济地经营所需要的机场及其他航行设施，包括无线电和气象服务，并提供所需的人员。理事会可以规定使用此项设施公平与合理的费用。

1　国际民航组织对航行的援助

如前所述，公约第二十八条原则上确立了缔约国在其领土内提供航行服务的责任。[1]但必须指出，这并非是一个完全的责任，因为缔约国仅被要求提供它认为可行的服务。当一国不能提供完善的航行服务时，公约在第六十九条要求国际民航组织理事会应与不能完善地为航空器运行提供安全、正常、有效和经济的航行服务的缔约国进行磋商。这种磋商应以补救此种情形为目的。公约第七十条甚至允许一国与理事会达成关于航行设施费用的安排并且公约第七十一条给予理事会在缔约国请求时同意提供、维护和管理服务的选择权。

在《芝加哥公约》下为航行服务联合融资是依据公约阐明的基本概念，民用航空未来的发展能够极大地促进国家间的了解和友谊。为协调北纬 45 度以北，在冰岛飞行情报区管辖之下，不停止地飞越大西洋的航班，民用航空航行服务联合融资成为必需。由冰岛提供的航行设施对在这一区域飞行的航班是必不可少的。因为主要暴风雨轨迹覆盖的区域接近冰岛并且大西洋的这片区域易于重新产生某些类型的暴风雨及低气压，在恶劣气象条件下，北大西洋的空中交通通常会变得拥挤，这需要完全地利用冰岛所提供的空中交通管制与飞行情报服务。

在国际民航组织大会第 14 届会议上（罗马，1962 年 8 月 21 日至 9 月 15 日），大会为使联合融资协定中“使用国”更多地参与，规定了比在理事会与相关国家缔结的协定中更进一步的条款。在第 16 届会议上（布宜诺斯艾利斯，1968 年 9 月 3 日至 26 日）国际民航组织大会为执行联合融资协议发布了指导方针。自从大会介入，国际民航组织已经为联合融资协定举办了几次会议：1948 年

〔1〕《芝加哥公约》第二十八条第一款。

6月8日至16日在日内瓦以冰岛为主题；1949年4月20日至5月12日在伦敦以格陵兰岛以及法罗群岛为主题；1956年9月6日至24日在日内瓦为了修订丹麦和冰岛间的协定。

1946年3月在柏林举行的北大西洋航线服务会议提出特别建议，指出冰岛应该在雷克雅维克建立一个区域控制中心并为北大西洋地区提供特定的通信以及天气服务。随后在1946年4月17号及5月9号，这一建议被临时国际民航组织同意。在该会议期间，冰岛的代表特做出如下声明，由于穿越上述区域而需要这些服务的航空器的数量，冰岛不能提供会议建议的服务。紧随这一声明，1947年5月16号，冰岛依据《芝加哥公约》第六十九条、第七十九条、第七十一条向国际民航组织提交关于空中交通管制、气象以及电信服务的财务和技术援助请求。国际民航组织在1947年6月25日，得出结论认为，这一请求构成提供帮助的初步基础。[2]

大会在第一届会议上（蒙特利尔，1947年5月6日至27日），采纳决议A1-65（联合融资政策）决定按照本决议附件1[3]所规定的基本原则和一般政策，并根据公约第十五章规定的条件通过国际民航组织提供财务和技术援助，为国际航空服务安全、正常、高效和经济运行，提供适当的空中航行设施和服务。随后的1948联合融资协定被1996年协议取代，而1996年协议又被1982年蒙特利尔议定书修改。这些协定要求冰岛以及丹麦不间断地实施并维护航行服务，[4]并且规定由此产生的花费的95%由缔约国补偿给冰岛。

2 共同支持

当前，为民用航空器飞越北大西洋北纬45度以北而由丹麦与冰岛各自提供的设施与服务，由两个联合融资协定规定运营与合资事宜。这些服务包含空中交通管制、通信以及气象服务。时至今日[5]，这些服务一直依据这两个被修改以及更新于1982年和2008年的协定所管理以及资助。当前，有民用航空器飞越北

---

[2] Report on the Conference on Air Navigation Services in Iceland, ICAO Doc 7000-JS/550 (June 8-26, 1948) at 8.

[3] 该决议附录1规定了国际民航组织有关联合融资一般政策的具体细节。

[4] 上引，第三条第一款。

[5] 2013年——译者注。

大西洋的24个国家是协定的成员，包括两个提供国，丹麦与冰岛。有大量航空器飞越北大西洋的国家都被邀请参加这些协定。

主要的开销由使用者承担。英国民用航空局作为收支机构。开销中一小部分不属于国际民用航空的费用由协定缔约国依据各自国家的航空经营者飞越北大西洋的比例分担。

从1997年3月27号开始生效，第一阶段的缩减最小垂直间隔（RVSM）依据理事会同意的区域补充程序在北大西洋最低导航性能规范（MNPS）空域被执行。这使得缩减最小垂直间隔允许的航空器，即在290至410高度层之间，执行1000英尺而不是之前要求的2000英尺垂直间距。作为缩减最小垂直间距许可程序的一部分，高度保持性能需要被表明并且该性能被中央监控机构代表北大西洋系统规划组（NPA SPG）持续地监控。缩减最小垂直间距几乎使得空域容量在上述高度层增加了两倍。为丹麦和冰岛的联合融资协定经验所鼓舞，新的系统由新的联合融资协定资助。

在该协定下，加拿大、冰岛、爱尔兰、葡萄牙以及英国依据它们在北大西洋航空运输的份额建立一个高度监控计划并提供设备。美国的责任包括提供全球定位系统监控组件（GMU），一系列的参考站以及后台处理设备。运营、维持、折旧成本，以及国际民航组织的管理成本由使用者提供。与丹麦以及冰岛的联合融资协定一样，英国民用航空局作为收支机构。

国际民航组织大会第35届会议采纳决议A35-15，参与国承认国际民航组织是能够有效协调全球通信、导航和监视/空中交通管理（CNS/ATM）活动的唯一的国际组织以及国际民航组织CNS/ATM系统应被用来服务于全世界民用航空的利益和目标。该决议同样承认各缔约国应享有从已纳入国际民航组织CNS/ATM系统的全球系统中受益的平等权利。大会提及国际民航组织理事会于1994年3月9日制定和通过的《国际民航组织关于通信、导航和监视/空中交通管理系统实施和运行的政策声明》，决定无论什么都不能剥夺缔约国从国际民航组织CNS/ATM系统中受益的权利或造成提供国和使用国之间的歧视，并且各国的主权和边境不受国际民航组织CNS/ATM系统实施的影响。这一决议敦促有关国际民航组织CNS/ATM系统所有方面的规定和指导材料应通过召集有缔约国参加的适当的会议、大型会议、专家组会议和讲习班进行探讨和制定并且呼吁各国、地区规划和实施小组（PIRGs）和航空界使用国际民航组织的全球空中交通管理（ATM）运行概念作为指导规划和实施 CNS/ATM 系统的共同框架，将所有开发工作集中在全球空中交通管理运行概念方面，并且敦促理事会保证国际民航组织为支持实施全球 ATM 系统制定必要的过渡战略、ATM 的要求和标准已建议措施并敦促理事会毫不迟延地继续审议与国际民航组织 CNS/ATM 系统的实施有关的经济、体制、法律和战略方面的问题。

3 与航行有关信息卫星分布系统（SADIS）、与航行有关信息卫星分布系统开销分配以及补偿（SCAR）和与航行有关信息卫星分布系统开销补偿管理小组（SCRAG）

2000 年 3 月 6 日，国际民航组织理事会决定从 2001 年 1 月 1 日起，所有接受 SADIS 提供服务的国家应参与 SCAR 安排，据此使得通过《自愿承担与航行有关信息卫星分布系统开销协议》而实施的已经存在的机制归于无效。新的安排通过 SADIS 协议[6]产生效力，该协议在开头规定英国作为提供国，应提供、实施并维护 SADIS，并和所有与实施该协议有关的国际民航标准以及建议措施保持一致并且根据国际民航组织理事会或国际民航组织其他有权机构所同意的与实施该协议有关的建议与决定来行动。每一接受 SADIS 服务的该协议成员，包括英国但不包括该协议第四条涉及的国家，被要求依据协议第十一条支付其应承担的与提供、实施以及维护 SADIS 的开销有关的份额。[7]该协议还规定任何接受 SADIS 服务的且依据联合国规定是“最不发达国家”的成员只要其仍是最不发达国家应被豁免支付其应付份额，除非其选择支付。

SADIS 协议第六条豁免协议成员由于不能或者以及疏忽提供、实施以及维护 SADIS 而导致的任何物质上或者财政上的损坏或者损失的责任。该协议第九条指出协议成员间应分配的开销是英国为了提供、实施以及维护 SADIS 而全部或者部分承担的协议附件 2 中规定的设备与人事所包含的全部开销，包括设备的折

---

〔6〕 该协议的目的是为缔约方建立并管理一种机制，在该机制下，以公平和公正的方式分担理事会认可的与提供、操作和维护 SADIS 的费用，相关服务规定在附件 1 中。该协议及其附件从 2001 年 1 月 1 日起生效。

〔7〕 Agreement on the Sharing of Costs of the Satellite Distribution System for Information relating to Air Navigation，第三条第二款。

旧、资产成本与适当的管理费用。

SCAR 安排由 SCRAG 监管，该小组评估协议成员国每年应承担的开销份额，包括重新评估参加协议的新成员的份额，以及审计由提供国开支并应归于开销分摊中的 SADIS 设施以及任何相关的财政行为的费用。SCRAG 由被欧洲航行规划小组指定的来自欧洲区域的一个成员，一个由非洲—印度洋规划以及实施区域小组任命的来自非洲—印度洋区域的成员，一个被中东规划以及实施区域小组任命来自中东区域的成员，一个被亚洲—太平洋规划以及实施区域小组任命来自亚洲—太平洋区域的成员组成。当该小组负责的区域内的协议成员，承担分摊的开销份额总额 50% 以上时，前述航行以及实施区域小组可以任命一名额外成员。该额外成员应作为 SCRAG 主席。如果没有这样的代表，SCRAG 应从其成员中选举其主席。只有参与了 SCAR 安排的国家才有资格参与 SCRAG。英国作为提供国，在该小组中作为观察员。国际航空运输协会作为使用国的代表，同样也作为观察员。与航行有关信息卫星系统实施小组的主席也被邀请作为观察员参与该小组，因为需其提供关于 SADIS 提供的服务的技术效果的信息以及 SCAR 安排下设施与服务清单。SCRAG 的每个代表只有一票，只需简单多数便可通过表决；但当票数相等时，小组主席有决定票。

协议成员间应分配的开销是英国为了提供、实施以及维护 SADIS 而全部或部分承担的协议附件 2 中规定的设备与人事所包含的全部开销，包括设备的折旧、资产成本以及适当的管理费用。协议第三条第二款涉及的国家，依据该国领土内航空承运人在定期航班（国际与国内）中总的可用吨公里数估算一个 SADIS 总的开销份额。每一成员国的份额依据该成员国领土内所有航空承运人总的可用吨公里数与所有安排参加国所有航空承运人总的可用吨公里数的比例来计算。被分配的总的开销包括豁免支付成员应支付的开销。

在每年的 11 月 1 日之前或当日，国际民航组织秘书长为 SCRAG 提供下一日历年每一成员国领土内航空承运人定期航班（国际与国内）总的可用吨公里数。比如，对第 n 年的估算是在那一年由 SCRAG 同意的预估的开销以及由秘书长提供的每个成员第 $n-2$ 年的可用吨公里数的基础上进行计算。但是第 n 年用于估算的预估的开销基础，首先依据第 $n-2$ 年预估的开销高于或者低于那一年被认可的实际的开销数量而上下调整。对每一成员的估算同样地被调整来考虑该成员在此协议下第 $n-2$ 年预付的数额与其依据实际可用吨公里数被确定的份额以及被认可的 $n-2$ 年的实际开销之间的任何差异。任何第 n 年一个成员未能支付的 SADIS 开销被加到总的应被分配的第 $n+2$ 年 SADIS 开销中。任何成员国用来抵销其以前债务的汇款被从收到汇款的下一年的总的开销中扣除。

协议第十二条规定 SCRAG 向作为 SADIS 提供国的英国在每年 12 月 1 日前或当日传达依据第十一条所调整的每个成员国被认可的预计的份额并授权英国收费，而英国随即可以为每一成员国各自支付的调整的份额提供收据。接受 SADIS 服务的成员国不支付提供这一服务的开销份额（不是依据第四条豁免的成员国）将导致在债务到期年的年终对其撤回该服务。该服务直到债务国完全付清其债务才重新开始。每一成员国有权决定是否从使用者（航空器经营人）追偿其在协议下支付的份额。但在国际民用航空的限度内，一成员国这样的追偿应与《芝加哥公约》规定的原则与措施以及国际民航组织机场以及航行服务收费的政策[8]相一致。

任何不能通过有关成员国协商解决的与该协议有关的解释或者实施争议，在有关成员国请求下可被提交国际民航组织理事会要求其建议。接受 SADIS 服务的国家的民航管理部门或者类似的授权机构可以加入该协议。上述机构的长官通过给予国际民航组织秘书长书面通知而使得加入生效。任何成员国可以在任何一年的 12 月 31 日至下一年 1 月 1 日通过给予秘书长书面通知而撤回对协议的参与。该协议可被作为 SADIS 提供国的英国在任何一年的 12 月 31 日至下一年 1 月 1 日通过给予秘书长书面通知而终结。[9]

---

〔8〕 ICAO's Policies on Charges for Airports and Air Navigation Services, Doc 9082.

〔9〕 该协议第十九条 b）款规定任何时候如果英国能证明不能够依据第十条所确定的限制而提供服务，其应立即书面通知秘书长这一事实，并应通过秘书长向与航行有关信息卫星分布系统开销补偿管理小组提供需要增加的预算的详细评估。

第七十二条　土地的取得或使用

经缔约国请求由理事会全部或部分提供费用的设施，如需用土地时，该国应自行供给，如愿意时可保留此项土地的所有权，或根据该国法律，按照公平合理的条件，对理事会使用此项土地给予便利。

第七十三条　开支和经费的分摊

理事会在大会根据第十二章拨给理事会使用的经费范围内，可以从本组织的总经费中为本章的目的支付经常费用。为本章的目的所需的资金，由理事会按预先同意的比例在一合理时期内，向使用此项设施的空运企业所属的并同意承担的缔约国分摊。理事会也可以向同意承担的国家分摊任何必需的周转金。

第七十四条　技术援助和收入的使用

理事会经一缔约国的要求为其垫款，或全部或部分地提供机场或其他设施时，经该国同意，可以在协议中规定在机场及其设施的管理和经营方面予以技术援助，并规定从经营机场及其他设施的收入中，支付机场及其他设施的业务开支、利息及分期偿还费用。

第七十五条　从理事会接收设备

缔约国可以随时解除其按照第七十条所担负的任何义务，偿付理事会按情况认为合理的款额，以接收理事会根据第七十一条和第七十二条规定在其领土内设置的机场和其他设施。如该国认为理事会所定的数额不合理时，可以对理事会的决定向大会申诉，大会可以确认或修改理事会的决定。

第七十六条　款项的退还

理事会根据第七十五条收回的款项及根据第七十四条所得的利息和分期偿还款项，如原款是按照第七十三条由各国垫付，应由理事会决定按照各国原垫款的比例退还各国。

第十六章　联营组织和合营航班

第七十七条　允许联合经营组织

本公约不妨碍两个或两个以上缔约国组成航空运输的联营组织或国际性的经营机构以及在任何航线或地区合营航班。但此项组织或机构的合营航班，应遵守本公约的一切规定，包括关于将协定向理事会登记的规定。理事会应决定本公约关于航空器国籍的规定以何种方式适合于国际经营机构所用的航空器。

第七十八条　理事会的职能

理事会可以建议各有关缔约国在任何航线或任何地区建立联合组织经营航班。

第七十九条　参加经营组织

一国可以通过其政府或由其政府指定的一家或几家空运企业参加联营组织或合营安排。此种企业可以是国营、部分国营或私营，安全由有关国家自行决定。

第四部分

最后条款

第十七章　其他航空协定和协议

第八十条　巴黎公约和哈瓦那公约

各缔约国承允，如该国是一九一九年十月十三日在巴黎签订的空中航行管理公约或一九二八年二月二十日在哈瓦那签订的商业航空公约的缔约国，则在本公约生效时，立即声明退出上述公约。在各缔约国间，本公约即代替上述巴黎公约和哈瓦那公约。

第八十一条　现行协定的登记

本公约生效时，一缔约国和任何其他国家间，或一缔约国空运企业和任何其他国家或其他国家空运企业间的一切现行航空协定，应立即向理事会登记。

第八十二条 废除与本公约抵触的协议

各缔约国承认本公约废除了彼此间所有与本公约条款相抵触的义务和谅解，并承允不再承担任何此类义务和达成任何此类谅解。一缔约国如在成为本组织的成员国以前，曾对某一非缔约国或某一缔约国的国民或非缔约国的国民承担了与本公约的条款相抵触的任何义务，应立即采取步骤，解除其义务。任何缔约国的空运企业如已经承担了任何此类与本公约相抵触的义务，该空运企业所属国应以最大努力立即终止该项义务，无论如何，应在本公约生效后可以合法地采取这种行动时，终止此种义务。

第八十三条　新协议的登记

任何缔约国在不违反前条的规定下，可以订立与本公约各规定不相抵触的协议。任何此种协议，应立即向理事会登记，理事会应尽速予以公布。

1　国际民航组织的登记与保管职责

国际民航组织大会，在其第16届会议（布宜诺斯艾利斯，1968年9月3号至26号）采纳决议A16-32（协议与安排的登记），要求每一缔约国遵守第八十三条，在理事会登记缔约国之间以及缔约国与他们航空公司之间所有与国际民航有关的协议。

2　国际民航组织登记规则

在国际民航组织登记有关国际民航的协议遵循《联合国宪章》第一百零二条规定的登记原则。除了对于机密谅解备忘录，任何条约以及任何国际协议被要求登记并公开。为了登记的目的，国际民航组织承认“有关国际民航的协议或者安排”意味着任何与国际民用航空有关的协议或者安排，不考虑其形式以及名称。[1]为登记之目的，这些协议被分为两类。第一类[2]是在1947年4月4日公约生效时，一缔约国和任何其他国家间；一缔约国任何其他国家的一航空公司间；一缔约国航空公司与非缔约国之间；或者一缔约国一航空公司和其他任何国家一航空公司间达成的任何有关国际民航的协议或安排。该类条约由公约第八十一条所调整。[3]第二类是依据公约第八十三条，在1947年4月4日之后生效的，在一缔约国与其他任何国家间；一缔约国与其他任何国家的航空企业之间，达成的任何有关国际民航的协议或安排；以及一缔约国以及任何国家的国民（自然人或法人）达成的任何与国际航空服务、机场或航行服务所有权或实施有关的协议或安排。[4]

---

〔1〕 决议A16-32，第一条。

〔2〕 决议A16-32，第二条。

〔3〕 C-WP/212 (1949) at 2.

〔4〕 任何在1947年3月4日后完成的并登记于国际民航组织与航行有关的协议或者安排的文本在登记后立即公开。Doc 6685，第十二条。如果一个登记在国际民航组织与航空有关的协议或者安排的一方，向国际民航组织提交一个关于该协议或者安排由司法或者仲裁机构或者其他被该协议或者安排的缔约方授权或者同意的个人作出的决定或者咨询意见，秘书长被要求在与航空有关的协议或者安排的电子数据库上指出该事实。

每一缔约国有责任登记其参加的，依据国际民航组织登记规则需要登记的任何与国际民航有关的协议或者安排。[5]有义务登记此类协议或者安排的任何缔约国，在接到国际民航组织书面确认已登记该协议或者协定时，即完成其义务。协议的登记通过协议登记国向国际民航组织秘书长传递一个被登记国有权当局适当证明的真正协议附件而为有效。[6]在此之后，如果协议或者安排的措辞以及生效方式（签署、批准、同意、接受或者换文等）不能明确表明生效日期，登记方同样被要求在同时或尽快通知国际民航组织协议或者安排的生效日期。

通常，国际民航组织秘书长收到的日期被认为是登记日。[7]依据登记规则第七条[8]由国际民航组织依职权登记的任何与航空有关的协议或者安排，被认为在两个或者更多协议缔约方之间最先生效之日被登记。秘书长向在国际民航组织登记任何航空协议或者安排的国家以及协议其他缔约国发布一个由秘书长或者其代表签署的已登记任何航空协议或者安排的书面确认。[9]秘书长被要求保持一个登记簿，包含每个登记的协议或者安排，包括如下记录：登记序列号；协议或者安排的名称以及对其目的或者效果的总结性说明；协议或者安排的成员国；签署日期；批准、接受、交换批准书、加入或者遵行日期；生效日期；有效期作准文字；登记国以及登记日期；如果可能，缔约国自己的电子数据库协议或者安排的标号[10]。

第八十三条　分条　职责和义务的转移

一、尽管有第十二条、第三十条、第三十一条和第三十二条第一款的规定，当在一缔约国登记的航空器由在另一缔约国有主营业所或永久居所的经营人根据

---

〔5〕 决议 A16-32，第六条。

〔6〕 决议 A16-32，第八条。被证明的复件要求用协议写成的语言或者几种语言复制原始文本以及与一个额外的复件一并提供。如果原始文本不是由英语、阿拉伯语、中文、法语、俄文、西班牙文写成，还要求提供两份用上述语言翻译的复本。

〔7〕 决议 A16-32，第九条。

〔8〕 决议 A16-32，第七条规定：“以下任何与航空有关的协议或者安排应被国际民航组织依职权登记，如该组织是成员，或者依据条文，该组织被委托登记，或者该组织是监管人。除国际民航组织外的任何成员无义务登记。”

〔9〕 决议 A16-32，第十条。

〔10〕 决议 A16-32，第十一条。

租用、包用或互换航空器的协议或者任何其他类似协议经营时，登记国可以与该另一国通过协议，将第十二条、第三十条、第三十一条和第三十二条第一款赋予登记国将该航空器的职责和义务转移至另一国。登记国应被解除对已转移的职责和义务的责任。

二、上述协议未按照第八十三条的规定向理事会登记并公布之前，或者该协议的存在和范围未由协议当事国直接通知各有关缔约国，转移对其他缔约国不发生效力。

三、上述第一款和第二款的规定对第七十七条所指的情况同样适用。

第十八章　争端和违约

第八十四条　争端的解决

如两个或两个以上缔约国对本公约及其附件的解释或适用发生争议，而不能协商解决时，经任何与争议有关的一国申请，应由理事会裁决。理事会成员国如为争端的一方，在理事会审议时，不得参加表决。任何缔约国可以按照第八十五条，对理事会的裁决向争端他方同意的特设仲裁庭或向常设国际法院上诉。任何此项上诉应在接获理事会裁决通知后六十天内通知理事会。

1　国际民航组织是否为司法机构

大会在其第1次会议（蒙特利尔，1947年5月6日至27日）采纳决议A1-23（对理事会作为仲裁机构的授权）规定，在本组织对处理民用航空领域中国际争端的方法进行进一步讨论和做出最后决定之前，授权理事会在争端所有当事方明确提出要求时，充当缔约国之间就国际民用航空事务产生的任何争端的仲裁机构以及授权理事会在上述场合提交一份咨询报告，或做出对各当事方有约束力的裁决，如果各当事方事先明确决定自己有义务接受理事会有约束力的裁决。

公约该条的一个重要特征是，国际民航组织理事会与公约及其附件的解释或适用发生的争议有管辖权。该条反映了两个重要问题：第一，缔约国应该首先试图通过协商解决争议；[1]第二，条文中的措辞“应”为理事会作出决定的权力注入一个不可争议的强制性特征。更进一步，依据公约第八十六条，该条说明除非理事会另有决定，理事会对一国际空运企业的经营是否符合本公约规定的任何裁决，未经上诉撤销，应仍保持有效，理事会做出的决定在司法上是庄严的。如果其决定未被遵行，依据公约授权理事会同样有权力制裁。[2]

---

〔1〕 Hingorani (1959), at 16. 另见，*Rules of Procedure for the Council*, Fifth Edition 1980, Article 14.

〔2〕《芝加哥公约》第八十七条。

1952年4月，印度政府向理事会提出申请，关于其与巴基斯坦政府间在解释及适用公约第五条、第六条、第九条以及《国际航班过境协定》的争议。该争议并未进入公约第八十四条规定的争议解决程序，因为两国政府通过协商解决了该争议。[3]

1967年9月，英国依据公约第八十四条提交申请，关于西班牙在直布罗陀附近设立禁飞区，涉及适用以及解释公约第九条的问题。在理事会第68届会议第11次会议上，依英国及西班牙的请求对该争议的讨论被无限期地推迟。

在1971年3月，巴基斯坦政府向理事会提交申请，依据争议解决规则第二条以及其他理由，试图纠正印度暂停巴基斯坦飞机飞越印度领土减损公约第五条的行为。该争议涉及公约第五条的适用，因此依据公约第八十四条提交该争议。在1971年7月29日理事会做出决定支持巴基斯坦。

因此，理事会有权在《芝加哥公约》下裁定国际民航组织成员国之间与国际民航有关的争议。如上所述，理事会是一个常设机构对国际民航组织大会负责并且由大会选举的36个成员国组成。理事会起源于临时国际民航组织临时理事会。[4]临时国际民航组织在各缔约国领土内应享有为履行其职能所必需的法律能力。凡与有关国家的宪法和法律不相抵触时，都应承认其完全的法人资格。[5]对临时国际民航组织确定的用词“司法的”给予临时国际组织司法的功能，明确地规定该组织以及其组成机构，如临时理事会，被要求保持在通过《过渡协议》[6]分配给他们的法律身份内，并且临时国际民航组织是一个纯粹的技术以及咨询机构。因此，临时国际民航组织临时理事会不具有立法的或者类似立法的功能。其最多只能研究、说明及提出标准和程序，[7]以及通过航行委员会做出关于技术问题的建议。[8]国际民航组织成立于1947年4月4日，从其前身临时国际民航组织获得关

〔3〕 Doc 7388-C/860.

〔4〕 参见，Interim Agreement on International Civil Aviation，于1944年12月7日在芝加哥开放签署，第三条。另见，Hudson，*International Legislation*，Vol 1X（1942－1945，New York）at 159.

〔5〕 上引协议第一条第四款。需指出临时国际民航组织为了在国际民航领域合作的目的作为一个技术以及咨询的临时机构被建立。

〔6〕 见上引用。

〔7〕 Interim Agreement on International Civil Aviation，Section 6.4.b（1）.

〔8〕 上引用，Section 6.4.b（6）。以及Buergenthal（1969）at 4，该作者指出，临时国际民航组织的功能仅是咨询性质，而其临时理事会没有任何立法或者类似立法的特征。

于其技术以及管理的结构的基本推定并且依据该事实本身，同样合理的是这两个组织以及其理事会之间的亲密关系。理事会其中之一的功能是考虑任何缔约国提交给它的与公约有关的任何问题。[9]因为国际民航组织理事会一个与众不同的功能使其能制定国际民航规则，毫无疑问理事会的争议解决权力是令人信服的。

从20世纪90年代直到开始之后的20年，国际民航组织理事会在争议解决上扮演重要的角色。关于国际民航组织在国际社会的角色其中一个最好的例子是在伊朗航空空难，IR655（伊朗，美国1998年）。该空难涉及运送商业旅客的伊朗航空客A300（IR655）从阿巴斯（伊朗）到迪拜的定期航线上被击落。该航空器被美国文森号导弹巡洋舰在波斯湾击落，导致机上290名乘客全部罹难。

国际民航组织理事会一个新兴的在其审议时变得清楚的特征是理事会决心仅在纯粹技术问题上从事其关于空难的审议，严格地避免政治问题以及外交陷阱。对于上述所有空难，理事会正确地限制其审议范围，只针对可依据《芝加哥公约》确定的原则解决的技术问题。

2 规则的一些冲突

在公约的措辞上有一个不幸的巨大差别，因为第五十四条第十四款强制规定理事会应仅仅审议任何缔约国向理事会提出的关于本公约的任何事项，但是第八十四条直截了当地说，如两个或两个以上缔约国对本公约及其附件的解释或适用发生争议，而不能协商解决时应由理事会裁决。问题来自严格解释第五十四条第十四款，即便是一个如第八十四条所设想的两国争议也可归于第五十四条规定的“任何事项”。在此情况下，理事会面临选择哪个条款的困境。尽管申请国要求一个裁决，但对于理事会而言，仅审议一个提交给它的问题不能说不对，因为第五十四条第十四款是为理事会确立法定职责的条款。这两条弄乱这一问题确实是不幸，在搞清楚的情况下，能为理事会做出决定的权力提出明确的规划。理事会司法的权力更进一步体现在1957年[10]理事会颁布的解决争议规则第十四条，该条允许理事会在任何时候要求争议各方着手直接协商。[11]该条强调和解，这说明

---

〔9〕《芝加哥公约》第五十四条。

〔10〕Rules for the Settlement of Differences，ICAO Doc 7782/2（2ed. 1975）.

〔11〕上引用，第十四条第一款。

在第八十四条下理事会倾向于解决争议而不是裁决。[12]这种观点似乎与这样的建议意趣相同，即在两国争议事项开始时，在第五十四条第十四款下对一个事项的审议可能是更为有诱惑力的方式。

米尔德在1979年指出："国际民航组织理事会不能被认为是一个合适的司法机构，依据对司法机构合适的理解，即通过法官以及仅依据法律解决争议。理事会由国家组成（不是独立个人）并且其决定将同样基于政策以及公平的考量，而不是纯粹的法律原因，真正的法律争议，仅能够通过一个司法客观、独立及专业的司法机构解决。对这一类型的争议，未充分利用的国际法院是最合适的机构。"[13]

国际民航组织理事会在理论上不适合决定缔约国之间的争议的不足仅能通过以下想法被缓解，即理事会的成员在国际民航事项上被认为非常熟练，因此被认为能更好地理解提交给它们的问题，而国际法院卓越的成员中有些可能不是国际航空法的专家。尽管如此，毫无疑问的是，国际民航组织理事会拥有司法权力，[14]如一位评论员所述："如果国际民航组织现在不存在，其可能仍将被设立；否则，国际民用航空不能如今日所达到的那样安全、有效以及规律地运行。"[15]

国际组织通常只能在给予其的法律权力上运作。这些权力推定来自构成该组织成员的主权国家的让渡。因此，逻辑的结论就是，如果国际组织超越给予其的权力行动，可能被认为行动超越权限或者超过授权范围。在联合国建立时的全世界联合推导出国家联合认可联合国政策及其决定之效力。1971年，欧盟法院涉及《欧洲道路交通协议》的决定。法院指出，欧共体缔结道路方面协议的能力不能被质疑，因为成员国已经认可成员联合并且调整欧共体的《罗马条约》赋予欧共体管理道路运输方面共同政策的能力。

需要指出的是，联合国不仅从其缔约国依据普遍性获得默示的授权并且同样有来自国家的明示授权去行使确定的权力。授权原则直接来自建立者的意愿，就联合国而言，作为一个执行联合国宪章条款的国际组织执行的权力被授予该组

〔12〕 Buergenthal (1969), 121 at 136.

〔13〕 Milde (1979) 87, at 88.

〔14〕 de Lacerda (1978) at 219.

〔15〕 Fitzgerald (1976) 47 at 50.

织。此外，联合国可以援用"固有权力"，即给予其权力去执行所有该组织需要去执行以实现其目的，但此种权力并非源于宪章的明确授权。因此，只要行动不为联合国宪法性文件所禁止（即《联合国宪章》），其就应被认为是在法律上有效的。

固有权力原则被用于联合国以及其专门机构之基础在于，如果在行使其职责时陷入解释法律的泥潭，这样的组织会变得无效。固有权力原则的好处有两个方面。第一，固有权力是有用的并且有助于有关组织实现其目标而不会为法律的细节所限。第二，从可能有效地阻止组织实现其目标和目的法律控制中释放组织。行使其固有权力的能力使得联合国有能力提升自决和独立、强化国际法、宣布关于重大国际争议的司法判决、为冲突的受害者提供人道主义援助、减缓在发展中国家长期的饥饿及农村的贫穷，以及提升妇女权益等。

参考文献：

de Lacerda JCS(1978):A study about the decisions of the ICAO council. Ann Air Space Law 111:219.

Fitzgerald GF(1976):ICAO now and in the coming decades. In:Matte NM(ed) International air transport law, organization and politics for the future. McGill: Montreal.

Hingorani(1959):Dispute settlement in international civil aviation. Arb J 14:14.

Milde M(1979):Dispute settlement in the framework of the international civil aviation organization(ICAO). Settlement Space Law Disputes.

Buergenthal T (1969): Law making in the international civil aviation organization. Syracuse University Press, Syracuse.

第八十五条　仲裁程序

对理事会的裁决上诉时，如争端任何一方的缔约国，未接受常设国际法院的规约，而争端各方的缔约国又不能在仲裁庭的选择方面达成协议，争端各方缔约国应各指定一仲裁员，再由仲裁员指定一仲裁长。如争端任何一方的缔约国从上诉之日起三个月内未能指定一仲裁员，理事会主席应代替该国从理事会所保存的合格的并可供使用的人员名单中，指定一仲裁员，如各仲裁员在三十天内对仲裁长不能达成协议，理事会主席应从上述名单中指定一仲裁长。各仲裁员和该仲裁长应即联合组成一仲裁庭。根据本条或前条组成的任何仲裁庭，应决定其自己的议事程序，并以多数票作出裁决。但理事会如认为有任何过分延迟的情形，可以对程序问题作出决定。

第八十六条　上诉

除非理事会另有决定，理事会对一国际空运企业的经营是否符合本公约规定的任何裁决，未经上诉撤销，应仍保持有效。关于任何其他事件，理事会的裁决一经上诉，在上诉裁决以前应暂停有效。常设国际法院和仲裁庭的裁决，应为最终的裁决并具有约束力。

第八十七条　对空运企业不遵守规定的处罚

各缔约国承允，如理事会认为一缔约国的空运企业未遵守根据前条所作的最终裁决时，即不准该空运企业在其领土之上的空气空间飞行。

第八十八条　对缔约国不遵守规定的处罚

大会对违反本章规定的任何缔约国，应暂停其在大会和理事会的表决权。

第十九章　战　争

第八十九条　战争和紧急状态

如遇战争，本公约的规定不妨碍受战争影响的任一缔约国的行动自由，无论其为交战国或中立国。如遇任何缔约国宣布其处于紧急状态，并将此事通知理事会，上述原则同样适用。

1　公约的局限

在以色列加入《芝加哥公约》时，埃及政府警告，考虑到当时影响埃及与以色列之间关系的事实与法律，并且为履行公约第八十九条，以色列航空器不能主张飞越埃及领空的权利。[1]在另一个场合，伊朗政府同样告知理事会该国已在1948年5月14日宣布紧急状态，从而公约第八十九条可得适用并且所有以色列航空器被拒绝飞越伊朗领空的权利。

本条规定有着不祥的预示，本条有效地去除对民用航空器所提供的强有力的保护，为国家在战时干涉民用航空器提供可能。尽管《联合国宪章》没有包含直接涉及民用航空的全部条款，但仍是在民用航空安全领域最有益的国际法律文件。宪章的序言规定每个成员国的公民力行容恕，彼此以善邻之道，和睦相处。安全原则被规定在宪章的许多条款中。该宪章第一条第二款规定，联合国的目的在于发展国家间以尊重人民平等权利及自决原则为根据之友好关系，并采取其他适当办法，以增强普遍和平。

2　确保对平民的保护

因为民用航空器依其定义，推定为运输平民，《芝加哥公约》的原则应确保平民及其财产不受飞行中的民用航空器受飞来危险的影响。《芝加哥公约》据此

[1] Letter dated 16 October 1949, reproduced I Annex A to Doc 6922-C/803 at 125.

可被认为规定了国际社会保护飞行中的平民及其财产安全的责任。

《联合国宪章》第五十五条规定了联合国的法定责任，联合国“应促进全体人类之人权及基本自由之普遍尊重与遵守”；依据宪章第十三条的措辞，联合国大会应作出建议以助成全体人类之人权及基本自由之实现。宪章第五十六条规定，各会员国但允采取共同及个别行动与本组织合作，以达成第五十五条所载之宗旨的表述中有明确的法律义务因素。[2]

民用航空器被认为是不能被攻击的。[3]《芝加哥公约》反对使用武力攻击民用航空器。《联合国宪章》第二条第四款禁止使用与联合国宗旨不符之任何武力。宪章同样有条款规定和平解决争端。[4]

武装攻击飞机是一种特殊的侵略[5]，当面临此种攻击时依据《联合国宪章》第五十一条可以行使自卫的权利。该条将行使自卫权限制在受到侵略时。一个未武装的航空器未经许可地进入一国领空并不构成一个侵略，即使这样进入是为了间谍或者挑衅目的。尽管没有关于侵略的国际权威的定义，通常推定由携带武器之徒实施武装攻击会构成危及被攻击国家安全的侵略。

参考文献：

Kunz JL(1948):The inter-American treaty of reciprocal assistance. Am J Int Law 42:111,115.

〔2〕 H. Lauterpact, *International Law and Human Rights* (1950), p. 149.

〔3〕 I. A. Vlasic, *Casebook on International Air Law* (1982), p. 161.

〔4〕《联合国宪章》第三十三条。

〔5〕 Kunz (1948), pp. 111 – 115.

第二十章　附　件

第九十条　附件的通过和修正

一、第五十四条第十二款所述的附件，应经为此目的而召开的理事会会议三分之二的票数通过，然后由理事会将此种附件分送各缔约国。任何此种附件或任何附件的修正案，应在送交各缔约国后三个月内，或在理事会所规定的较长时期终了时生效，除非在此期间有半数以上缔约国向理事会表示反对。

二、理事会应将任何附件或其修正案的开始生效，立即通知所有缔约国。

1　执行标准以及建议措施的程序

本条是一个纯粹的程序性条款并且附件的历史以及法律的基础已经在第三十七条以及第三十八条论及。国际民航组织大会在其第2届会议上（日内瓦，1948年6月1日至21日）采纳建议8，建议理事会，当采纳将生效的附件并且向缔约国提出反对确立一个日期时，需要审慎考虑在缔约国之间交流该附件所需的时间，以便缔约国在第九十条规定的时间内有效地研究该附件。大会第7届会议采纳决议A7－9，大会规定，理事会在确定缔约国实施国际标准的日期时，应保留足够的时间使得缔约国完成其为实施该标准所做的安排。

第九十条有两个关键性措辞，即第一款，附件应在送交各缔约国后三个月内生效（effective），以及第二款，附件开始生效（come into force）。问题在于：这两个措辞的意义是什么呢？

2　标准与建议措施的区别

首先我们需要探讨附件的两个主要内容，标准以及建议措施。标准是指有关物理特征、形态、材料、性能、人员或程序的任何规范，其统一适用被认为是对国际民航的安全和正常所必需的，而且各缔约国将依据《芝加哥公约》遵守标准；如果不可能遵守，必须依照《芝加哥公约》第三十八条通知理事会。

建议措施是有关物理特征、形态、材料、性能、人员或程序的任何规范，其统一适用被认为有利于提高国际民航的安全、正常或效率，而且各缔约国将根据《芝加哥公约》尽力加以遵守。

形成的标准及建议措施相对笼统，并仅针对国际民用航空最基本的要求。对于复杂程序如通信装备，标准及建议措施由两部分组成：包含在附件主体中作为基本的管理要求的核心标准及建议措施，以及在附件的附录或者使用手册中细节化的技术具体要求。

在附件的增补中说明缔约国对标准及建议措施的异议。在理事会采纳一个附件后，其会将附件分送国际民航组织成员国征求意见并声明不同意标准，同时还有理事会指出的在提交后三个月内附件生效的时间日期。这是附件的中间版本，也称为“绿色版本”，伴随一个说明书分送给缔约国。该说明书同样提供许多日期以及附件的介绍，包括其生效日期。附件一旦生效，缔约国有三个月的时间指出其对标准及建议措施修正案的异议。除非多数国家在异议期内不同意，理事会将会宣布该附件在某个特定日期开始生效。

第二十一章　批准、加入、修正和退出

第九十一条　公约的批准

一、本公约应由各签署国批准。批准书应交存美利坚合众国政府档案处，该国政府应将交存日期通知各签署国和加入国。

二、本公约一经二十六个国家批准或加入后，自第二十六件批准书交存后的第三十天起即在各该国间生效。以后每一国家批准本公约，在其批准书交存后第三十天起对该国生效。

三、美利坚合众国政府应负责将本公约的生效日期通知各签署国和加入国。

第九十二条　公约的加入

一、本公约应对联合国成员国、与联合国有联系的国家以及在此次世界战争中保持中立的国家开放加入。

二、加入本公约应以通知书送交美利坚合众国政府，并从美利坚合众国政府收到通知书后第三十天起生效，美利坚合众国政府并应通知各缔约国。

第九十三条　准许其他国家参加

第九十一条和第九十二条第一款规定以外的国家，在世界各国为保持和平所设立的任何普遍性国际组织的许可下，经大会五分之四的票数通过并在大会可能规定的各种条件下，准许参加本公约；但在每一种情况下，应以取得在此次战争中受该请求加入的国家入侵或攻击过的国家的同意为必要条件。

1　开始生效以及国家的责任

公约第九十一条直接而明确。公约第九十二条首先考虑《芝加哥公约》对一缔约国的适用与该国作为联合国成员国之地位的关系。如前所述，《芝加哥公约》在第四十三条设立了国际民航组织。凭借国际民航组织与联合国签订的协议的第一条，[1]联合国承认国际民航组织作为专门机构为了完成该组织基本文件下（即《芝加哥公约》）设定的目标可以采取合适的措施。依据《联合国宪章》第五十七条，由各国政府间协定所成立之各种专门机构，依其组织约章之规定，于经济、社会、文化、教育、卫生及其他有关部门负有广大国际责任者，与联合国发生关系。《芝加哥公约》第六十四条规定，国际民航组织对于在其权限范围之内直接影响世界安全的航空事宜，经由大会表决后，可以与世界各国为保持和平而成立的任何普遍性组织缔结适当的协议。《芝加哥公约》第六十五条规定，国际民航组织可与其他国际机构缔结关于合用服务的协议、有关人事以及其他为便利本组织工作的共同安排。

依据公约第六十五条，国际民航组织与联合国签订前述协议，该协议第二条规定，当收到任何不符《芝加哥公约》第九十一条以及第九十二条第一款规定的国家向国际民航组织提交加入公约的申请时，国际民航组织秘书处应该立即将该申请告知联合国大会。联合国大会可以建议拒绝此种申请，而该建议应被国际民航组织接受。如果联合国大会在收到申请通知后的第一次会议上未

---

〔1〕 经济和社会委员会在1946年6月21日要求其与专门机构谈判委员会及临时国际民航组织开始协商，为了使临时国际民航组织与联合国联系并且在理事会第3次会议上提交一个关于协商的报告，其中包括一个以协商内容为基础的初步草案。参见，*Protocol Concerning the Entry Into Force of the Agreement Between the United Nations and the International Civil Aviation Organization*，1947年11月1日签署于纽约，United Nations Treaty Series No. 45：1947 at 316 –343.

作出此种建议，该申请是否被接受应由国际民航组织决定，依据《芝加哥公约》第九十三条确立的程序。

公约第九十二条明确规定联合国成员国（或者与联合国有联系的国家）应将其批准或者加入书交存给美国。国际民航组织对于交存不需做任何事，美国应随后告知国际民航组织该情况。

在本书写作时，联合国大会在2012年11月29日，同意提升巴勒斯坦当局在联合国的地位，从“非成员观察实体”[2]到“非成员观察国”，[3]同梵蒂冈在同一种类，巴勒斯坦希望借此为其与以色列的谈判增加筹码。这在航空领域为巴勒斯坦带来一个问题。公约第九十一条提及《芝加哥公约》的“签署国”。巴勒斯坦并非此类。公约第九十二条提及“联合国成员国、与联合国有联系的国家”。该条有效地排除了巴勒斯坦，因其为“非成员国”。但巴勒斯坦是否为与联合国有联系的国家，并没有关于此的官方认可。针对该问题，依据1933年《蒙特维多公约》对国家的法律定义，永久的人口、固定的领土、有效的政府、与他国交往的能力，巴勒斯坦是否为一个国家主要的问题在于涉及领土边界的第一个要素是有争议的。尽管有138个联合国成员投票认可巴勒斯坦作为“非成员观察国”，但如果被认可作为国家的法律要素未能满足，仍会有一些法律上的争议，因为联合国成员与国家地位是两个问题。一个主权国家完全有可能作为一个联合国非成员，比如瑞士很多年都是联合国的非成员；有可能对于一个并非完全独立的国家

---

〔2〕从历史上看，民族解放运动被联合国通过给予其观察员身份而给予一些承认。非殖民地化政策，特别是在如非洲区域是这种趋势引人注目的先兆。但是除了民族解放运动本身，经济以及社会的观点与议题同样推动联合国承认观察员。这样的被承认的实体被认为是未来的权威政府将负责其人民的社会和经济福利。这是联合国“前国家”方式的开端。因此在1974年第3237号决议（XXIX），给予巴勒斯坦解放组织（PLO）在联合国观察员的身份。决议特别承认巴解组织以观察员身份参加联合国大会的会议和工作的权利并且邀请巴解组织以观察员的身份参加联合国大会主持召开下所有国际会议和工作。决议还给予巴解组织作为观察员参与联合国机构主持召开下的所有国际会议和工作的权利。

〔3〕《联合国宪章》没有解决观察员地位的问题。这个问题只是在实践的基础上被解决，通过在联合国大会的讨论和决定，被归于一个不清楚的法律基础。有各种类型的观察员，包括非成员国家（如现在的巴勒斯坦）、政府间组织、民族解放运动。观察员能在联合国大会发言，但没有投票权。其他各种其他权利（如参与讨论、提出议案和修正案、答复的权利、提出观点和交流文件等）有选择地只给予一些观察员。唯一被给予这些权利的国际组织是欧盟。国家观察员和非国家观察员之间有一个区别。非联合国会员而是一个或多个专门机构的成员可以申请永久观察员地位。非国家观察员包括国际组织和其他实体。

（比如印度）作为联合国的成员。

2 联合国和国际民航组织成员身份

《联合国宪章》第三条至第六条调整联合国成员身份。如宪章第四条第一款所规定，凡其他爱好和平之国家，接受本宪章所载之义务，经本组织认为确能并愿意履行该项义务者，得为联合国会员国。依据安理会的建议通过联合国大会决议使得任何这样的国家被认可成为联合国成员。

对于一国取得联合国会员身份，安理会的建议是必要的。中国、法国、俄罗斯、英国及美国是安理会常任理事国，各拥有对认可问题的一票否决权。在安理会建议加入的情况下，取决于联合国大会决定是否许可候选国成为成员国。联合国宪章第十八条第二款规定，对于新会员国加入联合国之准许，必须以到会及投票之会员国三分之二多数决定之，且大会之193个会员国应有一个投票权。在联合国大会没有国家有否决权。

有位评论员指出："如果巴勒斯坦被联合国大会接受作为一个国家，那么联合国机构比如国际劳工组织、世界卫生组织、联合国粮农组织及国际民航组织也应将巴勒斯坦视为国家，并且美国没有否决权阻止这些组织接受巴勒斯坦成为完全会员。但是接受巴勒斯坦将意味着，对于这些组织自动削减的美国资金，比如发生在联合国教科文组织的情况，当其同意接受巴勒斯坦作为完全成员时，失去6千万美元的美国资助。其他组织很可能不愿为了巴勒斯坦的政治目的作出财政上的牺牲。"〔4〕

该评论尽管在原则上似乎可以接受，但当涉及巴勒斯坦竞争国际民航组织成员身份时，仍应被谨慎考量。通过加入《芝加哥公约》，国际民航组织成员身份被一国获得。巴勒斯坦唯一可得的途径是通过第九十三条规定。第九十三条规定，不属于第九十一条和九十二条规定的，其他国家可以在世界各国为保持和平所设立的任何普遍性国际组织的许可下，经大会五分之四的票数通过并在大会可能规定的各种条件下，准许参加本公约；但在每一情况下，应以取得在此次战争中受该请求加入的国家入侵或攻击过的国家的同意为必要条件。

---

〔4〕 http://www.canadafreepress.com/index.php/article/51293.

第九十三条 分条

一、尽管有以上第九十一条、第九十二条和第九十三条的规定。

（一）一国如联合国大会已建议将其政府排除出由联合国建立或与联合国有联系的国际机构，即自动丧失国际民航组织成员国的资格；

（二）一国如已被开除出联合国，即自动丧失国际民航组织成员国的资格，除非联合国大会对其开除行动附有相反的建议。

二、一国由于上述第一款的规定而丧失国际民航组织成员国的资格，经申请，由理事会多数通过，并得到联合国大会批准后，可以重新加入国际民航组织。

三、本组织的成员国，如被暂停行使联合国成员国的权利和特权，根据联合国的要求，应暂停其本组织成员国的权利和特权。

第九十四条　公约的修正

一、对本公约所建议的任何修正案，必须经大会三分之二票数通过，并在大会规定数目的缔约国批准后，对已经批准的国家开始生效。规定的国家数目应不少于缔约国总数的三分之二。

二、如大会认为由于修正案的性质而有必要时，可以在其建议通过该修正案的决议中规定，任何国家在该修正案生效后规定的时期内未予批准，即丧失其为本组织成员国及公约参加国的资格。

第九十五条　退出公约

一、任何缔约国在公约生效后三年，可以用通知书通知美利坚合众国政府退出本公约，美利坚合众国政府应立即通知各缔约国。

二、退出公约从收到通告书之日起一年后生效，并仅对宣告退出的国家生效。

第二十二章　定　义

第九十六条

就本公约而言：

一、“航班”指以航空器从事乘客、邮件或货物的公共运输的任何定期航班。

二、“国际航班”指经过一个以上国家领土之上的空气空间的航班。

三、“空运企业”指提供或经营国际航班的任何航空运输企业。

四、“非商业性降停”指任何目的不在于上下乘客、货物或邮件的降停。

公约的签署

下列全权代表经正式授权，各代表其本国政府在本公约上签署，以资证明，签署日期列于署名的一侧。

本公约以英文于 1944 年 12 月 7 日订于芝加哥。以英文、法文、西班牙文写成的各种文本具有同等效力。这些文本存放于美利坚合众国政府档案外，由该国政府将经过认证的副本分送在本公约上签署或加入本公约的各国政府。本公约应在华盛顿、哥伦比亚特区开放签署。

结　论

本书最后需要考虑《芝加哥公约》是否对现在的民航仍然胜任。由于《芝加哥公约》的很多条款仍然中肯并且有用，因而明确的是其不能被一个新的文件所取代。但是至少建议公约修改一个条文。[1]第六条非常需要国际社会的审查，该条规定：“除非经一缔约国特准或其他许可并遵照此项特准或许可的条件，任何定期国际航班不得在该国领土上空飞行或进入该国领土。”

本书对此条款已详细论述。除此外，需要指出的是，国际民航组织理事会应首先从事一个详细的研究，即作为一个全球概念的开放天空是否一般意义上增益乘客。这样的研究至少能给国家如何审查其国在第六条下的政策提供一些指引。

只要自由化趋势继续，私有化就会不断地延续，但私有化的节奏可能相对较慢，除非在改善航空运输方面出现重大转变，并且国际民航的现状仍然有利于私有化。到 2015 年的长期运输量将平均增长 5%，但是主要市场的增长率各不相同。对现存航空运输管理限制的自由化将同样影响此前未受影响的地区以及市场，并且逐渐削弱在市场准入、运力、价格以及所有权和控制权上的限制，从而使得航空市场真正的全球化。开放天空以及无障碍天空间的界限将会逐渐模糊并且自由化将加速全球民航产业集中的进程。全球 60% ~70% 的航空运输将由少量大型航空公司承担。政府以及管理当局应当控制前述支配地位的滥用。运输量的持续增长将给机场以及空中交通系统带来巨大的压力，并且环境保护主义者正在向减少机场噪声以及减少航空器发动机排放施加压力。在此背景下，2003 年 3 月世界航空界齐聚蒙特利尔，仔细考虑航空运输进一步的自由化。

在上述研究中，理事会可能需要考虑，尽管开放天空政策在经济上是有利

〔1〕 See Milde (1994), 401 -452.

的，但其实施将不可避免地逐步排除较小的承运人，这些承运人在航空运输中提供竞争并给消费者提供更大范围的航空运输。更低的票价、不同类型的服务以及不同的飞行中服务是现代航空运输的一些特征。航空运输业中高水平的竞争是可取的，为实现这一目标，对发展中国家承运人的优惠措施将发挥主要作用。

另一个需要考虑的是经济自由化对安全的影响，为确保民航安全有序地发展，需要酌情在国家、双边以及全球层面上妥善地解决安全管理问题。《芝加哥公约》给缔约国施加遵守与安全有关的标准以及建议措施的责任。因此，不考虑任何在经济管理方面的变化，在航空运输的运行以及发展中，安全必须保持最高的重要性。